● 本书获中国社会科学院出版基金资助

中国社会科学院文库
国际问题研究系列
The Selected Works of CASS
International Studies

中国社会科学院文库·国际问题研究系列
The Selected Works of CASS · International Studies

拉美国家社会转型期的困惑

PERPLEXITY OF SOCIAL TRANSFORMATION IN LATIN AMERICA

苏振兴　主编

中国社会科学出版社

图书在版编目（CIP）数据

拉美国家社会转型期的困惑/苏振兴主编.—北京：中国社会科学出版社，
2010.10
ISBN 978-7-5004-9103-3

Ⅰ.①拉…　Ⅱ.①苏…　Ⅲ.①社会发展－研究－拉丁美洲　Ⅳ.①D773

中国版本图书馆 CIP 数据核字（2010）第 179182 号

责任编辑　罗　莉
责任校对　石春梅
封面设计　孙元明
技术编辑　李　建

出版发行　中国社会科学出版社
社　　址　北京鼓楼西大街甲 158 号　　邮　编　100720
电　　话　010－84029450（邮购）
网　　址　http：//www.csspw.cn
经　　销　新华书店
印刷装订　一二零一印刷厂
版　　次　2010 年 10 月第 1 版　　印　次　2010 年 10 月第 1 次印刷
开　　本　710×1000　1/16
印　　张　36.25　　插　页　2
字　　数　607 千字
定　　价　65.00 元

《中国社会科学院文库》出版说明

　　《中国社会科学院文库》（全称为《中国社会科学院重点研究课题成果文库》）是中国社会科学院组织出版的系列学术丛书。组织出版《中国社会科学院文库》，是我院进一步加强课题成果管理和学术成果出版的规范化、制度化建设的重要举措。

　　建院以来，我院广大科研人员坚持以马克思主义为指导，在中国特色社会主义理论和实践的双重探索中做出了重要贡献，在推进马克思主义理论创新、为建设中国特色社会主义提供智力支持和各学科基础建设方面，推出了大量的研究成果，其中每年完成的专著类成果就有三四百种之多。从现在起，我们经过一定的鉴定、结项、评审程序，逐年从中选出一批通过各类别课题研究工作而完成的具有较高学术水平和一定代表性的著作，编入《中国社会科学院文库》集中出版。我们希望这能够从一个侧面展示我院整体科研状况和学术成就，同时为优秀学术成果的面世创造更好的条件。

　　《中国社会科学院文库》分设马克思主义研究、文学语言研究、历史考古研究、哲学宗教研究、经济研究、法学社会学研究、国际问题研究七个系列，选收范围包括专著、研究报告集、学术资料、古籍整理、译著、工具书等。

中国社会科学院科研局

2006 年 11 月

目　　录

第三编　专题

前　言

在中国人均 GDP 达到 1000 美元时，国内外的舆论曾传出一种声音，认为中国已进入一个社会矛盾的高发期，如贫富分化、失业激增、经济停滞，等等，甚至不排除发生某种危机的可能性。拉美国家在人均 GDP 由 1000 美元向 3000 美元过渡时期就曾多次发生危机，似乎是上述警讯的一个有力佐证。因此，我们需要系统地考察一下拉美国家在这个阶段究竟出现了一些什么样的问题？这些问题的发生是一种带有拉美自身特色的现象，还是反映了某种具有普遍性的发展规律？

首先要弄清的问题是，拉美国家何时达到人均 GDP1000 美元，又何时跨越人均 GDP3000 美元？我们初步考察以后发现，要准确地判断这两个时点存在一定的困难。一是拉美各国达到人均 GDP1000 美元或 3000 美元的时间点早晚不一；二是现有的统计资料由于采用的美元汇率不同，彼此差异很大，缺乏统一的、具有权威性的统计数据。根据现有资料分析，大多数拉美国家实现由人均 GDP1000 美元到 3000 美元的跨越大体是在 20 世纪 60 年代中、后期至 90 年代。

在上述这个时间段内，拉美国家的确呈现出一种危机频繁发生的特点，先是 20 世纪 60—70 年代的社会—政治危机，我们称之为"参与危机"；接着是 80 年代的债务危机，而债务危机的深层背景是结构性发展危机；90 年代以来连续发生金融危机。1982 年拉美债务危机的爆发也将拉美地区自 1950 年以来的经济增长分为前后两个截然不同的阶段，1950—1981 年保持了 30 年的持续增长（年均 5.3%），而 1981—1990 年年均增长率仅为 1.3%，1991—2000 年则为 3.3%，从而出现长达 20 年的经济衰退与低迷。实际上，90 年代的经济低迷一直延伸到 2002 年。

　　考虑到拉美经济周期变动的客观情况,我们在本书中考察的时间段是 1950—2002 年。从拉美国家现代化进程的演进过程来观察,1870—1930 年是现代化进程的第一阶段,其主要特点是初级产品出口繁荣及早期的工业发展,各国普遍实行初级产品出口发展模式;1930—1950 年是现代化的第二阶段,即在 30 年代资本主义大萧条的冲击下,部分拉美国家转向进口替代工业化的探索阶段;1950—1980 年是现代化的第三阶段,因拉美各国都被卷入进口替代工业化的大潮而形成战后的工业化高潮期,社会转型也普遍进入加速期;1980 年以后,拉美地区因结构性发展危机的爆发而进入一个结构调整阶段,期间,拉美国家进行了一场大规模的结构改革,实现了由内向发展模式向外向发展模式的转变、由国家主导型经济向市场经济的转变,并从 2003 年起进入一个新的经济扩张周期。这第四个阶段是否以 2002 年作为终结,现在还难以定论。

　　拉美国家为何在进入社会转型的加速期以后连续发生危机?这正是我们所关注的"社会转型期的困惑"。要回答这个问题,就需要认真研究拉美国家的这些危机究竟因何而发生。

　　20 世纪 60—70 年代,拉美国家经济在工业化大潮推动下正处于良好的增长态势。在此背景下,一场大规模的社会、政治参与危机却不期而遇。引发这场危机的原因大体可以从三个层面来分析。

　　第一,这场危机的发生确实与拉美国家当时所处的达到或接近人均 GDP1000 美元这个特定阶段有着密切的关系。其中最突出的问题是收入分配不公和社会贫富分化现象已经相当严重,1970 年前后,拉美地区处于贫困线以下的家庭占家庭总数的 40%。阿根廷著名经济学家普雷维什曾指出:"这里呈现出的矛盾是非常严重的:一极是繁荣以至富足,另一极则是持续的贫困。这是一个排斥性的体系。"[①] 广大基层民众对国家现代化发展长期以来所抱的期待逐渐落空,从"希望的革命"转向了"失望的革命"。

　　第二,经济增长方式面临结构性失衡的制约。拉美的进口替代工业化内向发展模式始于 20 世纪 30 年代。到 50 年代后期,由这种发展模式引

_____

　　① 劳尔·普雷维什:《外围资本主义:危机与改造》,中文版,商务印书馆 1990 年版,第 9 页。

起的结构性失衡现象陆续在一部分国家显现出来，例如，非耐用消费品生产面临国内市场饱和的限制，工业部门创造就业的能力下降；产业升级不仅面临投入高、产出少、效益低的前景，而且主要靠国际融资；长期依赖农、矿产品出口为工业化进程提供外汇支持的局面已经难以为继；当时除委内瑞拉、厄瓜多尔等极少数石油出口国外，大多数拉美国家都因 1973 年的国际石油危机而陷入国际支付困境。这些因素大大削弱了拉美各国政府解决社会问题的能力。实际上，随着国际石油危机的爆发，拉美国家已经面临结构性发展危机，然而，当时国际资本市场上的大量"石油美元"却缓解了拉美国家的资本饥渴症，从而推迟了结构性发展危机的爆发点，也延缓了对发展模式的调整。

第三，古巴革命对这场危机的爆发产生了一定的影响。1959 年古巴革命的胜利对其他拉美国家人民群众争取权益的斗争和拉美的游击中心运动客观上产生了一种鼓舞和推动作用。西方舆论界和拉美的保守势力曾把这场危机归咎于古巴"输出革命"和国际共产主义的"颠覆"活动，显然不符合实际，目的是借此进行反共宣传，孤立古巴。事实上，早在 1960 年，美国肯尼迪政府就决定在拉美推行"争取进步联盟"计划，并一反常态地鼓励拉美国家进行社会变革，说明美国也看到了拉美国家存在爆发危机的主观条件；部分拉美国家的反政府游击队在古巴革命胜利以前就已经出现了。

20 世纪 60—70 年代席卷拉美的军事政变浪潮是作为这场危机的应对措施而出现的政治现象。实行军事独裁和武力镇压是拉美右翼军人政权的共同特点，但也有一些国家的军人政府力图在军事威权统治下进行经济结构改革，反映出它们对结构性发展危机的认知。因此，这场危机也导致了拉美国家政治体制的重大变化和民主的倒退；军人政权的专制与镇压虽然暂时"平息"了社会冲突，却加剧了军队与文人社会之间的矛盾，因而又有 1978—1990 年期间军人政权"还政于民"的政治民主化过程；军人政权启动的结构改革虽然具有重要意义，但却把这场改革引向了新自由主义的轨道。

80 年代的债务危机实际上就是上面所说的结构性发展危机带来的后果。1973 年国际石油危机后，拉美国家利用大量"石油美元"回流到国际资本市场的有利条件，纷纷走上"负债增长"之路。大规模借债使拉美国家在 70 年代依然保持了较高的经济增长速度，却酿成了 80 年代的债务危机。为应对国际支付危机，拉美国家不得不进行"应急性"调整，扩大初级产品出口，严厉压缩进口，以获取贸易盈余来偿还债务，结果导致工业化倒退、恶性通货膨胀和10年经济衰退。

90年代的经济改革本来就是在非常不利的宏观经济环境下进行的。新自由主义的误导更使这场改革险象环生。1994年墨西哥发生金融危机；1999年巴西发生货币危机；2001年阿根廷发生由债务问题引起的全面性经济危机。每一次危机都对整个拉美地区造成冲击，使地区经济从90年代初期较高的增长水平上逐步跌落下来。金融危机当然有国际因素的影响，但内部因素是主要的原因。当时，拉美国家普遍采用"汇率锚"或货币局制度作为反通货膨胀的主要手段，导致本国货币大幅度升值；快速的贸易自由化、金融自由化和开放资本账户等改革举措，引起外来商品的激烈竞争和短期投机资本的大量涌入，导致大批企业破产，并引发连续性的金融危机。可以说，这些金融危机的发生主要源于政策失误。

综上所述，我们认为，拉美国家在20世纪60年代中期至世纪末的30多年间这种危机频发的现象，是在拉美特定的历史与社会背景和特定的发展模式下出现的，是一种具有拉美特色的现象，而不是一种具有普遍性的发展规律。60—70年代的参与危机虽然与当时所处的发展阶段有联系，但我们认为，不能过分看重人均GDP1000美元这个"量化"指标。例如，这场危机发生时，许多拉美国家还没有达到人均GDP1000美元。这类参与危机会不会发生，主要取决于社会冲突的尖锐程度，也取决于政府的敏感性和处置能力。这类危机不会都以达到人均GDP1000美元为爆发点，也不会因为实现了人均GDP3000美元就自动化解。

拉美一些学者在分析社会危机时采用所谓"矛盾叠加"的论点。意思是说，西方发达国家的现代化属于内源性现代化，往往是在某个特定的阶段解决某些特定的问题，前后具有很强的连续性与渐进性。发展中国家的现代化属于外源性现代化，往往受到初始条件不足的制约，"起飞阶段"刚刚到来，各种社会问题就接踵而至，诸如就业问题、社会贫富分化问题、建立社会保障体系问题、环境保护问题，等等，多种矛盾叠加在一起，解决的难度极大。从发展中国家这种带普遍性的情况来看，我们认为，"达到人均GDP1000美元之后可能会面临一个社会矛盾高发期"的观点是有一定道理的。主导发展进程的政府或政党需要对这种复杂局面有充分的认识，要及时采取措施去化解各种矛盾，避免因酿成危机而使国家的发展进程遭受挫折。

如前所述，1970年前后，拉美处于贫困线以下的家庭占家庭总数的40％，经过30年之后，拉美的贫困人口依然占总人口的40％左右，社会贫富分化现象呈现出很强的刚性特征。这种情况的出现固然和80年代以来持续20年的经济衰退与低迷分不开，但这不是唯一的原因。我们通过研究发现，拉美国家在实现社会公平方面存在两个重大的障碍。一是长期忽视观念与制度的变革，很难形成真正"以人为本"的科学发展观。二是没有处理好经济增长与社会发展之间的关系，长期存在片面追求经济增长的偏好，认为经济增长可以自然而然地导致社会公平。

拉美国家的进口替代内向发展模式从20世纪30年代一直延续到债务危机爆发的1982年，可谓"50年一贯制"。从50年代后期一些国家出现严重的结构性失衡开始，在长达20多年的时间里，虽然进行过一些结构改革的尝试，但始终没有任何一个拉美国家真正从这个旧模式中摆脱出来。如普雷维什所说，人们已经形成一种进口替代的"惯性"。这里所说的拉美国家的"结构性发展危机"就是一种原有的增长方式已经失效，而又不坚决地去进行结构调整所导致的危机。亚洲"四小龙"的成功经验之一是，在相对短暂地实行进口替代模式之后，及时地转入外向发展模式，其发展水平在20世纪60—70年代迅速地超越了拉美国家。拉美的这个历史教训是相当深刻的！

本书的内容布局分为三个部分。"总论"部分（第一一二章）系统论述拉美国家1950—2002年的经济增长、社会发展和政治体制的变化，重点分析了20世纪60—70年代的社会—政治危机（或称"参与危机"）、80年代的债务危机及其深层背景——结构性发展危机、90年代以来的墨西哥金融危机、巴西货币危机、阿根廷经济危机等多次危机的前因后果。"分论"部分（第三—十章）从研究拉美国家关于经济增长与社会发展的指导思想和社会政策的演变入手，着重分析了收入分配、社会分层、劳动力就业、教育发展、社会保障制度建设、社会治安状况等主要社会领域的情况。"专题"部分（第十一—十四章）着重选择了4个专题进行研究，即巴西区域发展失衡及其治理；阿根廷为何从100年前世界主要富国之一的地位上跌落下来；拉美国家城市化"超前"现象带来的后果；拉美国家在外向发展模式下取得的经济与社会效果。

　　尽管我们的课题组在这项研究中付出了不少辛劳，但由于水平所限，书中可能还会有这样那样的不足或错误，敬希广大读者批评指正！

苏振兴

2010 年 3 月

第一编

总　论

第 一 章

社会转型和"参与危机"

——对拉美国家 1950—1980 年发展进程的考察[*]

在拉美国家的发展史上，1950—1980 年是一个非常重要的时期。战后初期，在世界范围内民族解放运动空前高涨的背景下，"以经济独立巩固政治独立"的思想在早已取得政治独立的拉美国家尤其具有影响力。1950 年前后，以阿根廷著名经济学家劳尔·普雷维什为代表的拉美结构主义思想问世。作为发展经济学的一个重要流派，拉美结构主义理论以"中心—外围"论和"贸易条件恶化"论作为分析框架，论证了中心国家与外围国家之间的不平等关系，得出了拉美国家必须坚持走工业化道路的结论，并在总结部分拉美国家自 1930 年以来发展现代工业的经验基础上，将进口替代工业化提升为一种适合于拉美国家的发展模式。随着越来越多的国家被卷入工业化的浪潮，拉美地区出现了以工业化为主要推动力的经济繁荣局面。1950—1980 年，拉美地区经济保持了年均 5.3％ 的增长率（见表 1—1）；地区国内生产总值在 1950 年基础上增加三倍；在地区总人口增加一倍多的情况下，人均国内生产总值依然翻了一番。1977 年，地区人均 GDP 达到 798 美元（1970 年美元价格），[①] 其中，一批国家实现了人均 GDP 超过 1000 美元的重要跨越。

---

[*] 在中国学者的文章中，"拉美国家"这一概念通常将加勒比国家也包含在内。本书的研究范围不包含 1960 年以后才相继独立的加勒比 13 国。

[①] CEPAL, *América Latina en el umbral de los años 80*, Santiago de Chile, 1980, p. 6.

表 1—1　　　　1950—1990 年[a]拉丁美洲国内生产总值增长率（%）

国别/年份	1950—1960	1960—1973	1973—1981	1950—1981	1981—1990	1950—1990
阿根廷	2.8	4.0	1.2	2.9	−0.6	2.1
巴西	6.8	7.5	5.5	6.8	2.3	5.8
智利	4.0	3.4	3.6	3.6	2.5	3.4
哥伦比亚	4.6	5.6	4.5	5.0	3.9	4.8
墨西哥	6.1	7.0	6.6	6.6	0.8	5.3
秘鲁	5.5	4.8	3.8	4.8	−1.7	3.3
委内瑞拉	7.6	4.7	−0.1	4.4	0.6	3.5
小国[b]	3.6	5.4	4.3	4.5	1.2	3.8
拉丁美洲	**5.1**	**5.9**	**4.5**	**5.3**	**1.3**	**4.4**

注：a 50 年代和 60 年代的数字按 1970 年美元价格计算，1970—1990 年的数字按 1980 年美元价格计算。b 包含 12 个国家。

资料来源：联合国拉丁美洲和加勒比经济委员会统计处。转引自《剑桥拉丁美洲史》中文版第六卷（上），第 189 页。

然而，在良好的经济背景下，拉美国家的社会、政治局势只保持了大约 20 年的相对平静。自 20 世纪 60 年代中期起，社会与政治动荡局面不断加剧，并逐渐由部分国家的乱象演变成一场地区性的"社会—政治危机"。为什么会出现这样一种现象？拉美国家的这段经历能给人们留下哪些启示？这些是本章力图要回答的问题。

第一节　社会转型的重要时期

如前所述，1950—1980 年是拉美工业化的高潮期，地区工业年均增长率为 6.5%。强劲的工业化进程推动着社会加速转型。相关统计资料显示，1950—1977 年，拉美地区国内生产总值的构成变化如下：农业由占 19.8% 降为 11.7%，工业由占 29.4% 上升为 36.7%，服务业由占 51.0% 上升为 51.7%；其中制造业产值由 18.8% 上升到 25.2%。[①] 可见，这个

---

① CEPAL，*América Latina en el umbral de los años 80*，Santiago de Chile，1980，pp. 15—16.

期间产值构成的主要变化是农业所占比重大幅下降和工业所占比重大幅上升，而工业比重的上升又集中于制造业比重的提升。1950—1980 年，拉美农业劳动力由占就业劳动力总数的 54.7％降至 32.1％，非农业劳动力则由 44.1％上升为 67.1％，增、减幅度都在 20％以上。拉美城市人口占总人口的比例由 1950 年的 41.8％上升到 1980 年的 65.0％，提高了 23.2 个百分点。由于同期拉美总人口增加一倍以上，1980 年城市人口已超过 1950 年的总人口数量。伴随着工业化与城市化的快速推进，各国的社会结构也发生了重要变化。

表 1—2　　拉美国家工业化程度（制造业产值占国内生产总值％[a]）

国家/年份	1950	1960	1970	1977	1978[b]
阿根廷	26.2	29.2	33.1	34.2	32.9
玻利维亚	13.8	12.9	14.3	15.6	15.7
巴西	21.6	26.8	28.9	29.7	30.0
哥伦比亚	12.6	15.0	16.1	17.4	17.7
哥斯达黎加	14.9	14.7	18.6	22.4	22.6
智利	22.9	24.5	26.9	23.0	....
厄瓜多尔	14.9	14.7	16.4	19.2	20.4
萨尔瓦多	13.7	14.9	18.8	19.4	19.4
危地马拉	11.8	13.0	15.9	16.0	16.7
海地	7.5	8.0	8.9	10.9	11.6
洪都拉斯	6.7	12.0	14.7	15.7	15.8
墨西哥	18.8	18.9	22.9	23.0	23.4
尼加拉瓜	11.5	13.8	20.4	20.3	19.9
巴拿马	8.3	11.9	15.9	14.0	....
巴拉圭	15.8	14.6	16.6	16.4	16.0
秘鲁	16.4	19.7	23.8	25.2	24.7
多米尼加	13.9	16.2	18.6	17.7	18.0
乌拉圭	21.9	25.1	25.3	27.4	28.8
委内瑞拉	12.0	15.0	16.1	17.1	17.3
合计	**20.0**	**22.4**	**25.1**	**25.8**	**25.9**

注：a 按 1970 年市场价格计算。b 初步数字。

资料来源：拉美经济委员会根据各国官方统计制表。转引自 CEPAL, *América Latina en el umbral de los años 80*，Santiago de Chile，1980，p. 57.

　　拉美国家的工业化进程并不是完全同步的。如果把 1950 年作为一个起点来探讨其后 30 年间拉美各国的工业化进展和社会转型过程，我们就需要关注这些国家在起点上的差异。表 1—2 的数据显示，按 1950 年的工业化程度，我们可以将拉美国家分为四类。

　　第一类是阿根廷、乌拉圭和智利，是当时拉美工业化程度最高的国家。在国际范围内，阿根廷、乌拉圭与加拿大、澳大利亚、新西兰一样被称为"新开发"（reciente colonización）国家。这些国家的共同特点是土地和自然资源丰富，具有输出农牧业产品的比较优势，欧洲移民大量进入。从 19 世纪中期以来，阿根廷和乌拉圭通过出口初级产品获得了大宗收益，既大幅度提高了居民收入水平，也有力地推动了经济增长，包括以满足内需为主的现代制造业的兴起。20 世纪 30 年代大萧条发生后，阿根廷和乌拉圭又都是率先启动进口替代工业化的拉美国家，经过三四十年代的发展，它们的工业化水平已在拉美处于领先地位。智利则素以矿业资源丰富著称。智利早期的工业发展更多地得益于政治因素，一是智利独立后经历的政治动荡时期比其他拉美国家要短，国家能较早地转向经济建设；二是在 19 世纪的"硝石繁荣"期中，政府善于利用开发硝石（北部干旱地区）的大宗收入去推动中、南部地区的经济发展，特别是"圣地亚哥—瓦尔帕莱索"工业带的建设，从而为 30 年代"硝石繁荣"终结后转向进口替代工业化创造了有利条件。"30 年代的硝石出口危机和世界经济萧条开启了进口替代工业化。这一进程是由国家推动的，并得到了中等阶层、工人阶层，以及出生于昔日寡头集团的企业家们的共同支持。1940—1954 年，以满足内需为基础，工业产值取得年均 7.9％的强劲增长，工业部门的就业增加了 70％，工人数量增加了 63％。"[①] 单看制造业产值占国内生产总值的比重高低，或许还不足以显示工业化水平的差异，例如，巴西 1950 年的这一比重就与乌拉圭不相上下。若以人均工业产值来比较，则阿根廷、乌拉圭和智利三国工业化水平在拉美的领先地位就更突出了，1950 年，三国的人均工业产值分别为 239 美元、214 美元和 149 美元（见表 1—3），都远远高于 87 美元的地区平均值，而墨西哥和巴西分别只有

────────────

　　① Javier Martínez y Eugenio Tironi, *La estratificación social en Chile*, Pensamiento Ibe-roamericano, No. 6, Julio-Diciembre, 1984, pp. 95－96, Madrid, España.

93 美元和 59 美元。

　　阿根廷、乌拉圭和智利社会转型的加速趋势比其他拉美国家来得更早。例如，1950 年，阿根廷和乌拉圭的城市化率都超过 60％，中等阶层占人口的比例都在 30％ 以上，初等教育的覆盖率分别达到 84.5％ 和 91.8％。[①] 但是，进入 50 年代以后，这三个国家却面临着新的问题。一方面，这些国家在前期社会转型过程中积累的问题和矛盾不少。更重要的是，由于这几个国家的工业化起步较早，而国内市场又相对狭小，到 50 年代中、后期，以发展非耐用为主的进口替代工业化的"简易"阶段已走到尽头，产业升级和经济、社会发展面临一系列严重的结构性障碍。也就是说，这些国家率先遇到了"结构性发展危机"。我们从上述表 1—1 和表 1—3 的统计数据也可以看出，这三个国家经济增长率、工业生产增长率已处于收缩状态。

　　第二类国家是巴西和墨西哥，是 1950—1980 年期间工业化进展最为迅速、社会转型也最为急剧的国家。巴西作为拉美第一大国，在 19 世纪中期以后的初级产品出口繁荣期中以"咖啡王国"著称。咖啡作为主要出口产品不像小麦、皮革、羊毛、肉类那样拥有广阔市场；咖啡生产的组织方式也不利于改变传统的生产关系；"咖啡繁荣"对国内发展的影响也基本局限于以圣保罗为中心的咖啡生产区。因此，巴西不仅早期的工业发展明显落后于阿根廷等国，社会变迁也相对缓慢。30—40 年代，以瓦加斯为代表的巴西政府大力倡导工业化。1939 年，巴西制造业产值占国内生产总值 14.5％，与 1928 年相比提高的幅度很小，而 1950 年这一比重达到 21.1％，说明巴西在 40 年代才出现工业化进程加速的趋势。巴西幅员辽阔，人口众多，其进口替代工业化具有比其他拉美国家更大的国内市场潜力，一旦进入加速期，必然会出现更强劲的发展势头。表 1—3 的数据表明，巴西 1950—1978 年的工业年均增长率达到 8.5％，其中 1970—1978 年更高达 9.6％，成为战后时期拉美工业化大潮中的领跑者；同期人均工业产值由 59 美元上升到 253 美元，增加 3.3 倍。与此同时，巴西城市化率由 1950 年的 30.7％ 上升到 1970 年的 54.4％。

---

① Carlos Filgueira, *El Estado y las Clases: Tendencias en Argentina, Brasil y Uruguay*, Pensamiento Iberoamericano, No. 6, Julio-Diciembre de 1984, pp. 40—41. Madrid, España.

表 1—3　　　　　　拉丁美洲（19 国）：工业产值的演变

国家	工业产值增长率 (年增长率，%)		人均工业产值 (美元，1970 年价格)				
	1950—1978 年	1970—1978 年	1950 年	1960 年	1970 年	1977 年	1978[a] 年
阿根廷	4.1	2.1	239	298	448	516	474
玻利维亚	4.2	6.8	34	27	40	54	62
巴西	8.5	9.6	59	104	153	246	253
哥伦比亚	6.5	7.0	50	69	89	113	132
哥斯达黎加	8.3	8.6	58	78	137	204	217
智利	3.7	0.3	149	186	256	212	228
厄瓜多尔	7.0	10.6	42	50	67	106	120
萨尔瓦多	6.5	5.8	39	51	80	95	96
危地马拉	6.2	6.5	37	45	71	89	91
海地	3.6	7.4	10	10	10	13	16
洪都拉斯	7.4	5.5	17	33	47	53	54
墨西哥	7.0	5.5	93	124	215	236	246
尼加拉瓜	7.7	4.0	27	41	88	101	93
巴拿马	7.7	2.2	41	70	150	142	....
巴拉圭	4.8	6.9	50	46	63	83	86
秘鲁	6.4	4.0	58	90	138	158	152
多米尼加	6.9	6.7	36	53	73	93	94
乌拉圭	2.7	3.2	214	252	263	293	347
委内瑞拉	7.9	6.7	82	143	198	251	251
合计[b]	**6.5**	**6.1**	**87**	**122**	**178**	**225**	**231**

注：a 初步数字。b 1970 年美元平价汇率加权平均数。

资料来源：拉美经济委员会根据各国官方统计制表。转引自 CEPAL，*América Latina en el umbral de los años 80*，Santiago de Chile，1980，p. 56.

墨西哥是拉美第二大国。1870—1930 年由初级产品出口繁荣所带动的墨西哥早期工业发展进程受到了 1910 年革命的冲击。"1910 年爆发革命后，墨西哥经历了 10 年武装动乱，随后进行了 10 年政治经济重建工作。"① 虽然在 30 年代和 40 年代墨西哥的工业化进程重现活力，但以 1950 年的工业化程度来比较，墨西哥仍远远落后于阿根廷、乌拉圭和智利，而与巴西处在大体相同的水平上。50 年代和 60 年代，墨西哥经济经历了其历史上前所未有的"稳定增长"时期，富有活力的工业化进程正是这一波经济增长的主要推动力。如表 1—3 所示，1950—1978 年，墨西哥年均工业增长速度为 7.0%；人均工业产值由 1950 年的 93 美元上升到 1978 年的 246 美元。经过战后这 30 年的发展，墨西哥和巴西都成为"新兴工业国"。值得关注的是，在这 30 年间，墨西哥也经历了真正意义上的"人口爆炸"。1900—1950 年，墨西哥人口由 1360 万人增加到 2570 万人，即 50 年间增加将近一倍；1970 年人口达到 5060 万人，即人口的再度翻番仅用了 20 年；到 1980 年，墨西哥人口已接近 7000 万人。城市化的加速推进与人口加速增长相伴而行。1950 年，墨西哥城市人口占总人口的 42.6%，1980 年上升到 65%。②

　　第三类是安第斯国家，包括玻利维亚、厄瓜多尔、哥伦比亚、秘鲁和委内瑞拉。表 1—2 的数据显示，1950 年，这五国的制造业产值占国内生产总值的比重在 12%—16% 之间。也就是说，五国的工业化程度非常接近，既远远低于阿根廷、乌拉圭和智利，也低于巴西和墨西哥。其主要背景就在于，在 30 年代以前的初级产品出口繁荣期中，这些国家的早期工业发展成效有限；在三四十年代，进口替代工业化在这些国家也进展不大。进入 50 年代以后，这些国家相继进入以工业化为中心的发展阶段。表 1—3 的数据显示，1950—1978 年，安第斯五国工业产值的增长速度都明显加快，工业增长成为拉动国民经济增长的主要动力。当然，这个工业发展进程在五国之间也呈现出差异性，例如，1950—1978 年期间人均工业产值的变化表明，玻利维亚仅从 34 美元上升到 62 美元，增加不到一倍；哥伦比亚由 50 美元上升到 132 美元，增加 1.6 倍；厄瓜多尔由 42 美元上升到 120 美元，增加 1.85 倍；秘鲁由 58 美元上升到 152 美元，增加

---

　　① 阿兰·奈特：《1930 年以来的墨西哥》，载《剑桥拉丁美洲史》，中文版第七卷，经济管理出版社 1996 年版，第 3 页。

　　② José Luis Reyna, *Transición y Polarización Sociales en México*, Pensamiento Iberoamericano, No. 6，Julio-Diciembre de 1984，pp. 159—160. Madrid，España.

1.6倍；委内瑞拉由82美元上升到251美元，增加2倍。可见，原本就工业化程度较低的玻利维亚，到1978年已经与其他四国不在同一个档次了。委内瑞拉1978年的人均工业产值在拉美地区已位居前列，不过，这主要是得益于大规模的石油开采业，并不表明委内瑞拉的整体工业发展已进入拉美地区的一流水平。

在工业化进程的推动下，安第斯国家的社会变迁呈现出加速趋势，主要表现为城市化、社会分层化，以及各社会阶层争取权益斗争的兴起。秘鲁国内的移民浪潮表现为两个同时发生的移民过程：沿海地区农村向城市移民和山区向沿海移民。山区居民迁移到沿海只是一种过渡，最终也是进入城市。1961—1972年间，农村人口年均增长仅0.72%，城市人口年均增长达5.6%；1940年城市人口仅占总人口的21%，1972年上升到49%。"秘鲁居民日益组织起来。人们正在创建社会和政治参与的新渠道。农民运动要求土地改革，政府信贷和公共服务。往沿海城市，特别是利马移民占领了公地和私地建造住宅，他们对当局施加压力，要求提供水、电、交通、保健、教育和就业。队伍有了扩大并组织良好的工人阶级，要求政府承认他们享有更大程度参与经济和获得国家提供之社会服务的权利。日益迅速增加的中产阶级分子提高了对这些要求的调门，坚决主张扩大教育设施，以使他们在公共部门能获得新近创建的工作岗位。崭露头角的工业资本家集团通过提高关税和扩大信贷便利以寻求国家的保护。这些新的社会集团均试图通过国家干预和增加公共开支以满足他们的需要。"①

上述关于秘鲁社会分层化和各种利益集团形成的描述，也同样适用于其他安第斯国家。当然，其他各国也呈现出某些自身的特点。例如，哥伦比亚的工业发展在安第斯地区处于领先地位，冶金业、石油化工业、汽车工业、造纸业和电器工业等新兴工业部门从50年代末期起都陆续发展起来。城市化进程也更为迅猛，1950—1980年期间，城市人口年增长率高达5%至8%，波哥大、麦德林、卡利和巴兰基亚迅速崛起超过100万人，甚至200万人的四大中心城市，集中了全国制造业的85%（1985年）。委内瑞拉的工业化走的是一条依赖石油的道路。政府将大宗的原油出口收入投入到以加拉加斯为代表的中心城市建设上，推动了农村向城市移民的热

---

① 胡利奥·科特勒：《1960年以来的秘鲁》，载《剑桥拉丁美洲史》中文版，第八卷，当代世界出版社1998年版，第458页。

潮,1972 年,城市人口已占总人口的 73.1%。这种通过城市建设进行石油收入再分配的做法,并不能改变石油收入高度集中于少数利益集团的格局,也不能实现广大社会阶层"播种石油"的愿望。所谓"播种石油",就是将石油收入投资于发展其他产业部门。厄瓜多尔在 1950 年代经历了"香蕉繁荣",香蕉以及可可的大量输出有力地推动了农业部门的资本主义化和山区向沿海的移民。60 年代是以农业改革和突出进口替代工业起飞为特点的年代。政府为克服农产品出口模式的危机而进行以土地改革为中心的农业改革,同时加大对工业的投入,工业部门信贷额由 1962 年的57.2 万苏克雷增加到 1969 年的 211.1 万苏克雷。这个进程进一步加深了社会面貌的改变。玻利维亚与上述各国有所不同。1952 年的"四月革命"开启了为期 12 年的变革时期。当政的民族主义革命运动采取了矿山国有化、解散旧军队、改革土地制度、实行普选制、建立社会保障制度等一系列变革措施。因此,这个阶段政治动员大大加强,不同的利益集团之间激烈较量。随着 1964 年以后军事独裁统治的回归,玻利维亚社会又重新进入一种被压制状态。

第四类是中美洲国家。中美洲国家中,巴拿马经济是以运河为中心的航运、商贸、金融等服务业为主,其余五国(哥斯达黎加、危地马拉、萨尔瓦多、洪都拉斯和尼加拉瓜)都是传统农业国。从 1950 年的工业化程度和人均工业产值这两个指标来比较,除哥斯达黎加外,其余国家都明显低于安第斯国家的水平,属于拉美国家中工业化程度最低的。中美洲国家的另一个共同特点是,它们的进口替代工业化来得最晚,"在 50 年代末以前,还没有出现进口替代的官方政策"。进口替代工业化是伴随着 60 年代次地区经济一体化进程的兴起而出现的,集中体现在六七十年代这 20 年。因此,以 1978 年所达到的工业化程度来衡量,这些国家依然处于拉美的最低层次。尽管如此,这些国家的社会经济状况在 1950—1980 年间也发生了重大变化。"70 年代末的中美洲社会和经济显然不同于第二次世界大战之后不久的情况。1950—1980 年,国内生产总值从 19.50 亿美元上升到 75.20 亿美元(均为 1970 年价格),人口从 800 万人增长到 2100 万人。社会阶层在许多方面出现了多样化,有人认为它更加分裂,有人则认为更加多元化。这一时期的城市人口在总人口中的比重从 15% 提高到45%;由于 15—24 岁的年龄组在比例上增长,中美洲国家的人口出现了'年轻化',尤其在城市。制造业活动在国内生产总值中所占比重从

14.6％扩大到 24.1％，总的来说，生产部门实现了现代化。通过道路、电力和电话服务网络，全国一体化终于形成。由于在基础设施中进行了大规模的投资，1980 年该地区通信的实际水平大大优于甚至 10 年前的条件。"①

总之，在这 30 年间，拉美国家发生了深刻的变化。在经济方面，农业所占产值比重和劳动力比重大幅降低；规模不同的现代工业部门已经形成；现代服务业的出现打破了传统服务业一统天下的局面；工业就业和第三产业就业增加；全国性统一市场基本形成，等等。在社会方面，人口出现了超常的增长；大多数国家已变为城市社会；社会分层化有了很大进展。农民变得多样化了，如伴随着大型农业企业的出现而出现的雇佣工人，人数众多的小农和"新区垦殖农"，流浪式（nómades）的农业劳动者，等等。在"中等农业企业阶层"出现的同时，昔日的"农村寡头"（oligarquía rural）也纷纷转变为农业企业家。工人阶级的状况出现了变化，特别是在工资水平、组织形式、专业化类型等方面出现了高度的多样化。"这与他们所在的工业部门的混杂性，以及现代工业与组织上、技术上都很落后的工业依然并存是分不开的。作为一个阶层，工业无产阶级与所谓'非正规阶层'是不同的；在多数情况下，后者的分量都具有决定性。这样，在谈论民众阶层与各阶级整体关系时，就很难把产业工人看作是中心。"② 中间阶层的变化是"新中间阶层"取代了"旧中间阶层"。所谓"旧中间阶层"是指前一个发展阶段的技术官僚阶层，是应对于自治型"公共职能"的意识形态而产生的。"新中间阶层"则在公、私两个部门间流动，并拥有共同的意识形态，即以私人企业家的观念占主导地位。

第二节　参与危机及其表现

拉美学术界开始使用"参与危机"（crisis de participación）这个概念

---

① 埃德尔韦托·托雷斯·里瓦斯：《1930 年以来的中美洲概览》，载《剑桥拉丁美洲史》中文版，第七卷，经济管理出版社 1996 年版，第 212 页。

② Enzo Faletto y Germán Rama, *Cambio Social en América Latina*, Pensamiento Iberoamericano, No. 6, Julio-Diciembre de 1984, p. 21. Madrid, España.

大致是在 70 年代末或 80 年代初。但是，毫无疑问，这并不是一个产生于拉美的新概念。在此之前，西方一些研究现代化问题的学者已经相当明确地提出了这个概念。例如，英国学者杜德利·西尔斯在其 70 年代发表的《发展的含义》一文中就指出："我们当然可以借助于下列假设：国民收入的增长如果足够快的话，迟早会带来社会和政治问题的解决。但过去十年的经验使这种信念显得相当幼稚。不少国家在各个发展阶段都发生了社会危机和政治动乱。"他进一步指出："因此，调查一国发展情况应提出的问题是：贫困状况怎么样？失业状况怎么样？不平等现象又是怎样？如果这三方面都已经不是很严重了，那么就这个国家而言，无疑已处于一个发展的阶段了。倘若这三个中心问题的一个或两个更加严重，特别是三方面都更为恶化，那么把这种结局称作'发展'就是一件怪事，即使人均收入业已大幅度提高。"①西尔斯在这里所提出的实质性问题就是，一个国家的经济增长成果应当由广大的民众所分享，从而减少社会的贫困、失业和不平等现象，说到底就是一个社会参与问题。如果这个问题解决不好，就可能引发社会参与危机。

美国学者亨廷顿则在其所著的《变化社会中的政治秩序》一书中对政治参与危机做了论述："社会和经济变革——城市化，扫盲和教育的提高，工业化，大众媒介的推广——扩大了政治意识，增加了政治要求，拓宽了政治参与面。这些变革破坏了政治权威的传统根基和传统的政治机构；这些变革使得建立政治组合关系的新的基础和缔造既有合法性又有效能的新政治机构的问题大大复杂化了。社会的动员和政治参与的扩大日新月异，而政治上的组织化和制度化却步履姗姗。结果，必然发生政治动荡和骚乱。"② 显然，从国家现代化过程中要不断扩大民众的政治参与的角度提出问题，要比那种将西方政治民主制度强加于人更加符合实际，也更有利于防止政治参与危机的发生。

中国学者俞可平认为："在现代条件下，没有民主和法治，断不可能有真正的公平正义。因为现在我们讲公平正义，是指社会的政治经济和文

① 杜德利·西尔斯：《发展的含义》，载塞缪尔·亨廷顿等著《现代化理论与历史经验的再探讨》中文版，上海译文出版社 1993 年版，第 46—47、50—51 页。

② 塞缪尔·P. 亨廷顿：《变化社会中的政治秩序》中文版，三联书店 1988 年版，第 4—5 页。

化权益在全体公民之间公平而合理的分配。这就必须有一整套既能充分反映和表达人民利益，又能确保政府权力为人民所用、政府政策满足人民需要的制度、程序和法规，否则，'人民利益'或'人民做主'便是一句空话。"① 这些思想进一步论证了社会参与和政治参与的不可分割性，强调了真正意义上的民主政治是防范参与危机的制度保障。

拉美国家在战后年代经历的社会—政治危机就是现代化过程中出现的典型的参与危机。这场危机的出现大体是在 60 年代中期。正如有学者指出："战后制度化的劳资关系连同工资和就业的长时期的增长，在保证拉美许多国家 20 年的劳工相对平静方面是有作用的。"② 也就是说，战后年代拉美国家强劲的工业化浪潮和持续的经济增长曾经给整个社会带来过一段时间的相对安宁。但是，60 年代中期情况就发生了变化，劳工斗争"重燃战火"，并与广泛的城市社会运动紧密结合在一起。"最普遍的情况是，这些城市社会运动一方面体现着人民大众争取改善他们的经济和社会福利的斗争，另一方面又体现着人民大众争取重新民主化和更多更充分的公民权利的斗争。"③ 可见，这些斗争归结起来就是广大民众争取改善和扩大社会参与和政治参与的斗争。这场危机的一个重要特点是，它不是集中于某一个或几个国家，而是表现为一场地区性的社会与政治动荡，并呈现出其波及范围不断扩大、其激烈程度不断加强的动态过程，并于 60 年代末至 70 年代达到高潮。为简化起见，我们可以从地区的角度、从几个基本的方面来勾画出这场危机的概貌。

第一，各国社会运动的浪潮此起彼伏，使社会的动荡程度不断加深。在这个背景下，发生了一些震惊整个地区的重大事件。例如，1968 年 10 月，墨西哥大规模的学生运动遭到政府镇压，数百人伤亡，2000 人被捕，史称"特拉特洛尔科惨案"和墨西哥当代的"悲哀之夜"。有评论认为："1968 年的学生运动从根本上震撼了（墨西哥）现存制度。"④ 墨西哥长达 30 年之久的"稳定发展"从此走向终结，游击队的武装活动开始出现。

---

① 俞可平：《思想解放与政治进步》，社会科学文献出版社 2008 年版，第 220 页。

② 伊恩·罗克伯勒：《1930 年以来拉丁美洲的城市工人阶级和劳工运动》，载莱斯利·贝瑟尔主编《剑桥拉丁美洲史》第六卷（下），当代世界出版社 2001 年版，第 365 页。

③ 同上书，第 374 页。

④ 彼得·史密斯：《1946 年以来的墨西哥》，载莱斯利·贝瑟尔主编《剑桥拉丁美洲史》第七卷，经济管理出版社 1996 年版，第 130 页。

1970 年上台执政的埃切维里亚政府首次提出了"分享发展"的口号。又如，1969 年 5 月，阿根廷工业城市科尔多瓦爆发工人总罢工，工人和学生一度控制中心城区达数小时，最后遭到军队镇压，史称"科尔多瓦风暴"。这次事件不仅是翁加尼亚军政府（1966 年政变上台）走向崩溃、庇隆主义在政治上"东山再起"的前兆，也被称为"许多拉美国家十年劳资冲突的开端"。

第二，意识形态领域空前活跃，"依附理论"、"解放神学"、"游击中心论"等相继问世。如果说，50 年代形成的"拉美结构主义"学派主要体现了一种"经济民族主义"的诉求；那么，60 年代问世的"依附理论"，特别是其中的激进派，则从根本上否定现行发展模式的可行性，提出了"社会主义"前途的选择目标。"解放神学"的出现反映了天主教会的内部分化。天主教教会的激进分子为拉美当时的新社会运动提供了重要的干部队伍与组织资源。"游击中心论"无疑是当时最激进的思潮，公开主张通过"游击中心主义"推翻现存制度。

第三，游击队武装活动形成高潮。拉美的农村暴力活动早在 40 年代和 50 年代就在哥伦比亚、秘鲁等国出现，但当时还只具有局部性。进入 60 年代以后，游击队活动逐渐形成高潮，先后出现的数十支城市和农村游击队的武装活动此起彼伏，遍及大多数拉美国家，深深震撼了整个拉美大陆。其中，尼加拉瓜桑地诺民族解放阵线领导的武装斗争于 1979 年推翻了统治该国长达数十年的索摩查家族独裁政权。当时大部分国际舆论把拉美游击队运动的兴起归咎于"游击中心论"的煽动，这自然不无道理，但往往不去深入探讨这一运动产生的国内社会与政治根源。

第四，变革与反变革的斗争激烈展开，右翼军事政变频繁发生。一些具有激进倾向的政治势力力图加速推进政治与社会变革，如巴西古拉特政府、秘鲁贝拉斯科军政府、智利阿连德政府、阿根廷第三届庇隆政府，等等。其中，智利社会党领袖阿连德 1970 年大选获胜后，组成了包括共产党在内的"人民团结"政府，提出了"向社会主义过渡"的政治目标，实施了一系列相当激进的政治、经济与社会改革措施，成为六七十年代拉美改革潮流的代表性案例。然而，在美国和拉美各国的政治保守势力看来，所有这些变革或变革的尝试，都构成了共产主义的现实威胁，因此，右翼军事政变频繁发生。仅在 1962—1966 年期间，拉美地区就连续发生了 9

次军事政变。① 拉美这股军事政变潮流一直延续到 70 年代后期。这一连串右翼军事政变的共同特点是彻底否定前任政府的改革，从而使那个年代的拉美政治舞台上不断上演着一幕接一幕"变革与反变革"的政治悲喜剧。

关于这场危机的性质，人们曾经从不同的角度去进行解释。其中较具代表性的观点有以下几种。

一种是普雷维什的"外围资本主义危机"论。如前所述，劳尔·普雷维什是拉美结构主义学派的代表人物，这派思想又是战后时期拉美国家进口替代工业化发展模式的指导理论。面对 60 年代中、后期以来拉美国家社会冲突的激化，普雷维什在 70 年代对拉美国家战后的发展模式与发展道路进行了深入的再思考。1981 年出版的《外围资本主义：危机与改造》一书可以说是他这一时期学术思想的集大成之作。他在书中坦言："经过对事态的长期观察和反复思考之后，我确信拉丁美洲发展的重大缺陷在现行体系之内缺少解决办法。必须改造这个体系。这里呈现出的矛盾是非常严重的：一极是繁荣以至富足，另一极则是持续的贫困。这是一个排斥性的体系。"②

为此，普雷维什提出了一个"体系改造论"。其中包含以下几个主要论点：（1）外围资本主义体系的巨大缺陷产生于它所特有的社会结构和权力关系，这二者通过分配上的专横和对资本积累潜力的巨大浪费而损害体系的社会效益。意思是说，社会创造的"剩余"既没有进行合理的再分配，也没有进行必要的资本积累，而是被少数占有者用于摹仿发达国家的高消费了。（2）普雷维什指出，随着社会结构的不断变动，劳动力的工会和政治权力也得到发展。这种权力是与上层的权力相对立的。然而，上层的经济权力却不断加强。当再分配权力对增加剩余的那种动力要求构成威胁时，体系就会在社会和政治方面以倒退的形式作出反应，即进行抵制或镇压。普雷维什接着问道："这是一种天定命运吗？还是因为还不善于找到正确的道路？"（3）进行体制变革。普雷维什认为，从集体的观点来看，

---

① 这 9 次军事政变是：阿根廷（1962 年 3 月）、秘鲁（1962 年 7 月）、危地马拉（1963 年 7 月）、厄瓜多尔（1963 年 7 月）、多米尼加（1963 年 9 月）、洪都拉斯（1963 年 10 月）、巴西（1964 年 4 月）、玻利维亚（1964 年 11 月）、阿根廷（1966 年 6 月）。

② 劳尔·普雷维什：《外围资本主义：危机与改造》中文版，商务印书馆 1990 年版，第 9 页。

市场不是经济的最高调节者，因为它既不解决积累问题，也不解决收入分配问题。外围资本主义体系的缺陷必须通过市场以外的集体决策来纠正。因此，他提出"必须实现社会主义和自由主义之间的一种综合"。按他的解释，"社会主义是指资本积累速度和收入分配应当成为集体决策的目标，以纠正结构性差异。自由主义是指生产和消费的个人决策"。也就是说，普雷维什并未因为提出体制变革而主张公有制，而是继续维护私有制。(4) 剩余的社会使用。这是对积累和分配实行集体决策所要求的。①

应该说，普雷维什对于拉美国家当时经历的那场危机的认识是比较深刻的。然而，对于他提出的"体系改造论"，我们暂且不去探讨它的实际可行性如何，在当时右翼军人政权和新自由主义主导的拉丁美洲甚至在舆论上也没有引起多少反响。显然，普雷维什对于右翼军人政权的所作所为和新自由主义改革也是反对的，他写道："谈到经济学家，那些虽然有社会公正观念但和通过使用武力而出现的新的政治当事人共事的人们，其处境实在是悲惨的。他们只能将就地采取货币正统派那些过时的规则，因为他们拿不出别的办法。"②

另一种有代表性的观点是奥唐奈（Guillermo A. O'Donnell）的"官僚威权主义"论。阿根廷政治学家奥唐奈于 1973 年发表《现代化和官僚威权主义：南美政治研究》一书，通过对巴西和阿根廷的案例研究，认为这两个国家分别于 1964、1966 年军事政变而建立的军人政权属于"官僚威权主义"性质，并提出了在后发展国家中，较高的工业化水平可能与民主的崩溃同时出现的观点。作者认为，巴西、阿根廷出现上述现象的主要原因是，两国进口替代工业化的"简易"阶段走向终结，即拉美经济学界所说的出现了"结构性发展危机"。其主要表现是经济增长速度放慢，外汇短缺，产业升级面临引进技术、设备和国内市场狭小等困难，扩大就业的难度加大，等等。与此同时，前期由民众主义（populismo）政权动员起来的民众阶层的社会和政治参与要求却不断高涨。于是，官僚威权主义政权便应运而生。③ 因此，有学者对奥唐奈的论证逻辑做了如下概括：

---

① 参见普雷维什《外围资本主义：危机与改造》一书的第六部分——探求一种改造理论，商务印书馆 1990 年版，第 269—310 页。

② 同上书，第 276 页。

③ 参见吉列尔莫·奥唐奈《现代化和官僚威权主义：南美政治研究》中文版第二章，北京大学出版社 2008 年版。关于拉美的"结构性发展危机"，我们将在下一章中进行论述。

"民众主义阶段因进口替代简易阶段的危机而终结。现在需要为跨国公司提供政治与社会稳定的条件保障，因为跨国公司是拥有缓解这场危机所需要的资本与技术的唯一经济角色。这场危机只能通过建立所谓的官僚威权主义政权和推动工业化进程的深化而获得解决。官僚威权主义政权以外国垄断资本和包括军、文人技术官僚在内的国内同盟者的联盟为基础，致力于排斥和镇压前期由民众主义动员起来的民众阶层。"①

需要指出的是，（1）奥唐奈提出的后发展国家在工业化水平较高的阶段可能出现民主崩溃的观点，与传统现代化理论关于现代化与民主之间关系的论述是不同的，受到了学术界的重视。（2）奥唐奈用进口替代工业化简易阶段终结所引发的冲突来分析巴西、阿根廷当时所发生的危机是具有一定的解释力的，为人们了解那场危机提供了另外一个视角。但是，应当注意，智利和乌拉圭进口替代简易阶段的结束比阿根廷、巴西更早，为何这两个国家在 60 年代依然是南美洲的"民主橱窗"，直到 70 年代才发生军事政变；中美洲国家和厄瓜多尔等国的进口替代工业化 60 年代才真正起步，却在 70 年代的军事政变之风中也未能幸免？因此，用这个缘由去解释 20 世纪 60—70 年代拉美的"民主崩溃"现象恐怕还值得商榷。（3）奥唐奈在书中明确指出，在巴西和阿根廷都存在着"群众普力夺主义"（mass praetorianism）的政治情形，即公民政治参与失控现象。"两国中的政治机构（政党、议会）——它们从来没有特别强大过——甚至被进一步削弱，行政部门成为泛滥的政治要求的首要着眼点。在这种情形下，阿根廷和巴西政变前的政府成了普力夺主义的牺牲品，但也勾结于普力夺主义之中。"② 这种现象可能还需要从民众主义政府的政治动员方式去寻求解释。

第三种有代表性的观点是把拉美的这场危机纳入东西方冲突的框架内来进行解读。这首先是美国对拉美地区形势所作出的一种判断，并成为拉美右翼政治势力，特别是军队的行动指南。战后初期，在东西方冷战背景下，美国政府在西半球也采取了某些防范共产主义的措施，如 1947 年在

---

① Felipe Burbano de Lara y Carlos de la Torre Espinosa, *El Populismo en el Ecuador*, IL-DIS, 1989, Quito, Ecuador, p. 15.

② 吉列尔莫·奥唐奈：《现代化和官僚威权主义：南美政治研究》中文版，北京大学出版社 2008 年版，第 60 页。

里约热内卢与拉美国家签署了《泛美互助条约》、1952—1955 年期间与十多个拉美国家签订了双边军事援助协定，等等，但当时美国政府并不认为拉美存在着共产主义的现实威胁。美国在经援方面对拉美的"冷淡"态度曾招致不少埋怨和批评，例如，在 1947 年举行的里约热内卢泛美会议上，厄瓜多尔外交部长曾代表拉美国家提出一项大胆建议，要求美国实施一个拉美版的"马歇尔计划"，但遭到拒绝。

毫无疑问，1959 年古巴革命的胜利是促使美国改变对拉美地区形势评估的关键性事件。"当许多国家左派恢复活力，游击队运动蓬勃兴起之时，对卡斯特罗主义的'巨大恐惧'席卷了整个大陆。美国修改了它的战略构想。"① 这不仅表现在肯尼迪政府 1962 年对古巴发动武装入侵的军事冒险上，还表现为美国力图在拉美地区采取软、硬两手政策来扭转当时的局势。

软的一手主要表现为"争取进步联盟"（Alianza para el Progreso）计划。该计划以 1961 年 8 月美国与拉美国家签署的"埃斯特角宪章"（Carta de Punta del Este）正式创立。"中心思想是，美国承诺在 10 年内提供 200 亿美元资金，拉美国家因此可以获得追加的资金来推进其改革方案。主要内容包含一体化、规划、税制改革、土地改革，以及社会领域的投资与现代化。"② 相关统计资料表明，1961—1969 年期间，拉美地区在"争取进步联盟"计划框架内获得的各种贷款总计达到 186 亿美元。③ 应该说，这个迟到的拉美版"马歇尔计划"在推动拉美的经济增长与扩大基础设施建设等方面是起了积极作用的，但在社会改革领域却乏善可陈。

硬的一手则主要表现为把拉美国家的军队动员起来，投入一场"反颠覆"战争。"面对'共产主义颠覆'的危险，大陆的军队为反革命战争而严阵以待。国家安全取代了国防。在华盛顿的鼓励下，军方危言耸听提高警觉的结果是，在他们眼中到处都是共产主义。对社会进行变革的任何一种努力，特别是如果得到当地左派政党的支持，就都会不分青红皂白地被贴上革命的标签。所以在 1962—1966 年，新的冷战'十字军'在本地区

---

① 阿兰·鲁基埃：《1930 年以来拉丁美洲政治中的军人》，载莱斯利·贝瑟尔主编《剑桥拉丁美洲史》中文版第六卷（下），当代世界出版社 2001 年版，第 259 页。

② Rosemary Thorp, *Progreso, pobreza y exclusión: Una historia económica de América Latina en el siglo XX*, BID y Unión Europea, 1998, p. 154.

③ Ibid., p. 155, Cuadro 5. 2.

发动 9 次政变，作为一种预防措施，军队推翻了那些被他们视作对共产主义'温和'或者与美国的团结'半心半意的'政府。"[1]

第三节 经济增长与社会发展的失衡

20 世纪 70 年代，联合国拉美经济委员会在当时联合国制定的"国际发展战略"（Estrategia Internacional del Desarrollo）框架下，对拉美国家战后时期的发展进行过三次评估。[2] 三次评估的共同结论是："在经济变量方面实现的增长往往并没有在人类福利与社会正义方面带来相应的质的变化。诸如群众性贫困、生产体系不能为不断增加的劳动力提供就业、广大居民阶层缺乏经济和社会参与等严重的问题，都证明了上述结论。"[3] 下面，我们分别从劳动就业、劳动力受教育程度、收入分配、社会贫困等几个主要层面对上述结论作具体的解读。

拉美地区经济自立人口（15—64 岁）由 1950 年的 5500 万人上升到 1980 年的 1.18 亿人，净增 6300 万人，增长 1.15 倍，劳动力增长幅度与总人口增加幅度基本一致。[4] 在这 30 年间，劳动力分布出现了由农业部门向非农业部门的大量转移，农业部门劳动力占比由 1950 年的 54.7% 降为 1980 年的 32.1%，降低了 22.6 个百分点；非农业部门劳动力占比则上升了 23 个百分点，由 44.1% 上升到 67.1%。[5] 这说明，在拉美国家战后的工业化进程中，城市工业和服务业部门为农村剩余劳动力的转移发挥了重要作用。拉美国家的问题在于，在大批劳动力由农业部门转向非农业部门的同时，这两大部门中非正规就业所占的比例并未减少。1950—1980 年，农业部门非正规就业由占 59.5% 降为 58.8%，仅减少 0.7 个百分点，

————————

① 阿兰·鲁基埃：《1930 年以来拉丁美洲政治中的军人》，载莱斯利·贝瑟尔主编《剑桥拉丁美洲史》中文版第六卷（下），当代世界出版社 2001 年版，第 259 页。

② 三次评估指：1973 年的基多评估；1975 年的恰瓜拉马斯（Chaguaramas，特里尼达和多巴哥）评估；1977 年的危地马拉评估。

③ CEPAL，*América Latina en el umbral de los años 80*，p. 89. Santiago de Chile，1980.

④ 国际劳工组织：《经济自立人口，1950—2025 年》第 3 卷，1986 年。

⑤ 国际劳工组织：托克曼和加西亚 1981、1984 年研究报告；加西亚 1982 年研究报告。转引自苏振兴主编《拉美国家现代化进程研究》，社会科学文献出版社 2006 年版，第 414 页。

正规就业由占 40.5％上升至 42.1％，仅增加 1.6 个百分点；同期，非农业部门中非正规就业由 30.6％降为 28.9％，仅降低 1.7 个百分点，正规就业由 69.4％上升至 71.1％，仅增加 1.7 个百分点。① 可见，无论是非正规就业的减少还是正规就业的增加，都是微不足道的，或者说，拉美国家在经历 30 年快速的工业化进程之后并没有改变非正规就业大量存在的初始局面。

究其基本原因，其一，从农业部门看，鉴于农村大地产与小地产并存的土地占有制度没有改变，农业的现代化主要表现为传统大型农牧业经营单位以机械化、化学化等为中心的"技术现代化"过程，将大批农业劳动力排挤出来，以小地产为基础的小农大多数依然保持传统经营方式，且无法承载日益增加的家庭劳动力。其二，从工业部门看，进口替代工业化过分依赖于引进发达国家的先进技术，具有技术密集型的特点，加上工业产品受制于国内销售市场的限制，都不利于创造更多的就业机会，特别是当各国的非耐用消费品生产先后面临国内市场饱和的局面时，工业部门创造就业的能力就进一步下降。其三，各国政府普遍对劳动者自主创业规定的"门槛"过高，缺乏相应的鼓励政策。在这种情况下，大批从农村进入城市的劳动力无法在现代工业和现代服务业中找到正规就业机会，只能去从事各种自谋生计的服务业或受雇于属于非正规经济的微型企业。因此，拉美国家城市就业"第三产业化"和"非正规化"的现象一直与战后的工业化进程相伴而行，特别是在 70 年代进口替代工业化模式面临结构性危机时，城市就业的"非正规化"现象也空前加剧。

拉美国家的非正规就业通常包括四个部分：受雇于微型企业（5 个工人以下）、家庭服务、自谋生计者和传统农业，前三者统称"城市非正规经济"。这些就业者的共同特点是收入偏低，或者说，他们中的大部分人处于就业不足（subempleo）状态。1950 年，拉美地区处于公开失业和就业不足状态的劳动力占劳动力总数的 50％，1980 年这一比例仍高达 46％。1950—1980 年期间，拉美地区平均城市公开失业率始终低于 4％，作为由发展中国家组成的地区，上述城市公开失业率水平并不算高。但是，隐蔽性失业现象却非常严重。拉美的有关专业机构曾采用某种方式将

① 国际劳工组织：托克曼和加西亚 1981、1984 年研究报告；加西亚 1982 年研究报告。

就业不足换算成"等同失业"。根据 14 个国家（其劳动力占地区劳动力总数的 95％）的统计，1980 年，在城市非正规部门就业者占 19.4％，在传统农业部门就业者占 22.6％，即处于就业不足状态的劳动力合计占劳动力总数的 42％，将其换算成"等同失业率"则为 16％；加上当年 14 国的平均城市公开失业率 3.9％，14 国的平均总失业率达到 19.9％。[①] 以 1980 年拉美劳动力总数 1.18 亿计算，处在非正规就业或就业不足状态的劳动力将近 1900 万人。非正规就业是不受劳动法保护、不进入社会保障体系的。

劳动力受教育程度的提高是改善其就业与收入的重要因素。1950 年以后的 30 年，拉美国家的教育从总体上说有了较大的发展。1950 年，15 岁以上人口受教育的情况是，小学水平的占 50％多一点，中学水平的占 6％，大学水平的占 1％，平均受教育年限为 2.2 年；文盲率为 42％。[②] 1980 年，根据拉美 23 个国家的统计，小学注册率平均为 82.3％；中学注册率超过 50％的国家达到 18 个；大学适龄青年入学率超过 10％的国家有 20 个，其中 11 国达到 20％—45％。[③] 在上述背景下，各国劳动力受教育水平普遍有所提高。表 1—4 的数据显示，劳动力受教育水平的高低与国家经济发展水平之间存在着一定的联系，例如，阿根廷、智利、乌拉圭三国劳动力受教育水平最高，文盲率最低，而洪都拉斯则是拉美经济落后国家的代表，劳动力受教育水平最低，文盲率最高。但是，在其他国家中，就很难单纯用经济因素来解释教育水平的高低，例如，巴西和墨西哥恰恰是这组国家中教育水平最低的，特别是明显低于哥斯达黎加、巴拿马和秘鲁，这种差异性恐怕更多地与各国的人口、地域因素和某些历史、文化传统相关。不过，从总体上说，拉美国家劳动力受教育水平是偏低的，这主要是教育制度问题。拉美国家的教育制度存在着严重的精英教育倾向，国家教育开支重点向高等教育倾斜，使高收入的社会阶层成为主要受益者；初等教育不受重视，并长期存在入学率较高，辍学率和留级率也很高的现象。

---

① CEPAL, *La dinámica del subempleo en América Latina*, Santiago de Chile, 1981, p. 11.

② 联合国教科文组织：《拉丁美洲的人口、经济、社会与教育状况》，布宜诺斯艾利斯，阿根廷，索拉尔/阿切特出版社 1966 年版，第 68 页。

③ 拉美经济委员会：《拉美、加勒比统计年鉴，1985 年》。

表1—4   拉丁美洲：1970年前后劳动力教育指数

国家	经济自立人口平均教育水平（上学年数）	经济自立人口文盲比例（百分比）
阿根廷	7.2	4.0
巴西	3.1	36.0
哥伦比亚	3.9	21.6
哥斯达黎加	4.8	10.8
智利	5.8	8.2
洪都拉斯	2.5	42.5
墨西哥	3.5	27.1
巴拿马	5.2	17.1
秘鲁	4.5	19.3
乌拉圭	5.7	4.9
委内瑞拉	3.6	…

资料来源：拉美经济委员会和教科文组织：《拉丁美洲社会分层与社会流动研究》，1975年。

收入分配不公是拉美国家的长期历史现象，但是，由于缺乏不同时期的、具有可比性的统计资料，一般都很难对70年代以前拉美国家收入分配状况的具体演变做出具有可信性的判断。根据拉美经济委员会提供的一份比较权威的统计资料，我们可以对1970年前后拉美国家的收入分配情况有一个基本的了解和比较。

表1—5选择的10国包含了拉美各个不同的发展层次和不同经济规模的国家，是具有代表性的。这组数据首先给人的印象就是拉美国家收入分配的集中度高，基尼系数除阿根廷为0.44之外，其余9国均在0.48—0.66之间，因而拉美被称为世界上收入分配最不公平的地区。从人均GDP的水平看，当时仅有阿根廷和委内瑞拉超过1000美元，其他国家都还没有达到1000美元的水平。从收入分配的集中程度看，上述10国大体可以分为三类。第一类是巴西和洪都拉斯，集中程度最高。巴西10%最高收入家庭占了总收入的58.7%，而40%最低收入家庭只占5.6%，前者的平均收入为后者的43倍。洪都拉斯两者分别占总收入的52.2%和6.6%，前者的平均收入为后者的32倍。洪都拉斯人均GDP仅275美元，比其他所有国家都低得多，说明收入分配的公平程度并不取决于经济发展

水平，主要与各国自身的社会经济特点密切相关。第二类是哥伦比亚、墨西哥、秘鲁和巴拿马。这类国家的共同特点是，10％最高收入家庭占总收入的比重在 43.5％—50％之间，略低于第一类国家，因而这组家庭与40％低收入家庭之间平均收入的差距也略小，哥伦比亚为 31 倍，墨西哥为 24 倍。第三类国家是阿根廷、哥斯达黎加、智利和委内瑞拉。这类国家收入分配的集中程度明显低于前两类国家，10％最高收入家庭与 40％最低收入家庭之间的平均收入差距在 13—15 倍之间，基尼系数也都在0.50 以下。

表 1—5　　　　　　　　　拉丁美洲：家庭收入分配状况

国家	年份	人均 GDP（1970年美元价格）	按家庭收入高低分组及各组所占％						基尼系数
			0—20	21—40	41—60	61—80	81—90	91—100	
阿根廷	1970	1208	4.4	9.7	14.1	21.5	15.1	35.2	0.44
巴西	1972	539	1.6	4.0	7.1	14.2	14.4	58.7	0.66
哥伦比亚	1972	575	2.0	4.5	9.5	17.9	16.0	50.1	0.61
哥斯达黎加	1971	684	3.3	8.7	13.3	19.9	15.3	39.5	0.49
智利	1968	823	3.7	8.3	13.1	20.4	16.2	38.3	0.48
洪都拉斯	1967	275	2.0	4.6	7.5	16.2	17.5	52.2	0.63
墨西哥	1967	800	2.6	5.8	9.2	16.9	16.2	49.3	0.59
巴拿马	1970	868	1.7	5.3	11.2	20.4	17.8	43.5	0.57
秘鲁	1972	555	1.5	4.2	9.6	20.0	18.5	46.2	0.60
委内瑞拉	1971	1163	2.8	7.0	12.6	22.7	18.6	36.3	0.50

资料来源：拉美经济委员会和世界银行关于拉美收入分配的衡量与分析课题组。

关于拉美国家收入分配的变动趋势，拉美经济委员会当时明确指出："除了某些暂时性的起伏变动之外，可以断定，60 年代期间，本地区主要国家收入集中的总体程度没有缩小，在某些国家还明显地加大了。此外，近年来拉美经济增长速度的放慢和经济政策的转向无疑已造成了大部分国家收入分配不公的进一步恶化。"[①]

最后，我们来看看拉美国家的社会贫困状况。表 1—6 的统计数据表

[①]　CEPAL，*América Latina en el umbral de los años 80*，p. 83. Santiago de Chile，1980.

明，1970年前后，拉美地区处在贫困线以下的家庭占家庭总数的40%。这就是说，无论从收入分配结构还是从社会贫困状况来看，虽然各国中产阶级的数量都有所增加，但绝大多数拉美国家的社会阶层结构依然是传统的"金字塔型"结构。从城市和农村两个部分来看，依然是农村贫困程度远远高于城市。从国家层面来分析，贫困程度的高低和收入分配集中程度的高低存在着很大的相关性，收入分配集中程度高的国家社会贫困程度也高。因此，表1—6中的10国同样可以分为三种类型。第一类是巴西、洪都拉斯、哥伦比亚和秘鲁，其中巴西城市与农村的贫困家庭分别占35%和73%，洪都拉斯分别占40%和75%，哥伦比亚和秘鲁的全国贫困家庭比例也分别为45%和50%。第二类是哥斯达黎加、墨西哥和委内瑞拉，全国贫困家庭比例分别在24%—34%之间。第三类是阿根廷、乌拉圭和智利，全国贫困家庭比例都在20%以下，其中阿根廷仅为8%。

表1—6　　　　　　　　1970年前后部分拉美国家的贫困状况

国家	贫困线以下家庭占%			赤贫线以下家庭占%		
	城市	农村	全国	城市	农村	全国
阿根廷	5	19	8	1	1	1
巴西	35	73	49	15	42	25
哥伦比亚	38	54	45	14	23	18
哥斯达黎加	15	30	24	5	7	6
智利	12	25	17	3	11	6
洪都拉斯	40	75	65	15	57	45
墨西哥	20	49	34	6	18	12
秘鲁	28	68	50	8	39	25
乌拉圭	10			4		
委内瑞拉	20	36	25	6	19	10
拉丁美洲	26	62	40	10	34	19

资料来源：奥斯卡·阿尔蒂米尔：《拉丁美洲贫困的规模》，第83页。联合国拉美经济委员会出版，智利圣地亚哥，1979年。

根据上述情况，拉美经济学界曾做出一种判断，认为拉美国家处于"一种半发展状态"（una situación de semidasarrollo）。其主要特点，一是生产结构长期处于混杂化（heterogeneización）状态，即先进的生产部门与传统落后的生产部门持续并存；二是社会的两极化（polarización），表现为资产所有权和收入分配集中于社会上层，"一极是繁荣以至富足，另一极则是持续的贫困"。① 从社会整体来看，经过战后 30 年的发展，各国的社会财富都增加了，因而解决社会公平问题的能力也增加了，但却没有去做。主要原因就在于，在社会强势集团与社会弱势集团的冲突中，国家政权没有发挥它应有的社会治理能力，未能有效地协调不同社会集团之间的利益冲突，未能进行有效的制度变革。因此，在现代化过程中被动员起来的广大民众阶层就逐渐由"期望的革命"转向"失望的革命"，由此引发社会参与危机。

第四节　扩大政治参与的困境

在拉美国家，民众实现社会参与的障碍在很大程度上是源于政治参与的障碍。这种状况是由拉美国家独特的历史发展进程所决定的。拉美国家自独立以来所形成的国家政权是一种由大地产主阶级把持的寡头政权。在拉美还有一种形象的说法：某某国家是由多少个家族组成的国家。它所反映的是国家权力与财富的高度集中。"寡头统治排斥广大群众的参与，而求助于种族、文化优越性、传统、效率等标准。这些标准在任何情况下都意味着拒绝承认社会的其他组成部分是享有权利与选择的人，也就是说，拒绝承认他们是一个民族社会的组成部分。"② 寡头阶级所强调的种族、文化和传统，无非是来自欧洲的白人种族、来自欧洲的语言文化和天主教传统，都是地道的殖民地遗产。独立后的拉美国家不仅继承了殖民地时期的大地产制度、社会等级制度、专制主义的政治文化传统，等等，而且将欧洲殖民者的种族歧视观念内化为一种国内政策。例如，尽管奴隶制度最终被废除了，但获得解放的奴隶并没有获得应有的政治权利和土地等生活

---

① 劳尔·普雷维什：《外围资本主义：危机与改造》中文版，商务印书馆 1990 年版，第 9 页。

② Enzo Faletto y Germán Rama，*Cambio Social en América Latina*，Pensamiento Iberoamericano No. 6，Julio-Diciembre 1984，Madrid，España，p. 15.

依托。因此，时至今日，人口超过 1 亿的"非洲人后裔"依旧是拉美国家人数最多的贫困群体。同样，拉美数千万印第安人的命运也没有因为殖民制度的消亡而有所改善，依然生活在社会的最底层，除极少数国家外，印第安人的语言文化得不到官方承认，双语教学的目标始终没有实现，如此等等。

当然，也不能说拉美国家寡头阶级的社会行为与思想观念一成不变。随着资本主义生产方式的扩展，昔日的土地寡头或农牧业寡头也纷纷向资本主义的经营方式转变，他们也不反对经济现代化。例如，50 年代，拉美学术界曾把这个阶级的意识形态概括为"现代传统主义"（tradicional-ismo moderno），即主张推动经济增长和现代化，但要避免在社会结构、价值观念和权力分配方面进行变革，或者至少要把这类变革压缩到最低限度。① 也就是说，这个阶级并不公开反对现代化，更不反对发展资本主义，但他们所追求的只是扩张自己的财富和权力，只是追求他们所青睐的资本主义积累模式。因此，在拉美国家，国家（Estado）成为推进现代化、扩大政治和社会参与的最大障碍，"民族社会的建设要求事先摧毁殖民地的或寡头的权力形式"。拉美国家的军队诞生于独立战争那个"英雄年代"，自认为是独立运动造就的寡头政权的"法定监护人"。

拉美国家的资产阶级，特别是工业资产阶级，是在 19 世纪中期以后的早期工业发展阶段和进口替代工业化阶段中逐渐成长起来的，其成员的相当一部分就是由昔日的农牧业寡头演变而来的。因此，这个阶级不仅有其先天的局限性和软弱性，而且是在强大的传统势力和帝国主义势力的夹缝中求生存、求发展。在此背景下，拉美国家扩大政治参与的进程（有些拉美学者把这个进程同时理解为"民族社会建设"进程）出现了三种不同的形式：民众主义形式、资产阶级代议制民主形式、民族民主革命形式。然而，历史的发展也证明，在绝大多数情况下，这三种形式都不太成功。我们可以通过一些有代表性的案例来进行分析。

拉美民众主义（populismo）是 20 世纪初期伴随资产阶级登上政治舞台而出现的，是一种资产阶级性质的改良主义思潮。随着 30—40 年代一批具有民众主义思想的政党上台执政，民众主义就成为拉美国家扩大政治参与的一种重要形式。民众主义政权主张走工业化道路，强调建立独立的

---

① CEPAL, *Desarrollo y cambio social en América Latina*，Santiago de Chile，1977，p. 7.

民族经济和发展国内市场；力图通过扩大城市中产阶级和广大民众阶层的政治参与来壮大自身的力量，以求实现削弱寡头阶级权力的目的；在对外政策上实行平衡外交，甚至公开举起反对帝国主义的旗帜。因此，无论是西方国家还是国内的右翼势力历来对民众主义政权采取批判与否定态度。

民众主义政权扩大政治参与的方式多种多样，例如，改革选举制度，实行男女公民普遍选举权制；扩大国家的规模，既扩充官僚队伍，也扩大公共就业；推行职团主义（corporativismo），首先是重视工会作为职业团体的重要性，从建立基层工会到行业工会再到全国性的工会联合会或总工会，形成强大的工会体系，其中阿根廷庇隆政府被认为在发展工会势力方面达到了登峰造极的地步，而墨西哥卡德纳斯政府则因为在工人、农民、青年、妇女等各方面都建立起强大的职业团体而更胜一筹；颁布劳工法，建立劳工合同集体谈判制度、最低工资制度、社会保障制度；进行土地改革，或者以牺牲农牧业部门的利益来支持工业发展；建立国有企业，增加国家投资，强调国家对经济的干预，或实行国有化政策，如墨西哥 30 年代的石油国有化；大力宣扬那些卡利斯玛式的领袖人物的魅力和权威，并沿用拉美传统政治文化中的政治庇护主义（clientelismo），来获取民众的支持或追随，如此等等。

然而，民众主义在拉美政治舞台上却呈现一种兴衰交替的现象。综观拉美民众主义政权的执政经历，一种带普遍性的现象是，在经济政策方面缺乏对整个国民经济的全局与长远发展的统筹规划，或缺乏循序渐进的务实精神，往往造成经济部门间的严重失衡或者恶性通货膨胀；在社会政策领域则具有"超前"偏好，往往使社会支出超出国家财政的承受能力，最终难以为继；在舆论宣传方面往往过于激进，人为地加剧了国内的舆论对立与政治紧张，如此等等。当经济形势恶化，国家无法继续满足原有的福利水平时，就连原来追随的民众也可能离民众主义而去。不过，这些弱点并不是导致民众主义在政坛上难以持久的主要原因，更带根本性的原因是国内的保守势力与国外的帝国主义势力不能容忍哪怕是比较温和的社会变革运动在拉美出现。

在我们所讨论的 20 世纪 50—70 年代期间，最先出现这种交替的是阿根廷庇隆政府于 1955 年被右翼军事政变推翻。正如有学者评论指出："作为庇隆主义活动方式基础的职团主义是一场参与危机的产物。这场参与危机之所以爆发，是因为此前的政治体系没有能够解决民众阶层和中等阶层的被排斥问题。"① 尽管庇隆主义 10 年当政并未从根本上解决政治参与问题，但毕竟在很大程度上缓解了社会冲突。在庇隆政府被推翻后的 18 年间，阿根廷经历了专制政府与文人政府的频繁交替，但始终没有能够调和民众阶层的参与要求与传统权力中心的排斥态度之间的矛盾。1973 年再度执政的庇隆政府于 1976 年又被右翼军事政变所推翻。阿根廷的政治体系便在"开放"与"封闭"之间周期性地交替。

巴西在三四十年代深受瓦加斯主义的影响。从民众主义的角度来观察，瓦加斯的作用更多的是体现在促成巴西由初级产品出口模式向内向工业化模式的转变，并强化国家对工业化进程的主导。在扩大民众阶层的政治和社会参与方面，瓦加斯政权并没有表现出多大的开放度，而是以一种"家长式"的统治扮演着某些民众阶层"保护者"的角色。进入 50 年代以后，随着巴西工业化、城市化进程的加速，民众阶层和中等阶层的参与要求也急剧扩大，而巴西的政治体系并未为此做好准备。1954 年上台的夸德罗斯政府及后来的古拉特政府在扩大政治参与方面表现出比瓦加斯主义更强烈的民众主义色彩，然而，不过几年的光景，右翼军事政变就发生了。"在巴西，由快速的都市化和社会流动所引起的社会动员与政治体系的排斥性质结合在一起，很快便超越了保持统治体系平衡的可能性。"②

人们或许会提出问题，墨西哥 30 年代的卡德纳斯政府同样属于民众主义类型，而墨西哥的革命制度党自 20 年代起连续当政达 70 年之久，那么，为何墨西哥同样没有能够避免参与危机的发生？首先，应当强调，我们在指出部分拉美国家在民众主义当政时曾一度开放了政治参与渠道，但并不等于我们就认为民众主义真是解决拉美国家扩大政治参与问题的可行选择。扩大政治参与的过程是一个不断深化的制度变革过程。民众主义在一些拉美国家的实验表明，他们并不十分关注制度变革。因此，民众主义实验即便不被右翼军人统治所打断，也不见得一定能够成功。其次，卡德纳斯在墨西哥的民众主义实验虽然没有被右翼军事政变所摧毁，但也没有被后来的政府所继承。后来的革命制度党政府把主要精力放在了完善"一党独大"的统治制度方面。1968 年大规模学生运动的爆发无疑是墨西哥

---

① Carlos Filgueira, *El Estado y las Clases: Tendencias en Argentina, Brasil y Uruguay*, Pensamiento Iberoamericano No. 6, Julio-Diciembre de 1984, Madrid, España, p. 42.

② Ibid., p. 44.

参与危机的一次集中体现。这次运动虽然遭到政府残酷镇压，却"从根本上震撼了现存制度"。"当许多人忙于痛苦的反思时，另一些人转向了暴力。恐怖主义团体开始在城市出现，最著名的是 9 月 23 日联盟，起来造反的农民遁入山区。"① 一个有趣的现象是，在那次学生运动以后上台的埃切维里总统，不仅提出了"分享发展"的口号，而且把那次学生运动中的一批骨干分子都吸收到政权体系中来，表现出"一种高度民众主义的色彩"。

拉美国家中通过资产阶级代议制民主形式来解决政治参与的例子并不多。正如智利社会学家法莱托所说："民主作为构建政治共同体的方式相对少见，因为它要求一个已经现代化的社会，要求中等阶层已经得到发展，而这些条件往往都不具备。"② 乌拉圭被认为是拉美国家中通过民主形式扩大政治参与的典型案例。这既得益于乌拉圭较为独特的社会经济发展进程，更应归功于红党领袖巴特列—奥多涅斯（1903—1907 年和1911—1915 年执政）的成就。"巴特列成功地行使了中央政府的权力，最终结束了地方考迪罗主义。这一成功，加上土地所有主阶级在执政的红党里面没有足够的代表，加强了他在土地所有主阶级的要求与正在加强的城市工人阶级与中等阶级的要求之间进行协调的能力。这样，保护工业的政策，扩大国有部门的政策，以及提供教育的政策，都促进了企业和社会的流动性。与此同时，政治过程表明它对城市工人阶级的要求是敏感的。在城市工人阶级中间，工会和左翼政治团体正在移民人口中建立基础。要维持由两个传统政党即红党和白党（也叫民族党）支配的政治制度，就需要一个支持劳工和社会地位低下的人们的立法机构，这个机构的作用是为红党争取那些以阶级为基础的组织的群众支持。因此，巴特列推动了国家作为相互冲突的社会各阶级的调解人的作用。"③

巴特列奠定的通过民主形式缓解社会冲突、扩大政治参与的机制在乌拉圭延续了将近半个世纪。如前所述，乌拉圭的进口替代工业化于 50 年

---

①　彼得·史密斯：《1946 年以来的墨西哥》，《剑桥拉丁美洲史》中文版第七卷，经济管理出版社 1996 年版，第 132 页。

②　Enzo Faletto y Germán Rama, *Cambio Social en América Latina*, Pensamiento Iberoamericano, No. 6, Julio-Diciembre de 1984, Madrid, España, p. 15.

③　亨利·芬奇：《1930 年以后的乌拉圭》，《剑桥拉丁美洲史》中文版第八卷，当代世界出版社 1998 年版，第 196 页。

代中期失去活力，经济与社会形势逐渐恶化。在此背景下，长期执政的红党于1958年第一次丧失政治权力，让位于代表农牧业主利益的白党。以此为分界线，政府的政策越来越集中于应付短期的紧张局面和解决眼前的冲突，逐渐丧失预见和防范未来后果的能力。矛盾和冲突的积累导致了60年代末政治体系危机的爆发。一方面，社会—政治冲突日益激进化，另一方面，政府的社会政策却走向僵化（如冻结工资，强化对民众动员的控制，等等）。于是，大批民众向国外流亡，"图帕马罗斯"游击队开始进行武装反抗。1973年，乌拉圭发生右翼军事政变，南美的"民主橱窗"终于出现"体制崩溃"。

从1932年亚历山德里政府上台到1973年阿连德政府被右翼军事政变推翻，智利的资产阶级代议制民主体制持续了40年之久。与1958年以前的乌拉圭由红党一党执政的局面不同，智利在上述40年间的政治舞台是一种多党竞争、政党不断轮替的格局，因此，智利曾一度被称为拉美的"民主范例"。但是，政党轮替也使智利政局具有一种左、右交替的特点，40年中大体出现了四次周期性交替。1932年上台的亚历山德里政府虽然在拯救受到大萧条沉重打击的国民经济方面有所建树，但在镇压工农运动和限制左翼占多数的国民议会的权力方面却是不遗余力的。1938—1946年的前两届"人民阵线"政府一面大力推进国家工业化，一面进行制度变革，恢复诸如罢工权、结社权、出版权等公民权利，扩大工会组织，发展国民教育，等等。1946—1964年，先是魏地拉领导的第三届"人民阵线"政府的右转，实行公开的反共政策和镇压民主运动，继而是1952年前独裁者伊瓦涅斯东山再起和1958年豪尔赫·亚历山德里政府上台，成为一个右翼势力回潮的时期。其后，1964—1970年由爱德华多·弗雷领导的基督教民主党政府推行以"铜矿国有化"和"土地改革"为中心的温和改革；1970—1973年由社会党人阿连德领导的"人民团结"政府实行"向社会主义过渡"的激进改革，直至1973年9月被右翼军事政变推翻。智利从此进入长达16年的军事独裁时期。

因此，尽管智利的民主体制保持了40年之久，但各届政府在社会与政治变革方面不是采取一种有连续性的、累积式的政策，而是贯穿着一种变革与反变革的斗争，甚至是一种进一步、退两步的做法，终究无法解决广大民众的参与问题。其中，皮诺切特军政府废除前阿连德政府的全部改革，包括将征收的土地归还原主，对左翼政治力量实行空前残酷的镇压，等等，可谓达到了登峰造极的地步。智利政坛这种左、右交替的周期性变动，加上自50年代以来经济的波动与停滞，导致了政治、社会参与进程的反复，政治集团之间斗争的激化，以及政党体制的僵化。这些因素"逐渐表现为社会、政治和文化共识的大大削弱，而这些共识正是前期的工业化阶段和依据1925年宪法所建立的全部政治架构赖以运行的基础。到60年代末期，罢工的次数和卷入罢工的工人（1967—1971年间达到150万人）比前5年增加一倍，呈现出权益要求与政治动员相结合的特点，社会抗议扩展至学生、城市边缘化民众和农民等广泛的阶层。这种共识被消损的局面于70年代初期达到顶峰，终于以1973年萨尔瓦多·阿连德总统被推翻和代议制民主体制的崩溃而结束"。[1]

拉美战后的民族民主革命往往发生在那些经济上落后，政治上还受到外部势力强烈支配的地方。在这些地方，即便经济上出现了追赶整个地区现代化潮流的趋势，但如果不能突破帝国主义及其代理人的政治统治，则不可能出现自主性的工业化过程，更不可能实现中、下社会阶层的民主参与。"民族建设不论过去和现在都在不同程度上与依附状态联系在一起。对某些国家而言，特别是中美洲和加勒比，新殖民主义、直接的军事干涉，以及代表帝国主义的代理人国家等现实状况，使得民族问题成为分析不同社会集团行为的主轴。反帝国主义的民族革命模式在那里占主导地位。"[2] 在我们所讨论的1950—1980年期间，拉美国家所发生的民族民主革命主要有危地马拉革命、玻利维亚革命、古巴革命和尼加拉瓜革命。古巴革命已在民族民主革命胜利的基础上把古巴引向了社会主义发展道路，我们不打算就此展开讨论。其他三场革命对于我们所要讨论的问题却具有重要意义。

危地马拉在19世纪70年代开始的拉美现代化浪潮中出现了"咖啡繁荣"和所谓"第二代自由主义"。然而，自由主义仅限于自由贸易政策和开发土地市场，即征用教会和印第安人的土地来鼓励咖啡生产和出口。政治上长期的专制主义统治不仅堵塞了民众阶层的政治和社会参与渠道，而

① Javier Martinez y Eugenio Tironi, *La Estratificación Social en Chile*, Pensamiento Iberoamericano No. 6, Julio-Diciembre de 1984, Madrid, España, p. 97.

② Enzo Faletto y Germán Rama, *Cambio Social en América Latina*, Pensamiento Iberoamericano, No. 6, Julio-Diciembre de 1984, Madrid, España, p. 16.

且为帝国主义势力的扩张提供支持。1944年10月发生的革命是以中产阶级为主的左翼政治力量试图改变上述局面的一次重要尝试。这场革命先是以暴动方式结束了长达13年的乌维科个人独裁统治，继而是阿雷瓦洛政府（1944—1950年）和阿本斯政府（1952—1954年）的10年变革。在阿雷瓦洛政府时期，变革的主要内容是通过重新制宪、颁布新劳工法、发展教育等途径，为民众提供了基本政治权利保障，壮大了工会组织的力量和影响，拓宽了政治参与的渠道。阿本斯政府时期的变革则主要集中于分配土地和缩小美国联合果品公司对国民经济的控制权。1950年公布的土地占有资料表明："总人口的2％控制了全部可耕地的74％，而76％的农业单位仅能获得9％的土地；农场总数中84％的农场平均拥有土地不足17英亩；如将9英亩视为一般家庭维持生计所需的最低数量，那么农场总数中21％的农场平均拥有不足2英亩。这一极端不平衡状态起因于咖啡种植园和香蕉种植园的巩固。"[①] 政府领导的土地改革只是在两年内共征收了91.8万英亩土地，其中大部分是联合果品公司控制的土地，分配给了8.8万农户。相对于当时的土地占有状况，这场土改是极其温和与不彻底的。为打破联合果品公司对通往加勒比海巴里奥斯港铁路线的控制，政府也只是另建了一条国有公路。然而，这场延续10年的革命，于1954年因美国策划的一次武装叛乱而归于失败，危地马拉又回复到漫长的专制主义统治。

玻利维亚自30年代以来经历了资本主义大萧条和查科战争失败的双重打击，作为国民经济命脉的矿业生产和贸易逐渐被美国资本所控制。与此同时，国内主张变革图新的政治势力也日渐崛起，其中以民族主义革命运动（MNR）及其所影响的工会组织势力最大。1952年4月，民族主义革命运动在拉巴斯发动武装起义，经过三天激烈巷战，瓦解了政府军，夺取了国家政权。

民族主义革命运动领导人埃斯登索罗和西莱斯先后领导的革命政府主导玻利维亚政坛12年，进行了诸如矿山国有化、土地改革、建立普选制度、实行教育改革和社会福利计划、重新建立武装部队等一系列重要改革。然而，这场革命最终还是失败了，以1964年巴里恩托斯将军发动的

---

① 詹姆斯·邓克利：《1930年以来的危地马拉》，《剑桥拉丁美洲史》中文版第七卷，经济管理出版社1996年版，第239页。

军事政变而告终。关于玻利维亚革命失败的原因，历史学家们从多个层面做了分析，其中有几点看法是基本一致的。第一，革命政府治国的经验与能力明显不足。民族主义革命运动并未因革命政府的建立而成为领导核心，实际上，国家机器是由民族主义革命运动的领导层、以矿工为主的强大工会组织、农民组织、中产阶级组织等共同分享。每个集团都想通过国家政权来满足自身的福利要求，导致中央政府逐渐滑向"分配主义"的歧途，各集团的领导层则借此而推行传统政治文化中的"庇护主义"，以壮大各自的势力。在当时国家财政十分困难的背景下，"分配主义"政策迅速导致了恶性通货膨胀。[①] 第二，革命政府政治上的右转。面对严重的经济困难，革命政府先是于 1955 年颁布新石油法，允许外国公司在玻利维亚勘探和开采石油，于是，美国石油公司迅即进入玻利维亚。革命政府刚上台时曾大张旗鼓地搞国有化，将包括由美国资本控制的三大锡矿公司收归国有，短短几年，又转向对外资开放石油资源。1956 年，革命政府又接受美国提出的"稳定化计划"，以停止滥发货币、冻结工资、取消基本生活品价格补贴、重建军队等为条件，获得美国的财政支持。第三，民族主义革命运动自身的分裂。民族主义革命运动本来就不是一个思想上和组织上高度统一的政党。政府政策的大幅摇摆更成为加速内部分裂的催化剂。1959 年，以原外交部长瓦尔特·格瓦拉·阿尔塞为首的一派分裂出去，另组政党。1964 年，以工会领导人胡安·莱钦为代表的一派又另组左翼民族主义革命党，更使民族主义革命运动大伤元气。以至于埃斯登索罗 1964 年 5 月第三次竞选总统时，不得不拉军方将领巴里恩托斯将军作为竞选搭档。选举获胜不到半年，巴里恩托斯就发动了右翼军事政变。"民族主义革命运动党领导的玻利维亚革命旨在建立一种国家资本主义制度和一个现代工业化国家，1964 年 11 月的军事政变，宣告了这一革命目标的落空和为时 12 年之久的玻利维亚革命的结束。此后，玻利维亚过渡到了一个'拉美独裁统治模式'框架内的军人政权时期。"[②]

尼加拉瓜桑地诺民族解放阵线经过长期武装斗争，于 1979 年 7 月推翻了统治该国 40 多年的索摩查家族亲美独裁政权；摧毁了旧军队——国

①　Julio Cotler, *La Construcción Nacional en los Países Andinos*, Pensamiento Iberoamericano, No. 6, Julio-Diciembre de 1984, Madrid, España, p. 127.

②　曾昭耀：《玻利维亚》，社会科学文献出版社 2005 年版，第 143 页。

民警卫队，建立了桑地诺人民军；成立了桑地诺主义政党；没收了索摩查家族的财产；进行了土地改革；制订了国营、私营和合营等多种经济成分共存和多元政治的施政纲领，等等。与危地马拉革命和玻利维亚革命相比，尼加拉瓜革命无疑更为激进、更为彻底，但这场革命所遇到的反扑也更为激烈。桑地诺主义革命在尼加拉瓜的胜利引起了美国的经济、外交与军事的全面干涉，酿成了80年代的中美洲危机。1990年，桑地诺民族解放阵线在大选中的失败，是美国干涉政策的直接结果，标志着这场革命的终结。

我们在探讨这几场革命的最终命运时不难发现，一方面，这些国家的传统保守势力过于强大，是力量依然相对弱小的资产阶级难以轻易战胜的；另一方面，所有这些革命都发生在东西方冷战的特定背景下，不论这些革命的真实性质如何，都被美国政府定性为"国际共产主义的渗透和颠覆"，因而总是要通过各种方式将其扑灭。

第五节　20世纪六七十年代拉美的军人政权

军人干政是拉美政治文化的一大特色。在大多数拉美共和国的历史上，军人政变，军事独裁，是司空见惯的事，民选总统出身于军人的也屡见不鲜。如果说，在第二次世界大战以前，拉美军人干政主要是在国内政治斗争中扮演一种凌驾于法律之上的角色，那么，战后的情况就发生了一些变化。随着美、苏两极冷战格局的形成，拉美国家的军队被纳入了美国反共冷战政策的框架，被赋予了防止"外来颠覆"的使命。1947年，美国与拉美国家在里约热内卢签署《泛美互助条约》，建立西半球军事同盟。1952—1955年期间，根据1951年美国国会通过的《共同安全法》，美国政府又先后与十多个拉美国家签订了双边军事援助协定。从某种意义上说，这些国际条约和协定为拉美军人在某种特定情况下直接掌握国家政权提供了正当理由。

只要简单回顾一下历史，人们或许很容易发现，美国政府对于拉美地区战后年代这场社会—政治危机的发生是有所预见的。在美国，率先提出争取进步联盟计划的是前总统肯尼迪。1961年肯尼迪在一次竞选演说中提出："我们需要对拉丁美洲国家采取一种新的态度和新的方针。我们的新政策可以最好地概括为西班牙文'争取进步联盟',这个争取进步联盟中的国家在自由和经济进步中具有共同的利益,它们共同努力开发整个西半球的资源,加强民主的力量,并扩大整个美洲每一个人的就业与受教育的机会。"① 显然,争取进步联盟计划出台的主要背景是古巴革命的胜利。美国之所以特别担心古巴革命在其他拉美国家重演,正是因为在这些国家存在着发生类似革命的政治、经济与社会条件。因此,争取进步联盟计划的中心内容就是通过美国的援助,推动拉美国家的经济进步和扩大就业与受教育的机会,从而"加强民主的力量"。从美国的政策角度来看,战后初期与拉美国家结成军事同盟,推行"意识形态边疆"等,也是对所谓"共产主义颠覆"的一种防范政策,但却拒绝实施"拉美版"的马歇尔计划,因为"在华盛顿看来,在那里共产主义并不代表一种明确的现存的危险"。② 争取进步联盟计划的出台反映出美国对拉美形势的判断已经改变,从而所采取的防范也相应升级。

然而,拉美国家的参与危机在 20 世纪 60 年代已趋于激化,到 60 年代中期以后更呈现全面爆发的态势,说明争取进步联盟计划很难达到预期目的。既然如此,动用泛美军事体系来进行一场反颠覆战争就势在必行。事实上,美国政府在推行争取进步联盟计划的同时,已经开始采取"硬"的一手。如前所述,在 1962—1966 年间,拉美发生了 9 次军事政变。众所周知,这些军事政变的背后都有美国或明或暗的支持。人们因此可以看到,在那个年代美国不但不像如今这样大力推销西方的民主政治制度,而是毫不犹豫地支持军事独裁。如果发生动乱或面临所谓"外来威胁"的只是拉美的个别国家,美国或许可以采用直接武装入侵作为"最后的手段"。当这种情况同时在许多拉美国家出现时,由各国的右翼军事独裁政权来恢复稳定就成为"最后的手段"了。1966 年以后,这股军事政变浪潮继续扩展,直到 1976 年 3 月阿根廷军人推翻第三届庇隆主义政权为止。期间,连素有南美"民主橱窗"之称的智利和乌拉圭也未能幸免。

对于 20 世纪六七十年代遍布拉美大陆的军人政权的性质,学术界有

_____

① 肯尼迪 1961 年 10 月 18 日在佛罗里达州坦帕市发表的竞选演说,转引自肖夏娜·B. 坦塞《拉丁美洲的经济民族主义》中文版,商务印书馆 1980 年版,第 155 页。

② 阿兰·鲁基埃:《1930 年以来拉丁美洲政治中的军人》,载《剑桥拉丁美洲史》中文版第六卷(下),当代世界出版社,第 258 页。

过多种分析和判断。在笔者看来，这些军人政权大体可以分为三种类型。第一类可以称为右翼军人政权，如阿根廷、巴西、智利、乌拉圭，以及一些中美洲国家的军政府。第二类是具有改良主义或民族主义倾向的军人政权，秘鲁的贝拉斯科军政府、巴拿马的托里霍斯军政府比较有代表性，属于这一类型的还有阿根廷的拉努塞军政府（1971—1973 年）、玻利维亚1969—1971 年期间的奥万多和托雷斯两届军政府、洪都拉斯的阿雷利亚诺军政府（1972—1975 年）和梅尔加军政府（1975—1978 年）等。第三类是旧式的军事考迪罗独裁政权，是在 60 年代以前出现的，如巴拉圭的斯特罗斯纳独裁政权，海地的杜瓦利埃独裁政权，尼加拉瓜的索摩查独裁政权等。

六七十年代出现的上述第一类军人政府与旧式的军事考迪罗独裁政权有两个明显的不同特点。其一，不再采取个人独裁方式，而是建立三军首脑组成的军事委员会（Junta militar）的集体领导体制，国家元首实行轮换制。智利军政府虽然一直由陆军司令皮诺切特担任国家元首，但同样建立了包括三军首脑和警察部队司令的军事委员会。其二，关注国民经济的发展和经济结构的调整，并普遍任用文人"技术官僚"掌管经济、财政等专业性强的政府部门。这大概是学术界把这批军人政权界定为"官僚—权威主义政权"（regímenes burocrático-autoritarios）的重要依据。当然，右翼军人政权最重要的共同点还是其对左翼政治力量的残酷镇压，例如，一些中美洲国家的右翼军人政权就不一定都具备上面所说的两个特点。

建立集体领导体制，关注国民经济发展和经济结构改革，启用文人专家，这些特点无疑使拉美新一代军人政权具有不同于旧式军人政权的性质。

军人政权领导体制的改变，除了显示其不同于旧式军事考迪罗追求个人独裁权力之外，目的还在于体现军队的干政行为是一种"集体意志"，在于要建立一种新型的政治威权体制。

建立这种新的政治威权体制是为了实现治国的目标，即在恢复国家稳定的同时，进行经济结构的调整和改革，以实现国民经济的增长。这个体制并不排除文人专家共同参与治理。军人政权的这些变化及其施政的实践表明，军队领导层看到了本国延续数十年的内向发展模式已经难以为继，也基本了解面临的那场危机的社会经济背景。人们有理由对这些军人政权残酷的镇压行为予以批评和谴责，但不能否认，在这些国家的发展受到结构性发展危机制约的情况下，是这批军人政权率先走出了结构改革的第一步。

巴西军人于 1964 年推翻古拉特领导的左翼政府，建立军事独裁政权，当政达 20 年之久。巴西军政府采取积极吸引外国直接投资和贷款，广泛引进先进技术设备，大力拓展对外贸易等一系列政策，推动了经济的快速增长。1968—1974 年，巴西国内生产总值年均增长 10.1％，被誉为"经济奇迹"。"这一'奇迹'的出现有多种原因，其中值得重视的一点是巴西决策当局在发展思路上的重大变化，即力图从内向发展转入外向发展。这集中表现在采取多种措施扩大出口和积极利用外资。1968—1973 年，巴西吸收外国直接投资由 18.5 亿美元增至 45.7 亿美元，利用外部贷款由 37.8 亿美元增至 125.7 亿美元。……1967—1973 年，巴西制成品出口由占出口总值的 10％提高到 29.7％。"① 遗憾的是，随着 1973 年国际石油危机的爆发，巴西经济高速增长的势头戛然而止，巴西也终究未能实现由内向发展模式向外向发展模式的转变。更为遗憾的是，无论是军人当权者还是被他们所重用的技术专家，都没有能够超越原有发展观念的局限。巴西在"经济奇迹"的年代，也正是所谓"滴漏"效应、"先把蛋糕做大"、"积累优先"等观念最为流行的年代。社会变革一如既往地被忽视。正如我们在前面引证的统计资料所显示，巴西在"经济奇迹"尚未结束的 1972 年，基尼系数高达 0.66，居拉美各国之冠；处在贫困线以下的家庭占家庭总数的 49％。

智利以皮诺切特将军为首的军人政府于 1973 年通过政变上台，执政 16 年。智利军人政府因率先在拉美推行新自由主义指导的经济改革而备受关注。应当说，智利军人政府启动经济改革，力图实现由内向发展模式向外向发展模式的转轨，在拉美地区是一种具有开创性的选择。但是，智利军政府及其启用的"芝加哥弟子"从一开始就过分强调这场经济改革的意识形态色彩，一方面，抨击前阿连德政府的"激进型"改革是要"把智利变成一个马克思主义的极权国家"，另一方面，将新自由主义奉为经典，大力推行私有化、市场化和非调控化。智利的经济改革在军政府领导的阶段虽然取得了较大的进展，但并未导致国内的社会—政治危机的明显缓解。于 70 年代中期上台的乌拉圭和阿根廷军政府采取了和智利军政府同

① 苏振兴：《拉丁美洲的经济发展》，经济管理出版社 2000 年版，第 75 页。

样的改革路线，但由于举措失当，短短几年改革就夭折了。"在 70 年代期间，对现行制度（sistema vigente）提出深刻置疑的社会阶层的影响力不断上升。作为对这种局面的政治回应，人们提出了一些改造方案，名声不佳的新自由主义方案就此进入拉丁美洲。""人们坚持认为，只要假以时日，这种方案就会创造出一种能满足增长与公平目标的生产结构。"[①] 可见，新自由主义正是利用了拉美国家的危机局面乘虚而入。

右翼军人政权给人们留下的深刻记忆可能并不是他们所启动的经济结构改革，而是他们所开展的镇压"内部敌人"的斗争，即历史学家们记述的那场"肮脏的战争"。镇压的对象包括游击队、左翼政党、左派人士、激进的社会运动，等等。关于那场镇压运动的残酷性，从阿根廷学者博隆的这段记述中可见一斑："根据危地马拉历史真相委员会的报告，该国有 20 万人死亡和 5 万人失踪；阿根廷失踪者达 3 万人；智利有 3200 人失踪，数千人被拷打和流放。如果再加上萨尔瓦多、尼加拉瓜、海地、哥伦比亚等国内战中的死亡者和失踪者，人们无法弄清楚有多少人死于非命。"[②] 因此，人们看到，在八九十年代这些军人政府交出政权之后，要求调查军人统治时期失踪者的下落和清算军人政权侵犯人权的罪行的运动久久不能平息。阿根廷军人政权的一些头面人物曾一度被关进监狱；智利皮诺切特将军的人权官司直到他去世才不了了之。

就当时拉美国家所面临的社会—政治危机而言，可以说，六七十年代的右翼军人政府既没有能够解决社会参与问题，也没有能够解决政治参与问题。相反，右翼军人政权的武力镇压虽然暂时"稳定"了国内局势，但国内的政治分裂进一步加深，人们对军人政权的怨恨进一步加剧。右翼军人政权此后能否再成为"拯救"危机的"最后手段"也令人怀疑了。

秘鲁 1968 年 10 月的军事政变同样是在尖锐的社会—政治危机背景下发生的。以胡安·贝拉斯科·阿尔瓦拉多将军为首的军人政府却以"秘鲁革命"为旗帜登上治国舞台，成为六七十年代拉美军人政权中的重要特例。一位研究秘鲁政治进程的资深学者认为，以贝拉斯科将军为代表的军

---

① Fernando Fajnzylber, *La industrialización trunca de América Latina*, Editorial Nueva Imagen, México-Caracas-Buenos Aires, 1983, pp. 242—243.

② Atilio Borón, *Crisis de las democracies y movimientos sociales en América Latina*, Tareas, No. 126, Panamá, mayo-agosto de 2007, p. 20.

人集团属于秘鲁军队中的改良派，在与国内两支游击队（左派革命运动和民族解放军）的斗争中使他们认识到，武装部队既不能继续做寡头阶级的看家狗（perro guardián de la orgarquía），也必须反对游击队的颠覆活动。"面对严重的政治与经济危机，秘鲁的军人们关注的是国家发展危机的多重层面，并把这些层面与国家安全的整体联系起来。这种观念使他们确定了两类敌人：一是企图强行实行暴力变革的人们；二是企图阻止国家和平变革的人们。这一思维逻辑使他们认定，要防止颠覆活动，实行政治—经济变革是必须的选择。"①

秘鲁军政府提出要建立"与资本主义和共产主义保持等距离"的"秘鲁模式"；② 采取征收外资企业，收回租让出去的矿山，建立国营企业和社会所有制企业，进行土地改革，等等。这场改革曾给面临重重危机的秘鲁带来一线希望，也引起国际社会的广泛关注。然而，这场"必须的"改革却遭到两方面的反对，国内（包括军队内）的保守势力对这种损害传统利益集团的改革强烈反对；一些激进的政治势力则认为这种改良主义不是解决秘鲁问题的途径，也掀起一股抵制浪潮。与此同时，政府对各项改革措施协调不够，导致了一定程度的生产秩序混乱，经济形势未能很快改观。1975 年，贝拉斯科军政府被以贝穆德斯将军为首的右翼军人政变推翻。

巴拿马的奥马尔·托里霍斯将军于 1968 年 10 月发动政变，推翻阿里亚斯民选政府，建立军人政权。1972 年 10 月，巴拿马第一届民众代表大会通过新宪法，赋予托里霍斯"巴拿马革命最高领袖"和"特别权力"。托里霍斯军人政府的主要政绩是，高举收回巴拿马运河区主权的爱国主义旗帜，与美国政府进行持久的谈判，最终于 1977 年 9 月与美国卡特政府签署《巴拿马运河条约》，为 1979 年 10 月收回运河区主权铺平了道路。在国内政策方面，军政府采取了发展民族工业，收回部分外资企业，扩大教育事业，提倡建立"廉洁政府"等措施，但成效相对有限。1978 年，托里霍斯将军主动提出恢复政党活动，并亲自创建民主革命党，辞去"政府首脑"职务，为重新举行大选和回归民主体制创造了条件。

---

① Eugenio Chang-Rodriguez, *Opciones politicas peruanas*, Editorial Normas Legales S. A. , Trujillo-Perú, 1985, p. 267.

② Ibid. , p. 270.

综上所述，六七十年代出现的这批拉美军政府所承担的历史使命，就是力图用军事权威体制来阻止社会—政治危机的深化。应该说，上述两种类型的军人政府都不同程度认识到这场危机的深层背景是发展问题，因而也都有通过改革来谋求出路的愿望。但是，第一，在国内社会—政治危机已经爆发的情况下，改革首先就缺乏一个稳定的大环境，也很难在如何改革的问题上形成社会共识。第二，经济结构改革是一个长期过程，不可能在短期内立即见效。第三，从改革的方针与路径选择上可以看出，这些军人政府既受到自身政治立场与思想观念的局限，也对这场改革准备不足。因此，军人政权虽然用政治独裁和军事镇压基本平息了遍及拉美地区的游击队武装活动和民众的社会抗议运动，但这并不表明这场参与危机已被化解，而是又孕育着一场更深刻的政治危机。这场危机正以反独裁、争民主、争人权的形式在拉美各国兴起。此外，尽管许多军政权都在结构调整和改革方面进行了不同程度的探索，但却没有任何一个拉美军人政权能够在 70 年代避免其所领导的国家滑向债务危机的深渊。

第 二 章

结构性发展危机与结构改革

——对 1981—2002 年拉美发展进程的考察

20 世纪 50—70 年代，拉美国家的发展进程是以经济持续增长和参与危机日益尖锐为特点；进入 80 年代以后，则是以结构性发展危机的爆发和经济持续衰退、低迷为特点。可以说，拉美国家的发展进程在 20 世纪 80—90 年代经历了一次重大的挫折。

第一节　结构性发展危机

以 1982 年 8 月墨西哥政府宣布无力偿还到期外债为起点，拉美国家纷纷陷入一场严重的债务危机之中。迄今，人们对这场债务危机的理解可能依然是不够全面的。拉美债务危机形成于 70 年代，是六七十年代出现于拉美国家的结构性发展危机所带来的一种结局。或者说，债务危机只是一种表层现象，其深层背景是一场结构性发展危机。具体地说，当六七十年代结构性发展危机出现时，拉美国家没有立即进行结构调整来化解危机，而是利用当时大量"石油美元"回流到国际资本市场所形成的宽松的国际融资环境，采取"负债增长"的办法以延续原来的发展模式。其结果是不仅引发了债务危机，而且使结构性发展危机进一步深化。也就是说，拉美国家在 80 年代已陷入"双重危机"，如果不进行深刻的结构改革，就既不能走出债务危机，也不能走出结构性发展危机。

何谓"结构性发展危机"？拉美国家从 20 世纪 30 年代起陆续走上进口替代工业化道路。在前期的非耐用消费品替代阶段，各国的发展都比较顺利。从 50 年代后期起，非耐用消费品替代阶段（亦称"简易"替代阶段）陆续在一些国家进入尾声，一系列结构性矛盾开始凸现。

第一，非耐用消费品生产面临国内市场饱和的矛盾。最先出现这种局面的是乌拉圭、智利和阿根廷。这三个国家都属于拉美最早启动进口替代工业化的国家，而国内市场又相对狭小，到 50 年代后期，三国的工业增长相继失去活力，经济增长速度明显放慢。例如，1950—1981 年，阿根廷年均经济增长率为 2.9%，智利为 3.6%，远远低于拉美地区的平均水平。到 70 年代初期，工业化进程受到国内市场限制的国家就更多了。面对这种形势，拉美国家主要采取了两项政策，一是推动地区经济一体化，力图由地区市场来弥补国内市场的不足；二是鼓励制成品出口。这些政策虽然取得一定成效，但不足以从根本上克服上述矛盾。

第二，产业结构升级面临困难。"简易"替代阶段的结束促使相关国家转向发展耐用消费品及部分中间产品与资本品的生产。这个产业结构升级过程要求引进更多的专利技术、机器设备和中间投入，对公共投资形成巨大压力。以 1970 年为例，拉美 6 个主要国家（阿根廷、巴西、智利、哥伦比亚、墨西哥和秘鲁）中央政府的财政收支均为赤字，整个拉美地区政府财政赤字平均占 GDP 的 8.5%，[①] 发展融资面临巨大的困难。与非耐用消费品相比，耐用消费品生产面临的国内市场需求的限制更为严重。"凡是现代生产部门得到发展的地方，从需求角度看，这些部门面对的是一个特定的群体，即专门满足高收入阶层的需求，从而使生产结构严重偏离国内的平均收入水平。"[②] 也就是说，在内向工业化模式下，耐用品生产比之非耐用品生产更具有投入高、产出少、市场小、效益差的特点。

第三，外贸失衡日趋严重。在内向工业化模式下，拉美国家的工业产品主要销往国内市场，而工业部门自身却要不断地从国外引进技术、装备和原材料。这种进口需求还会随着工业体系复杂化程度的提高而不断加大。工业部门要大量支出外汇却又不能创汇，就形成工业化进程长期要靠

① Rosemary Thorp, *Progreso, pobreza y exclusión: Una historia económica de América Latina en el siglo XX*, BID y Unión Europea, Washington D. C., 1998. p. 181, Cuadro 6. 2.

② Enzo Faletto y Germán Rama, *Cambio social en América Latina*, Pensamiento Iberoamericano, No. 6, Julio-Diciembre 1984, Madrid, España, p. 20.

农矿业部门创汇来支撑的局面。农矿业部门,特别是农业部门则受到政府
"重工轻农"政策的影响,发展越来越滞后,加上人口过快增长,食品短
缺问题日趋严重。到 60 年代,绝大多数拉美国家食品进口急剧增加,非
工业部门向工业部门提供外汇支持的能力不断下降。如表 2—1 所示,到
1973 年,非工业部门的贸易盈余已不足以抵消工业部门的外贸赤字,出
现 2 亿多美元的逆差;到 1975 年,逆差已到 100 亿美元的规模。此外,
拉美国家的能源消费结构以石油为主,而当时绝大多数国家都靠进口石
油,其中巴西 85% 的原油依赖进口。因此,1973 年国际石油危机的发生
进一步加剧了拉美国家的外贸失衡。

表 2—1　　拉美和加勒比:工业部门的外贸赤字(单位:百万美元)

	1955 年	1960 年	1965 年	1973 年	1975 年
工业部门贸易赤字	−4819	−6152	−7092	−15761	−28387
其他部门贸易盈余	5325	6256	8151	15524	18485
贸易结算	506	104	1059	−237	−9902

　　资料来源:联合国贸发会议:《国际贸易与发展统计手册》;联合国拉美经济委员会:《拉美
统计年鉴》若干期。转引自:Fernando Fajnzylber, *La industrialización trunca de América Latina*,
Editorial Nueva Imagen,México-Caracas-Buenos Aires,1983,p. 208.

　　第四,创造就业的难度加大。拉美国家初期的工业化进程在增加就业
方面效果比较明显。但是,随着时间的推移,非耐用消费品生产出现市场
饱和,产业结构升级导致资本密集型技术的大量采用,耐用消费品的国内
消费群体太小对规模经济造成限制,以及城市人口快速增加,使拉美各国
面临的就业压力空前加大。于是,各国在城市公开失业率上升的同时,城
市非正规就业现象急剧增加。1970 年,拉美国家城市公开失业率分别为
3%—13% 不等,非正规就业在劳动市场结构中所占比重最高的达 73%,
最低的也超过 20%(见表 2—2)。表中的"非正规部门"、"家庭服务"和
"传统农业"都属于非正规就业。就业压力促使各国政府做出继续保持较
高经济增长率的选择。

表 2—2　　　　　　　　拉美劳动市场结构（％），1970 年

国家	城市正规部门	现代农业与矿业	正规部门	非正规部门	家庭服务	传统农业
秘鲁	29.8	11.8	41.6	17.0	3.7	37.7
委内瑞拉	48.9	8.8	57.7	16.0	6.4	19.9
墨西哥	33.9	23.0	56.9	14.5	3.7	24.9
玻利维亚	15.4	11.5	26.9	14.5	5.1	53.5
厄瓜多尔	17.2	17.9	35.1	13.7	10.0	41.2
危地马拉	22.5	23.2	45.7	12.9	4.4	37.0
尼加拉瓜	26.8	26.5	53.3	12.6	8.1	26.0
哥伦比亚	38.7	21.3	60.0	11.5	6.2	22.3
智利	53.1	20.9	74.0	11.5	5.2	9.3
多米尼加	30.1	17.8	47.9	11.5	4.0	36.6
乌拉圭	64.2	12.1	76.3	11.1	5.7	6.9
巴拿马	43.8	8.7	52.5	10.0	5.4	31.7
洪都拉斯	21.8	24.1	45.9	9.8	4.0	40.3
阿根廷	66.0	11.7	77.7	9.5	6.1	6.7
巴西	38.6	13.1	51.7	9.3	5.6	33.4
萨尔瓦多	25.4	30.0	55.4	9.2	7.4	28.0
哥斯达黎加	44.1	24.4	68.5	7.3	5.6	18.6

资料来源：拉美、加勒比就业规划处，1982 年。转引自 Rosemary Thorp, *Progreso, pobreza y exclusion: Una historia económica de América Latina en el siglo XX*, BID y Unión Europea, Washington D. C., 1998, p. 187.

　　综上所述，所谓"结构性发展危机"就是由一系列的结构性失衡导致原来的发展模式陷入困境。面对上述结构性失衡的困扰，拉美国家虽然在经济政策层面做过一些调整，但始终未能像亚洲"四小龙"那样果断地由内向发展转入外向发展，在 70 年代中期又走上"负债增长"之路。待到债务危机爆发之后，拉美国家进行结构改革的有利时机早已丧失殆尽。拉美国家的这段经历表明，当某种特定的经济发展模式或经济增长方式出现不可持续的态势时，人们往往不能当机立断地去进行调整或变革，而是习惯于在原来的增长方式下继续前行。特别是在原有的增长方式取得明显成就的情况下，人们更是对它过于眷恋，而不愿去冒调整或变革的风险。正如阿根廷经济学家普雷维什所言，在拉美国家的决策者中，进口替代模式

已经形成一种巨大的"惯性"。

拉美债务危机的形成导因于 70 年代中期以来的过度举债。如上文所述,拉美国家的结构性发展危机集中表现为发展资金的严重短缺。1973 年国际石油危机爆发之后,国际原油价格的暴涨使石油输出国的财富急速增加,形成大量"石油美元"向国际资本市场回流的局面。当时正值西方国家经济陷入"滞胀",资金需求疲软。国际资本市场资本借贷条件十分宽松,这对急需资金的拉美国家而言似乎是千载难逢的良机。现在回过头来看,如果当时拉美国家利用上述有利条件,适度地借一点外债,同时立即进行结构调整,也未尝不是一种可行的选择。然而,这些国家却做出了在原有发展模式下"负债增长"的选择。在部分拉美国家甚至出现中央政府、地方政府、大型私营企业等纷纷向外借债,以至于中央政府一时都弄不清楚国家负债的规模究竟有多大。举债失控也引发金融投资,国内投机者大量抢购美元并将其外币资产转移到国外。

债务危机爆发的 1982 年底,拉美地区的外债余额高达 3312 亿美元,相当于当年出口(875 亿美元)的 3.8 倍,而同年的经常账户赤字也高达 410 亿美元。[①] 这就是说,就整个地区而言,如果当年有到期外债需要偿还,只能靠借新债还旧债;如果借不到新债,就会出现倒账。

因此,1982 年 8 月,墨西哥政府单方面宣布"暂停偿还外债"的一纸声明引爆了整个地区的债务危机就不足为奇了。

这场债务危机的"危机处理"过程和其后的债务压力缓解过程曾经被形象地称为"债务疲劳症"(fatiga de la deuda)。一是危机处理过程延续了将近 10 年,直到 80 年代末"布雷迪计划"出台,拉美债务国才获得了与债权方进行债务重新安排的谈判机会;二是债务负担成为债务国整个 90 年代"发展的一个持续性障碍",少数重债国直到 21 世纪初期也没有完全摆脱债务问题的困扰。危机发生后,拉美国家曾试图组成一个债务国俱乐部,根据"以发展促还债"的原则与债权国进行集体谈判,但遭到拒绝。西方债权国和国际货币基金组织牢牢地掌握着债务问题的主导权,迅速制订了应对债务危机的战略,启动了历经四个阶段的漫长的债务危机处理过程。

---

① CEPAL,*América Latina y el Caribe:Opciones para reducir el peso de la deuda*,Santiago de Chile,1990,p. 12.

　　第一阶段（1982—1985）的战略目标是，防止因债务国不履行义务而引发像 30 年代那样的金融崩溃；基本方针是要求债务国"勒紧腰带"和进行"应急性"调整。具体政策有三条：债务本金可按商业条件进行重新安排；允许银行向债务国提供"非自愿"贷款，作为偿还部分到期利息的融资渠道；债务国在国际货币基金组织监督下实施调整计划。

　　应急性调整的核心内容就是要求拉美国家最大限度地争取外贸盈余来偿还债务。"事实上，拉美国家做出了巨大的调整。（拉美）经常账户赤字由 1982 年的 410 亿美元降至 1984 年的 30 亿美元。赤字的减少大部分来源于贸易结算。1981 年，拉美的外贸盈余接近于零，1982 年则达到 100 亿美元，1984 年更达到 380 亿美元。按现行汇率计算，380 亿美元接近于拉美地区国内生产总值的 6％。"① 上述调整结果是通过一系列政策组合来实现的。其一，倾其全力扩大初级产品的生产和出口。在债务危机导致投资能力严重下降的情况下，各国政府不得不把有限的可支配资源集中投入初级产品生产，因为拉美国家只有初级产品具有国际竞争优势，能立即实现出口扩张。其二，严厉压缩进口。实际上，80 年代前半期拉美外贸顺差的增加主要得益于进口的减少，而不是出口的扩张，因为当时国际经济环境不利，出口量的扩张在很大程度上被贸易比价的恶化所抵消。例如，1985 年，拉美的出口值比 1981 年减少 30 亿美元，外贸盈余却比 1981 年多 370 亿美元，是进口减少 400 亿美元的结果。其三，控制内需。主要表现为压缩生产投资和公共开支。其四，牺牲制造业。生产性投资集中于初级产品生产，严厉压缩进口导致技术设备和原材料供应短缺，控制内需引起市场需求萎缩，使制造业部门成为主要的牺牲对象，生产能力被大量闲置，生产急剧衰退，失业率大幅上升。应急性调整之所以导致债务国经济近乎"崩溃"，一个主要原因是西方债权国认为，债务问题是借贷双方银行间的私人性质问题；由 7 国集团及其主要大银行和国际货币基金组织组成的"国际最后贷款机制"不愿提供拯救贷款。结果，拉美地区出现资金流出的反常局面，例如，1974—1979 年期间，拉美年均净流入资金占地区 GDP 的 2.3％，而 1983—1985 年期间，年均净流出资金占 GDP 的

　　① 　Ricardo Ffrench-Davis，*Deuda externa，ajuste y desarrollo en América Latina*，en Ricardo Ffrench-Davis y Richard E. Feinberg，*Más allá de la crisis de la deuda，bases para un nuevo enfoque*，Grupo Editor Latinoamericano，Santiago de Chile，1986，p. 33.

近 3％。

应急性调整未能提高拉美国家的偿债能力，反而把债务国经济拖入衰退的深渊。这促使西方债权国承认"以发展促还债"的合理性，并于 1985 年出台"贝克计划"，转而强调"保持增长与结构性调整并重"，即所谓西方债权国"第二阶段的债务战略"。其中一项新举措是承诺在三年内为世界 17 个重债国（拉美占 10 个）提供 200 亿美元商业银行贷款，外加 90 亿美元公共资金支持。然而，基于多方面的原因，上述承诺基本没有兑现，债务国经济继续在衰退中挣扎。1987 年，西方国家又推出第三阶段债务战略，即"贝克计划"的修改版。其中新增的一项重要内容是提出"市场选择单"（lista de opciones del Mercado），如允许将债务转换成打了折扣的债券，以及债务转换为资本等。但是，所谓"市场选择"纯粹是一种自愿行为，虽然在 1987—1988 年间有过债务转换操作，但数量很有限。"贝克计划"在推动债务国融资方面也始终成效不大。因此，拉美债务国经济继续衰退，资金持续外流，1986—1987 年资金外流平均占地区 GDP 的 3％。与此相反，西方商业银行面临的金融风险却越来越小，西方工业国的经济在 1983—1987 年取得了年均 2.8％的增长。①

1989 年 3 月，西方第四阶段债务战略——"布雷迪计划"出台。这个计划的突出之点在于，它在减少债务国的债务负担方面迈出了较为实际的步骤。该计划的要点可归结为：（1）美国政府要求国际货币基金组织、世界银行和各债权国政府，为债务国完成减债谈判提供资金支持。（2）美国政府建议相关国家修改某些法律、规章，以消除商业银行参与减债过程面临的障碍。（3）该计划还要求国际货币基金组织采取灵活政策，即便债务国与商业银行间关于重新安排和减少债务的谈判尚未完成，也可以为其经济调整计划提供资金支持。在"布雷迪计划"框架下，虽然拉美债务国与债权方关于重新安排和减少债务的谈判依然极其艰苦和费时，但毕竟使这场危机走向了缓解之路。即便如此，拉美债务国也不得不继续长期在国际货币基金组织监督下实行紧缩的财政政策，而这一政策也成为 90 年代拉美国家经济改革过程中无法摆脱的一道"紧箍咒"。

在上述旷日持久的"危机处理"过程中，拉美国家的经济与社会发展

---

① CEPAL, *América Latina y el Caribe：opciones para reducir el peso de la deuda*，Santiago de Chile，1990，p. 13.

遭受了重大挫折。下面一组数据充分反映了这种情况。（1）1980—1990年，拉美地区经济年均增长率仅1.2%，人均 GDP 年均增长率为−0.9%（1970—1980 年分别为 5.5% 和 3.0%）[①]，被称为拉美发展史上"失去的10 年"。（2）在这 10 年间，拉美净流出资金超过 2000 亿美元，成为资本净流出的发展中地区。与此同时，拉美的外债余额由 1982 年的 3312 亿增加到 1990 年的 4430 亿美元。（3）1980—1990 年，拉美制造业的年均增长率仅为 0.4%（1970—1980 年为 5.6%）。[②] 也就是说，拉美国家在经过战后 30 年强劲的工业化进程之后，工业部门突然丧失了作为拉动经济增长的主导部门的作用，出现了"去工业化"（desindustrialización）现象。（4）由于各国政府普遍靠增发货币弥补财政赤字，加上市场供应不足，物价上涨，引发严重的通货膨胀。1983 年，地区平均通货膨胀率由两位数升至 3 位数，1989 年由 3 位数升至 4 位数，1990 年达到 1185.2%（其中，尼加拉瓜 13490.2%，多米尼加 7649.6%，巴西 1585.2%，阿根廷1343.9%）。[③]（5）由于经济持续衰退、失业不断攀升、通货恶性膨胀、社会开支锐减等多种因素的综合作用，拉美地区贫困发生率由 1980 年的40.5% 上升到 1990 年的 48.3%，创历史最高纪录。[④] 同期贫困人口净增6130 万人；1990 年，拉美城市贫困人口比农村多出 4440 万人，改变了历来农村贫困人口比城市贫困人口要多的历史状态。

第二节　结构改革的成效和问题

拉美国家的经济改革（又称"结构改革"）开始于 20 世纪 70 年代中期，前后经历了 30 年左右。这场改革的基本动因就在于，拉美国家自 20世纪 30 年代起陆续进入进口替代工业化发展阶段以来，这种内向发展模式延续的时间过长，结构性失衡的现象逐渐加剧。第一批启动改革的是智利、阿根廷和乌拉圭的军人政权，这三个国家就属于结构性发展危机出现

[①]　CEPAL，*Anuario estadístico de América Latina y el Caribe*，*Edición 1995*，pp. 70−71.

[②]　Ibid.，p. 91.

[③]　CEPAL，*Balance preliminar de la economía de América Latina y el Caribe*，*1989*，1993.

[④]　CEPAL，*Panorama Social de América Latina*，2004.

最早的国家，但只有智利的改革坚持下来，阿根廷和乌拉圭前期的改革失败了。80 年代初债务危机的爆发使结构改革迅速由少数国家扩大到地区范围，因为不进行结构改革就不能克服债务危机，更不能走出结构性发展危机。不过，在 80 年代的大部分时间里，改革主要表现为应对支付危机的"应急性"结构调整，到 80 年代末期，特别是"华盛顿共识"出炉之后，这场结构改革才进入全面铺开的阶段。

拉美国家这场结构改革从一开始就成为新自由主义思想的"实验场"。70 年代中期，当西方国家开始把新自由主义意识形态化并大力推广时，也正是拉美国家右翼军事政变成风的政治右倾化时期，右翼军人政权采纳新自由主义作为改革的指导思想几乎是顺理成章的。进入 80 年代以后，在西方债权国的高压下，拉美国家不仅面临着不进行结构改革就没有退路的困境，而且在改革的方向与路径选择上也已失去主动权。80 年代末 90 年代初，东欧巨变，苏联解体，世界两极冷战格局结束。伴随这一变化，在拉美地区出现三个重要事件。其一，1989 年，西方国家推出第四个债务战略——"布雷迪计划"，允许拉美国家与国际债权人俱乐部进行减免债务和重新安排债务的谈判，谁推行新自由主义得力，谁就能优先获得谈判机会。其二，1990 年，"华盛顿共识"出台。美国国际经济研究所召开的、正式形成"华盛顿共识"10 项政策工具的那次会议，就是以讨论拉美国家经济改革作为中心议题的。或者说，新自由主义的"范式化"首先是以拉美国家作为实施对象的。其三，1990 年 6 月，美国总统乔治·布什发表"美洲倡议"。布什在为拉美"民主潮流的高涨"感到兴奋的同时，高度赞扬拉美国家"正在抛弃阻碍经济发展的国家主义经济政策，现在正在增强自由市场的力量来帮助西半球实现尚未利用的前进的潜力"，并强调"美洲倡议"的目标就是要使美洲成为"一个完全自由的民主的半球"。[①] 上述三大事件成为新自由主义在拉美地区流行的强大助推器。在拉美国家的许多当权者看来，实行新自由主义指导下的经济改革已经成为应对由美国主导的"单极世界"和经济全球化的必然选择。

---

① 苏振兴：《从"美洲倡议"看美、拉关系的走向》，载《苏振兴文集》，上海辞书出版社 2005 年版，第 47—58 页。

一　改革的基本内容

在新自由主义指导下，拉美国家经济改革的基本理念可以概括为：取消管制，让私人部门发挥主导作用，以增加投资和提高生产率；对外开放，让国际竞争促进效率，并扩大资金与技术来源；发挥比较优势，增加资源和劳动密集型产品出口。因此，尽管各国启动改革有先后之分，改革力度有大小之别，但改革内容却基本相同。

1. 贸易自由化。高保护政策和国家广泛干预经济被认为是拉美国家内向发展模式的两大支柱性政策，因此，贸易自由化成为摒弃这种模式的一项重大改革。据美洲开发银行研究，拉美国家贸易自由化改革主要发生在1985—1995年期间，其中大部分国家是在1989—1995年。改革内容包括取消配额，降低关税，简化税种，等等。各国通常都是在2—3年内实现贸易自由化目标。整个地区贸易自由化的进展是："在10年时间内，平均关税税率已经从44.6%降至13.1%，最高税率由83.7%降至41%。""非关税限制所涉及的商品占进口总额的比重从33.8%下降到11.4%。"[①]

2. 国内金融改革。根据美洲开发银行90年代中期对26个拉美国家的统计，尽管各国改革的规模存在差别，但很少或没有进行这项改革的只有2—3个小国。改革者认为，存、贷款利率由政府确定，过高的储备金要求，商业银行信贷按政府行政命令分配，国有银行信贷占信贷总额比重过大，等等，造成了"金融压抑"。改革内容包括：让市场自由决定利率，降低储备金要求，限制或取消信贷分配，将国有银行关闭或私有化，强化对银行机构和资本市场的监管，加强中央银行独立性，等等。经过改革，有23个国家全部商业银行存款利率由市场决定，19个国家的商业银行贷款利率是自由浮动的。[②] 不过，拉美金融改革过程多半是金融自由化在前，加强金融监管与增强央行独立性在后，这成为90年代许多拉美国家发生银行危机的重要原因。

3. 开放资本项目。改革者认为，资本管制是贸易保护主义和金融压

---

① 美洲开发银行：《拉美改革的得与失》中译本，社会科学文献出版社1999年版，第23页。

② 同上书，第72页。

抑的补充方式，导致外币兑换出现黑市，引发寻租行为，并堵塞了本地企业获取外国资金、技术和进入外国市场的途径。改革主要是取消外汇管制，取消对外国直接投资和其他各种资本流入的限制。拉美国家的突出之处是在经济改革前期就普遍开放了资本账户。因此，在 90 年代前半期，包括短期投机资本在内的大量外资涌入拉美市场，迫使一些国家不得不重新采取管制措施。

4. 私有化。国有企业私有化被认为是减少国家干预的主要途径。1990—1999 年，拉美地区私有化总收入 1770 亿美元，占同期全部发展中国家私有化收入的 56％。[1] 按年均私有化收入相当于国内生产总值的比重计算，拉美为 0.89％，远远高于同期发展中国家 0.46％的平均数。[2] 私有化方式包括：直接出售，公开上市，管理人员和雇员购买，建立合资企业，特许经营或租赁，等等。巴西私有化数据（见表 2—3）表明，1991—2000 年期间，出售资产 736 亿美元，转移债务 180 亿美元，两项合计 916 亿美元。巴西并不是拉美私有化最激进的国家，其私有化收入之高是因为它是拉美规模最大的经济体。私有化使拉美国家国有经济成分大大削弱。统计数据显示，按销售价格额排名的拉美 500 强企业中，外资企业由 1990—1992 年的 149 家增加到 1998—1999 年的 230 家，其销售额由占 27.4％上升到 43.0％，国有企业则由 87 家减少到 64 家，其销售额由占 33.2％降至 18.8％；同期，拉美制造业 100 强企业中，外资企业销售额由占 53.2％增加到 62.7％，国有企业则从 4.2％降至 1.2％。此外，1998—1999 年，在拉美出口 200 强企业中，外资企业出口额占总额的 43.2％，国有企业仅占 24.1％。[3]

① Gregorio Vidal, *Privatizaciones en América Latina: flujos internacionales de capital, regiolización y desarticulación productiva*, Consecuencias financieras de la globalización, Universidad Nacional Autónoma de México, Instituto de Investigaciones Económicas, México, 2005. pp. 73 – 99.

② 美洲开发银行：《拉美改革的得与失》中译本，社会科学文献出版社 1999 年版，第 118 页。

③ Michael Mortimore y Wilson Peres, *La competitividad empresarial en América Latina y el Caribe*, Revista de la CEPAL, No. 74, agosto de 2001, p. 47.

表 2—3　　巴西：1991—2000 年私有化方案（单位：百万美元）

部门	企业数	资产销售	债务转移	总计
冶金	8	5562	2625	8187
石油化工	27	2698	1003	3701
电力	3	3907	1670	5577
铁路	6	1697		1697
矿业	2	3305	3559	6864
电讯	21	26978	2125	29103
其他	14	2583	344	2927
联邦企业	81	46730	11326	58056
各州企业	26	26866	6750	33616
合计	**107**	**73596**[a]	**18076**	**91672**[a]

注：a 包含出售企业中的国有少数股份。

资料来源：Pinheiro y Giambiagi（1998），国家经济与社会开发银行。转引自：Renato Baumann，*Brasil en los años noventa: una economía en transición*，Revista de la CEPAL，No. 73，p. 157.

　　5. 税制改革。拉美税制改革提出"追求中性化"，"简化税收政策和税收管理体制"，"降低公平的重要性"等目标。改革的主要内容包括：降低或取消进出口贸易税，降低个人与公司所得税，取消了数百种对税收贡献不大的收税项目，增加增值税与营业税，等等。从 90 年代前半期的情况看，改革以后，在拉美一些主要国家，增值税、营业税和所得税三项占税收总收入的比重在 60%—80% 之间；税收收入占国内生产总值的比重有所提高。

　　6. 其他改革。前述 5 项改革在拉美具有普遍性，被称为"第一代改革"。此外，还有所谓"第二代改革"，如养老金制度改革、劳工市场改革、行政改革、司法改革等。这些改革启动较晚，只局限于部分国家，改革进展程度也差异很大。

二　改革的成效

　　拉美国家经济改革究竟成效如何，一直是学术界争论很大的问题。其中既包含人们对新自由主义所持立场的不同，也有评价角度或研究方法上的差异，甚至还涉及做出评价时间的早晚。例如，1997 年前后，国外曾发表一批评估报告，当时因为墨西哥金融危机的冲击波很快被克服，拉美经济还保持着较高增长率，这些报告对拉美经济改革都评价甚高，到 90 年代末期情况就发生了变化。笔者认为，判断这样一场全面性经济改革的成效，涉及太多的复杂因素。例如，人们往往以改革对经济增长的影响作为衡量改革成效的主要依据，这是有道理的，但只看这一点也是不全面的，还需要考虑到体制改革与结构改革的成效不一定都是立竿见影的。又如，改革举措与宏观经济政策是两个不同的范畴，但二者之间关系又非常密切，特别是在改革的宏观环境并不有利的情况下，二者之间往往互不协调，因此，成效与问题往往相伴而生。总之，一场成功的改革不等于就没有问题；出现很多问题的地方，也不等于改革就没有成效。

拉美国家改革的成效之一是，实现了由长期的国家主导型经济体制向市场经济的转变。国家主导型经济体制在拉美延续了 40 多年。人们对这种体制下国家过度干预，资源配置不当，经济效益低下等弊端，以及向市场经济体制转变的必要性，是有广泛共识的。[①] 在拉美经济改革中，新自由主义把国家主导型体制的弊端无限夸大，把市场经济也推到"市场原教旨主义"的极端，从而给体制转换过程带来许多消极后果。但是，我们不能因此否定拉美国家转向市场经济的正面效果，更不能无视它们为建立市场经济而进行的各种相关制度建设。

拉美国家经济改革的成效之二是，实现了由高保护型的内向发展模式向开放型的外向发展模式的转变。无论从拉美国家改革前深陷发展危机还是从经济全球化的大背景来看，发展模式的这种转换都是必要的。没有经济开放，拉美国家很难走出债务危机的深渊，不可能迎来 90 年代外资流入、出口扩张等新的发展机遇，更不可能参与经济全球化和地区一体化进程。同样，我们不能因为拉美国家市场开放过程中大批企业倒闭、金融危机频发等问题而否定其对外开放的战略选择。

拉美国家经济改革的成效之三是降低了通货膨胀。拉美地区通货膨胀率 1990 年曾高达 4 位数（1185.2%）。1990 年以来拉美通胀率的变化大

---

① 拉美学者指出，债务危机后拉美国家对改革必要性的共识是："强烈的保护主义、国家主导和对各类市场的过度干预，降低了经济效益，阻碍了生产率增长，造成了资源配置不当，限制了私人部门的活动。"参见 Andrea C. Bandeira y Fernando Garcia, *Reformas de las economías de América Latina y el Caribe*, Revista de la CEPAL, No. 77, agosto de 2002, p. 86.

致如下：1991—1994 年，保持 3 位数并起伏不定，其中 1993 年反弹至 876.6％；1995—1998 年期间降至两位数；1999 年首次降到一位数（9.7％），2002 年曾一度反弹（12.2％），但其后持续下降，2006 年达到 4.8％的最低值。[①] 尽管新自由主义的拥护者们强调通货膨胀下降是改革的一大成就，但也有许多学者认为，通货膨胀率下降与其说是改革的成效，不如说是实行特定的宏观经济政策的成效。而这些宏观经济政策往往是与改革的举措互不协调的，付出的代价是高昂的。

除上述成效之外，还有其他领域的一些进步或变化也不应忽视。改革以来，拉美国家在医疗和教育方面取得了不同程度的进步。据世界银行统计，和 1982 年相比，1998 年拉美地区人均预期寿命由 65 岁提高到 70 岁，新生儿死亡率由 41‰降为 31‰，5 岁以下儿童死亡率由 78‰降至 38‰。[②] 在教育领域，发展教育、增加人力资本积累是改变社会不公正现象的重要渠道的观点受到各国政府重视，教育投入普遍有所增加。"到 90 年代中期，几乎所有国家的初等教育总入学率均接近 100％，初等教育以上的入学率也上升了。"[③] 许多国家进行了重要的制度变革，例如，实行对国家开支的监控制度和公共部门报告制度，创建信用度较高的中央银行，建立资本市场，进行分权化改革，等等。

改革虽然取得了一些成效，但是，改革中出现的问题也很引人注目，其中最突出的无疑是经济增长业绩不佳和社会不公正现象加剧。一些学者在论及改革对经济增长的影响时指出："这一影响是令人失望的。改革后的增长慢于该地区过去的增长，既慢于其他地区的增长，也不足以应对本地区的社会问题。"[④]

关于拉美"改革前"与"改革后"经济增长的比较，分别有三种方法和三组数据。一是将 1961—1981 年（改革前）和 1981—2001 年（改革后）进行比较，前一阶段 GDP 年均增长率为 5.59％，人均 GDP 年均增长率为 1.96％，后一阶段分别为 2.15％和 0.34％。二是将 1961—1990

① 参见 CEPAL，*Balance preliminar de las economías de América Latina y el Caribe*，1993、2000、2006 年的消费物价指数表。

② 转引自 Revista de la CEPAL，No. 80，agosto de 2003，p. 14.

③ 芭芭拉·斯托林斯、威尔逊·佩雷斯：《经济增长、就业与公正——拉美国家改革开放的影响及其经验教训》中文版，中国社会科学出版社 2002 年版，第 126 页。

④ 同上书，第 10 页。

年（改革前）和 1991—2001 年（改革后）比较，前一阶段 GDP 年均增长 4.10％，人均 GDP 年均增长 1.69％，后一阶段分别为 3.05％ 和 1.39％。[①] 这两种方法的区别在于：是将 80 年代这个"失去的 10 年"（GDP 年均增长 1.2％，人均 GDP 年均增长−0.9％）放在"改革前"还是放在"改革后"。上述数据表明，如果把 80 年代放在改革后，那么，改革后的经济增长率仅及改革前的 38％；如果把 80 年代放在改革前，那么，改革后的经济增长率也只及改革前的 74％。第三种方法是，80 年代既不放在改革前，也不放在改革后，单拿 1961—1981 年与 1991—2001 年作比较，其结果是改革后的经济增长率只及改革前的 55％。就是说，不论用哪种方法进行比较，改革后的经济增长率都比改革前低得多。

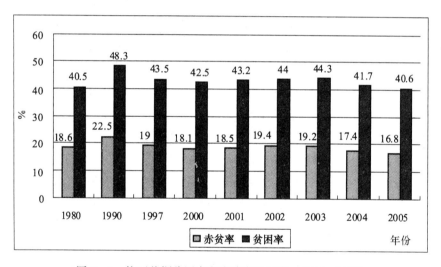

图 2—1 拉丁美洲贫困率和赤贫率的演变（1980—2005）

说明：1. 是对该地区相应 19 个国家做出估计；2. 贫困人口是赤贫人口和非赤贫穷人之总和。3. 2005 年的数字是对所有国家的预测值，而 2003 年和 2004 年的数字既有对一些国家的初步估计，也有对其他国家的预测。

来源：CEPAL，以对各自国家家庭调查的特殊表格为基础。参见 Panorama social de América Latina 2005.

[①] 世界银行数据，转引自 Revista de la CEPAL，No. 80，gusto de 2003，p. 16.

　　有部分学者认为，拉美国家社会贫富分化的加剧主要是 80 年代债务危机和经济衰退造成的，与改革关系不大。其主要论据是，拉美贫困发生率 1980 年为 40.5％，1990 年创 48.3％的历史纪录，而 90 年代这一指标总体是下降的（见图 2—1）。笔者认为，80 年代贫困发生率急剧上升固然主要是受债务危机的影响，但完全排除新自由主义政策的负面冲击，恐怕也是背离客观事实的。90 年代贫困发生率虽有所降低，但贫困人口绝对数量由 1990 年的 2 亿人持续增加，至 2003 年达到 2.26 亿人，净增 2000 多万人（见图 2—2）。根据拉美经济委员会对 13 个拉美国家的统计，用 20％最低收入者与 20％最高收入者各自占国民总收入的比重变化进行对比，90 年代形势有所改善的只有 3 国，保持原状的 1 国，出现恶化的有 9 国。此外，诸如国民经济运行中剧烈的起伏波动，对外资依赖程度的加深，金融危机频繁发生，国家应对各种风险的能力下降，等等，都是改革后拉美国家常见的现象。

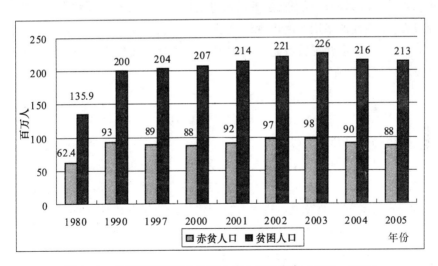

图 2—2　拉丁美洲贫困人口和赤贫人口的演变（1980—2005）

　　说明：1. 是对该地区相应 19 个国家做出估计；2. 贫困人口是赤贫人口和非赤贫穷人之总和。3. 2005 年的数字是对所有国家的预测值，而 2003 年和 2004 年的数字既有对一些国家的初步估计，也有对其他国家的预测。

　　来源：CEPAL，以对各自国家家庭调查的特殊表格为基础。参见 Panorama social de América Latina 2005.

三　几点评估意见

拉美国家经济改革的突出特点可能就在于：改革的力度不小，改革成效不明显，出现的问题却不少。国外有一批学者采用"改革指数"对拉美国家的改革进行量化研究，一般选择 17—18 个经济体作为研究对象，将它们的五项主要改革（贸易自由化、资本账户开放、金融自由化、私有化和税制改革）按其改革力度与进展进行量化，最低数值为 0，最高为 1，得出的"改革指数"都很高。例如，莫勒等人 1999 年的研究表明，拉美贸易开放与金融自由化的指数都超过 0.9，资本账户开放为 0.85，私有化接近 0.8，只有税制改革在 0.55 左右；综合指数（5 个单项指数的简单平均数）超过 0.8。[①] 这说明改革本身的力度和进展是很大的。按照他们的推断，此种程度的改革对投资率、全要素生产率和经济增长率都会产生重要的积极影响。然而，在实际经济运行中，这种"积极影响"并不明显。相反，拉美国家的投资率比债务危机以前还低；金融危机频频发生；地区经济在 90 年代前半期一度出现恢复性增长，之后就一路下滑，一直延续到 2003 年；社会状况持续恶化。改革力度与改革效果之间出现如此强烈的反差，原因何在？

（一）宏观经济政策与改革举措之间互不协调

90 年代初，拉美面临着 3—4 位数的高通胀，加上债务负担沉重，以及资本市场快速开放引起资本流动的不稳定性增强，进一步加剧了宏观经济的不稳定。经济改革便与稳定宏观经济的过程齐头并进。各国普遍采用固定或准固定汇率制（汇率锚）作为控制通胀的重要手段，加上外资大量进入，导致本币大幅升值。货币升值与快速的市场开放结合在一起，就出现双重负效应：一是削弱了出口竞争力，使长期在高保护政策下成长起来的本国企业更难适应国际竞争，大批企业倒闭；二是流入的外资和国内信贷扩张主要被引向进口外国商品，进口增长要比出口增长快得多，贸易失衡不断加剧。尽管后来汇率制度逐渐走向灵活化，但反通胀仍是重点目标，其主要手段变为高利率政策与紧缩性财政政策。实际上，高利率政策发挥了抑制通胀和吸引短期资本两种功能。1998 年，拉美 9 个主要国家

---

① 参见 Andrea C. Bandeira y Fernando Garcia，*Reformas y crecimiento en América Latina*，Revista de la CEPAL，No. 77，agosto de 2002，p. 87.

的实际利率水平是：低于 10%（9.6%）的 2 国；10%—20% 之间的 3 国；20%—30% 之间的 3 国；巴西为 50.7%。高利率严重抑制投资增长。世界银行 2000 年的一项企业调查表明，阿根廷、巴西和墨西哥分别有 73%、84% 和 71% 的企业家认为，高利率是妨碍企业融资和发展的主要障碍之一。① 这种状况与金融改革所要实现的消除"金融压抑"的目标南辕北辙。财政政策主要是通过减少公共赤字来配合反通胀，重点是削减财政支出，而不是增加税收收入，因为拉美税制改革对增加财政收入作用不大。紧缩性财政政策还与持续的偿债压力相关，因而这一政策就具有长期性与顺周期性两大特点，起了加剧经济衰退的作用。美国学者斯蒂格利茨认为："华盛顿共识所主张的各项政策使事情变得更糟。几乎心无二用地专注于预算赤字与通货膨胀就造成了这样一种局面：每当各国因收入下降而财政吃紧时，或因债务利率上升而支出增加时，就怂恿他们缩减开支或增税，这类轻率的顺周期财政政策加重了这些国家的衰退。"②

（二）贸易自由化与提高产业竞争力之间脱节

开放的目的是为了参与国际竞争。如前所述，拉美国家通常都是在短短 2—3 年之内基本实现贸易自由化。在市场快速开放的同时，拉美国家产业竞争力的提高却经历了诸多的曲折。其一，债务危机发生后的"应急性"调整曾引起制造业部门的大衰退，使大批制造业企业陷入困境。其二，市场急速开放导致的外来商品"雪崩式"的涌入，造成国内大批中小企业破产倒闭。其三，根据"比较优势"原则进行的产业结构调整，又迫使相当一部分企业被边缘化或被迫转产。经过上述过程，拉美国家基本实现了从进口替代阶段以"小而全"为特点的产业结构向"生产专门化"产业结构的转变，并形成了墨西哥及大部分中美、加勒比国家以客户工业为主，南美国家以资源加工产业为主的两种新型产业结构，③ 以适应外向发展模式的要求。这个调整过程既伴随着企业技术设备的更新和组织管理的

① Christoph Ernest, Janine Berg y Peter Auer, *Retos en material de empleo y respuestas de politica en Argentina, Brasil y México*, Revista de la CEPAL, No. 91, abril de 2007, p. 98.

② Joseph E. Stiglitz, *El rumbo de las reformas. Hacia una nueva agenda para América Latina*, Revista de la CEPAL, No. 80, agosto de 2003, p. 24.

③ 这两种"专门化"产业结构并不全是单一型的，在拉美大国中尤其如此，例如，墨西哥的食品加工和原油生产；阿根廷的汽车生产；巴西的电子工业、汽车工业、机械设备制造业等，依然具有重要地位。

改善，从而使生产率和经济效益有所提高，但同时也对原有生产力造成了相当大的破坏，成为八九十年代经济衰退或低迷的一个重要原因。拉美学者的一项研究表明，以 1985—1995 年和 1995—2000 年这两个阶段进行比较，阿根廷、巴西和墨西哥三国输出的产品在世界市场上处于需求上升的由 227 种降为 89 种，而处于需求下降的由 109 种增加到 246 种。因此，他们认为："自由贸易对一国的发展是否有利，要看世界市场对该国输出的产品和服务的需求是否在增加，还要看这些产品的生产在国内是否具有延伸产业链条和扩大就业的效应。"[1]

关于拉美国家经济的竞争力问题，国外学者的相关研究大多将主要注意力集中于跨国公司和本国企业（包括私营企业和国有企业）的产业分工。在拉美国家改革开放过程中，跨国公司的投资战略也进行了相应调整，大体可以归纳为四种不同的战略：追求效率、获取原料、占领当地市场和进军服务业。在追求效率方面，以跨国公司在墨西哥和中美、加勒比地区的汽车、电子和服装等产业的投资为代表。因此，尽管墨西哥和中美、加勒比国家的客户工业带来了出口与就业增长，但这些产业只是跨国公司生产链条上的某些零部件加工或组装环节。在获取原料方面，以跨国公司在石油（阿根廷、委内瑞拉、哥伦比亚、玻利维亚和巴西）和矿业（智利、阿根廷和秘鲁）的投资为代表。在占领当地市场方面，以跨国公司在汽车（南方共同市场）、农产品加工（阿根廷、巴西和墨西哥）、化工（巴西）和水泥（哥伦比亚、多米尼加和委内瑞拉）的投资为代表。在进军服务业方面，以跨国公司在众多拉美国家金融、电信、零售商业、电力、天然气和旅游等产业的投资为代表。因此，普遍认为，跨国公司在拉美经营的产业大多是技术变革速度快、市场需求旺盛、发展潜力大的产业。

拉美本国企业则以经营传统产业为主。据统计，本国企业占销售额 2/3 以上的产业有：非酒精饮料和啤酒、玻璃、石油工业、钢、纺织、农产品加工、水泥、纸浆和纸；占销售额 30％—66％ 的产业有食品和机器设备；占销售额在 30％ 以下，甚至根本没有参与的产业有：汽车生产、计算机与电话设备、轮胎、化学产品、卫生与清洁剂等。因此，本国企业

---

① Christoph Ernest, Janine Berg y Peter Auer, *Retos en material de empleo y respuestas de política en Argentina, Brasil y México*, Revista de la CEPAL, No. 91, abril de 2007, pp. 98—99.

的"专门化"集中于"技术成熟的、与自然资源加工紧密联系的产业部门"。[①] 这种情况也在很大程度上说明为什么拉美国家的企业通常在技术研究与开发方面的投入都很少。

（三）利用外资没有取得预期效果

1990 年以来，拉美地区投资率一直在 20％左右徘徊，明显低于债务危机前的 70 年代。拉美国家开放市场，开放资本账户，实行金融自由化和私有化等改革，都对外资产生了巨大吸引力。外资流入量比改革前大幅增加，其中绝大部分是直接投资。外国直接投资在拉美几个大国增长尤为迅速，1990—2003 年，墨西哥增加 3 倍，巴西增加 5 倍，阿根廷增加 9 倍。然而，外国直接投资的大幅增长并未表现为总投资的增长，原因何在？

主要原因与拉美大规模的私有化直接相关。外国直接投资用于并购现存资产的比重很大。联合国贸发会议的统计表明，就外国直接投资中并购投资所占比重而言，阿根廷、巴西、墨西哥要比中国、印度，以及发展中国家的平均水平高得多（见表 2—4）。"外国直接投资进入拉美并不必然表现为资本增长，因为到 1998 年为止，40％以上的外国直接投资是并购投资，它意味着产权转移，主要是向跨国公司转移。"[②] 外资在拉美并购的重点首先是公益性服务企业，其次是资本密集型制造企业。

总投资没有增长的另一个重要原因是国内投资萎缩。导致国内投资萎缩的因素多种多样，除上文提到的高利率政策、大批中小企业破产倒闭外，改革以来，多数拉美国家因债务负担过重而造成储蓄率下降；大量私有化收入被用来填补日常财政开支；改革所造成的整体经营环境的巨大变化使企业界难以适应，等等。"各国的经济改革及出现的其他新特征尚未完全定型，它们仍然取决于各国在经历了巨大变革后所带来的积极和消极的暂时因素。将来的结果则取决于各国政府和私人部门是否能共同努力，以适度平衡刺激投资所面临的风险和收益的诸因素。事实上，这意味着要在新的游戏规则中寻找各种方法来弥补企业在进口替代工业化阶段所获得

---

① Michael Mortimore y Wlson Peres, *La competitividad empresarial en América Latina y el Caribe*, Revista de la CEPAL, No. 74, agosto de 2001, p. 52.

② Lourdes Maria Regueiro Bello, *Inversiones, núcleo duro del ALCA*, Cuadernos de Nuestra América, Vol. XVII, No. 33, pp. 9−31, Ciudad de La Habana, enero-junio de 2004.

的旧的刺激机制的缺失。"①

表 2—4　　　　　　**外国直接投资中并购投资的平均参与比重**

（％，1991—1996 年；1997—2002 年）

国别	1991—1996	1997—2002
阿根廷	38.9	82.3
巴西	44.1	58.5
墨西哥	15.6	42.6
中国	2.6	4.4
印度	15.3	39.1
发展中国家	17.4	34.5

资料来源：联合国贸发会议。转引自 Revista de la CEPAL，No. 91，p. 102，abril de 2007.

　　资本市场自由化还导致大量短期投机资本进入拉美。这类资本的投资方式包括借贷、证券投资、短期存款等，主要是追逐在拉美市场的高额收益。短期资本流动的突出特点是反周期性，当经济发展顺利时，短期资本争相进入；一旦形势逆转就纷纷撤离。如果说，开放使拉美国家面临的外部风险加大，那么，由资本市场快速自由化引起的大量投机资本的涌入便是其中的重要风险之一，也是导致拉美地区金融危机频发的主要原因之一。拉美国家除了原本对外资依赖性较高之外，在新自由主义影响下还产生一种错误观念，认为获得外资越多，经济增长就越快。因此，在 90 年代前半期，短期投机资本在拉美的活动几乎没有遇到任何阻碍。在 1994 年墨西哥金融危机中，拉美人首次见识到短期投机资本流动兴风作浪、推波助澜的恶劣作用。然而，人们并没有认真吸取教训，以至在后来的金融危机中这类资本一再地扮演着重要角色。部分国家后来对短期投机资本采取强制征税等管制性措施，基本上属于"亡羊补牢"之举。"毫无疑问，当资本进入一个国家时，其好处是显而易见的。拉美在 90 年代初获得了这种好处，但同样明显的是，这些国家获得的好处不足以弥补其在危机中遭受的损失。这些危机是如此频繁和有规律地发生，在拉美所产生的负面

————————

　　① 芭芭拉·斯托林斯、威尔逊·佩雷斯：《经济增长、就业与公正——拉美国家改革开放的影响及其经验教训》，中文版，中国社会科学出版社 2002 年版，第 87—88 页。

后果特别深重。"①

(四) 社会发展问题被严重忽视

忽视社会公平首先表现在理论指导与政策设计上。在理论指导方面，新自由主义突出强调，市场经济体制一旦建立，实现由市场有效配置资源，经济就会快速增长，就业就会增加。正如许多批评者指出：新自由主义者把希望寄托于更高的经济增长带动就业增长，而结果是改革后经济增长比改革前低得多。即便是经济增长加快了，也不会同时惠及所有的社会阶层。可见，新自由主义在消除贫困问题上还是在沿袭旧的"渗透"理论和"滴漏"理论。在政策设计方面，"华盛顿共识"的 10 条政策中仅有一条说到要"重新分配公共支出，更多地向教育、医疗保健和基础设施投资"。威廉姆森 1996 年发表《修改"华盛顿共识"》一文，其中的一项修改就是表示要增加社会政策内容，于是，在所谓"新 10 条"中就有"公共开支向社会计划再投资"和"加大中小学教育开支"这样两条。仔细对照一下，这两条似乎就是把原来那一条的内容拆开来。

新自由主义指导下的改革忽视了改革过程对就业的重大冲击。一方面，贸易自由化及其引起的外来竞争的加剧、大批中小企业的倒闭、产业结构的大调整、大规模的私有化、行政机构的精简，等等，都导致原有工作岗位的大量减少和大批劳动力需要寻找新的工作。另一方面，经济持续衰退或低迷限制了就业机会的创造；汇率高估刺激了进口，损害了出口，迫使那些生产与进口商品相竞争的产品的企业做出减少雇工的选择；市场开放与汇率高估也相对地降低了资本的价格，促使企业用资本替代劳动力；经济形势恶化还促使更多的妇女、儿童外出寻找工作，这些因素都使得就业问题变得更加尖锐。拉美城市公开失业率由 90 年代初的 6％ 左右持续上升，1998—2004 年保持在 10％—11％ 的水平上；1990—1998 年，拉美非正规部门对就业的新增就业的贡献率超过 60％，反映出就业质量的普遍下降。② 在正规经济部门创造就业的能力严重不足时，扩大非正规就业是一种必然的选择。政府应当采取相应措施予以支持，如拓宽就业渠

---

① Joseph E. Stiglitz, *El rumbo de las reformas. Hacia una nueva agenda para América Latina*，Revista de la CEPAL，No. 80，agosto de 2003，p. 22.

② 拉美的非正规经济部门包括少于 6 名工人的微型企业、自谋职业者、家庭劳务人员、不拿薪酬的家庭成员等。

道，降低自主创业的"门槛"，提供小额贷款等，并在工资政策、合同管理、社会保护等方面尽量保护非正规就业者的合法权益。然而，新自由主义主导的劳工市场改革却以"劳工市场灵活化"为主攻方向，恰恰与维护劳工合法权益的目标背道而驰。

面对贫困人口的持续增加，拉美各国政府采取了增加社会开支的政策。80 年代，拉美人均社会开支下降了 28%，而 1990—1991 年至 2002—2003 年，人均社会开支增长了 39%，由人均 440 美元增加到 610 美元（按 2000 年美元价格计算）。尽管国家间差别很大，如 2003 年厄瓜多尔、尼加拉瓜人均都不到 100 美元，而阿根廷人均 1283 美元，但毕竟各国都有不同程度的增长。[①] 除教育等少数长期性投资外，社会开支主要用于贫困救助，对于缓解社会紧张局势起了一定的作用。

（五）对国家与市场的关系处理不当

新自由主义全盘否定国家干预的必要性，无限地夸大自由市场的功能，因而被称为"市场原教旨主义"。在拉美国家，这种错误主张反映在众多方面，造成的后果也相当严重。试举几个例子。

其一，新自由主义者认定，拉美国家宏观经济不稳定的首要原因是政府的浪费、政府对市场的干预，以及货币政策的松弛。这个判断显然是很武断的。不能说上述因素都不存在，但拉美国家 80 年代后半期和 90 年代前半期的高通胀主要是债务危机及不适当的调整政策引发的。他们之所以做出这样的判断，目的是反对国家宏观调控，为他们所主张的顺周期财政政策与僵硬货币政策辩护，以至于有些国家本来可以实行反周期的财政政策也被阻止。正如有的学者指出，在资本主义 200 年的历史上，在政府发挥现有的多种功能以前，市场经济就不断地受到起伏波动的冲击。事实表明，政府适度的宏观调控是有助于恢复稳定的。

其二，新自由主义者主张彻底的金融自由化，任凭短期投资资本疯狂投机。拉美几次金融危机恰恰表明，相关国家的政府面对大量投机资本的涌入和大规模的投机活动几乎束手无策，丧失自我保护能力。部分国家在吸取教训之后，又回过头来采取某些资本管制措施。

其三，在新自由主义片面强调发挥比较优势的误导下，许多国家基本

---

① José Luis Machinea, Guillermo Cruces, *Instituciones de la política social: objetivos, principios y atributos*, CEPAL, Santiago de Chile, Julio de 2006, pp. 14－15.

放弃了国家产业政策规划，片面强调向资源加工产业回归，让一些本来已经具有优势的制造业部门被淘汰。短短几年之后，这些国家又不得不重新致力于恢复这类产业，特别是一些日用工业品生产。

其四，新自由主义不遗余力地宣传私人部门的重要性，几乎把国有企业描绘成"万恶之源"，从而在拉美地区掀起一股彻底私有化的浪潮。正如有的学者指出："在出口企业 200 强中，国有企业仅占（出口额）1/4 这一事实表明，私有化已经达到了地区的极限。"① 在拉美国家人们可以认为，国有经济成分的有无与社会制度的性质关系不大，但如果认为国有经济与国家利益无关，那很可能是一个认识上的重大误区。智利一直将四大铜矿控制在国家手里，委内瑞拉、墨西哥和哥伦比亚的石油公司没有私有化，这些部门和公司恰恰成为上述国家财政收入稳定增长的主要来源。相反，许多拉美国家因为私有化过了头而陷入被动，如今又回过头来搞国有化，例如，巴西卢拉政府 2002 年当政以来兴建了 30 多家国有企业，力求重新加强国家在石油、天然气、电力、金融和交通运输等领域的控制力；玻利维亚等国实行石油、天然气国有化；委内瑞拉查韦斯政府花 7 亿多美元将美资电力公司收回，等等。问题在于，像委内瑞拉这样有大宗石油收入的国家可以花钱买"国有化"，其他拉美国家却很少能具备这种能力。

巴西经济学家布雷塞尔—佩雷拉于 2007 年著文指出："作为上世纪 80 年代债务危机的产物而在拉丁美洲兴起的新自由主义政策抑制住了通货膨胀，但它在实现真正的宏观经济稳定和恢复发展方面却失败了。……因此，现在出现了反对传统的正统学派的强烈反应。"② 可以说，新自由主义在拉美由盛转衰，一是由于它自身的失败，二是由于拉美反新自由主义浪潮的兴起。正是拉美国家广大民众反新自由主义的浪潮构成了近年来拉美政坛"左倾化"的主要政治与社会背景。新上台的拉美左翼政府或公开宣布与新自由主义决裂，或在原有改革基础上进行大幅度的政策调整，由此在拉美地区开启了一个对前期改革进行深刻反思、对发展道路进行重

---

① Michael Mortimore y Wlson Peres, *La competitividad empresarial en América Latina y el Caribe*, Revista de la CEPAL, No. 74, agosto de 2001, p. 48.

② ［巴西］路易斯·卡洛斯·布雷塞尔—佩雷拉：《新发展主义中的国家与市场》，载《拉丁美洲研究》2008 年第 1 期，第 63 页。

新探索的新阶段。

第三节　拉美三次金融危机评析

在拉美国家经济改革的过程中，曾先后发生三次金融危机：1994 年墨西哥金融危机，1999 年巴西货币危机，2001 年阿根廷经济危机。这三场危机恰恰发生在拉美三个最大的经济体，不仅使这三国自身遭受重大打击，而且对整个地区产生了强烈的冲击效用。看一看 1990—2002 年拉美经济增长率的统计表就会发现，这期间拉美地区经济的三次滑坡在时间点上与三次危机完全重合，第一次是 1995 年，地区增长率降至 1.1%，第二次是 1999 年，降至 0.5%，第三次是 2001 年，降至 0.3%。集中分析一下这三场危机的原因与后果，有助于加深对拉美国家 90 年代结构改革过程的认识和理解。

一　墨西哥金融危机

1994 年 12 月 20 日，墨西哥政府宣布比索兑美元汇率的浮动范围扩大到 15%，其目的是增加货币当局在汇率政策上的灵活性。货币贬值引起的"羊群效应"远远超出货币当局的预期，民众纷纷抢购美元。官方外汇储备从 12 月 19 日的 110 亿美元剧降至 22 日的 60 亿美元。两天后，政府被迫放弃钉住美元的汇率制度，允许比索自由浮动。随后，比索再度贬值 15%；外资大规模逃离墨西哥。至 1995 年 1 月初，比索累积贬值 30%，股市下跌了 50%。1994 年资本外逃规模超过 70 亿美元，1995 年更是高达 250 亿美元。一场举世瞩目的金融危机爆发了。

墨西哥金融危机被国际货币基金组织前任总裁康德苏称之为经济全球化条件下新兴市场第一场危机。然而，在危机爆发前，萨利纳斯政府在墨西哥推行的新自由主义改革受到国际社会广泛认同，无论是国际货币基金组织、世界银行等国际金融机构，还是美国克林顿政府和国际学术界，都认为墨西哥的经济改革成效卓著，并预言在北美自由贸易协定签署和塞迪略政府的推动下，墨西哥经济将有一个更好的发展前景。因此，金融危机的突然爆发完全出乎这些乐观预言的预料，也使新自由主义在拉美地区首次遭到了质疑。① 墨西哥金融危机爆发的基本原因是什么？

首先，用外国短期资本弥补巨额经常项目赤字和政府公共债务。经常项目赤字源于贸易失衡。贸易自由化改革使关税和非关税壁垒迅速下降，平均关税率由 1985 年 6 月的 24％降至 1990 年 6 月的 13％，受进口许可证限制的贸易额占进口总额的比例由 92.2％降至 19.9％，出口限制产品数比重由 1987 年的 25％降至 1990 年的 18％。世界银行认为，墨西哥贸易壁垒已低于欧美和日本的水平。② 市场开放后进口急剧增加，而在长期高保护下成长起来的本国企业却没有竞争力，1989—1994 年墨西哥出口增长 2.7 倍，进口增长 3.4 倍。此外，政府为控制通胀，长期实行比索钉住美元汇率制，在强势美元的国际环境下，比索严重高估，出口竞争力进一步削弱。贸易逆差由 1989 年的 6 亿美元上升至 1994 年的 236 亿美元，经常项目赤字同期由 41 亿美元上升至 289 亿美元。经常项目逆差占 GDP 的比重从 1990 年的 3％升至 1992 年的 7.5％和 1993 年的 6.4％，1994 年进一步升至 8％。③ 为了维持国际收支平衡，墨西哥大量吸收外国短期资本，1993 年短期资本占外资流入总量的 82％。④

墨西哥外债余额长期居高不下，1991—1994 年，总额分别为 1170 亿美元、1165 亿美元、1305 亿美元和 1398 亿美元。外债还本付息主要靠短期证券资本流入来维持。为稳定外国投资者信心，政府坚持比索不贬值，并直接发行美元短期政府债券（Tesobonos）。外国投资者便大量卖出比索短期债券，购买美元债券，1994 年末，美元债券占政府总债务的 2/3 以上。金融危机爆发前，政府发行的短期债券已达 300 亿美元，其中 1995 年上半年到期的就有 167.6 亿美元，而外汇储备只有数十亿美元。事实表明，墨西哥发行美元短期债券来稳定外国投资者信心的做法是不明智的。一旦比索贬值，投资者当即大量抛售这些债券。

其次，金融自由化改革加大了金融部门的脆弱性。1990 年，墨西哥开始全面金融自由化改革，放松存、贷款利率管制，取消商业银行必须持

---

① Rudiger Dornbusch and Alejandro Werner，"Mexico：Stabilization，Reform and No Growth"，Brookings Papers on Economic Activity，No. 1，1994，pp. 253—297.

② 江时学：《拉美发展模式研究》，经济管理出版社 1996 年版，第 94—95 页。

③ 陈芝芸：《墨西哥金融危机的缘由与教训》，载《世界经济与政治》，1995 年第 4 期。

④ ECLAC，"Statistical yearbook for Latin America and the Caribbean 1997"，February 1998，Santiago，Chile.

有政府长期债券的强制性规定，废除强制性银行准备金要求，禁止国有银行向国有企业提供低利贷款，证券市场对外资开放，等等。1991 年上半年开始银行私有化，至 1994 年 1 月 17 家主要国有银行全部私有化。1994年 10 月，政府进一步放宽金融业对外资的限制，准许外资进入银行、保险和证券经纪业，还逐渐放宽了外资的股权比例限制。金融自由化改革削弱了政府在金融业的主导作用，金融监管框架没有及时建立，银行信贷泡沫严重。银行私有化过程中联邦政府的优先目标使私有化收入最大化，而对银行购买者的资质、经营和管理能力并无严格考察，大量缺乏银行业经验的私人财团成为最后中标者。为了收回成本，这些私人财团大量从事高风险金融业务，向私人部门的信贷急剧增加，1988—1994 年银行私人信贷占 GDP 比例由 10％上升至 40％，其中，住房贷款增长了近 1000％，消费信贷增长了 450％。伴随着信贷泡沫，贷款坏账率不断上升，1992—1994 年，坏账率由 5.6％升至 8.3％，高风险资产与银行净资产比例由51％上升到 70％。80 年代末 90 年代初，随着经济复苏和进口急剧扩张，国内出现一股消费热潮。1989—1993 年，私人消费年均增长 4.7％，居民信用卡负债额年均增长率超过 30％，信用卡贷款倒账现象严重。

最后，墨西哥金融危机与国内一系列政治事件和国际经济环境变化密切相关。1994 年是墨西哥的"多事之秋"。1 月 1 日，萨帕塔民族解放军突然占领了恰帕斯州的数个市政府，要求改善当地人民生活和实现真正民主。这一事件恰好与墨西哥正式加入北美自由贸易区同时发生，使墨西哥"政局稳定"、"新自由主义改革典范"、"发达国家俱乐部（OECD）成员"等国际形象严重受损。3 月和 4 月，国内最大的银行集团负责人和另一富豪被绑架，加剧了投资者对墨西哥社会安全的担忧。3 月 23 日，革命制度党总统候选人路易斯·科洛西奥在北部城市蒂华纳遇刺身亡，立刻引起金融恐慌，促使美国政府提供 60 亿美元货币互换便利以平息局势。8 月份总统大选结束后局势并未恢复平静。9 月 28 日，革命制度党总书记何塞·马谢乌在首都遇刺身亡。这一事件涉及的诸多政治丑闻触发了新一轮资本外逃，外汇储备从 10 月底的 172 亿美元骤降至 11 月 18 日的 130 亿美元。此外，1994 年美联储为了防止通货膨胀，连续六次提高联邦基准利率，间接推动了墨西哥资本外逃。

据估计，这场危机给墨西哥造成的损失约 450 亿美元，相当于 GDP的 16％；1995 年，经济增长率下降 6.2％，人均 GDP 下降 7.8％，通胀率攀升至 52%，固定资产投资萎缩 30%，实际工资下降 20%。[①] 消费者无法偿还信贷泡沫时期的住房贷款和其他消费贷款，大量企业倒闭，与危机前相比，失业人口增加 200 万人，仅 1995 年 1 月和 2 月，倒闭的企业数达到了 1.93 万家，占企业总数的 3%，25 万人因此而失业。[②] 通过危机后的银行重组，外资银行开始主导墨西哥银行业，至 2001 年，外资银行控制了墨西哥银行资产的 89%，净利润的 90% 以上。应该说，墨西哥"摆脱"金融危机在很大程度上得益于美国的及时援救，从而减小了对本国以及对拉美地区的冲击。

二 巴西货币危机

继 1997 年亚洲金融危机和 1998 年俄罗斯金融危机之后，1999 年巴西发生货币危机。1 月 5 日，巴西国会开始辩论卡多佐政府提出的财政改革计划，就在同一天，米纳斯吉拉斯州州长、前总统伊塔马尔·弗朗哥突然宣布，该州 3 个月内停止偿还欠联邦政府 135 亿美元的债务。投资者普遍担心，该州的倒账行为可能引发其他州的多米诺骨牌效应，甚至可能诱发联邦政府的倒账行为。随后五天内，圣保罗股市下跌了 25%，每天有 10 亿美元左右的资本外逃，1 月 13 日，央行行长以健康原因辞职，进一步恶化了市场预期。卡多佐政府不得不扩大雷亚尔波幅，外汇储备仍急剧下降。鉴于此，15 日央行宣布停止干预外汇市场，允许雷亚尔自由浮动。随后巴西政府开始寻求 IMF 和美国政府的援助，美国财政部却出人意料地要求巴西提高利率。18 日，央行宣布维持利率不变。投资者普遍预期巴西政府为了维持市场稳定，将实施资本管制，遂加速资本逃离。1 月 29 日，汇率跌至 1 美元兑换 2.1 雷亚尔，巴西货币危机全面爆发。直至 1999 年 5 月，资本外逃势头开始减缓，雷亚尔汇率和巴西经济形势逐步趋向稳定。

尽管卡多佐政府的"雷亚尔计划"在控制通货膨胀方面成效卓著，被国际社会广泛推崇，但不可否认，这场货币危机的根源仍与其政策失误密

---

① ECLAC, "Statistical yearbook for Latin America and the Caribbean 1997", February, 1998.

② 江时学：《金融全球化与发展中国家的经济安全——拉美国家的经验与教训》，社会科学文献出版社 2004 年版，第 234 页。

切相关。

首先，雷亚尔币值严重高估。墨西哥比索大幅贬值曾给雷亚尔造成了巨大压力，为此，1995 年 3 月，巴西央行采取了爬行钉住的汇率政策，但"汇率锚"仍是反通货膨胀计划的基础。与 1994 年 12 月相比，1995年雷亚尔贬值了 13.9%，1996 年贬值了 7.1%，1997 年和 1998 年再度贬值了 7.3% 和 8.3%。至 1998 年 12 月，雷亚尔对美元的汇率已经由最初的 1∶1 变成 1.2∶1。[①] 尽管如此，与墨西哥金融危机后比索贬值 50% 相比，雷亚尔币值高估的现象依然十分突出，严重影响巴西出口的国际竞争力，成为经常项目巨额赤字的重要原因。1992 年，巴西经常项目顺差61.4 亿美元，至 1998 年转为 351.8 亿美元的赤字，相当于 GDP 的4.5%。[②] 为弥补赤字，在僵硬的汇率制度下，巴西政府只能通过高利率吸引外资。1994—1997 年，高利率吸引的短期资本流入高达 1160 亿美元。高利率政策尽管维持了国际收支平衡，却给宏观经济造成了较大的负面影响，企业融资成本急剧上升，扩大再生产能力下降，失业率攀高。高利率政策还加重了联邦债务还本付息负担和企业的融资成本，据估计，利息每提高一个百分点，政府用于支付 3200 亿美元的债务利息增加 25 亿美元。[③]

其次，联邦财政赤字居高不下。在雷亚尔计划实施期间，GDP 增长了 10.7%，而联邦政府财政支出增长了 31%，其中用于公共债务的利息支付增长了 108%。财政赤字主要来源于以下几个方面：沉重的公共债务负担使得政府必须支付巨额本息；政府在选举年实施扩张性财政政策，加剧了财政失衡，1997 年联邦政府开支增长 7%，1998 年激增 22%；社会保障体系亏空严重，仅 1998 年该项亏空额就高达 420 亿美元；公务员和行政支出居高不下，在一些州，仅公务员工资支出就相当于州财政支出的

---

①　江时学：《金融全球化与发展中国家的经济安全——拉美国家的经验与教训》，社会科学文献出版社 2004 年版，第 264 页。

②　ECLAC，"Statistical yearbook for Latin America and the Caribbean 1999"，February 2000.

③　Peter Flynn，"Brazil：The Politics of Crisis"，Third World Quarterly，No. 2，1999，p. 305.

80％以上。[①]巨额财政赤字，使得国内外投资者对于雷亚尔计划的可持续性深感担忧，任何政治或经济突发事件，都可能引发大规模资本外逃。

最后，政府内外债务负担沉重。1994—1998年，巴西公共和私人部门外债增加了900多亿美元，1998年末，外债总额占GDP的比重高达30％，与此同时，这些外债相当大比例是短期外债，平均期限仅为1.6年，同时75％以上的外债是浮动利率债券或外币债券，因此外债同时面临巨大的利率和汇率风险。除巨额外债外，政府还积欠大量内债，1998年末，联邦政府和州政府的内债总额为3000亿美元，相当于GDP的36.1％；1999年仅债务利息支付就达到了600亿美元。[②]巨额的内外债务成为国民经济平稳发展的重要障碍。

由于卡多佐政府在危机发生前后采取了比较有效的预防和缓解措施，[③]巴西这场货币危机延续时间不长，对国内经济冲击相对较小，1999年仍实现0.9％的经济增长。但是，巴西货币危机给阿根廷、乌拉圭等国造成了严重的冲击，甚至成为阿根廷货币局制度崩溃的最后一击，从此阿根廷进入了1999—2001年连续的经济衰退期。巴西货币危机爆发后，拉美各国纷纷采取高利率的货币政策和紧缩的财政政策，力图恢复它们在国际金融市场的信誉，但1999年拉美地区的外资流入急剧减少，由上年的794亿美元降至491亿美元，国际债券发行额度则由1997年的520亿美元连续下降至387亿美元，直至2002年182亿美元的低谷，因而各国对外偿付能力都面临困境。从资本流入净额来看，整个拉美地区由1998年资本净流入280亿美元转为1999年净流出14亿美元，其中巴西净流出12.27亿美元，智利净流出为30.8亿美元，哥伦比亚净流出23.4亿美元，委内瑞拉净流出29.53亿美元，只有墨西哥维持了较大的净流入。经济规模较小的厄瓜多尔净流出额高达26.8亿美元，不得不宣布停止支付"布雷迪"债券利息。资本大量外逃导致相关国家固定资产投资萎缩，阿根廷、智利、哥伦比亚、厄瓜多尔、洪都拉斯、乌拉圭和委内瑞拉1999年都陷入衰退，增长率分别为－3.4％、－0.1％、－4.1％、－9.5％、

---

① 江时学：《金融全球化与发展中国家的经济安全——拉美国家的经验与教训》，社会科学文献出版社2004年版，第267—268页。

② 朱民：《巴西金融动荡：货币危机而非金融危机，经济压力大于金融冲击》，《国际经济评论》1999年第3期。

③ 吕银春：《巴西为什么能在短期内克服金融动荡》，载《拉丁美洲研究》1999年第6期。

-1.5％、-2.9％和-5.8％，整个地区增长率由上年的 2.3％降为 0.4％。[1] 由此可以看出巴西货币危机对拉美地区的传导机制与冲击效用。

三　阿根廷经济危机

以货币局制度为核心的"兑换计划"的成功实施，不仅治愈了阿根廷长期恶性通货膨胀的顽疾，还使阿根廷经济进入快速增长周期。除 1995 年因墨西哥金融危机冲击出现负增长外，1991—1998 年阿根廷 GDP 平均增长率为 5.8％，因而梅内姆政府的新自由主义改革被西方媒体称为"阿根廷经济奇迹"。然而，随着俄罗斯金融危机深化和巴西货币危机爆发，阿根廷宏观经济外部条件和国际金融市场融资环境急剧恶化，在国际市场发行的债券平均期限由 1997 年的 8.7 年缩短为 1998 年 3.7 年，债券利率大幅上升，外币债券占政府债务比例由 1998 年的 70％急剧上升至 2001 年 97％。[2] 巴西雷亚尔大幅贬值，而阿根廷货币局制度缺乏弹性，使阿根廷对外贸易环境恶化，贸易赤字急剧上升，由 1995 年略有盈余到 1999 年的 49.5 亿美元赤字。1999—2001 年，阿根廷经济连续三年衰退，增长率分别为-3.4％、-0.8％和-4.5％。在债台高筑和融资无门的情况下，阿根廷向国际货币基金组织求助，但国际货币基金组织以阿根廷必须实行紧缩性财政政策为借贷条件。2001 年 7 月，经济部长卡瓦略宣布启动"零财政赤字计划"，引起金融市场激烈动荡。尽管阿根廷随后获得了 IMF 的 80 亿美元追加应急贷款，但仍不够支付到期的外债还本付息。2001 年 10 月末，阿根廷政府准备与债权银行谈判，重新安排 1280 亿美元外债。随后，政府颁布冻结银行存款的"畜栏政策"，引起强烈的社会抗议。2001 年末至 2002 年初，两周内阿根廷更换了五位总统，政治、经济和社会危机全面爆发。2002 年 1 月 6 日，政府宣布放弃长达 11 年的货币局制度。

阿根廷从新自由主义改革的"样板"到爆发全面性的经济危机，主要原因在于以下几个方面。

首先，货币局制度缺乏灵活性使得阿根廷汇率制度无法有效应对外部

---

① ECLAC，"2003－2004 Economic Survey of Latin America and the Caribbean"，Nov，2004，Santiago，Chile.

② 国际清算银行统计数据，www.bis.org.

冲击。90 年代末，在美元持续走强的背景下，阿根廷比索大幅升值，严重打击了出口竞争力。墨西哥和巴西货币相继大幅贬值，更使阿根廷出口贸易雪上加霜，1999 年，经常项目赤字占 GDP 的比例高达 4.3％。此外，汇率高估推动公共和私人部门扩大国际融资，使外债有增无减。

其次，规模庞大的公共和私人债务是危机爆发的直接导火索。据阿根廷官方公布的数据，2001 年危机爆发前，公共和私人部门债务总额为 2110 亿美元，其中公共债务 1444.5 亿美元（外债约 65％，内债占 35％），90％以上为美元等外币计价债务。公共债务中，政府债券为 900 亿美元，其余为国际金融机构和外国政府等贷款。危机爆发后，阿根廷分三个阶段对债务进行了重组，其谈判过程极为艰难。高负债的主要原因是：政府靠发行债券填补巨额财政赤字，如 1994—1999 年仅因企业减税和社会福利改革导致的巨额财政支出就举债 340 亿美元；高主权债务风险和高利率带来高额利息负担，公共债务利率平均为 6％—15％，大大高于国际市场利率；靠借外债为货币局制度提供外汇储备保障，以保证对外支付能力和中央银行货币发行的基础。90 年代后期，光是维持稳定的货币发行量一项，央行就必须保持 200 亿—260 亿美元的外汇储备。

最后，无法控制的财政赤字和失衡的财政联邦制是金融危机的根源。阿根廷财政支出不可控的原因是多方面的。其一，庞大的公务员队伍和高额行政开支。阿根廷总人口 3600 万人，公务员高达 200 万人，且薪酬高，福利待遇优厚。其二，中央政府和地方政府财政关系没理顺。在 90 年代的财政分权化改革中，中央政府财政权有所收缩，地方政府财政权则不断强化，中央政府并没有采取相应措施来监督和约束地方财政开支。例如，90 年代布宜诺斯艾利斯省财政赤字增长了 10 倍多，还不断向银行发行政府担保债券。阿根廷公共开支的增加有 1/3 是与地方政府有关的。其三，中央政府的财政开支同样是无节制的。阿根廷国有企业私有化是最彻底的，政府将大量的私有化收入用于日常开支，财政赤字依然居高不下。1991—2001 年，中央政府财政赤字占 GDP 的比例由 0.5％剧增至 3.8％，超过了国际公认的 3％警戒线。[1]

---

[1] 江时学：《金融全球化与发展中国家的经济安全——拉美国家的经验与教训》，社会科学文献出版社 2004 年版，第 293—295 页。

　　阿根廷经济危机对拉美地区，特别是对南方共同市场成员国的冲击非常明显。乌拉圭对阿根廷经济的依存度较高，受阿根廷经济危机的影响也最为严重。阿根廷政府采取比索贬值和冻结银行存款措施后，乌拉圭也出现居民大量买入美元的风潮，引起外汇市场激烈动荡。2002 年前两个月，乌拉圭中央银行损失了 10.5 亿美元的外汇储备，银行的个人美元存款外流了 13 亿美元。与此同时，阿根廷经济危机还对乌拉圭实体经济造成冲击，乌拉圭出口大幅度下降，旅游业一片萧条；对阿根廷的汽车配件、活畜和纺织品等主要产品的出口几乎停顿。在阿根廷危机打击下，2001 年乌拉圭经济下降 3.6％，2002 年更下降 12％。巴拉圭经济 2002 年也下滑 2.5％。巴西作为南共市和拉美地区最大经济体，同时也是阿根廷的最大贸易伙伴，在阿根廷比索贬值和取消共同市场成员国之间的关税优惠后，巴西的出口和国民经济也受到重创。2002 年第一季度，巴西对阿根廷出口同比下降 68％，GDP 增速在 2000 年实现了 3.9％的增速后，2001—2003 年分别降为 1.3％、1.5％和－0.4％。2001 年，智利对阿根廷的出口额比 2000 年下降 13.6％，其中 2001 年 11 月至 2002 年 1 月的 3 个月中下降了近 50％；2002 年智利经济增长率由上年的 3.5％降至 2.0％。阿根廷比索贬值促使南共市其他成员国采取相应措施来维持各自的国际收支平衡，例如，乌拉圭限制阿根廷产品进口，并对 300 种消费品设置最低限价。成员国间贸易保护主义抬头，阻碍了南共市的一体化进程。

　　由于阿根廷比索贬值和政府拖延偿债，外国企业在阿根廷的投资蒙受重大损失。2002 年，花旗银行等 7 家国际银行在阿根廷的损失达 85 亿美元。西班牙在阿根廷的损失尤为严重，仅桑坦德银行和西班牙对外银行（BBVA）的损失就达 32 亿美元。巨额损失促使外资在拉美地区的投资变得谨慎。例如，90 年代，西班牙是对拉美投资最多的国家之一，但 2001 年的投资减少了 80 亿美元，减幅达 40％，其中对阿根廷投资减少了 50％。2001 年整个拉美地区外资流入总额为 519 亿美元，2002 年剧降至 109 亿美元。而从资本净流入来看，2000 年整个拉美地区资本净流入 4900 万美元，而 2001—2003 年则连续三年净流出 27.3 亿美元、404.6 亿美元、327 亿美元，其中 2002 年阿根廷资本净流出额高达 206 亿美元，巴西为 102 亿美元，乌拉圭 26.2 亿美元，委内瑞拉 145 亿美元。阿根廷宣布暂停还债，不仅损害自身信誉，也使其他拉美国家在国际金融市场的融资条件和主权风险急剧恶化，2002 年整个地区的国际债券发行额由上年的 335.8 亿美元剧降至 182.5 亿美元。① 这使得各国国际收支平衡更加困难，对外偿付能力迅速恶化。

四 三次金融危机的经验与教训

上述三次金融危机给拉美和其他地区新兴市场国家留下了深刻的教训。这些教训主要涉及以下几个问题。

1. 金融自由化与金融监管。金融自由化既是拉美国家新自由主义经济改革的重要内容，也是其积极参与经济和金融全球化的必然要求。然而，金融自由化常常暗含着更大的金融风险和市场不确定性。因此，金融自由化采取渐进的形式，同时强化对金融部门的监管，已成为学术界和各国货币当局的广泛共识。拉美国家的做法与这一共识背道而驰。阿根廷、墨西哥、乌拉圭和秘鲁等拉美国家不仅实行激进的金融自由化改革（如墨西哥对国有银行部门的全面私有化和外国化，阿根廷实行激进的金融部门对外开放和放松管制措施等），而且没有建立合理和审慎的银行和金融监管体系。即便是巴西、智利和哥伦比亚等国的金融自由化相对阿根廷和墨西哥较为渐进，但改革过程中仍然没有强化金融部门的稳健性，缺乏应对外部冲击的资金和管理能力。因此，危机的爆发与拉美各国金融体系的整体脆弱性密切相关。

2. 钉住汇率制与退出机制和时机选择。通货膨胀是困扰拉美经济长达半个世纪的难题之一。90 年代，拉美国家普遍实行钉住汇率制，以控制债务危机后仍然十分严重的通货膨胀问题。典型的做法包括阿根廷建立货币局制度、巴西的雷亚尔计划、墨西哥和哥伦比亚等国在各自经济稳定计划中的钉住汇率制，等等。拉美国家希望以钉住汇率制和加强中央银行的独立性，来控制长期的恶性通货膨胀。这种做法无疑达到了预期的效果。然而，一般的经验表明，钉住汇率制在实施初期对于控制通货膨胀十分有效，但后期却往往面临币值高估的问题。拉美国家的经历表明，在钉住汇率制实施的后期，由于受各种利益集团尤其是政治因素的干扰，政府一再错失钉住汇率制的调整和增强汇率灵活性的时机，普遍存在汇率严重高估的问题，进而导致经常项目赤字。更值得反思的是，面对巨额经常项

---

① ECLAC，"2003 – 2004 Economic Survey of Latin America and the Caribbean"，Nov，2004，Santiago，Chile.

目赤字,拉美各国通过以短期资本主导的资本项目盈余来弥补这些赤字,而短期资本流入的不可持续性和不确定性注定了巨额经常项目赤字是危机爆发的隐患之一。因此,如何执行钉住汇率制的退出机制和选择退出的时机,保证汇率制度的平稳转换,是拉美国家金融危机频繁爆发留下的一个教训。

3. 资本项目开放与适度资本管制。许多学者认为,过于激进的资本项目开放是拉美国家频发爆发金融危机的根源。然而研究后发现,在90 年代拉美国家资本项目开放过程中,也有一些国家如巴西、智利和哥伦比亚的资本项目开放的进程是谨慎而渐进的,甚至这三个国家在90 年代初期资本大规模流入的背景下实行了适度的资本管制措施。智利和哥伦比亚的经验表明,适度的资本管制能够有效控制投机性短期资本的流入规模和结构,一定程度上能够达到短期资本长期化的政策目标。相反,在阿根廷和墨西哥,其激进全面的资本项目开放使得两国的金融体系更容易受到国际资本大规模流动的冲击,国际资本大规模流入不仅造成了汇率升值(进而影响出口竞争力)、金融体系对外脆弱性增强等负面影响,而且还可能因资本流入的突然停滞和逆转而导致金融危机。拉美国家一系列金融危机的根源不能都归咎于资本项目开放,但是不可否认,资本项目开放条件下的资本大规模流动可能成为金融危机爆发的催化剂和导火索。

4. 财政体系的稳健性与财政收支平衡。墨西哥、巴西和阿根廷的金融危机表明,财政纪律和财政部门的稳健性是危机爆发的深层次原因之一。无论是从货币危机的理论来看,[①] 还是从拉美国家的实践来看,财政赤字和财政预算的失衡始终是拉美国家普遍存在的宏观经济问题。财政失衡一方面与联邦主义的财政体制密切相关,但更重要的原因是各级政府缺

---

① 与财政纪律密切相关的货币危机理论是第一代货币危机模型。该模型认为:扩张性的宏观经济政策导致了巨额财政赤字。为了弥补财政赤字,政府只好增加货币供给量,同时为了维持汇率稳定而不断抛出外汇储备。一旦外汇储备减少到某一临界点时,投机者会对该国货币发起冲击,在短期内将该国外汇储备消耗殆尽。政府要么让汇率浮动,要么让本币贬值,最后,固定汇率制度崩溃,货币危机发生。该理论从一国经济的财政状况解释了货币危机的根源在于经济内部均衡和外部均衡的冲突。如果一国外汇储备不够充足,财政赤字的持续上升会导致固定汇率制度的崩溃并最终引发货币危机。引自姜波克、陆前进编著《国际金融学(高级教程)》,上海人民出版社 2003 年版,第 243—254 页。

乏严格的财政纪律和财政责任。以阿根廷为例，即便是 90 年代国有企业私有化的高潮期，大量的私有化收入主要用于改善公务员收入和福利水平，或者因腐败而流入政府高官的私人账户，长期的财政失衡状况并没有因此而改善。私有化结束后，政府财政收入严重不足，而财政支出由于选举等政治因素又无法大规模削减。在国内融资无门的条件下，财政赤字只能通过大规模发行美元债券来融资。因债务偿付能力缺乏而导致金融危机的爆发就在所难免。

5. 举债发展模式和巨额外债的"可持续性"。长期以来，债务问题一直是困扰拉美国家经济发展的核心问题之一，前有 1982 年爆发的拉美地区性债务危机，后有阿根廷 2002 年发生的世界历史上规模最大的"倒账"行为。实际上，90 年代以来拉美三个主要大国的三次危机，都直接或间接与债务规模或结构密切相关。墨西哥在金融危机爆发前一年，联邦政府为了维持政府财政赤字，通过大量发行以美元计价的短期债券，到了 1994 年 12 月，该债券占政府债务的比例超过 2/3，这给比索造成了前所未有的压力，并成为危机爆发的原因之一。巴西货币危机的最初起因也是一个州的州长宣布延期偿还到期债务。阿根廷的"倒账"也是巨额债务的不可维持性以及外币计价债务规模过大而引发的。综上所述，吸引外国资本来弥补经济发展过程中资本不足，这本是新兴市场国家经济发展的普遍规律，但是债务规模、利率结构、期限和计价货币等问题则被拉美各国政府长期忽视，或是因急于求贷而难以做出合理选择，外债和吸引外资的成本过高也就成为金融危机爆发的重要原因。

第四节　政治民主化进程与"民主赤字"

拉美国家的政局有时会出现某种戏剧性的变化。我们在上一章中着重论述了 20 世纪 60 年代至 70 年代中期拉美地区出现的右翼军事政变浪潮。那个浪潮中的最后一次重要的军事政变发生在 1976 年 3 月，即阿根廷军人推翻第三届庇隆主义政府的政变。[①] 然而，仅仅时隔两年，一场军人政

---

① 　1976 年以后在加勒比国家还发生了一些军人政变，如 1979 年格林纳达发生的毕晓普政变，1980 年在苏里南发生的鲍特瑟政变等，但其政治影响都相对较小。

权"还政于民"的政治民主化浪潮就在拉美地区勃然兴起，一发而不可遏制。这样一种事态发展确实出乎许多人的预料。1978—1990 年的短短 10 多年间，拉美地区所有的军人政府无一例外地都退出历史舞台，拉美又变为"一片民主的大陆"。

一　政治民主化进程

我们先来了解一下拉美这次民主化运动的具体发展过程。1978 年 4 月，时任巴拿马政府首脑和国民警卫队司令的托里霍斯（Omar Torrijos Herrera）将军宣布三项重大政治措施：允许政治流亡者回国；恢复政党活动；1984 年恢复举行大选。军人政府主动提出恢复国内民主体制的计划在拉美国家历史上是不多见的。随后，托里霍斯又亲自组建了巴拿马民主革命党（PRD）；其他政党也相继恢复活动。同年 10 月，托里霍斯正式辞去"政府首脑"职务，只担任国民警卫队司令，并推荐年仅 38 岁的文人教育部长阿里斯德斯·罗约（Arisdes Royo）出任总统，实现了向文官政府的过渡。[①] 尽管巴拿马的政治民主化进程带有强烈的"军人监护"色彩，但在当时拉丁美洲的大背景下，托里霍斯将军能走出"政治民主化的第一步"是具有积极意义的。1981 年，托里霍斯将军因飞机失事去世。诺列加于 1983 年 8 月出任国防军司令后又逐步把国家军政大权集于一身，形成事实上的军人独裁，不仅使国内的民主化进程倒退，而且其激进的对外政策激化了与美国的矛盾。1989 年 12 月美国通过军事入侵推翻诺列加之后，巴拿马的民主化进程最终才得以实现。有学者认为，厄瓜多尔的军政府在 1977 年就表达了要退出政坛的意愿，比巴拿马还早。不过，有此愿望是一回事，厄瓜多尔真正实现军、文人政权的交替是在 1979 年（见表 2—5）。

在这波民主化浪潮中，拉美国家实现政治民主化的路径或方式有着显著的差别。笔者在 1990 年撰写的一篇文章中曾把拉美国家实现民主过渡的方式归纳为四种。[②]

---

① 参见李春辉、苏振兴、徐世澄主编《拉丁美洲史稿》下卷，商务印书馆 2001 年版，第 278 页。

② 参见《战后拉美国家的政治进程》，载《苏振兴文集》，上海辞书出版社 2005 年版，第 90 页。

表 2—5　　　　　　　拉美国家军人政权"还政于民"时间表

年份	实现或初步实现由威权政府向民选政府过渡的国家
1978	巴拿马（第一次民主过渡）
1979	厄瓜多尔、尼加拉瓜
1980	秘鲁
1982	洪都拉斯、玻利维亚
1983	阿根廷
1984	萨尔瓦多、格林纳达
1985	乌拉圭、巴西
1986	危地马拉、海地、苏里南
1989	巴拉圭、巴拿马（第二次民主过渡）
1990	智利

第一种是"军队主动型"。军政府主动提出一个"还政于民"的时间表，逐步实行政治开放，开启一个与国内主要政党的互动过程，以实现有准备、分步骤的权力移交过程，如巴西、智利、厄瓜多尔、乌拉圭等国。巴西菲格雷多军政府于 1979 年启动"还政于民"的进程。"1979 年 4 月，菲格雷多下令取消对新闻、电影、戏剧、书籍和各种出版物的检查，不久又颁布大赦法，赦免了 5000 名因政治原因而受迫害的人。大批流亡在外的政界人士、军人、知识分子、工人和学生领导人返回巴西，其中包括布里佐拉、普列斯特斯和农民领袖儒利奥等知名人士。11 月，菲格雷多提出政党改革法，废除了军政府一手制造的两党制；随后公布了政党组织法，决定巴西实行多党制。1980 年 11 月，菲格雷多率先加入了由全国革新联盟成员组成的民主社会党。……1982 年 11 月，巴西举行了政变以来第一次州长和参、众两院议员的直接选举。"[1]这段记述既说明了巴西恢复民主体制的几个关键步骤，直至 1985 年举行大选，也间接反映出军人当政期间政治上的专制与独裁。

巴西等国的军政府之所以能对民主化过程发挥某种主导作用，大体都是因为它们依然具有较强的控制局面的能力。在"还政于民"已是大势所

---

① 李春辉、苏振兴、徐世澄主编：《拉丁美洲史稿》下卷，商务印书馆 2001 年版，第 441—442 页。

趋的情况下，军政府与其被动应付，甚至让这个过程失控，还不如采取主动态度，发挥其讨价还价能力，对于保持军队的威望和政治影响力更有好处。例如，在以此种方式实现军、文人权力交替的国家，军人在执政年代犯下的侵犯人权罪行通常都没有受到深入追究。

第二种是"军队被动型"。这种情况多半发生在那些军人政府并不愿意交权，但又处于强大的社会反抗压力之下。例如，萨尔瓦多、危地马拉等国的军政府，长期实行残酷的镇压政策，早已声名狼藉；民众的反抗运动如火如荼，游击队的武装活动蓬勃发展。这类军政府向文人政府交权多少是出于"以退为进"的考虑，还期待着有"东山再起"的机会。因此，这类国家民主化进程的巩固和深化还将取决于国内政治力量对比的变化和新型政治文化的形成。

第三种是通过"革命暴力"或政治压力。前者最典型的例子是，统治尼加拉瓜长达到42年的索摩查家族独裁政权于1979年被桑地诺民族解放阵线以武力推翻。后者则以阿根廷为代表。阿根廷军政府在国内推行高压政策，加之经济改革失败，引起民怨沸腾。1982年又贸然与英国进行马尔维纳斯群岛战争，遭惨败绩，激起600万工人大罢工和各派政治力量的联合反对，军队内部矛盾也公开爆发，被迫匆匆交权。文人当政后，军政府的几个头面人物均受到法律制裁。"事实上，马岛战争失败之后，军人政权决定开启过渡进程，既是因为军政府已丧失合法性，也由于武装部队无法控制自身的危机。"[①]

第四种是"政变"过渡型。海地和巴拉圭的旧式独裁政权先是由现役军人通过政变推翻的。其后，或者是由政变当局逐步开放民主，或者是政变当局在内外压力下被迫向文人政府交权，最终实现政治体制的转型。这种情况反映出那里的反对独裁政党和民主力量在右翼军事独裁政权的长期统治下依然处于某种软弱状态。

此外，格林纳达和巴拿马两国向民主过渡的过程都和美国的军事干涉联系在一起。1983年10月，美国入侵格林纳达，推翻了毕晓普政府；1989年12月，美国入侵巴拿马，推翻了诺列加政权，并把诺列加抓到美国去审判和服刑。美国推翻这两国政府的首要目的并不是为了在那里实现

---

① Roberto Frenkel y otros, *Argentina en la década de los 80*, Fundación CEDEAL, Madrid, 1992, p. 174.

民主，而是因为认定毕晓普政府是亲苏联、亲古巴的左翼政府；因为诺列加一直与美国作对，不听"调教"。加之在 80 年代的中美洲危机中，美国政府一直认为，古巴政府、毕晓普政府和诺列加政府构成了支持尼加拉瓜桑地诺阵线和其他中美洲国家左派游击队的"铁三角"。20 世纪 70 年代中期，美国开始在国际上推行"人权外交"，感觉到拉美的军人独裁政权已成为一道障碍。也就是说，拉美军人独裁政权在美国利益"天平"上的地位与作用，是随着美国自身政策的变化而变化的。美国果真那么维护民主，而且可以不惜用军事入侵的手段去推翻一个独裁政权，为何却让尼加拉瓜、海地、巴拉圭等国的独裁政权维持了数十年的血腥统治？又为何在 20 世纪六七十年代支持在拉美发生的一系列右翼军事政变？原因很简单，在以往那些年代里，美国政府一直是把拉美的右翼军人独裁政权当作防止共产主义"渗透"、"颠覆"的利器来使用的。

二　军人"还政于民"的原因

如表 2—5 所示，拉美地区在这次民主化浪潮中恢复民主政治体制的国家多达 16 个，足见其军人政权数量之多。据美国学者亨廷顿统计，在 1974—1990 年国际范围的民主化浪潮"第三波"中，"大约有 30 个国家由非民主政治体制过渡到民主政治体制"，而其中拉美国家就占了一半。那么，就拉美国家而言，值得我们关注的问题是，出现这一波民主化浪潮的原因是什么？

亨廷顿把国际上第三波民主化浪潮发生的基本原因归纳为五点，前三点是各国的国内因素，后两点是外部因素。[①]　笔者对于亨廷顿所讲的两个外部因素是基本认同的。其一是美国对外政策的调整，即"美国的政策自 1974 年起开始转向促进其他国家的人权和民主化"。在这种情况下，拉美大陆上那一大批长期得到美国政府支持与青睐、有着恶劣的侵犯人权纪录的军事独裁政权，就成为美国推行其外交政策的一大障碍。因此，美国政府转而向这些军人政权施加压力，促他们"还政于民"，走军队"职业化"道路。其二是所谓"滚雪球"效应或示范效应。对拉美国家而言，这种效应有两层含义。第一层是来自拉美地区以外的示范效应。其中特别是葡萄

---

　　① 参见［美］塞缪尔·亨廷顿《第三波——20 世纪后期民主化浪潮》，上海三联书店 1998 年版，第 54 页。

牙和西班牙这两个与拉丁美洲有着特殊的历史与文化渊源的国家分别于1974 年、1978 年实现民主化，对拉美国家产生的影响不容低估。第二层是拉美地区范围内的"滚雪球"效应，其中一个国家实现政治民主化，既对其他国家的军事独裁政权形成压力，又对那里争取民主的政治运动产生直接的鼓舞和推动作用。

至于亨廷顿所列举的多种内部原因，尽管对研究这个问题不乏启示意义，但至少就拉美国家的情况而言，似乎并没有抓住问题的本质。拉美国家实现民主过渡方式的差异，可能更多地体现了各国具体情况的不同。而拉美如此众多的军事独裁政府在这次民主化浪潮中无一例外地都退出历史舞台，说明其中有某些共同的因素在起作用。如我们在本书第一章所述，六七十年代在拉美地区发生的那场危机，是一场社会转型期的参与危机，即广大民众阶层要求扩大社会和政治参与。然而，那场危机却是靠官僚威权主义政府的强力镇压而暂时"平息"的，或者说，无论是扩大社会参与还是扩大政治参与，哪一个都没有解决。六七十年代拉美的军人政府大多数是关注经济增长的，其中巴西军人当政期间还出现了"经济奇迹"；1968 年上台的秘鲁军政府更一度提出"既非资本主义，又非共产主义"的第三条道路主张，推动经济与社会变革。但是，即便如此，包括巴西、秘鲁在内拉美各国的社会贫富分化问题并没有出现明显的缓解。

更大的问题发生在政治领域。六七十年代的拉美军人政府是以镇压当时那场烽火遍地的社会反抗运动为己任的，解散议会，实行党禁，迫害进步人士，剿灭游击队，如此等等。一个国家多则数十万人、少则数万或数千人的"失踪者"，大多数都是被军人政权秘密处决的。在阿根廷总统府前的"五月广场"上，曾有大批的母亲长期在那里集会、抗议，呼唤着她们失踪的儿女们。军人政府曾经将女"犯人"在监狱中生下的孩子抢走，时至今日，这些孩子的下落不断被拉美国家的报刊披露出来。六七十年代，拉美被迫害的政治流亡者曾经遍布西欧、东欧和北美国家。这样一场大规模的残酷镇压只能使政治矛盾空前激化，使各种政治力量在反独裁、争民主、争人权的斗争旗帜下团结起来，使拉美军人政权在政治上陷入极端孤立的境地。

还有一个因素值得一提。自 70 年代中期起，包括军人政权在内的大多数拉美国家政府都走上"负债增长"之路，最终都把国家拖入债务危机的深渊。80 年代初债务危机的爆发，使军人政权陷入经济与政治的双重危机之中。这是促使军人返回兵营的一个重要因素。

如果从 1978 年巴拿马恢复文人政府治理算起，拉美地区的政治民主化进程已经持续了 30 年。1978—1990 年属于军人政权"还政于民"的阶段，1990 年以来属于民主政治体制深化的阶段。这个进程能够保持 30 年不中断，在拉美地区已经是一个了不起的成就。2004 年，联合国开发计划署曾发表一份关于拉美民主的分析报告，涵盖拉美 18 个国家。报告指出："经过 20 年多种形式的过渡之后，民主制度已经广泛拓展于拉丁美洲。25 年前，在本报告涵盖的 18 国中，仅有哥伦比亚、哥斯达黎加和委内瑞拉是民主体制。25 年之后，所有这些国家在选举与政治维度方面都实现了民主制度的基本准则。"[①] 尽管如此，有些学者关于政治民主化将会"使拉丁美洲摆脱军人政变的困扰"的判断并不可靠。2002 年 4 月，委内瑞拉发生推翻查维斯政府的未遂军事政变；2009 年 6 月，洪都拉斯发生推翻塞拉亚政府的军事政变。因此，人们在承认拉美国家的军队在回归"职业化"道路方面取得进展的同时，还必须看到，军事政变作为权力斗争手段的传统在拉美国家政治生活中并未最终消除。所不同的是，当今拉美各国的文人政府和国际社会都对拉美的军事政变与军人干政普遍采取坚决抵制的态度，在处理洪都拉斯政治危机过程中，美洲国家组织坚持恢复塞拉亚总统合法职位的立场，国际上没有任何国家给予米切莱蒂政府外交承认。不过，洪都拉斯这场政治危机的一个重要看点就在于，被军人推翻的塞拉亚总统是一位不被美国政府看好的左翼政治家。在处理这场危机的过程中，奥巴马政府一方面谴责军事政变，另一方面，对恢复塞拉亚的合法总统职位并不积极。如果危机局面旷日持久，美洲国家组织的斡旋就会失去效率，最终只能由美国政府进行干预，因而危机的最终结局或许会与广大拉美国家的愿望相背离。

---

① UNDP，*Informe sobre la democracia en América Latina：Haica una democracia de ciudadanas y ciudadanos*，Buenos Aires，mayo de 2004，p. 34. 这份报告涵盖的 18 国是：阿根廷、玻利维亚、巴西、智利、哥伦比亚、哥斯达黎加、厄瓜多尔、萨尔瓦多、危地马拉、洪都拉斯、墨西哥、尼加拉瓜、巴拿马、巴拉圭、秘鲁、多米尼加共和国、乌拉圭和委内瑞拉。本段引文说，25 年前这 18 国中只有 3 国是民主制度，显然是没有将当时革命制度党当政的墨西哥和由巴拉格尔统治的多米尼加划入民主国家行列。

三　民主赤字

近年来，关于拉美国家民主制度的讨论在国际学术界成为一个热点。从讨论中可以看出，人们既有共识，也存在明显的观点分歧。共识之一是，普遍认为，拉美国家的民主只能定性为"选举民主"（democracia electoral）。例如，上面引述的联合国开发计划署的报告就明确指出，拉美现在的民主是"选举民主"，下一步应走向"公民民主"（democracia de ciudadanía）。共识之二是，拉美国家还存在严重的"民主赤字"（déficit democrático）。最明显的分歧表现为许多学者对流行于拉美的民主"过渡理论"（teoría de la transición）的批评。例如，一位德国学者指出：过渡理论认为，政治制度民主化会带来经济繁荣，而经济繁荣会反过来促进民主体制的巩固。然而，这种以发达国家经验为基础总结出来的良性循环在实践中并未出现。"尽管多数的分析都认为拉美恢复民主的过程是成功的，有些人甚至认为拉美是第三世界最民主的地区，但实际情况却是，拉美的社会债务依然非常巨大。恢复民主将近 30 年了，更多的政治参与却没有导致更大的社会参与。这就给民主理论提出了新的置疑。"[1] 实际上，过渡理论所关注的只是民主的所谓西方"取向"（orientación），即所谓"经合组织中心主义"（OECDcentrismo），[2] 以及某些制度因素，如选举制度、议会制度，等等。这种理论所看重的是个人自由和抽象的政治—法律平等，是建立在单维度的、精英主义的民主观念之上的。

所谓"选举民主"主要表现为，政府和议会都是通过民主选举产生的，而选举过后，政府和议会往往并不按宪法规定行使权力。事实上，专制主义的政府形式继续存在，并通过选举而合法化了。有学者认为，这种"杂交制度"意味着存在一个介于民主与专制主义之间的广阔灰色地带，使精英阶层有可能逐步垄断重要的国家资源。民众的政治参与主要就是投票。即便政治舞台上的精英们能定期轮换，但民众的参与度却很低，不足以对精英们实行监控。因此，政治精英阶层往往脱离社会而沉醉于权力。

① Hans-Jürgen Burchardt, *Desigualdad y democracia*, Nueva Sociedad, No. 215, Buenos Aires, Mayo-Junio de 2008, pp. 79－80.

② OECD 即经济合作与发展组织，是西方发达国家的代称。

因此，"与过渡理论所持的观点相反，举行自由选举以及相应的制度结构的存在，并不能导致直线式的政治民主化"。[1]

关于拉美国家的"民主赤字"，学术界一般都从政治、经济与社会三个维度进行分析。在政治层面，民主赤字主要表现为司法部门软弱无能，权力机关分工不明，政府缺乏掌控全局的能力，执政者缺乏责任感，管理松散现象广泛地存在于政府、政党和各种组织、团体之中，等等。2002年，联合国开发计划署进行的一项关于拉美国家当政者兑现竞选承诺的问卷调查表明，只有 2.3％ 的被调查者认为当政者兑现了竞选承诺，而有 64.6％ 的被调查认为，当政者之所以没有兑现竞选承诺，是因为他们为取得选举胜利而撒谎。[2]

关于拉美国家在经济和社会领域的"民主赤字"是当前这场讨论的中心议题。普遍认为，之所以强调拉美国家必须由"选举民主"走向"公民民主"，核心问题就是强调要实现公民的经济与社会权利。"贫困和不平等不只是社会问题，同时也是民主赤字。因此，解决这些问题就是抓住了民主可持续性的基本问题之一。我们由此得出结论，那种将经济政策、社会政策与巩固民主割裂开来的思想是危险的。"[3]

从 20 世纪 80 年代以来，拉美国家既有政治民主化进程，又进行了一场全面的经济结构改革。为了从总体上说明这两场重大变革所产生的经济与社会效果，联合国开发计划署做了一项综合研究，选择了经济改革、选举民主、人均 GDP 实际增长率、贫困率、赤贫率、基尼系数、城市失业等 7 项指数进行评价。经济改革指数包含贸易改革、税制改革、金融改革、私有化和资本账户开放等 5 个要素，数值由 0 到 1，指数越高表示某个领域的改革进展程度越深。经济改革指数就是这 5 项指数的综合指数。选举民主指数是由 UNDP 制订的（见表 2—6）。

①　Hans-Jürgen Burchardt，*Desigualdad y democracia*，Nueva Sociedad，No. 215，Buenos Aires，Mayo-Junio de 2008，p. 81.

②　UNDP，*Informe sobre la democracia en América Latina：Hacia una democracia de ciudadanas y ciudadanpos*，Buenos Aires，mayo de 2004，p. 49.

③　Ibid.，p. 52.

表 2—6　　　　　　　　**拉美 18 国：改革与现实的比较**

国家与年份	经济改革 指数（1）	选举民主 指数（1）	人均实际 GDP 增长（3）	贫困率 （2）（%）	赤贫率 （2）（%）	基尼系数 （2）	城市失业 （1）
南锥地区（阿根廷、智利、巴拉圭、乌拉圭）							
1981—1990	0.66	0.44	−0.8%	25.6	7.1	0.509	8.8
1991—1997	0.82	0.88	1.3%	20.3	5.5	0.527	8.7
1998—2003	0.84	0.91	1.0%	26.0	8.7	0.519	12.1
巴西							
1981—1990	0.52	0.70	1.8%	48.0	23.4	0.603	5.2
1991—1997	0.75	1.00	0.6%	40.6	17.1	0.638	5.3
1998—2003	0.79	1.00	1.2%	37.0	12.7	0.640	7.1
安第斯地区（玻利维亚、哥伦比亚、厄瓜多尔、秘鲁、委内瑞拉）							
1981—1990	0.53	0.83	−0.5%	52.3	22.1	0.497	8.8
1991—1997	0.76	0.86	0.9%	50.4	18.2	0.538	8.3
1998—2003	0.82	0.83	0.0%	53.1	25.5	0.545	12.0
墨西哥							
1981—1990	0.61	0.31	1.7%	47.8	18.8	0.521	4.2
1991—1997	0.78	0.70	0.4%	48.6	19.1	0.539	4.0
1998—2003	0.81	1.00	2.1%	43.1	16.7	0.542	2.6
中美洲（哥斯达黎加、多米尼加、萨尔瓦多、危地马拉、洪都拉斯、尼加拉瓜、巴拿马）							
1981—1990	0.55	0.59	4.0%	45.2	31.1	0.551	9.1
1991—1997	0.80	0.89	−3.7%	52.1	27.9	0.526	9.1
1998—2003	0.85	0.97	2.6%	52.5	28.9	0.554	8.7
拉丁美洲							
1981—1990	0.58	0.64	0.7%	46.0	20.4	0.554	8.4
1991—1997	0.79	0.87	0.7%	41.9	17.9	0.557	8.8
1998—2003	0.83	0.92	1.2%	41.8	17.4	0.556	10.4

　　说明：（1）简单平均数。（2）按人口加权平均数。（3）阶段平均值。此外，经济改革指数包含 5 个因素：国际贸易政策、税收政策、金融政策、私有化和资本账户。指数值从 0 到 1。0 表示缺乏市场导向改革，1 表示实行了有强烈市场导向的改革。

　　资料来源：经济改革指数来源于莫勒（Morley）、马查多（Machado）、佩蒂纳托（Pettinato）、斯蒂汎诺（Stefano）（1999）；洛拉（Lora）（2001），以及 2003 年 2 月 4 日向拉美经济委员会经济发展部主任曼努埃尔·马凡的求证。民主选举指数系联合国开发计划署制订。其他数据来源于拉美经济委员会的出版物；基尼系数则来源于戴林格（Deininger）和斯吉雷（Squire）（1998）。人均 GDP 实际增长数字按 1995 年美元不变值计算。关于贫困、赤贫、和基尼系数的数据只是若干年的平均数。贫困、赤贫、基尼系数和城市失业率数据并不具有严格的可比性，因为并非所有这些数据都有全国性调查做基础。

　　本文转引自 UNDP，*Informe sobre la democracia en América Latina：Hacia una democracia de ciudadanas y ciudadanos*，p. 40.

　　数据表明，所选的拉美 18 国的经济改革指数由 80 年代的 0.58 上升到 1998—2003 年期间的 0.83，说明经济改革的进展是相当大的。选举民主指数的变动表明，民主在不断扩大，在 20 世纪末 21 世纪初已达到 0.92，反映出在这些国家行使普遍选举权已基本上没有受到限制。人均 GDP 的实际增长率则说明，经济改革并未导致明显的经济增长效果。在经济改革指数尚在 0.55 时，人均 GDP 为 3739 美元（按 1995 年美元不变值计算），而 20 年后当经济改革指数上升到 0.83 时，人均 GDP 也不过 3952 美元。贫困发生率从 1990 年的历史最高点有所下降，但由于人口基数的扩大，贫困人口的绝对数量却增加了，由 1990 年的 1.9 亿人增加到 2001 年的 2.09 亿人。基尼系数由 1990 年的 0.554 上升到 1999 年的 0.580。1990 年，10％ 最高收入者的收入为 10％ 最低收入者的 25.4 倍，1999 年上升到 27.4 倍。1997 年，20％ 最高收入的居民获取了总收入的将近 55％，而 20％ 最低收入者群体仅获得 4.8％。[①] 城市失业率自 80 年代以来居高不下，90 年代后期起进一步升高，而城市公开失业率尚不能反映出就业非正规化所带来就业质量下降问题。

　　在本书第一章中，我们重点讨论的是自 20 世纪 60 年代中期起拉美国家出现的参与危机。到 21 世纪初期，在历史的时针走过了 40 年之后，如何解决广大民众阶层的政治和社会参与问题依旧是拉美国家面对的中心议题。这种现象无疑是值得人们深思的！近些年来，人们更多地关注的是拉美地区的经济危机，如 80 年代的债务危机，90 年代频繁的金融危机，等等。其实，拉美的政治民主体制同样面临某种危机。有学者认为，拉美国家新自由主义指导下的经济改革不成功的原因之一，是新自由主义的政策误导与政治体制的局限性互为因果。第一，改革造成了纯负面的社会冲击，引起了社会不满；第二，"市场民主"将民主变为单一维度的选举竞争，严重限制了人们的经济和社会参与；第三，民众各种权益要求从社会底层爆发，却得不到政府政策的回应。[②] 1997—2001 年期间，在厄瓜多尔、玻利维亚、阿根廷等国，先后有 7 位民选总统因民

---

　　① 本段中引用的未出现在表格中的数据，参见所引 UNDP 报告第 41 页。

　　② Carlos Vilas, *La izquierda latinoamericana y el surgimiento de régimenes nacional-populares*, Nueva Socieda, No. 197, Caracas, Venezuela, mayo-junio de 2005, pp. 90—91.

众的社会抗议浪潮而被迫中途退位。"近年来，社会问题已强行进入拉丁美洲的政治议程，并大大加剧了代议制民主的深刻危机。这场危机的第一个政治表现是乌戈·查维斯1998年在委内瑞拉的胜利。其后，许多其他拉美国家，尤其是安第斯国家的政府更迭和那些对社会问题表现出更大敏感性的政党上台，是这场代议制危机的继续。这些通常被定义为'向左转'的变动的引人注目之处在于，它并非是这些承诺给予社会事务更多关注的政府的选举胜利，而是对我们所熟悉的这种自由民主观的有力批判。"[1]

第五节　关于"拉美化"的再思考

前几年，中国的一些学者曾围绕"拉美化"这个命题开展过一番讨论。笔者一直以为，"拉美化"不仅是一个缺乏确切内涵的说法，而且拉美以及其他国家的学者也很少使用这个命题。的确，战后60多年来，拉美地区的发展或现代化进程并不很顺利，早在20世纪70年代就出现关于拉美地区"有增长而无发展"的负面评价。正如有学者指出："在现代化研究中，拉丁美洲被经常地作为失败的例子对待；20世纪70年代末，东亚'新兴工业化经济体'兴起后，拉丁美洲又被作为东亚的反面。"[2] 显然，"拉美化"也是指拉美国家发展的不成功，但是，这么一个笼统的"拉美化"概念既反映不出拉美国家发展的不成功表现在哪些方面，更说明不了不成功背后的原因是什么。

如前所述，1950—1981年，拉美地区经济增长呈现出较好的态势，年均增长率为5.3%。1982年拉美债务危机的爆发成为一个转折点，1981—1990年的平均增长率仅为1.3%（人均GDP增长率-0.9%）；1991—2000年为3.3%（人均GDP增长率1.5%）。可见，拉美地区经济经历了长达20年的衰退与低迷。在这个大背景下，拉美地区在前期已经出现的失业与就业不足、收入分配不公、贫困发生率高等问题也进一步加

---

[1]　Hans-Jurgen Bürchardt, *Desigualdad y democracia*, Nueva Sociedad, No. 215, Buenos Aires, mayo-junio de 2008, p. 85.

[2]　尹保云：《什么是现代化——概念与范式的探讨》，人民出版社2001年版，第223页。

剧。如我们在上一节所分析的，拉美国家的政治民主化和经济结构改革这两场大范围的改革也没有能够扭转这种局面。

笔者始终认为，拉美国家发展进程中出现的这种局面，其原因非常复杂，既有发展模式与政策选择方面的失误，更有深层的社会背景和历史因素。下面，我们试图从这个角度来做一些分析。

一　制度延续与制度变革

拉美地区摆脱西班牙、葡萄牙殖民统治的独立革命发生在 18 世纪末至 19 世纪初。其中不少国家都是在 1810 年前后独立建国。许多撰写拉美国家独立革命史的历史学家都力图阐明一个重要观点："延续与断裂"（continuidad y ruptura）。独立革命作为一场摆脱殖民统治、建立独立民族国家的革命，在各种制度层面造成与旧殖民体系的"断裂"是必然的，也是很容易理解的。拉美国家的独立革命却不然，它虽然在拉美地区缔造了一大批独立的共和国，却延续了旧殖民体系的许多基本制度。其中最突出的有奴隶制度、种族歧视制度、社会等级制度、大地产占有制的土地制度、各种前资本主义的生产关系和劳工制度，等等。

奴隶制度是西班牙、葡萄牙两个殖民帝国为解决其美洲殖民地劳动力匮乏而建立的，主要是通过欧洲的海上奴隶贸易引进非洲黑人充当奴隶。出人意料的是，拉美国家独立之后，奴隶制度又继续存在了数十年，直到 19 世纪 80 年代才最终被废除。在废除奴隶制度方面有两个问题值得关注。第一，拉美独立革命中的部分领袖人物是主张立即废奴的，但遭到土生白人统治集团的反对。例如，西蒙·玻利瓦尔 1814 年就宣布在委内瑞拉废除奴隶制，而实际上废奴一直拖到 1854 年。"在共和国最初年代里，代表大地产主利益的立法议员们通过了多项劳工法，用来监督和调控劳动力的流动；这些法律规范把劳动者约束在跟奴隶制一样的农奴制之上。反游手好闲法、雇工登记法、农业企业自办商店等，所有这些以控制农村劳动力为目的的传统要素都被吸收到共和国的立法中来。"[1] 土生

---

① John V. Lombardi, *Independencia y esclavitud en el periodo de transición de 1750—1850*, en Germán Carrera Damas, *La historia general de América Latina*, Volumen V, Ediciones UNESCO/ Editorial Trotta, 2003, p. 381. "农业企业自办商店"是指雇工必须在雇主开的商店购买商品，这既是一种强制性商业剥削，也会造成雇工对雇主大量负债，最终变为债役农。

白人统治阶级还曾修改"新生儿自由"法，即原规定女奴生下的孩子"生而自由"，后来却改为年满 18—21 岁才能获得自由。委内瑞拉的例子说明，独立后拉美国家的土生白人统治阶级从思想观念到政治行为与原来的殖民统治者没有多大差别。第二，奴隶制度被废除后，在拉美被称为"非洲人后裔"的黑人群体并没有获得土地或其他补偿，无论他们生活在城市还是乡村，都只能成为出卖自身劳动力的无产者。在殖民地时期，黑人被分为三个社会等级：奴隶（esclavos）、获得自由的奴隶（libertos）和黑白混血儿（pardos）。黑白混血儿虽然有白人血统，但也跨不出"有色人种"的"门槛"。奴隶制被废除后，奴隶们不过是取得一个"获得自由的奴隶"的身份，并没有获得与白人平等的发展机会。时至今日，人数超过一亿的"非洲人后裔"仍是拉美地区最大的贫困群体。

印第安人是美洲的原住民，不仅遭到欧洲殖民者大规模杀戮，而且在长达 300 年的殖民时期受尽压榨与歧视，始终处在社会的最底层。因此，独立后，如何对待印第安人就成为民族国家建设中一个带根本性的政治问题。然而，正像有的学者所指出，所谓"延续性"主要体现在原住民身上。第一，印第安人的社会地位没有得到改善，他们依旧和殖民地时期一样要负担各种苛捐杂税。例如，秘鲁独立后，曾两度短暂取消、又两度恢复殖民地时期的印第安人税赋，直到 1895 年才最终取消。玻利维亚独立前，印第安人赋税只占公共收入的25％，独立后反而上升到 60％。印第安人服无偿劳役的制度也被一些国家保留下来。天主教会继续拥有掌管印第安人灵魂的权力，照旧收取各种名目的捐税。第二，不承认印第安人是一个民族或种族集团（grupo étnico）。如果说，从殖民地时期延续下来的各种苛捐杂税，经过数十年后至少在名义上大都被取消，那么，印第安人在国家政治生活中不享有平等地位，他们的语言、文化不被官方承认的状况却一直延续至今。出现这种情况的根本原因在于，土生白人认为，他们才是这片土地上的权力继承者。"这份'遗产'的一个组成部分就是既能管制原住民、又能确保剥夺他们创造的经济剩余的权力结构。对大多数土生白人而言，问题就在于如何将过去由西班牙王室和殖民地官吏掌握的权力机制拿过来为己所用，而不是去摧毁这些机制。这是一种没有改变内部殖民结构的权力转移；是一场没有社会革命的政治革命。"① "一场没有社会革命的政治革命"真是一语中的，准确地指出了拉美独立革命的根本缺陷所在。拉美国家独立 200 年来，印第安人继续是种族歧视和社会等级制度（sistema de castas）的牺牲品；总数约 4000 万的印第安人是拉美地区仅次于非洲人后裔的第二大贫困群体。

拉美的大地产制度也是在殖民地时期形成的。独立以后，这一制度不仅延续下来，而且上层统治阶级还进一步掀起了掠夺土地的浪潮。其中规模最大的一次土地兼并发生在 19 世纪下半叶的"自由改革"运动之中。当时受西欧、北美工业化浪潮的带动，拉美出现了初级产品"出口繁荣"，拉美国家也因此出现现代化的第一次浪潮。土地不仅是扩大农牧业生产的要素，而且铁路等基础设施建设也需要大量土地和资金，于是，建立土地市场成为"自由改革"的一项主要内容。一时间，公共土地被拍卖，教会地产被征收，小农土地被兼并。"事实上，19 世纪 20 年代实行私人所有制的土地只是 1914 年实行私人所有制的一小部分。在将近一个世纪里，实行私人所有制的土地急剧扩大。如果实行私人所有制的新土地分配得更公平的话，就会为改变土地高度集中提供许多机会。没有实现公平的土地分配，与其说是由于承袭殖民地时期的土地占有类型，不如说是归咎于政治权力的平衡和经济的紧迫需求。"②

无须举更多的例子。我们可以看到，拉美国家独立后不仅面临生产力发展的落后，这是所有从长期殖民统治下获得独立的国家的共同特点，而且还延续了许多在殖民统治时期建立的、反映前资本主义的生产关系和殖民地社会秩序的制度。而这些旧制度的延续，则反映了拉美国家的统治阶级依然保持着这些制度所体现的价值观念，以及诸如"欧洲中心论"、种族歧视等偏见。可以说，拉美国家是背着这些沉重的历史包袱走上现代发展之路的。这种情况表明，在拉美国家的发展进程中，制度变革、价值观念变革将具有举足轻重的地位；这些变革的成效如何，很可能会关系到发

① Nelson Manrique, *Las sociedades originarias en el ámbito de la formulación inicial de los proyectos nacionales como culminación de los procesos de continuidad y ruptura*, en Germán Carreras Damas, *La historia general de América Latina*, Volumen V, Ediciones UNESCO/ Editorial Trotta, 2003, p. 355.

② 维克托·布尔默—托马斯：《独立以来拉丁美洲的经济发展》，中文版，中国经济出版社 2000 年版，第 111 页。

展进程的成败。

二　变革与反变革的长期反复

我们在第一章第四节举了两个典型例子。其一，智利在 1932—1973 年长达 40 年的政治民主体制时期，经历了左翼政府与右翼政府的四轮交替，始终没有跳出左翼政府推行民主改革和右翼政府反对改革的循环。其二，战后时期，除古巴革命以外，拉美地区还发生过四次重要的反帝民主改革运动：一是危地马拉革命，即 1944—1954 年阿雷瓦洛政府和阿本斯政府的 10 年变革；二是玻利维亚革命，即 1952—1964 年民族主义革命运动政府领导的 12 年变革；三是智利"人民团结"政府的改革，即 1970—1973 年由社会党领袖阿连德领导的 6 党联合政府所进行的变革；四是尼加拉瓜革命，即桑地诺民族解放阵线 1979 年武装夺取政权后直到 1990 年所进行的变革。这四次改革运动最终无一例外地都在国内右翼势力与外国势力的联合反扑下遭到失败。纵观拉美国家的历史，独立 200 年来哪一个国家不是在这种变革与反变革的持续较量中艰难地前行？

如果我们了解了拉美国家的这种历史与社会背景，对于许多现象或许也就不以为怪了。例如，我们在第一章中曾介绍过，到 20 世纪 50 年代，拉美国家已经在现代化的道路上走了 80 多年，而这些国家精英阶层的主流意识形态依然是所谓的"现代传统主义"，即主张推动经济增长和现代化，但要避免在社会结构、价值观念和权力分配方面进行变革，或者至少要把这些变革压缩到最低限度。又如，从墨西哥 1910 年革命以来，土地改革就一直是拉美国家具有进步倾向的政府的变革纲领之一，然而，在整个 20 世纪，拉美国家的土地改革进展很有限。除古巴进行了彻底的土地改革外，墨西哥、智利、秘鲁和尼加拉瓜征收的土地约占农业用地的 50% 左右；哥伦比亚、巴拿马、萨尔瓦多和多米尼加征收的土地只占全部土地的 1/6 到 1/4；厄瓜多尔、哥斯达黎加等国征收的土地就更少；委内瑞拉土地改革所涉及的土地不仅面积有限，而且其中大部分是有待开垦的荒地。[①] 上面这些统计只是相关国家土改运动过程中提供的数据，至于土改的成果后来被右翼政府废除（如智利），或因后续措施跟不上而农民最

---

① Rosemary Thorp, *Progreso, pobreza y exclusión: Una historia económica de América Latina en el siglo XX*, BID y Unión Europea, 1998, pp. 165−166.

终未能从土改中受益等情况，人们就很难获得确切的信息了。

拉美国家农业现代化的路径选择也是一个具有典型性的例子。50 年代初期，在拉美地区围绕农业现代化路径选择的争论中出现过两种不同的主张。第一种主张认为，农村问题除非经过变革使以土地为主的农业资源大量地由一些社会集团转移给另一些社会集团，否则是无法解决的。这种主张被称为"改革选择"（alternativa reformista）。第二种主张则认为，农业应当走技术现代化道路，技术变革是提高农业生产率的基本手段，技术变革带来的好处可以逐步扩散到整个农业生产部门。此种主张被称为"技术选择"（alternativa tecnológica）。[①] 所谓通过技术变革实现农业现代化，就是排除农业现代化过程中的社会变革，最主要的是排除土地改革、保持大地产制度。在这个前提下，农业部门通过机械化、化学化、绿色革命等途径去实现现代化。由于大地产主阶级对各国政府决策具有巨大的影响力，绝大多数拉美国家的农业现代化实际上就是走的"技术变革"之路。

谈到拉美国家的变革与反变革，就不能不涉及拉美的民众主义政府。笔者认为，拉美的民众主义（populismo）是拉美国家自身社会历史条件的产物，恐怕不能简单地将其等同于其他国家历史上出现过的民粹主义。在拉美历史上，民众主义经历过三个发展阶段。一般认为，早期的民众主义政府主要有乌拉圭的巴特列政府（1903—1907 年和 1911—1915 年）和阿根廷的伊里戈延政府（1916—1922 年和 1928—1930 年）。民众主义的兴旺期出现在 20 世纪 30—50 年代，期间，民众主义政府先后有巴西的瓦加斯政府、墨西哥的卡德纳斯政府、智利 30 年代的"人民阵线"政府、阿根廷的庇隆政府，等等。民众主义的第三阶段被称为新民众主义（neopopulismo）。究竟是哪些政府代表了新民众主义，学术界存在着明显的观点分歧。有些学者把 90 年代积极推行新自由主义经济改革的阿根廷梅内姆政府、墨西哥萨利纳斯政府、秘鲁藤森政府定性为新民众主义。笔者认为，这种观点是站不住脚的。梅内姆和萨利纳斯所属的政党曾经是奉行民众主义的，但梅内姆政府和萨利纳斯政府在 90 年代所实行的是典型的新自由主义，与民众主义毫不相干。把新自由主义与新民众主义硬牵扯

---

① CEPAL, *Las transformaciones rurales en América Latina: desarrollo social o marginación*, Santiago de Chile, 1979, p. 57.

到一起，实在令人费解！藤森则是秘鲁政坛上的一匹"黑马"，当选总统之前既无从政经历，也不属于任何政党。藤森领导的政府更没有推行民众主义政策。实际上，目前更多的学者是把以委内瑞拉查维斯政府为代表的拉美激进的左翼政府称之为新民众主义。

　　民众主义是对拉美一些具有同样政治倾向与政策体系的政党或政府的指称。这些政党或政府之间既不存在任何统一的组织，也没有明确的意识形态规定。关于民众主义的意识形态，比较有影响的是秘鲁政治家阿亚·德拉托雷（Víctor Raúl Haya de la Torre，1895—1979）所创立的"阿普拉主义"（Aprismo）。德拉托雷于 1924 年 5 月在墨西哥建立"美洲人民革命联盟"（Alianza Popular Revolucionaria Americana，APRA，即"阿普拉"），并提出三项宗旨：争取建立体力和脑力劳动者的统一阵线，反对帝国主义；争取实现印第安美洲的经济与政治联合；争取实现社会正义。按照德拉托雷的设想，"阿普拉"是一个致力于推动拉美地区革命的组织。因此，1930 年，德拉托雷又在国内建立"秘鲁阿普拉党"（Partido Aprista Peruano，PAP），并为该党提出五点纲领：（1）采取行动反对所有帝国主义；（2）加强拉丁美洲的政治团结；（3）实现土地和工业国有化；（4）实现巴拿马运河美洲化；（5）支援世界上所有的被压迫人民和阶级。① 不过，阿普拉党在 1985 年以前没有在秘鲁取得过当政的机会。上述三项宗旨和五点纲领可视为"阿普拉主义"的基本内涵，与阿根廷"庇隆主义"的政治主权、经济独立、社会正义三项原则相比大同小异，只不过前者的国际主义色彩更多一点。可见，民众主义是在民族民主革命运动的历史大背景下出现的一种资产阶级改良主义。这种改良主义在很大程度上反映了拉美国家资产阶级，特别是工业资产阶级的势单力薄，在帝国主义与国内寡头势力的夹缝中求生存、求发展的处境。

　　20 世纪 30—50 年代，拉美的民众主义政府都举起工业化的旗帜，大力促进民族工业的发展；广泛动员城市工人阶级和各界民众，并通过职团主义（corporativismo）把工会和其他社会团体纳入执政党体系，扩大党的群众基础；颁布进步的劳工法规，确立劳工集体谈判制度，建立社会保障体系，致力于改善劳工的福利待遇；有些国家（如墨西哥）还进行了较

---

　　① 　Eugenio Chang-Rodríguez，*Opciones políticas peruanas*，Editorial Normas Legales S. A.，Trujillo-Perú，1985，pp. 118—122.

大规模的土地改革，如此等等。民众主义政府也确实有其自身的弱点，如进行过于高调的政治宣传；制造对某些卡利斯玛式的领袖人物的崇拜；热衷于狂热的街头政治；有些福利措施超出了国民经济的可承受能力，往往造成恶性通货膨胀等灾难性后果，等等。不过，抓住这些问题而全盘否定民众主义显然是不公正的。

民众主义一直是西方舆论和本国保守势力重点抨击的对象，甚至可以说，他们给民众主义泼了过多的脏水，似乎民众主义就是拉美国家发展不顺利的罪魁祸首。事实上，即便是在 20 世纪 30—50 年代民众主义的兴旺时期，由民众主义政党当政的国家在拉美也只是少数，更何况那些年代拉美国家的经济形势都还比较好，远不像八九十年代这么糟糕。

对民众主义"围剿"式的批评同样是拉美国家变革与反变革长期激烈较量的一种反映。民众主义之所以依然具有生命力，并在 21 世纪之初在拉美地区再度兴起，主要是因为新自由主义经济改革的不成功，以及拉美国家的代议制民主体制再度面临危机。

三　发展理论与发展模式的局限

在战后年代里，拉美地区先后出现过两种发展理论：拉美结构主义理论和依附理论。以劳尔·普雷维什为代表的拉美结构主义理论，从分析"中心"（发达国家）与"外围"（发展中国家）的结构差异入手，认为"中心"生产结构的多样化与均质性和"外围"生产结构的专门化与混杂性（或异质性），是不合理的国际分工体系的基础；发展中国家的初级产品在与发达国家工业制成品的交换中存在着贸易比价恶化的长期趋势。因此，拉美国家必须走工业化道路，发展自身的生产力并改造其生产结构。在总结部分拉美国家三四十年代工业化实践经验的基础上，拉美结构主义正式提出了进口替代工业化的发展模式，并认为拉美国家由此而从前期"自发的"工业化阶段转向了"自觉的"工业化阶段。在这个理论的影响下，拉美国家在战后头 20 年确实出现了一个前所未有的工业化高潮。但正如我们已经指出的那样，到 60 年代中期，工业化进程中的各种问题就陆续暴露出来。

认真研究一下拉美结构主义的整个理论体系就会发现，这派理论的一个致命弱点是片面强调发展社会生产力，而严重忽视社会变革。正如罗德里格斯所指出：拉美结构主义的"一个重大局限就在于：只强调产品和服务的生产，不去考察社会关系，而社会关系却贯穿于外围工业化进程以及由工业化所引起的结构变动的基础之中"。① 在发展社会生产力与进行社会变革的关系上，普雷维什本人的思想前后是有变化的。50年代，他着重强调要加快积累。"在我看来，不大大提高积累速度，同时改变资本构成，并继而改变生产结构，是不可能解决贫困这个带根本性的问题的。必须以不断提高的生产率和收入水平把受到经济发展排斥的广大民众吸收到体系中来。"② 到了70年代后期，普雷维什发现，他所研究的这个外围资本主义体系是一个"排斥性的体系"，已经造成了严重的社会两极分化，并提出了他的"体系改造论"："体系的改造必须建立在对剩余的社会使用的基础上。为此，我正在寻求社会主义与经济自由主义之间的一种综合，而这种综合迟迟没有到来。从总体上对积累和分配进行调节就意味着社会主义。让市场作为有效机制，但不是作为发展的最高调节者，这就意味着自由主义。"③ 不过，普雷维什的这个改造计划并没有能够付诸实践。

人们对于拉美结构主义的局限性虽然有所批评，但总体上还是采取一种比较宽容的态度，认为在战后初期，拉美的经济学家们对于发展中国家发展道路的探索依然受到许多客观条件的限制。1977年，联合国拉美经济委员会发表过一本题为《拉丁美洲的发展与社会变革》的小册子，对拉美国家的经济发展与社会变革进行回顾与反思。该书指出，人们从拉美国家20世纪50年代以来的发展政策中所看到的主要是经济内容，很少涉及社会变革；认为这种追求纯经济性质目标的政策设计可能是错误的。与此同时，该书作者认为，当时承担发展政策设计的经济学家们对于民众的贫困、社会分层的僵化、精英阶层对各国社会的统治等是了解的，也深知要突破经济发展的社会与政治障碍，但是，现实的处境又使他们很难做到。"那些主张通过工业化实行'内向'经济发展的人们面对着一种特殊的政治环境。他们要使自己的建议既能被代表着'现代传统主义'、民族主义和民众主义等复杂倾向的政治领袖们所认可，又不能让美国觉得断然不可

---

① Octavio Rodriguez，*La teoría del subdesarrollo de la CEPAL*，Siglo Veintiuno Editores，México，D. F.，1986，p. 9.

② Raúl Prebisch，Prólogo de *La teoría del subdesarrollo de la CEPAL*，Siglo Veintiuno Editores，México，D. F.，1986，pp. IX-X.

③ 劳尔·普雷维什：《外围资本主义：危机与改造》，中文版，苏振兴、袁兴昌译，商务印书馆1990年版，第20页。

接受，美国拥有采取合作、容忍、或否决的决定性权力。"[①] 由此可见，拉美国家社会变革所面临的巨大内外阻力，可能是其他地区的人们难以感受到的。

60 年代产生于拉美的依附理论，进一步拓展了拉美结构主义所使用的"中心—外围"分析框架，提出了"新帝国主义"论。这个学派在研究当代由西方国家主导的国际政治与经济秩序的不合理性与不公正性方面是有贡献的。但是，这个学派，特别是其中的激进派，对于发展中国家在历史形成的依附状态下如何去实现自身的发展，却缺少实事求是的分析研究，因而对拉美国家实际的发展过程也没有产生太大的影响。

关于拉美国家在发展模式选择上的失误，我们在前面基本上都已经谈到了。例如，从 20 世纪 50 年代后期起，拉美国家就陆续出现非耐用消费品进口替代面临市场饱和的情况，结构性发展危机开始显现。尽管这些国家为克服结构性危机进行过一些尝试，但始终未能摆脱内向发展模式的束缚，并在 70 年代初期不约而同地走上"负债增长"之路。在 80 年代初期债务危机爆发后，拉美国家不管情愿还是不情愿，最终都按新自由主义的范式去进行结构改革，并导致了 90 年代频繁的金融危机。

我们可以清楚地看到，从 20 世纪 60 年代到世纪末的 40 年期间，拉美地区呈现出一种"危机频发"的现象：60—70 年代的社会—政治危机，即我们所说的"参与危机"；80 年代的债务危机，而债务危机的深层背景是结构性发展危机；90 年代的金融危机。也正好是在这 40 年期间，拉美国家经历了人均 GDP 先是登上 1000 美元台阶、后是实现从 1000 美元到 3000 美元的过渡。那么，"危机频发"现象是否是这个特定阶段带普遍性的发展规律？我们经过研究以后认为，这种"危机频发"现象基本是一种具有拉美特色的现象，从根本上讲，是拉美国家发展观的局限和决策不当造成的，而并非发展的一般规律。就一般的发展过程而言，当一个国家处于工业化和社会转型的加速期时，社会各阶层的收入水平出现高低分化可能是具有普遍性的。这种分化现象有可能加剧社会冲突，甚至是引发社会危机和造成巨大的政治动荡，就如同六七十年代拉美那样的局势。但是，如果各国政府对这类现象处理得当，并不必然会演变成危机。此外，各个国家的具体情况不同，实现人均 GDP1000 美元的难易程度和时间早晚都

---

① CEPAL，*Desarrollo y cambio social en América Latina*，Santiago de Chile，1977，p. 7.

不一样，拉美国家的情况就是如此。例如，当60年代中期拉美国家的参与危机爆发时，其中绝大多数国家还没有达到人均GDP1000美元的水平。因此，实现人均GDP1000美元前后，可能是社会分化现象加剧的时段，但社会矛盾激化既不会都以人均GDP1000美元这个"量化"标准为指示器，也不会因为人均GDP达到3000美元就自动化解。拉美国家的情况还表明，当六七十年代经济增长还比较顺利时，并没有采取有力的措施去认真缓解社会分化现象，进入80年代以后连经济增长这个前提条件也不复存在了，社会分化现象进一步加剧就不足为奇了。更为重要的是，这种不公正的社会利益分配格局一旦基本定型，在拉美国家现行的社会制度下，即便经济增长恢复常态，恐怕也很难指望会有根本性的改变。

第二编

分　论

第三章

拉美经济增长和社会发展关系

　　20世纪拉美国家依次经历了30年代以前的初级产品出口导向的外向发展时期，起步于30年代但到50年代才全面推行的进口替代工业化内向发展时期，以及在80年代初拉美债务危机之后的经济结构改革的外向发展时期。在上述三个不同的发展阶段，拉美国家经济增长和社会发展之间的关系呈现出不同的特征。总体而言，经济增长和社会发展没有促成良性循环，而债务危机和频繁发生的金融危机又时常延缓了两者协调的步伐。尤其是拉美国家早在70年代就被称为"有增长而无发展"的典型，社会危机不断、贫富差距扩大、非正规就业突出等现象几乎成为本地区的代名词。本章试图通过梳理经济增长和社会发展的相关理论，并结合具有代表性国家的实证研究，探讨如下三个问题：20世纪70年代以来拉美处于不同经济增长时期时社会发展表现如何？为什么会出现这种对应关系？拉美国家在处理两者关系上的经验与教训有哪些？

第一节　经济增长与社会发展的理论演进

一　经济增长理论和发展观的扩展

　　一般而言，持续而显著的经济增长始于18世纪晚期英国爆发的工业革命，而"发展"概念的出现则是针对第二次世界大战结束后独立的民族国家而言。从历史角度来看，经济增长理论经历了古典、新古典和新增长三个发展阶段；而基于现实世界中的发展观也各有不同，各有侧重。

　　在经济理论的早期研究中，增长与发展是同一概念，古典经济学家中以马尔萨斯—李嘉图所描绘的增长图景最为著名，该图景却与工业革命后部分国家进入高增长行列的事实相矛盾。① 20 世纪 30—40 年代，哈罗德—多马从凯恩斯理论中投资和产出稳定性问题出发，发展出来一个动态的、长期的宏观框架，并提出了保持产出稳定的问题。该问题引起 50—60 年代以索洛为首的宏观经济学家的介入，并形成了所谓新古典增长理论。但该模型的分析方法却是宏观的，并非标准的新古典经济分析的微观方法。凯斯（1965）和库普曼斯（1965）把拉姆齐的消费者最优化分析引入到新古典增长理论中，提供了对储蓄率的一种内生决定，而使增长理论成为真正的新古典理论。增长理论最新的进展是 20 世纪 80 年代提出的新经济增长理论，其主要特征是将与技术进步相关的创新纳入增长理论。把研发（R&D）理论与不完全竞争纳入增长框架中始于罗默，也包括阿洪与霍伊特（1992）和格罗斯曼与赫尔普曼（1991）的贡献。在这些模型中，技术进步是有目的的 R&D 活动的结果，而且这种活动获得某种形式的事后垄断力量，并获得垄断收益。在这些框架中，长期增长率依赖于政府行动，诸如税收、法律和秩序的维护、基础设施服务的提供、知识产权的保护以及对国际贸易、金融市场和其他经济方面的管制。②

　　而发展不是一种抽象的事物，它是处在特定时空中的历史现实。因此，它被视为一个与现实背景或基础相适应的变化过程。

　　发展经济学的发展观。发展的核心内容是不发达国家怎样摆脱贫困而进入到现代经济增长的行列，其中心论题就是如何从二元经济向一元经济转化。刘易斯（Lewis，1954）是最早提出二元经济模型的学者，他从土地、劳动和资本这三种不发达经济的投入要素出发，构造了一个含农业和工业两个生产部门的二元经济模型。该模型的结论表明，二元经济会导致经济的无效率，原因是农业部门生产的低效，出路应是劳动力向高效的工业部门转移，而工业部门的发展又要求更高的资本形成。刘易斯的模型基

---

　　① 例如，马尔萨斯（Malthus，1798）对经济增长的讨论是与他的人口原理联系在一起的。在他看来，人口增长与产出增长是不同步的。人口以现有的人口数量为基数不断增长，而其增长率会随着产出的增长而进一步增大。由于人类生存的基本需求来源于土地上的产出，但土地上的产出却遵循收益递减规律。当土地全部被使用时，对土地的每一次改良，土地上的产出增加量逐步降低，因而"人口的增长有超过生活资料增长的经常的趋势"。所以，以人均产出表示的经济增长会受到人口增长的限制。

　　② 刘霞辉：《从经济增长到经济发展——经济增长理论的扩展》，《中国社会科学院院报》，http：//www.cass.net.cn/file/2004032313354.html。

本上成了后来发展经济学的范式，并确定了其后二元经济研究的基本方向。哈里斯和托达罗（Harris 和 Todaro，1970）发展了刘易斯模型，他们假定两个部门都使用劳动和资本进行生产，但资本在两部门间不流动，劳动是流动的，要素流动的原因是边际产品在两个部门不相等，但因资本不动使劳动与资本的匹配不完整，会使工业出现无效率。由此可知，二元经济的典型特征是要素市场不能瞬时结清，不管哪类要素流动受阻都会导致经济低效。卢卡斯（Lucas，1988）最先利用增长模型来研究发展经济学问题。他通过一个两部门增长模型的拓展来分析不发达经济，并用"干中学"人力资本模型来解释增长差异。①

现代化理论的发展观。20 世纪 50 年代兴起的现代化理论，试图以西方特别是美国的现代化为样板，从社会进化论角度描绘发展的图景。70 年代以后，美国学者布莱克提出了"比较现代化"的理论和方法，试图对现代化理论的"欧美中心主义"倾向进行修正。该理论认为，现代化不完全等同于西方化，非现代的和非西方的社会走向现代化的过程，并不是用一个简单的"西方化"概念就可以概括的。在研究方法上，它反对传统与现代的两分法。

增长极限论的发展观。70 年代初，美国学者梅多斯等人提出了增长极限论。这一理论认为，传统发展观只注重经济增长和人的物质需要，忽视了资源的有限性和环境受到的破坏。实际上，人口增长、粮食生产、投资增长、环境污染和资源消耗具有按指数增长的性质。如果按照这个趋势继续下去，经济增长在今后 100 年内的某个时期将达到极限，因此人类应制止增长和技术对生态环境的破坏。把环境因素纳入发展内涵，是增长极限论的重要贡献。

政治与社会学的发展观。它提出了"政治发展和经济发展的关系"的命题。经济发展需要稳定的政治环境，而政治发展又需要经济提供一个富裕的基础。既然实践证明两者不能同步进行，那么谁更应处于优先的位置？由于绝大多数第三世界国家在独立后都未建立起稳定的政权，政局的不稳定往往导致官员的短期行为，在此情况下要政府对本国的经济发展有所作为，显然是十分困难的。所以，政局稳定开始成为人们关注的焦点，

---

① 参见刘霞辉《从经济增长到经济发展——经济增长理论的扩展》，《中国社会科学院院报》，http://www.cass.net.cn/file/2004032313354.html。

政治学家也不得不放弃了以往以政治民主化为导向的政治发展模式，提出了政治腐败，现代化崩溃等新的概念，认为在这些国家中，各种社会力量赤裸裸地相互对抗，社会缺乏基本的共识，也就缺乏经济发展最起码的条件。① 由于这派学者强调政府在发展中的作用，学术界通常称之为强大政府学派，其宗旨是把稳定的政治秩序放在首位，因此建立一个强大而有效率的政府应成为发展中压倒一切的首要目标。

综合发展观。法国经济学家佩鲁在 1983 年出版的《新发展观》一书，对综合发展观进行了详尽的阐述。他认为："这种发展观是整体的、综合的和内生的。"所谓"整体的"，就是要突出文化价值在发展中的地位，强调发展应当是基于文化价值的全面发展，是经济利益与文化价值的统一。所谓"综合的"，就是指各个部门、地区和社会阶级要在发展中求得协调一致，发展应该使各个部门、地区与社会阶级之间增强内聚力。所谓"内生的"，则是指发展要充分依靠和利用本国的力量和资源；同时，内生发展也表现为人的各种因素和权利的意义，发展不仅是社会经济的发展，也是人的发展和健康人格的形成过程，发展应该是"以人为中心"的发展。

可持续发展观。这一理论的主要内容包括：一是肯定发展的必要性。只有发展，才能使人们摆脱贫困，才能为解决生态危机提供必要的物质基础。因此，承认各国的发展权十分重要。二是强调发展与环境的辩证关系。环境保护需要经济发展提供资金和技术，环境保护的好坏也是衡量发展质量的指标之一。三是提出了代际公平的概念。人类历史是一个连续的过程，后代人拥有与当代人相同的生存权和发展权，当代人必须留给后代人生存和发展所需要的"资本"，包括环境资本。四是在代际公平的基础上提出了代内公平的概念。发达国家在发展过程中已经消耗了地球上大量的资源和能源，对全球环境造成的影响最大。因此，发达国家应该承担更

---

① 亨廷顿是这派观点的代表人物，他认为，在第三世界的发展初期，公共秩序的破坏将代替社会稳定和政治民主化。这是因为社会的不平等加剧，人民对发展的期望落空所造成的。人民的失望转变为不断要求政治参与的压力，而第三世界的政治机构无论是传统的还是"现代"的移植形式，都太脆弱以致无法吸收或承受此种压力，其结果便是长时期的政治腐败和混乱。因此在所谓的政治发展之前，必须首先保持政治稳定。实现政治稳定的主要途径就是要建立坚强的政治组织，所有较为成功的第三世界国家，莫不是把政治目标放在首位，经济目标放在第二位或是第三位而获得成功的。亨廷顿还指出，政治常常并非社会经济变化的被动结果，而是此种变化的决定因素。因此，结论是，不发达状态最主要是缺乏政治秩序的结果。

多的环境修复责任。

人类发展观。这一理论是联合国开发署在 1990 年提出的。它着重于人类自身的发展，认为增长只是手段，而人类发展才是目的，一切都应以人为中心。人类发展主要体现于人的各种能力的增强，这些能力包括延长寿命的能力、享受健康身体的能力、获得更多知识的能力、拥有充分收入来购买各种商品和服务的能力和参与社会公共事务的能力等。

综上所述，我们可以从经济增长与发展的理论演变中发现如下变化：第一，影响增长的因素及条件逐渐接近现实世界中的初始状态；理论模型的拓展总是与社会所处的经济发展阶段相适应。第二，发展是一个社会、政治、经济等诸方面的总体变化过程，而不仅仅是经济增长。原来由单纯的经济增长作为发展的衡量标准逐渐改变为以社会的总体发展为标准，尤其是关注普通人生活水平的提高和不平等现象的减少；第三，由以西方为出发点来研究发展转到以第三世界为出发点，由封闭式的发展战略转变为开放式的发展战略。

二　拉美本土理论对经济增长和社会发展的认识

拉美国家虽然在经济与社会发展上受西方理论的主导，但这些理论在与拉美国家实际结合的过程中，产生了一些带有地区特点的理论和思潮。

（一）"先增长，后分配"理论

拉丁美洲是一个十分保守的大陆，除少数国家外，一直缺乏深刻和重大的社会变革，主张变革的力量一直受到抑制，社会变革一直面临巨大的阻力。在拉美现代化进程中，保守主义思想（或者被部分人称为精英思想）一直占主导地位，这种所谓的"精英意识形态"主张，一方面要推动经济增长和现代化，另一方面，要避免在社会结构、价值观和权力分配等领域实行变革，或者至少要把这类变革减少到最低限度。在这种意识形态主导下，拉美国家的工业化、现代化进程始终伴随着社会财富占有的不断集中。拉美许多国家长期流行并居主导地位的是以下这种观念，即经济增长与社会公平在一定时期具有不兼容性，首先必须实现经济增长，而经济增长所产生的效应会使大多数人受益，从而使收入分配得到改善。这种观念过分相信经济增长的自然效果，而忽视了社会政策的作用。上述观念在拉美最具典型的代表、影响较大的是德尔芬·内托的"蛋糕论"、S. 西蒙森的"积累优先论"。

1. 内托的"蛋糕论"。德尔芬·内托（Antonio Delfim Netto）是巴西经济学家，曾为圣保罗大学教授，后进入政界为官，曾任联邦财政部长、农业部长和计划部长，被称为巴西经济奇迹的总设计师。内托理论的核心是必须先经济增长，然后再收入分配。在他看来，要先发展经济，把蛋糕做大，然后才能考虑收入分配的问题。如果经济不发展，经济发展这块蛋糕很小，即使分配再合理，每个人的所得也十分有限；如果把蛋糕做大，即使收入分配不合理，每个人也有可能得到不小的份额。但他没有进一步说明蛋糕做到多大的时候再考虑收入分配的问题。

2. S. 西蒙森的"积累优先论"。西蒙森（Mario Henrique Simonsen）也是巴西经济学家，曾在多处执教，从政后，曾任财政部长（1974—1979）和计划部长（1979）。西蒙森等人主张，应继续保存现存的分配结构和体制，反对进行大规模的土地改革，认为土地改革对巴西的经济发展没有任何意义，西蒙森认为，经济要增长，就要把财富相对集中；要把经济增长放在优先地位，就要接受收入分配两极分化的现实（当然收入分配两极分化是短期的）；而要把改善收入分配和提高福利水平作为基本目标，就会影响积累和增长的潜力。

但是，先增长后分配的主张看似强调积累，而实际上推迟了向低收入阶层的分配，助长了高收入阶层的模仿性消费行为。

（二）民众主义理论

民众主义在拉美曾经是具有广泛影响的理论思想。20世纪20—40年代，在拉美形成了大陆性的民众主义运动。民众主义是与上述精英理论相对立的思想。民众主义思想主张对拉美社会进行变革，但其自身也存在严重缺陷。曾实行民众主义政策的拉美国家，都没有实现经济与社会发展的完美协调。民众主义强调：第一，国家应在经济发展过程中发挥突出作用，以消除依附性的发展；第二，主张社会变革和实现社会正义，主张通过收入再分配政策消除或缓解社会财富占有的不合理现象；第三，主张采取改善民众福利和生活条件的政策和措施。然而，拉美民众主义在许多方面带有非理性特征，所实行的一系列社会变革的政策缺乏经济发展的强有力支撑，收入分配过程导致部门之间和收入的严重失衡，没有解决好经济与社会协调发展问题，并最终走向衰落。

（三）拉美结构主义（发展主义）

结构主义理论是拉美国家自己创造的第一种发展理论或现代化理论，

它在发展中国家探索现代化理论方面起到了某种"先行者"的作用。1950—1980 年，拉美国家基本上就是在以结构主义理论为基础的进口替代工业化模式下推动其经济发展，并取得了长达 30 年的持续、稳定的经济增长。迭戈·桑切斯—安科切亚（Diego Sanchez-Ancochea）比较了"盎格鲁—撒克逊"结构主义和拉美结构主义的异同对发展经济学的贡献。理论上的相似性导致政策建议的趋同，比如两种结构主义都认为工业化是经济发展必要的条件，单独的市场力量不能产生预期的经济结构上的变化。因此，政府干预是必不可少的，保护国内市场、制订计划以及促进资本积累应该是国家的基础任务。但是两者又存在不同。拉美结构主义更注重利用"历史—结构分析"的方法去鉴别处于世界经济中国家之间的相互关系。因此，在研究全球化背景下的发展问题更具有说服力。

但是，拉美结构主义理论也存在缺陷，主要体现在以下方面：第一，片面强调生产力发展，忽视生产关系的变革。拉美结构主义认为，发展中国家生产结构的落后表现为高生产率与低生产率部门并存，而生产率水平的差异是由技术不均衡扩散造成的。因此，发展中国家应该推进工业化，通过引进中心国家先进技术，加速工业与现代农业的发展，使生产结构由"异质"状态向"均质"方向演变。从本质上看，拉美结构主义把工业化、现代化视为单纯的技术变革过程。而 70 年代中后期普雷维什因反思拉美国家出现的"有增长而无发展"和社会严重两极分化而提出的"体制变革"论在实践中并未产生什么影响。第二，在指导意义上，进口替代工业化模式被长期化和固定化。选择进口替代工业化模式是大多数国家工业化初期的普遍现象，而拉美的独特之处在于在简易进口替代结束后直接进入耐用消费品和资本货物的进口替代。即使在 70 年代初的石油危机之后，拉美国家也没有像东亚一些国家那样及时转换发展模式，反而继续维持着"举债增长"的发展战略，使得进口替代模式前后延续了半个世纪。这为80 年代初的债务危机的爆发埋下了隐患。

（四）新结构主义（新发展主义）

1990 年前后，由拉美经委会编写的《生产改造与公平相结合》以及由智利经济学家奥斯瓦尔多·松克尔主编的《从内部发展》两部著作的出版标志着新结构主义的形成。此外，1992 年 4 月，拉美国家的代表在拉美经委会第 24 次部长级会议上，通过了经委会提出的"生产发展与公正相结合"的新发展战略。

　　新结构主义认为：（1）结构主义过分相信国家干预的作用，新自由主义过分否定国家干预的作用，而事实上，市场必须有国家积极而富有活力的行动来加以补充和完善。国家除了其传统职能（提供公共产品、把握宏观经济平衡、实现社会公正）外，还应致力于培育和完善某些市场、克服或纠正某些结构性扭曲、消除或弥补市场的某些缺陷，等等。（2）发展概念突出强调的是收入分配和社会公正。而"从内部发展"指的是"一种内部的创造性努力，争取建立一种同本国的具体缺陷和实际潜力相适应的生产结构"。（3）外向发展并不是简单地开放市场，而是形成某种参与外部竞争的优势。既然经济要转入外向发展，调整产业结构就势在必行。即必须实行有选择的生产专业化；技术进步应是结构调整的主攻方向；应重视自然资源的加工出口和改造非正规经济；贸易开放必须有步骤地进行。

　　哥伦比亚经济学家奥坎波先后发表了两篇有代表性的文章：《超越华盛顿共识——来自拉美经济委员会的观点》、《再论发展议程》。这两篇文章系统总结了拉美新结构学派关于发展理论的基本主张，以及对新自由主义的批评。其中，《再论发展议程》一文所阐述的基本观点尤其体现出新结构学派关于发展观探索的新进展。[1] 巴西经济学家布雷塞尔·佩雷拉也在《新发展主义中的国家和市场》一文中比较全面地论述了新发展主义的一些理论观点。他主张在加强市场的同时加强国家，必须制定国家发展战略，鼓励企业家投资，优先发展出口和高附加值经济部门——创造技术和知识含量高的产品的部门，强调以本国储蓄为基础实现增长。[2] 综上所述，自 20 世纪 90 年代初以来，拉美地区一直致力于创立一种与全球化相适应的新的发展范式。这个范式所追求的是，在生产现代化的前提下，形成经济增长与社会公平之间的"正向协同"，强调提高竞争力，关注宏观经济平衡，强化参与和包容的政治民主。这种对发展理念的探索与更新，既是对拉美新自由主义改革失误的总结与反思，也体现了对已发生深刻变化的内外环境的认知与思考。

---

　　① 主要观点请参阅苏振兴《新自由主义'退潮'与拉丁美洲本土发展理论复兴》，《世界社会主义研究动态》第 63 期。

　　② 参见路易斯·卡洛斯·布雷塞尔·佩雷拉《新发展主义中的国家和市场》，《拉丁美洲研究》2008 年第 1 期。

第二节　拉美增长周期与改革进程

战后拉美地区发展一直面临着追求经济增长和减少极端不平等的双重挑战。尽管拉美国家之间存在着异质性，但是，从总体而言，该地区经济增长速度较低且不稳定，社会不平等程度尤为严重。特别是在1980—2002年期间，拉美地区经济下滑明显，相对于此前20年，波动幅度逐渐加大。

一　拉美经济增长的周期

从历史角度可以把战后至今拉美经济增长的周期划分为两个阶段。以债务危机为分界点，前一阶段拉美处于高速增长时期，50年代、60年代和70年代年均经济增长率分别达到5.1%、5.7%和5.6%。后一阶段拉美处于经济波动时期。当然在每一个阶段也可以划分出若干短周期。比如60年代中期拉美国家面临工业化战略的选择问题。而在90年代初期（1991—1994）拉美地区因外资大量涌入而出现经济恢复性增长，但是中期以后由于短期国际资本迅速流出，金融危机相继发生，拉美又陷入所谓"失去的五年"（1998—2002）的经济低迷时期。

具体而言，1950—1980年，拉美国家基本上是在进口替代工业化模式下推动其经济发展，并取得了长达30年的持续、稳定的经济增长。进入90年代拉美和加勒比地区经历了一场范围广泛、规模巨大的经济改革，主要涉及贸易开放、国内金融市场自由化和国际资本流动，同时私有企业取代公共部门，在商品和服务生产乃至公共服务供给中逐渐发挥主导作用。随着1990年生产活动的恢复，通货膨胀压力下降，经济不稳定因素逐渐消失，该地区经济发展从80年代"失去的十年"中走出来，但是，经济增长率整体而言仍然大大低于债务危机前10年所曾达到的水平（见图3—1）。自2003年开始，拉美经济进入新一轮增长周期。据初步统计，该地区2006年GDP增长率为5.3%，人均GDP增长3.8%。这是拉美经济在经历了1980—2002年年均2.2%的增长率之后，连续第4年增长，并且连续第三年保持了4%以上的增长率。与历史增长业绩比较，这一增长率是过去25年中出现的第二次（上次在1991—1994年）。而从世界范围来看，虽然在这一轮经济扩张期中拉美的增长率较高，但是，它仍然低于发展中国家的平均水平（见表 3—1）。

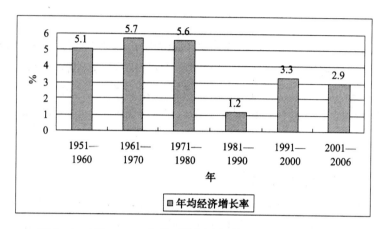

图 3—1   1951—2006 年拉丁美洲及加勒比地区经济增长状况

注：2001—2006 年为作者根据拉美经委会数字计算而得。

资料来源：ECLAC，*The sustainability of development in Latin America and the Caribbean: challenges and opportunities*，July 2002.

表 3—1   **2003—2007 年世界范围内 GDP 增长率**   单位：年，%

	2003	2004	2005	2006	2007
世界	2.7	4	3.5	3.8	3.3
发达国家	1.9	3	2.5	2.9	2.4
美国	2.5	3.9	3.2	3.3	2.6
欧元区	0.8	2	1.4	2.5	2.2
日本	1.8	2.3	2.6	2.8	2.1
发展中国家	5.2	6.9	6.4	6.5	6
非洲	4.7	4.8	5.4	5.6	5
拉美和加勒比	2	5.9	4.5	5.3	4.7
中国	10	10.1	10.2	10.2	9
东亚（中国除外）	4.2	6.2	5.1	5.3	5
转型经济体	7	7.6	6.4	7.2	6.5

注：2006 年为估计值，2007 年为预测值。资料来源：拉美经委会（ECLAC）。

二　与经济周期对应的拉美改革进程

20 世纪 50—60 年代是拉美进口替代工业化的"黄金时期"。70 年代该模式的弊端逐渐暴露出来，加之不利的外部因素，最终酿成一场最严重的债务危机。

由新自由主义主导的经济改革经过 70 年代在智利等少数国家的"试验"之后，于 80 年代中期在拉美地区全面展开。这场改革最终使拉美国家由以往的内向发展模式转入了外向发展模式，由原来的国家主导型经济转向了自由市场经济。这些改革的共同特征是：（1）开放国内经济面对国外竞争；（2）减少政府对经济中资源配置和生产活动的干预；（3）减少税收体制对私人决策的扭曲性影响。根据塞缪尔·莫利、罗伯托·马查多和斯特凡诺·佩蒂纳托（Samuel A. Morley、Roberto Machado 和 Stefano Pettinato）对拉美 17 个国家结构改革的一种量化分析，我们得到一幅描述自 1970 年以来改革进程的全景图。[①] 需要说明的是，虽然指数衡量的是自由化程度或者免受政府干预或者扭曲的程度，但是它并不意味着指数高就必然"优于"指数较低的情况。也许某种政策变量的最优值并不出现在指数的最高值。例如，资本账户自由化测量的是政府对资本账户交易控制的程度，但是完全摒弃政府对资本流入和流出的控制也许并不最优。

如图 3—2 所示，70 年代首先开始的是贸易、金融自由化和税收改革，涉及的国家主要有阿根廷、智利、哥伦比亚和乌拉圭。这些国家推动了贸易和金融改革指数在 70 年代的上升趋势。该时期税收改革指数也在上升，说明相当多的国家已经开始实行增值税体制。鉴于阿根廷庇隆政府和秘鲁军政府的政策变化，70 年代初期资本账户管制显著收紧。但是，接下来阿根廷和智利在军政府统治下自由化程度明显加强。1982 年以后，拉美债务危机不仅打断了改革进程，甚至使一些早期先行改革的国家改变了方向。智利、玻利维亚和阿根廷应对债务危机的措施是对资本账户交易施加临时管制。许多国家，包括阿根廷、巴西、智利、哥伦比亚和秘鲁也

---

① 拉美的总体指数是 17 个国家指数的简单平均数。指数范围从 0 到 1，1 表示改革最彻底，或者无扭曲程度以及不受政府干预。详细计算过程参见 Samuel A. Morley、Roberto Machado, Stefano Pettinato, "Indexes of Structural Reform in Latin America", Reformas económicas series, No. 12 (LC/L. 1166), Santiago, Chile, Economic Commission for Latin America and the Caribbean (ECLAC) (January 1999).

提高关税和增加对进口的非关税限制。这一时期金融自由化的进程或者改变方向或者停顿下来，税收改革或者资本账户的开放也无进一步的发展。

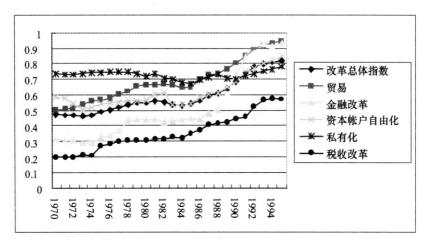

图 3—2　改革指数，1970—1995 年

注：样本国家为 17 个，包括阿根廷、玻利维亚、巴西、智利、哥伦比亚、哥斯达黎加、多米尼加、厄瓜多尔、萨尔瓦多、危地马拉、洪都拉斯、牙买加、墨西哥、巴拉圭、秘鲁、乌拉圭、委内瑞拉。

资料来源：Samuel A. Morley，Roberto Machado and Stefano Pettinato，"Indexes of Structural Reform in Latin America"，Reformas económicas series，No. 12（LC/L. 1166），Santiago，Chile，Economic Commission for Latin America and the Caribbean（ECLAC）（January 1999）.

　　1985 年前后一系列广泛的结构性改革重新恢复，1990 年后改革进程明显加速。上述过程也可以从阿根廷、智利和墨西哥贸易自由化进程中的具体措施得到印证（见表 3—2）。但是，90 年代以"华盛顿共识"为指导的经济改革并没有使拉美地区获得可持续的经济增长。改革的缺陷主要集中在三个方面：第一，包括各种自由化形式在内的改革措施不但没有增强应对外部冲击的能力，反而使国家处于外部风险的脆弱性增加；第二，宏观经济改革是不平衡的，它过多强调于抑制通货膨胀，而没有对创造就业和促进增长给予足够的重视；第三，改革推动了私有化进程、加强了私人部门的地位，但是却忽视了公共部门的作用，政府和市场没有形成良好的协同效应。

表 3—2　　　　　　　　　阿根廷、智利和墨西哥自由化进程

A. 阿根廷

时期	1950—1976 控制逐渐增加时期	1976—1981 金融改革和部分自由化	1982—1984 限制时期	1985—1987 促进出口	1988—1989 放松管制	1990— 加速自由化
总体政策环境	进口替代工业化	1976 年军政府上台	1982 年债务危机；1982 年马岛战争；1983 年恢复民主	奥斯特拉尔（Austral，货币单位）稳定计划（7 个月）：货币贬值，冻结工资价格，向上调整公共部门价格	春季（Primavera）稳定计划失败（1 年）；恶性通货膨胀	私有化；财政部门调整；贷款通货膨胀
贸易政策						
进口	最高关税达 200%	最高关税从 1982 年的 100% 降到 55%；平均关税 30.2%；进口许可证覆盖可贸易产品的 4.3%	1985 年进口许可证覆盖可贸易产品的 52.1%；10% 的附加费；对于进口有禁止和优先批准权	1988 年消除临时禁令；15% 的附加费；进口许可证覆盖可贸易产品的 32%	实行特殊关税；最高关税达 22%；取消附加费	取消特殊关税；实行 3 层关税制度（22%、11%、0%）；对汽车几乎没有数量限额；1992 年未加权的平均关税为 15%
出口	定向出口多样化；出口税		对非传统出口实行出口特别计划（1980—1987 年支付出口补贴 36.53 亿美元）	继续实施促进出口的特殊计划		逐步消除出口补贴
汇率		积极爬行汇率（1978—1981）	外汇配给制度	固定汇率制	固定，而后实行灵活汇率制度	1990 年是固定汇率制；1991 年 3 月开始实行灵活汇率制度

B. 智利

时期	1950—1970	1970—1973	1974—1976	1977—1982	1983—1991
总体政策环境	进口替代工业化；民主稳定；土地改革	民众主义政策	军政府上台；公共企业售卖（截至 1979 年卖出 500 家）	自 1973 年末被压制的工会活动重新得到允许；工资完全指数化	1990 年恢复文人当政
外部因素			贸易条件导致损失（外部冲击占 GDP15%）	全球对外部借贷的限制逐渐消除	自 1987 年贸易条件开始改善

贸易政策

	1950—1970	1970—1973	1974—1976	1977—1982	1983—1991
进口	对制造业高效的保护（1967 年关税达 360%）；实行数量限制	实行配额；平均关税达 105%	消除数量限制；最高关税达 35%	退出安第斯条约；截至 1979 年 6 月关税达 10%	平均关税先升至 35%，再降至 10%；1992 年未加权的平均关税达 11%；取消数量限制
出口					实行某些促进出口政策；铜矿稳定化基金
汇率		多重汇率体制	实行爬行盯住汇率	1978—1982 年实行事前预告汇率制度	爬行盯住汇率
主要结果	GDP 增长率达 3.8%	平均财政赤字为 16%，通胀率达 150%	经济负增长；财政赤字和通胀率均减少	经济正增长；巨大的资本流入导致实际汇率大幅升值，1982 年早期发生危机	1983 年发生金融危机，1982—1983 年危机使 GDP 下降 15%；1985 年开始强劲增长；大量 FDI 涌入

C. 墨西哥

时期	1950—1974 内向增长	1974—1985 危机年份	1986—1989 财政和贸易大幅改革	1989—1991 巩固和进一步改革
总体政策环境	通过国内和贸易政策保护主要工业；进口替代工业化	应对危机显现实行高度进口限制；国有化	进行结构改革；实行紧缩的财政和货币政策；冻结最低工资和基础价格	实行稳定和增长计划；对规范外国投资、监管商业银行和税收体制等内容进行改革
外部因素		1977 年发现大量石油；1982 年石油价格下跌；世界利率上升	1986 年石油价格暴跌；出口市场和国外宏观经济政策发生变化	
贸易政策				
进口	高关税；广泛使用许可证和配额；为进口设定官方参考价格	最高关税达到 100％；平均关税达 23.5％；1985 年进口许可证覆盖范围达到 92.2％，18.7％的可贸易产品使用了参考价格	降低关税；逐渐消除数量限制；自从 1986 年作为 GATT 成员实行约束关税。1986 年最高关税降到 45％，1988 年降到 20％；平均关税从 24％降到 11％；许可证覆盖范围降到 23.2％；1988 年废除参考价格	平均关税 12.5％；1991 年 17％的可贸易产品实行数量限制；1992 年关税范围在 0 到 20％之间
出口			与美国签订协议废除出口补贴	
汇率	固定汇率体制	1985 年实际货币贬值；对美元的名义汇率冻结		进一步自由化；对美元的汇率每天进行调整
主要结果	GDP 平均增长率 6.4％；低通胀；外债适度	资本逃离；高通胀；赤字占 GDP 比例超过 7％	通胀率从 1987 年的 159％下降到 1989 年的 20％；非石油商品出口剧增	经济增长重新恢复；FDI 增加

资料来源：Jaime de Melo and Sumana Dhar，Lessons of Trade Liberalization in Latin America for Economies in Transition，World Bank Working Papers，Nov.，1992.

三　外向型发展模式的陷阱

尽管进口替代工业化取得了较高的经济增长速度，但是这种保护主义体制无法产生一个有效率和具有竞争力的工业结构，反而成为"结构主义通胀"的根源，因为它所创造的就业岗位有限，而且无法减少收入的不平等性。保护主义政策倾向于用低廉的价格支持资本密集型产业生产，这将导致所创造的就业落后于人口增长，并且使工薪阶层和农民之间的收入分配进一步扭曲。不平等扩大限制了国内市场规模的发展进而阻碍了经济可持续增长。因此，以经济自由化为特征的外向型发展模式登上历史舞台。

问题是，贸易自由化以及资本流动是否能够更好地实现经济增长、公平分配和减少贫困的发展目标？主流的观点是从供给方面进行论证的。贸易改革的目的就是将生产从非贸易部门和低效率的进口替代部门转向具有比较优势的出口部门。所有资源（包括劳动力）都能充分配置的假定会使这种转换过程"毫无痛苦"。而开放资本账户会促进金融流动，这将刺激投资和生产率增长。然而，这种观点与一些研究贸易改革影响的成果相悖，它们发现面对外部竞争开放国内市场是与更大的工资不平等相关的［罗宾斯（Robbins，1996），伍德（Wood，1994，1997），奥坎波和泰勒（Ocampo and Taylor，1998）］。

我们不能忽视总需求对增长和分配的影响以及资本流入对相对价格的作用。进口替代模式寄希望于内部市场跟随实际工资上涨而扩张，而在外向型体制中，控制工资成本成为中心。如果工资水平降低或者具有高消费倾向的工人失业，那么，国内需求的萎缩就会削减面向国内市场生产的部门的劳动力收入。如果这种被排挤的非熟练劳动力涌入非正规服务业，而对这种服务业的需求又在下降，那么，收入不平等就要上升。而且，经济自由化之后资本流入增加导致实际汇率上升，这将抵消自由化对可贸易商品生产的刺激，迫使实际工资成本大幅减少。从需求方面讲，资本流入也许通过增加国内投资（直接或者通过信贷扩张）刺激总支出，同时降低储蓄（信贷扩张刺激消费繁荣）。但是，如果对外收支差额的扩大是不可持续的，那么总需求的扩张就是短暂的。短期资本流入的波动性和对其监管不力就会增加国内金融体系的风险。90 年代中期以后拉美国家连续发生的金融危机就印证了这一点。因此，外向型发展模式对经济增长、就业和收入分配的影响受到经济供给和需求两方的相互制约。收入再分配和相对价格的主要变化内生于这个过程，我们不能简单化定论自由化的效果。

第三节　经济波动下的社会发展

拉美经济增长的长期趋势总是与宏观经济的高度不稳定相关。进口替代工业化模式随着债务危机的爆发而走向终结。尽管该时期经济增长经历拉美现代化历史上的"黄金时期"，但是，进口替代模式在缩小收入差距方面是不成功的。20世纪80年代从应对危机的"应急调整"阶段过渡到结构改革的"主动"阶段，外向型发展模式逐渐确立。但是"失去"的80年代和经济持续低迷的90年代延缓了社会发展的整体步伐，有些社会指标虽有短暂改善，但缺乏持续性，有些几乎停滞不前，有些甚至出现恶化。本节主要从贫困、收入分配、就业、职业分层和社会支出五个方面阐述90年代以来经济增长和社会发展的非对称性。

一　经济增长对减贫的影响具有非对称性

拉美国家在20世纪80年代和90年代所经历的经济衰退、扩张和停滞对贫困和赤贫水平产生了重要的影响。虽然经济增长不是影响贫困的唯一因素，但是经济的总体趋势与贫困状况之间是有明显联系的。

经济增长和贫困率变化之间的这种关系在80年代和90年代极其不对称。在80年代人均产出年均下降略低于1%，贫困因此增加。这种贫困的增加即使在产出以接近2%的速度扩张的90年代也不能被完全抵消。实际上，在1980年贫困人口占总人口40.5%，1990年达48.3%，1997年达43.5%，到1999年又增加到43.8%（见表3—3）。尽管人均产出以1995年价格衡量从1980年的3654美元下降到1990年3342美元，然后又增加到1999年3807美元，但是80年代贫困状况只是在90年代得到部分的缓解。从整体规模上看，尽管大多数拉美国家中贫困人口占总人口的比例在20世纪90年代都下降了，但是贫困人口却从2亿人增加到2.11亿人。因此，初步的判断是：贫困率的变化大多受到经济增长波动的影响。但是，在繁荣和萧条时期的影响效果却不同，来自于衰退周期中贫困的增加不能被后来经济的复苏所完全抵消。

而在贫困的空间分布上，城市贫困的相对比例继续扩张，但是，农村贫困更严重，因为农村贫困中的大多数是赤贫者，1999 年达 4600 万人，而城市贫困中的大多数却不是，1999 年这部分非赤贫的贫困人口达 9100 万人。农村贫困率仍然很高，因为 64％的农村居民是贫困者，而 37％的城市居民是贫困者（见表 3—3）。从国家情况看，90 年代巴西、智利和巴拿马贫困减少的程度居于前列，均超过 10％。值得关注的是，在 1991—2000 年这三个国家的人均 GDP 年均增长分别达到 1.2％、5％和 2.6％。此外，哥斯达黎加、危地马拉和乌拉圭贫困减少的程度也有 5％—10％。相反的情况是，在委内瑞拉贫困家庭的比例由 1981 年的 22％上升到 1990 年的 34％，到 1999 年甚至达到 44％[①]。

表 3—3　　拉美 19 个国家贫困和赤贫家庭和个人状况　　1980—1999 年

	贫困[a]						赤贫[b]					
	总计		城市		农村		总计		城市		农村	
	百万	％	百万	％	百万	％	百万	％	百万	％	百万	％
家　庭												
1980	24.2	34.7	11.8	25.3	12.4	53.9	10.4	15	4.1	8.8	6.3	27.5
1990	39.1	41	24.7	35	14.4	58.2	16.9	17.7	8.5	12	8.4	34.1
1994	38.5	37.5	25	31.8	13.5	56.1	16.4	15.9	8.3	10.5	8.1	33.5
1997	39.4	35.5	25.1	29.7	14.3	54	16	14.4	8	9.5	8	30.3
1999	41.3	35.3	27.1	29.8	14.2	54.3	16.3	13.9	8.3	9.1	8	30.7
个　人												
1980	135.9	40.5	62.9	29.8	73	59.9	62.4	18.6	22.5	10.6	39.9	32.7
1990	200.2	48.3	121.7	41.4	78.5	65.4	93.4	22.5	45	15.3	48.4	40.4
1994	201.5	45.7	125.9	38.7	75.6	65.1	91.6	20.8	44.3	13.6	47.4	40.8
1997	203.8	43.5	125.7	36.5	78.2	63	88.8	19	42.2	12.3	46.6	37.6
1999	211.4	43.8	134.2	37.1	77.2	63.7	89.4	18.5	43	11.9	46.4	38.3

注：a 为生活在贫困中的家庭和人口，包括赤贫家庭和人口；b 指赤贫家庭和人口。

资料来源：ECLAC，"A decade of social development in Latin America，1990 — 1999"，2004，p. 35.

　　20 世纪 90 年代前半期，除了阿根廷、墨西哥和乌拉圭受到 1994—

①　ECLAC，"A decade of social development in Latin America，1990—1999"，2004，p. 36.

1995 年经济危机的冲击，大多数国家经济以适度的速度增长。1997 年后，南美洲国家进入一个低速的增长期，有些国家出现经济衰退。但是，墨西哥、中美洲国家和某些加勒比国家却在 1996—2000 年经历了经济的强劲扩张。这表明贫困减少的程度在不同国家随着时间的推移呈现出很大的差异性，而且有些国家甚至在 90 年代末出现相反的趋势。

整个 90 年代，人均收入的上升和下降是与贫困的减少和增加密切相关的。这种关系在智利和委内瑞拉十分明显。当然，也有一种偏离这种线形关系的趋势：具有相似增长率的国家在减少贫困程度方面却大不相同。例如，在智利，人均 GDP 在 1990—2000 年增长 55％，使得贫困率下降 50％（16 个百分点）；在乌拉圭，虽然人均 GDP 同期增长相对较小（28％），但是贫困率陡然减少 53％，大约降低 6 个百分点。在玻利维亚和巴拿马人均 GDP 同期累计增长分别达到 16％和 20％，但是城市贫困的下降程度是不同的，分别达到 14％和 25％。然而在巴西，人均 GDP 增长 9％却使贫困水平下降 28％（见表 3—4）。从更广的范围看，贫困减少程度的差异反映了低收入群体分享经济增长成果的差异性。这种差异可能源于各自国家内部的不同结构，也可能源于在相似的发展模式中相关公共政策的不同执行力度。而且，城市和农村在上述过程中也会呈现不同的特征。因此，影响减贫的因素主要有经济因素、人口因素和社会因素。经济因素包括经济增长、公共转移以及相对价格；人口和社会因素包括人口的规模、组成、家庭的地理位置以及受教育水平等。而劳动力市场成为联系经济增长和家庭收入分配状况之间的重要桥梁。

表 3—4　拉美 14 国人均 GDP 和贫困与赤贫人口比例，1990—1999 年

| 国家 | 年份 | 人均 GDP（美元）1995 年价格 | 占人口比例% | | 该时期变化率（年均） | | | 弹性系数 | |
			贫困	赤贫	GDP[a] %	贫困（P）	赤贫（I）	(P)/GDP[a]	(I)/GDP[a]
阿根廷[b]	1990	5545	21.2	5.2					
	1999	7435	19.7	4.8	3.3	−0.8	−0.9	−0.21	−0.23
巴西	1990	3859	48	23.4					
	1999	4204	37.5	12.9	1	−2.7	−6.4	−2.45	−5.03
智利	1990	3425	38.6	12.9					
	2000	5309	20.6	5.7	4.5	−6.1	−7.8	−0.85	−1.01

续表

国家	年份	人均GDP（美元）1995年价格	占人口比例% 贫困	占人口比例% 赤贫	GDP[a] %	系数 贫困（P）	系数 赤贫（I）	(P)/GDP[a]	(I)/GDP[a]
哥伦比亚	1991	2158	56.1	26.1					
	1999	2271	54.9	26.8	0.6	−0.3	0.3	−0.41	0.51
哥斯达黎加	1990	2994	26.2	9.8					
	1999	3693	20.4	7.8	2.4	−2.7	−2.5	−0.95	−0.87
厄瓜多尔[c]	1990	1472	62.1	26.2					
	1999	1404	63.5	31.3	−0.5	0.2	2	−0.49	−4.27
萨尔瓦多	1995	1675	54.2	21.7					
	1999	1750	49.8	21.9	1.1	−2.1	0.2	−1.81	0.21
危地马拉	1989	1347	69.1	41.8					
	1998	1534	60.5	34.1	1.5	−1.5	−2.2	−0.9	−1.33
洪都拉斯	1990	686	80.5	60.6					
	1999	694	79.7	56.8	0.1	−0.1	−0.7		
墨西哥	1989	3925	47.8	18.8					
	1998	4489	46.9	18.5	1.5	−0.2	−0.2	−0.13	−0.11
尼加拉瓜	1993	416	73.6	48.4					
	1998	453	69.9	44.6	1.7	−1	−1.6	−0.57	−0.89
巴拿马	1991	2700	42.8	19.2					
	1999	3264	30.2	10.7	2.4	−4.3	−7	−1.41	−2.12
乌拉圭[c]	1990	4707	17.8	3.4					
	1999	5982	9.4	1.8	2.7	−6.8	−6.8	−1.74	−1.74
委内瑞拉	1990	3030	40	14.6					
	1999	3037	49.4	21.7	0	2.4	4.5		
拉美（14国）	1990	3349	48.3	22.5					
	1999	3804	43.8	18.5	1.4	−1.1	−2.2	−0.69	−1.31

注：a 指 1995 年不变价格；b 指大布宜诺斯艾利斯；c 指城市地区总计。

资料来源：ECLAC，"A decade of social development in Latin America，1990－1999"，2004，p. 44.

二　收入分配不平等程度一直很严重

拉丁美洲被认为是世界上收入分配最不公平的地区。关于拉美国家1950—1980 年期间的收入分配状况，尽管缺乏完整系统的统计资料，但是拉美经委会认为，拉美国家的收入分配形势自 50 年代以来是呈逐步恶化的趋势。根据 1970 年左右比较完整的资料，1970 年前后的收入分配普遍呈现出非常集中的状态，基尼系数最低者为 0.44，最高者为 0.66。巴西是这种分配不公现象的典型，10％最高收入家庭占有总收入的 58.7％，40％低收入家庭合计只得到总收入的 5.6％，前者的平均收入为后者平均收入的 43 倍。[①]

进入 90 年代，在大多数国家中 10％最高收入家庭的比例继续增加，这导致拉美地区的分配状况继续恶化。在绝大多数拉美国家中，10％最富有的家庭占有了超过 30％的总收入，在一些国家（除了萨尔瓦多和委内瑞拉），该数字超过 35％（巴西是 45％）。这 10％富有家庭的平均收入是40％最低收入家庭平均收入的 19 倍，而后者拥有总收入的比例仅有9％—15％。在玻利维亚、巴西和尼加拉瓜，20％最富有家庭的人均收入超过 20％最穷家庭人均收入的 30 倍，而在其他国家这个平均值也很高，约达到 23 倍。特别是，除了哥斯达黎加和乌拉圭，在其他国家中 66％—75％人口的人均收入低于总体平均水平。收入分配高度集中同样可以从基尼系数中得到验证。到 90 年代末，收入分配最不公的是巴西，基尼系数达到 0.64，其次是玻利维亚、尼加拉瓜和危地马拉，基尼系数接近 0.6。而乌拉圭和哥斯达黎加情况相对较好，系数低于 0.48（见表 3—5）。

从以上情况，我们可以看出拉美国家收入分配的一些重要特征。总体来讲，收入分配与国家发展水平之间的关系是不明确的（见表 3—6 和表3—7）。例如，阿根廷和乌拉圭在本地区的收入水平都很高，但是在 90 年代末它们的分配结构和趋势是不同的。相似的情况同样发生在平均收入较低的国家，它们中间有的国家不平等情况很严重，有的则问题不大。出于同样原因，有些国家在 80 年代和 90 年代收入分配状况一直维持基本不变，而在其他国家则变化甚大。阿根廷和智利曾在 60 年代代表了相对较

---

① 苏振兴、袁东振：《发展模式与社会冲突——拉美国家社会问题透视》，当代世界出版社2001 年版，第 156 页。

表 3—5   **1990—1999 年拉美 17 国家庭收入分配状况[a]**

国家	年份	平均收入[b]	占总收入的份额（%）				平均人均收入比例[c]		基尼系数[h]
			最穷的40%	41%—70%	71%—90%	最富的10%	D10/D(1—4)	Q5/Q1	
阿根廷[d]	1990	10.6	14.9	23.6	26.7	34.8	13.5	13.5	0.501
	1997	12.4	14.9	22.3	27.1	35.8	16	16.4	0.53
	1999	12.5	15.4	21.6	26.1	37	16.4	16.5	0.542
玻利维亚	1989[e]	7.7	12.1	22	27.9	38.2	17.1	21.4	0.538
	1997	5.8	9.4	22	27.9	40.7	25.9	34.6	0.595
	1999	5.7	9.2	24	29.6	37.2	26.7	48.1	0.586
巴西	1990	9.3	9.5	18.6	28	43.9	31.2	35	0.627
	1996	12.3	9.9	17.7	26.5	46	32.2	38	0.638
	1999	11.3	10.1	17.3	25.5	47.1	32	35.6	0.64
智利	1990	9.4	13.2	20.8	25.4	40.7	18.2	18.4	0.554
	1996	12.9	13.1	20.5	26.2	40.2	18.3	18.6	0.553
	2000	13.6	13.8	20.8	25.1	40.3	18.7	19	0.559
哥伦比亚	1994	8.4	10	21.3	26.9	41.8	26.8	35.2	0.601
	1997	7.3	12.5	21.7	25.7	40.1	21.4	24.1	0.569
	1999	6.7	12.3	21.6	26	40.1	22.3	25.6	0.572
哥斯达黎加	1990	9.5	16.7	27.4	30.2	25.6	10.1	13.1	0.438
	1997	10	16.5	26.8	29.4	27.3	10.8	13	0.45
	1999	11.4	15.3	25.7	29.7	29.4	12.6	15.3	0.473
厄瓜多尔[f]	1990	5.5	17.1	25.4	27	30.5	11.4	12.3	0.461
	1997	6	17	24.7	26.4	31.9	11.5	12.2	0.469
	1999	5.6	14.1	22.8	26.5	36.6	17.2	18.4	0.521
萨尔瓦多	1995	6.2	15.4	24.8	26.9	32.9	14.1	16.9	0.507
	1997	6.1	15.3	24.5	27.3	33	14.8	15.9	0.51
	1999	6.6	13.8	25	29.1	32.1	15.2	19.6	0.518
危地马拉	1989	6	11.8	20.9	26.8	40.6	23.5	27.3	0.582
	1998	7.3	12.8	20.9	26.1	40.3	23.6	22.9	0.582

续表

国家	年份	平均收入[b]	占总收入的份额（%）				平均人均收入比例[c]		基尼系数[h]
			最穷的40%	41%—70%	71%—90%	最富的10%	D10/D(1—4)	Q5/Q1	
洪都拉斯	1990	4.3	10.1	19.7	27	43.1	27.4	30.7	0.615
	1997	4.1	12.6	22.5	27.3	37.7	21.1	23.7	0.558
	1999	3.9	11.8	22.9	28.9	36.5	22.3	26.5	0.564
墨西哥	1989	8.6	15.8	22.5	25.1	36.6	17.2	16.9	0.536
	1994	8.5	15.3	22.9	26.1	35.6	17.3	17.4	0.539
	1998	7.7	15.1	22.7	25.6	36.7	18.4	18.5	0.539
尼加拉瓜	1993	5.2	10.4	22.8	28.4	38.4	26.1	37.7	0.582
	1998	5.6	10.4	22.1	27.1	40.5	25.3	33.1	0.584
巴拿马	1991	8.9	12.5	22.9	28.8	35.9	20	24.3	0.56
	1997	11	12.4	21.5	27.5	38.6	21.5	23.8	0.57
	1999	11.1	12.9	22.4	27.7	37.1	19.5	21.6	0.557
巴拉圭	1990[g]	7.7	18.6	25.7	26.9	28.9	10.2	10.6	0.447
	1996[f]	7.4	16.7	24.6	25.3	33.4	13	13.4	0.493
	1999	6.2	13.1	23	27.8	36.2	19.3	22.6	0.565
多米尼加	1997	8.5	14.5	23.6	26	36	16	17.6	0.517
乌拉圭[f]	1990	9.3	20.1	24.6	24.1	31.2	9.4	9.4	0.492
	1997	11.2	22	26.1	26.1	25.8	8.5	9.1	0.43
	1999	11.9	21.6	25.5	25.9	27	8.8	9.5	0.44
委内瑞拉	1990	8.9	16.7	25.7	28.9	28.7	12.1	13.4	0.471
	1997	7.8	14.7	24	28.6	32.3	14.9	16.1	0.507
	1999	7.2	14.6	25.1	29	31.4	15	18	0.498

注：a指按人均收入划分的家庭；b指平均家庭月收入是人均贫困线的倍数；c中D（1—4）指按收入角度划分处于最低层的40%家庭，而D10指10%最高收入家庭，同样的含义也用于Q，Q指每20%的家庭组；d指大布宜诺斯艾利斯；e指8个主要城市和埃尔阿尔托（El Alto）；f指城市总计；g指亚松森首都地区；h根据全国范围内个人人均收入数据计算。

资料来源：ECLAC，"A decade of social development in Latin America：1990—1999"，2004.

好的收入分配状况，但是，目前它们已经接近地区的平均水平，有些不平等指标甚至更高。相对而言，哥斯达黎加和乌拉圭则保持了一种更加有利于收入分配平等的社会和政治结构，尽管它们的国内经济和外部经济关系近年发生了变化。总之，即使许多国家经济有所增长，并且增加了大量社会开支，但是整体而言拉美在收入分配方面没有获得实质性改善。经济增长虽然有可能减少绝对贫困的数量，但是产出的增加没有改变分享增长利益的方式，而且也没有任何迹象表明中短期内这种形势能够得到改观。

表3—6　　1999年拉美17国城市地区人均收入和收入集中度状况

人均收入	国家	收入集中度[a]
高（超过4000美元）	阿根廷	高
	乌拉圭	低
	智利	高
	墨西哥	中等
	巴西	高
中等（在2000—4000美元之间）	哥斯达黎加	低
	巴拿马	中等
	委内瑞拉	低
	多米尼加	中等
	哥伦比亚	高
低（低于2000美元）	萨尔瓦多	低
	巴拉圭	中等
	危地马拉	高
	厄瓜多尔	中等
	玻利维亚	中等
	洪都拉斯	高
	尼加拉瓜	高

注：a指基尼系数低（小于0.48），中等（0.48—0.54），高（大于0.54）。

资料来源：ECLAC，"A decade of social development in Latin America，1990－1999"，2004，p.93.

表 3—7　　　　　1990—1999 年拉美 18 国城市地区收入分配变化

90 年代人均 GDP 增长率[a]	D10/D（1—4）[b]	基尼系数
高（超过 4%）		
智利	↑	↑
多米尼加	—	—
中等（2%—4%）		
阿根廷 c	↑	↑
巴拿马	↓	↓
萨尔瓦多	—	—
秘鲁		
乌拉圭	↓	↓
哥斯达黎加	↑	↑
低（1%—2%）		
墨西哥	↓	↓
玻利维亚	—	—
危地马拉	↓	↓
巴西	↑	↑
零增长或负增长（−1%—1%）		
哥伦比亚 d	↓	↓
尼加拉瓜	↑	→
洪都拉斯	↓	↓
委内瑞拉 e	↑	↑
厄瓜多尔	↑	↑
巴拉圭	—	—

注：a 指基于 1995 年价格计算的人均 GDP 年均变化率；b 中的 D（1—4）指按收入划分的最底层的 40% 家庭，而 D10 指 10% 最高收入的家庭；c 指大布宜诺斯艾利斯；d 指"初始年份"是 1994 年；e 指全国总计。

资料来源：ECLAC，"A decade of social development in Latin America，1990－1999"，2004，p. 94.

　　因此，我们有必要进一步分析影响收入分配不公的因素，包括教育、财产所有权、人口特征以及就业密度。首先，虽然教育和收入两者之间不构成直接的比例关系，但是总体而言，受教育水平越高，收入越高。从

80年代初到90年代中期，拉美人口平均受教育年数稳步增长，60%—70%最低收入家庭的户主和家庭成员中就业者的受教育水平差距在缩小。但是，它们与10%最高收入家庭的教育鸿沟在扩大。这说明如果用受教育年数衡量，拉美的教育水平也高度集中。然而，以扩大生产部门为目标的战略恰恰需要拉美国家拥有与发达国家相适应的、能在技术创新领域领先的教育水平。因此，教育的高度集中造成那些从事高技术工作的人拥有高收入，最终使得收入分配也趋向高度集中。而且，宏观经济和制度改革也驱使这种类型的就业迅速扩张。其次，财产所有权的高度集中成为不平等"再生产"以及人们享有福利机会不平等的重要因素。因为在最富有群体中有相当一部分资源以资本再投资的形式在公司内部流通，从而使他们的财产收入被低估。再次，家庭的人口特征也是重要因素。例如，就家庭规模而言，通常，成员最多的家庭大多集中于低收入组，而成员较少的家庭多集中于高收入组。实际上在最高收入组中拥有3人或更少成员的家庭占比通常超过1/2。在大多数规模较大的家庭，由于孩子多，导致人口抚养比较高，因而这些家庭的创收能力受到限制。第四，就业密度也影响到收入分配。通常，在低收入组家庭中平均受雇佣的人数大大低于处在高收入组的家庭。而在较富有家庭中受雇成员占家庭成员的比例至少是10%最低收入家庭的2倍。这意味着通过就业而获取收入的方式终因各自家庭能力的不同而使收入分配变得更加复杂。因此，从历史和结构的角度看，如果以上因素没有同时得到改善，单凭经济增长的成果，目前的收入分配状况是不能彻底改变贫困和不平等的"恶性循环"。

事实上，发展经济学家们虽然对收入分配制度以及收入差异进行了广泛的研究，却没有将收入分配作为一条真正贯穿于经济发展或经济增长过程的主线。应该注意到，无论是什么样的增长或者什么样的经济增长模型，最终的目的都是实现收入的均衡和福利最大化。只有收入分配制度及其形式得到改善，才会真正解决发展中国家所面临的困境。

三　就业不足以及非正规经济成为持续存在的现象

从劳动供给角度看，1900—1950年人口年均增长率为1.5%。从那时开始，人口增长率虽然很高，但是呈现下降趋势：五六十年代为2.7%；70年代为2.4%；80年代为2.1%；到了90年代则降为1.7%。人口的绝对数量则持续增长，从1950—1999年人口从1.59亿人增加到5亿人，这对该地区的经济与社会发展水平提出了严峻挑战。而从年龄结构看，人口增长率的逐年下降并没有立即减少经济自立人口的增长。其中 15 岁以下年龄组的人口在 60 年代增长率为 2.7%，但是 70 年代降为 1.7%，80 年代为 1.1%，90 年代为 0.3%。15—64 岁年龄组的增长率却不同：60 年代为 2.7%，但是 70 年代增加到 2.9%，直到 80 年代才降为 2.6%，90 年代为 2.3%。而 65 岁以上年龄组的人口在近 40 年里一直保持着很高的增长率：60 年代为 3.5%，70 年代为 3.3%，80 年代为 3%，90 年代为 3.1%。[①] 这意味着，在整个 90 年代 15 岁以上人口的增长速度大大超过总人口的增长速度，造成经济自立人口的大幅增加，给新增就业岗位的创造带来很大压力。

20 世纪 80 年代该地区经济年均增长率为 1.2%，而经济自立人口和受雇佣的经济自立人口增长率达到 3%。虽然有很高比例的劳动力找到工作，但是大部分集中于劳动生产率低的部门，直接导致平均劳动生产率下降。进入 90 年代，拉美国家情况有所好转，经济增长率达到 3.3%，而经济自立人口年增长 2.6%，就业年均增长 2.2%。与此同时，平均劳动生产率增长超过 80 年代的水平。但是，低速增长的 90 年代没有改变 80 年代的趋势。例如，尽管经济自立人口增长率降低，但是就业的增长速度比 80 年代低 0.4%。90 年代末，就业增长（1.6%）呈现出快于 GDP 增长（1.3%）的趋势，但是平均劳动生产率下降，劳动力吸纳出现虚增长。尤其是在经济自立人口以年均 3.3% 的速度增长的城市地区，劳动力市场遇到前所未有的就业困难。因为农业无法为农村劳动力提供充足的就业，这导致剩余劳动力向城市流动，增加了非农经济自立人口的数量并强化了对非农就业岗位的需求。如表 3—8 所示，阿根廷、巴西、哥伦比亚和厄瓜多尔劳动力吸纳不足的比例为 1% 或者更高[②]，而在其他国家城市就业创造的增长率与非农经济自立人口增长率大致相当。在智利，生产率增长 3.4%，而非农就业创造的速度仅比经济自立人口增长率低 0.3 个百分点。而在阿根廷，虽然生产率同样年增 3.4%，但是该成绩被就业严重不足所抵消（相应指标相差 1.1 个百分点）。在另外一些国家，尽管创造就业的增长率接近非农经济自立人口的增长率，但是它们的生产率增长不显著甚

---

① ECLAC，"A decade of social development in Latin America，1990—1999"，2004，p. 110.

② 用非农经济自立人口增长率和非农就业的经济自立人口增长率之间的差值衡量。

至为负。鉴于劳动力从农村向城市流动的趋势继续存在，城市经济自立人口的增长率仍然很高，倘若没有经济的强劲增长，非农经济活动就无法提供充足的生产性就业。

表3—8 1990—1999 年拉美城市产出、就业以及生产率状况（年增长率％）

国家	非农产出	城市经济自立人口		生产率
		总计	就业	
阿根廷	4.6	2.3	1.2	3.4
玻利维亚	4.7	4.9	5	−0.3
巴西	2.3	3.1	2.1	0.2
智利	6.1	3	2.7	3.4
哥伦比亚	3.8	3.8	2.3	1.4
哥斯达黎加	5	4.7	4.5	0.4
古巴	−1.3	2.1	2	−3.3
厄瓜多尔	2.5	4.8	3.6	−1.1
萨尔瓦多	4.6	4.4	4.3	0.4
危地马拉	4.5	4	3.9	0.6
海地	−1.8	4.7	5.4	−6.8
洪都拉斯	3.6	5.4	5.5	−1.8
墨西哥	2.9	3.7	3.6	−0.7
尼加拉瓜	2.5	4.1	4.1	−1.5
巴拿马	4.6	3.7	4.4	0.2
巴拉圭	2.1	4.5	4.1	−1.9
秘鲁	4.7	3.5	3.1	1.6
多米尼加	5.9	3.9	4.6	1.2
乌拉圭	2.9	1.5	1.2	1.8
委内瑞拉	1.3	3.6	3	−1.7
拉美	3.1	3.3	2.6	0.5

注：对阿根廷经济自立人口和就业的估计指大布宜诺斯艾利斯地区；对玻利维亚、厄瓜多尔和乌拉圭经济自立人口和就业的估计指城市地区总计；对巴拉圭经济自立人口和就业的估计指亚松森和中央部委。

资料来源：ECLAC，"A decade of social development in Latin America，1990−1999"，p. 119.

　　20 世纪 90 年代，就业的突出特征是少数生产率迅速增长的部门与大多数生产率增长缓慢或停滞的部门"二元结构"并存，也就是说某些职业的"现代化"伴随着大部分劳动力的显著性"非正规化"。如表 3—9 所示，非正规就业从 1990 年的 41％增加到 1999 年的 46.3％。正规部门收缩表现在私人部门中的非专业和非技术工人占比下降（从 35.9％下降到 29.1％）以及公共部门中的雇员占比下降（从 1990 年的 16％下降到 1999 年的 12.9％）。这种下降没有被私人部门中专业和技术雇员占比的上升（从 4.7％上升到 7.8％）和私人部门中雇主、独立专业人员和技术人员占比的上升（从 3.8％上升到 4.3％）所完全弥补。

表 3—9　　　　　　　1990—1999 年拉美城市地区就业人口分布

劳动力类型	城市就业的组成		1990—1999 年每种类型就业所占比	
	1990 年	1999 年	百分比	就业人数（万）
就业总计	100	100	100	2621.6
正规部门	58.9	53.6	34.1	893.3
公共部门	16	12.9	2.1	55.1
私人部门	44.4	41.3	32	838.2
雇主、独立专业人员和技术人员	3.8	4.3	6.5	170.3
雇员	40.6	36.9	25.5	667.9
专业人员和技术人员	4.7	7.8	20.1	526
非专业和非技术工人	35.9	29.1	5.4	141.9
非正规部门	41	46.3	65.9	1728.4
微型企业就业	14.7	15.5	18.2	478.4
家庭就业	5.4	6.3	9.4	246.6
非熟练自谋生计工人	22.3	25.8	38.3	1003.4
农业、林业、捕猎和渔业	2.2	3	5.9	155.9
工业和建筑业	4.3	5.2	8.1	213.1
商业和服务业	15.8	17.7	24.2	634.4

注：微型企业指包括雇主和雇员总数低于 5 人的企业。

资料来源：ECLAC，"A decade of social development in Latin America，1990－1999"，2004.

　　从以上数据，我们可以分析导致劳动力供给和需求之间不平衡的主要原因。首先，第一产业和第二产业创造就业的比例在下降，其次，某些次级部门，如金融企业、电信、保险、商业服务等，旨在通过密集使用新技术而实现现代化，这无益于增加创造就业的能力。因此，整个 90 年代阿根廷、巴西和哥伦比亚的失业率都是稳步上升的，尽管巴西的失业率仅是另外两个国家的一半。玻利维亚、智利、厄瓜多尔、巴拉圭、乌拉圭、委内瑞拉的失业率也呈现上升趋势，但是在智利，这种上升趋势发生在 1998 年后，之前一直保持着下降的趋势。而另一方面，在墨西哥和大多数中美洲和加勒比国家失业率下降。墨西哥从 1995 年危机的阴影中走出

表 3—10　　　　　　　　　1980—2000 年城市失业率（％）

国家/年份	1980—1990	1991	1992	1993	1994	1995	1996	1997	1998	1999	2000[a]
拉美及加勒比	6.6	5.7	6.1	6.2	6.3	7.2	7.7	7.3	7.9	8.7	8.4
阿根廷[b]	5.5	6.5	7	9.6	11.5	17.5	17.2	14.9	12.9	14.3	15.1
玻利维亚[b]	7.8	5.8	5.4	5.8	3.1	3.6	3.8	4.4	6.1	8	7.6
巴西[b]	5.3	4.8	5.8	5.4	5.1	4.6	5.4	5.7	7.6	7.6	7.1
智利[c]	11.9	8.2	6.7	6.5	7.8	7.4	6.4	6.1	6.4	9.8	9.2
哥伦比亚[bd]	11.2	10.2	10.2	8.6	8.9	8.8	11.2	12.4	15.3	19.4	20.2
哥斯达黎加[b]	6.8	6	4.3	4	4.3	5.7	6.6	5.9	5.4	6.2	5.3
多米尼加共和国[cd]		19.6	20.3	19.9	16	15.8	16.5	15.9	14.3	13.8	13.9
萨尔瓦多[b]	9.3	7.9	8.2	8.1	7	7	7.5	7.5	7.6	6.9	6.7
危地马拉[c]	8	4.2	1.6	2.6	3.5	3.9	5.2	5.1	3.8		
洪都拉斯[b]	9.7	7.4	6	7	4	5.6	6.5	5.8	5.2	5.3	
墨西哥[b]	4.3	2.7	2.8	3.4	3.7	6.2	5.5	3.7	3.2	2.5	2.2
尼加拉瓜[c]	5.3	11.5	14.4	17.8	17.1	16.9	16	14.3	13.2	10.7	9.8
巴拿马[bd]	14.5	19.3	17.5	15.6	16	16.6	16.9	15.5	15.2	14	15.2
巴拉圭[b]	5.6	5.1	5.3	5.1	4.4	5.3	8.2	7.1	6.6	9.4	8.6
秘鲁[b]	7.4	5.9	9.4	9.9	8.8	8.2	8	9.2	8.5	9.2	8.5
乌拉圭[b]	8.9	8.9	9	8.3	9.2	10.3	11.9	11.5	10.1	11.3	13.6
委内瑞拉[c]	9.3	9.5	7.8	6.6	8.7	10.3	11.8	11.4	11.3	14.9	13.9

注：a 初步数据；b 城市地区；c 全国范围；d 包括隐蔽失业。

资料来源：拉美经委会，数据来自官方统计。

来，城市失业率明显下降，1999 年又回到大约 2.5％的水平（见表 3—10）。总之，在就业创造机制出现偏差、就业水平恢复缓慢的时期，拉美国家有必要发展并完善能够应对经济增长波动以及减少中低收入阶层面对风险冲击的机制。

四　社会结构被长期固化以及职业流动缺乏上升动力

根据拉美社会学界的解释，"结构流动"指的是由技术经济变革所引起的各个就业层次的相对和绝对规模以及就业内容的变化。拉丁美洲比较有代表性的关于结构流动研究是 20 世纪 80 年代初由菲格拉和赫内勒蒂（Filgueira y Geneletti，1981）提供的。他们研究了拉美 13 个国家 1950—1970 年期间的情况，所使用的方法是将就业按三大产业部门加以划分，每个产业部门又分为上、下两个层次，非体力劳动者归于上层，体力劳动归于下层。在上述 20 年间，第一产业中就业劳动力由占总数的 54.9％降至 46.9％，即降低 8 个百分点，基本上是由该部门下层就业者减少所致；非农业（第二、三产业）部门劳动力的相应增长则主要是非体力劳动就业者的增加。因此，这 20 年间的确发生了重要的结构流动，但下层就业者所占比重仅由 1950 年的 84.4％降为 77.4％。[①]

20 世纪 90 年代末期职业分层成为拉美国家关注的重点。因为它进一步反映了该地区在生产性资产、专业技能以及职业收入方面业已存在的不平等状况。根据以上标准，职业状况被分为三个层次：上层、中层和下层。上层包括非体力劳动的工作如拥有生产性资产的雇主、高水平专业技能的专家，或者是经理。这些工作的平均收入是贫困线收入的 12.5 倍，而所完成的平均受教育年限为 11.6 年。中层包括那些处于中间等级的非体力劳动的工作，如管理职员、中级专业人员、技术人员或者行政职员，他们的平均劳动收入是贫困线收入的 4.9 倍，平均受教育年限为 11.2 年。下层包括各种各样的体力和非体力劳动的工作，他们既没有生产性资产，也不拥有领导职权，更没有高级专家的能力。他们占劳动力总数的 75％，平均劳动收入是贫困线收入的 2.4 倍，平均受教育年限为 5.5 年。这一层还可以根据收入和受教育年数的不同继续分为两组，一组是在商业部门的工人、体力工人、手工业者以及驾驶员。另一组包括私人服务者和农业劳

---

① 苏振兴主编：《拉美国家现代化进程研究》，社会科学文献出版社 2006 年版，第 427 页。

动者（见表 3—11）。

表 3—11　　　　　　1999 年拉美（11 国）职业分层的若干特点

职业分层	就业劳动力		平均收入（相当于人均贫困线倍数）	平均受教育年限
	人数（万）	占比 %		
总计	14874	100	3.8	6.9
1. 雇主	659	4.4	14.1	8.9
2. 企业领导、经理	307	2.1	11.9	11.7
3. 专业人员	568	3.8	11.1	14.6
1+2+3	1534	10.3	12.5	11.6
4. 技术人员	1200	8.1	5.7	11.5
5. 管理职员	950	6.4	3.8	10.9
4+5	2151	14.5	4.9	11.2
6. 商业劳动者	1889	12.7	2.8	7.1
7. 蓝领工人、手工业者、驾驶员	4013	27	3.1	6.2
6+7	5901	39.7	3	6.5
8. 私人服务者	2279	15.3	2.1	5.9
9. 农业劳动者	2917	19.6	1.6	3.1
8+9	5196	34.9	1.8	4.3
6+7+8+9	11098	74.6	2.4	5.5
10. 军队	90	0.6	7.2	10.6
11. 未分类者	2	0	5.2	10.6

资料来源：ECLAC，"A decade of social development in Latin America，1990－1999"，2004.

　　整个 90 年代拉美不同职业层次的相对份额几乎没有发生变化，这说明在该时期职业流动缺乏向上的动力。但是，各个国家之间由于经济发展水平存在差异，职业分层呈现不同的趋势：那些平均职业收入增加的国家，处于职业下层的劳动力占比大幅减少，同时中上层的劳动力占比增加；那些职业收入减少的国家，中上层的劳动力占比下降。例如在智利，90 年代平均职业收入增长最高，上层和中层所有职业分类的劳动力占比从 15.3% 增加到 25%。而在墨西哥，由于 90 年代平均职业收入增长甚少，中上层的劳动力占比仅从 25.2% 增加到 26.7%。相反，委内瑞拉由于收入水平减少，中上层的劳动力占比从 33.7% 下降到 27.6%。但是，智利这种职业上的结构性向上流动并没有带来收入分布上更大的平等。有数据显示，最上层的职业成为最富有的一组。虽然中层职业人数的占比显著增加，但是他们的收入水平却与下层的收入相当。而在下层，大多数劳动力的职业收入仅为全国平均水平的一半。因此，对于拉美国家而言，只有收入增长的成果平等地惠及各个职业层次的劳动力时，消费水平才能提高，贫困状态才能有所改变。

五　社会支出比例逐渐增加并倾向教育与医疗

公共资源分配给社会部门具有重要的再分配作用。进入 90 年代拉美经委会经常强调在社会支出方面要实现三个总目标。首先，由于在 80 年代拉美国家中的社会支出很低并且呈下降趋势，所以有必要提高社会支出水平。其次，为了预防经济下滑时支出缩减所造成的不利影响，有必要使社会分配体制稳定化。最后，使公共社会支出具有更准确的目标性，并且提高它的积极效果，特别是对于那些脆弱的或贫困的群体，要把可利用的资金分配给那些对改善收入分配具有最大累进效果的部门。

对于拉美整体而言，公共社会支出占 GDP 的比例从 1990—1991 年的 10.4％增加到 1998—1999 年的 13.1％，同时，在 90 年代初人均社会支出较低的国家，其社会支出有大幅增加。例如哥伦比亚增加 7％，乌拉圭增加 6％，巴拉圭增加 4.3％，秘鲁增加 3.5％。在 1998—1999 年，阿根廷、玻利维亚、巴西、智利、哥伦比亚、哥斯达黎加、巴拿马和乌拉圭的公共社会支出占 GDP 的比例达到 15％—23％的水平，接近或者在某些情况下高于某些发达国家的比例。

对于人均支出而言，到 90 年代末拉美人均支出增加到 460 美元，高于 1990—1991 年期间的 330 美元（1997 年价格），每年增长 5.5％。但是 1996—1999 年人均支出年均增长降到 3.3％，相当于 1990—1995 年的一半（6.4％）。从国家来看，哥伦比亚、危地马拉、巴拉圭、秘鲁的人均社会支出急剧增长，1998—1999 年几乎达到甚至超过 1990—1991 年的两倍，尽管它们的起始水平很低。在多米尼加和墨西哥人均社会支出增长近 50％，而玻利维亚、萨尔瓦多和乌拉圭增长超过 30％。在另外 6 个国家（阿根廷、巴西、智利、哥斯达黎加、尼加拉瓜和巴拿马）人均社会支出增长的范围处于 8％—23％之间。只有洪都拉斯和委内瑞拉两国略微下降。90 年代人均社会支出增加的原因各有不同。阿根廷、巴西、智利和乌拉圭得益于经济增长。哥斯达黎加、多米尼加和巴拉圭得益于公共支出总体水平的扩张。玻利维亚、危地马拉、墨西哥和秘鲁是因为强化了社会支出在公共支出预算中的地位。而哥伦比亚、萨尔瓦多和巴拿马则是以上因素综合作用的结果。

表 3—12　　　拉美及加勒比（17 国）社会支出占 GDP 比例及构成　　　（％）

国家/年份	社会支出/GDP		社会支出/GDP							
			教育		医疗		社会保障		住房和社会福利[a]	
	1990—1991	1998—1999	1990—1991	1998—1999	1990—1991	1998—1999	1990—1991	1998—1999	1990—1991	1998—1999
阿根廷	17.7	20.5	3.3	4.7	4	4.6	8.3	8.7	2.1	2.5
玻利维亚[b]	12.4	16.1	5.3	6	3.1	3.3	1.4	3.9	2.5	3
巴西[b]	18.1	21	3.7	3.9	3.6	3.4	8.1	11.5	2.7	2.2
智利	13	16	2.6	3.9	2.1	2.8	7	7.5	1.4	1.8
哥伦比亚	8	15	3.2	4.7	1.2	4.1	3	5.2	0.6	1
哥斯达黎加	15.7	16.8	3.8	4.4	5	4.9	4.9	5.9	2.1	1.8
多米尼加	4.3	6.6	1.2	2.8	1	1.5	0.4	0.8	1.8	1.5
萨尔瓦多[c]	3.3	4.3	2	2.7	1.3	1.5	0	0.1	0	0
危地马拉	3.4	6.2	1.6	2.3	0.9	1.3	0.8	0.9	0.1	1.7
洪都拉斯	7.9	7.4	4.3	4.1	2.6	2	0.1	0	0.9	1.3
墨西哥[d]	6.5	9.1	2.6	3.8	3	2.1	0.3	2.3	0.7	0.9
尼加拉瓜	10.8	12.7	5	5.7	4.6	4.5	0	0	1.3	2.5
巴拿马	18.6	19.4	4.7	6	6.1	6.8	5.9	5.4	2	1.3
巴拉圭	3.1	7.4	1.2	3.7	0.3	1.1	1.2	2.6	0.4	0.1
秘鲁	3.3	6.8	1.3	2.2	0.7	1.3	1.1	2.8	0.1	0.5
乌拉圭	16.8	22.8	2.5	3.3	2.9	2.8	11.2	16.3	0.3	0.5
委内瑞拉	9	8.6	3.5	3.8	1.6	1.4	2.4	2.6	1.6	0.8
简单平均[e]	10.4	13.1	2.9	3.9	2.6	2.9	3.6	4.8	1.2	1.4

　　注：a 包括食品援助、社会福利以及地区和城市开发；b 数据统计从 1995 年开始；c 为合并的社会支出的估计值，最后的数字是 1998 年的；d 起始数据是 1994—1995 年的平均值；e 是指对除玻利维亚和萨尔瓦多之外的上述国家作简单平均计算而得。

　　资料来源：ECLAC，社会发展部，社会支出数据库。转引自 ECLAC，"A decade of light and shadow：Latin America and the Caribbean in the 1990s"，p. 250.

从支出构成看（见表 3—12），从 1990—1991 年到 1998—1999 年，教育支出占 GDP 的比例从 2.9％增加到 3.9％，绝对额几乎增长 35％。对该部门支出的大幅增长为一些政府在该时期内缩小教师和其他公共部门熟练工人之间工资差距提供了有力保障。90 年代教师工资年增长率保持在 3％—9％之间，各国情况有所不同。整体而言，90 年代最具渐进效果的公共支出被分配给初等和中等教育以及医疗。与 80 年代相比，最大的不同是中等教育的渐进性效果更大。因为随着覆盖面的扩大，任何一类支出的边际效果都会增强。而面向社会保障和大学教育的社会支出效果相对较小，这说明这些服务在该地区覆盖面依然很有限。

第四节　对拉美经济增长和社会发展互动关系的解释

20 世纪 90 年代所取得的一个最积极的共识就是发展应该包含更广泛的目标。从"人类发展"到"发展的自由"（Sen，1999），再到联合国峰会发布的系列宣言（如《千年发展目标》）都清晰地表明：诸如人权、社会进步、性别平等、尊重种族和文化多样性、环境保护等"全球价值和理念"正在全球范围内广泛传播。本节将在前文基础上，通过梳理经济增长和社会发展关系，建立一个解释两者在拉美地区所反映的特征事实的理论框架，以便进一步探讨发展战略制定的问题。

一　拉美经济增长和社会发展的循环特征及原因

经济增长，在通常意义上可以用 GDP（国内生产总值）增长率和人均 GDP 增长率来衡量，而在经济学意义上，社会发展取决于三个因素：其一是旨在完善社会平等、保障社会融合的长期社会政策；其二是能够创造充足、高质量就业的经济增长；其三是生产部门结构异质性的减少（目标是缩小不同经济活动和单位之间的生产率鸿沟）。[1] 从理论上讲，经济增长和社会发展两者之间可以互相促进：一侧是经济增长通过增加可利用

---

[1]　José Antonio Ocampo，"A new look at the development agenda"，CEPAL Review 74，2001，p. 15.

资源并公平分配促进社会全面发展；另一侧是社会发展通过民众广泛参与
政策制定和人力资本的提高促进经济高速增长。

如图3—3所示，从经济增长到社会发展这一过程看，经济增长的成
果通过收入分配制度在家庭和政府之间进行分配。如果贫困家庭得到的收
入更多，则他们将通过对食品、教育和医疗服务的支出更大程度地促进人
类发展，因为在这些家庭中上述支出是极度匮乏的。而对于政府而言，改
善社会发展的作用将通过提高社会公共支出而实现。然而，这个过程不是
自发形成的：经济结构、生产性资产所有权、政策选择等因素都有可能对
其产生影响。从社会发展到经济增长这一过程看，人力资本的提高（获得

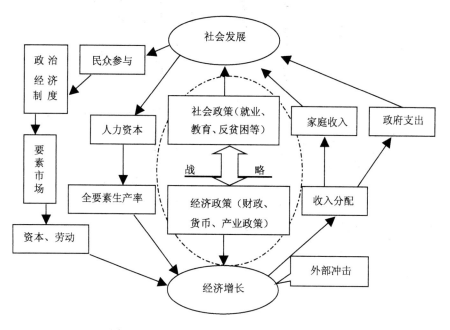

图3—3　拉美经济增长和社会发展关系框架

教育、享受医疗服务、参加职业培训等）可以通过提高全要素生产率促进
经济增长。而民众广泛参与决策是发展的三大战略性原则之一①。通过参

———————

①　德尼·古莱认为，发展的三大战略性原则是：第一，"拥有足够"才能"更佳存在"；第
二，普遍团结一致；第三，民众广泛参与决策。参见［美］德尼·古莱《残酷的选择：发展理念
与伦理价值》，社会科学文献出版社2008年版，第118—147页。

与形成的政治经济制度能更好地发挥市场配置资源的功能。最终，要素市场对劳动和资本的有效配置，以及全要素生产率的提高形成经济增长的三种源泉。

古斯塔夫·拉尼斯和弗朗西斯·斯图尔特（Gustav Ranis，Frances Stewart）把经济增长和人类发展[①]的关系划分为四类：其一是互相促进的"良性循环"；其二是低水平的"恶性循环"；其三是"重发展轻增长"的人类发展偏重型；其四是"轻发展重增长"的经济增长偏重型。研究表明，两种偏重型的模式并不是固定不变的。没有任何一个始于经济增长偏重型的国家能够成功地升入"良性循环"的阶段：它们都陷入"低增长低发展"的恶性循环之中。[②] 据此，他们认为一个国家不可能通过经济增长偏重型的模式上升到增长和发展互相促进的良性循环阶段，而某些始于人类发展偏重型的国家确实能够做到这一点。他们通过对拉美国家 1960—2000 年人类发展和经济增长关系的考察发现，拉美国家所处的分类主要集中于人类发展偏重型（少数）和"恶性循环"型（大多数）两种。而从每 10 年各国的变化情况看，相对于全球趋势而言，拉美国家"进"、"出"良性循环和恶性循环这两种分类的频率更大，即所处的分类波动性很大。这是因为同一地区的国家间相似性很大，稍有变化国家所处的分类就会改变，而且频繁发生的外部冲击很可能导致更大的变化。更重要的是，拉美的经验研究证实了如下结论：人类发展偏重型的国家会步入"良性循环"的分类，而经济增长偏重型的国家大多落入恶性循环的行列。这表明那种"先增长后发展"的政策顺序是行不通的，它实际上同时损害了两者。

下面我们有必要继续探讨拉美地区"有增长无发展"的原因。结合第二节所阐述的内容，拉美地区的经济增长呈现如下特征：第一，在过去 25 年（1980—2005），增长率总体上低于同时期其他发展中国家地区；第二，全要素生产率的低速增长导致经济增长速度较低；第三，20 世纪 80 年代之前拉美国家基本遵循着相似的增长路径，但是 90 年代不同国家之间的增长率差异在变大；第四，与发达国家和其他新兴市场国家相比，拉

---

① 该研究使用 UNDP 的人类发展指数（HDI）衡量，包含寿命、教育、实际收入指标（参见 UNDP，2001）。

② Gustav Ranis，Frances Stewart，"Economic growth and human development in Latin America"，CEPAL Review 78，Dec. 2002，pp. 9—17.

美的经济周期具有更大的波动性和滞后性；第五，与其他发展中国家相比，拉美国家因危机所遭受的损失更大。从第三节所阐述的社会指标看，拉美国家社会发展明显不足，尤其是在债务危机和 90 年代结构改革时期社会贫困和不平等状况更是严重恶化。经济增长和社会发展没有沿着既定的路径互相促进的主要原因在于以下方面。

第一，发展模式错失转换的最佳时期，贻误了经济增长的可持续性。就经济增长动力而言，经济发展阶段一般沿着资源驱动型、资本驱动型、劳动力驱动型、生产率驱动型经济增长方式的路径逐渐达到更高的水平。在这个过程中增长方式转变成为经济可持续增长的关键。而拉美国家恰恰错失了利用劳动力资源丰富这个比较优势的时间窗口（见图 3—4）。从发展模式上看，选择进口替代工业化是大多数国家工业化初期的普遍现象，而拉美的失误在于在进口替代模式第一阶段结束后直接进入耐用消费品和资本品的进口替代。即使在 70 年代初石油危机之后，拉美国家也没有像东亚一些国家那样及时转换发展模式，反而继续维持着"举债增长"的发展战略，使进口替代模式前后延续了半个世纪。这为 80 年代初债务危机的爆发埋下了隐患。这种陷入危机后再调整的被动转换，不仅带来政策的突然转向、造成发展的脱节、生产力的严重破坏，而且导致"挫伤公众对社会发展信心"的严重后果。

第二，宏观经济的显著波动没有给社会发展提供稳定的预期。经验表明，可预期的宏观经济政策能够减少不确定性，使资源配置效率最大化，且激励资本积累和技术进步。而 70 年代以来，相对于其他发展中地区，拉美地区经济波动的频率和幅度都更大，而经济保持高速增长的持续期都较短。其中的原因在于宏观政策的波动性。阿诺普·辛格和马丁·切里索拉（Anoop Singh 和 Martin Cerisola）从四个方面说明这种不稳定的来源：顺周期的财政政策、不可持续的货币政策和僵化的汇率制度、不发达的金融市场和制度以及以市场为导向的经济改革时常反复。[①] 其中，最重要的是，财政政策对经济所具有的"稳定器"作用在拉美几乎丧失。选举周期对预算执行的影响、各级政府之间对财政安排的博弈，以及中期财政目标没有给预算执行提供一种额外基准等，都会影响财政政策的制定。由

---

① Anoop Singh, Martin Cerisola, "Sustaining Latin America's Resurgence: Some Historical Perspectives", IMF Working Paper, Nov. 2006, pp. 11－22.

于缺乏充足有效的制度框架，经济快速增长带来债务高筑，顺周期性最终导致危机和经济崩溃。当高失业率、贫困和收入不平等交织在一起时，情况更糟。因此，在不能提供稳定预期的经济环境中，社会发展有可能停滞，甚至倒退。

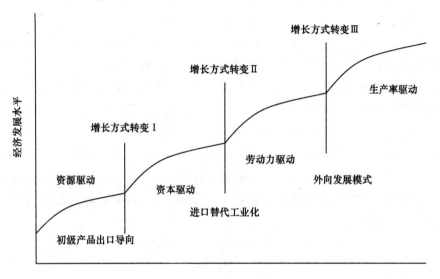

图3—4　经济增长方式转变过程示意图

第三，无论是进口替代时期还是结构改革时期经济增长都无法创造出充足的、高质量的就业岗位。就业作为联系经济增长和社会发展的重要环节一直备受瞩目。但是，就拉美而言，即使是在进口替代工业化推动的经济高速增长时期，劳动力的"生产性吸纳"和"就业不足"也是同时并存的。1950—1980年，拉美经济的持续增长与该地区投资水平的不断提高相伴。但是，比照国际上的经验，维持30年这样高的投资水平却没有成功将所有从农业转移出来的劳动力吸纳进现代部门，背后的原因值得思考。第一，现代部门和传统农业创造就业所需的资源差异很大，而且这30年中差距一直在扩大；第二，现代部门内部投资目的和结构也存在问题，尤其是耐用消费品的替代造成产业结构升级无序。而根据芭芭拉·斯托林斯和尤尔根·韦勒（Barbara Stallings，Jürgen Weller）的研究（2001），除去20世纪80年代的非典型特征，90年代与1950—1980年的就业弹性没有显著的差别。就 90 年代反映的改革效果来看，改革没有对 GDP 增长和就业创造之间的数量关系产生积极或消极的影响。确切地说，90 年代以来较低的增长率导致更加缓慢的就业创造速度，特别是对工薪收入者而言。

第四，从政治经济学角度看，"变革与反变革"的斗争削弱了制度对经济增长的贡献。从历史因素看，拉美国家现代化进程中始终贯穿着"变革与反变革"的斗争。作为"精英意识形态"的"现代传统主义"片面追求经济增长与财富扩张，要求保持传统，反对在社会结构、价值观念和权力分配等领域进行变革，或者至少要把这类变革减少到最低限度。在这种意识形态主导下，拉美国家的工业化、现代化过程始终伴随着社会财富占有的不断集中。经济财富的这种集中，即使在民主制度中，也会导致政治权力的集中，进而限制监管或再分配性税收的范围，或阻止税收增加，而且政府所起的关键作用也会受到抑制。与此同时，这种不稳定的极端情况必将导致中产阶级的萎缩，而他们这一阶层是最支持通过建立法规来实现市场经济效率的群体。

第五，进口替代工业化时期和结构改革时期国家的作用都走向极端，公共政策难以发挥效果。进口替代发展模式暗含如下理念：中心外围关系；内向发展；技术的作用；进口替代工业化；国家的积极角色。该发展模式需要一系列特殊的关税、税收、货币、信贷政策和工具，以及对工业发展的财政激励和应对城乡移民所引发的社会需求膨胀的措施。在这种情况下，国家的作用可以说是无所不在、高度干预。因此，在国家与市场、国家与社会两对关系中，国家干预的弊端显现出来：阻碍市场运作的效率；滋生寻租、投机和腐败行为；受私人利益侵占的公共政策无法满足大多数公民的需求，将一大部分人排除在分享发展成果之外，政府的合法性受到侵蚀。而在以新自由主义为指导的经济改革时期，市场被推到至高无上的地位，国家的作用被极度削弱。正如墨西哥国立自治大学学者卡洛斯·M. 维拉指出，"新自由主义没有社会政策的地位，全靠市场统治一切"。在新自由主义模式中，"社会问题被看作是一个支出领域：'社会发展'的概念让位于'社会补偿'，充其量是补偿或缓解经济政策造成的后果"。然而，由于信息的有限和非对称性、市场和竞争的不完全，市场本身不能解决社会的所有问题。而此时被削弱的国家已经没有能力通过公共政策弥补"市场失灵"。

二　拉美经济社会发展战略的选择

随着人们对新自由主义政策的反思，新结构主义的影响力在拉美逐渐上升，这自然引起对经济社会发展战略的广泛讨论。例如，国家的作用是积极的还是消极的？倚重刺激出口的政策是临时的偏向出口，还是中立政策？就社会平等而言，是把分配只看作是一个时间问题（滴漏效应），还是看作一种平行战略（经济政策促增长而社会政策重分配），还是一种融合战略（经济政策要将分配和社会平等的目标结合起来）？

拉美的历史经验表明，新自由主义所推崇的滴漏效应并没有在该地区出现，反而，防止像拉美地区那样落入"中等收入国家陷阱"似乎成为对其他发展中国家的警示。1975 年诺贝尔经济学奖获得者西蒙·库兹涅茨（S. Kuznets）在研究人均财富差异（公平问题）与人均财富增长（发展问题）之间的关系时，首次提出公平与发展遵循倒"U"型曲线规律。[①]但是，对于倒"U"型曲线存在以下质疑：第一，经济发展水平较高阶段上的低度不平等是自然出现的还是社会针对之前严重的不平等所采取的干预措施的结果？第二，其中间阶段不平等的严重化是不可避免的规律还是由于经济社会政策失误造成的教训？经济增长从来都不是社会各方面发展的唯一决定因素，而社会发展在分享经济增长成果的同时更依赖于政府清晰的发展战略（包括时机的选择）以及社会结构的变革和政策的针对性。

而对于那种"经济政策促增长而社会政策重分配"各司其责的平行战略，似乎有种"一手只管挣钱，一手只顾花钱"的策略。然而，现实中很

---

① 库兹涅茨在其经典论文《经济增长与收入不平等》（1955）中表述："在从前工业文明向工业文明极为快速转变的经济增长早期，不平等扩大，一个时期变得稳定；后期不平等缩小。"这就是著名的"库兹涅茨假说"（S. Kuznets Hypothesis）的最早提法，学术界亦称库兹涅茨倒"U"型曲线。在对该假说进行实证研究时，又通常将其表达为几何形式：以人均财富（人均GNP）为横坐标，以人均财富差异（基尼系数）为纵坐标，在人均财富较低时，随着人均财富的增加，人均财富差距逐渐增大，当差异达到临界最大值之后，再随着人均财富的增长，则人均财富差异呈现逐渐下降趋势，整个变化过程呈现倒"U"型曲线的特征。该假说实质上揭示了人均财富积累与社会分配之间对应的内在基本规律，也提示了财富累积对社会分配机制所带来的内在冲击与影响。库兹涅茨倒"U"型曲线理论发表之后，在国际学术界引起了很大的反响，当然也不乏争议。库兹涅茨本人以美、英等发达国家的统计资料为基础，得出发达国家收入分配不平等状况经历了先恶化后改善的过程，同时，又横向对比发展中国家与发达国家收入分配情况，发现发达国家收入分配公平程度优于发展中国家。

难将两者在时间和空间上配合得完美。例如，拉美经委会所主张的社会政策对拉美国家的公共财政能力有较高的要求，而实际上拉美国家的财政能力十分有限。这就造成新自由主义的经济政策和新结构主义的社会政策在实践中无法协调。那么，一种融合的发展战略便呼之欲出。换言之，在制定经济政策的同时就要将涉及社会平等的因素考虑进来，进而实现广泛的发展目标。这种融合的发展战略是基于经济增长和社会发展互动过程中存在的若干联系。例如，人力资本和高质量就业的相互影响；面向中小企业生产资产（资本、技术、培训和土地）合理分配与经济活力的关系；政治稳定与经济增长的关系，等等。而实施这种融合发展战略的前提就是建立一个能够制定一体化政策的制度。该制度应该以促进经济政策的社会效应"显现化"为指导原则；应该让社会各部门、各阶层积极参与，特别是要重视贫困者的"声音"；应该完善经济和社会权力部门的协调机制并使社会优先领域成为主流经济政策强调的重点。

第五节　智利处理增长与发展关系的启示

拉美地区的案例表明，改善人类发展状况确实能够提高经济增长率，但是经济增长提高的效果没有对称性地改善人类发展状况。较好地促成经济增长和人类发展进入良性循环的国家有智利、哥斯达黎加和墨西哥，而相反的例子则是牙买加、圭亚那和尼加拉瓜。[①] 后三个国家的经历大多具有共同的特点：经济增长与收入分配恶化相伴，或者在调整时期受到严重的经济冲击，政府无力保护社会部门；或者内战、贸易禁运、自然灾害、沉重的外债负担成为削弱人类发展的因素。本节仅以智利为例总结该国处理经济增长和社会发展的若干经验。

一　经验与面临的挑战

早在 20 世纪初智利就致力于人类发展。整个 60 年代和 70 年代初阿连德政府时期，智利通过政府对教育和医疗的大规模支出保持人类发展指

---

①　详情请参见 Gustav Ranis, Frances Stewart, "Economic growth and human development in Latin America", CEPAL Review 78, Dec. 2002, pp. 17—21.

标的改善。1973 年皮诺切特上台后，军政府采纳当时在西方国家兴起的新自由主义经济思想，推行以自由化、市场化、私有化为导向的经济改革，历时 16 年之久。尽管前 10 年智利收入停滞，失业率从 60 年代的 6％上升到 80 年代初期超过 16％，但是重要的就业计划抵消了改革对人类发展的一些负面影响。1990 年智利文人当政之后，先后由艾尔文总统（1990—1994 年）和弗雷总统（1994—2000 年）领导的两届文人政府都继续坚持经济改革的路线，并审时度势地进行必要的政策调整，加强了解决社会问题和保持宏观经济稳定的政策和措施，并利用智利重返国际舞台的机会，实行全方位的对外开放、积极参与经济全球化进程。

尽管智利也未能避免债务危机和 80 年代初的经济衰退，但是，智利经济于 1984 年率先恢复增长，1981—1989 年智利经济累积增长 27.5％，比同期整个拉美地区经济平均累积增长 11.7％高出 1.35 倍。根据《2006 年人类发展报告》，智利的人类发展指数已经从 1975 年的 0.706 上升到 2004 年的 0.859，并且于 2004 年在 177 个国家和地区中排名第 38 位，居于拉美国家前列（见表 3—13）。

表 3—13　　　　　　　　拉美主要国家人类发展指数比较

人类发展指数（HDI）排名	HDI值 2004	预期寿命（岁）2004	成人识字率(%)（占15岁及以上人口比例）2004	综合的初等、中等、高等学校入学率（%）2004	人均GDP（按购买力平价衡量，美元）2004	寿命指数	教育指数	GDP指数	人均GDP（按购买力衡量）排名减去HDI排名
36 阿根廷	0.863	74.6	97.2	89	13298	0.83	0.95	0.82	10
38 智利	0.859	78.1	95.7	81	10874	0.89	0.91	0.78	18
53 墨西哥	0.821	75.3	91	75	9803	0.84	0.86	0.77	7
69 巴西	0.792	70.8	88.6	86	8195	0.76	0.88	0.74	−5
70 哥伦比亚	0.790	72.6	92.8	73	7256	0.79	0.86	0.72	7

资料来源：联合国开发计划署：《2006 年人类发展报告》，2006 年。

近年来，智利成为拉美地区减贫效果最大的国家。1990—2000 年，贫困率下降 18％（从 38.6％下降到 20.6％），而赤贫率下降 7％（从 12.9％到 5.7％）。2003 年贫困率和赤贫率分别为 18.8％和 4.7％，这不仅使智利成为贫困率第二低的拉美国家（仅次于乌拉圭），而且意味着智利成为唯一一个使赤贫和贫困人口减半、成功实现千年发展目标（MDG）的拉美国家。这个成绩毫无疑问主要归功于智利近年来显著的经济增长。从 1990—2003 年，实际人均 GDP 累积增长 62%，相当于年增长 3.8%，比整个拉美地区的增长率高出 3 个百分点。同时，这种 GDP 增长的成果以社会投资增长和执行扶贫计划的形式表现出来，使人民生活条件得到直接的改善。1990—2001 年公共支出占 GDP 的比例从 20.2% 上升到 23.5%。从部门来看，教育支出实际年均增长 10.6%，其次是医疗支出，年均增长 9.4%。社会支出在公共支出的比例从 1990 年的 61.4% 上升到 2001 年的 69.9%。[1] 在智利，贫困家庭的生活状况好于其他国家低收入家庭生活状况。根据人口调查，智利的贫困家庭拥有孩子的平均数量是该地区最低的（并列的还有阿根廷、哥斯达黎加和多米尼加），其人口抚养比也是最低的。贫困家庭户主及其配偶所受教育的平均年数分别为 7.7 年和 7.9 年，均是该地区最高的。智利贫困家庭中 6—15 岁孩子受教育程度也处于最高水平，平均受教育 3.8 年。此外，智利在住房和享受基础服务方面有两项或以上未满足需求的贫困家庭所占比例在拉美也是最低的。[2]

智利处理经济增长和社会发展的经验主要集中在三个方面。

（一）相对于拉美其他国家而言，能够长期保持宏观经济稳定，较少波动

20 世纪 90 年代智利年均经济增长率达到 4.5%，而 80 年代和 70 年代年均增长率分别为 2.1% 和 1.2%。[3] 这种经济稳步增长的态势与其执行的宏观经济政策密不可分。自 1990 年以来，历届智利中左联合政府形成一个共识，即保持自由市场经济制度。在这个稳定的制度框架下，智利很好地执行了渐进性改革，避免了经济波动。该宏观制度框架主要包括：独立的中央银行实施货币政策；有责任的、可预期的财政政策；对金融体系全面的规范和监管；通过贸易开放和资本自由流动促进经济一体化（见图 3—5）。

---

① Alberto Arenas de Mesa, Julio Guzman Cox, Fiscal policy and social protection in Chile, *CEPAL Review 81*, p.126.

② ECLAC, *Social Panorama of Latin America 2004*, 2004, p.66.

③ Gustav Ranis, Frances Stewart, "Economic growth and human development in Latin America", CEPAL Review 78, Dec. 2002, p.18.

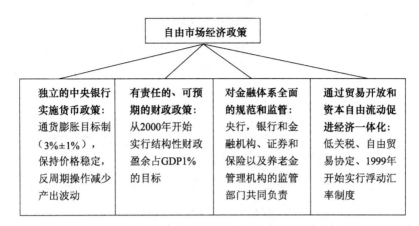

图 3—5　智利经济政策的制度框架

具体而言，通货膨胀目标制是中央银行直接以通货膨胀为目标并对外公布该目标的货币政策制度。在这种制度下，传统的货币政策体系发生了重大变化，在政策工具与最终目标之间不再设立中间目标，货币政策的决策依据主要依靠定期对通货膨胀的预测。智利中央银行每年第 3 季度根据预测提前确定本国未来一段时期内的中长期通货膨胀目标，该目标在大部分时间里设定为 3％，上下浮动 1％。中央银行在公众的监督下运用相应的货币政策工具使通货膨胀的实际值和预测目标相吻合。

智利财政政策的目标是控制公共开支，实现财政收支盈余。1998—1999 年，政府为减缓失业的增加，实施了反经济周期的扩张财政政策，出现了财政赤字。从 2000 年拉戈斯政府开始实行财政管制，明确提出在经济处于增长时期或国际贸易条件有利时，财政收支的盈余要高于 GDP 的 1％；反之，可低于 1％。2001 年，智利财政实现了盈余达到 GDP 的 1％的目标。智利政府还通过建立财政结构性账户评估制度来强化财政预算约束。由一个独立委员会对财政结构性账户进行评估，根据 GDP 增长率和国际市场铜价的中期水平估算出下一年的财政收入水平，并以此制订下一年的财政支出计划，以达到财政盈余的目标。这种财政制度不仅降低了政府的债务负担，而且使实际利率保持在较低水平。

金融自由化是 90 年代拉美政策改革的主要内容，包括放松管制和私有化。智利在这方面采取了有效措施，不仅确保了自由的市场制度和合理的银行监管之间的平衡，而且促进了资本市场向纵深方向发展。

早在 20 世纪 70 年代，智利就开始了贸易领域的改革。主要内容是从出口政策入手，鼓励本国产品出口，增加外汇收入，继而改变传统的进口限制政策，最终推进贸易领域的自由化。降低关税和消除非关税壁垒是其贸易自由化措施的核心。自 90 年代以来，智利与世界许多国家和国家集团签署了不同程度的双边自由贸易协定。[①] 其中包括与欧盟、P4（文莱、智利、新西兰和新加坡）签订的经济联系协定；与加拿大、中美洲、中国、哥伦比亚、欧洲自由贸易联盟、日本、韩国、墨西哥、巴拿马、秘鲁、美国签订的自由贸易协定；与玻利维亚、厄瓜多尔、南共市、委内瑞拉签订的经济互补协定；与古巴、印度签订的特惠协定。[②] 2010 年 5 月，智利又圆满结束与马来西亚之间的自由贸易协定谈判。这也是皮涅拉政府签订的第一个自贸协定。上述双边自由贸易协定为智利的优势产业开辟了广阔的国际市场，提升了出口部门的国际竞争力，使出口部门成为其经济增长的引擎。

（二）较早进行社会领域改革，始终把社会政策作为可持续增长的重要保障

社会保障制度改革。2006 年是智利社会保障制度改革 25 周年。1980 年 11 月，智利政府公布新的养老金制度法案，它废除原现收现付制，引入了个人账户养老金计划。针对转轨成本问题，政府采取了发行认购债券的方式予以解决。新制度自 1981 年 5 月起开始正式实施，它的基本特征为：（1）为每个雇员建立养老金个人账户，雇员 10%（占工资）的缴费全部存入个人账户；（2）成立单一经营目标的养老金管理公司（AFPs，Pension Fund Managers），负责养老金账户管理；（3）雇员自由选择 AF-Ps，退休时养老金给付由账户积累资产转化为年金或按计划领取；（4）成立养老基金监管局（SAFP），对 AFPs 进行市场监管，并由政府提供最低养老金担保。在养老基金投资监管上，政府采取严格的数量监管模式。最初的投资工具主要集中在政府债券、金融机构发行的可抵押债券等固定收益类投资产品上，后来逐步扩展到公司债券、股份、投资基金以及国外

---

① 注：智利与世界其他国家签署的所有自由贸易协定文本，均可查询网站：http://www.sice. oas. org/trade/。

② http://www. direcon. cl/cuadro _ resumen _ en. html.

金融证券等类投资产品。在过去 25 年期间，智利私营养老基金取得了高额的投资回报。历史上养老基金累计平均每年的投资回报率达到 10％（剔除养老基金管理费用因素后的净回报率为 9.3％左右），尽管期间收益率呈现出较大的波动性，但从总体结果上看回报率水平是非常高的。截至 2007 年 3 月底，养老基金达到 913.4 亿美元，缴费人数达到 780 万人。[①]

医疗体系改革。智利医疗保健体系的结构性改革始于 20 世纪 80 年代。主要改革措施有：第一，建立国家医疗基金（FONASA），作为收集、管理和分配国家医疗资源的机构；第二，对国家医疗服务体系（SNSS）实施分权，即将其分为 27 个地区服务中心，使其覆盖面遍及全国，每一个服务中心通过 1 个由不同档次的医院、城镇、乡村诊所和医疗援助站点构成的体系提供医疗保健服务；第三，对初级医疗保健实施分权；第四，1981 年建立医疗保险机构（Isapres），私人资本开始进入医疗保险体系。这样，智利的医疗保健资金管理体系就形成了国家医疗基金与医疗保险机构共存的双轨制局面。劳动者参与医疗保险，既可以选择递增的将每月收入的 7％缴纳给国家医疗基金，也可以缴纳给医疗保险机构。前者的运行模式相当于国家补贴，后者的运行模式类似于商业医疗保险。

教育制度改革。智利的教育制度改革大致分为四个阶段：20 世纪 20 年代以前；20 年代到 60 年代；60 年代中期到 90 年代；90 年代末至今[②]。1996 年 5 月弗雷总统宣布对智利中小学教育系统进行一次深刻的旨在提高质量的改革。改革的内容包括新增校舍、培训教师、扩大入学率，吸收更多的，尤其是穷人的孩子上学。政府计划在全国建立 40 所重点学校，来接纳那些家庭贫困但学习优秀的学生，改善贫困人口受教育的水平。根据拉美经委会的统计，智利经济自立人口受教育整体水平和结构在 90 年代以来逐渐得到改善，尤其在城市地区，接受中等和高等教育的比例在逐年上升。在城市 15 岁及以上的经济自立人口中，接受 10—12 年教育的比例从 1990 年 36.4％上升到 2003 年的 44％，接受 13 年及以上教育的比例从 1990 年的 23.7％上升到 28.5％。但是，在农村地区，接受高等教育的

---

① 智利养老基金交易协会，http：//www.afp-ag.cl/。

② Mauricio Olavarria-Gambi，"Poverty Reduciton In Chile：has economic growth been e-nough？"，*Journal of Human Development*，Vol. 4，No. 1，2003.

比例略有下降。在农村 15 岁及以上的经济自立人口中，接受 13 年及以上教育的比例从 1990 年的 7％下降到 2003 年的 6％。[①]

公共财政盈余向社会支出倾斜。智利文人政府当政以来，通过适度限制公共开支，根据形势变化对增值税税率进行一定幅度内的向上或向下调整，建立稳定化基金（Fondo de estabilización），保持公共财政相当于GDP1％的结构性盈余等手段，逐步形成了一种稳健的、负责任的财政政策。该政策的功能在近年来主要体现在以下三个方面：第一，致力于宏观经济的稳定，进而推动经济增长；第二，为社会保障体系提供一个稳定、平衡的融资，使其凭借有利的条件健康发展；第三，对社会政策的制度框架产生作用，并促进社会保障基础体制的完善。具体来讲，这种坚持结构盈余不少于 GDP1％的财政规范使公共支出决策建立在更持久的财政可利用性基础之上。换言之，由经济周期所带来的财政收入临时高涨不是支出决策的基础，同时收入的临时下降也不必然导致支出的削减。

（三）智利政府对国家职能的定位明确

经过 30 年的改革，智利经济发生了深刻变化，市场经济体制已经建立，企业私有化过程已基本结束，一种新的出口导向发展模式已初步形成。虽然它是拉美地区新自由主义经济改革的先驱，但是，随着 1990 年文人政府取代军政府上台执政，智利经济改革实际上是进入了一个务实的、自我完善的阶段。正如 J. 拉莫斯做出的判断："的确，在智利，从1990 年起，随着民主的到来，（对新自由主义模式的）偏离就更大了。发展战略虽然是建立在新自由主义模式的基础上，但已经作了修改，旨在建立一个致力于同时取得增长与公正的更积极的国家（un Estado mas activo），而不是像新自由主义所说的公正是增长的结果。"

根据国外学者对智利国家改革的研究，可以把智利政府对国家的重新定位归纳为以下几个方面：（1）国家不再是企业创建者、经营者和直接生产投资者，但与此同时，国家为保持国民经济的活力与稳定不断地进行调节，如对危机局面进行干预；通过政府促销、提供补贴、刺激投资、签订贸易协定等支持企业扩张；采取多种办法吸引外资；提供道路、港口、机场等基础设施；对人力资本的形成进行干预，等等。（2）国家不再在投资资源的配置上起决定作用，而是成为"第二线的资源配置者"，主要是通

[①]　ECLAC，*Social Panorama of Latin America 2006*，2006.

过提供补贴、提供投资政策优惠、放慢关税减让速度等来扶持某些部门的发展。（3）国家在发挥收入再分配职能时坚持一条原则：不在大企业家阶层中造成不信任感。政府的行动主要包括两个方面：一是向特定的社会集团转移资源，包括现金和减免教育、医疗收费，确定最低工资水平，支持中小企业等；二是向贫困地区转移资金和建立特定的地区发展基金。（4）国家通过诸如汇率、利率、财政等方面的政策调整保持宏观经济环境的稳定。（5）国家制订必要的市场运作规范，包括对已经私有化的企业进行必要的干预，特别是在公用事业领域确保用户的权益不受侵害。[①]

但是，智利要在长时期内保持一种"公正的增长"（equitable growth），还需应对如下挑战。

第一，出口过度依赖于初级产品的倾向可能削弱经济可持续增长能力。初级产品出口不断增长以及"意外"获得的外汇收入会导致一些风险，即对初级产品的高需求引发汇率升值，结果对非初级产品部门产生"挤出效应"。如果按照产品分类计算赫芬达尔—赫希曼指数（Herfindahl-Hirschman index）[②]，我们不难发现大多数拉美国家都比 21 世纪初显示出更高的出口集中度，其中智利的指数从 0.10937 上升到 0.16525，表明产品集中度有所增加（见图 3—6），这必然不利于生产结构的调整。

第二，教育不平等将加深社会不平等程度。尽管智利初等教育和中等教育的普及率大为提高，但私立学校和公立学校之间的教育质量相差悬殊。据统计，2004 年底全国高考成绩最好的 21 所中学中，只有总成绩排名第八的"国家中学"是公立学校，其余 20 所均为私立学校。富人子弟即便成绩不好，只要交得起学费，依然可以在私立大学里接受高等教育。平民子女因为经济原因，得不到平等的受教育权。社会的人力资源没有得到合理的再分配，物质财富的重新分配也相应处于恶性循环中。

第三，企业研发投入不足将制约技术创新能力提高。创新、人力资本投资和基础设施投资对提高出口部门的竞争力十分重要。然而，就整体而言，拉美地区的创新能力处于较低水平。仅以研发支出占 GDP 比重这个

[①]　苏振兴：《智利的经济政策与发展模式》，http://ilas.cass.cn/BVNews/admin/file/17/szx—003.pdf.

[②]　赫芬达尔—赫希曼指数是集中度的测量指标，它将每一种出口产品在总出口中的份额考虑进来。单一产品的出口份额越高，该指标的数值越高。

衡量创新能力的重要指标考察，发达国家的水平就远远高于拉美国家。例如，在美国该比例为 2.58％，但是智利仅为 0.6％，巴西也不过 0.95％，其他国家就更低了[①]。而且，发达国家的研发活动主要来自于私人企业，而拉美国家的研发活动主要集中于基础研究，私人部门参与较少。智利的研发投入主要分布在企业（37.8％）和大学（33.8％），私人非赢利组织也占有一定比例（15.8％），这种较为分散的布局难以形成突出、有效的创新动力。

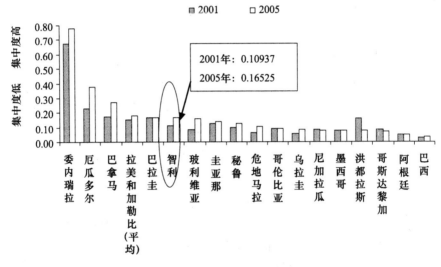

图3—6　拉美若干国家产品出口集中度情况（2001 年和 2005 年），
按产品计算的赫芬达尔—赫希曼指数

资料来源：OECD发展中心（2007）；基于世界综合贸易方案（WITS）和联合国贸易数据库（Comtrade）2007 年的数据。转引自 *Latin American Economic Outlook 2008*，OECD，p. 155.

　　第四，劳动力市场体制僵化将抑制智利企业的经济活力。劳动力市场体制僵化是智利发展缓慢的最重要原因。智利劳动力市场问题主要存在于聘用和解聘工人所需要的花费远远超过国际标准，使企业很难按照市场变化调整人员编制。根据世界银行最新公布的《2008 年全球商业环境报告》，智利"员工聘用和解雇"这一指标的世界排名是第 68 位，相对落

---

　　①　Augusto Lopez-Claros，"The Latin America Competitiveness Review 2006"，World Economic Forum，2006，p. 84.

后。其中非工资劳动力成本占薪金百分比为3％，远低于OECD国家的平均水平（20.7％），而解雇成本倘若用薪金补偿周数衡量为52周，远高于OECD国家的平均水平（25.7％）。此外，与同等收入水平的其他国家相比，智利女性参加工作的比例很低，并且人力资源素质也比其他国家低。未来智利劳动力市场改革要寻求一种平衡：既要使企业获得适当的调整灵活性，以消除提高劳动生产率的障碍；又要使工人获得合理的就业和收入保障，以消除失业和贫困。

第五，人口老龄化提前到来将促使社会保障改革提速。智利还面临着老龄化加速的问题。国际上一般认为65岁及以上老人的比重达到7％就进入了老龄化社会。根据拉美经委会拉美及加勒比中心人口部的预测，拉美将在2015年（7.2％）达到这一标准。而智利在2000年就进入了老龄化社会（7.2％），预计2020年65岁以上老人的比重将达11％。人口老龄化将增加医疗和养老金的公共成本。首先，大多数老年人隶属于公共保险体系（FONASA），因此，老年人口增加给政府造成巨大负担。其次，公共和私人保险的定价机制使得高风险人群的医疗保障由私人转向公共部门，后者的服务收费相对于私人低，私人保险严格按照风险差别定价。最后，随着老年人口增加，越来越多的老人的收入达不到国家规定的最低养老金，他们需要得到公共养老金的补偿。目前，养老金制度还存在着参保覆盖面小、管理成本高、市场竞争不充分、政府财政负担加重等问题。

二 几点政策启示

经济增长是社会发展的前提，但社会公正并不是经济增长必然和自动的结果。经济政策的制定需要考虑社会公正因素，政府需要通过公共政策引导和促进社会与经济的协调发展。发展中国家在经济增长过程中，普遍存在着一个方法上的误区：将总结发达国家的经验而形成的理论模型作为发展中国家的政策措施，而忽视了这一经验总结的历史性和特殊性。相对于发达国家而言，发展中国家的增长是一个"跨越式"的增长过程。路径不同，促进经济增长和社会发展的融合政策就有差异。

第一，维护政局稳定，为经济增长和社会发展创造良好条件。智利的经验表明，稳定的中左联合政府可以保持政策的连续性。这种连续性能为私人部门、居民提供稳定的制度预期，促进他们扩大投资和消费。而相反，在阿根廷，阿方辛政府（1983—1989 年）和梅内姆政府（1989—1999 年）部长们的平均任期分别为 2.5 个月和 2.8 个月。这种政府高官高频率的更换加剧了（有时也反映了）阿根廷可能遭受的一系列意外经济冲击，社会发展也就无从谈起。因此，政治稳定是两者良性互动的前提。

第二，加强国家的宏观调控，弥补要素市场严重的缺陷。拉美国家在经济改革过程中曾经出现一种排斥国家职能的倾向。然而，事实上市场必须要有国家积极而富有活力的行动来加以补充和完善。国家的作用主要体现在如下方面：通过公共政策培育对发展至关重要的部门（例如与技术和生产性创新相关的部门）的生产能力；通过"赋权机会"与"补偿福利缺失"两种途径减少社会不平等；促进政府和私人企业在诸如基础设施建设上的融资合作；提供技术创新的激励机制，等等。

第三，防止经济波动，实施反周期的经济政策的促进宏观经济平衡。保持宏观经济稳定有利于巩固社会发展的成果。现阶段经济政策的重点应该从过度强调抑制通货膨胀向创造就业转变，从重组和私有化现有企业向设立新企业转变。同时，拉美国家应该根据自身结构特征实施反周期的经济政策。一方面，通过财政、货币、汇率政策防止公共和私人机构过度积累债务，以及防止汇率和利率等主要宏观经济价格以及固定资产和金融资产价格的不平衡。另一方面，以反周期为目标建立谨慎的监管体系。

第四，以经济增长带动就业，同时推进劳动力市场改革，完善社会保障制度。劳动力市场是沟通经济增长和社会发展的重要环节。针对新古典主义强调对扭曲的要素和商品市场进行改革而忽视劳动市场改革的缺陷，拉美国家在 90 年代普遍实行了劳工制度改革。[①] 改革的特征可以总结为"灵活性有余而保障性不足"。从实际社会效果看，简单而过度的灵活化措施没有增加就业，反而造成贫困和不稳定性的增加，失业率还处于较高水平。今后拉美要适应人口转变阶段，进一步完善劳动力市场，同时做好配套制度的改革，如构建安全有效的社会保障体系，尤其是，要将保障范围覆盖到在小企业和微型企业的就业者和自我雇佣者。

---

　　① 新古典主义认为，该地区的劳动力问题源于要素和商品市场的扭曲。这些扭曲限制了经济增长并形成一种不利于使用劳动力的生产性结构。因此，消除这些扭曲将导致就业水平的提高和工资的上升，这尤其对于受教育水平较低的工人有利。因此，初期改革的想法是，劳动力市场的主要积极成果来源于非劳动市场的改革，例如，贸易、金融改革或者消除城市偏见等，因为这些能够消除扭曲。仅仅到了 90 年代人们才逐渐重视劳动力市场面向灵活化的改革。

第五，充分发挥比较优势，以经济多样化为前提参与均衡的全球化。初级产品专业化和客户加工业在一定时期都给拉美带来了出口繁荣，但是，两种情况都有弊端，前者在于对初级产品的高需求引发汇率升值，结果对非初级产品部门产生"挤出效应"；后者在于客户工业生产率没有增长，而且由于大量使用进口的投入品而较少使用国内的投入品，对经济的非出口部门的溢出效应较差。拉美地区未来面临着比较优势是在自然资源还是在高附加值制造业的挑战。目前，它们应该在消除生产部门异质性结构和促进经济结构多样化的前提下积极参与全球化竞争，培育动态比较优势，并且以集体行动的力量增强在全球化规则制定上的谈判能力。

第六，发展教育，提高人力资本投资，减少由此而产生的代际不平等。研究表明，在拉美国家中劳动力素质高低和就业特点对所得收入产生的影响是同样大的，而不论每个国家报酬的差别程度和所达到的发展程度如何。其中受教育水平的高低对收入分配的影响是最显而易见的。因此，人力资本投资的增加将有助于改变既有的收入分配格局，有利于国家竞争力的提高。近些年，拉美国家已经把教育和培训作为消除贫困和缩小差距的有效途径和关键举措，社会开支比例的逐步提高已经证明。未来的重点还要关注社会支出的效率问题。

第七，有必要制定长期的扶贫计划和措施，关注新出现的新贫困阶层。反贫困一直是拉美地区坚持的一项长期战略。然而90年代以来随着中产阶级贫困化加深，一种新城市贫困阶层对拉美的公共政策提出了挑战。该阶层虽然不符合传统贫困线和赤贫线的标准，但是他们的绝对收入已经下降，身份归属感缺失，即使他们拥有较高的教育水平，也避免不了从事低技术要求的工作。这种向下的社会流动结构已经严重阻碍了社会发展。一旦中产阶级分化，社会秩序将面临不稳定的风险。因此，国家除了通过制定针对弱势群体的扶贫计划，建立专项基金等措施来减少传统贫困，还要以创新的视角关注和研究针对新贫困阶层的政策。

第四章

拉美的发展思想与社会政策演变

　　社会和谐的核心是社会公正，"正义是社会制度的首要价值"。但是，公正只是制度安排的一种基本价值取向或一种基本的规则，它需要通过某个载体才能在现实社会中体现出来。就社会层面而言，公正必须通过社会政策体系才能具体体现。也就是说，社会政策是公正在社会领域的具体化，公正的社会功能是通过社会政策协调个人与个人之间的关系、个人与社会组织（政府、单位、社区、社团等）之间的关系，以及社会组织与社会组织之间的关系来实现的。可以说，社会政策是在广义的福利领域调整社会关系，尤其是个人与政府及其他社会组织之间关系的重要工具。社会政策在保证社会的安全、促进社会的整体化发展、提升社会质量、实现社会的良性运行和健康发展等方面起着重要作用。因此，在构建和谐社会的过程中，社会政策研究将越来越重要。

第一节　发展思想与社会政策

一　发展思想与社会政策

　　发展思想决定了一国的发展战略，从而形成某种发展模式，在任何一种发展模式中都或明或暗地包含着一种社会政策模式。

　　第二次世界大战之后，世界各国都处于战后恢复与发展时期。无论是在西方国家，还是在发展中国家，人们都把经济增长视为发展的首要目标。欧洲国家在建立"福利型国家"的过程中，出台了一系列旨在缩小贫富差距的社会政策。随着其经济的发展，许多欧洲国家的收入分配不平等状况都得到了较大的改善。库兹涅茨（Simon Smith Kuznets）用倒 U 型曲线描绘了这个时期欧美国家在发展过程中出现的经济增长与贫富差距缩小的关系。于是，许多人把库兹涅茨倒 U 型曲线肤浅地广而化之，把它当作发展进程的唯一样板。人们普遍认为：随着经济增长，收入分配不平等程度加剧，但会有一个顶点（如人均收入达到 1000—3000 美元时）。到达这个顶点之后，收入分配不平等状况就会"自然而然"地得到改善。由此而来的"先增长、后分配"的发展理念深入人心，发展经济学中的一些著名理论如"溢出论"、"滴漏论"、"蛋糕论"和"积累优先论"都向人们传播了"随着经济的增长，社会的发展会自然而然地得以实现"的思想。因此，在过去的发展过程中，世界许多国家在制定其发展战略中都忽视了社会公正。

随着经济不断发展，越来越多的国家在发展实践中发现：经济增长不会自然而然地带来社会进步，反而是经济增长越快，社会越不公正。例如，早在 20 世纪 70 年代，整个拉美地区的人均 GDP 就已经超过了 1000 美元，然而，社会公正没有伴随经济增长而得以实现，却出现了贫富差距逐渐拉大的现象，至今拉美仍是世界上社会不公最严重的地区。这引起了人们对以前的发展思想进行反思，逐渐认识到"唯经济增长"、"效率优先"等思想，导致在配置各类资源时过多地向可能产生最大效益的地区、行业和群体倾斜，这种倾斜不可避免地伤害了社会公正。而且，实现社会公正也远比人们想象的复杂得多、艰巨得多。

在不断地总结和反思过去的发展经历的过程中，人们的发展观也在不断地发生变化。自 20 世纪 90 年代末以来，"经济增长应与社会公正相结合"、"在市场失灵的社会领域必须有政府的介入和干预"、"科学发展观"等新的发展思想在国际上逐渐形成了新的共识。随着发展思想的转变，越来越多的国家在其发展战略中"更加注重社会公正"，把实现社会公正与经济增长同时列为首要目标和长期目标。在相对重要性上，有的国家根据其发展阶段，甚至将实现社会公正摆在优先于经济增长的地位上。目前，世界各国都在致力于通过建立和完善社会政策体系，实现经济增长与社会发展同步。在这样的背景下，社会政策学作为一门新兴的学科也应运而生。社会政策模式主要取决于国家与公民社会的关系，即国家在经济社会发展中充当何种角色和发挥何种作用。

二　社会政策研究概况

社会政策学被定义为：研究关于国家与公民个人福利之间的关系，涉及收入分配、民主参与、政府财政等社会领域的学科。具体而言，社会政策一般包括：社会福利与社会保障政策、文化教育政策、医疗卫生政策、城市规划与住房政策、人口政策、劳动就业政策，等等。社会政策学认为，在社会领域中，有六项公民权利是国家必须予以保障或满足的，即生存权、健康权、居住权、受教育权、工作权和资产形成权。这是公民的基本需求。要确保这些公民基本权利的实现，就需要政府给予制度性的保证和有效的社会支持。

社会政策研究在我国起步则较晚。20 世纪 90 年代中期以后，才陆续有一些学者关注和研究社会政策问题，至今尚未形成一个系统的、成熟的研究框架。由于研究视角和立场不同，在许多社会现实问题的分析中难以达成共识，致使在相当长的一段时期内，"唯 GDP 论"大行其道。在政府部门仍存在传统观念即把政策制定仅看作是"自己内部的"事务，不重视也不愿意与社会、与公众沟通；而且制定政策时往往受制于"部门利益"。政策一经实施，各方面的问题就都凸显了出来。[①]

近年来，社会政策研究已经成为我国社会各界关注的焦点。这是因为我国的经济和社会发展已经完成了最初的资金积累，人民生活也已达到了温饱水平，但是教育、医疗、住房和养老等社会矛盾却日益突出，对我国经济进一步发展产生了消极影响。中国有 70%—80% 的人口属于中低收入群体，如果不能解决这些社会问题，对于公众个人来说，将承受沉重的经济压力，生活质量降低；对于国家经济来说，将会严重抑制国内消费，从而影响经济进一步发展。因此，近年来在社会政策研究中提出了一个重要的概念——"社会投资"。所谓社会投资，实际上就是对社会政策和公共服务的投入，强调国家的作用。[②]

---

① 唐钧：《社会政策研究发展状况》，载《中国社会科学院院报》2006 年 12 月 28 日。

② 可参见：OECD, *New orientations for social policy*, Paris, OECD, 1994; Peter Taylor-Gooby, " In defence of second-best theory: state, class and capital in social policy", *Journal of Social Policy*, No. 26, 1997; A. Giddens, *The Third Way: the renewal of social democracy*, Cambridge: Polity Press, 1998; J. Midgley, "Growth, redistribution and welfare: toward social investment," *Social Service Review*, March 1999; C. Miller, *Producing Welfare-a modern agenda*, Palgrave, 2003; S. Svallfors and Taylor-Gooby, P. (eds.), *The End of Welfare State? Responses to State Retrenchment*, London, Routledge, 1999; A. Deacon, *Perspectives on welfare-ideas, ideologies and policy debates*, Buckingham, Open University Press, 2002; 张秀兰等《中国发展型社会政策论纲——社会政策论丛》，中国劳动社会保障出版社 2007 年版。

在一些拉美国家，政府创建了"社会投资基金"。这些基金在政府的组织下，通过与私人部门签订合同，将资金投资于社会基础设施的建设。合同中明确规定私人企业必须履行最低就业要求和最低工资要求。通过这种方式，促使公共部门、私人部门、非政府组织与民众形成合作机制，为贫困人群提供就业机会、参与社会重建与社会融合的机会，从而形成长期的社会福利。社会投资基金不仅是一种有效的社会干预方式，它还增强了共同发展的意识，有助于在社会成员之间建立起信任网。

第二节　拉美社会政策模式形成的雏形阶段

18 世纪中期大多数拉美国家取得了政治上的独立，但这些新独立的拉美国家基本上都还未形成"公民社会"及其他社会组织。由于缺乏社会基础结构，政府与民众之间缺乏沟通和协调，社会没有凝聚力，导致拉美国家在独立后很长一段时间内动荡不安，社会失序，频繁出现政治崩溃。[①] 国家的职能和作用仅限于维护外部安全以及维持国内秩序，社会政策根本不在其职责范围之内。教育和医疗均依赖私人服务，所有的社会问题都只能靠公民自己解决。

随着社会的发展变化，20 世纪 20 年代，一批具有进步倾向的资产阶级政党在一些拉美国家取得了执政地位，他们关注传统经济制度下的社会不公问题，力图在一定程度上消除和缓解社会不公对经济、社会发展的消极影响。于是，拉美出现了较广泛的资产阶级民主性质的改革运动，其标志是 1910—1917 年墨西哥的资产阶级民主革命运动，诞生了具有强烈反帝反封建性质的《1917 年宪法》。与此同时，在乌拉圭、阿根廷、智利、哥斯达黎加等国也出现了改革运动，主要涉及以下几个方面：

第一，修订劳工法。赋予工会组织一定的权力，劳工享有劳动保护。例如，乌拉圭的巴特列政府 1911—1915 年改革期间，在 8 小时工作制、

---

① Howard J. Wiarda，"Non-Weatern Theories of Development：Regional Norms versus Global Trends"，published by Thomas Learning，2000.

养老金、工伤事故补偿、最低工资制等方面进行立法；阿根廷的伊里戈延政府在工人休假、星期日休息和 8 小时工作制等方面进行立法；墨西哥"1917 年宪法"第 123 条规定，工人有劳动的权利，实行 8 小时工作制，工人有罢工的权利，废止童工和农奴制，工人在工作期间受到伤害可以得到赔偿，不得无故解雇工人；智利的"自由同盟"政府执政期间，在1925 年的宪法中增加了劳工权利和社会福利的条款。

第二，取消选举权的某些限制。改革废除了传统上对公民选举权在教育和财产等方面的资格限制。例如，阿根廷 1912 年的《培尼亚法》规定，年龄在 18—70 岁的男性公民都有选举权；1925 年的智利宪法规定，年满21 岁、识字并经过选民登记的公民都有选举权，但现役军人、牧师和修女无选举权；墨西哥"1917 年宪法"规定，年满 18 岁的男性公民有选举权和被选举权；乌拉圭的巴特列政府改革选举制度，实行选民登记，给文盲和短工以选举权。

第三，扩大受教育机会。乌拉圭巴特列政府在各省建立中学，兴建校舍，扩建图书馆和实验室，建立成人初级夜校和女子大学，在大学增设商业、农业学、医学、建筑等实用性较强的专业，并派遣大批优秀学生出国留学。阿根廷伊里戈延政府在 1919—1921 年进行教育改革，废除招生制度中对学生社会出身的限制，开放贵族学校，鼓励推广学校教育，新建公立学校。1920 年，智利的亚历山德里政府颁布《小学义务教育法》，规定 7 岁以上儿童免费接受义务教育，小学毕业生可直接升入中学；职员、手工业者和矿工都享有接受初级教育的权利；开办夜校和星期日学习班，提高成年人的文化知识水平。秘鲁 1920 年在宪法中规定，对所有儿童和成年人实行免费初等教育，并将初等义务教育制度固定下来。

20 世纪早期的一系列改革虽然对社会、经济发展产生了积极作用，但是改革的局限性还是很大。首先，这些改革主要是出现在一些政治上较稳定、城市化程度较高、中产阶级形成较早、人均收入水平较高且民族和社会融合程度较高的拉美国家，其他拉美国家还未出现这类改革。其次，在这些国家里，改革也主要集中在城市，忽视了农村地区。再者，改革措施本身也具有局限性，例如，能够从劳工法和社会福利改革中获利的劳工人数有限，妇女的政治权利被忽视，等等。更重要的是，改革并没有触及社会不公的根源之一——不合理的土地占有制度，因而不可能通过这样的改革实现社会公正和进步。[①]

　　总的来说，在 20 世纪早期，一些拉美国家开始关注社会问题，所实行的社会改革还具有很大的局限性。虽然还未形成完整的社会政策模式，但这是拉美社会政策模式形成的重要的雏形阶段。20 世纪 30 年代之后，拉美才有了真正意义上的社会政策模式。

第三节　结构主义及其国家计划型社会政策模式

　　20 世纪 30—40 年代是拉美进口替代工业化的第一阶段。在这个阶段，一些已具备一定工业基础的拉美国家在工业化方面取得了明显的进展，城市工人阶级队伍迅速壮大。政府与工会之间普遍采取一种合作态度，政府对于工会的各种权益要求也给予积极回应，成为推动相关劳工立法和社会政策的一个基本因素。其中，部分南美国家（如智利、乌拉圭、阿根廷、巴西等）社会保障制度的建立是这个阶段具有标志性的事例。

　　第二次世界大战之后，拉美国家需要继续稳步推进工业化进程，为了避免再次遭受到像 1929 年大萧条那样对拉美经济的冲击，越来越多的社会科学研究者开始关注和探讨拉美的发展模式问题，一些从事发展研究的机构如联合国拉美经委会应运而生，通过召开地区性会议，集思广益，共同探讨拉美的发展问题。1950 年，劳尔·普雷维什（Raúl Prebisch）提出了新的发展主张——"普雷维什命题"，其核心思想包括：（1）世界是由发达国家和发展中国家，即"中心"和"外围"两个部分组成的。从技术和组织的角度来看，"中心"比"外围"先进。传统的国际分工就是建立在中心和外围这种结构差异的基础上的。当外围经济处于出口原料的"外向发展"阶段时，其生产结构表现出专业性和混杂性两大特点，即大量生产要素用于供出口的初级产品的专业化生产，而自身所需的商品和服务则主要依靠进口；从事出口专门化生产且劳动生产率高的部门与使用落后技术、劳动生产率低的部门并存，生产结构表现出混杂性。（2）在世界经济体系的长期演变中，中心的发达与外围的不发达之间的差距不断拉

---

　　①　徐文渊、袁东振：《经济发展与社会公正——拉丁美洲的理论、实践、经验与教训》，经济管理出版社 1997 年版，第 24—27 页。

大。这种不均衡发展主要是由于劳动生产率和平均收入的不均衡变动。中心国家因工业技术进步，劳动生产率大幅提高，生产的工业品价格较高，平均收入较高；而外围国家的劳动生产率较低，且劳动力过剩，工资处于低水平。（3）外围国家的贸易条件不断恶化。中心国家出口的工业品具有较高的价格和收入需求弹性，而外围国家出口的初级产品则具有较低的需求弹性，导致外围国家的贸易条件不断恶化，始终面临国际收支不平衡问题。（4）由于结构僵化导致的市场不完善，无法对价格信号自动做出反应。原料出口的扩张根本不能解决国际收支不平衡的问题，也不能减轻外围国家的贫困程度。因此，要减少对一个不稳定的、毫无活力的原料出口部门的依赖，就必须积极推进工业化进程。

普雷维什的发展思想对拉美地区的发展产生了更深刻的影响：（1）增强了继续走工业化的发展道路信心；（2）为了扶持和保护国内的幼稚工业，在经济政策上加强保护主义措施，摒弃了前期奉行的经济自由主义；（3）强调国家在推动工业化方面的主导作用。进口替代工业化的初期成就使拉美各国的精英和民众逐渐接受了这些新的发展主张，最终形成了拉美本土的发展思想——结构主义。

在结构主义发展思想主导的发展阶段，国家干预主义不仅表现在经济方面，还延伸到社会发展的各方面，国家的职能范围不断扩大。因此，这一时期的社会政策模式具有明显的"国家计划"的特点，即社会政策的制定、筹资、实施、监督和评估，均由国家负责；社会发展所需的一切资金也基本上来自国家财政。社会政策的主要目的就是顺应工会组织的要求，保护社会生产的中坚力量——工薪劳动者的利益。这主要是因为：（1）随着工业生产规模的扩大，工人人数逐渐增加，形成了一个庞大的工薪劳动者阶层。工人队伍的扩大促进了工会组织的发展。由于工会的作用，工薪劳动者逐渐形成了一个有组织的、有经济权利要求的群体，在社会中的地位和影响越来越大。（2）为了不断增强内向型发展模式的动力（即国内市场对本国生产的制造业产品的需求），国家必须通过采取带有明显的民众主义色彩的社会政策来增加中产阶层的购买能力，主要包括：提高工人的工资、扩大就业机会、增加社会福利，并更多地提供水、电、医疗和交通等公共服务。因此，在这一时期，拉美各国的社会事业普遍取得了较大的进步：在社会保障方面，拉美各国普遍进行了社会保险立法，实施了养老金计划；在劳工权益保护方面，采取"职团主义"，支持工会，通过集体谈判等制度，维护工人的利益；通过建立国有企业的形式，为广大工人群体提供水电、医疗和交通等方面的社会福利。

但是，"国家计划的社会政策模式"却导致了明显的社会"断裂"现象：即社会分为两个部分，能够享受到这些社会福利的群体和未能享受到社会福利的群体。这主要是因为：（1）拉美国家公共服务的主要受益者一直是教育程度较高、了解情况较多、组织程度较好的阶层，而那些更加需要社会服务的人（贫困群体）却因没有上述条件而得不到应有的服务，从而造成了更大的社会不平等。（2）国家计划的社会政策模式中的社会保护制度是自上而下地逐步扩展的，这导致了社会保护的覆盖面总是先从不太需要、且有一定经济能力维护自己利益的人群开始，自上而下地扩展。拉美国家的社会保险模式即是如此，农村居民和城市中非正规经济部门的劳动者通常很难得到社会保险。（3）国家计划的社会政策模式主要关注和满足中产阶级的需求，因为这个有组织的群体能够对国家施加压力，所以社会政策的制定和实施无不有利于这个阶层。由于中产阶层长期受益于社会政策的倾斜，其经济地位和生活水平不断提高，在某种程度上加剧了拉美社会的分配不公。（4）拉美经济结构的分裂导致社会"断裂"现象。巴西著名经济学家富尔塔多（Celso Furtado）认为，拉美经济结构存在着分裂现象，"拉美国家是经济增长与收入分配关系'恶性循环'的受害者。一方面，五六十年代在拉美流行的增长模式导致收入高度集中在少数富人手中；另一方面，高收入使这些富人的消费需求发生了变化，从而使生产结构偏向具有资本密集型特征的耐用消费品"。① 这也就是说，拉美国家依靠外资发展经济，其经济部门分裂成了两个部分，即依赖国际市场的那部分产业和其他产业。资本及技术密集型企业生产的是满足国际市场和国内中高阶层消费的产品，能够参与这种生产过程的群体通常是中高等阶层，而这一阶层通常不会有动力来分配经济增长的成果。这正是形成社会结构断裂的政治经济学背景。

其实，这种断裂的经济和社会结构也揭示出了结构主义发展思想本身的重大缺陷：（1）由于"那些主张通过工业化实行内向经济发展的学者们面对着一种特殊的政治环境。他们力求使自己的建议既能被代表现代传统

---

① 江时学：《拉美国家的收入分配为什么如此不公》，载《拉丁美洲研究》2005 年第 5 期，第 6 页。

主义、民族主义和民众主义政治倾向的领袖们所采纳，又不能使美国觉得断不可接受，美国是合作、容忍，还是否决，具有决定性意义"。① 现代传统主义是拉美精英意识形态，主张推动经济增长和现代化，但同时要避免在社会结构、价值观和权力分配等方面的变革，或者至少要把这类变革减少到最小限度。因此，结构主义很少涉及政治与社会变革。在原有的不平等的社会经济结构下，广大民众就无法享受到发展所带来的好处，但是当时拉美经济的高速增长掩盖了这种发展的不平衡。一旦经济形势发生变化，这种不平衡所带来的后果就凸现出来了：社会状况恶化、社会危机（城市暴力、游击队、精神危机等）不断发生。（2）结构主义忽略了经济与社会的协调发展。当时占统治地位的理论诸如"溢出论"、"滴漏论"、"蛋糕论"和"积累优先论"广泛传播了"先增长、后分配"的理念，人们认为随着经济的增长，社会的发展会自然而然地得以实现。直到 70 年代中期，拉美经委会才对其发展思想未包括社会层面进行反思。普雷维什对拉美社会形势的恶化深有感触，"从社会层面来看，发展已偏离方向。……这里表现出的矛盾是非常严重的：一极是繁荣和富足，另一极是持续的贫困。这是一个排斥性的体系。……我确信拉丁美洲发展的重大缺陷在现行体系内缺乏解决办法，必须改造这个体系"②。

从上面的分析中我们能够清楚地看到，结构主义不论是其指导思想、政策理念还是具体实践，都没有能够改变拉美早已存在的不平衡的、断裂的经济社会结构。这一时期的发展仍然是建立在社会差距日益扩大的基础之上的。

第四节　新自由主义及其市场主导型社会政策模式

20 世纪 70 年代中期，拉美地区出现了两个值得关注的事态，一是 1973 年国际石油危机爆发，世界主要石油输出国获得了大量石油美元，这些资金流入国际资本市场。由于资金出现过剩，导致国际贷款利率相当

---

① CEPAL, *Desarrollo y cambio social en América Latina*，Santiago de Chile，1977，p. 7.

② 劳尔·普雷维什：《外围资本主义：危机与改造》，苏振兴、袁兴昌译，商务印书馆 1990 年版，第 9 页。

低。与此同时，由于拉美国家的储蓄率一向很低，工业发展面临资金短缺，为了维持高速经济增长，各国纷纷大举借债，走上了"负债增长的道路"，为 80 年代初的债务危机埋下了隐患。二是拉美一些民族主义色彩较强的政府如智利阿连德政府、阿根廷庇隆主义政府等，先后被右翼军人政变推翻。以智利军政府为首的新上台的军政府接受了新自由主义学派的政策建议，开始推行新一轮的经济改革。在学术界，也展开了新自由主义学派对结构主义发展思想的批判和否定，新自由主义开始成为主流发展思想。

新自由主义的核心思想包括：（1）全盘否定进口替代工业化发展模式，主张发展出口工业，淘汰那些效率低下的工业企业。（2）强调发挥比较优势，发展对外贸易。实际上是将拉美的发展模式又回归到最初的初级产品出口模式上。（3）主张充分发挥市场机制的作用，否定国家干预经济的必要性。（4）实行国有企业私有化。（5）对外开放市场。降低关税，[①]对外国资本实行国民待遇。（6）取消或限制某些劳工权利。

1979 年 10 月，美联储决定对银行的境外贷款执行"存款准备金"制度，导致国际贷款利率急剧上升。伦敦银行同业存贷利率从 1979 年的 2.5％迅速提高到 1981 年的 22％。[②] 1982 年 8 月，墨西哥中止了为其外债还本付息，成为拉美地区债务危机的开端。债务危机使西方债权国和债权银行对拉美国内经济的干预大大加强了。研究表明，1981—1983 年，100％的国际货币基金贷款都是附加条件的，而在 1979—1980 年只有 24％。到 1983 年，已经有 3/4 的拉美国家开始实行 IMF 的稳定计划。[③]随着 1985 年 9 月"贝克计划"的出台，美国控制的主要国际金融机构在贷款政策上的右转倾向更加明显。[④] 一系列旨在推动拉美国家实施新自由主义结构改革的信贷产品相继推出，如 1986 年 IMF 的"结构调整贷款"

---

① 1974 年初，拉美国家的平均关税为 100％，到 1979 年 6 月已降至 10％。引自苏振兴、袁东振《发展模式与社会冲突——拉美国家社会问题透视》，当代世界出版社 2001 年版，第 19 页。

② ［英］莱斯利·贝瑟尔主编：《剑桥拉丁美洲史》（中文版）第 6 卷（上册），当代世界出版社 2000 年版，第 186、233 页。

③ Lonardo V. Vera, *Stabilization and Growth in Latin America*, New York, PALGRAVE, 2000, pp. 16－22.

④ James M. Cypher, The Debt Crisis as Opportunity: Strategies to U.S. Hegemony, *Latin American Perspectives*, Vol. 16, No. 1（Winter, 1989）, p. 60.

（SAF）和世界银行的"结构调整贷款基金"（SALS）、1988 年的"强化型结构调整贷款"（ESAF）等，使拉美国家面临的外部改革压力明显加大。债务危机为新自由主义在拉美传播提供了绝好的机会。到 1989 年，曾在美国接受培训的拉美经济学家已经在一些拉美国家位居要职，在拉美两个传统的民族主义大国——墨西哥和阿根廷，新自由主义经济学家完全主导了改革的进程。

从 80 年代中期至 90 年代中期的 10 年间，新自由主义改革包括贸易自由化、金融自由化、私有化、税制改革、劳工改革、养老金改革等方面。改革的确在稳定宏观经济方面产生了积极效果：通货膨胀明显下降，1996 年拉美地区平均通货膨胀率降至 10％；国民经济恢复增长，财政赤字低于国内生产总值的 2％；出口增加，又重新成为了经济增长的动力；贫困现象有所缓解。美洲开发银行首席经济学家爱德华多·洛拉（Eduardo Lora）曾这样评价新自由主义改革："若无过去 10 年的结构性改革，人均收入将比现在低 12％，国内生产总值的增长率也将比现在的平均增长率低 1.9％。"[1]

然而，好景不长，大部分拉美国家（除智利之外）在 90 年代末又出现了倒退的趋势，社会状况又开始恶化。[2]（1）联合国拉美经委会和美洲开发银行的报告均指出，改革对增长和公平的贡献是非常小的。[3] "新自由主义改革和结构调整带来了社会脱节，经济增长与民众的福利越来越没有关系……改革的结果既是一场经济上的自由化，也是财富分配体制的变化，以及由之而来的权力关系的变化：财富和权力的集中，以及大部分人的被排斥和边缘化。这种体制将经济分为正规和非正规、分为大资本和民

---

　　① 美洲开发银行：《拉美改革的得与失：美洲开发银行论拉丁美洲的经济改革》，江时学等译，社会科学文献出版社 1999 年版，中文版序，第 2 页。

　　② Ana Margheritis and Anthony W. Pereira, "The Neoliberal Turn in Latin America: The Cycle of Ideas and the Search for an Alternative", *Latin American Perspectives*, Issue 154, Vol. 34 No. 3, May 2007.

　　③ ［美］芭芭拉·斯托林斯、威尔逊·佩雷斯：《经济增长、就业与公正：拉美国家改革开放的影响及其经验教训》，江时学等译，中国社会科学出版社 2002 年版；美洲开发银行：《拉美改革的得与失：美洲开发银行论拉丁美洲的经济改革》，江时学等译，社会科学文献出版社 1999 年版；美洲开发银行：《经济发展与社会公正》，林晶等译，中国社会科学出版社 2002 年版。

众、把社会分为上层和底层（倾向消灭中产阶级）……"① 也就是说，整个新自由主义经济改革一直伴随着社会财富进一步向少数的私人资本手里集中的趋势，改革后"拉美收入分配仍是世界上最糟糕的，在 90 年代贫困人口达到高峰，1.4 亿贫困人口，这个数字至今一直未变"。②（2）拉美的农村地区没有从改革中受益，土地制度没有根本的改变，在全球化的压力下，农民生活更加困苦，最终导致了 1994 年墨西哥萨帕塔民族解放军恰帕斯州起义这样的社会运动。（3）拉美的城市过度无序地发展，城市不能吸收大量就业人口，造成大量城市贫民窟、城市暴力。城市从空间上、经济结构和社会结构上都被分成了两个部分，这不仅仅是不平衡，而是社会生活上的隔离和断裂。（4）在毫无保护的对外开放过程中，许多国内中小企业破产或陷于困境，创造就业的能力下降；大企业为了参与国际竞争，普遍采用了新技术和新设备，导致对劳动力的需求下降；大型农业企业向机械化和集约化方向发展，也减少了对劳动力的需求；劳动制度灵活化的改革也没有起到增加就业的目的，反而加剧了就业的不稳定性和不正规性。总之，改革没有为正规经济部门带来更多福利，而非正规经济部门的福利也没有得到提高，经济政策与社会政策脱节。（5）拉美的教育状况在改革中也未得到根本的改变，教育不仅没有起到社会流动、改变社会结构的作用，反而成为制造这种不平等和断裂的工具。总之，新自由主义改革并没有促进拉美国家的社会发展，反而通过"自由化"削弱了拉美国家政府的调控能力，加速了社会分裂的过程，恶化了社会局势。

可见，新自由主义改革并没有缓解，更谈不上解决拉美国家固有的社会问题。这与新自由主义改革者们的发展观有失偏颇和改革的失误有密切关系。

（1）与 50—60 年代流行的"先增长后分配"发展思想类似，新自由主义改革者们认为，经济改革可以促进社会公平。贫困等社会问题将随着经济的不断增长而逐步趋于缓解，把社会公平视为经济增长的必然结果，

① 米格尔·特伊伯尔：《阿根廷：结构调整和社会脱节》，牛晋芳译，载《国外理论动态》2001 年第 10 期。

② 美洲开发银行：《拉美改革的得与失：美洲开发银行论拉丁美洲的经济改革》，江时学等译，社会科学文献出版社 1999 年版，中文版序，第 1 页。

并且认为这是一个自发的过程。因此，在改革进程中，没有在促进社会公平方面专门设计分配制度。虽然新自由主义改革时期的社会政策模式提出过以"区别对待原则"来满足社会经济状况最差群体的需要，从而逐步缩小不同社会阶层之间的差距，但是，这在实践上几乎是不可能的。因为，根据拉美经委会的统计，1985—1995 年拉美地区的贫困人口占其总人口的比重平均为 46%，[①] 要将社会服务覆盖面扩大到如此大的范围，同时又要确保提供高质量的社会服务，这两者是很难协调好的。

实际上，拉美的新自由主义改革仅仅是一场经济改革，即便有涉及社会的方面也只不过是配合经济改革而已。整个经济体制从改革前的由国家主导的内向型经济转向彻底的私有化、市场化的经济体制，国家因此丧失了对经济的主导和控制，而这种权力则转移到了国际资本手中；用于社会发展的社会开支大幅缩减，最受打击的就是贫困群体；改革法案取消和限制某些劳工权利，导致劳工失去了保护，普遍性失业，工资降至最低水平，劳动时间超过法定工作时间；通过立法取消工会的权力，甚至解散了工会；唯一涉及社会政策方面并获得国际社会认可的改革恐怕只有以"智利模式"为代表的养老金制度的改革。不加区别地推行自由化改革，不负责任地将那些关系到国计民生的重要产业私有化，毫无保护地开放资本账户，致使拉美各国失去了自主性、组织性和凝聚力，导致国家发展战略的缺失。[②]

（2）新自由主义改革者们还主张国家应最大限度地退出社会服务领域，让私人部门在这个领域充分发挥作用。在这种思想的指导下，这一时期的社会政策模式明显带有"市场主导"的特点。国家最大限度地退出社会服务领域，而由慈善团体、志愿者、商业和非正规部门等各个次部门执行社会政策的多项职能。[③] 私人部门通过两种途径参与某些社会计划：一是参与政府对穷人实施救助计划。政府将资金集中投给私人部门，再由私人部门提供满足穷人需要的商品；二是直接承担提供社会服务的某些具体职能部门。例如，智利、阿根廷、哥伦比亚和秘鲁等国的医疗保健和养老

---

①　UN，CEPAL，*Panorama Social de América Latina 2007*，Santiago de Chile，2008.

②　Luis Carlos Bresser-Pereira，"Estado y Mercado en el Nuevo Desarrollismo"，*Nueva Sociedad*，No. 210，Julio-Agosto de 2007.

③　事实上，在拉美国家普遍存在着这类次部门，一些非政府组织掌握的资金甚至比国家负责社会问题的部门掌握的资金还要多。

基金均由私人部门进行管理。但是，让市场参与社会政策的执行，这就要求政府部门与私人部门必须进行合作。但私人参与到什么程度、国家对计划执行的调节又应达到什么程度、如何将短期社会政策与长期社会战略结合起来，这些都是需要审慎对待的具体问题。另外，市场要提供高质量的服务，必然会提高价格，导致处于社会较低阶层的群体将被排斥在外。而且，行政管理上实行地方分权，由地方参与执行社会政策也存在着潜在的问题，如果权力过于分散，会影响一些涉及全局的社会政策的制定和实施。

（3）拉美国家缺乏长期发展战略，社会政策的实施缺乏连续性，往往成为政治斗争的牺牲品。"拉美国家始终缺少一种共同的社会责任和社会目标，他们的政策缺少一致性和连续性。……由于总统离任时都不得人心，所以继任者一上任，便被迫推行改革，前任的政策及各类项目都难以继续执行。"[1] 因此，在许多拉美国家，其社会政策通常只是短期的救助制度，社会状况无法有根本性的改善或进步。其根源在于实证主义对拉美思想界的影响太深刻，其核心思想"秩序与社会进步"至今还以其特定的标志形式体现在巴西的国旗中。实证主义主张以"科学的组织"和"社会与政治的理性化"去实现国家的发展目标，认为社会应该是秩序井然、等级分明的，应该由教养良好的精英来引导。实证主义主张变革与进步，但不主张革命；而且，变革应由有教养的精英来领导，而不是把权力移交给大众。因此，在拉美的现代化进程中，改革总是与反改革相伴，两派间的政治斗争总是非常激烈，根本不可能对社会结构和分配领域进行彻底的改革，也就根本无法从根源上消灭社会不公。

另外，许多拉美国家在国家开支的使用上通常优先军事费用而忽视社会费用，因此，即使有很好的社会政策和社会计划，也难以真正落实。许多社会服务项目半途而废，如建立学校、医疗所和医院等，但建成之后又缺乏支付这些设施日常开支的资金，造成了资金的严重浪费。国家设立的有关救助机构实际上因缺少资金而形同虚设。

---

① ［秘鲁］赫尔南多·德·索托（Hernando de Soto）：《另一条道路》，于海生译，华夏出版社 2007 年版。

第五节　新结构主义及其对社会政策模式的探索

一　新的理念和政策主张

20世纪80年代的债务危机使结构主义发展思想遭到了新自由主义的批判和否定，促使结构主义学者们开始反思其思想政策体系。同时，对新自由主义的"衰退性调整"策略提出批评，主张"以发展促还债"，得到了拉美国家的普遍认同。在拉美危机的性质及今后的发展道路等重大问题上，结构主义学派与新自由主义学派展开了激烈的争论。在争论中，结构主义学派对结构主义理论进行反思与扬弃，同时也注重采纳了新自由主义的某些合理成分，如建立市场经济体制、减少国家干预、实行对外开放、适度的私有化等思想，对盛行于20世纪50—70年代的结构主义理论进行了改造和新的理论探索，形成了拉美"新结构主义"学派。联合国拉美经济委员会发表的《生产模式变革与社会公正相结合》、奥斯瓦尔多·松克尔（Osvaldo Sunkel）主编的《从内部发展：对拉美新结构主义思路的探讨》、哥伦比亚经济学家奥坎波（José Antonio Ocampo）的《超越华盛顿共识——来自拉美经济委员会的观点》和《再论发展议程》等，被认为是新结构主义的代表性著述。

新结构主义对拉美发展问题的判断仍然基于"结构分析"，认为拉美国家主要面临三大结构性障碍：一是国内生产结构参差不齐，相互脱节；二是收入分配结构高度集中，具有排斥性；三是国际经济参与结构不对称，初级产品经济与工业经济相脱离。因此，新结构主义仍主张走工业化道路，但是既不赞成采用进口替代的内向发展模式，也不赞同采取以初级产品出口为主的外向发展模式，而是主张"从内部发展"的模式，即"一种内部的创造性努力，争取建立一种同本国的缺陷和实际潜力相适应的生产结构"。为了实现对现有生产结构的改造，必须实行有选择的生产专业化；重视自然资源的加工和出口，并逐步改造非正规经济；实行有步骤的贸易开放。新结构主义提出拉美的发展目标是"增长，改造生产结构，改善增长成果的分配，取得更大程度的自主，减少外部的脆弱性，以及向参与的、民主的社会前进"。① 新结构主义强调，经济发展并不能自动消除贫困和实现社会公正，经济发展计划必须与社会发展计划同步。这是对前期的结构主义和新自由主义发展思想的重要修正，是新结构主义的一个突出特征。

拉美经委会认为社会公正是增强竞争力的必要条件，这意味着每一个人都应该直接地或间接地参与生产进程。"提高竞争力和改善社会公正，这二者应该是并行不悖的。没有社会公正的竞争力最终将被证明是短命的，没有竞争力的社会公正也是短命的。"② 为实现社会公正，拉美国家应采取补充性的重新分配措施，包括提供技术、金融、服务和大量培训小企业家、个体经营者和农民的计划；改革各种建立小型工商业的规章；使社会服务适应最贫困阶层的需求；促进相互援助的措施和恰当地向当局反映贫困阶层的要求；采取措施在收入和有关公共开支趋向两方面充分利用财政政策的再分配潜力等。③ 各国政府应关注三个方面：第一，通过在生产、生产率、收入和社会服务方面对最贫困和最易受损害的阶层提供支持，缩小外部冲击对他们的影响；第二，减少结构调整中与改革联系在一起的重新配置劳动力的代价；第三，一旦增长恢复，就要为根除贫困和解决收入及财富的过度集中提供便利。同时，为了改善劳动力市场的功能和吸纳劳动力，有必要采取一项重视非正规部门的新战略。④

在国家职能的问题上，新结构主义认为，结构主义过于强调国家干预，而新自由主义则过分排斥国家的作用，这两者都是片面的。新结构主义提出，要建立"一种选择性的、战略性的、对市场起补充作用的新型国家干预模式；一个关注宏观经济平衡并对经济政策具有实际运筹能力的公共部门；一个把生产置于优先地位并创造动态比较优势的国家……"这也就是说，国家应着手构建一个长期的"从内部发展"的经济和社会发

---

① 引自苏振兴、袁东振《发展模式与社会冲突——拉美国家社会问题透视》，当代世界出版社 2001 年版，第 22—23 页。

② Fernando Fajnzylber，"ECLAC and Neoliberalism：An interview with Fernando Fajnzylber"，*CEPAL Review*，No. 52，April 1994，pp. 205—206.

③ UN，ECFLAC，*Changing Production Patterns with Social Equity*，Santidgo，Chile，1990，pp. 14—15.

④ Osvaldo Sunkel，Gustavo Zuleta，"Neo-Structuralism Versus Neo-Liberalism in The 1990s"，*CEPAL Review*，No. 42，December 1990，p. 42.

展战略;[①] 国家应提供制度发展、民众的社会归属感和建立社会保护网络;国家应对收入分配的结构因素——教育、就业、财富分配、人口赡养、种族和性别等施加影响,制定社会政策,实现社会公平。

20世纪90年代中期以来,新自由主义改革导致了更加严重的社会危机。各方面对新自由主义的批判不绝于耳,新自由主义在拉美的影响力日渐式微。同时,在全球化和一体化大背景下,拉美地区各国之间的差距却越来越大,为此,2004年拉美经委会提出了"一体化与社会凝聚(social cohesion)"的思想。[②] 新结构主义把实现社会公正提高到整个拉美地区的层面上,强调地区整体竞争力和社会公正。他们认为在加速发展进程的同时,必须强调社会政策,必须在设计财政契约以满足建立社会保障体系的需求方面做出努力,同时要发展人力资本和社会资本,建立社会凝聚基金。"社会凝聚"是增强拉美国家的长期竞争力的必要条件。它至少包括四个要素:稳定的财政、价格和收入政策;促进就业和扶持非正规部门的政策;全面的社会保护计划;促进教育的发展,加强吸收新技术的能力。拉美经委会在2007年的报告《社会凝聚:拉美与加勒比地区的社会容纳与归属感》中,进一步指出建立社会凝聚契约是拉美经济实现可持续发展和社会良治的关键。2007年11月,第17届伊比利亚美洲国家首脑会议通过了《圣地亚哥声明》和《行动计划》,这两个文件也都体现了拉美经委会强化社会凝聚的理念。

所谓社会凝聚,是指社会的各个成员在社会中的归属感以及对社会发展目标的认同感。它包括社会容纳机制、社会成员的行为及其对社会价值的判断。社会容纳机制包含了就业、教育以及确保社会公平的政策;社会成员的行为及其对社会价值的判断涉及人们对制度、社会资本、社会团结和社会规则的信任,以及社会的每一个成员参与社会发展进程的意愿和集

① "从内部发展"战略,即形成一种内生性发展的机制。Osvaldo Sunkel,*Development from Within: Toward a Neostructuralist Approach for Latin America*,Lynne Rienner Publisher Inc.,1993.

② "社会凝聚"这个概念来源于欧盟。在欧盟的发展过程中,人们认识到实行积极的政策可以消除地区之间的差异,实现一体化和社会凝聚。有关"社会凝聚"可参见:ECLAC,"New Social Cohesion Covenant for the Region",*ECLAC Notes*,No. 35,July 2004;José Luis Machinea,"For A Social Cohension Pact",*ECLAC Notes*,No. 37,Nov. 2004;ECLAC,*Social Cohension: Inclusion and a Sense of Belonging in Latin America and the Caribbean*,ECLAC,Santiago de Chile,2007.

体努力。显然，社会凝聚是一个抽象的概念，目前拉美还没有相应的衡量社会凝聚程度的指标体系。借鉴欧盟衡量社会凝聚的指标体系，可以使用两类指标体系来衡量社会凝聚程度的大小：第一类指标体系与物质能力有关，主要包括收入水平、贫困化程度、失业率、入学率、预期寿命、儿童免疫接种的普及率、能否居住在拥有卫生设施的住房、社会保障的覆盖面以及数字鸿沟（即儿童和成年人在学校和家庭可否使用因特网）；第二类指标体系是通过民意测验等方式取得的人们对下述问题的主观判断：能否尊重文化的多元性、人与人之间的信任以及民众参与政治和集体活动的程度等。

如何强化社会凝聚？拉美经委会提出了三项政策主张：

（1）通过扩大就业来增强社会凝聚。就业是国计民生的基本点，是拉美家庭收入的主要来源；就业是经济发展与社会发展之间最重要的纽带，因为快速发展的经济能创造出更多的就业机会，能提高人民的收入水平，从而实现社会发展；扩大就业的另一个重要性在于它能缩小非正规部门的规模。拉美的非正规部门规模相当大，且游离于政府的管理体系之外。在非正规部门谋生的人得不到足够的劳动安全保护，无法享受正规的社会保障制度提供的福利，工资水平低。因此，缩小非正规部门有助于增加劳动者的安全感、稳定感和成就感，从而增强社会凝聚的程度。

拉美经委会认为，为了减缓经济周期变化对劳动力市场产生的负面影响，拉美国家的政府在经济周期进入低潮后应该实施一些紧急就业计划，以创造出一些应急性的短期就业机会。这些就业机会常常是劳动力密集型的，主要来自于与国民经济发展息息相关的基础设施建设。紧急就业计划既能改善基础设施，又能创造就业机会，有助于增强社会凝聚。

（2）通过发展教育来增强社会凝聚。教育有助于提升人的能力，从而使每一个人能够获得均等的脱贫或致富的机会。因此，教育是一种无形资产，有助于消除或减少贫困，有助于保护弱势群体，从而增强社会凝聚；教育还能通过传播知识来改变人的价值观和对待他人的态度，从而使人们更容易接受、尊重和容纳其他文化和种族的差异，增强社会凝聚。

拉美经委会认为，政府必须在发展教育事业的过程中发挥主导作用。除了普及小学入学率以外，还应该普及学前教育，降低青少年的辍学率，为其提供接受终身教育的机会。对于来自贫困阶层和落后地区的儿童，政府必须为其接受正规的、高质量的和公平的义务教育提供财政上的支持。

（3）通过加强社会保护来增强社会凝聚。如果一个人在面临着失业、生病、年老等风险时，能够感受到社会对自己的需求作出反应，体会到社会是一个充满合作、平等协商和有能力解决争端的体系，认识到社会能够帮助每一个人化解各种风险的话，那么，人们就会感受到社会提供的保护，就会有安全感。社会保护不是抽象的，而是与社会凝聚力密切相连的、实实在在的政策工具。政府应该把社会政策和福利更多地向弱势群体倾斜。①

虽然新结构主义提出了"一体化与社会凝聚"这个新思想，但这并不意味着拉美国家已经找到一条缓解社会冲突的发展之路。正如恩里克·伊格莱西亚斯（Enrique Iglesias）在第 17 届伊比利亚美洲国家首脑会议上所指出的：近 5 年来，拉美国家经济发展状况普遍有所好转，但这并没有带来"社会发展指数"的好转。② 因此，如何将上述新思想、新主张转化为可实施的具体社会政策模式还任重道远。新结构主义学者们和大多数执政的（中）左派政府正在努力向这个目标迈进，通过政策调整，逐步纠正经济和社会发展中的偏差和失误，加强政府对经济和社会发展宏观调控的功能，在理论和实践中不断探索，以期总结出一个明确的、具有共识性的发展战略来替代新自由主义。正如拉美经济委员会前执行秘书马奇内亚（José Luis Machinea）所说："自 20 世纪 90 年代初以来，拉美经济委员会一直在致力于创立一种与全球化世界相适应的新的发展范式。这个范式所追求的是，在生产现代化的前提下，形成经济增长与社会公平之间的'正向协同'。"③

二　社会政策模式的调整

目前，拉美的社会保障制度改革的受益者主要是现有参保人，未被社

---

① ECLAC，*Social Cohesion：Inclusion and A Sense of Belonging in Latin America and the Caribbean*，ECLAC，Santiago de Chile，2007；江时学：《强化社会凝聚力有助于拉美国家的稳定》，《中国社会科学院院报》2008 年 7 月 31 日。

② 《社会和谐成为拉美国家关注重点》，《人民日报》2007 年 11 月 12 日，第 3 版。

③ ECLAC，*Social Cohension：Inclusion and a Sense of Belonging in Latin America and the Caribbean*，ECLAC，Santiago de Chile，2007.

会保险覆盖的人口占拉美总人口的 62%。① 因此，在社会政策调整中优先考虑特定人群，将社会政策的重点从过去专注于一部分人的高福利转向低水平的覆盖面更广和普享性质的福利模式。通过制度改革减少体制内的高福利水平，将更多资金用于以穷人为目标的社会安全网计划。建立普享制社会福利模式，是减少社会不平等、增进社会凝聚的要求。

普享型社会福利模式与以往的"聚焦法"社会政策模式有所不同。"聚焦法"社会政策模式是集中有限的资金重点救助最贫困的社会群体。例如，墨西哥的"团结互助计划"和"教育、食品和卫生计划"、哥伦比亚的"根除极端贫困计划"、玻利维亚的"社会基金计划"、智利的"智利团结计划"、巴西的"零饥饿计划"等都把贫困的青少年、老年人、残疾人、土著居民、女性单亲家庭列为主要扶持对象。这种有针对性的社会救助政策的确能够提高有限资金的使用效率，但是考虑到拉美拥有占人口总数 45% 左右的贫困人口，这种"聚焦法"社会政策模式就只能是杯水车薪，根本无法从总体上增进社会福利模式的效率。

普享型社会福利模式遵循向所有人提供社会服务的原则，通过建立和加强全面的社会保护体系和安全网计划，力图将那部分占总人口 62% 的人纳入社会保障体系，从而提高整体社会福利水平。这是当前拉美国家所面临的最紧迫的问题，因为据统计，拉美国家 70 岁以上的老人中，只有 40% 能够直接获得养老金收入；只有阿根廷、委内瑞拉、巴西、智利、厄瓜多尔、墨西哥和乌拉圭等少数国家建立了失业保险；拉美国家的社会医疗覆盖面只有 40%，大大低于国际劳工组织规定的 75% 的最低标准。有大约 11.5% 的人口购买了商业医保，而有 8360 万人根本得不到任何医疗服务。大量的贫困人口、非正规部门就业者和社会弱势群体没有得到有效的社会保护。

第六节　关于拉美发展思想与社会政策演变的启示

研究拉美社会政策的意义在于，拉美国家与中国都处于经济和社会转型时期，面临着许多相似的重大社会问题（如就业、公共安全、教育、收

① CEPAL，*Panorama Social de América Latina 2008*，Santiago de Chile，2009.

入分配不公、贫困与弱势群体等），有效地解决或控制这些问题关系到转型顺利、经济发展与社会进步，是政府在建构社会保障制度和社会政策体系时需要认真考虑的。在这方面，拉美国家并没有提供成熟的经验，同中国一样也正在进行探索。但是，拉美国家在发展中忽视社会不公的教训，对中国具有警示和借鉴意义。

一　树立科学的发展观

拉美的经验教训告诉我们，经济发展要与实现社会公正同步进行，否则社会危机不仅将阻碍经济的可持续发展，而且还会吞噬以前经济发展的成果。因此，首先要树立正确的发展观，才可能建立有效的社会政策体系，才可能实现社会公正。

经济增长是解决社会问题的物质前提，这是需要首先肯定的，但不能因此而片面强调经济增长。然而，片面强调经济增长却是大多数国家和地区在现代化早期阶段的通病。中国在改革开放后 20 多年的发展进程中，也是一直把经济目标放在优先于社会目标的地位。经济增长几乎成为现代化建设、社会发展的代名词，经济政策几乎成了压倒一切的基本政策，社会政策与经济政策两者之间呈现出严重的不同步和不平衡。同经济政策相比，中国研究和制定社会政策的工作起步较晚，在 20 世纪 90 年代末，社会政策才开始得到一部分社会成员的认同。即使是今日，社会政策无论就其受重视的程度，还是贯彻的力度还都不能与经济政策同日而语。在这方面，中国没有充分利用后发优势，没有有效地借鉴拉美国家的经验和教训。据世界银行 2008 年的统计，中国居民的收入基尼系数（贫富差距程度）已由改革开放前的 0.16 上升到 2008 年的 0.47，不仅超过了国际警戒线（0.40），也超过了世界所有发达国家的水平。而且，由于部分群体隐性福利的存在，中国实际收入差距可能还要更高。可见，自 20 世纪 90 年代中期以来持续十多年的高增长并没有减缓社会不公的程度，反而导致更严重的社会不公问题，如贫富差距过大、贫困、主要群体的弱势化趋向、失业、社会保障缺位、社会歧视，以及社会公共事业有所滑坡问题等相继出现或加重。尤其这些年来，中国经济的改革与发展同基本民生问题在某种程度上出现了更明显的脱节，例如，教育费用、医疗费用和房价迅速攀升，其增长幅度大大超过了同期经济总量和人均收入的增幅，直接影响了民众的生活水平，民众没有充分地分享到改革与发展的成果。

针对这样的社会形势，中国政府提出了"科学发展观"和"建立和谐社会"等新的发展思想。它具有深刻的社会政策含义，其实质是要实现个人、经济和社会全面的、可持续的发展。新的发展观强调社会政策要更加注重以人为本，以民生为基础，以满足民众基本需要和维护社会稳定并重；更加强调社会公平和基本权利保护，而不是像以前那样强调"效率优先、兼顾公平"；更强调向弱势群体倾斜，对残疾人、农民工、长期贫困者、儿童等群体给予更多的关注。

二　构建有效的社会政策体系

改革开放 30 年以来，中国的社会政策体系从计划经济时代的社会政策模式转型到了适应社会主义市场经济的社会政策模式；正在从比较单一以经济建设为目标，逐步转向以构建社会主义和谐社会为目标的政策体系；从早期重福利轻效率转向后来的重效率轻公平，近年来又向公平与效率并重回归。总的来说，中国的社会政策正在趋于更加科学的发展方向。

有专家学者指出"中国正步入社会政策时代"。所谓社会政策时代，是指社会政策作为一种现象较为集中出现的时期，是一个国家以改善困难群体的生活状况和普遍增进社会成员的社会福祉为目的的社会政策普遍形成，并作为制度被有效实施的社会发展阶段。[①] 自 2002 年中国社会政策体系步入制度化改革的新阶段以来，失业保险制度、城市居民最低生活保障制度、新型农村合作医疗制度、农村义务教育经费保障政策、城镇居民基本医疗保险政策，以及医药卫生体制改革方案陆续出台，这都表明，中国政府正在着力构建全面、有效的社会政策体系。

尤其是当今面对国际金融危机的冲击和经济增长放缓的严峻形势，中国应对经济下行和经济周期带来的失业及其他各种社会问题和社会风险，既需要有效的经济政策、财政政策，更需要社会政策。过去，社会政策的主要任务是为满足社会需要、解决社会问题而进行资源的再分配；而今天，减低社会风险并提升个人抵抗风险的能力则成为社会政策的主要功能。

自党的十六大以来，在关注民生、发展社会事业、注重社会建设等概念的支撑下，社会政策已成为历届政府工作报告中的重要内容。面对当前

---

① 《中国正走向社会政策时代》，《北京日报》2005 年 4 月 12 日。

出口下降、失业上升、内需不足等社会经济挑战，保增长、保就业和保民生成为中国 2009 年公共政策选择的基本目标。那么，在这一基本总体目标之下社会政策又具有哪些特点呢？

在 2008 年的政府工作报告中，在"更加注重社会建设，着力保障和改善民生"的小标题下，共列出了"坚持优先发展教育"、"推进卫生事业改革和发展"、"加强人口和计划生育工作"、"努力扩大就业"、"增加城乡居民收入"、"完善社会保障制度"、"建立住房保障体系"等具体社会政策内容。在 2009 年的政府工作报告中，相关部分的小标题改为了"大力发展社会事业，着力保障和改善民生"。从具体政策宣示来看，2009 年的政府工作报告列出了如下内容："千方百计促进就业"、"加快完善社会保障体系"、"优先发展教育"、"推进医药卫生事业发展"、"做好人口和计划生育工作"、"大力发展文化体育事业"、"加强民主法制建设"，以及"加强社会管理，维护社会和谐安定"。

2008 年的报告对政府社会政策范畴做出了比较全面的界定，囊括了经典社会政策的五大主要部门（教育、医疗、就业、社会保障、住房），其中，把"住房保障体系"列入了社会建设范畴。在 2009 年的报告中，"社会事业"概念纳入了"文化体育事业"、"民主法制"、"社会管理"这些内容，超越了常规社会政策的范畴。从政策的优先次序来看，"促进就业"成为社会政策的首要选择，"维护社会和谐安定"成为社会政策的主要目标。值得注意的是，在 2009 年的报告中，没有把住房政策放在社会政策领域，而是重新纳入房地产市场政策的范畴，恢复了 2006 年以前的做法。这一变动可能是基于国际金融危机下的我国社会经济现实的一种权宜之计，但是也反映出我国仍然缺乏清晰而稳定的社会政策理念和体系。

总的来说，目前我国社会政策体系中仍然有一些深层次的问题迫切需要解决：（1）到目前为止，我国还缺乏较统一的社会政策发展纲领和宏观规划。社会政策各个领域的制定和执行仍然是分门别类，各自为政。（2）社会政策在许多领域中的制度设计还需要进一步加强。合理的制度体系是保证社会政策高效率实施和福利体系高效率运行的保障。（3）在社会政策的总体目标上，我们应如何确定在全球化和经济竞争背景下的发展型福利社会，以及如何保持合理的福利水平？在社会福利的责任模式方面，如何构建政府与民间，以及中央政府与地方政府之间合理的责任分担关系？在社会政策体系建构方面，如何分步骤地形成城乡一体化的模式，以及如何协调全国统一模式与地方特色模式的关系？在社会政策的内容方面，如何确定在适度普遍性福利体制下的选择性重点领域？在社会政策的治理模式方面，如何形成全国统一与地方分治相结合的社会政策管理体系？在具体的项目上如何完善合理的制度设计与技术手段应用机制？等等。这些问题都是我国社会政策发展面临的严峻挑战。[1]

———————————

[1]　关信平：《改革开放 30 年中国社会政策的改革与发展》，载《甘肃社会科学》2008 年第 5 期。

第 五 章

拉美地区收入分配不公的制度探源

拉美地区不仅是世界上收入分配最不公平的地区，而且长期以来收入分配状况没有明显改善。导致收入分配严重不公的因素有很多，不合理的收入分配体制和制度无疑是最根本的内生性因素。本章主要从收入分配制度角度分析拉美地区收入分配不公的原因，并从中总结若干启示。

第一节　拉美地区的收入分配状况

近几年来，"拉美化"一词曾引起国内的广泛关注和激烈争论，而收入分配严重不公、贫富差距过大被认为是"拉美化"的主要表现之一。

一　拉美地区是世界上收入分配最不公平的地区

有三个指标可以反映拉美地区的收入分配差距（如表5—1所示）。一是基尼系数。基尼系数越大，收入分配差距越大。21世纪初，拉美地区的基尼系数为0.53，无论是同高收入经济体相比还是同其他几个地区相比，均为最高值。二是收入水平最高的10％人口拥有的国民收入比重。该比重越大，收入分配差距越大。拉美地区的这一比重为41.1％，为最高值。三是收入水平最低的10％人口拥有的国民收入比重。该比重越小，收入分配差距越大。拉美地区的这一比重仅为1.1％，为最低值。同其他地区和经济体相比，拉美地区的前2个指标为最高值，后一个指标为最低值，反映出拉美地区的收入分配差距居世界之最。

从表5—1还可以看出，自20世纪60年代以来，拉美地区就一直是世界上收入分配差距最大的地区。尽管20世纪70—90年代基尼系数略有增减，但 60 年代和 21 世纪初的基尼系数均为 0.53，说明拉美地区 21 世纪初的收入分配状况与 20 世纪 60 年代基本相同。

表 5—1　20 世纪 60 年代—21 世纪初拉美地区和其他地区或经济体的基尼系数

地区	基尼系数					21 世纪初收入分配（%）	
	60 年代	70 年代	80 年代	90 年代	21 世纪初	最低 10%	最高 10%
高收入经济体	0.35	0.35	0.33	0.34	0.33	3.0	25.7
东欧和中亚	0.25	0.25	0.25	0.29	0.34	3.1	26.6
南亚	0.36	0.34	0.35	0.32	0.38	3.4	31.7
中东和北非	0.41	0.42	0.41	0.38	0.38	2.7	29.8
东亚和太平洋	0.37	0.40	0.39	0.38	0.40	2.8	31.8
撒哈拉以南非洲	0.50	0.48	0.44	0.47	0.44	2.2	34.0
拉丁美洲	**0.53**	**0.49**	**0.50**	**0.49**	**0.53**	**1.1**	**41.1**

资料来源：（1）20 世纪 60 年代、70 年代、80 年代、90 年代的基尼系数：Klaus Deininger, Lyn Aquire，"A new data set measuring income inequality"，World Bank Economic Review, Vol. 10，No. 3，Washington，D. C.，World Bank（1996）.（2）21 世纪初的基尼系数和收入分配：根据世界银行"World Development Indicators：2007"表 2.7 中的数据计算。

二　拉美地区收入分配特点

拉美各国的收入分配状况存在着很大差异，我们选择 18 个拉美国家（见表 5—2）来考察拉美地区的收入分配状况。根据拉美经委会的最新统计，2007 年，这 18 个国家共有约 5.5 亿人口，占拉美地区总人口的 95%；GDP 为 25 990 亿美元，约占地区 GDP 的 97%。[①] 因此，这 18 个国家能够基本反映拉美地区的收入分配状况。

根据 2007 年的基尼系数，可以将 18 个主要拉美国家分为 3 组：第一组为基尼系数介于 0.4—0.5 之间的国家，有委内瑞拉、乌拉圭、萨尔瓦多、哥斯达黎加等 4 个；第二组为介于 0.5—0.6 之间的国家，有秘鲁、阿根廷、多米尼加、墨西哥、智利、尼加拉瓜、厄瓜多尔、巴拉圭、危地马拉、巴拿马、巴西、洪都拉斯、玻利维亚等 13 个；第三组为基尼系数

① CEPAL，*Statistical yearbook for Latin America and the Caribbean，2008*，February, 2009，Santiago, Chile. 根据有关数据计算。

超过 0.6 的国家，只有哥伦比亚，其基尼系数为 0.61。总体而言，拉美地区的收入分配有以下突出特点。

第一，拉美各国的收入分配差距普遍偏大。国际上将 0.4 作为基尼系数的警戒线，基尼系数高于 0.4 意味着收入差距偏大。如表 5—2 所示，18 个拉美国家的基尼系数均在 0.4 以上。在拉美地区，只有牙买加的基尼系数在 0.4 以下，为 0.38[①]。

表 5—2　　　　　　　　　　拉美地区 18 个国家的基尼系数

国家/年份	1970	1980	1990	2000	2007	
委内瑞拉	0.48	0.45	0.44	0.45	0.45	
乌拉圭	0.43	0.44	0.41	0.44	0.46	0.4—0.5
萨尔瓦多	0.47	0.48	0.51	0.53	0.47	
哥斯达黎加	0.45	0.49	0.46	0.47	0.49	
秘鲁	0.49	0.45	0.57	0.45	0.50	
阿根廷	0.41	0.47	0.48	0.53	0.51	
多米尼加	0.46	0.42	0.48	0.52	0.51	
墨西哥	0.58	0.51	0.53	0.54	0.51	
智利	0.47	0.53	0.55	0.55	0.52	
尼加拉瓜	0.63	0.58	0.57	0.50	0.52	
厄瓜多尔	0.60	0.54	0.56	0.59	0.54	0.5—0.6
巴拉圭	0.30	0.50	0.60	0.57	0.54	
危地马拉	0.50	…	0.60	0.54	0.55	
巴拿马	0.58	0.48	0.56	0.57	0.55	
巴西	0.57	0.57	0.57	0.60	0.56	
洪都拉斯	0.62	0.55	0.57	0.55	0.56	
玻利维亚	0.53	0.53	0.55	0.63	0.57	
哥伦比亚	0.57	0.49	0.57	0.59	0.61	0.6 以上

数据来源：（1）1970 年、1980 年和 1990 年数据，Jeffrey G. Williamson，T. J. Hatton，Kevin H. O'Rourke，Alan M. Taylor，The new comparative economic history：essays in honor of Jeffrey G. Williamson，MIT press 2007. p. 296，297。

（2）2000 年和 2007 年数据。ECLAC，Social Panorama of latin America 2007，May 2008，Santiago，Chile. 数据来源并不全是 2000 年和 2007 年的数据，表中选取时间最接近的数据。

---

①　World Bank，*World Development Report 2006*，Washington，D. C.

第二，收入分配差距与收入水平没有必然联系。2007 年，在第一组国家中，委内瑞拉、乌拉圭、哥斯达黎加 3 国的人均 GDP 超过 5000 美元，而萨尔瓦多为 2252 美元；在第二组国家中，墨西哥的人均 GDP 为 7094 美元，而尼加拉瓜则仅为 885 美元。哥伦比亚的人均 GDP 为 2843 美元，在拉美地区居中等偏下水平，但其基尼系数却居拉美之首[①]。

第三，20 世纪 70 年代以来大部分国家的收入分配状况没有明显改善。自 20 世纪 70 年代以来，大部分拉美国家的收入分配状况或者没有明显改善，或者收入差距有所扩大。

根据表 5—2 的数据，计算出 20 世纪 70 年代至 21 世纪初 18 个拉美国家基尼系数的变化幅度，并制作图 5—1。负值意味着基尼系数减小，收入分配状况有所改善；正值意味着基尼系数增大，收入分配差距扩大；变化幅度在 ±5％ 以内，意味着收入分配状况没有明显变化。如图 5—1 所示，自 20 世纪 70 年代以来，尼加拉瓜、墨西哥、厄瓜多尔、洪都拉斯、委内瑞拉等 5 个国家，其基尼系数有所减小，意味着收入分配状况有所改善。巴拿马、巴西、萨尔瓦多、秘鲁等 4 个国家的基尼系数变化幅度在 ±5％ 以内，仅有微小的变化，表明收入分配状况没有明显变化。哥伦比亚、乌拉圭、玻利维亚、哥斯达黎加、危地马拉、智利、多米尼加、阿根廷、巴拉圭等 9 个国家，其基尼系数的增加幅度超过 5％，意味着收入分配差距有所扩大。

第四，个人收入高度集中，贫富差距大。自 20 世纪 70 年代以来，个人收入高度集中的状况一直没有改变。20 世纪 70 年代初，巴西收入水平最高的 10％ 人口拥有个人总收入的 50.9％（1972 年），居世界首位。其他拉美国家的这一数字如下：巴拿马为 44.2％（1973 年），秘鲁为 42.9％（1972 年），墨西哥为 40.6％（1977 年），哥斯达黎加为 39.5％（1971 年），委内瑞拉为 35.7％（1970 年），阿根廷为 35.2％（大布宜诺斯艾利斯地区，1970 年），特立尼达和多巴哥为 31.8％（1975—1976 年），等等。[②]

---

① CEPAL，*Statistical yearbook for Latin America and the Caribbean，2008*，February，2009，Santiago，Chile.

② World Bank，*World Development Report 1989*，The World Bank，Washington，D.C.，1989.

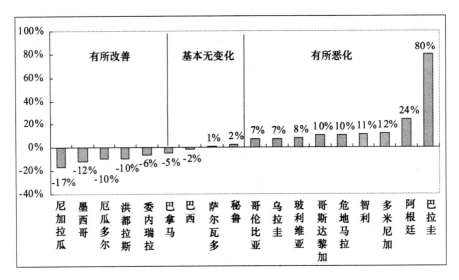

图 5—1　20 世纪 70 年代至 21 世纪初拉美地区 18 个国家基尼系数的变化

2006 年前后，在 18 个主要拉美国家中，收入水平最高的 10％人口拥有的个人收入占个人总收入的比重超过 40％的国家有 10 个，哥伦比亚的这一比重最高，达到 46％，其后依次为玻利维亚（45.3％）、巴西（43.4％）、厄瓜多尔（43.4％）、洪都拉斯（42.4％）、巴拉圭（42.3％）、智利（42％）、尼加拉瓜（41.9％）、巴拿马（41.7％）和危地马拉（40％）。墨西哥、哥斯达黎加、秘鲁、多米尼加、萨尔瓦多、阿根廷和乌拉圭等 8 个国家的这一比重介于 35％—40％之间，其中墨西哥为 39.5％，阿根廷为 35.5％。①

2006 年前后，收入水平最高的 10％人口与收入水平最低的 10％人口平均收入之比超过 60 的国家有 3 个，分别是哥伦比亚（62.8）、玻利维亚（62.6）和危地马拉（61.7）；巴拿马为 53.2；介于 22—42 的国家有 11 个，如巴西（41.6）、墨西哥（31.2）、阿根廷（29.7），等等。委内瑞拉的比值最小，为 19.1。②

由于收入高度集中，在 18 个主要拉美国家中，收入水平较低的 40％人口拥有的个人收入占个人总收入的比重不足 10％的国家有 5 个，即危

---

① Centro de Estudios Distributivos，Laborales y Sociales，Universidad Nacional de La Plata. www. depeco. econo. unlp. edu. ar/cedlas.

② Ibid.

地马拉、巴拿马、洪都拉斯、玻利维亚和哥伦比亚；介于 10％—15％ 的有 13 个，即委内瑞拉（14.6％）、萨尔瓦多（13.4％）、多米尼加（12.9％）、乌拉圭（12.9％）、墨西哥（12.4％）、智利（12.1％）、阿根廷（11.9％）、秘鲁（11.8％）、尼加拉瓜（11.5％）、巴拉圭（11.1％）、厄瓜多尔（10.8％）以及巴西（10.1％）等。[①]

第二节　拉美地区收入分配不公的原因

收入分配可以分为两种类型和两个层次。收入分配的两种类型是指国民收入分配和个人收入分配[②]，前者侧重收入分配机制、分配格局等问题，后者侧重个人收入的来源、收入差距等问题。虽然两种类型的收入分配有所不同，但二者之间存在着密切联系，如：国民收入分配中的劳动者收入是个人收入中的劳动收入的主要来源。收入分配的两个层次是指初次分配和再分配。

一　以企业收入为主的国民收入分配格局

本节涉及国民收入分配的主要目的是从收入分配的源头考察拉美国家收入分配严重不公的根源，因此，着重考察国民收入的初次分配格局。关于收入再分配的情况，将在后面的个人收入分配分析中涉及。

国民收入的初次分配可分解为劳动者收入、企业收入和政府收入。劳动者收入是指生产过程中支付的劳动要素成本。企业收入是指企业经营总剩余，如企业固定资产折旧、企业积累等。政府收入是指政府部门的间接税收入减去各种补贴支出后的净间接税收入。这三大收入是经济、社会的基本原始收入。

1. 国民收入的初次分配格局

表 5—3 选择了委内瑞拉、墨西哥、哥伦比亚、智利和巴西 5 个拉美

---

① Centro de Estudios Distributivos，Laborales y Sociales，Universidad Nacional de La Plata. www. depeco. econo. unlp. edu. ar/cedlas. 根据有关数据计算。

② 西方收入分配理论将收入分配分为功能分配和规模分配两种形式，前者是按生产要素（土地、劳动、资本等）进行分配，后者是个人或家庭之间进行的收入分配。

国家，对其国民收入初次分配格局进行分析，同时选择美国作为比较。

21世纪初，在国民收入的初次分配格局中，拉美5国的企业收入占国民收入的比重较高，劳动者收入所占的比重较低，例如，委内瑞拉的企业收入所占的比重为62.8%，巴西为45.8%，其他国家介于二者之间；委内瑞拉的劳动者收入所占的比重最低，仅为29%，智利的比重为39.8%。美国的情况则与拉美国家相反，企业收入所占的比重仅为27.4%，而劳动者收入所占的比重却高达70.7%。

以企业为主的国民收入分配格局是拉美国家收入分配严重不公的一个重要根源。雇员是获取劳动者收入的主要群体，同时也是规模最大的社会群体。根据拉美经委会的统计，2006年，在委内瑞拉的城市地区，雇员占劳动力比重为58.3%，而雇主的比重仅为4.5%；墨西哥城市地区的雇员和雇主占劳动力的比重分别为73.5%和3.9%，哥伦比亚分别为54.2%和5.3%，智利分别为76.5%和3.2%，巴西分别为70.3%和5.0%。[①]拉美国家的雇员占劳动力的比重与劳动者收入占国民收入的比重不相称，数量最多的社会群体仅分得少部分国民收入，这种收入分配格局从源头上决定了拉美国家的收入分配严重不公。

表5—3　　　　　　　21世纪初部分国家国民收入初次分配格局

	企业收入	劳动者收入	政府收入
委内瑞拉	62.8%	29.0%	8.3%
墨西哥	58.1%	32.2%	9.7%
哥伦比亚	55.6%	33.9%	10.4%
智利	47.8%	39.8%	12.4%
巴西	45.8%	39.1%	15.1%
美国	27.4%	70.7%	1.9%

资料来源：根据联合国国民经济统计数据库中有关数据计算，www.data.un.org.

2. 国民收入初次分配的指导模式

企业收入占国民收入的比重偏高是拉美地区的一个长期现象，早在20世纪50—70年代，企业收入所占的比重约为40%，劳动者收入和政府

---

① ECLAC，*Social Panorama of Latin America 2007*，May 2008，Santiago，Chile.

收入所占的比重合计约为 60％，有些国家甚至不到 50％。[①] 这种收入分配格局与拉美国家先后实行的"先增长后分配"模式和"效率优先"模式有关。

（1）"先增长后分配"模式

进口替代工业化时期，"先增长后分配"是在拉美地区居主导地位的国民收入分配模式。

20 世纪 50 年代，随着工业化的深入，墨西哥等主要拉美国家的政治结构发生了重大变化，资本家、技术官僚、工会等利益集团成为政治领域的主要参与力量。资本家集团能够对国家政策的制定施加广泛的影响，技术官僚集团具体地管理着国家。工会集团是随着工业化而壮大起来的，1950 年拉美地区约有 2690 万工人[②]，其中绝大部分是工会会员。在实施进口替代工业化战略和实现经济增长等方面，三大集团的目标和利益基本一致，但在收入分配政策方面，起决定作用的是资本家集团和工会集团。两大集团都力争在收入分配结构中处于有利地位，资本家集团主张"先增长后分配"，而工会集团则主张"先分配后增长"。

刘易斯、库兹涅茨等发展经济学家在 50 年代提出的"先增长后分配"模式为资本家集团的政策主张提供了理论依据。这一模式的基本理论认为，实现经济增长是发展中国家的首要和迫切任务，为此，需要把收入相对集中在少数人手里，增加储蓄，加快资本积累。在经济增长的开始阶段，收入分配差距扩大是启动和加速增长的条件，也是必然结果。一方面，随着现代部门规模的扩大，国民收入中资本所占的份额增大，而劳动所占的份额相对缩小，资本与劳动的收入差距增大。另一方面，当剩余劳动力从传统部门向现代部门转移时，劳动者之间收入分配不均等也必然扩大。这一模式的基本理论还认为，经济增长最终将导致均等的收入分配。当剩余劳动力被现代部门吸尽后，劳动将成为稀缺的生产要素，对劳动力需求的进一步增加，必然导致实际工资提高。收入分配中工资的比例相对上升，利润的比例相对减少，收入分配的不均等开始下降。所以，工业化

①　苏振兴：《增长、分配与社会分化——对拉丁美洲国家社会贫富分化问题的考察》，《学术探索》2005 年第 4 期。

②　徐文渊、袁东振：《经济发展与社会公正——拉丁美洲的理论、实践、经验与教训》，经济管理出版社 1997 年版，第 30 页。

的过程是收入分配从不均等到均等的自然演进过程。

经济增长通过纵向的"滴漏"效应和横向的"溢出"效应自然导致一种公平的分配形式。库兹涅茨"倒 U 型曲线"是对这一过程的诠释，即：在经济增长的开始阶段，随着收入水平的提高，收入差距会扩大；当收入水平达到一定高度后，随着收入水平的进一步提高，收入差距逐渐缩小。

从这些基本理论中引申出来的基本政策结论是，经济政策的任务是促进经济增长，在收入分配方面则采取一种无为而治的态度，等到经济增长达到一定程度时，收入分配会自然得到改善。"先增长后分配"模式在巴西得到充分实践，20 世纪 60 年代，巴西领导人公开宣称采取这一模式。巴西的一些经济学家还针对"先增长后分配"模式提出了一些理论，如"蛋糕"论，强调首先必须把"蛋糕"做大，然后再去考虑如何分配；"积累优先"论认为，要想把经济增长放在优先地位，就得接受收入分配两极分化的现实，如果把改善收入分配和提高福利水平作为基本目标，就会影响积累和增长潜力，等等。

从收入分配的角度，进口替代工业化带来了以下两个后果。

第一，收入由农业向工业和城市转移。一方面，在高度贸易保护的情况下，利用"工农产品剪刀差"，提高工业部门的收入，增加工业部门的积累。另一方面，鼓励出口农业和大型农场的发展，提高农村的储蓄能力。在进口替代工业化时期，尽管拉美国家"重工轻农"，但仍然采取了一些农业支持政策和措施，如向农民提供农业生产补贴、实施"绿色革命"，等等。由于土地占有严重不均，大部分农业补贴落入少部分大种植园主和大农场主手中。这样做也具有增加农村储蓄的目的，因为大部分收入集中到少部分富裕农民手中，而富裕农民的储蓄倾向较高，可以增加农村储蓄，并将这些储蓄转移到工业部门和城市，这与"先增长后分配"模式的理论相一致。

第二，歧视劳动密集型工业的发展。在进口替代工业化时期，拉美国家不同程度地存在着汇率高估，使进口资本货相对便宜，这些资本货具有资本密集型特点，所包含的资本—劳动比较高，减少了对劳动力的使用。与此同时，在关税保护结构中，对于中间产品的有效保护率低，使进口中间产品的价格较低，减少了对国内中间产品的需求，阻碍了劳动密集型产业的发展。

国民收入由农业向工业、由农村向城市、由劳动密集型产业向资本密集型产业、由低收入阶层向高收入阶层的转移和集中，导致了四个后果：一是大部分农村居民陷入贫困，迫使农村人口向城市流动，致使城市人口膨胀，城市贫民增加；二是劳动密集型产业发展缓慢，不仅减少了就业，阻碍了劳动力转移，而且农村劳动力大量流入城市，劳动力供给过度增加，失业问题严重；三是劳动力供给过剩，使资本家能够最大限度地压低工人工资，经济剩余集中于少数资本家手中，使收入分配差距不断扩大；四是提高了产业集中度，使许多行业被少数几家企业和几个资本家所掌控，以墨西哥为例，1963年在各主要行业的产出中前4大企业所占的比重：机械制造业为93%，烟草业59%，化工业56%，毛纺织业54%，钢铁业50%，饮料业47%，农产品加工业43%，棉纺织业30%，制鞋业25%，等等[①]。

在国民收入的转移和集中过程中，资本家集团和工会集团都是受益者，但围绕着收入分配政策，两大集团划分为右翼的自由主义派和左翼的民众主义派。自由主义派主张限制工会的活动，压低工人的工资，强调积累和增长。民众主义派则强烈主张先分配后增长。在两派的斗争中，自由主义政策和民众主义政策交替执行，如1946—1955年阿根廷的庇隆政府、1951—1964年巴西的瓦加斯政府和古拉特政府都曾推行民众主义政策，试图修正收入分配不公。但是，民众主义政策触动了右翼集团的利益，因而遭到右翼的强烈反对。1964年和1966年，右翼在巴西和阿根廷相继发动军事政变，古拉特政府和弗朗迪西政府被先后推翻，在"积累优先论"的影响下，军政府把经济增长置于优先地位，而收入分配政策则几乎完全放弃。

（2）"效率优先"的分配模式

20世纪80年代的债务危机迫使拉美国家纷纷放弃进口替代工业化战略，转而采取新自由主义经济政策。新自由主义政策信奉市场原教旨主义，主张由市场决定资源配置和收入分配，认为市场经济是实现收入分配公平的最好方法，只要完成改革，收入分配状况将随着经济增长的恢复而必然得到改善。

80年代中后期至90年代前半期，拉美国家的资本家集团和技术官僚

---

① Santiago Levy and Michael Walton (eds), *No Growth without Equity? —Inequality, Interests and Competition in Mexico*, p. 100, World Bank, 2009.

集团结成同盟，打着提高效率的旗号，通过私有化改革，对生产要素进行了大规模的再分配，使大量资产集中到少数资本家手中。例如，1995 年，墨西哥最大的 20 家上市企业全部是家族企业，这些企业不仅是股票市场的指标股，而且其市值约占证券交易市场总市值的 40％；在阿根廷，几个家族控制着最大的 20 家上市公司，拥有这些企业的大部分股权，股票市值约占证券交易市场总市值的 65％。[①]

资本家集团凭借手中的大量资产，以追求效率的名义，促使政府实施"效率优先"的分配模式，使企业收入占国民收入的比重有所提高。20 世纪 90 年代前半期，企业收入在国民收入初次分配中所占的比重，墨西哥为 45.3％，智利为 42.3％，巴西为 44.3％[②]。到 21 世纪初，3 个国家的这一比重分别升至 58.1％、47.8％和 45.8％。

二　严重不公的个人收入分配

劳动收入、资产收入和再分配收入是个人收入的三大基本来源。劳动收入和资产收入属于初次分配收入，来自政府和他人的转移性支付为再分配收入。

1. 个人收入的构成和分配差距

表 5—4 列出了巴西、智利、哥伦比亚、墨西哥和乌拉圭 5 个拉美国家个人收入的构成及其基尼系数。劳动收入是最主要的个人收入来源，大部分拉美国家 80％以上的个人收入来自劳动收入，乌拉圭等少部分国家为 70％左右。再分配收入是第二大来源，乌拉圭的再分配收入所占的比重为 29.7％，墨西哥为 9％。在资产收入方面，除智利（8.4％）外，其他国家的资产收入所占的比重较低，基本上介于 1％—4％之间。

无论是劳动收入还是资产和再分配收入，其分配差距均偏大甚至高度不公平。在个人收入方面，有 4 个国家的个人收入分配基尼系数在 0.5 以上，如巴西为 0.57，智利为 0.62，哥伦比亚为 0.54，墨西哥为 0.55，只有乌拉圭在 0.5 以下。

---

① Santiago Levy and Michael Walton（eds），*No Growth without Equity？—Inequality，Interests and Competition in Mexico*，p. 119，World Bank，2009.

② 根据联合国国民经济统计数据库中有关数据计算，www. data. un. org.

表 5—4　　　　　　　部分拉美国家个人主要收入构成和基尼系数

		巴西	智利	哥伦比亚	墨西哥	乌拉圭
个人收入构成（%）	初次分配收入	80.2	88.4	86.8	91.0	70.3
	其中：劳动收入	78.7	80.0	82.9	89.9	68.4
	资产收入	1.5	8.4	3.9	1.1	1.9
	再分配收入	19.8	11.6	13.2	9.0	29.7
	其中：转移支付	10.1	6.2	8.4	5.6	16.1
	养老金	9.7	5.4	4.8	3.4	13.6
基尼系数	个人收入	0.57	0.62	0.54	0.55	0.46
	劳动收入	0.56	0.55	0.52	0.53	0.48
	资产和再分配收入	0.58	0.70	0.59	0.66	0.49

资料来源：Centro de Estudios Distributivos，Laborales y Sociales，Universidad Nacional de La Plata. www. depeco. econo. unlp. edu. ar/cedlas.

资产收入和再分配收入主要集中在高收入阶层手中。在大多数拉美国家，收入水平最高的 20％ 人口拥有 70％—90％ 的资产收入（危地马拉高达 96.3％）和 60％—80％ 的再分配收入（玻利维亚为 77.9％）。智利的再分配收入，其分配状况最为公平，收入水平最高的 20％ 人口仅占有 4.9％ 的再分配收入，而收入水平最低的 20％ 人口却拥有 33％ 的再分配收入。[①]

对于绝大多数拉美国家而言，初次分配收入和再分配收入的不公平程度均很高，这必然会导致个人收入分配严重不公。

2. 劳动收入分配不公的主要原因

劳动收入是个人收入的主要来源，因此，拉美地区的基尼系数中有 3/4 左右归因于劳动收入分配差距。

（1）劳动收入的分配结构

在分析劳动收入分配不公的主要原因之前，有必要先对拉美国家的劳动收入分配结构进行简要分析。为了便于分析，将劳动力分为有薪雇员、自主就业者和企业主三大类。有薪雇员包括正规部门中的公共雇员、企业

① David de Ferranti（eds），*Inequality in Latin America and the Caribbean：Breaking with History？* World Bank，Washington，D. C.，2004.

雇员以及非正规部门中的家政服务员、微型企业雇员。自主就业者是指正规部门和非正规部门中的自主就业者。在大多数拉美国家，非正规部门的自主就业者多于正规部门，如拉美地区 2005 年非正规部门的自主就业者占劳动力的 22％，而正规部门的自主就业者仅占 2.3％。企业主包括正规部门和非正规部门的企业主，2005 年拉美地区非正规部门的企业主占劳动力的 3.6％，正规部门的企业主占 1.3％。[1]

劳动收入基本上在这三大类劳动力之间进行分配。如表 5—5 所示，拉美地区的劳动收入分配结构有以下特点。

第一，有薪雇员是劳动收入的主要获得者。有薪雇员的劳动收入占全部劳动收入的比重介于 50％—80％之间，自主就业者介于 13％—34％之间，企业主介于 6％—20％之间。

劳动收入的这种分配结构与就业结构有关。有薪雇员是最大的劳动力群体，其占劳动力的比重，有 7 个国家在 70％以上，阿根廷、巴西、墨西哥的这一比重分别为 73.4％、70％和 72.7％；厄瓜多尔、洪都拉斯、巴拉圭、委内瑞拉等 4 个国家的这一比重介于 60％—70％之间；玻利维亚、哥伦比亚、多米尼加、尼加拉瓜、秘鲁等 5 个国家的这一比重在 45％—60％之间。

第二，大多数拉美国家有薪雇员的收入比重与就业比重不对称。一般情况下，如果收入比重小于就业比重，表明较多的劳动力分配较少的劳动收入，反之反是。在 16 个拉美国家中，阿根廷、巴西、智利、多米尼加、厄瓜多尔、洪都拉斯、尼加拉瓜、巴拉圭、秘鲁等 9 个国家，有薪雇员的收入比重小于就业比重。在智利，有薪雇员的收入比重与就业比重之差为－16.5％，在阿根廷为－20％。墨西哥、乌拉圭两个国家，有薪雇员的收入比重和就业比重基本一致。玻利维亚、哥伦比亚、哥斯达黎加、巴拿马、委内瑞拉等 5 个国家，有薪雇员的收入比重略高于就业比重。

第三，有薪雇员、自主就业者和企业主之间的劳动收入差距较大。在阿根廷，企业主的人均月劳动收入是有薪雇员的 2.9 倍，是自主就业者的 3.5 倍；有薪雇员的人均月劳动收入是自主就业者的 1.2 倍，巴西分别为

---

① International Labor Organization，*2006 Labour Overview: Latin America and the Caribbean*，International Labour Office，Regional Office for Latin America and the Caribbean，Table 6—A，Lima，Peru，2006.

3.5倍、4.1倍和1.2倍，墨西哥分别为3倍、4.1倍和1.4倍。[①]

第四，有薪雇员的劳动收入分配差距较大。在16个拉美国家中，有薪雇员的劳动收入分配，基尼系数超过0.5的国家有11个，即玻利维亚、巴西、智利、哥伦比亚、厄瓜多尔、洪都拉斯、墨西哥、尼加拉瓜、巴拿马、巴拉圭和秘鲁。秘鲁的基尼系数为0.58，巴西为0.56，墨西哥为0.52，智利为0.55，等等。阿根廷、多米尼加、哥斯达黎加、乌拉圭、委内瑞拉等5个国家的基尼系数介于0.4—0.5之间。

表5—5 部分拉美国家的劳动收入分配结构

	有薪雇员	自主就业	企业主		有薪雇员	自主就业	企业主
阿根廷（2005年）				洪都拉斯（2005年）			
就业比重（%）	73.4	21.1	4.2	就业比重（%）	63.7	28.5	3.4
收入比重（%）	53.4	32.2	14.4	收入比重（%）	59.2	23.5	16.7
基尼系数	0.45			基尼系数	0.55		
玻利维亚（2002年）				墨西哥（2005年）			
就业比重（%）	47.9	38.6	4.5	就业比重（%）	72.7	18.3	5.1
收入比重（%）	59.1	34.0	6.9	收入比重（%）	72.9	15.7	11.3
基尼系数	0.57			基尼系数	0.52		
巴西（2004年）				尼加拉瓜（2005年）			
就业比重（%）	70.0	22.7	4.7	就业比重（%）	57.2	31.0	4.9
收入比重（%）	65.2	20.2	14.6	收入比重（%）	54.0	22.6	17.8
基尼系数	0.56			基尼系数	0.54		
智利（2003年）				巴拿马（2005年）			
就业比重（%）	75.6	19.0	4.1	就业比重（%）	73.3	21.5	3.6
收入比重（%）	59.1	21.1	19.5	收入比重（%）	77.0	15.7	7.3
基尼系数	0.55			基尼系数	0.51		
哥伦比亚（2005年）				巴拉圭（2005年）			
就业比重（%）	52.6	37.5	5.9	就业比重（%）	64.2	28.0	3.6

[①] Centro de Estudios Distributivos，Laborales y Sociales，Universidad Nacional de La Plata. www. depeco. econo. unlp. ar/cedlas。根据有关数据计算。

续表

	有薪雇员	自主就业	企业主		有薪雇员	自主就业	企业主
哥伦比亚（2005 年）				巴拉圭（2005 年）			
收入比重（%）	65.1	24.8	8.0	收入比重（%）	53.3	29.9	16.8
基尼系数	0.52			基尼系数	0.55		
哥斯达黎加（2005 年）				秘鲁（2005 年）			
就业比重（%）	73.6	17.9	7.3	就业比重（%）	59.0	31.8	5.3
收入比重（%）	75.0	13.9	11.1	收入比重（%）	56.5	29.7	13.9
基尼系数	0.45			基尼系数	0.58		
多米尼加（2004 年）				乌拉圭（2005 年）			
就业比重（%）	58.7	31.2	8.3	就业比重（%）	70.9	23.6	4.2
收入比重（%）	52.6	33.9	13.6	收入比重（%）	70.8	19.4	9.8
基尼系数	0.46			基尼系数	0.49		
厄瓜多尔（2005 年）				委内瑞拉（2005 年）			
就业比重（%）	60.2	27.9	6.3	就业比重（%）	63.9	29.6	4.9
收入比重（%）	58.7	24.9	13.9	收入比重（%）	65.1	26.5	8.4
基尼系数	0.51			基尼系数	0.44		

注：（1）由于有无薪劳动力，因此，就业比重合计小于 100%。

（2）部分国家的收入比重合计不足 100%，数据来源即是如此。

资料来源：（1）收入比重和基尼系数，Centro de Estudios Distributivos，Laborales y Sociales，Universidad Nacional de La Plata. www. depeco. econo. unlp. edu. ar/cedlas。

（2）就业比重，International Labor Organization，*2006 Labour Overview：Latin America and the Caribbean*，International Labour Office，Regional Office for Latin America and the Caribbean，Lima，Peru，2006. 根据 Table 6－A 中的数据整理。

（2）劳动收入分配不公的主要因素

在导致劳动收入分配不公的众多因素中，教育差距和非正规就业是两大主要原因。

在拉美国家，反映教育公平程度的基尼系数与劳动收入分配的基尼系数之间存在着强相关性。国外学者用皮尔逊相关系数（Pearson correlation coefficient）来反映二者之间的关系强度，当系数的绝对值介于 0—0.2 之间时，为极弱相关或无相关；介于 0.2—0.4 之间时，为弱相关；

介于0.4—0.6之间时，为中等程度相关；介于0.6—0.8之间时，为强相关；介于0.8—1.0时，为极强相关。在拉美地区，教育基尼系数与劳动收入基尼系数的皮尔逊相关系数为0.78，属强相关。

为了便于分析教育差距与收入分配不公的关系，可以将劳动力按教育程度划分为三组，即：初等教育程度（受教育年限不足8年）、中等教育程度（受教育年限9—13年）和高等教育程度（受教育年限超过14年）。三种教育程度的劳动力分别对应非熟练劳动力、半熟练劳动力和熟练劳动力。在拉美地区，教育的边际回报率较高。20世纪90年代初，巴西男性劳动力的教育边际回报率，初等教育为50.5%，这意味着一名劳动力在完成初等教育后，其收入水平同没有受过教育的劳动力相比，可以提高50.5%；中等教育的边际回报率为41.5%，这意味着一名劳动力在完成中等教育后，其收入水平同只拥有初等教育水平的劳动力相比，可以提高41.5%；高等教育的边际回报率为84.7%，这意味着一名劳动力在完成高等教育后，其收入水平同拥有中等教育水平的劳动力相比，可以提高84.7%。女性的教育回报率也类似，其初等教育、中等教育和高等教育的边际回报率分别为50.9%、50%和93.3%。类似的情况在其他拉美国家也普遍存在。[1]

拉美各国均以拥有初、中等教育程度的劳动力为主。自20世纪80年代以来，初等教育程度的劳动力占各国劳动力总量的比重均有不同程度的下降，中等和高等教育程度的劳动力所占的比重有所上升，如1981—2006年，巴西初等教育程度的劳动力所占的比重由82.4%降至53.9%，中等和高等教育程度的劳动力分别由12.1%和5.5%升至33.1%和13%，但初、中等教育程度劳动力的主体格局没有改变。21世纪初，玻利维亚、巴西、哥斯达黎加、多米尼加、厄瓜多尔、萨尔瓦多、危地马拉、洪都拉斯、墨西哥、尼加拉瓜、巴拉圭、秘鲁、委内瑞拉等拉美国家，初等教育程度的劳动力占劳动力总量的比重最高，介于40%—80%之间，如巴拿马的这一比重为41.3%，危地马拉为79.3%，墨西哥为43.3%，等等。阿根廷、智利、哥伦比亚等少部分拉美国家，中等教育程度的劳动力所占的比重最高，介于40%—50%之间，如阿根廷为40%，智利为50%，等

① David de Ferranti (eds), *Inequality in Latin America and the Caribbean: Breaking with History?* Table A—31, World Bank, Washington, D.C., 2004.

等。在绝大部分拉美国家，高等教育程度的劳动力所占的比重介于10％—20％之间，如萨尔瓦多为 11.9％，哥伦比亚为 20％，墨西哥为 15.3％，等等。只有危地马拉、洪都拉斯、尼加拉瓜等少数国家，高等教育程度的劳动力所占的比重不足 10％，如危地马拉的这一比重为 3.9％，洪都拉斯为 5.2％，尼加拉瓜为 7.9％。

不同教育程度的劳动力，其工资收入差距较大。工资收入是劳动收入的主要组成部分，在大多数拉美国家，工资收入占劳动收入的比重超过 85％，因此，工资收入差距是导致劳动收入分配不公的直接原因之一。例如，1972 年，巴西制造业企业中，只拥有初等教育程度的勤杂工，其月均劳动收入为 385 克鲁赛罗（巴西当时的货币名称）；中等教育程度的熟练技术工人，为 1220 克鲁赛罗；而高等教育程度的高级管理人员，为 7360 克鲁赛罗。高级管理人员的月均劳动收入是勤杂工的 19 倍多，是熟练技工的 6 倍多；熟练技工是勤杂工的 3 倍多。[1]

西方学者将三组劳动力的工资收入换算为人均小时工资，加以比较。这种方法在很大程度上掩盖了真实的巨大差距，尽管如此，还是一定程度地反映了三组劳动力之间的工资收入差距。仍以巴西为例，1981 年，高等教育程度的劳动力小时工资是中等教育程度劳动力的 1.85 倍，是初等教育程度劳动力的 5.2 倍，中等教育程度劳动力是初等教育程度劳动力的 2.8 倍；2001 年这 3 个倍数分别为 2.8 倍、6.4 倍和 2.8 倍。[2]

不仅不同教育程度的劳动力之间存在较大的收入差距，而且大部分劳动收入集中在少部分拥有高等教育程度、较高收入水平的劳动力手中。1958—1972 年，智利的全部劳动收入中，中等教育程度以下、收入水平较低的 60％ 劳动力，其劳动收入占全部劳动收入的比重由 30％ 降至 29.1％；而拥有高等教育程度、收入水平较高的 20％ 劳动力，其比重由 45.7％ 升至 47.5％。[3] 这种情况在墨西哥也同样存在，1992 年，前者的

①　Lance Taylor，Edmar L. Bacha，Elana A. Cardoso，Frank J. Lysy，*Models of Growth and Distribution for Brazil*，p. 320，Oxford University Press，1980.

②　Centro de Estudios Distributivos，Laborales y Sociales，Universidad Nacional de La Plata. www. depeco. econo. unlp. edu. ar/cedlas.

③　Andres Drobny，"The Influence of Minimum Wage Rates on the Level and Distribution of Real Wages in Chile，1960—1972"，*Bulletin of Latin American Research*，Vol. 2，No. 2. （May，1983）.

工资收入占全部工资收入的比重仅为 17％，而后者的比重为 55％。[①]

拉美地区约有一半的劳动力属非正规就业劳动力，如此大规模的非正规就业，使拉美国家的工资制度（如集体谈判制度、最低工资制度等）不仅不能有效地覆盖全部或绝大部分劳动力，而且还导致了劳动收入差距。

长期以来，拉美地区非正规就业劳动力占劳动力总量的比重一直很高。1950 年，拉美地区约有 46.5％的劳动力属非正规就业。1950—1980 年，非正规就业比重趋于下降，1980 年降至 42.2％[②]。1980 年以后，非正规就业比重有所上升，1995 年升至 50.1％，这意味着拉美地区至少一半的劳动力属非正规就业。1995—2005 年，非正规就业比重略有下降，但这一比重仍接近 50％。[③] 根据拉美经委会的统计，1980 年拉美地区约有劳动力 8750 万人，其中非正规就业劳动力约为 3700 万人[④]；2005 年约有劳动力 1.5 亿人[⑤]，其中非正规就业劳动力 7300 万人。这意味着，1980—2005 年，拉美地区的非正规就业劳动力增加了约 3600 万人，增幅接近 100％。

在 18 个主要拉美国家中，非正规就业比重超过 50％的有玻利维亚、巴西、哥伦比亚、厄瓜多尔、墨西哥、秘鲁等 12 个国家。非正规就业劳动力有三个明显特点：一是女性劳动力的非正规就业比重高于男性，如阿根廷 1988—2006 年女性劳动力的非正规就业比重平均为 43.3％，男性劳动力为 39.3％，巴西 1992—2007 年这两个比重分别为 56.7％和 49.2％，等等；二是初等教育程度劳动力的非正规就业比重最高，玻利维亚、巴拉圭、秘鲁等国家高达 80％以上，巴西、墨西哥介于 65％—70％之间；第三，农村地区的非正规就业比重高于城市地区，玻利维亚、巴西、巴拉

① INEGI，*Encuesta Nacional de Ingresos y Gastos de los Hogares*，2006，México D. F.，2008. 根据有关数据计算。

② Alejandro Portes，Lauren Benton，"Industrial Development and Labor Absorption：A Reinterpretation"，*Population and Development Review*，Vol. 10，No. 4.（Dec.，1984）.

③ International Labor Organization，*2006 Labour Overview：Latin America and the Caribbean*，International Labour Office，Regional Office for Latin America and the Caribbean，Lima，Peru，2006.

④ ECLAC，Statistical *yearbook for Latin America and the Caribbean*，*1999*，Santiago，Chile.

⑤ ECLAC，Statistical *yearbook for Latin America and the Caribbean*，*2007*，Santiago，Chile.

圭、秘鲁等国家农村地区的非正规就业比重在 80％以上，其他国家介于50％—70％之间。[1]

由于拉美地区长期存在着大规模的非正规就业，使得最低工资、医疗保险、社会保障等制度不能有效地覆盖全部或大部分劳动力。巴西从1940 年开始实施最低工资制度，但直到 70 年代中期，城市地区 23％的男性劳动力和 52％的女性劳动力、农村地区 63％的男性劳动力和 90％的女性劳动力，其工资水平低于最低工资要求[2]。2005 年，非正规部门的医疗保险和社会保障的覆盖率为 33.4％，即只有 1/3 左右的非正规就业劳动力能够享有医疗保险和社会保障，阿根廷的这一覆盖率为 11.2％，巴西为 35.1％，墨西哥则仅为 9.2％。[3]

正规就业和非正规就业之间的小时工资差距较大。2005 年前后，阿根廷正规就业劳动力的平均小时工资是非正规就业劳动力的近 2 倍，巴西和墨西哥均为 2 倍多。阿根廷正规就业的企业主，其平均小时工资为12.3 比索，是小企业非正规就业劳动力的 3 倍多。[4]

3. 资产高度集中与个人收入分配不公

1990 年，墨西哥只有几个亿万富翁，其个人净资产占 GDP 的比重不足 1％；2008 年，10 位亿万富翁的个人净资产合计高达 960 亿美元，约占 GDP 的 10％。存在类似情况的还有智利、委内瑞拉、哥伦比亚、巴西等国家。2007 年，少数几位亿万富翁的个人净资产占各自国家 GDP 的比重，智利为 8％，委内瑞拉为 6.5％，哥伦比亚为 5％，巴西为 4％。[5]

住房、土地和资本类资产是三大类主要资产。虽然资产收入占个人收入的比重较低，但有学者指出，资产收入差距对个人收入分配不公的影响程度要大于劳动收入差距，如果能够充分考虑资产收入差距，拉美国家个

---

① ECLAC，Social Panorama of latin America 2007，May 2008，Santiago，Chile.

② Roberto Macedo，"Minimum Wages and Income Distribution in Brazil"，*Luso-Brazilian Review*，Vol. 18，No. 1. Summer，1981.

③ International Labor Organization，*2006 Labour Overview: Latin America and the Caribbean*，International Labour Office，Regional Office for Latin America and the Caribbean，Lima，Peru，2006.

④ Ibid.

⑤ Santiago Levy and Michael Walton（eds），*No Growth without Equity? —Inequality, Interests and Competition in Mexico*，pp. 115－1179，World Bank，2009.

人收入分配不公的程度将会大幅度提高[1]。

（1）住房

住房是绝大多数家庭最主要的资产。在拉美地区，69％的家庭拥有住房的所有权。将人口按收入水平分为 5 组，每组人口数量占人口总数的 20％，由低到高分别为第 1 组、第 2 组、第 3 组、第 4 组和第 5 组。在大部分拉美国家，各组的住房拥有率（拥有住房的人口占各组人口的比重）均较高且差距较小，如 2000 年，阿根廷第 1 组的住房拥有率为 65％，第 5 组为 75％，巴西分别为 62％和 73％，智利分别为 61％和 65％，等等。有些国家第 1 组的住房拥有率高于第 5 组，例如，玻利维亚第 1 组的住房拥有率高达 88％，而第 5 组为 61％，哥伦比亚分别为 71％和 60％，多米尼加分别为 89％和 65％，委内瑞拉分别为 84％和 80％，等等。只有墨西哥等个别国家，第 1 组的住房拥有率较低，且差距较大，第 1 组的住房拥有率为 48％，第 2—5 组均在 60％以上，其中第 5 组为 69％。[2]

与各组人口的住房拥有率差距较小不同，房产价值在各组之间的分配差距却很大，大部分房产价值集中在第 5 组。玻利维亚的第 1 组仅拥有 0.9％的房产价值，而第 5 组却拥有 81.3％，其他国家第 5 组的房产价值所占的比重基本介于 40％—70％之间。[3]

导致上述反差现象的主要原因是拉美国家有大量的非正规住房。1950—2000 年，大量农村人口涌入城市。面对大量涌入城市的农村人口，各国政府没有能力向其提供充足的住房。这些进入城市的农村人口，绝大部分为贫困人口和低收入人口，没有能力购买正规住房，被迫非法侵占城市周边的空闲土地，自行建造简易住房，逐渐形成了规模庞大的棚户区。有学者估计，早在 20 世纪 60—70 年代，在墨西哥城、波哥大（哥伦比亚的首都）等大城市，40％—50％的住房是非法建造的[4]。21 世纪初，在拉

①　Nancy Birdsall, Juan L. Londoño, "Asset Inequality Matters: An Assessment of the World Bank's Approach to Poverty Reduction." *American Economic Review*, Vol. 82 (2), 1997.

②　Centro de Estudios Distributivos, Laborales y Sociales, Universidad Nacional de La Plata. www. depeco. econo. unlp. edu. ar/cedlas.

③　David de Ferranti (eds), *Inequality in Latin America and the Caribbean: Breaking with History?* Table A−38, World Bank, Washington, D. C., 2004.

④　Orville F. Grimes, Jr., *Viviendas para Familias Urbanas de Bajos Ingresos: Aspectos Economicos y de Politica en el Mundo en Desarrollo*, pp. 151−153, Publicado para el Banco Mundial por Editorial tecnos, Madrid, 1976.

美地区拥有住房的家庭中，约 1/3 没有合法的房产证[①]。我们可以将非法建造、没有合法房产证的住房称为非正规住房。第 1、2 组是非正规住房的主要拥有者，基本上分布在城市的周边地区，房屋质量较低，环境较差，缺乏基础设施，价值较低。

（2）土地

拉美地区的土地占有严重不公。1970—2000 年，大部分拉美国家的土地占有基尼系数在 0.8 以上，如阿根廷和巴西为 0.85。墨西哥的基尼系数最小，为 0.61，这主要是大规模土地分配改革的结果。1917—1991 年，墨西哥共分配了 1 亿多公顷土地，使 300 多万户农村居民获得了土地。玻利维亚、尼加拉瓜、洪都拉斯等国家也进行过程度不同的土地分配，因此，其土地占有基尼系数略低于其他国家，介于 0.7—0.8 之间。[②]

土地的高度集中源于殖民统治时期的大地产制。19 世纪初，独立后的拉美国家不仅继承了大地产制，而且还扩大了其规模。20 世纪，不少拉美国家进行了土地分配改革，如墨西哥、玻利维亚、委内瑞拉、哥伦比亚、尼加拉瓜等。但是，土地分配改革并没有改变土地高度集中的局面。一方面，大量土地集中在极少数人手中。50 年代，危地马拉的 516 个大地产主（仅占农村居民户数的 0.15％）拥有全国 41％的土地，厄瓜多尔的 705 个大地产主（仅占农村居民户数的 0.17％）拥有 37％的土地，委内瑞拉 6800 个大地产主（占农村居民户数的 1.69％）拥有全国 74％的土地，尼加拉瓜的 362 户大地主拥有全国 1/3 的土地，玻利维亚的 5600 户大地主（占农村居民户数的 6.4％）拥有全国 92％的土地，巴西仅占农村居民户数 1.6％的大地主拥有全国一半左右的土地，等等。就整个地区的情况看，占农村居民户数 10％的地产主拥有全部土地的 90％。[③]

大地产制和土地高度集中产生了三个后果。一是使拉美地区的农业划分为现代农业和传统农业两个部分。拉美地区的农业现代化主要集中在现

---

①　Marianne Fay，*he Urban Poor in Latin America*，pp. 95—97，The World Bank，Washington，D. C. ，2005.

②　Florencia Torchel，Seymour Spilerman，" Household Wealth in Latin America"，World Institute for Development Economics Research，United Nations University，Research Paper，No. 2006/114，October 2006.

③　Albert Otto Hirschman，*Latin American issues: essays and comments*，New York：Twentieth Century Fund，1961，p. 300.

代农业，特别是出口型农业。拉美国家农业政策的重点也是促进现代农业的发展，如 20 世纪 70 年代中期以前，巴西全部农业贷款中，咖啡、棉花、甘蔗、大豆等出口农业经营单位所获得的贷款占 60％以上，而粮食生产者仅得到 5％。传统农业是自给型农业，所生产的农产品主要供农民自己消费。随着现代农业的发展，传统农业的地位急剧下降，如 1966—1977 年，哥伦比亚的传统农业在农业总产值中的比重由 50％降至 10％[①]。二是无地或少地农民数量较多。以墨西哥为例，尽管 1917—1991 年有 300 多万户农村居民共分到 1 亿多公顷土地，但全国约有 225 万户农村居民拥有的土地不足 5 公顷，约占农村居民总户数的 60％[②]。在土地分配进程中，墨西哥的无地农民数量不断增加，1950 年，无地农民约占农村地区总人口的 10％；1960 年，无地农民约为 340 万人，约占农村人口的 18％，1970 年这一比重升至 30％[③]。1980 年，在农村地区的 730 万劳动力中，400 多万人为无地农民，无地农民占农村劳动力的比重达到 55％[④]。三是农村地区的高贫困率和农村人口的无序流动。21 世纪初，拉美地区的农村贫困率为 53.6％，其中赤贫率为 28.7％。农村贫困率超过 80％的有玻利维亚、洪都拉斯等国家，巴西、墨西哥、委内瑞拉、秘鲁、哥伦比亚、尼加拉瓜等国家介于 50％—80％，只有智利等极少数国家在 20％以下。处于贫困状态的农村人口，要么选择流入城市，如 1950—1980 年，巴西约有 4000 万农村人口流入城市，其中绝大部分为贫困人口；要么选择在现代农业部门寻找季节性就业机会，如墨西哥每年有上百万农村劳动力在农村地区流动，充当现代化农场和种植园的季节工；要么非正规地耕种土地，如智利 39％的农民、萨尔瓦多 17％的农民、哥伦比亚 37％的农民、洪都拉斯 44％的农民、巴拉圭 50％的农民，通过非法或

---

① 徐文渊、袁东振：《经济发展与社会公正——拉丁美洲的理论、实践、经验与教训》，经济管理出版社 1997 年版，第 45 页。

② INEGI, *Censo Agricola-Ganadero 1991*, México D. F..

③ Tomas Martinez Saldaña, "Historia de la Agricultura en México", Ponencia presenteda en el III Taller Latinoamericano "Prevención de Riesgos en el Uso de Plaguicidas", realizado en el Instituto Nacional de Investigaciones sobre Resursos Bióticos, Xalapa, Veracruz, México, diciembre de 1983.

④ Dana Markiewiez, *Ejido Organization in Mexico 1934—1976*, UCLA Latin American Center, 1980, p. 29.

非正规途径获得并耕种土地[①]。

（3）资本类资产

在大多数拉美国家的家庭调查中，较少涉及家庭的资本类资产及资本收入。即使个别国家（如智利等）的家庭调查涉及这类资产，居民也尽量少报资产数量和资产收入。因此，国外学者通过分析资本类资产收入在5组人口之间的分配状况来反映资本类资产的集中程度。资本类资产收入可以分为资本收入、租金收入和利润收入等三部分。在拉美地区，资本类资产收入的集中程度也很高，智利、厄瓜多尔、萨尔瓦多、危地马拉、墨西哥、尼加拉瓜、巴拉圭、乌拉圭等8个国家的第5组拥有80％以上的资本类资产收入，其他国家的这一比重介于65％—80％之间。[②]

在这些资产收入中，股票投资收入的集中程度最高，如在巴西、墨西哥、玻利维亚和乌拉圭4国，第1组至第4组几乎没有股票投资收入，这些收入全部集中在第5组。

值得指出的是，拉美地区存在着规模庞大的非正规资产。如前所述，墨西哥城、波哥大等城市地区40％—50％的住房为非正规住房，智利、萨尔瓦多、哥伦比亚等国家的农村地区存在着较大规模的非正规土地占有和耕种形式，等等。自20世纪90年代以来，拉美国家针对这部分非正规资产进行了一些改革。针对农村的土地，墨西哥自1992年起终止土地分配，实行新一轮的土地私有化改革，向符合条件的农民发放新土地证，哥伦比亚、洪都拉斯、巴拉圭等其他拉美国家也进行了类似的改革。针对城市地区的非正规住房，秘鲁于20世纪90年代向120万户城市家庭发放了房产证[③]；巴西总统卢拉计划向全国主要城市的全部家庭重新核发房产证[④]，等等。

---

① R. Lopez，A. Valdes，"Fighting Rural Poverty in Latin America：New Evidence and Policy"，in R. Lopez and A. Valdes（eds），*Rural Poverty in Latin America*，St. Martin's Press：New York，2000.

② Florencia Torchel，Seymour Spilerman，" Household Wealth in Latin America"，World Institute for Development Economics Research，United Nations University，Research Paper，No. 2006/114，October 2006.

③ World Bank，"Urban Property Rights Project：Peru"，*World Bank Project Information Document*，PID6523，World Bank，Washington D.C.，1998.

④ Sebastian Galiani，Ernesto Schargrodsky，"Property Rights for the Poor：Effects of Land Titling"，mimeo，Washington University in Saint Louis，2006.

这些改革举措在不同的拉美国家产生了不同的效果。在巴西，获得土地证或房产证的家庭，土地价格有所上涨，住房建设投入有所增加，同时提高了获得贷款的能力①。在巴拉圭，土地证促进了农业投资，但是新增投资基本上集中在收入水平较高和土地较多的少数农民手中，进一步加大了农村地区的贫富差距②。在厄瓜多尔的瓜亚基尔市，发放土地证使土地价格上涨了24%，对低收入家庭和贫困家庭通过非正规途径获得廉价住房产生了不利影响③。在秘鲁，在获得房产证的120万户家庭中，有2/3进行了改造，改善了居住条件，但是房产证没有提高这些家庭的贷款能力④。在哥伦比亚，土地证也没有提高农民的贷款能力⑤。在阿根廷的布宜诺斯艾利斯，向棚户区的家庭发放房产证，提高了这些家庭的住房建设投入，改善了生活条件，提高了子女的教育水平，但获得贷款的能力没有明显提高⑥。

4. 再分配与个人收入分配不公

再分配分为强制性再分配和自愿性再分配两大类，一般以前者为主。在此只涉及强制性再分配。为便于表述，下文将强制性再分配简称为再分配。一般情况下，再分配具有很强的收入调节功能，能够在一定程度上修正初次分配的不公。在拉美地区，再分配的修正功能非常有限，甚至个别国家的再分配还加剧了个人收入分配不公。

在欧美等发达国家，再分配的修正功能较强。以奥地利、比利时、法

---

① Lee J. Alston, Gary D. Libecap, Robert Schneider, "The Determinants and Impact of Property Rights: Land Titles on the Brazilian Frontier", *Journal of Law, Economics and Organization*, Vol. 12, 1996.

② Michael R. Carter, Pedro Olinto, "Getting Institutions Right from Whom? Credit Constraints and the impact of Property Rights on the Quantity and Composition of Investment", *American Journal of Agricultural Economics*, Vol. 85, 2003.

③ Jean O. Lanjouw, Philip L. Levy, "Untitled: A Study of Formal and Informal Property Rights in Urban Ecuador", *Economic Journal*, Vol. 11, 2002.

④ Erica Field, "Property Rights and Investment in Urban Slums", *Journal of the European Economic Association*, Vol. 3 (2－3), 2005.

⑤ A. Gilbert, "On the Mystery of Capital and the Myths of Hernando de Soto: What Difference does Legal Title Make?", *International Development Planning Review*, Vol. 24 (1), 2002.

⑥ Sebastian Galiani, Ernesto Schargrodsky, "Property Rights for the Poor: Effects of Land Titling", mimeo, Washington University in Saint Louis, 2006.

国、德国、卢森堡、荷兰、葡萄牙、西班牙和英国 9 个欧洲国家[1]为例，2003 年，这 9 个国家的个人初次分配收入和经再分配后的个人可支配收入，其基尼系数分别为：奥地利 0.44 和 0.23、比利时 0.49 和 0.25、法国 0.48 和 0.27、德国 0.50 和 0.32、卢森堡 0.47 和 0.24、荷兰 0.39 和 0.25、葡萄牙 0.51 和 0.36、西班牙 0.47 和 0.29、英国 0.50 和 0.31，平均值分别为 0.47 和 0.28。

在阿根廷、巴西、智利、哥伦比亚、墨西哥和秘鲁等拉美 6 国，2004 年前后，个人初次分配收入[2]和经再分配后的个人可支配收入[3]，其基尼系数分别为：阿根廷 0.49 和 0.48、巴西 0.55 和 0.54、智利 0.52 和 0.46、哥伦比亚 0.58 和 0.52、墨西哥 0.50 和 0.49、秘鲁 0.50 和 0.48，平均值分别为 0.52 和 0.50。

在个人初次收入分配方面，葡萄牙、德国、英国等国家的基尼系数在 0.5 以上，与拉美国家的水平基本持平，但经过再分配的修正，个人可支配收入的基尼系数则远低于拉美国家。同个人初次分配收入相比，比利时的个人可支配收入基尼系数下降了 0.24，卢森堡下降了 0.23，奥地利和法国下降了 0.21，英国下降了 0.19，9 国平均值下降了 0.19，等等。而在拉美 6 国，个人可支配收入的基尼系数同个人初次分配收入的相比，智利下降了 0.06，哥伦比亚下降了 0.04，秘鲁下降了 0.02，阿根廷、巴西和墨西哥仅下降了 0.01，6 国平均值下降了 0.02。这表明，拉美国家的收入再分配功能非常有限。

税收制度和公共开支制度是收入再分配的主要调节手段，下面从这两个方面简要分析拉美地区收入再分配的修正功能非常有限的主要原因。

（1）税收制度

税收水平、税制结构、税收征管等方面的不足和缺陷制约着拉美国家税收制度的再分配功能。

第一，税收水平偏低。

---

[1] EUROMOD，Distribution and Decomposition of Disposable Income in the European Union 2003，www. iser. essex. ac. uk/msu/emod/statistics.

[2] Centro de Estudios Distributivos，Laborales y Sociales，Universidad Nacional de La Plata. www. depeco. econo. unlp. edu. ar/cedlas.

[3] Edwin Goñi，J. Humberto López，Luis Servén，"Fiscal Redistribution and Income Inequality in Latin America"，*Policy Research Working Paper 4487*，The World Bank，January 2008.

税收收入占 GDP 的比重是反映税收水平的一个重要指标。从历史上看，拉美国家的税收收入占 GDP 的比重一直较低，例如，阿根廷的税收收入占其 GDP 的比重，1900—1980 年一直在 10％以下，1980 年以后略有上升，2000 年升至 14％；巴西的这一比重在 1900—1970 年期间也基本在 10％以下，只有在 1910 年左右为 11％，1980 年以后有较大幅度上升，2000 年升至 23％；墨西哥在 1900—1970 年期间也在 10％以下，1980—2000 年基本稳定在 15％—16％之间。[①]

同其他国家和地区相比，拉美地区的税收水平也是较低的。1975—1985 年，税收收入占 GDP 的比重，OECD 国家为 28.3％，非洲为 17.6％，拉美地区为 14.9％，仅略高于南亚和东南亚地区（14.0％）；1986—1997 年，OECD 国家为 34.2％，非洲为 18.8％，南亚和东南亚地区为 15.8％，拉美地区为 15.2％。[②]

20 世纪 90 年代，美洲开发银行认为，按拉美国家的发展水平，其平均税收收入占 GDP 的比重应为 24％，而实际却只有 18％[③]，这意味着拉美国家的征收缺口（实际征收的税收收入与预期的税收收入之差）占地区 GDP 的 6％左右。21 世纪初，有学者估计征收缺口占地区 GDP 的 4％左右，阿根廷的这一比重高达 12.3％，哥伦比亚、萨尔瓦多、危地马拉、墨西哥、巴拉圭、委内瑞拉等国家介于 5％—10％之间。在主要税种方面，企业所得税、个人所得税和关税均存在明显的征收缺口，企业所得税的征收缺口占地区 GDP 的 1％左右，个人所得税占 2.9％，关税占 1.2％；消费税和资产税的征收缺口较小，分别为 0.6％和 0.3％[④]。

税收水平偏低不仅不利于发挥税收制度的收入调节作用，而且还制约着政府的公共开支能力，限制了政府通过转移支付等公共开支调节收入分配的功能。导致税收水平偏低的原因主要有两个：一是税率较低，二是税

① Sokoloff，K.，E. Zolt，"Inequality and the Evolution of Institutions of Taxation：Evidence from the Economic History of the Americas"，Paper presented at NBER（National Bureau of Economic Research）Political Economy workshop，2005.

② Lledo，V.，A. Schneider，M. Moore，"Governance，Taxes and Tax Reform in Latin America"，IDS Working Paper 221，Institute of Development Studies，Brighton，UK，2004.

③ 美洲开发银行：《拉美改革的得与失》，社会科学文献出版社 1999 年版，第 217 页。

④ Perry，G.，O. Arias，H. Lopez，W. Maloney，L. Serven，*Poverty reduction and growth：virtuous and vicious circles*，The World Bank，Washington D. C.，2006，p. 96.

基较小。

个人所得税、企业所得税和增值税是三大主要税种。自 20 世纪 80 年代中期以来，拉美地区的个人所得税和企业所得税的税率有所降低。1985—2004 年，拉美各国个人所得税的最高税率平均值由 49.5％降至 29％。1986—2004 年，企业所得税的最高税率平均值由 43.9％降至 26.6％。2004 年前后，东亚地区的个人所得税和企业所得税的最高税率平均值分别为 33.5％和 31.5％，中东和北非为 48％和 40％，OECD 为 45％和 35％，南亚地区为 39.5％和 41％，撒哈拉以南非洲为 38％和 36％。因此，在 21 世纪初，同其他国家和地区相比，拉美地区的个人所得税税率和企业所得税税率均是最低的。增值税有所不同，自 20 世纪 90 年代以来，拉美地区的增值税税率有所提高，各国税率的平均值由 1992 年的 12％提高至 2004 年的 15％，高于东亚地区的 10％，与南亚地区（15％）持平，但低于 OECD、中东和北非、撒哈拉以南非洲，后三者介于 17％—17.5％之间。①

有许多因素侵蚀了拉美国家的税基。第一，个人所得税起征点定得过高。如巴西的起征点是人均收入的 3 倍，洪都拉斯约为 6 倍，厄瓜多尔、尼加拉瓜、危地马拉等国家约为 10 倍。拉美国家的个人所得税最高税率不仅是世界上最低的，而且只适用于超高收入者，如厄瓜多尔的个人所得税最高税率为 25％，但只适用于个人收入超过人均收入 45 倍以上的人；危地马拉和秘鲁为 30％，但分别只适用于超过人均收入 32 倍和 24 倍的人；在洪都拉斯，超过人均收入 100 倍时才适用最高税率②。第二，税收征管体制不严，偷漏税问题突出。有学者估计，在阿根廷、巴西和智利 3 国，偷漏税行为损失了 50％左右的个人所得税和 40％左右的企业所得税③。第三，非正规经济部门过于庞大。拉美地区 40％左右的 GDP 隐藏在这一部门，而这部分 GDP 却基本上不在税收征管范围之内。第四，税收体制不健全，税收减免过多，存在不少漏洞。例如，哥伦比亚因减免政

---

　　①　Edwin Goñi, J. Humberto López, Luis Servén, "Fiscal Redistribution and Income Inequality in Latin America", *Policy Research Working Paper 4487*, The World Bank, January 2008.

　　②　美洲开发银行：《经济发展与社会公正》，中国社会科学出版社 2002 年版，第 217—218 页。

　　③　Edwin Goñi, J. Humberto López, Luis Servén, "Fiscal Redistribution and Income Inequality in Latin America", *Policy Research Working Paper 4487*, The World Bank, January 2008.

策而损失的税收收入占 GDP 的比重高达 9.3%，危地马拉为 7.3%，墨西哥为 5.3%，厄瓜多尔为 4.9%，智利为 4.2%，秘鲁为 2.5%，阿根廷为 2.4%，巴西为 1.4%，等等[①]。

第二，税收结构不合理。

长期以来，拉美国家的税收结构以间接税为主。1975—1980 年，拉美地区直接税占税收收入的比重为 32.7%，其中个人所得税为 11.1%，企业所得税为 17.6%；间接税所占的比重为 67.2%，其中消费税为 17.1%，增值税为 19.3%，关税为 26.8%。1996—2002 年，直接税所占的比重降至 30.4%，其中个人所得税为 6.2%，企业所得税为 18.5%；间接税所占的比重升至 69.6%，其中消费税为 34%，增值税为 16.1%，关税为 13.3%。而北美地区的情况则相反，1996—2002 年，直接税占税收收入的比重为 83.3%，其中个人所得税为 66.3%；间接税所占的比重为 16.6%，其中消费税为 8.8%。

直接税的收入调节能力较强，特别是个人所得税，而间接税则通过产品和服务的流通，由最终消费者承担。在拉美地区的税收结构中，个人所得税所占的比重较低，仅为 6.2%，不仅低于北美地区，而且还低于西欧（32.8%）、亚洲（24.2%）和非洲（17.2%）；与此同时，由最终消费者承担的间接税所占的比重却最高，不仅远高于北美地区，而且还高于西欧（52.7%）、亚洲（53.1%），基本与非洲（69.4%）持平。[②]

第三，税收的收入调节功能非常有限。

在税收水平偏低、税收结构不合理的情况下，拉美国家的税收制度对个人初次收入分配差距的修正功能非常有限。例如，税收使阿根廷和巴西的个人初次收入分配基尼系数减小了 0.043，智利减小了 0.051，哥伦比亚减小了 0.034，墨西哥减小了 0.035，秘鲁减小了 0.05，6 个国家平均减小了 0.043[③]。

---

① Breceda，K.，J. Rigolini, Saavedra, "Taxes and Transfers in Latin America," mimeo, World Bank，Washington D. C.，2006, p.227.

② Bird，R.，E. Zolt，"Redistribution via Taxation: The Limited Role of the Personal Income Tax in Developing Countries"，Working Paper 0508，International Tax Program，Institute for International Business，Joseph L. Rotman School of Management，University of Toronto，2005.

③ Edwin Goñi，J. Humberto López，Luis Servén，"Fiscal Redistribution and Income Inequality in Latin America"，*Policy Research Working Paper 4487*，The World Bank，January 2008.

（2）公共开支

政府部门的公共开支（特别是转移支付等社会开支）具有很强的收入再分配功能。20 世纪 80 年代以前，拉美国家的公共开支基本呈稳步增长的势头。80 年代初，智利、乌拉圭、哥斯达黎加、阿根廷等国家的社会开支占 GDP 的比重平均为 16.2%，这些国家的人均社会开支达到 328 美元。[1]

自 90 年代以来，社会开支又有所增加。1990—1991 年，社会开支占地区 GDP 的比重为 12.9%，2004—2005 年这一比重升至 15.9%，增加了 3 个百分点[2]。拉美地区的人均社会开支也大幅度增加，按 2000 年美元不变价格计，由 1990 年的 287 美元增至 2005 年的 457 美元，其中阿根廷由 1179 美元增至 1521 美元，乌拉圭由 820 美元增至 1087 美元，巴西由 604 美元增至 860 美元，墨西哥由 324 美元增至 618 美元[3]。阿根廷、智利、哥斯达黎加、萨尔瓦多、洪都拉斯、巴拉圭、乌拉圭等国家，收入水平最低的 20% 人口获得了 20% 以上的社会开支，其中智利的这部分人口获得了 43% 的社会开支[4]。

社会开支在调节收入分配、缓解贫困问题等方面具有重要作用，但是，拉美国家社会开支的再分配功能也非常有限，主要原因有两个：一是由于受税收水平偏低的制约，社会开支规模偏小；二是主要支出项目倾向于收入水平较高的人口。

社会保障和社会救助是社会开支中的两个重要项目。21 世纪初，阿根廷、巴西、智利、哥伦比亚、墨西哥和秘鲁等 6 个拉美国家的社会开支占 GDP 的比重，平均为 7.3%，其中用于社会保障的部分占 6.3%，用于社会救助的部分占 1%；而欧洲国家社会开支占 GDP 的比重平均为 16.3%，其中社会保障占 14.7%，社会援助占 1.6%。在 6 个拉美国家中，巴西的公共转移支付占 GDP 的比重最高，为 13.1%；墨西哥和秘鲁

---

[1]　CEPAL, *el Gasto Social en America Latina: un Examen Cuantitativo y Cualitativo*, Santiago de Chile, 1994, p. 14.

[2]　ECLAC, *Social Panorama of latin America 2007*, May 2008, Santiago, Chile, p. 103.

[3]　Ibid., p. 131.

[4]　Ibid., p. 125.

最低，仅为 3.6%[1]。较小规模的公共转移支付从总量上限制了再分配功能的发挥。

除哥伦比亚等个别国家外，大部分拉美国家的社会开支倾向于收入水平较高的人口。表 5—6 列出了 6 个拉美国家的公共转移支付在第 1 组和第 5 组人口之间的分配情况。在阿根廷，第 1 组获得了 7% 的社会开支，而第 5 组获得了 44% 的社会开支。巴西的第 1 组和第 5 组获得的社会开支分别为 7% 和 52%，智利分别为 10% 和 38%，墨西哥分别为 10% 和 51%，秘鲁分别为 3% 和 63%。哥伦比亚的社会开支在第 1 组和第 5 组之间的分配较为公正，两组人口分别获得了 24% 和 25%。

社会保障是社会开支的重要组成部分。2004 年，社会保障支出占社会开支的比重，阿根廷为 48.9%，巴西为 73.8%，智利为 43.1%，哥伦比亚为 40.2%，墨西哥为 26.1%，秘鲁为 35.2%[2]。但是，由于社会保障的受益人主要集中在正规部门，而第 1 组人口主要在非正规部门就业，因此，社会保障的覆盖率在第 1 组人口和第 5 组人口之间的差距较大。在阿根廷，第 1 组人口的社会保障覆盖率为 5%，第 5 组为 29%，巴西第 1 组人口和第 5 组人口的社会保障覆盖率分别为 28% 和 42%，智利分别为 14% 和 27%，哥伦比亚分别为 1% 和 17%，墨西哥分别为 2% 和 10%，秘鲁分别为 1% 和 20%。

养老金和失业保险是社会保障支出的两个主要大项。在拉美地区，由于养老金体系未能有效覆盖收入水平较低的非正规部门和农业部门，因此，收入水平较高的第 4 组和第 5 组人口拥有 80% 左右的养老金收入，而第 1 组人口仅得到了 3% 的养老金收入。失业保险也存在类似的问题，第 4 组和第 5 组人口得到 65% 的失业保险支出，而第 1 组人口得到 10% 的支出[3]。

与社会保障不同，社会救助明显地向低收入人口倾斜。社会救助在第 1 组人口中的覆盖率普遍高于第 5 组，如阿根廷第 1 组人口的覆盖率为 30%，而第 5 组则仅为 1%；秘鲁第 1 组的覆盖率高达 72%，而第 5 组为

① Lindert，K.，Skoufias E.，J. Shapiro，*Redistributing Income to the Poor and the Rich：Public Transfers in Latin America and the Caribbean*，World Bank，Washington D. C.，2005.

② Ibid.

③ Edwin Goñi，J. Humberto López，Luis Servén，"Fiscal Redistribution and Income Inequality in Latin America"，*Policy Research Working Paper 4487*，The World Bank，January 2008.

12％，等等。以现金方式向贫困家庭和低收入家庭提供的中小学教育、食品、自来水、电力等补贴，30％—66％集中在第 1 组人口。当然，有些现金转移支付项目也倾向于高收入群体，如墨西哥的"乡村直接支持计划"（PROCAMPO），该项目按粮食作物的耕种面积，每年分两季（春夏季和秋冬季）以现金方式直接向农民发放补贴，1997—2002 年，农村地区收入水平最高的 20％ 人口得到了 43％ 的现金补贴，而收入水平最低的 20％ 人口得到了 12％ 的补贴。[①]

表 5—6　　部分拉美国家的公共转移支付的分配状况和覆盖率（％）

		公共转移支付	社会保障覆盖率	社会救助覆盖率
阿根廷	第 1 组	7	5	30
	第 5 组	44	29	1
巴西	第 1 组	7	28	34
	第 5 组	52	42	3
智利	第 1 组	10	14	69
	第 5 组	38	27	19
哥伦比亚	第 1 组	24	1	45
	第 5 组	25	17	9
墨西哥	第 1 组	10	2	38
	第 5 组	51	10	15
秘鲁	第 1 组	3	1	72
	第 5 组	63	20	12

资料来源：Kathy Lindert，Emmanuel Skoufias，Joseph Shapiro，"Redistributing Income to the Poor and the Rich：Public Transfers in Latin America and the Caribbean"，SP Discussion Paper，NO. 0605，World Bank，August 2006.

社会救助的支出规模远远小于社会保障支出。2004 年，社会救助支出占社会开支的比重，阿根廷为 13.1％，巴西为 6.5％，智利为 4.4％，哥伦比亚为 4.2％，墨西哥为 9.9％，秘鲁为 5.1％。同时，社会救助的

---

① Lindert，K.，Skoufias E.，J. Shapiro，*Redistributing Income to the Poor and the Rich：Public Transfers in Latin America and the Caribbean*，World Bank，Washington D. C.，2005，Table 4C.

人均受益额远少于社会保障，如 2004 年，按购买力平价计算，阿根廷的社会保障人均受益额为 106.1 美元，社会救助人均受益额为 35.9 美元，巴西分别为 52.9 美元和 6.7 美元，智利分别为 80.9 美元和 11.9 美元，哥伦比亚分别为 23.7 美元和 17 美元，墨西哥分别为 65.6 美元和 9.6 美元，秘鲁分别为 100.1 美元和 1.6 美元。[1]

综上所述，由于社会保障支出规模较大且主要向收入水平较高的人口倾斜，社会救助虽然主要向收入水平较低的人口倾斜但其支出规模较小，因此，社会开支不仅不能缩小个人收入分配差距，反而扩大了这一差距。21 世纪初，受社会开支的影响，阿根廷的基尼系数增加了 0.044，巴西增加了 0.046，智利增加了 0.043，哥伦比亚增加了 0.043，墨西哥增加了 0.062，秘鲁增加了 0.04，等等[2]。

第三节 拉美地区收入分配不公的影响及启示

民意调查显示，阿根廷、哥伦比亚、巴拉圭、秘鲁有 90% 以上的居民，巴西、智利、玻利维亚、厄瓜多尔、巴拿马等国家有 80%—90% 的居民，认为自己国家的收入分配不公或非常不公[3]。

一 收入分配不公的影响

拉美地区的收入分配严重不公，导致了贫富分化问题突出，贫困人口较多；社会分层明显，绝大部分人口处于最低层，不能从经济增长与发展中获益。

1. 贫富分化

在发展中国家和地区，拉美地区的经济发展水平相对较高，但由于收入分配严重不公，致使拉美地区的贫困问题非常突出。表 5—7 选用了两种不同的贫困线来简要说明拉美地区的贫困状况。

---

① Lindert，K.，Skoufias E.，J. Shapiro，*Redistributing Income to the Poor and the Rich: Public Transfers in Latin America and the Caribbean*，World Bank，Washington D. C.，2005，Table 4C.

② Ibid.，Figure 15.

③ Ibid.，Table 1.

第一种贫困线是拉美国家各自确定的贫困线和赤贫线。拉美国家一般按月收入水平来确定贫困线,如 2006 年,阿根廷城市地区的贫困线为 90.2 美元/月,赤贫线为 45.1 美元/月;巴西城市地区的贫困线和赤贫线分别为 102.7 美元/月和 39.8 美元/月,农村地区的贫困线和赤贫线分别为 80 美元/月和 34.7 美元/月;墨西哥城市地区的贫困线和赤贫线分别为 161 美元/月和 80.5 美元/月,农村地区的贫困线和赤贫线分别为 100.6 美元/月和 57.5 美元/月。① 如果将 2006 年的月收入转换为日收入,则阿根廷、巴西、墨西哥三国的贫困线和赤贫线为:阿根廷城市地区为 2.97 美元/日和 1.48 美元/日;巴西城市地区为 3.38 美元/日和 1.3 美元/日,农村地区为 2.63 美元/日和 1.14 美元/日;墨西哥城市地区为 5.29 美元/日和 2.65 美元/日,农村地区为 3.3 美元/日和 1.89 美元/日。

按照各国的贫困线,1990—2007 年拉美地区的贫困人口一直为 2 亿人左右。由于人口增长,贫困率却有所下降,由 1990 年的 48.3% 降至 2007 年的 35.1%。也就是说,截至 2007 年,拉美地区有超过 1/3 的人口为贫困人口。与此同时,拉美地区的贫困状况有两个特点。一是赤贫人口大幅度减少。1980 年,拉美地区约有 9 100 万赤贫人口,赤贫率高达 26.5%。2007 年,赤贫人口减至 4 600 万人左右,赤贫率降至 8.1%。二是大部分贫困人口集中在城市地区,但农村地区的贫困率却较高。2006 年,巴西约有 6 247 万贫困人口,其中 4 678 万人居住在城市,1 560 万人生活在农村,城市地区的贫困人口约占全国贫困人口总数的 75%,但由于城市化水平较高,绝大部分人口居住在城市,因此,城市的贫困率为 29.9%,而农村地区的贫困率为 50.1%。就整个拉美地区来看,2005 年全地区共有贫困人口约 1.96 亿人,其中约 1.3 亿人居住在城市,约占总数的 66%;约 0.66 亿人生活在农村地区,约占 34%;城市地区的贫困率为 29.8%,农村地区则高达 53.6%。②

第二种贫困线为联合国确定的日收入 1.25 美元。在《2009 年千年发展目标报告》中,联合国将日收入不足 1.25 美元的人口定为贫困人口。按照这一贫困线,同其他发展中国家和地区相比,拉美地区的贫困率属较低水平,如 2005 年,撒哈拉以南非洲的贫困率为 51%,南亚为 39%,东

---

① ECLAC, *Social Panorama of latin America 2007*, May 2008, Santiago, Chile.

② Ibid.

南亚为 19％，东亚为 16％，发展中国家和地区的平均水平为 25％，而拉美地区则仅为 8％。[①] 但是，需要指出的是，联合国的贫困线基本上是许多拉美国家的赤贫线，其他发展中国家和地区的贫困人口在拉美地区则属赤贫人口。同时，从表 5—7 也可以看出，按照联合国的贫困标准，拉美地区的贫困人口约为 4500 万人，这一数字与按拉美国家赤贫线界定的赤贫人口基本一致。

表 5—7　　　　　　　　　　　拉美地区的贫困人口

贫困线	年份	贫困人口数量（亿人）	贫困率（％）	赤贫困人口（亿人）	赤贫率（％）
各国贫困线	1980	1.36	37.4	0.62	17.0
	1990	2.15	48.3	0.68	15.3
	2000	2.22	42.5	0.61	11.7
	2007	2.01	35.1	0.46	8.1
1.25 美元/日（联合国贫困线）	1990	0.48	11.0		
	2005	0.45	8.0		

注：贫困人口包括赤贫人口。

数据来源：

（1）1980 年数据，Juan Luis Londoño, Miguel Székely, "Persistent Poverty and Excess Inequality: Latin America, 1970 − 1995", *Working Paper 357*, Inter-American Development Bank, 1997.

（2）1990 年、2000 年和 2007 年的贫困率数据，ECLAC, Social Panorama of Latin America, May 2008, Santiago, Chile. 贫困人口数量根据有关数据计算。

（3）1.25 美元/日贫困线的贫困率数据，United Nations, The Millennium Development Goals Report 2009, p.6, New York, 2009。贫困人口数量结合 ECLAC 的人口统计数据计算。

2. 社会分化

拉美地区的城市化水平较高，2005 年的城市化率为 77.4％，其中阿根廷、巴巴多斯、乌拉圭、委内瑞拉等超过了 90％，巴西、智利、哥伦比亚等在 80％以上，墨西哥、秘鲁等在 70％以上，因此，城市是拉美各

[①]　United Nations, The Millennium Development Goals Report 2009, p.6, New York, 2009.

国政治、经济和社会生活的主体。与此同时，城市地区的劳动力约为2.5亿人，约占城市人口的58%，约占地区总人口的44.8%，因此，城市地区劳动力的分层状况能够基本反映拉美地区的社会分层状况。[1]

　　参照拉美经委会的划分标准，即是否拥有资本和生产资料，是否大量控制其他劳动力，是否拥有稀缺的、高附加值的技术，是否拥有一般管理和一般技术技能，是否享受劳动法律的保护以及是否拥有稳定的收入等，可以将城市地区的劳动力划分为资本家、高级管理人员、高级雇员、小业主、正规脑力劳动者、正规体力劳动者、非正规劳动者及其他未分类人口等8个阶层。

　　表5—8列出各个阶层的主要特点、人口比重和平均收入水平。资本家是拉美地区城市社会的第一阶层。这个阶层的成员基本上是大中型企业的所有者，拥有大量资本和生产资料，雇佣大量劳动力，利润是其主要收入来源，在政治、经济和社会生活等诸方面均居主导地位。该阶层占城市劳动力的0.9%，其平均收入水平是城市贫困线的近20倍。第二阶层是高级管理人员，其成员基本上是大中型企业、国有企业以及政府部门的高层管理者，占城市劳动力的1.1%。第三阶层是高级雇员，受雇于大中型企业或政府机构，占城市劳动力的2.0%左右。第二和第三阶层的平均收入水平是城市贫困线的12倍。在大多数拉美国家，资本家、高级管理人员和高级雇员是整个社会的主导阶层，虽然他们的收入方式不同，但其收入水平远远超过各自国家的平均水平，居收入分配的顶端。

　　第四阶层包括自由职业者、技术人员、小型和微型私营企业主等，其中小型和微型私营企业主是主体，其特点是拥有一定数量的资本，或者拥有一定的管理和技术技能，部分小业主少量地、非正规地雇佣工人，该阶层占城市劳动力的9.4%左右。第五阶层是有稳定收入的白领和技术人员，约占城市劳动力的13.7%。第四和第五阶层的平均收入水平为城市贫困线的4.8倍左右。

　　第六阶层主要是蓝领工人，如产业工人、服务业人员等，约占城市劳动力的18.7%，其平均收入水平为城市贫困线的3.7倍。

---

　　[1]　CEPAL, *Statistical yearbook for Latin America and the Caribbean*, 2007, Santiago, Chile. 城市地区的劳动力数据根据有关数据计算。

表 5—8   21 世纪初拉美地区城市社会的分层状况

社会阶层	特点	人口比重（％）	平均收入水平（城市贫困线的倍数）
资本家	拥有大量资本和生产资料，雇佣大量劳动力	0.9	19.6
高级管理人员	拥有稀缺的、高附加值的技术，受劳动法律的保护	1.1	12
高级雇员	受过良好的大学教育，普遍拥有较高的工资收入	2	
小业主	拥有一定数量的资本，少量地、非正规地雇佣工人	9.4	4.8（平均收入水平）
正规脑力劳动者	有稳定收入的白领和技术人员	13.7	
正规体力劳动者	主要是蓝领工人	18.7	3.7
非正规劳动者	享受不到劳动法律的保护，没有稳定的工资收入	50.6	2.5
未分类人口	无业者或无法分类的其他社会成员	3.6	

注：平均收入水平为巴西、智利、墨西哥和委内瑞拉 4 国平均值。

资料来源：谢文泽：《拉美城市的社会分层及社会和政治影响》，《拉丁美洲研究》2005 年第 3 期。

第七阶层是非正规劳动者，绝大部分成员处于劳动力市场的最低层，主要由三大群体构成，即在小型和微型企业处于非正规就业状态的劳动者、无报酬的家庭劳动者以及无社会保障、不受法律保护的产业工人等。非正规劳动者是拉美城市地区规模最大的社会阶层，约占城市劳动力的 50.6%，而其平均收入水平则仅为城市贫困线的 2.5 倍。

巴西、智利、墨西哥、委内瑞拉 4 国城市劳动力的平均收入水平为城市贫困线的 4.8 倍。尽管各国的城市贫困线有所不同，但用城市贫困线的倍数来反映不同社会阶层的收入水平较为中性，倍数越大，收入水平越高；低于平均值，则意味着属于低收入阶层，其中包括贫困人口。

根据表 5—8 中的数据，制作图 5—2。图 5—2 能较为清晰地反映出拉美地区城市社会的分层结构。根据平均收入水平，将城市劳动力分为高收入阶层、中间收入阶层和低收入阶层。资本家、高级管理人员和高级雇员属高收入阶层，其平均收入水平分别为城市贫困线的 19.6 倍和 12 倍，但其人口比重仅为 4%。小业主、正规脑力劳动者属中间收入阶层，也可以认为是拉美地区的中产阶级，其平均收入水平恰好是城市劳动力的平均收入水平，即城市贫困线的 4.8 倍，其人口比重约为 23%。正规体力劳动者、非正规劳动者、未分类人口属低收入阶层，其平均收入水平低于城市劳动力的平均收入水平，但其人口比重却高达 73% 左右。这表明，在拉美地区"金字塔"式的社会结构中，绝大部分人口处于最低层。如果将农村地区的人口考虑在内，由于农村地区的贫困率普遍高于城市，并且平均收入水平也低于城市，因此，塔底部分（低收入阶层）会更大。

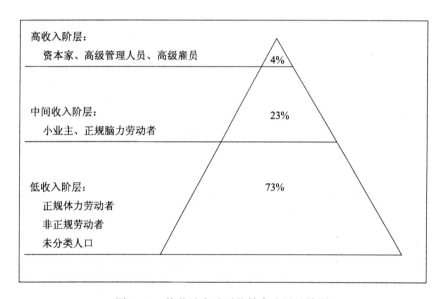

图 5—2　拉美城市地区的社会分层结构图

　　近 30 年来，除智利等个别拉美国家外，绝大部分拉美国家的平均收入水平出现了不同幅度的下降。1979 年巴西劳动力的平均收入水平是贫困线的 5.6 倍，1990 年降至 4.7 倍，2001 年降至 4.3 倍。1989—2002年，墨西哥劳动力的平均收入水平由贫困线的 4.4 倍降至 4.1 倍。委内瑞拉等其他拉美国家的平均收入水平下降幅度更大。20 世纪 90 年代，智利的平均收入水平有较大幅度的提高，并且各阶层的平均收入水平都有不同程度的提高。但由于不同阶层平均收入水平提高的幅度不同，智利的贫富差距扩大了。1990—2000 年，智利资本家阶层的平均收入水平由贫困线的 24.8 倍提高到 32.7 倍，而正规体力劳动者的平均收入水平仅从 3.5 倍提高到 4.1 倍，因此两个阶层之间的收入差距由 7∶1 扩大到 8∶1。同期，小业主的平均收入水平也有较大幅度的提高，小业主与非正规劳动者之间的收入差距也由 7∶1 左右扩大到 8∶1 左右。[①]

上述情况意味着，自 20 世纪 80 年代以来，在整个拉美地区，正规劳动者和非正规劳动者的平均收入水平要么几乎没有增长，要么有不同程度的下降，70％以上的人口没有获得经济增长和发展的收益。

二　对中国的启示

中国与拉美国家都是发展中国家，尽管所处的发展阶段和发展水平不同，但在收入分配方面面临着共同的挑战，在建设和谐社会的过程中，中国可从拉美国家借鉴经验吸取教训。

1. 如何看待拉美地区的收入分配不公

如前所述，近半个世纪以来，拉美地区不仅是世界上收入分配最不公平的地区，而且收入分配不公的程度基本没有变化，大部分国家 21 世纪初的基尼系数与 20 世纪 60 年代的基本相同，个别国家还有所增加。

拉美地区是最早获得独立的发展中国家，也是最早启动现代化进程的发展中国家。第二次世界大战结束后，当其他地区的许多发展中国家还在为获得独立而艰苦斗争时，巴西、墨西哥、阿根廷等主要拉美国家的进口替代工业进程已取得明显成效。到 20 世纪六七十年代，当其他地区的大部分发展中国家仍在贫困边缘上挣扎时，拉美国家的进口替代工业已进入重化工业阶段，墨西哥于 1968 年和 1969 年先后举办了奥运会和世界杯足球赛。

那么，拉美地区的收入分配不公是发展中的问题还是发展的结果？长期以来，争论不休，没有定论。如果是发展中的问题，则意味着拉美国家的发展水平还不够高，尚未进入库兹涅茨"倒 U 型"曲线的下降阶段。如果是发展的结果，则表明拉美国家的收入分配制度存在着重大缺陷和问题。

拉美地区于 19 世纪 70 年代正式启动现代化进程[②]。按 1990 年美元

---

① ECLAC, *Social Panorama of Latin America 1999－2000*, table 4 and table 10; CEPAL, *Panorama Social de América Latina 2002－2003*, Cuadro7·1, Cuadro12, Marzo de 2004.

② 苏振兴：《拉美国家现代化进程研究》，社会科学文献出版社 2006 年版。

计，1870 年，拉美地区的人均 GDP 已达 676 美元，其中墨西哥 674 美元，巴西 721 美元（1872 年），智利 1081 美元（1861 年），秘鲁 654 美元（1876 年）[①]。自 1870 年以来，在现代化进程中，拉美地区的收入分配差距呈持续扩大趋势，如表 5—9 所示，1870 年，拉美地区的基尼系数为0.348，1930 年增至 0.416，1950 年为 0.515，20 世纪 70—80 年代进一步增至 0.543。

1870—1930 年是拉美地区的早期工业化时期。在此时期，除墨西哥外，阿根廷、巴西、智利、乌拉圭等国家的基尼系数都有不同程度的增加，如阿根廷由 0.39 增至 0.49，增加了 0.1 左右；巴西由 0.33 增至0.47，增加了 0.14，等等。20 世纪 30—50 年代，阿根廷、巴西、墨西哥等主要拉美国家进入全面实施进口替代工业化阶段。在此期间，除阿根廷、智利的基尼系数有所减小外，其他国家的基尼系数均有不同程度的增加，整个地区的基尼系数也有较大幅度的增加。但自 50 年代以后，各国的基尼系数虽有增减，但变化幅度不大。这意味着，自 20 世纪 50 年代起，拉美国家的收入分配不公开始"固化"，各国的收入分配状况或有改善，或有恶化，但从较长的历史时期来看，总体上没有明显的变化。

这一简要分析表明，拉美地区的收入分配不公不是发展中的问题，而是发展的结果，是拉美国家的收入分配制度不合理导致的结果。

2. 收入分配中"量"的差距和"质"的差距

以赤贫线（或称温饱线）为界，所谓"量"的差距是指赤贫线以上人口的个人收入差距；"质"的差距是指赤贫线以下人口与赤贫线以上人口的收入差距。如果一个国家赤贫线以下人口所占的比重较高（如超过50%），而其基尼系数在 0.4 以上，则这个国家的收入分配差距应属"质"的差距。当一个国家赤贫线以下人口所占比重较低（如 10%以下），而其基尼系数在 0.4 以上，则这个国家的收入分配差距属"量"的差距。赤贫线以下人口所占的比重介于 10%—50%之间，且基尼系数在 0.4 以上的国家，其收入分配处于由"质"的差距向"量"的差距过渡阶段。

---

① Milanovic，B.，P. H. Lindert and J. G. Williamson，"Ancient Inequality," revised version of "Measuring Ancient Inequality," *NBER Working Paper 13550* , National Bureau of Economic Research，Cambridge，Mass，October，2008.

表 5—9　　　　　　　1870—1990 年部分拉美国家的基尼系数

国家	1870 年	1930 年	1950 年	20 世纪 70—80 年代
阿根廷	0.391	0.493	0.396	0.454
巴西	0.329	0.472	0.554	0.572
智利	0.413	0.492	0.417	0.517
哥伦比亚	……	0.402	0.510	0.543
墨西哥	0.440	0.243	0.550	0.540
乌拉圭	0.296	0.366	0.379	0.423
拉美地区	0.348	0.416	0.515	0.543

注：（1）拉美地区 1870 年的基尼系数为阿根廷、巴西、智利、乌拉圭 4 国的加权平均值；1913 年、1930 年、1950 年、20 世纪 70—80 年代的基尼系数为阿根廷、巴西、智利、乌拉圭、哥伦比亚、墨西哥 6 国的加权平均值。

（2）1930 年的数据实际上是 1929 年的数据。考虑到收入分配状况具有较强的稳定性，因此，为了便于分析，将 1929 年的数据近似地看作是 1930 年的数据。

资料来源：（1）墨西哥 1870 年的基尼系数，Milanovic, B., P. H. Lindert and J. G. Williamson, "Ancient Inequality," revised version of "Measuring Ancient Inequality," *NBER Working Paper 13550*, National Bureau of Economic Research, Cambridge, Mass, October, 2008.

（3）其他数据，Jeffrey G. Williamson, T. J. Hatton, Kevin H. O'Rourke, Alan M. Taylor, The new comparative economic history: essays in honor of Jeffrey G. Williamson, MIT press 2007. pp. 296，297。20 世纪 70—80 年代的数据为笔者根据有关数据计算的简单平均值。

存在"质"的差距的国家或地区，社会极不稳定。海地是拉美地区唯一的一个低收入国家，56％的人口为赤贫人口，而其基尼系数却高达0.65[1]，因此，是一个典型的"质"的差距的国家，长期以来这个国家一直动荡不安。再者，部分拉美国家的农村地区，收入分配差距也属"质"的差距，如洪都拉斯 65.3％的农村人口、尼加拉瓜 55.1％的农村人口为赤贫人口[2]，这两个国家的社会冲突也较多。

2005—2007 年，大部分拉美国家的赤贫人口所占的比重在 10％以下，如阿根廷为 7.2％，巴西为 6.7％，智利为 3.2％，墨西哥为 4.4％，秘鲁为 4.9％，整个拉美地区为 8.1％[3]。这表明，大部分拉美国家的收入差

---

[1]　Pal Sletten, Willy Egset, "Poverty in Haiti", Fafo, 2004.

[2]　ECLAC, Social Panorama of Latin America 2007，May 2008，Santiago, Chile.

[3]　Ibid.

距属"量"的差距。

当一个国家或地区的收入差距属"质"的差距时，这个国家往往也是经济发展水平较低的国家，其首要的任务是实现经济增长。对于处于过渡阶段的国家，在追求经济增长的同时，需要兼顾收入分配和贫困问题，否则，因收入分配差距扩大、贫困问题恶化而引起的动荡会严重阻碍经济增长。

目前，我国赤贫人口的比重已在 10% 以下，而基尼系数已超过 0.4，因此，我国的收入分配差距属"量"的差距。如果不能有效地解决收入分配差距扩大问题，则会制约我国步入更高的发展阶段。

3. 增长和稳定是缩小收入分配差距的基本前提

20 世纪 60—70 年代、90 年代前半期以及 2003—2008 年是拉美地区的经济增长周期，在这些周期内，墨西哥、阿根廷等一些拉美国家的收入分配差距有所缩小，贫困人口有所减少，巴西等国家的收入分配差距至少没有扩大。与此同时，近半个世纪以来，特别是自 20 世纪 80 年代以来，拉美地区频繁爆发危机，影响比较大的经济危机有 80 年代的债务危机、1994—1995 年的墨西哥金融危机、2001—2003 年的阿根廷经济危机，等等。80 年代的债务危机使绝大部分拉美国家的收入分配状况恶化，贫困人口大幅度增加。在阿根廷危机期间，布宜诺斯艾利斯地区近一半人口沦落为贫困人口，人们成群结队地走上街头，敲着锅碗瓢盆游行示威。

我国自改革开放以来，已连续 30 年保持经济高速增长，政治、社会稳定，成功地抵御了数次外部经济危机的冲击，经济形势长期保持基本稳定，人均 GDP 大幅度提高。改革开放的这些巨大成就为我国缩小收入分配差距创造了重要条件。但是，增长和稳定不能自动地实现收入分配公平。要想缩小收入分配差距，在保持增长和稳定的条件下，还要采取以下一些基本措施。

第一，提高劳动者收入在国民收入初次分配中的比重。

1993—2006 年，在我国的国民收入初次分配中，劳动者收入占 GDP比重由 50.6% 降至 40.6%，下降了 10 个百分点；同期，企业收入所占的比重由 49.4% 升至 59.4%，上升了 10 个百分点[①]。我国目前的国民收入

---

① 李俊霖：《我国国民收入分配格局的演变、影响及对策》，《石家庄经济学院学报》2008年，总第 31 卷第 6 期。

初次分配格局与委内瑞拉、墨西哥、哥伦比亚、智利、巴西等拉美国家相类似,这种分配格局不利于缩小收入分配差距。

第二,提高个人收入中的再分配收入。

1988—2006 年,我国城镇居民的收入构成发生了一些重大变化。首先,在初次分配收入中,劳动收入所占的比重由 97.5％降至 89.3％,下降了 8.2 个百分点;资产收入所占的比重由 2.5％升至 10.7％,上升了 8.2 个百分点。其次,个人可支配收入中,初次分配收入所占的比重由 80.3％降至 77.2％,再分配收入由 19.7％升至 22.8％。初次分配收入是收入分配差距扩大的主要因素,其对基尼系数的贡献率为 78％,再分配收入对基尼系数的贡献率为 23％。[1]

我国城镇居民的个人收入构成与拉美国家基本类似,例如,初次分配收入占个人收入的比重均为 80％左右,再分配收入为 20％左右。所不同的是,我国城镇居民个人收入中,资产收入的比重高于拉美国家;同时,再分配收入在我国城镇居民个人收入中所占的比重高于巴西、智利、哥伦比亚、墨西哥等拉美国家。

我国仍处于工业化进程中,在今后相当长的时间内,初次分配收入仍将是个人收入的主要来源,并且随着经济继续增长,初次分配收入差距还有继续扩大的趋势。但是,由于我国的收入分配差距已由“质”的差距过渡到“量”的差距,只要充分发挥我国的体制优势、制度优势,加大再分配力度,提高个人再分配收入水平,避免拉美国家“没有分配的增长”,我们就能够有效缩小收入分配差距,至少能够遏制收入分配差距继续扩大的趋势。

---

① 李伟、王少国:《我国城镇居民初次分配和再分配收入差距的来源及贡献率比较》,《北京市经济管理干部学院学报》2008 年 12 月,总第 83 期。

第 六 章

拉美社会结构与社会分层

在拉美城市化和现代化进程中,各国社会结构和阶级结构发生了重大变化。在农村和农业部门,传统大地主阶层衰落,农业企业家阶层壮大,农民阶层进一步出现分化。在城市地区,随着城市化进程加快,拉美工商企业家阶层不断发展,工薪劳动者阶层壮大,中间阶层崛起,同时城市边缘化阶层膨胀。然而,在工业化和城市化的不同阶段,拉美各国社会结构的变化也千差万别,甚至可能出现一些阶层消失或大规模萎缩,同时另一些阶层逐渐发展壮大的变化趋势。与此同时,不同时期拉美社会各阶层的收入状况也有所差异,影响社会流动和社会升迁机制的因素也各不相同。但是,不可否认,社会结构的不平衡性是拉美各国在社会分层化过程中的共同特征,新的社会阶层要求分享现代化所带来的经济、政治和社会利益,而传统利益集团总是会试图维护自己的利益不受损害,这必然会加深社会矛盾,引发社会冲突。如何维持各阶级阶层利益的平衡,一直是拉美国家在现代化、城市化和工业化过程中面临的普遍难题。

第一节 拉美社会结构变化和社会分层化

整体来看,20 世纪 30 年代以来拉美社会结构变化具有阶段性特征。根据《剑桥拉丁美洲史》的观点,拉美社会结构变化大致可分为三个阶段。第一阶段始于 30 年代而结束于 60 年代初,这一阶段是城市化、工业中心的扩展和巩固时期。建立在纺织、食品饮料、制鞋等消费品进口替代基础上的工业增长强劲,城市大规模扩张和大量农村人口流向城市,劳动密集型产业在国民经济中的地位日益提升,具有现代社会的阶级阶层结构逐步形成。第二阶段始于 50 年代末而终结于 80 年代初的债务危机，其基本特点是进口替代工业化进入新阶段，基本消费品的进口替代阶段开始向耐用消费品和资本货的进口替代阶段转移，相应的，产业结构开始由劳动密集型产业向资本密集型和技术密集型产业转移，而资本和技术必须通过国际借贷和跨国公司来获得，这使得拉美经济对外依赖程度急剧上升。这一转变造成拉美社会结构发生了深刻变化，钢铁、化工、汽车等现代制造业的产业工人和无产阶级的规模迅速增加，同时高度城市化和工业发展带动了医疗、行政、中介和教育等部门就业岗位的增加，并形成了新的社会阶层。[①] 第三阶段是 80 年代中期至 21 世纪初，这一阶段既是新自由主义改革时期和全球化时期，同时也是拉美国家债务危机后的调整时期。债务危机和全球自由贸易造成的竞争压力使得拉美国家的制造业陷入倒退的困境，就业严重不足，同时，前期的城市化跨越式发展使得城市就业的非正规化倾向日益严重。虽然全球化和信息技术发展使得一些现代专业人员阶层崛起，但其规模十分有限，对整个社会结构变化的影响不足。相反，经济的非正规化使得非正规部门劳动者等城市边缘化阶层日益膨胀。

一　60 年代之前拉美城市社会结构

在独立以来的初级产品出口发展模式、早期工业化以及城市化阶段，由于各国国民经济长期由农业和初级产品出口部门主导，因此拉美社会的阶级结构变化比较缓慢。尽管如此，到 1930 年，拉丁美洲的城市阶级结构已呈现了多样性特征。"在最大的城市里最高度地集中了土地或商业精英、牧师、自由职业者、外国侨民以及为他们服务并建筑了大城市基础设施的各阶级——各种各样的家庭仆人和劳工"。[②] 虽然当时的城市社会结构仍然具有传统社会的一些特征，但现代社会的一些新阶层已开始出现，并在经济和社会中发挥了日益显著的作用。

在上等阶层中，商业和土地精英无疑占主导地位，而高级政府官员、宗教领袖和高级军官也是上等阶层的组成部分。拉美国家经过数十年的初级产品出口发展模式阶段，大量与商业和进出口贸易有关的社会群体成为

---

① 莱斯利·贝瑟尔：《剑桥拉丁美洲史》（第六卷），当代世界出版社 2000 年版，第 265 页。

② 同上。

当时的社会精英和高收入阶层，与此同时，传统农业社会的大地主虽然已经有衰落的迹象，但其力量依然十分强大，仍然是农业部门的主导力量。此外，随着工业化进入起步阶段，已形成了一批工业资产阶级阶层，但其规模和社会影响力仍处于弱势地位。这一时期的中产阶级被划分成上层中产阶级和下层中产阶级，前者包括律师、会计、医生以及政府雇员等阶层，这些阶层也是为进出口贸易或高收入阶层的社会精英服务，而后者则以个体手工作坊主和工商个体户为主，另外，少量的熟练技术工人、政府职员、军队普通军官和一般宗教人士也被划分为中产阶级。城市下等阶层主要由第一批农村新流入人员组成，他们从事一些无技术要求的职业，如劳力、服务员、家庭仆人和手工作坊的工人，他们当中有一些已成为处于工业化发展初期的工人阶级。[1] 在出现上述社会结构变化后，社会各阶层已经出现了各自的"社会封闭体系"，从住宅、生活服务，到交通条件、供水、供电等基础设施，上流阶层、中间阶层和下等阶层都是完全的分割，上流和中间阶层享受的各种生活条件与下等阶层有天壤之别，大多数城市居民属于下等阶层，生活条件仍处于最初级的阶段。[2] 而在各阶层之间的流动机制中，家庭结构、代际因素扮演着十分重要的角色，尤其是父亲的职业地位、受教育水平，对子女在不同社会阶层中的流动影响十分显著。[3]

　　总体来看，1930—1960 年拉美第一阶段的进口替代工业化时期，拉美城市社会结构已经出现了一些新变化，尤其是不同行业此消彼长的发展变化，一些传统的社会阶层萎缩或消失，新的社会阶层开始出现并发展壮大。行业结构的变化造成社会构成的变化。（见表 6—1）在上层非体力劳动阶层中，雇主和独立专业人员所占人数比重呈迅速下降趋势，而新的经理和受雇专业技术人员比例迅速上升。在处于中间阶层的较低的非体力劳动阶层中，新的以小企业主与受雇于政府和工商企业的经理、办事员等为主的新的中产阶级开始形成，而与传统初级产品进出口贸易密切相关的个

　　① Ralph L. Beals，"Social Stratification in Latin America"，*American Journal of Sociology*，Vol. 58，No. 4，pp. 27－339，Jan，1953.

　　② Harry B. Hawthorn and Audrey Engle Hawthorn，"Stratification in a Latin American City"，*Social Forces* ，Vol. 27，No. 1，pp. 19－29，May，1949.

　　③ James R. Lincoln，"Household Structure and Social Stratification：Evidence from a Latin American City"，*Journal of Marriage and the Family* ，Vol. 40，No. 3，pp. 601－612，Aug，1978.

体经商者的规模迅速下降。在无产阶级中，受雇于现代大型制造企业的工业无产阶级以及为工业部门服务的运输、建筑等行业的工薪阶层人数激增，例如，1960 年，在巴西、哥伦比亚和智利等国，用人在 100 人或 100 人以上企业所雇的工厂工人占了整个工业劳动力的一半或一半以上。[①] 而从事传统家政服务业的规模显著下降。可以说，20 世纪 40 年代和 50 年代是拉美国家社会分层化的加速期，拉美现代社会阶层结构基本成型。

二 1960—1980 年拉美社会分层化的巩固期

曾有学者将 50 年代以来拉美城市分层化的状况分为四种类型，第一类是那些正处于工业化过程中的大都市，那里下层体力劳动者的数量迅速增加，扩大了社会结构金字塔的基础；适应工业化与城市化需求的各种专业技术人员应运而生，很快形成一个新的中产阶级，通过教育等途径实现社会流动的机会也明显增多。第二类是那些以矿区或农业种植园为中心而形成的城镇，那里往往集中数量较多的工人，但既没有多少中间职业，也缺乏社会流动的机会。第三类是那些原有经济活动走向衰落或停滞的地区，这类地区在经济繁荣期间形成的城镇及其为数不少的中产阶级，都面临着衰落的命运。第四类是那些依托新型的农业开发区形成的城镇，这些城镇通过为农业经济服务而迅速出现了一批小企业主，并为劳动力提供多样的就业机会。类似这样的不平衡发展状况在不同的国家、不同的阶段都可能发生。[②] 然而，在整个拉美地区，这一阶段统治阶级依然是金融和工业资本家，他们通过与国际资本和跨国公司相结合，在军政府的庇护下，维持对国民经济的主导地位。在智利和阿根廷主要是现代工业寡头，在秘鲁和墨西哥则是新兴民族资产阶级，在巴西主要是国家垄断资产阶级，而在委内瑞拉主要是五大家族形成的石油工业垄断集团。[③]

1960 年至债务危机爆发（1982 年）前，工业化和城市化继续成为拉美国家社会结构变化的主要推动力。这一时期拉美国家的劳动力市场具有与前一阶段显著不同的特征，具体表现在三个方面。（1）大、中型企业作

---

① 苏振兴：《拉美国家现代化进程研究》，社会科学文献出版社 2006 年版，第 424 页。

② 同上书，第 425—426 页。

③ Dale L. Johnson，"Class Formation and Struggle in Latin America"，Latin American Perspectives，Vol. 10，No. 2/3，Social Classes in Latin America，Part II：Class Formation and Struggle，pp. 2—18，Spring-summer，1983.

为提供就业的主体地位已经确立。据统计,拉美大国中,受雇于5个人以上企业的工人在工人阶级中所占的比重都保持在相当高的水平上,其中,墨西哥由51.9%增加到60.4%,智利由52.7%增加到63.2%,巴西和秘鲁则分别保持在58.7%和43%左右,只有阿根廷由73.4%降至57.1%。[①](2)服务业吸纳就业的比重明显提高。一方面是由制造业带动的金融、商贸、行政等现代服务业的发展,另一方面是诸如小商业、个人服务等传统服务业以及文教卫生、社区服务等的需求增加。(3)国家和公共部门在创造就业方面的作用日益上升。例如,1980年,阿根廷的公共部门占城市正规就业的33.8%,巴西1982年为29.3%,哥伦比亚是21.2%,秘鲁1981年是49.1%。1964—1973年,智利公共就业每年增长7%以上,但从1973年起,皮诺切特政府的经济政策使政府行政机构和公共企业急剧收缩。1970—1980年,墨西哥中央政府的雇员每年增加12.5%,1970年超过100万人,1981年达到320万人,占总就业人口的17%。像墨西哥石油公司这类公共企业占公共就业总数的24%左右,行政机构占33%,而卫生和教育部门占43%。1978年至1985年间,巴西公共行政部门的就业每年增长5.8%,而正规就业仅增0.9%,1973年,巴西公共行政雇员达340万人,1980年,公共就业超过500万人,占就业总数的11.4%。[②]这些数据表明公共就业成为拉美各国正规就业岗位的主要来源。

上面三个特征使得这一时期的社会分层化过程与前期有所差异。金融保险等服务业的快速发展带动了经理、专业技术人员阶层所占比例的上升,由1960年的8.2%增加到1980年的13.5%。公共就业的增加对拉美所有国家非体力劳动阶层的壮大特别重要,在有些国家,公共就业成为非体力劳动就业岗位的主要来源,其中较低层次的非体力劳动者的比例由1950年的10%增至1980年的13.2%。1981年,公共部门在秘鲁雇用了57%的非体力劳动者,在阿根廷雇用了52%的非体力劳动者。在拉美地区的工资劳动者中,以制造业为主导的工业在这一时期已经出现了衰退趋势,制造业就业规模已从1960年的19.1%下降为16.5%。

而从各社会阶层获得的实际利益来看,公共就业增加对城市体力和非

①　苏振兴:《拉美国家现代化进程研究》,社会科学文献出版社2006年版,第424页。

②　莱斯利·贝瑟尔:《剑桥拉丁美洲史》(第六卷),当代世界出版社2000年版,第286页。

体力劳动者阶层产生了直接或间接的影响。各种社会福利优先给予了政府雇员和某些关键性部门（如铁路和能源部门）的体力劳动者，这些雇员都属于公共部门就业。较好的社会福利和稳定的工作环境使得行政官员、专业人员、技术人员和办事员成为了一个独特的城市阶层，这些与公共就业密切相关的阶层是构成拉美中产阶级的基础。[1] 因此，1960—1980 年被认为是拉美国家社会分层化的"巩固期"。

表 6—1　　　　　1940—1980 年拉美地区城市职业分层（％）

非农业人口	1940 年	1950 年	1960 年	1970 年	1980 年
较高的非体力劳动阶层	**6.6**	**9.4**	**10.1**	**12.7**	**15.9**
雇主、独立专业人员	4.4	5.2	1.9	2.6	2.4
经理、受雇专业技术人员	2.2	4.2	8.2	10.1	13.5
较低的非体力劳动阶层	**15.2**	**16.0**	**16.9**	**18.5**	**19.0**
办事员	8.4	10.0	11.1	11.7	13.2
售货员	6.8	6.0	5.8	6.8	5.8
小企业主	**0.8**	**2.5**	**2.6**	**2.5**	**2.5**
经商者	0.8	2.3	1.5	1.2	1.3
其他（制造业、服务业）	0.0	0.2	1.1	1.3	1.2
个体经营者	**28.5**	**19.8**	**20.5**	**17.4**	**18.6**
经商者	9.5	7.1	7.5	6.6	5.8
其他	19.0	12.7	13.0	10.8	12.8
工资劳动者	**35.9**	**41.3**	**40.4**	**39.4**	**36.4**
运输业	6.1	3.8	4.5	3.7	2.7
建筑业	5.4	7.0	7.1	7.8	7.1
工业	20.1	19.2	19.1	16.3	16.5
服务业	4.3	11.3	9.7	11.6	10.1
家庭仆人	**13.0**	**11.0**	**9.5**	**9.5**	**7.6**
总计	**100.0**	**100.0**	**100.0**	**100.0**	**100.0**
农业（占经济自立人口）	**61.6**	**52.5**	**46.7**	**39.5**	**30.6**

数据来源：莱斯利·贝瑟尔：《剑桥拉丁美洲史》（第六卷），当代世界出版社 2000 年版，第265 页。

---

① 莱斯利·贝瑟尔：《剑桥拉丁美洲史》（第六卷），当代世界出版社 2000 年版，第 265 页。

三　新自由主义改革和经济全球化时期的新特征

进入 20 世纪 80 年代后，随着债务危机的爆发，拉美国家的经济发展进入了一个新阶段。经历了"失去的十年"后，拉美国家开始进行全面的经济改革，同时，这一时期也是以信息技术高速发展、跨国公司全球扩张和金融全球化与区域经济合作为主要特征的经济全球化时期。内外形势的变化使得拉美国家经济形势发生了一系列重大变化：（1）拉美国家纷纷放弃了延续数十年的进口替代工业化模式，转向强调出口的外向型发展模式。（2）国家在国民经济中的地位日益下降，各国纷纷实行大规模的国有企业私有化改革，公共部门的就业和投资主体地位逐渐削弱。（3）尽管国民经济由于初级产品出口恢复增长等因素而出现复苏，但以制造业为主导的工业部门在快速开放的市场条件下失去了竞争力，甚至出现了"逆工业化"现象。（4）国有企业被私有化后都进行了包括大规模裁员在内的内部重组；传统的劳动密集型生产企业则在激烈的外部竞争压力下纷纷破产，失业大量增加。在上述背景下，拉美国家的就业形势和结构发生了深刻的变化，其中最主要的特征是各国城市公开失业率居高不下，非正规部门成为吸纳城市劳动力就业的主要渠道；跨国公司大规模进入拉美地区后，形成了一些受雇于这些大公司的高级专业技术和管理人员，与之相伴随的是一些传统国有企业员工等中间阶层生活状况恶化，甚至直接进入失业大军或在非正规部门就业，成为广大非正规劳动阶层的一员。上述变动使拉美社会结构也随之发生变化，甚至被认为是拉美社会向现代社会结构转变过程中某种程度的逆转。

从具体的职业分层的角度来看，拉美经委会的研究报告认为，拉美经济自立人口划分为上、中、下三个阶层。[①]

（1）上等阶层包括三个职业群体（见表 6—2）：雇主、高级官员、私企与国企的经理阶层及专业人员。1999 年雇主占经济自立人口的 4.4%，雇主中 2/3 属微型企业主。其中，从事非农产业者平均收入为贫困线的 12.1 倍，从事农业者平均收入为贫困线的 8.8 倍。其余 1/3 为大中型企业主，收入水平与企业雇员人数正相关，其中雇员数为 6—9 人的非农产业企业主收入为

---

①　ECLAC，"Occupational Stratification，Inequality and Poverty in Latin America"，Social Panorama of Latin America 1999—2000，Santiago de Chile，2001.

贫困线的 15.6 倍,农业企业主收入为贫困线的 12.1 倍。雇员超过 10 人的,非农企业主收入为贫困线的 27.3 倍,农业企业主则高达 29.3 倍。

高级官员和企业经理阶层占经济自立人口的 2.1%,平均收入为贫困线的 11.9 倍。其中,企业规模是影响他们收入水平的主要因素,雇员数超过 10 人的企业的经理人员收入是贫困线的 14 倍,中小型企业(雇员数不到 10 人)的经理收入为贫困线 7 倍左右。专业人员占经济自立人口的 3.9%,平均收入为贫困线的 11.1 倍,平均受教育年限为 14.5 年。专业人员 75% 在超过 10 人以上的企业就职,25% 为独立就业的专业人员,其中律师、咨询顾问等独立就业专业人员收入水平高于大中型企业的专业人员。综上所述,上等阶层中雇主阶层收入水平受行业和企业规模的影响较大,而经理阶层与受教育水平的相关性十分明显。

(2)中间阶层包括表 6—2 中所列技术人员和管理职员两个就业阶层,受教育年限与上等阶层相差无几,但平均收入仅为贫困线的 5 倍左右。1999 年技术人员占经济自立人口的 8.1%,平均收入为贫困线的 5.8 倍,受教育年限为 11.5 年,其中 75% 的技术人员从业于超过 10 人的企业,剩余 25% 是从业于小型企业或独立工人。管理职员占经济自立人口的 6.4%,平均收入为贫困线的 3.8 倍,受教育年限为 10.9 年。他们的收入水平取决于企业规模,而受教育年限对其收入影响很小。大型企业管理职员平均收入为贫困线的 4.3 倍,而小型企业和微型企业收入仅为贫困线的 2.6—3 倍。整体来看,自 90 年代以来,私人企业的现代化、国家机构和公共部门的萎缩以及劳动力供大于求等因素,使技术人员、医生、会计师、银行职员等群体的就业地位和收入不断恶化,从而也意味着拉美国家的中间阶层的地位不断下降。

(3)下等阶层中,除了商业劳动者中可能有少部分在受教育水平方面与管理职员接近外,基本上都是受教育年限和收入水平很低的劳动者,其平均收入仅相当于贫困线的 2 倍左右。许多劳动者力图通过提高受教育水平来摆脱贫困,但这种努力受到良好就业机会有限的影响,从而使教育作为社会流动渠道的作用弱化。80 年代以来,尽管各社会阶层的教育水平分化程度不及收入状况的分化程度,但是各社会阶层的教育水平差异仍十分明显,一般而言,低收入阶层仍没有获得足够的教育机会来向中上阶层流动。以 8 个国家加权平均来看,1999 年,整个经济自立人口平均受教育年限为 6.9 年,其中,受教育水平最高的是专业人员阶层为 14.5 年,

其后依次为高级管理和经理阶层（11.7 年）、技术阶层（11.5 年）和管理
职员（10.9 年）。8 个国家经济自立人口平均受教育年限由 1990 年的 6.2
年上升到 1999 年的 6.9 年，每个社会阶层受教育年限都有不同程度的上
升。其中，雇主增加了 1.2 年，高级经理增加 0.6 年。与整个 80 年代一
样，尽管低收入阶层仍通过各种方式来争取受教育机会，但教育水平的提
高仍难以转化为收入水平的上升，从而也实现不了社会地位的向上流动。

表 6—2   1990—1999 年拉美 8 国社会职业分层情况

	各阶层占经济自立人口比例		平均收入（贫困线的倍数）		平均受教育年限	
	1990	1999	1990	1999	1990	1999
	100.0	100.0	4.0	3.9	6.2	6.9
1. 雇主	4.5	4.4	14.6	14.3	7.8	9.0
2. 经理阶层	2.1	2.1	11.4	11.9	11.1	11.7
3. 专业阶层	3.9	3.9	10.2	11.1	14.0	14.5
1+2+3	10.5	10.4	12.3	12.6	10.8	11.6
4. 技术人员	7.2	8.1	5.4	5.8	11.0	11.5
5. 管理职员	7.9	6.4	4.0	3.8	10.2	10.9
4+5	15.0	14.6	4.7	4.9	10.6	11.2
6. 商业劳动者	11.2	12.6	3.4	2.8	6.4	7.2
7. 蓝领工人、手工艺者、司机	27.2	27.1	3.2	3.1	5.3	6.2
6+7	38.3	39.7	3.3	3.0	5.6	6.5
8. 私人服务者	13.6	15.4	1.9	2.1	4.5	5.9
9. 农业劳动者	20.2	19.4	2.0	1.6	2.6	3.1
8+9	33.8	34.7	2.0	1.8	3.4	4.3
6+7+8+9	72.1	74.4	2.7	2.5	4.6	5.5
10. 军人	1.1	0.6	5.5	7.2	9.5	10.6
11. 未分类者	1.3	0.0	3.2	5.5	6.3	10.7

数据来源：ECLAC, "Chapter IV, Occupational Stratification, A Decade of Social Develop-
ment in Latin America", 1990—1999, p. 157, Santiago de Chile, 2000.

经过 90 年代全面的新自由主义改革后，拉美国家并没有走出发展的
困境，因此，各国纷纷对改革进行了再改革。新一轮的经济改革必然对经

济社会产生全面的影响，拉美的社会结构和社会分层状况也出现了一些新变化。从拉美经委会的最新数据来看（见表6—3），拉美7个大国中，1990—2005年期间，雇主阶层（企业主）的比例出现了普遍下降，其中阿根廷和委内瑞拉下降的幅度最高，分别由1990年的5.4%和7.5%降至2005年3.8%和4.8%，这主要是因为在大规模国有企业私有化后，新的企业主阶层还没有形成，巴西、秘鲁和墨西哥也有小幅下降，这是因为巴西的私有化并不彻底，国有企业的经理阶层依然存在，而墨西哥尽管也进行了私有化，但NAFTA生效后客户工业的快速发展，新的企业家阶层已经形成。在7个大国中只有哥伦比亚和智利有所上升，尤其是智利由2.5%上升为4.1%，这主要得益于智利各届政府采取积极有效的措施，

表6—3　　　　　1990—2005年拉美国家职业分层结构的变化（%）

国家	年代	企业家（雇主）	工薪阶层							自谋生计阶层	
			总计	公共部门	私人部门					总计	非专业技术人员
					总计	专业技术阶层	非专业技术阶层				
							5人以上企业	5人以下企业	家政服务		
阿根廷	1990	5.4	69.0	…	69.0	6.9	44.8	11.6	5.7	25.5	22.9
	2005	3.8	75.5	13.2	62.3	11.6	30.5	13.1	7.1	20.8	15.8
巴西	1990	5.2	72.0	…	72.0	14.3	34.2	17.3	6.2	22.8	21.5
	2005	4.7	69.6	12.4	57.2	6.9	32.4	9.4	8.5	25.7	22.6
哥伦比亚	1991	4.2	66.2	11.6	54.6	4.9	44.1		5.6	29.6	27.3
	2005	5.3	54.2	7.5	46.7	4.4	37.2	…	5.1	40.4	37.5
秘鲁	1997	5.8	53.7	11.3	42.4	7.4	18.7	11.9	4.4	40.5	38.2
	2003	4.6	51.1	10.7	40.4	6.6	15.8	12.4	5.6	44.4	42.0
墨西哥	1994	3.7	74.5	16.1	58.4	6.6	48.1	…	3.7	21.7	20.4
	2005	3.6	75.4	…	75.4	13.7	41.7	15.5	4.5	21.0	18.8
智利	1990	2.5	75.0	…	75.0	12.9	45.7	9.4	7.0	22.5	20.6
	2005	4.1	75.5	11.4	64.1	12.2	38.3	7.1	6.5	20.4	14.9
委内瑞拉	1990	7.5	70.0	21.4	48.6	5.8	30.0	6.5	6.3	22.5	21.4
	2005	4.8	57.4	15.8	41.6	6.1	23.4	10.2	1.9	37.7	35.3

数据来源：www.cepal.org，ECLAC，"Social Panorama of Latin America"，Santiago de Chile，2006.

国民经济平稳快速发展，私有化改革在90年代前已基本完成，同时与出口相关的产业快速发展形成了新的企业主阶层。至于工薪阶层，除墨西哥外，其余6国在私人部门就业的工薪阶层均出现不同程度的下降，其中巴西和智利的下降幅度最大，而墨西哥则由1994年的58.4％升至2005年的75.4％。而在私人部门就业的工薪阶层中，专业技术阶层在阿根廷和墨西哥均出现了大幅度的增加，阿根廷由1990年的6.9％升至2005年的11.6％，墨西哥由1994年6.6％升至2005年的13.7％。而在巴西则出现了大幅度的下降，由1990年的14.3％降至2005年的6.9％。在5人以上企业就业的非专业技术阶层占整个经济自立人口的比例都出现不同幅度的下降，其中阿根廷由1990年的44.8％降至2005年的30.5％，这表明新自由主义改革后，阿根廷的民族工业出现全面衰落的迹象。[1]

第二节　拉美社会结构变迁：阶级的视角

除了从职业分层的角度来探讨拉美国家社会结构变迁外，也有学者从生产资料占有、收益分配等阶级的角度来分析拉美社会结构的变化。根据传统的马克思主义阶级论观点，如果一个社会只存在生产工具的所有者和劳动所有者，并把社会结构划分成资产阶级和无产阶级两个极端的阶层，那么自大规模工业化阶段以来在拉美大部分国家，资产阶级的比例占经济活动人口均不到1％，而剩余的99％都简单化成无产阶级。这种阶级划分的观点虽然没有争议，但并不能详细描述拉美社会的实际阶级状况。因此，从全新的角度来描述拉美国家社会阶级结构变化是十分必要的。

一　20世纪80年代以前拉美国家社会阶级结构的变化

亚历杭德罗·波特斯[2]以马克思主义阶级理论为基础，结合生产的过

---

①　ECLAC，"Social Panorama of Latin America"，Santiago de Chile，2006.

②　Alejandro Portes，Latin American Class Structures：Their Composition and Change During the Last Decades，*Latin American Research Review*，Vol. 20，No. 3，pp. 7—39，1985.

程和收益分配的方式，即生产工具和劳动力的控制权、各阶层的获得报酬的方式，把拉美社会结构划分五个阶级：即统治阶级、官僚技术阶级、正规部门无产阶级、非正规部门小资产阶级、非正规部门无产阶级（见表6—4）。

表6—4　　　　　　　　　1960—1985年拉美社会五个阶级的特征

阶级	生产工具控制	劳动力控制	报酬方式
统治阶级	是	是	利润、工资和分红
官僚技术阶级	否	是	工资和奖金
正规部门无产阶级	否	否	受保护的工资
非正规部门小资产阶级	是	是	不定期利润
非正规部门无产阶级	否	否	临时工资、直接救济

资料来源：Alejandro Portes, "Latin American Class Structures: Their Composition and Change during the Last Decades", *Latin American Research Review*, Vol. 20, No. 3, pp. 7—39, 1985.

波特斯认为，拉美的统治阶级是那些对生产工具和自身劳动完全控制的，并最终以利润、工资和分红等多种方式获取报酬的阶级群体。1960—1980年，拉美国家正处于进口替代工业化的高潮，制造业、采矿、商业、农产品加工等重要行业都由外资或国有企业所控制，国家或外资企业通过雇用职业经理人来实现对国有企业的控制，虽然正式的产权与管理权有实质的差别，但是在生产和收益分配过程中，这些职业经理人仍然是这些企业的实际控制人，他们决定了生产和分配的过程，他们构成了拉美社会的统治阶级。拉美的统治阶级无论是在政府资源、金融资源，还是国内国际业务的关系网方面，都是任何官僚技术阶级所难以企及的，因此，总体而言统治阶级的规模和构成特征相对固定。

官僚技术阶级是仅次于统治阶级的社会群体，这一阶级尽管缺乏对生产工具的有效控制，但却是企业和官僚机构的具体管理和执行者，并且对工人实行直接控制。官僚技术阶级的报酬主要是根据其特定工作的业绩，或者以达到某特定技术标准来确定的。在进口替代工业化时期，拉美地区的官僚技术阶级主要由中外私人企业、国有企业中的中层管理人员和技术骨干、政府雇员和军队、会计和律师行合伙人等构成。该阶级的社会角色是维护市场和政府的正常运行，保证社会秩序的稳定，具体工作包括私人企业的具体运营和核心技术管理、金融体系监管、维护通信和交通正常运转、提供基础和中介服务、员工培训、维护社会秩序的法制化，以及思想和舆论控制等。总体而言，统治阶级和官僚技术阶级是现行社会秩序的主要受益者，然而，由于官僚技术阶级缺乏对生产工具的直接控制，其报酬与企业利润没有直接联系。

正规部门无产阶级是指缺乏对生产过程和收益分配的控制权，但是其劳动报酬受到劳工法保护的社会群体，其实际报酬包括货币工资和各类社会保险等福利。在拉美地区，这一阶级应特指社会保障覆盖范围内的工人阶级，该阶级的规模和占总劳动人口的比例仍然很小。在拉美地区的阶级结构中，该阶级依附于统治阶级和官僚技术阶级，但其地位则优越于另外两个阶级（非正规部门小资产阶级和非正规部门无产阶级）。应该说，正规部门无产阶级与统治阶级和官僚技术阶级共同控制了现代正规经济。

非正规部门小资产阶级虽然与统治阶级一样，拥有生产工具、生产过程和自身劳动的控制权，但其与统治阶级有着以下区别：企业的规模较小；收入来源不稳定；劳资关系无法得到法律保护。在拉美地区，该群体特指雇员人数不超过5人的微型企业主，企业经营很少考虑长远的战略目标，主要依赖于市场的临时性机会。因此，这些企业的盈利水平非常不稳定，受宏观经济和外部因素的影响更加显著。劳资关系的差异是该阶级与统治阶级的根本区别所在，非正规部门小资产阶级的工人没有固定的合同，是小作坊式的生产，生产的产品成本较低，但却对社会各阶级产生直接的利益，有益地补充了正规部门无法提供的各种低层次服务以及辅助产品的生产。

非正规部门无产阶级与正规部门无产阶级的区别是：没有稳定的货币工资；不在社会保障覆盖范围；与雇主的关系无正式合约；报酬的方式协商决定，甚至以非货币工资支付，其工资水平可能低于法定最低工资。在拉美地区，非正规部门无产阶级与现代经济完全隔离，因此又被称为"边缘化阶层"。该阶级既包括一些农场主雇用的临时农工、饲养员，同时也包括中小城市微型企业的非正式雇员、临时工等社会群体。

表 6—5　　　　1970—1980 年拉美主要国家的阶级结构变化（%）

	统治阶级		官僚技术阶级		正规部门无产阶级	非正规部门小资产阶级	非正规部门无产阶级	
	1970	1980	1970	1980	1972	1970	1970	1980
阿根廷	1.5	—	7.5	—	59.0	9.7	22.3	23.0
玻利维亚	1.3	0.6	—	5.7	3.3	4.8	86.2	56.4
巴西	1.7	1.2	4.8	6.4	20.5	7.2	65.8	27.2
智利	1.9	2.4	7.1	6.6	60.5	4.5	26.0	27.1
哥伦比亚	0.7	0.7	4.5	4.3	12.9	15.7	66.2	34.3
哥斯达黎加	1.7		8.0	—	28.5	13.5	48.3	19.0
多米尼加	0.3	0.4	2.7	3.1	6.4	17.3	73.3	
厄瓜多尔	0.8	1.0	5.0	5.1	10.0	4.1	80.1	52.7
萨尔瓦多	0.2	0.5	3.0	4.2	5.2	23.1	68.5	39.8
危地马拉	1.6	1.1	3.1	3.7	22.3	3.3	69.7	40.0
海地	0.5	—	0.5	—	0.0	c	c	
洪都拉斯	0.6	—	2.5		1.1	13.4	82.4	
墨西哥	2.6	—	6.2	—	15.9	11.3	64.0	35.7
尼加拉瓜	0.9	—	5.2	—	8.7	15.8	69.4	
巴拿马	2.1	4.4	6.8	10.0	25.4	5.2	60.5	31.6
巴拉圭	0.6		4.2	—	5.9	d	d	
秘鲁	0.4	1.3	7.6	—	27.6	e	69.5	40.4
乌拉圭	1.1		5.6	7.3	88.5	1.0	3.8	
委内瑞拉	3.6	3.9	8.6	9.5	12.2	14.0	61.6	20.8
拉美总计	1.7	1.6	5.4	6.0	22.4	10.2	60.3	30.2

资料来源：Alejandro Portes，"Latin American Class Structures: Their Composition and Change during the Last Decades"，*Latin American Research Review*，Vol. 20，No. 3，pp. 7—39，1985.

　　波特斯提供的上述数据，描述了拉美主要国家 1970—1980 年上述五个阶级占经济自立人口的比例变化。从表 6—5 中可看出拉美国家社会阶级及其变化的一些特征。（1）统治阶级和官僚技术阶级占经济自立人口比例在所有拉美国家都不超过 15％。即便是数据有高估的可能，1980 年也只有巴拿马和委内瑞拉的二者比例之和达到 14％，整个地区的加权平均值不到 10％。其中统治阶级的比例在所有国家均不超过 4％（巴拿马除外），整个地区的比例不到 2％。（2）与统治阶级和官僚技术阶级比例较低不同的是，正规部门无产阶级在各国的差异十分明显。拉美国家大致可分成三组：一是南锥体国家，包括阿根廷、乌拉圭和智利，这些国家的正规部门无产阶级的人口比例达到经济自立人口的 50％以上；中等收入国家哥斯达黎加、巴拿马和秘鲁，这些国家正规部门无产阶级占经济自立人口均在 1/4 以上；其他国家作为一组，占比一般都在 20％以下。（3）统治阶级、官僚技术阶级和正规部门无产阶级无疑是现代经济部门的主要组成部分。因此，上述数据表明，拉美国家除了阿根廷、智利和乌拉圭等南锥体国家外，现代经济部门的就业人口所占比例都占绝对少数，拉美全地区现代经济部门的上述三个阶级所占经济自立人口的比例不到 30％，这完全不同于美国、西欧等发达经济体。（4）非正规部门小资产阶级，在萨尔瓦多、多米尼加、洪都拉斯、哥斯达黎加等一些国家占比较高，均在 10％以上，整个拉美地区的加权平均值为 10.2％。（5）非正规部门无产阶级在 70 年代的变化很大，只有阿根廷和智利 1970 年和 1980 年的估计值非常接近。相反，在其他国家，70 年代由于拉美国家正处于工业化的高潮，因此非正规部门就业人口均出现大幅度下降趋势。（6）1960—1975 年，拉美地区 10％的高收入阶级（为统治阶级和官僚技术阶级）的收入比例提高了 1％，同时，收入额提高了 4687 美元（1970 年美元），相反收入上升的趋势没有发生在收入最低的 60％的非正规部门无产阶级中，该阶级收入比例甚至下降了 1.3％，收入额仅增加了 262 美元，增幅只有高收入阶级的 5％。与此同时，收入最低的 40％的阶级正好是那些贫困人口家庭最集中的阶级，该阶级的收入比例在这十年内也下降了 1％，收入增幅只有 128 美元。关于正规部门无产阶级和非正规部门小资产阶级这两个中间阶层，他们对应收入次高 20％或 30％的群体。整体来看，这一群体在此期间收入比例有所增长，但收入额的增幅有限，其中收入次高 20％群体收入仅增加了 1387 美元，而次高 30％群体收入增加 1094 美元（见表 6—6）。因此，如果从这两个数据来看，80 年代前中间阶层或中产阶级从工业化过程中受益较多，并没有出现 90 年代之后的贫困化趋势。

表 6—6　　　　　　1960—1975 年拉美地区收入分配状况

	占总收入比重（%）		每个家庭收入（1970 年美元）	
	1960	1975	1960	1975
收入最高 10%	46.6	47.3	11142	15829
收入次高 20%	26.1	26.9	3110	4497
收入次高 30%	35.4	36.0	2542	3636
收入最低 60%	18.0	16.7	833	1095
收入最低 40%	8.7	7.7	520	648

资料来源：Alejandro Portes, "Latin American Class Structures: Their Composition and Change during the Last Decades", *Latin American Research Review*, Vol. 20, No. 3, pp. 7—39, 1985.

毋庸置疑，传统的资产阶级和无产阶级的马克思主义阶级两分法无法反映拉美社会结构的客观现实，尤其是这种阶级划分方法没有反映在拉美地区占主要人口的非正规部门资产阶级和非正规部门无产阶级的结构变化趋势。因此，必须采取新的阶级划分方法，把非正规部门的阶级变化客观反映出来，才能真正反映进口替代工业化进程中拉美国家社会阶级结构变迁的过程和特征。阿根廷、智利和委内瑞拉作为工业化程度相对较高的国家，其现代正规部门包含的统治阶级、官僚技术阶级和正规部门无产阶级的人口比例是其他拉美国家所无法相比的。与此同时，尽管在进口替代工业化时期国家实现了工业化和经济增长的奇迹，但这一时期也正是非正规部门小资产阶级和无产阶级增加最快的时期。债务危机发生后，经济、就业和人口的非正规化进一步强化，真实工资水平迅速下降、正规部门就业岗位减少，使得不受保护的就业岗位大量出现，这在债务危机爆发前表现得十分明显，1978—1981 年，阿根廷非正规就业每年增加 4%，而智利的公开失业率上升了 14.5%，委内瑞拉失业率上升 2.3%，非正规就业上升了 3%。[①]

二　新自由主义改革时期拉美社会阶级结构的新趋势

80 年代的债务危机，使拉美国家的发展模式发生了深刻变化，各国

① 莱斯利·贝瑟尔：《剑桥拉丁美洲史》（第六卷），当代世界出版社 2000 年版，第296 页。

先后放弃了进口替代发展模式，以开放市场、强调出口、减少国家干预等新自由主义发展模式替代之。相应的，新自由主义和全球化时代的阶级结构也发生了深刻变化，跨国公司的进入使得外国资本家、职业经理人和白领阶层的重要性日趋明显，同时全球化竞争时代使得拉美国家的制造业面临来自中国、东亚产品的竞争，制造业在全球范围内有被边缘化的趋势，作为正规部门无产阶级主要组成部分的产业工人的地位不可避免地下降。因此，在新的历史条件下，有必要对新的阶级结构进行新的探讨。

2003 年，亚历杭德罗·波特斯以上述研究成果为基础，再次撰写了论文《拉丁美洲的阶级结构：新自由主义阶段的构成与变化》，[①] 对债务危机后拉美国家的社会阶级结构的变化进行了重新划分和研究。该报告以拉美经委会关于就业分层的报告为基础，沿用了上述的阶级划分框架，把拉美地区划分成三个阶级、六个阶层：（1）统治阶级，包括资本家、经理人员和专业人员三个阶层；（2）小资产阶级；（3）无产阶级，包括正规部门的非体力劳动者和体力劳动者阶层、非正规部门劳动者两个阶层。

拉美的统治阶级是由那些对资本和生产工具实现控制的群体组成，通常是私人部门的大中型企业主，即正统的资本家，在整个拉美地区这一阶级的人数都占经济自立人口的 1％—2％左右。资本家是指雇佣 5 个人以上的单位的业主，波特斯认为，按这个标准划分可能对资本家阶层有所高估，因为有一部分雇用 5—20 人的业主可能更接近微型企业主，而够不上资本家的标准。高级管理阶层，即企业和国家机关的高级经理和管理人员，尽管该阶级缺乏对资本的直接控制，但仍直接管理着正规的劳动力，其收入水平仅次于资本家阶级，拉美各国的该阶级规模占经济自立人口的 1％—5％之间。而专业人员是指既不掌握资本，也无法控制大规模的劳动力，他们依赖于自身的独有技能，而这些技能是企业和政府部门所必需的，这一阶层在拉美地区占 5％左右。上述 3 个阶层构成的统治阶级在 8 个国家中只占经济自立人口的 10％左右，其中仅有 3 个国家略微超过 10％。

小资产阶级由两个阶层构成。一是独立从业的专业技术人员，他们掌

① Alejandro Portes and Kelly Hoffman，"Latin American Class Structures：Their Composition and Change during the Neoliberal Era"，*Latin American Research Review*，Vol. 38，No. 1，February，2003.

握了一些专业技能；二是微型企业主，拥有一些货币资产。拉美国家对微型企业的界定标准是雇佣 5 个人（含 5 人）以下的企业，微型企业主阶级通常起到现代资本主义经济的润滑剂的作用，通过雇佣无合同劳工生产低成本产品和服务，或者承担大型企业的一些外包合同，创造了大量的非正规部门就业岗位，起到了就业蓄水池的作用，同时为贫困阶层创造基本的生活条件。1990—1998 年，每 100 个城市新增就业岗位中，30 个岗位为微型企业主创造，29 个是自营就业。小资产阶级在拉美 8 国中也都只占经济自立人口的 10％左右。

无产阶级中，正规部门无产阶级受到劳工法保护，享有医疗、工伤和退休等社会保险，工作于大中型工业、服务业、农业等企业。这一阶级上层是白领工人和技术人员，其人数在 8 国中分别占 8％—16％不等。而下层则是工业和服务业的蓝领工人或大型农业企业的工人，主要是表 6—7 中正规部门的体力劳动者。此外，表 6—8 中提供了①、②两个统计数据，其中①涵盖了城市所有大中小企业以及农村大中型现代农业企业的全部雇佣劳动者，并假定所有这些劳动者都有正式劳动合同和享受法定社会保障待遇。而在事实上，这些雇佣劳动者中有一部分是不享受社会保障的各类临时工，属于非正规就业。根据国际劳工组织的估算，这部分人在拉美国家一般占 20％左右。因此，报告根据上述 8 个国家各自社会保障覆盖率的统计数据，将这部分劳动者从正规部门划归非正规部门，由此得出数据②。于是，对非正规部门雇佣劳动者的数量估计也就同样出现在①、②两个相应的数据中。从表 6—7 中可看出，拉美国家中，无产阶级占经济自立人口的比重大体在 80％左右。

1980—1998 年期间，拉美国家的社会阶级结构发生了以下四个方面的变化：（1）公共部门就业持续下降是各国的普遍现象。（2）正规部门无产阶级占的比重普遍下降。（3）微型企业主占的比重显著增加，微型企业主 80 年代约占城市经济人口的 5％，90 年代已接近 10％，主要是正规部门就业减少迫使许多原来的雇佣劳动者转而从事微型企业经营。（4）非正规部门的无产阶级在一些国家没有变化，而在另一些国家则有所增加。非正规部门无产阶级的三个组成部分在各国的变动情况不一，说明劳动者在非正规部门的就业选择不一样，有的倾向于到微型企业就业，有的则倾向于自主劳动或从事家政服务。

表 6—7　　　　　　　　拉美地区 8 国社会阶级的划分和结构①

阶级	阶层	资本和生产工具	劳动力	高级技术和管理技能	普通技术和管理技能	受法律保护	回报方式	比例(%)
资本家	大中型企业的所有者或合伙人	+	+	+	+	+	利润	1.8
管理阶层	大中型企业经理和公共机构管理者	—	+	+	+	+	与利润挂钩的薪水和奖金	1.6
专业人员	在公共部门或大中型私人企业就业的受大学教育的专业人员	—	—	+	+	+	专门技能获得的薪水	2.8
小资产阶级	自由职业的专业和技术人员、微型企业主	+	—	+/—	+	+/—	利润	8.5
无产阶级（正规部门非体力劳动）	受良好培训的技术人员和白领雇员	—	—	—	+	+	受法律保护的薪水	12.4
无产阶级（正规部门体力劳动）	受劳动合同保护的普通工薪阶层	—	—	—	—	+	受法律保护的工资	23.4
无产阶级（非正规部门）	无劳动合同的工人、商贩和零工资家政服务人员	—	—	—	—	—	不受保护工资、非定期利润、非货币补偿	45.9

数据来源：Alejandro Portes and Kelly Hoffman，"Latin American Class Structures：Their Composition and Change during the Neoliberal Era"，*Latin American Research Review*，Vol. 38，No. 1，February，2003.

---

① 8 国为巴西、智利、哥伦比亚、哥斯达黎加、萨尔瓦多、墨西哥、巴拿马和委内瑞拉，下同。

关于各阶级的收入结构方面，该报告提出了以下四点看法：（1）除智利外，拉美主要国家的工人阶级实际收入水平在新自由主义改革时期都停止增长或有所下降。（2）除统治阶级外，包括小资产阶级在内的所有城市社会阶层平均收入都有所下降。（3）除巴拿马外，统治阶级的收入增长速度远高于其他阶级。（4）无产阶级与统治阶级的差别，并不仅仅体现在收入水平，更体现在家庭经济条件和生活状况的差异。另外，失业并非致贫的根本原因，实际上，大部分无产阶级都在就业，然而贫困发生率依然很高。

表 6—8　　　**2000 年拉丁美洲（8 国）阶级结构（占 15 岁以上劳动年龄人口的比例，%）**

	巴西	智利	哥伦比亚	哥斯达黎加	萨尔瓦多	墨西哥	巴拿马	委内瑞拉
1. 资本家	2.0	1.5	2.2	1.7	1.2	1.6	0.8	1.4
2. 经理人员	1.8	1.1	0.8	2.4	1.5	1.3	5.2	2.5
3. 专业人员	1.4	6.9	7.7	3.2	2.3	2.8	5.2	10.0
统治阶级 1+2+3	5.2	9.5	10.7	7.3	5.0	5.7	11.2	13.9
4. 小资产阶级	7.4	9.4	9.3	10.8	11.8	9.4	8.3	11.2
5a. 无产阶级（正规部门非体力劳动）	12.7	16.2	7.9	14.1	10.5	13.7	16.3	9.2
5b. 无产阶级（正规部门体力劳动）								
①	25.3	33.7	31.9	32.8	27.5	30.9	23.8	33.6
②	20.7	29.0	27.1	28.2	22.5	25.4	20.9	27.2
6. 无产阶级（非正规部门）								
①	43.5	30.2	40.1	34.3	45.0	40.2	40.1	31.6
②	48.1	34.9	44.9	38.9	50.0	45.7	45.7	38.0
未分类	5.9	1.0	0.1	0.7	0.2	0.1	0.3	0.5
合计	100.0	100.0	100.0	100.0	100.0	100.0	100.0	100.0

数据来源：Alejandro Portes and Kelly Hoffman, "Latin American Class Structures: Their Composition and Change during the Neoliberal Era", *Latin American Research Review*, Vol. 38, No. 1, February 2003.

从国际劳工组织对经济自立人口的就业分类结构来看，（见表 6—9）

拉美地区整体的非正规就业人数有所下降，由 1995 年的 50.1％下降到 2005 年 48.5％，这得益于各国采取的积极的就业正规化政策。然而，各国的差异比较明显，大致可分两大类。其中阿根廷、秘鲁和智利，三个国家的非正规就业的规模均出现较大幅度的下降，其中阿根廷由 1996 年的 49.6％降至 2005 年的 43.6％，秘鲁由 1990 年 60.2％降至 2005 年的 54.9％，智利由 1990 年 38.7％降至 2003 年的 31.9％。而巴西、墨西哥、哥伦比亚和委内瑞拉的非正规就业规模都出现不同程度的增加，其中巴西

表 6—9　　　　1990—2005 年拉美地区劳动力职业结构的变化（％）

国家	年份	非正规部门							正规部门					
		总计	独立工人			家政服务	微型企业			总计	公共部门	大中小型企业			自谋职业
			总计	自谋生计	零工资		总计	企业主	工人			总计	企业主	雇员	
拉美地区	1995	50.1	26.2	22.2	4.0	6.5	17.4	3.6	13.8	49.9	13.2	34.7	1.3	33.3	2.0
	2000	48.6	25.4	22.1	3.3	6.3	17.0	3.5	13.5	51.4	12.8	36.4	1.3	35.1	2.2
	2005	48.5	25.1	22.0	3.1	6.3	17.0	3.6	13.4	51.5	12.8	36.5	1.3	35.2	2.3
阿根廷	1996	49.6	23.6	21.8	1.8	5.9	20.1	3.5	16.6	50.4	8.7	38.9	1.3	37.6	2.8
	2005	43.6	17.8	16.5	1.3	7.5	18.3	2.9	15.4	56.4	17.6	34.2	1.3	32.9	4.6
巴西	1990	41.8	21.1	18.7	2.4	6.5	14.2	3.2	11.0	58.2	5.3	51.7	1.9	49.7	1.2
	2005	49.1	24.2	21.3	2.9	8.5	16.4	3.3	13.1	50.9	12.4	37.1	1.4	35.6	1.5
墨西哥	1990	38.8	19.4	14.7	4.7	4.5	14.9	3.5	11.5	61.2	19.2	40.3	1.0	39.3	1.6
	2005	42.6	20.0	16.1	3.9	4.6	18.1	4.1	14.0	57.4	14.6	40.6	1.0	39.6	2.2
哥伦比亚	2000	55.5	32.1	30.4	1.6	5.2	18.2	4.6	13.6	44.5	7.0	34.9	1.3	33.5	2.6
	2005	58.8	37.3	33.9	3.4	5.0	16.5	4.5	11.9	41.2	7.5	30.5	1.1	29.4	3.2
秘鲁	1990	60.2	34.7	29.5	5.1	5.3	20.2	4.6	15.7	39.8	15.3	22.3	0.3	21.9	2.2
	2005	54.9	32.5	28.7	3.9	4.6	17.7	4.4	13.4	45.1	7.6	34.4	0.9	33.5	3.1
智利	1990	38.7	20.9	19.8	1.2	6.7	11.0	0.8	10.2	61.3	1.1	58.3	1.7	56.6	1.9
	2003	31.9	15.0	13.8	1.2	6.5	10.3	2.4	7.9	68.1	11.6	51.3	1.7	49.6	5.2
委内瑞拉	1995	48.1	30.5	29.2	1.2	2.1	15.6	4.0	11.5	51.9	17.7	32.3	1.7	30.6	1.9
	2005	50.0	29.6	28.0	1.6	1.9	18.6	3.7	14.8	50.0	16.0	32.3	1.2	31.2	1.6

数据来源：International Labor Office，"2006 Labor Overview：Latin America and the Caribbean"，2006，www.oit.org.

上升了 7.3 个百分点，墨西哥上升了 3.8 个百分点，哥伦比亚上升了 3.3 个百分点，委内瑞拉上升了 1.9 个百分点，这也是拉美地区非正规部门无产阶级整体规模增加的主要原因。由此可见，大规模经济改革后拉美各国阶级结构变化的差异仍然十分明显。

第三节　拉美国家社会结构和社会
分层趋势固化的原因

社会结构和社会分层特征是经济社会发展的最终表现形式之一，上述关于拉美社会结构的分析表明，当前拉美社会依然属于"金字塔型"的社会分层结构，并没有完成向"橄榄型"现代社会结构（中产阶级在国家政治、经济和社会生活中占主导地位）的转变，相反，拉美国家在 80 年代以来还出现了全面的中产阶级贫困化的趋势，同时，非正规部门的就业群体在经济自立人口中依然占据主导地位，并有不断扩大的趋势。这一变化趋势和结构特征是历史、经济、社会和国家政策等多重因素发展的结果，或者和这些因素存在互为因果的关系，具体包括以下几个方面。

一　拉美国家二元经济结构十分明显

拉美国家的二元经济，不仅体现为传统的城乡二元经济结构，更表现为农村的传统农业和现代农业二元结构，以及城市的正规部门和非正规部门的二元结构。农村的二元结构，体现在资本主义现代农业和传统的个体经营的小农业并存，后者是拉美大多数农村人口赖以生存的手段。造成拉美农业和农村的这种二元结构特征的根源，依然是土地资源占有的高度集中和两极分化，一极是为数众多的小地产，另一极是以种植园、庄园和大牧场形式存在的大地产。1960 年，拉美地区的大地产数仅占农业生产单位总数的 5％，但土地占有面积却高达 80％；小地产占农业生产单位总数的 80％，但土地面积却只有 5％。两极之间还有一部分中等规模的地产主和佃农。① 尽管自 70 年代以来拉美国家进行了大范围的土地改革，但改

---

① 苏振兴、袁东振：《发展模式与社会冲突——拉美国家社会问题透视》，当代世界出版社 2001 年版，第 113 页。

革并没有从根本上改变原来的土地占有制度，农村的二元经济结构依然存在，时至今日，庄园不论是其形式还是内容，在拉美国家农村中还长期存在，拉丁美洲全部的政治、经济和社会发展史很大程度上是庄园体制的演变历史。与此同时，随着大型现代农业企业的兴起和市场竞争日益激烈，当前小地产和小农户的处境越来越不利，农村社会结构中下阶层向上流动的障碍重重，农村两极分化有进一步加剧的趋势。拉美城市的二元结构，表现为拉美城市的正规和非正规部门的差异，这也是拉美地区城市化进程有别于其他国家城市化主要的表现。拉美国家的城市化，最典型的特征是在土地改革过程中庞大的农村人口大量向城市转移，而城市的正规部门却无力创造足够的就业岗位提供给这些新增城市人口，因此，大量的新增城市人口进入非正规部门就业。1950 年，拉美城市非正规部门就业比例为30.8%，1980 年维持基本不变（30.2%），1995 年上升为50.1%，随后一直维持在50%左右的水平。拉美城市庞大的非正规部门就业人群，是构成"金字塔型"社会分层结构下等阶层的主要成员，也是拉美城市社会结构长期固化的重要原因。

二　现代服务业和制造业欠发展，劳动力市场分割严重

社会结构和职业分层的转型，归根到底仍然是产业结构优化、劳动力市场的完善并向现代劳动力市场结构转型的结果。近三十年来，拉美国家的产业结构存在一种"逆工业化"和"逆现代化"的趋势，尤其是制造业占 GDP 的比例，由 1980 年的 25.31% 下降为 2002 年的 18.75%，而代表现代服务业的金融、保险和企业服务的比例，也由 1990 年的 21.09% 降为 2003 年的 14.99%，与此相对应的是，社区和个人服务等低层次的服务业作为非正规部门就业的重要形式，却由 1981 年的 16.7% 升至 2002年的 23.95%。1990—1997 年，商业部门（零售、超市、旅游和其他非正规商业活动）和社区个人服务业对新增就业的贡献率，始终在 70% 以上，这表明拉美的"结构改革，特别是拉美地区经济的对外开放，没有像传统的国际贸易比较优势理论中所预期的一样，增加对非熟练劳动力的需求和相对报酬"。[①] 这一变化趋势充分表明，拉美国家的产业结构变化趋势，

---

① 1980—2004 年拉美经委会统计年鉴，转引自张勇《20 世纪 70 年代以来拉美劳动力流动研究》，中国社科院研究生院博士论文，2008 年 4 月，第 78—79 页。

不仅不符合世界各国在工业化和现代化进程中产业结构转型的一般规律，也难以达到拉美社会向现代社会结构转型的要求。另一方面，拉美劳动力市场，还是一种严重分割的状况，以墨西哥为例，墨美边境的"客户"工业，是一种典型的"飞地"经济，在国际分工中处于最末端，对墨西哥国民经济和其他产业链的溢出效应有限。此外，正规部门和非正规部门的劳动力流动的分割、社会保障体制的分割、部门间甚至部门内劳动力流动制度障碍和家庭背景等因素对就业层次的影响力巨大，加深了劳动力市场固化程度，也成为中下阶层向上流动的障碍。

三　人力资本投资尤其是教育对社会各阶层向上流动的支持作用有限

人力资本和教育投资既是经济发展的推动器，也是中下阶层实现向上流动的最有效的途径。然而，拉美国家教育政策不仅存在严重的教育不公，同时，由于居民对子女教育的投资回报率低、周期长，使得家庭的人力资本投资积极性逐渐减弱。尽管半个世纪以来拉美的教育事业取得了长足的发展，初等教育基本实现了全民普及，但是要真正完成向发达国家现代社会结构的转变，还必须转变高等教育的观念，变"精英教育"和"学院式教育"为"大众教育"和为现代化大生产服务的"应用型教育"。发达国家经验表明，高度发达和普及的高等教育，为欧美和日本现代制造业和服务业的发展提供了丰富的人力资本保障，同时也是中产阶级发展与壮大的基础性条件。[①] 美国的高等教育毛入学率一直在 60％以上，而拉美地区 2006 年高等教育毛入学率仅为 31％。此外，尽管自 20 世纪 70 年代以来拉美国家的教育不平等程度有所改善，但是与其他发展中国家相比，拉美地区的教育不公仍显著高于具有可比性的东亚地区。同时，学校之间的教育质量差异也十分明显，通常教育质量高的私立学校比教育质量低的公立学校能获得更多的教育资源，富裕家庭子女通常进入教育质量高的私立学校，且受教育年限更长，例如拉美地区占人口 10％的高收入家庭子女平均受教育年限为 11.3 年，而占总人口 30％的赤贫家庭子女仅为 4.3 年，尤其是巴西、墨西哥等收入最不公的国家，贫富之间的教育差异达到

[①] 尽管对于中产阶级并没有严格的定义，但是一个共识是中产阶级普遍接受了正规的高等教育。

了 8 年以上。① 此外，拉美地区还存在教育质量普遍不高和难以适应企业
社会需要的问题，因此家庭对子女的教育投资回报率较低，严重影响了家
庭人力资本投资的积极性，以初等教育为例，许多已经完成初等教育的学
生，仍然没有掌握基本的读、写技能，即存在普遍的"功能性文盲"。同
时，拉美地区还普遍存在教材落后、内容脱离实际和教育方法落后等传统
学院式教育的缺点。② 总而言之，学生家庭背景、学校间教育质量的差异
以及教育质量普遍不高等因素进一步加剧了社会分化。

四　社会保障不完善和覆盖率偏低是社会各阶层流动的制度障碍

拉美国家社会保障体制的分层结构，与拉美社会结构的阶层分化是一
种互为因果的关系。一方面，各阶层社会保障的不平衡源于政治身份、社
会地位、财富和职业状况等方面的差异，与此同时，社会保障的分层化结
构进一步固化了这种社会结构的分层化，拉美地区越是有权势的阶层，获
得社会保障的时间越早，保障覆盖率越高，缴费成本越低，待遇水平越
高，总之，整个社会保障各阶层差异与社会结构，同属于一种金字塔型的
结构。梅萨·拉戈关于拉美五国社会养老金立法时间和受益阶层状况的研
究表明，军队（18 世纪末至 19 世纪初）和政府公务员（18 世纪末至
1880 年）是最早受益的阶层，而其他社会各阶层大部分都是 20 世纪 20—
70 年代建立起养老金制度，时序依次为警察、公共部门（银行、石油和
海运部门）、城市白领和蓝领、农业工人和家庭佣工。同时，社会各阶层
的社会保障体制是一种碎片化的现状，不同社会阶层、不同部门建立不同
缴费成本和待遇水平的社保制度，例如，智利在 20 世纪 70 年代，全国有
160 个社会保障基金，包括 31 个养老保障体系、30 个伤残保障体系、35
个生育保险以及 55 个社会福利项目体系，同时还有大量的家庭补贴和失
业赔偿管理体系。20 世纪 80 年代以来，尽管拉美国家逐步建立起全国性
的社会保障体制，一定程度上消除了各社会阶层的巨大差异和碎片化现
象，但也产生了一些新的不公。尤其是在不同社会阶层和部门的社保覆盖
面上，差异十分明显。其中，覆盖率最高的为城市正规部门，大部分拉美

---

① 赵丽红：《拉美的教育—社会不公的原因探析 》，载《拉丁美洲研究》2008 年第 4 期。
② 苏振兴：《拉美国家现代化进程研究》，社会科学文献出版社 2006 年版，第 578—
580 页。

国家都在 50％以上，最低的为城市非正规部门中的非工薪阶层，覆盖率
不足 20％。[①] 这一趋势表明，在消除了传统的各阶层的社会保障待遇不平
衡的制度因素外，社会保障私有化改革形成了新的社会保障不公，各社会
阶层的社会保障差距呈现扩大的趋势。

五　拉美经济社会政策的顺周期性和税制对缓和社会分化的功能有限

由于拉美国家长期面临着较大的财政困难，因此各国财政政策的顺
周期性特征明显，在经济景气时期，这种顺周期性进一步强化了景气，
而在经济处于低潮时，这种顺周期性则在应对失业、贫困等社会问题冲
击、实现社会各阶层利益协调方面面临重重挑战。公共财政的顺周期性
还体现在政府社会开支的变化上，在经济增长加速时，政府社会支出的
增速快于经济和财政收入增速，而当经济处于下降通道、需要政府增加
社会支出来缓解社会压力时，政府社会支出的减幅却领先于宏观经济和
财政收入降幅，社会支出始终是政府在实行紧缩性财政政策时率先缩减
的对象。另一方面，拉美税制对收入分配的调节功能有限，拉美国家的
个人所得税税率普遍低于发达国家和东亚国家，2003 年所得税率（最
高档）最高国家是智利，为 40％，最低的是巴拉圭，仅为 10％，拉美
地区平均水平为 25.6％。个人所得税对各社会阶层利益的调节不仅体
现在名义税率的水平，更体现在实际有效税率的高低，2006 年，拉美
各国的个人所得有效税率远低于各国的名义税率，例如对于年收入 10
万美元以上高收入阶层有效所得税率，阿根廷为 31.6％（名义税率为
35％），墨西哥为 23.99％（名义为 30％），哥伦比亚为 16.29％（名义
为 33％），巴西为 15％（名义为 27.5％），智利为 14.95％（名义为
40％），秘鲁为 16.29％（名义为 30％）。[②] 这些数据表明，由于拉美国
家税收征管体系不完善，高收入阶层偷漏税的现象十分严重，这大大降低
了所得税在收入二次分配中的公正效应。此外，美国（遗产税为 50％左
右）和日本（遗产税最高达 70％）的经验表明，税制在缓解社会结构分

---

①　Carmelo Mesa-lago, "Social Security in Latin America: Pressure Groups, Stratification
and Inequality", Brookings, 1978. 转引自房连泉《增强社会凝聚力：拉美社会保障制度的改革与
完善》，载《拉丁美洲研究》2009 年增刊。

②　KPMG, "KPMG's Individual Income Tax Rate Survey", 2008.

层化的另一个有效途径是征收遗产税，拉美大部分国家目前没有征收遗产税，许多国家甚至还没有进入讨论阶段，只有少数国家（如墨西哥）开始征收财产税，但名义和有效税率都很低，对社会各阶层和收入再分配的调节功能有限。拉美国家的普遍情况是，许多高收入和社会地位高的阶层的财产和社会地位都是从前辈继承而得，这种现象成为拉美地区社会结构固化的原因之一。

六　中产阶级贫困化：实际收入下降和失业率上升

拉美国家社会结构的固化，最主要的体现之一是拉美的中产阶级没有发展壮大，反而在许多拉美国家出现中产阶级全面贫困化的趋势，具体表现在两个方面，即80年代债务危机时期因通货膨胀导致中产阶级的实际收入和工资出现下降趋势，同时在90年代新自由主义改革和全球化时期各国提供给中间阶层的就业岗位急剧萎缩，原属于中产阶级的社会阶层的失业率大幅度上升，中产阶级出现再贫困化的趋势。智利的经验表明，财富高度集中在10％的最上层，中下阶层是十分脆弱的，宏观经济、劳动力市场和企业工作条件出现任何动荡都可能使他们再度陷入贫困。整个90年代，墨西哥尽管保持了低失业率，但却未能阻止社会大部分阶层尤其是中间阶层的工资显著下降，经济自立人口中只有统治阶层的实际收入明显改善，2000年比1990年上升了25％，其余就业者甚至是中产阶级（包括行政职员、个体经营者、熟练和半熟练手工业者）实际收入都显著恶化，同时，对于新进入劳动力市场的就业者来说，高学历并不是其免遭向下流动的屏障，也不能成为进入中产阶级群体的敲门砖。阿根廷的中产阶级，在1976年军政府上台后，尽管名义收入和就业状况仍维持了基本稳定，但是在长期的恶性通货膨胀侵蚀下，中产阶级的实际收入和工资显著下降，尤其是经济低潮时期，政府用于医疗和教育的社会开支急剧萎缩，相应地中产阶级家庭用于医疗和教育的开支显著增加，其生活和福利水平受到的负面影响是不言而喻的。到了90年代，阿根廷因国有企业和公用事业的全面私有化，使得原来在这些部门就业的中间阶层失业率急剧上升。90年代阿根廷货币局制度维持了低通胀水平，因此这一时期的中产阶级贫困化主要是因失业率上升而造成。这一时期阿根廷尽管仍然有55％的人认为自己从身份上讲属于中产阶级，但却是一种"中产阶级大幅贬值"、"下降的中产阶级"、"低上阶级"和"贫困的中产阶级",① 这表明中产阶级的生活条件已经出现整体恶化的趋势,尤其是在 2001 年经济危机后,这种恶化趋势更加明显。哥斯达黎加的情况与阿根廷颇为相似,同样存在一个熟练庞大的中产阶级,一旦国家陷入危机,中产阶级就会陷入危机或直接消失了。除了因通货膨胀导致的收入购买力下降和失业率上升的因素外,拉美国家(如巴西)相当一部分中产阶级家庭还存在不理智的消费模式问题,因为在经济危机条件下他们害怕降低其消费水平,不愿意改变其传统的消费习惯,甚至一些中低收入家庭不惜举债购买那些传统上仅限于高收入阶层消费的商品和服务,因而影响了对子女教育的投资,成为下一代向上流动的障碍。总之,长期通货膨胀、失业率居高不下和中产阶级的一些消费观念是拉美国家中产阶级不能发展壮大,反而出现一种贫困化或萎缩趋势的原因。

第四节　社会分层化的政治和社会影响

一　社会结构的不平衡性加剧了社会冲突程度

拉美社会各阶层之间利益冲突导致的动荡,是拉美国家社会冲突的主要表现之一。在现代化和经济改革过程中,由于各阶层的政治影响力不同,在改革中所扮演的角色不同,从而在改革中的受益状况也不同。传统的统治阶级为了维护自己的既得利益,竭力阻止现代化和改革进程,即便是在改革过程中,也千方百计使改革不危及自己的利益;而新兴的社会阶层虽然也是改革的受益者,但他们却希望从改革和发展中得到更多的利益,而且他们的利益一旦受损,不满情绪就会以各种形式表现出来,例如 80 年代以后拉美国家有组织劳工阶层和部分中间阶层的不满和抗议便是如此。那些未能分享现代化和经济改革利益的阶层则对发展进程表现出较多失望,一旦现状改变无望就滋生了对社会的不满甚至仇视。如果各社会阶层之间的利益冲突长期得不到解决,就不可避免地产生碰撞和社会冲突。总而言之,拉美的历史经验表明,引发社会冲突最主要的因素是社会不平等,即社会结构的不平衡最终将表现为各社会阶层、阶级之间冲突。

---

① 加布里埃尔·克斯勒:《城市新贫困:近 20 年来全球性、区域性以及阿根廷的动因》,载《拉丁美洲研究》2009 年第 2 期。

在拉美国家现代化早期，随着经济发展和早期工业化的起步，拉美的传统社会阶级结构受到冲击，工人阶级队伍不断壮大，权利意识不断增长，一些国家社会矛盾有所发展，中下阶层民众的不满情绪逐渐显现，群众运动不断涌现。人民群众通过罢工、游行示威，甚至武装起义等方式来表达对现存社会秩序的不满，以争取自己的利益。例如阿根廷在1918—1921年3年间就发生800多次罢工，参加罢工者700多万人次，其中1919年1月首都工人的总罢工被政府派军警残酷镇压，导致800多人死亡，4000多人受伤，成千上万人被捕。1920—1921年间墨西哥纺织工人、采矿工人和铁路工人都举行了罢工，1922年数十万农民发动了全国性起义。巴西工人罢工和农民夺取土地的斗争不断蔓延，1922年和1924年还发生了起义。1925年6月智利硝石矿工人罢工遭到镇压，数千人被杀害。但暴力镇压并不能平息此起彼伏的群众运动，反而加剧了最贫困阶层的不满情绪。[1]

到了20世纪六七十年代，由于各社会阶层没有合理分享现代化所产生的利益，城乡发展差距明显，社会分化更加严重，社会冲突进一步恶化。在1959年古巴革命胜利的影响下，拉美许多国家不仅出现了大规模的农民运动、工人运动、学生运动及其他形式的抗议活动，而且还出现了反政府游击队组织，社会冲突升级。60年代前期拉美地区有近20个国家先后出现了上百个游击队组织，形成了一股强大的、有组织的反政府武装力量。这些组织少则几十人，多则数千人。[2] 尽管这些非法武装在后来的军政府的暴力镇压下走入低潮，但反政府的各种暴力活动从未绝迹。一些游击队组织转而进行贩毒、抢劫、凶杀等犯罪活动，社会冲突并没缓和。

20世纪90年代中期以后，新自由主义改革并没有缓和拉美国家的社会冲突，统治阶级与国际资本相勾结，并依附于国际金融资本，控制着国家机器、舆论和媒体，阻碍国家的发展，对发展民族工业毫无兴趣，同时通过原材料进出口贸易的垄断地位谋取暴利。而民族资产阶级作为拉美民族工业的中坚力量，致力于发展拉美本地区的民族工业，但其规模和力量依然难以和买办资产阶级相抗衡。小资产阶级或中产阶级，有一部分是进步的，站在国家发展和民族大义的立场上，而另一些可能与买办资产阶级

---

① 祝文驰等著：《拉丁美洲的共产主义运动》，当代世界出版社2002年版，第64—81页。
② 同上书，第214页。

相勾结，成为阻碍改革的力量。正规和非正规部门无产阶级，生活在社会的最底层，被现代社会所遗忘，而其规模却十分庞大，因此成为新时期社会冲突的主要根源，他们成为反政府武装、各种暴力犯罪组织的成员。哥伦比亚等国家的暴力不断升级，游击队与政府的谈判长时间没有进展；墨西哥等国出现了新的武装反抗斗争；阿根廷、巴拉圭、玻利维亚、厄瓜多尔、巴拉圭、巴西等国家，民众和社会组织的各种抗议活动不断增加。90年代中期以来，在民众的抗议浪潮中，拉美地区至少已经有七位总统在没有完成任期的情况下被迫下台。一些国家由社会结构不平衡和社会分化导致的社会冲突仍在不断发展，呈现愈演愈烈之势。

二 社会分层化和社会结构失衡导致犯罪现象日趋严重

正规部门就业机会的减少，社会流动渠道受阻，社会分化日益扩大，使得非正规部门就业中下层的"弱势群体"和失业群体对上流社会进行着暴力抗争。美洲开发银行的报告认为，拉美地区的犯罪和暴力问题日益严重，犯罪造成的死亡率甚至对人口的一般死亡率形成了影响，青少年犯罪日趋普遍，并且被民众认为是影响城市安全的重要因素。犯罪已成为拉美许多城市的主要特征，抢劫、凶杀、盗窃等犯罪和暴力活动在城市中心地区时有发生。根据美洲开发银行 2000 年公布的数据，拉美国家 90 年代犯罪率显著上升，统计表明，拉美每年发生 14 万起凶杀案，平均每分钟有54 个家庭被盗，拉美的暴力犯罪率比世界其他地区高出 5 倍，其中凶杀犯罪率为世界平均值的 3 倍。早在七八十年代，拉美地区的犯罪率就属于世界最高之列，每 10 万人中平均每年发生凶杀案 8 起，90 年代增加到 13起，是除非洲以外凶杀案发生率最高的地区。在某些拉美国家，当前的凶杀案发生率比 70 年代初增加了 4 倍或更多。80 年代中期以来，拉美地区城市暴力活动造成的经济损失达 2000 亿美元。其中中美洲的萨尔瓦多因为暴力造成的经济损失最为严重，占国内生产总值的 25%，巴西每年因暴力造成的财富损失也占该国全部财富的 10.5%。①

拉美国家暴力犯罪和凶杀案主要发生在拉美的大城市，其中哥伦比亚的麦德林 1995 年凶杀案发生率每 10 万人有 248 起，巴西的圣保罗和里约

---

① 转引自苏振兴、袁东振《发展模式与社会冲突——拉美国家社会问题透视》，当代世界出版社 2001 年版，第 240 页。

热内卢也高达 50 起以上，中美洲的首都城市危地马拉城和圣萨尔瓦多也在 100 起左右，也是凶杀案的高发地（见表 6—10）。20 世纪 90 年代以来，拉美地区的犯罪率急剧上升，其主要原因是正规部门的就业机会越来越少，收入差距越来越大，在新自由主义经济模式下，弱势群体中的部分成员为了生存，被迫走上犯罪的道路。绝大部分犯罪分子是来自贫困家庭的青年男子，他们没有职业或在非正规部门就业。在智利，1996 年 94％的武装抢劫分子是青年男子，其中 60％在 15—25 岁之间，70％无固定职业；被捕的杀人犯中，84％是男子，46％在 25 岁以下，77％没有工作或在非正规部门就业。面对日益严重的犯罪问题，人身安全成为拉美各国居民面临的首要问题。资本家、经理等社会上流阶层（即拉美国家的富人）采取了"隔离"措施，他们选择有严格保护措施的城市"富人区"居住。对于具备一定经济条件但不能在富人区居住的居民来说，被迫自行采取保护措施。由此可见，犯罪问题日益恶化既是社会分化和社会结构不平衡导致的结果，同时民众的自我保护和隔离政策又进一步加剧了社会各阶层的隔离程度。

表 6—10　　　　　拉美主要大城市的凶杀案发生率（每十万人）

城市	国家	时间	凶杀率
麦德林	哥伦比亚	1995	248.0
卡里	哥伦比亚	1995	112.0
危地马拉城	危地马拉	1996	101.5
圣萨尔瓦多	萨尔瓦多	1995	95.4
加拉加斯	委内瑞拉	1995	76.0
波哥大	哥伦比亚	1995	60.0
圣保罗	巴西	1998	55.8
里约热内卢	巴西	1998	52.8
利马	秘鲁	1995	25.0
墨西哥城	墨西哥	1995	19.6
圣地亚哥	智利	1995	8.0
布宜诺斯艾利斯	阿根廷	1998	6.4

数据来源：L. Piquet Carneiro, "Violent crime in Latin American cities", *Caracterización de la violencia homicida*, Bogotá, p. 8, 2000.

三　社会结构失衡和社会流动机制失效造成大量精英阶层向海外移民

社会结构失衡和社会向上流动机制的失效使得拉美各国的大量精英阶层移居美国等发达国家。在高技术产业迅速发展的初期，美国于 1990 年 11 月颁布了新的《移民法》，重点向投资移民和技术移民倾斜，鼓励各类专业人才移居美国，减少技术程度较低的劳工移民。新的移民法使得拉美各国大量的技术和管理精英阶层通过合法渠道移居美国成为可能。20 世纪 90 年代以来，拉美国家的移民数量迅速增加，移民群体中技术和管理阶层的比例越来越大。

一方面，移民数量迅速增加。美国是接收拉美地区移民最多的国家。2000 年在美国的拉美合法移民已达到 1447.8 万人，其中半数以上来自墨西哥（784 万人），187.6 万人来自南美洲，194.8 万人来自中美洲，281.3 万人来自加勒比地区。实际上，20 世纪 90 年代以前，巴西、厄瓜多尔和秘鲁等南美国家前往美国的移民很少，但 90 年代以后，这些国家前往美国的移民数量大增，例如巴西由 80 年代的 2.37 万人增至 5.23 万人，秘鲁由 6.44 万人增至 10.57 万人，厄瓜多尔则由 5.6 万人增至 7.64 万人。同时，西班牙、意大利等欧洲国家也接收了大量来自南美洲的移民。美国新移民法和拉美国家国内社会严重分化和社会结构失衡是拉美民众大量移居发达国家的两个主要原因。根据学者对拉美 22 个国家的定量研究，[1] 社会分化和收入分配差距扩大是拉美多数国家中间阶层群体（技术和管理人才）移居发达国家最为重要的原因，这与 90 年代前移民美国主要以低收入阶层和低技术劳动为主的情况存在显著不同。

另一方面，移民群体日趋多元化，高智力阶层成为移民主体。20 世纪 90 年代以来，拉美国家的智力外流现象日益严重，受教育程度较高的群体成为移居美国的主体，尽管许多受过高等教育的移民并不能获得与其受教育水平相匹配的就业岗位，普遍面临"教育贬值"型的就业困境。[2] 2000 年数据表明，美国的合法拉美裔移民中完成中等教育的比例为

---

[1]　Ximena Clark，Timothy J. Hatton，"What Explains Cross-Border Migration in Latin America"？ANU and Essex Jeffrey G. Williamson，World Bank，June 6，2003.

[2]　张勇：《20 世纪 70 年代以来拉美劳动力流动研究》，中国社科院研究生院博士论文，2008 年 4 月，第 115 页。

46.4%，完成高等教育为 10.6%，移民的受教育水平显著高于拉美地区的平均受教育水平。这种状况在除墨西哥以外的中南美洲表现得更为明显，移民中完成高等教育群体比例高达 17.4%，而移民来源国的平均比例仅为 8.1%（见表 6—11）。从移民群体的职业结构来看，高级管理人员和白领雇员逐渐成为移民的主体。根据美国移民局的统计数字，在移民到美国的阿根廷人中，管理人员和专业技术人员比例由 1990 年的 32.2% 增加到 1999 年的 60.7%，其中仅专业技术人员比例就由 17.4% 提高到43.4%。巴西人的这一比例为 60.7%，智利人为 52.1%，委内瑞拉人为63.7%（见表 6—12）。管理和专业技术人才移民在 1990 年美国新移民法实施后迅速增加。由此可见，社会结构的固化加剧了大量的社会精英和高素质人才移居海外。

表 6—11　　　　　　2000 年在美国的拉美合法移民受教育状况

	居住在美国的拉美合法移民（比例%）		移民来源国的国民（比例%）	
	完成中等教育	完成高等教育	完成中等教育	完成高等教育
拉美地区	46.4	10.6	16.1	7.7
墨西哥	44.0	6.9	19.9	6.6
中南美洲	47.0	17.4	15.4	8.1

数据来源：U. S. Bureau of the Census，"1995—2000 Current Population Surveys"，Washington，D. C.，U. S. Department of Commerce.

表 6—12　　　　美国拉美裔合法移民中精英阶层所占的比例（%）

国家	职业	1990 年	1994 年	1997 年	1999 年
阿根廷	专业技术人员	17.4	35.7	33.3	43.4
	管理人员	14.8	16.2	13.4	17.3
	总计	32.2	51.9	46.7	60.7
巴西	专业技术人员	18.8	31.0	24.9	43.4
	管理人员	10.2	16.0	18.2	17.3
	总计	29.0	47.0	43.1	60.7
智利	专业技术人员	11.4	30.7	21.0	30.8
	管理人员	9.5	9.8	9.8	21.3
	总计	20.9	40.5	30.8	52.1

续表

国家	职业	1990 年	1994 年	1997 年	1999 年
哥伦比亚	专业技术人员	3.2	15.4	14.4	22.7
	管理人员	3.9	4.9	6.2	5.9
	总计	7.1	20.3	20.6	28.6
厄瓜多尔	专业技术人员	4.1	10.6	10.3	16.8
	管理人员	3.3	3.5	4.4	4.2
	总计	7.4	14.1	14.7	21.0
秘鲁	专业技术人员	8.5	15.9	13.1	21.8
	管理人员	6.9	8.2	5.4	6.7
	总计	15.4	24.1	18.5	28.5
委内瑞拉	专业技术人员	26.8	40.4	27.1	38.9
	管理人员	16.8	22.9	17.8	24.8
	总计	43.6	63.3	44.9	63.7

数据来源：Alejandro Portes and Kelly Hoffman, "Latin American Class Structures: Their Composition and Change during the Neoliberal Era", *Latin American Research Review*, Vol. 38, No. 1, February 2003.

四　拉美社会结构变化和社会分层化对政治格局的影响

拉美社会阶级结构的变化、各阶级力量的此消彼长对拉美的政治产生深远的影响。阿根廷在庇隆执政前（1943 年前），地主和外国资本家阶级组成的联盟控制着国家机器，并得到了城市中产阶级的支持，而到了庇隆执政时（1943—1955 年和 1973—1976 年），由城市工人阶级和新兴实业家（民族资产阶级）组成的民众主义联盟控制着国家，地主和外国资本家被排斥在外，然而，有限的工业增长使得工人阶级和民族资产阶级出现利益冲突，也成为庇隆民众主义联盟失败的原因。庇隆下台后，外国资本家、地主和民族实业家阶层组成新联盟，借助于军政府的"官僚威权主义"政权，成为国家的统治阶级。而在智利，工人阶级在 20 世纪初就能很好地组织起来，并与上层阶级合作，而上层阶级由金融、工业寡头和大地主组成，共同控制和管理着国家机器。在阿连德执政时期（1970—1973 年），工人与农民组成具有社会主义和民族主义双重内容的广泛联盟，控制着国家机器，其竞争对手是外资企业和本土实业家阶层。到了皮诺切特时期（1973—1990 年），实业家、地主和外国资本家成为军政府主导的

"官僚威权主义"政府的主导力量。巴西情况也基本类似，瓦加斯和后期的古拉特执政时期工人和农民阶级组成的联盟使上层阶级和外国资本家极为不满，并最终导致后者通过军人政变的方式建立了"官僚威权主义政权"，并获得了城市中产阶级的支持。在秘鲁，贝拉斯科执政前，地主、外国资本和新兴民族实业家联盟控制着国家，在贝拉斯科（1968—1975年）执政时期，地主阶级地位削弱，工人和农民阶级政治力量兴起。墨西哥与上述拉美各国有所不同，自卡德纳斯政府以来（1934年），国家一直是由外国资本家、民族实业家和银行家阶层组成的联盟控制，该联盟通过革命制度党牢牢控制着工人和农民阶级，同时得到了城市中产阶级的支持，因此，墨西哥的政府长期稳定是拉美国家中所少见的。拉美阶级结构变化对政治的影响经验表明，一个阶级的政治影响力不仅仅取决于其自身实力的增长，同时其他阶级内部结构变化、利益分配、政治和阶级力量的重新分化组合也是重要的影响因素。[①]

伴随着工业化进程，拉美的工人阶级（无产阶级）的力量增长是毋庸置疑的，然而其政治影响力却取决于能否与其他力量结成联盟和联盟的政治方向的选择，这也是古巴社会主义成功而智利社会主义失败的重要原因。另外，国际社会曾对拉美中产阶级在政治格局中的影响寄予厚望，然而事实上，拉美的中产阶级在政治生活中一直扮演着与发达国家完全不同的角色，该阶层的政治影响力取决于其他社会阶级的此消彼长。[②] 长期以来，拉美中产阶级都是对政治机会做出对自身有利的反应，而不进行彻底的结构性变革。阿根廷、巴西和智利等国中产阶级政党采取了实用主义立场，其整个阶级的政治立场一直都是小心谨慎、不明确、不坚定和缺乏连续性的。总而言之，中产阶级只有与其他阶级力量组成政治联盟，才能起到推动社会进步的作用。

在新自由主义改革时期，拉美社会结构发生了深刻的变化，相应地，政治格局出现了一些新趋势。首先是政党的阶级基础发生了新变化，若把正规部门劳动力阶层看作是有组织的工人阶级，那么新自由主义改革则极

①　托马斯·E.斯基德摩尔、彼得·H.斯密斯：《现代拉丁美洲》，江时学译，世界知识出版社1996年版。

②　David T. Geithman，"Middle Class Growth and Economic Development in Latin America"，American Journal of Economics and Sociology，Vol. 33，No. 1，pp. 45—58，Jan.，1974.

大地削弱了工会的力量和影响，因此，工人阶级集体行动的能力和政治意愿的表达能力被严重削弱。而非正规部门的无产阶级则只关心其切身利益，如物价、政府免费食品供应等，基本处于无组织状态。因此，在新自由主义改革时期，传统的民众主义政党衰落，而多种阶级力量组成的新型政党联盟获得了不同社会阶层的支持，领导人的个人魅力和决心成为推动改革的主要力量。然而，随着新自由主义改革在拉美经济增长和社会发展上的目标先后落空，新世纪以来左翼力量在拉美地区得以复兴，而现代左翼与传统的社会主义左翼有着根本区别。当前的左翼政党以社会下层包括正规和非正规部门无产阶级为阶级基础，充分关注这些阶层的利益诉求，这是近年来左翼政党执政的重要特点。然而，传统右翼政党尽管依然代表着大地主、大资产阶级和外国资本家利益，但其执政期间不断修正治国理念，对危及社会稳定和中下阶层关心的社会问题采取积极措施。目前，执政的右翼政府正在改变以前忽视社会公正和发展、忽视底层阶级利益诉求的形象。

总而言之，拉美新自由主义改革时期阶级结构的变化在政治方面影响深远，最突出的政治影响是消除了有组织的阶级，消除了有组织的阶级斗争，政党的阶级基础被削弱，而代之以领导人为主导的选举联盟。这类联盟往往在选举过程中广泛争取各社会阶层的支持，以达到选举胜利的目的，而上台执政后在不全面冲击现有利益分配格局的前提下，淡化意识形态，逐渐调整经济和社会发展的各项政策。

第 七 章

拉美劳动力市场与就业政策

作为发展中国家，拉美国家的现代化进程前后经历了三个发展阶段，或者说是"外向—内向—外向"三种"钟摆式"的发展模式，因而拉美国家的劳动力与就业也呈现出阶段性的特征。尤其是在 20 世纪 60 年代中期或 70 年代初，大多数拉美国家的人均 GDP 达到 1 000 美元，即跨越罗斯托经济成长阶段理论意义上的"经济起飞"点。从历史的角度看，认真总结 20 世纪 70 年代以来拉美国家劳动力就业的经验教训，对旨在实现充分就业的宏观经济目标的各个发展中国家都有重要意义。

第一节 20 世纪 70 年代以来劳动力基础特征与就业背景

一般而言，社会所能得到的劳动总量取决于：（1）人口的规模和人口构成，两者又取决于出生率、死亡率和净移民；（2）劳动力市场参与率，即劳动年龄人口中实际工作或正在寻找工作的人口的比例；（3）每周或每年的工作时间；（4）劳动力素质。而从需求角度讲，就业与社会经济发展历程紧密相关。本节分别从供给和需求两个方面考察劳动力市场。

一 拉美劳动力的供给特征

（一）拉美国家人口基础和结构特征

人口基础对劳动力供给很重要。按照人口过渡一般规律，人口演变过程通常相继经历三个阶段。第一个阶段的特征是高出生率、高死亡率，从而导致低自然增长率。随着经济发展和收入水平的提高，人口演变过程逐渐进入第二个阶段，以高出生率、低死亡率从而高自然增长率为特征。当人均收入水平进一步提高，才进入低出生率、低死亡率，从而低自然增长率的第三个人口过渡阶段。一般来说，较早进入发达国家行列的社会，第二阶段的特征并不明显。而发展中国家往往形成比较严重的人口问题。这是因为当这些国家经济发展水平尚未能使人口出生率下降时，由于从发达国家引进医疗卫生技术，便使死亡率大大降低，从而使自然增长率长期保持高位。

1930 年以前，拉美地区不仅人口基数小，而且人口自然增长率较低，外来移民是当时人口增长的一个重要因素。1930 年以后，拉美地区进入一个以自然增长率高为特征的人口加速增长阶段。特别是在 1950—1965 年，由于拉美经济、文化水平相对较高，人口死亡率很早就下降至较低的水平，1960—1965 年死亡率降为 12.5‰，而出生率仍然保持在 41‰ 的水平，因此，人口自然增长率在 1960—1965 年达到高峰值 28.6‰，如图 7—1 所示。从 1965—1970 年开始，出生率相对于死亡率迅速下降，加之自 1955 年之后拉美在整体上逆转为人口净迁出，最终导致人口增长率逐年降低。尽管 60 年代后期拉美已渡过人口出生的高峰期，但是由于新生人口逐步进入劳动年龄，劳动年龄人口（15—64 岁）的相对比重自 1970 年开始逐年增加，到 2005 年其占总人口的比重达到 64.5%，相对于 1970 年（53.4%）增加 11 个百分点，人口就业压力始终很大（见图 7—2）。

而从另一方面看，国际上一般认为 65 岁及以上老人的比重达到 7% 就进入了老龄化社会。根据拉美经委会拉美及加勒比中心人口部的预测，拉美将在 2015 年（7.2%）达到这一指标，此后老龄化将趋于加速。从社会负担状况来看，1950—2050 年少年儿童扶养比[①]将经历先上升后下降的趋势，老年人口扶养比[②]将经历逐渐上升的趋势，而社会总负

---

① 少年儿童扶养比指某一人口中少年儿童人口数与劳动年龄人口数之比。通常用百分比表示。以反映每 100 名劳动年龄人口要负担多少名少年儿童。计算公式为：$CDR = (P_{0-14}/P_{15-64}) * 100\%$，其中：CDR 为少年儿童抚养比；$P_{0-14}$ 为 0—14 岁少年儿童人口数；P_{15-64} 为 15—64 岁劳动年龄人口数。

② 老年人口扶养比指某一人口中老年人口数与劳动年龄人口数之比。通常用百分比表示。用以表明每 100 名劳动年龄人口要负担多少名老年人。它是从经济角度反映人口老龄化社会后果的指标之一。计算公式为：$ODR = (P_{65+}/P_{15-64}) * 100\%$，其中：ODR 为老年人口抚养比；$P_{65+}$ 为 65 岁及以上老年人口数；P_{15-64} 为 15—64 岁劳动年龄人口数。

担系数①则经历先上升后下降，而后由于老龄化加速又回升的趋势。因此，自1970年至今拉美处于低龄人口相对减少又尚未进入老龄化的阶段，劳动年龄人口比重大，负担轻，虽然相应的就业压力较大，但总体来说对经济发展是有利的。

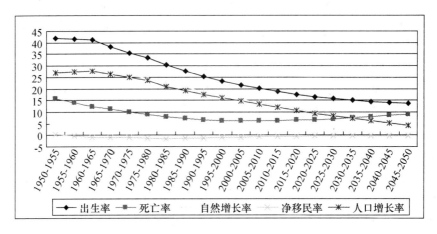

图7—1　拉美ᵃ人口增长统计指标（‰）

注：a 不包括加勒比国家。作者根据拉美经委会数据绘制，数据来源："Latin America and Caribbean: population estimates and projections, 1950—2050", Demographic Bulletin, No. 69, Economic Commission for Latin America and the Caribbean-Latin American and Caribbean Centre, Population Division (ECLAC-CELADE)

　　此外，在一个国家内部，城市与乡村之间、发达地区与落后地区之间，在发展阶段上通常具有一个时间上的继起关系，因此，两者在人口过渡的阶段也存在一个时间差。即城市地区或经济发达地区通常比农村或经济落后地区较早进入更高的人口过渡阶段。例如，当某些发达地区已经进入低出生率、低死亡率的人口过程时，同一国家中的落后地区可能还处在低死亡率、高出生率的人口过程之中。正因为如此，城乡迁移或落后地区人口向发达地区迁移，不仅是由经济结构变化一个因素所推动，还由两类地区人口数量方面的差异所决定。

---

　　①　总负担系数，也叫依存比率（Dependency ratio），指人口总体中非劳动年龄人口数与劳动年龄人口数之比。用于从人口角度反映人口与经济发展的基本关系。计算公式为：GDR＝〔（P_{0-14}＋P_{65+}）/P_{15-64}〕＊100％。

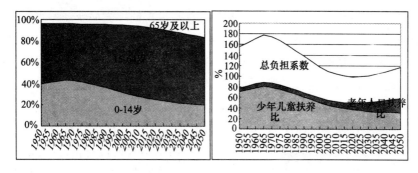

图 7—2 拉美ª人口年龄结构及负担状况

注：a 不包括加勒比国家。作者根据拉美经委会数据绘制，数据来源："Latin America and Caribbean: population estimates and projections, 1950—2050", Demographic Bulletin, No. 69, Economic Commission for Latin America and the Caribbean-Latin American and Caribbean Centre, Population Division (ECLAC-CELADE)

（二）劳动力参与市场的周期变化

人口变动直接影响到劳动力供给的绝对数量。一般而言，劳动力人口包含两部分：一是从事有酬工作的就业者（受雇于人），二是正在寻找有酬工作但在现行经济条件下尚未找到工作者（未被雇用）。实际上劳动力人口就是经济自立人口（EAP）。根据拉美就业规划处（PREALC）的统计，1950—1980 年拉美劳动力（经济自立人口）年均增长 2.5%，非农劳动力年均增长 4%。此后，拉美劳动力供给的年均增长率从 80 年代的高峰值 2.9% 下降到 90 年代的 2.5%[①]。从这个意义上讲，拉美 90 年代的经济改革以及宏观经济环境的改善总体上没有改变劳动力供给的长期趋势（既没有抑制供给也没有刺激供给）。根据拉美经委会 2001 年统计年鉴的数据，1980 年拉美经济自立人口为 1.26 亿人，2010 年预计达 2.69 亿人。

此外，在研究劳动力供给问题时，还需要考虑市场总参与率这个因素。它特别易于围绕其长期趋势水平而波动，因为在商业周期变化过程中，它常常受到供给与需求因素改变的影响。这些变动主要包括在劳动力市场中不断流动的人们。其中大多数属于二级劳动力人口，即那些通常不

---

① Jürgen Weller, Economic Reforms, Growth and Employment: Labour Markets in Latin America and the Caribbean, ECLAC, Chile, 2001, p. 35.

提供家庭收入主要来源的家庭成员。在周期的扩张和收缩阶段，市场总参与率均围绕平均水平进行波动，但并不总是沿着同一方向变动。当经济扩张超过其长期趋势水平时，市场总参与率可能上升，因为较多的工作机会鼓励那些一般情况下不积极寻找工作的人参加工作。但是，如果周期的扩张阶段持续时间比较长，那么市场总参与率就可能下降，因为二级劳动力人口的工人将退出市场，继续他们的学习或利用其他机会。在周期的下降阶段（低于长期趋势水平），类似的情况也会发生。市场总参与率可能因为二级劳动力人口重新进入市场而上升；如果不利的经济情况持续下去，参与率也可能下降，因为人们对找到工作的前景失去信心，从而退出劳动力市场。

如图7—3所示，战后拉美劳动年龄人口（WAP）增长率和总体参与率（TPR）呈现出此消彼长的趋势。一方面，随着人口过渡阶段演进，1950—2000年劳动年龄人口的年增长率先上升后下降，在70年代初达到最高值。而另一方面，由于男、女性劳动力参与率在不同阶段发挥的作用不同，以1970年为分界点劳动力参与率[①]经历了先下降后上升的趋势。

从1950年到1970年，拉美整体劳动力参与率由50.4%下降到44.9%，这主要是因为男性劳动力参与率显著下降，即在城市化背景下男性参与率从1950年的81.3%下降到1970年的70.4%。其影响因素是教育体制的扩张推迟了青年人进入劳动力市场的时间，而城市化强化了这种趋势。城市地区的教育覆盖面较大，因此城市中的男性年轻人总体上进入劳动市场较晚。与此同时，农业中就业的男性劳动力尽管务农时间在缩短但仍然会坚持到年龄很大为止，而城市中提供给老年人的就业岗位很少，而且城市中社会保障覆盖面的扩大消除了更多人对劳动收入的需求。因此，在规模巨大的城乡迁移中年轻和年长的男性劳动力的参与率都显著下降了。与此相对的是，女性参与率在50年代已下降到19.4%，60年代重新上升，到了70年代，达到19.6%，略高于50年代的水平。对于这种现象可以作如下解释：在一个工资关系处于初级阶段、劳动力的社会分工和性别分工差别不明显的经济中，妇女的参与率通常较高，因为妇女在获得收入方面扮演重要的角色。随着劳动力分工深化，妇女越来越局限在与家庭直接相关的工作中，而这种工作被视为缺少生产性，这些因素降低了

---

①　劳动力参与率是指经济自立人口（包括正在从业和失业人口）占劳动年龄人口的比例。

她们在劳动力市场上的参与率。但是，70 年代城市化进程抑制了男性参与率，主要是因为城市地区入学率较高、老年人退休较早。与此相反，它却刺激了女性参与率的提高。因为至少在统计意义上女性在农业中的参与率较低而在其他部门较高，非农活动的增加为妇女进入劳动力市场提供了更大的机会。因此，不同于男性，女性参与率在城市地区高于农村地区。其结果是，从 1970 年到 1990 年，妇女的劳动参与率急剧增长，进而导致整体劳动参与率从 44.9％上升到 51.4％。[①]

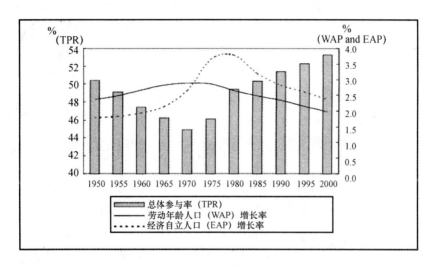

图 7—3　劳动力供给的变化 1950—2000[a]

注：a 是基于 20 个国家的加权平均数。

资料来源：Jürgen Weller，Economic Reforms，Growth and Employment：Labour Markets in Latin America and the Caribbean，ECLAC，Chile，2001，p. 35.

　　20 世纪 90 年代拉美的劳动参与状况依然延续了自 70 年代以来的模式：男性参与率近乎停滞而女性参与率逐步增长。1996 年到 2005 年男性劳动力参与率从 81.6％微幅下降到 79.8％，而女性劳动力参与率从 46.1％上升到 51.8％。这种劳动力的性别分工通过以下三种方式得到强化。首先，持续的城市化进程增强了妇女的劳动参与率，并促成城市地区妇女参与率高于农村地区的趋势。其次，受教育程度较高的妇女劳动参与

　　① Jürgen Weller，Economic Reforms，Growth and Employment：Labour Markets in Latin America and the Caribbean，ECLAC，Chile，2001，p. 34.

率较高，因此，教育水平的提高将促使妇女更多地参与劳动力市场。最后，"典型女性"从事的经济活动的扩张（贸易、服务业）、传统意义上某些"典型男性"活动中女性就业的增加以及新增的面向妇女的工作机会（客户加工流水作业、出口型农业）都促使妇女融入劳动力市场。①

这里需要强调的是，在判断劳动供给时，只有同时观察就业率、失业率和劳动参与率的变化趋势，才能较为全面地把握劳动力市场中存在的问题。如果在失业率攀升的同时，劳动参与率上升，这也许并不表明失业问题有多么严重，因为失业率的上升在很大程度上可能是由于过去退出劳动力市场的人又重新回到市场上寻找工作。如果失业率上升，劳动参与率保持不变，这意味着劳动力供给的总量并没有发生大的变化，只是在愿意供给劳动的总体中，失去工作的人增加了，这很可能是因暂时的经济波动或经济结构调整所引起的。最严峻的问题莫过于失业率上升的同时伴随着劳动参与率的下降。这意味着失去工作的人在不断增加，而且在失去工作的人中，由于长时间无法找到工作而沦为"遭受挫折的劳动者"的人数也可能在增加。

（三）劳动力供给的质量

人力资本禀赋是从质量方面考察拉美劳动供给的重要因素。在传统文献中，"人力资本"仅用于院校教育，而如今，为了适应于经济需求，人们对该概念的内涵进行了拓展。按照分类，人力资本包括两方面内容：其一是指"天生能力"，包括体力和智力，它们受到健康和营养状况的影响；其二是"可获得性能力"，它可通过一生中所获得的正规教育、非正规教育和累积性经验进行培养。通常情况下，教育又被用作衡量劳动力质量的重要因素。根据教育水平，劳动年龄人口的组成在90年代发生了显著变化。在90年代初期拉美的整体教育水平好于其他地区，特别是在初等教育和高等教育，然而，拉美国家的中等教育相对落后。这是因为孩子早早离开学校，特别是未完成中等教育，造成中等教育不足。到90年代中期，该地区几乎所有国家的初等教育入学率都接近100％。与此同时，其他更高阶段（中等和高等教育）的入学率也在提高。如表7—1所示，

---

①　世界银行认为，女性逐渐参与劳动市场的这种长期趋势是社会文化进程的一个结果，尽管在不同地区和国家该过程不会同步进行。男性劳动力参与模式在人均收入水平和社会文化背景不同的国家是非常相似的，但女性劳动力的情况就千差万别。

从 1980 年到 2000 年，无论从总体，还是从性别分组看，拉美国家 15 岁及以上人口中的文盲比例都在降低。但是，某些国家的文盲比例依然很

表 7—1 主要拉美国家 15 岁及以上人口中的文盲比例（%）

国家	总体			男性			女性		
	1980	1990	2000	1980	1990	2000	1980	1990	2000
阿根廷	6.0	4.2	3.1	5.7	4.1	3.1	6.4	4.4	3.1
巴哈马	6.6	5.0	3.9	7.2	5.7	4.6	6.1	4.3	3.2
玻利维亚	30.9	21.6	14.4	19.9	12.9	7.9	41.3	29.9	20.6
巴西	25.4	18.3	14.7	23.7	17.9	14.9	27.2	18.8	14.6
智利	8.5	6.0	4.3	7.9	5.6	4.1	9.1	6.4	4.5
哥伦比亚	15.6	11.3	8.2	14.7	10.9	8.2	16.4	11.6	8.2
哥斯达黎加	8.3	6.1	4.4	8.1	6.1	4.5	8.4	6.1	4.3
古巴	7.9	5.2	3.6	8.1	5.2	3.5	7.8	5.2	3.6
厄瓜多尔	18.1	11.6	8.1	14.4	9.5	6.4	21.8	13.8	9.8
萨尔瓦多	33.8	27.4	21.3	29.1	23.7	18.4	38.4	30.7	23.9
危地马拉	46.2	38.5	31.3	38.1	30.7	23.8	54.3	46.3	38.9
圭亚那	5.4	2.8	1.5	3.7	2.0	1.0	7.0	3.7	1.9
海地	69.1	60.7	51.4	65.5	57.6	49.0	72.3	63.5	53.5
洪都拉斯	39.0	33.0	27.8	37.2	32.0	27.5	40.8	34.0	28.0
牙买加	22.5	17.3	13.3	26.8	21.7	17.5	18.5	13.1	9.3
墨西哥	17.0	12.3	9.0	13.8	9.6	6.9	20.2	15.0	10.9
尼加拉瓜	41.8	38.7	35.7	41.5	38.6	35.8	42.1	38.8	35.6
巴拿马	14.3	11.2	8.1	13.7	10.7	7.4	15.1	11.8	8.7
巴拉圭	14.1	9.7	6.7	10.6	7.7	5.6	17.5	11.7	7.8
秘鲁	20.2	14.3	10.1	11.7	7.9	5.3	28.8	20.6	14.6
多米尼加	26.2	20.5	16.2	25.2	20.0	16.0	27.2	21.0	16.3
苏里南	12.4	8.2	5.8	8.4	5.7	4.1	16.1	10.7	7.4
特立尼达和多巴哥	5.0	3.2	1.8	3.5	2.0	1.0	6.6	4.4	2.5
乌拉圭	5.3	3.4	2.2	5.7	3.9	2.6	4.8	3.0	1.8
委内瑞拉	15.1	9.9	7.0	13.3	9.1	6.7	16.9	10.8	7.3

资料来源：Statistical *yearbook for Latin America and The Caribbean 2002*，CEPAL，2002.

高，例如玻利维亚、巴西、萨尔瓦多、危地马拉、海地、洪都拉斯、牙买加、尼加拉瓜、秘鲁、多米尼加。此外，女性的文盲比例虽然逐年在下降，但是普遍高于男性（除个别国家以外）。

提高劳动力的教育水平会产生两个结果。第一，正如前所述，它延缓了劳动参与率的增长趋势。第二，劳动力的组成结构发生变化。因为平均而言劳动力市场的新进入者受教育程度高于以前年龄组的水平。特别是，由于教育水平的"底线"在上升，最年轻一组的劳动力的文盲率已下降到很低水平。但是，拉美地区教育依然存在问题。第一，受教育机会存在较严重的不平等。尽管年轻一代比老一辈接受了更多的教育，但是，代内受教育程度依然存在由收入水平、社会等级和地域差异而导致的不平等。第二，初等、中等以及非大学的中学后教育（post-secondary education）回报率低，而大学教育的回报率很高。农村的教育回报率比城市低。第三，来自低收入家庭的学生获得的教育质量更低，他们中的大多数上的是公立学校，没有机会接受更高质量的教育。此外，受教育程度与就业水平之间的关系也十分复杂。第一，具有同等教育背景的男女性失业率不同，女性失业率一般高于男性，但是，随着受教育水平的提高两者之间的差距显著缩小；第二，在所有 15 岁及以上人口中，受过 6—9 年学校教育的群体的公开失业率较高；第三，在个别国家，受教育程度越高，失业率越高。[①]这些现象都与拉美国家劳动力市场的发育程度有关。

二　拉美劳动力需求的时代背景及就业总体趋势

（一）劳动力需求的阶段特征

1. 工业化这一里程碑能够经过 20 世纪 30 年代资本主义大萧条和第二次世界大战的冲击，一些拉美国家确立了进口替代工业化的发展模式，使工业化进程在 40 年代和 50 年代进入一个新的发展阶段。

结构学派认为，外围国家从以初级产品出口扩张为基础的外向发展转向以扩大工业生产为基础的内向发展具有必然性，并以拉美国家为例，提出了转变发展模式的两个基本条件。第一，当中心和外围两极都达到特定的平均生产率和收入水平时，经济力量的自由作用会自发地推动外围工业的扩张。其中特别是，因人口增长和技术进步所产生的劳动力过剩将导致

---

① *Statistical yearbook for Latin America and The Caribbean 2002*，CEPAL，2002.

外围国家的贸易条件在长期内不断恶化。因此，在劳动力缺乏国际流动的条件下，工业化就成为外围发展的必由之路。第二是时局因素。（1）两次世界大战使进口受阻而出口需求增加，刺激了拉美内部需求上升，形成当地工业发展的推动力。（2）大萧条引起初级产品出口量和出口价格暴跌，加上前期的负债，造成拉美国家外汇奇缺的局面，不得不限制进口或禁止进口，同样促成了制成品的替代进口生产。（3）世界经济中心由英国转移到美国。由于美国对初级产品进口需求少，保护主义严重，造成拉美国家的国际收支陷入持续失衡的境地，因而它们不得不走上进口替代工业化的道路。

由于进口替代工业化在50—60年代进展较为顺利，因此，这一时期被视为进口替代工业化发展模式的"黄金时期"。在这一时期，拉美国家采取了保护国内市场、积极扶持"幼稚工业"、建立国有企业、完善基础设施、利用外国资本和开展区域经济一体化等措施，取得了显著的成效。

2. 20世纪60年代中期，拉美国家面临工业化战略的选择问题。当时，越来越多的拉美国家已经意识到，进口替代已由"简易阶段"转入"困难阶段"，有必要在发展战略上做出调整。一派意见认为，应当把耐用消费品生产作为工业发展的主导产业，这不但可以带动一些相关产业的发展，而且，工业化过程中的资本积累主要是受耐用消费品部门发展的推动；发展耐用消费品生产的主要困难在于国内消费能力不足，因此主张应使国民收入分配更多地向中间阶层倾斜以创造需求。另一派意见则认为，重点发展耐用消费品生产投资大，提供就业少，进口要求高，跨国公司参与的比重大，可能加剧社会的不平等和对外依赖；主张把着重点放在改善收入分配，增加就业，扩大国内市场，以继续保持较高的经济增长速度。从表面上看，似乎这两种主张反映了两种截然不同的选择，事实上，两者都没有跳出"内向发展"的局限。拉美各国最终采纳了把耐用消费品生产作为继续推进工业化的"轴心部门"的主张。而同样在60年代中期前后，当时的亚洲"四小龙"几乎不约而同地由内向发展转入外向发展，把劳动密集型工业品推向国际市场，取得了与拉美国家截然不同的结果。

进口替代工业化的弊端与70年代末以后出现的一系列不利的外部因素结合在一起，终于使拉美在80年代陷入其发展史上最严重的一场经济危机。实际上，这是一场由债务问题引发的"结构性发展危机"。也就是说，这场危机早在 1973 年就已经出现了，只不过当时通过借外债而涌入的大量资金暂时把这场危机掩盖了。1982 年危机爆发后，拉美国家再也无法继续实行进口替代工业化模式了，不得不转向外向发展模式。

危机后的调整政策主要包括两类，一类是降低国内需求的政策；另一类是提高可进行国际交换的商品的相对价格的政策。前者主要包括财政政策、货币政策和收入政策，并力求通过三种机制来恢复外部平衡。后者主要包括调高汇率（即货币贬值）、提供补贴、促进出口、增加关税等，这些措施有助于提高可贸易商品的相对价格，并与前者互为补充。这一套经济调整政策的社会成本对大多数人来说是不利的，特别是穷人。其后果是，现代企业对劳动力的需求大幅减少，公开失业率显著上升。非正规就业的快速增长降低了平均生产率，导致收入恶化。作为调整政策的关键工具之一实际工资开始下降，同时社会支出减少。[①] 伴随着经济衰退，在某些国家通货膨胀率大幅上升。

3. 由新自由主义主导的经济改革经过 70 年代在智利等少数国家的"试验"之后，于 80 年代中期在拉美地区全面展开。这场改革最终使拉美国家由以往的内向发展模式转入了外向发展模式，由原来的国家主导型经济转向了自由市场经济。

具体而言，拉美大多数国家在关税、税收、国内金融体系等方面展开了深刻的结构性改革，劳工政策的改革力度相对弱些。这些改革的共同特征是：（1）开放国内经济面对国外竞争；（2）减少政府对经济中资源配置和生产活动的干预；（3）减少税收体制对私人决策的扭曲性影响。70 年代首先开始的是贸易、金融自由化和税收改革，涉及的国家主要有阿根廷、智利、哥伦比亚和乌拉圭。1982 年以后，拉美债务危机不仅打断了改革进程，而且甚至使一些早期先行改革的国家改变了方向。智利、玻利

---

① 通常来讲，标准的一套政策既有紧缩性财政政策和货币政策，也有通过相对工资而言的实际贬值将资源由非贸易部门向贸易部门转移的政策。根据这个模式，实际工资不是必然要下降，因为政策要求只对贸易部门的价格产生作用，需求政策引起的衰退至少可以被贬值的扩张效应弥补一部分。但是，为什么拉美地区的经济出现过度收缩呢？主要有三个原因：第一，拉美地区的生产结构是无弹性的，因此，对宏观经济政策的反应相对发达国家而言要慢而且效果不明显；第二，贬值的扩张效应仅出现在衰退之后，通常滞后两年，如果拉美经济长期不稳定，这种效应就不会出现。第三，这一整套政策是在宏观层面实施，相对于更具选择性的政策组合而言，它必须在经济政策工具上实行更加明显的变化。参见 Foxley（1982）；Ffrench-Davis（1983）；ECLAC（1984）；PREALC（1985）；Taylor（1987）；Meller and Solimano（1987）.

维亚和阿根廷应对债务危机的措施是对资本账户交易施加临时管制。许多国家，包括阿根廷、巴西、智利、哥伦比亚和秘鲁也提高关税和增加对进口的非关税限制。这一时期金融自由化的进程或者改变方向或者停顿下来，税收改革或者资本账户的开放也无进一步的发展。1985 年前后一系列广泛的结构性改革重新恢复，1990 年后改革进程明显加速。诸如阿根廷、智利、乌拉圭这样一些作为第一阶段改革领导者的国家继续扩大改革的范围，采取的措施主要有进一步减少关税、实施金融和资本账户自由化以及税收改革。而其余大多数国家则通过降低关税、消除信贷和利率管制以及改革税收体制来追随改革先行者的步伐。

总体而言，改革对经济增长产生了积极的作用。但是，与预期相反，改革减少了经济增长中的劳动力密集度，给就业带来负面的影响。而这个过程不是暂时的，因为劳动力密集度的下降在长期内还将持续存在。改革在初期对就业产生了直接的负面影响，导致就业率下降。但在某些国家这种影响被较强劲的经济增长所抵消，因为改革所处的内外部经济环境发挥了重要作用。尤其是，在 90 年代初期大量外部资本涌入，使得该地区许多国家能够执行有利于非贸易产品和服务生产扩张的价格稳定计划。大量工作岗位被创造出来，这在一定程度上弥补了受改革直接影响的那些部门的损失。

（二）就业总体趋势

总体而言，改革具有矛盾的特征，尽管它们在一定程度上刺激了经济的增长，促成了若干产业部门生产结构的转换，但是，劳动力密集程度却下降了。

随着 1990 年生产活动的恢复，通胀压力和不稳定因素逐渐消失，拉美经济终于从 80 年代"失去的十年"的阴影中走出来，但是，经济增长率整体而言仍然大大低于债务危机前所曾达到的水平（见图 7—4）。而 90 年代依然延续了 70 年代以来劳动力供给以及就业总体水平的主要趋势。低速的经济增长和劳动力密集度的下降导致劳动力需求偏弱，明显的事实就是工薪就业仅仅有适度的扩张。因此，就业创造呈现两极化特征：大部分新增就业集中在生产率低下的部门，与此同时，职业升级过程又相伴而生。具体到每个国家，劳动力就业状况又不尽相同，其主要原因是经济增长存在差异以及由外向发展模式带来的体制变化不同。

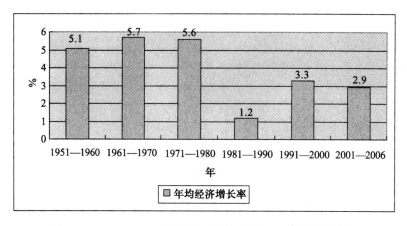

图7—4　1951—2006年拉丁美洲及加勒比地区经济增长状况

注：2001—2006年为作者根据拉美经委会数字计算而得。

资料来源：ECLAC, The Sustainability of Development in Latin America and the Caribbean: Challenges and Opportunities, July 2002.

如表7—2所示，就业增长率的增加一直持续到20世纪70年代，之后开始下降，到了90年代降到2.2%。由于50年代和60年代拉美经济增长率相对较高，因此，产出的就业弹性维持不变（0.4），到了70年代产出增长的势头弱于就业增长，产出就业弹性有所增加。而在80年代受到债务危机的冲击拉美经济增长率很低，但劳动力供给的压力依然很高（尽管劳动力供给当时已开始下降），政府纷纷出台稳定经济的计划来维持就业，因此，弹性大幅度上升。但是，到了90年代产出的就业弹性又重新恢复到1950—1997年整个地区的平均水平上（0.6）。因此，从历史纵向来看，除20世纪80年代外（该时期情况明显异常），90年代的弹性与1950—1980年的差异并不显著。假定90年代的情况反映了改革的影响，那么可以推断，改革并没有影响（不论是积极地还是消极地）GDP增长率与就业创造之间的数量关系。相反，表7—2中的数据反映了在过去的数个十年中，较为明显的是，增长率一降低，就业创造就表现乏力。但是，需要强调的是，从长期来看，劳动力供给和就业密切相关，特别是在社会缺乏对失业者保护机制的时候。而且，在长期中劳动力供给又受到社会文化进程的影响，例如，女性劳动参与率会因女性社会地位、家庭角色以及受教育程度的变化而变化。因此，就业不能仅仅依靠经济变量来解释，如果把不同时期就业增长的多与少仅归因于经济增长的特质，特别是归因于劳动力密集使用的程度以及由此形成的劳动力需求，那么，误解就会产生，问题就会变得过度简化。

至于工薪就业方面，它的趋势与总体劳动力相似，但是，工薪就业更真实地反映了劳动力需求增长的特征。80年代的高弹性表明，工薪就业也对供给的压力做出了反应，高比例的工薪就业集中在小企业和微型企业这一事实就证明了这一点。

表7—2　拉美和加勒比地区产出、就业以及弹性，1950—1997年（加权平均值）

时期	产出增长率	就业增长率	产出的就业弹性	工薪就业的年增长率	产出的工薪就业弹性
50年代	5.1	1.9	0.4	2.5	0.5
60年代	5.7	2.3	0.4	2.7	0.5
70年代	5.6	3.8	0.7	4.7	0.8
80年代	1.2	2.9	2.6	2.4	2.0
90年代[a]	3.8	2.2	0.6	2.2	0.6
1950—1997	4.3	2.7	0.6	3.0	0.7

注：a指1990到1997年。

资料来源：Jürgen Weller，Economic Reforms，Growth and Employment：Labour Markets in Latin America and The Caribbean，CEPAL，2001，p. 46.

第二节　二元经济结构下的劳动力转移

刘易斯模型（1954年）在解释发展中国家经济发展过程的同时，为农村劳动力转移提供了两条思路。第一种是劳动力的产业转移。刘易斯认为，在二元经济模型中，经济发展的关键是资本家将剩余价值再投资于生产过程，而不是消费。能够忠实地做到这一点的只有工业家阶级。这样，伴随着经济不断发展，整个社会劳动力大部分地从传统的、自给农业部门流向现代化的工业部门。从这个意义上讲，刘易斯模型是将发展中国家的经济发展过程归结为工业化的过程。第二种是劳动力的地域转移。按照刘易斯的理解，传统的、自给性的农业部门都分布在农村地区，而先进的、现代化的资本主义部门都建立在城市。伴随着资本形成的不断扩张，农业剩余劳动力被不断地转移到现代工业部门，也就同时实现了乡村人口向城市迁移的问题。从这个意义上看，刘易斯把解决发展中国家的经济发展问题主要是看成一个乡村人口的城市化问题。

一　农村剩余劳动力转移与城市化

（一）逻辑起点：二元经济

拉美经济结构的二元特征是双重性的，这不仅体现在分布于广大农村地区的农业与集中于城市地区的非农产业上面，而且体现在两者的内部，前者又包含农民农业与商品农业，而后者又划分为城市正规部门和非正规部门。换言之，拉美农村剩余劳动力的流动是在农民农业、商品农业、非正规部门和正规部门这个四元经济中进行的（见图7—5）。因此，理解拉美经济结构中的这种双重二元结构是分析拉美国家劳动力流动的逻辑起点，也是解释拉美国家普遍存在的就业不足的坚实基础。

1. 农民农业与商品农业

战后拉美农业部门的演变是以资本主义现代农业企业的较快发展为标志的。因此，拉美的农村是资本主义农业企业与以一家一户小生产为特点的"传统农民农业"并存的局面。这两种农业经济之间存在着很大的差别。现代农业是适应拉美国家工业化与现代化进程需要而发展起来的商品农业，既提供工业原料和城市居民的食品供应，又生产大宗出口农产品，在国民经济中占有重要地位。这类企业的特点一般都是生产规模大、机械化程度高、土地肥沃、交通便利、管理水平较高、与国内外销售市场和金融市场有广泛联系且应变能力强。它们往往在国内形成一个强大的利益集团，尽占政府在农产品价格、农业信贷、农用机械及农业投入的进口、农业技术支援等方方面面的政策优惠。而农民个体经营的小农业普遍存在如下特点：生产规模小、生产方式落后、劳动力不能充分就业、依旧处于相对封闭的落后状态。但是，这种小农业仍然是拉美国家大多数农村人口赖以生存的手段。

造成农业内部这种二元特征的根源是土地占有高度集中的不合理结构。一极是为数众多的小地产，另一极是以种植园、庄园和牧场形式存在的大地产。在农村土地制度没有经历重大变革的情况下，以"技术变革"为特征的农业现代化使原来普遍存在的由土地占有高度集中所造成的大庄园与小农户并存的双重结构，逐步被现代农业企业与农民个体小农业的二元结构所取代[①]。随着大型现代农业企业的崛起，中、小农业企业的分化速度加快。在激烈的市场竞争中，农民个体小农业处于更加不利的境地；无地、少地的农民虽然逐步摆脱了过去对大土地所有者的某种人身依附关系，但随着现代农业企业劳动生产率的提高，他们的就业更加困难。结果，大批劳动力被农业部门排斥出来，导致与经济发展阶段不相适应的急剧城市化过程。

2. 正规部门与非正规部门

拉美国家的二元结构并不如刘易斯所预期的那样，通过农业剩余劳动力向城市工业的自发流动会走向一元化，而是变成二元结构的次级分化，在城市地区便体现在正规部门和非正规部门的划分上。两者之间存在着很大的差别（见表7—3）。一方面，由农村流入城市的人口数量过于庞大，城市，特别是大城市对农村剩余劳动力的吸引力巨大。城市工业工资水平不像刘易斯估计的那样只高出农业劳动收入水平的50%，在亚洲和拉丁美洲这个差距高达300%—400%。这是因为公共部门和外资企业的高薪带动了工资的上升，而且城市部门和企业职工除工薪外，还享有社会福利和公共服务，并且有最低工资法的保护以及工会的作用。另一方面，城市吸纳农村剩余劳动力的能力受到种种限制。由于采取进口替代工业化的发展战略，城市工业部门的生产率不高，普遍状况是，在第一阶段生产率增长较快之后工业增长就开始放缓。生产的增长速度不足以吸纳流入城市的剩余劳动力，而且采取进口替代工业化的拉美国家一般执行低定利率、高估汇率的政策，从而使资本不能显示出真实的稀缺性，导致使用资本相对密集的生产技术比较有利。其结果是，农业剩余劳动力的供给在相当长时期内显著超过城市工业部门的劳动力需求。在这种情况下，流入城市的农村剩余劳动力因为找不到工作而沦为贫民窟的居住者。他们从事一切可能做的个体劳动，成为个体手工业者、小商小贩、搬运工、鞋匠以及保姆，等等。

---

① 现代农业企业产生于两个主要渠道：一是现代化过程中新出现的农业资本家；一是由传统的庄园主或种植园主演变而来的农业资本家。

图7—5　拉美国家的双重二元结构

表7—3　　　　　　　　正规部门和非正规部门的特点对比

	正规部门	非正规部门
1. 进入门槛	难以进入	易于进入
2. 主要资源	主要依赖外国资源	依赖本土资源
3. 所有制结构	股份所有或公有制	个体或集体所有制
4. 技术来源	先进的、进口的生产技术	落后的、本地的生产技术
5. 技术特性	多用资本、少用劳动	少用资本、多用劳动
6. 人力资源培训	通过正式教育或训练获得技能	通过非正式途径获得技能，如师徒或父子相传
7. 经营规模	大规模生产	小规模操作

资料来源：作者根据相关资料整理。

（二）拉美快速城市化引发的问题

1920 年拉美国家的城市人口比重占 22％，1950 年达到 41.9％。[1] 1950 年到 1980 年拉美仍保持着快速城市化势头，每隔 10 年城市人口比重提高 8％左右。拉美国家城市中劳动力供给（包括流入城市的农村剩余劳动力）远远大于劳动力需求的总量矛盾和劳动力（包括流入城市的农村剩余劳动力）技能与素质不适应市场需求的结构性矛盾，成为"超前"城市化并引发社会冲突的主要根源。其结果导致城市经济中的"第三产业化"、城市建设中的"贫民窟包围城市"。

首先，人口城市化超前于工业产值的变化。拉美国家城市化发展超越

---

① ECLAC，Social Panorama of Latin America 2004，p.146.

了工业化的发展，或者说，城市化有过度和超前倾向。如图 7—6 所示，拉美工业化率（工业产值占 GDP 的比重）曲线与城市化率曲线变化比率不同，即城市化率的变动比率始终高于工业化率。1980 年以后，尽管城市化率的上升趋势趋缓，但城市化水平仍在提高。与此同时，工业化程度却显著萎缩，这并不意味着拉美国家像发达国家那样步入工业化中后期、服务业高度发达的阶段，而是正在经历经济开放后的一次工业化倒退。国际上通常用城市化与工业化的比率来衡量城市化的合理程度，并把这一比率的合理范围定在 1.4—2.5 之间。根据拉美经委会统计年鉴的数据计算，1990 年和 2000 年这一比率分别为 2.2 和 2.56，已经逐步超出合理范围的上限。由此，可以做出基本判断，拉美国家城市化速度超越了工业部门吸纳劳动力的能力，把隐性失业由农村转移到了城市服务部门。

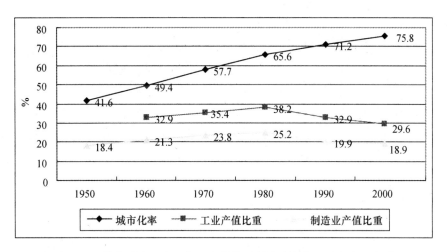

图 7—6　拉美城市化水平与工业产值及制造业产值比重的变化趋势

数据来源：1980、1990、2001 年拉美经委会统计年鉴。

其次，地区发展不平衡，人口向首位城市集中。在拉美，经济活动布局的变化首先是伴随着工业生产向一个或少数几个城市集中的过程而发生的，进而引起这少数城市的第三产业和城市建设的扩张。这个集中的过程在很大程度上又是国家政策引导的结果。国际上通常用城市首位度的高低来反映一国或地区城市人口规模结构中的首位城市人口的集中程度，以及整个国家或地区的城市人口集中程度。城市首位度，亦称首位城市指数，是指一个国家或地区首位城市人口数与第二位城市人口数之比值，数值越高表明集中程度越高。假如超过一定城市首位度标准就表明城市人口过度集中。多数人认为，城市首位度在 2 以下表明城市规模结构的集中程度较正常，高于 2 则表明有过度集中的趋势。如表 7—4 所示，除巴西外，其他国家首位城市指数都超过 2（委内瑞拉某些年份除外），其中阿根廷和秘鲁的情况最为严重。首位城市现象突出所带来的直接后果就是就业压力在首位城市集中释放，很有可能造成就业结构畸形发展。

表 7—4　　　　　主要拉美国家首位城市人口比重及首位城市指数

	首位城市人口比重（%）					首位城市指数				
	1950	1960	1970	1980	1990	1950	1960	1970	1980	1990
阿根廷	31.0	34.0	36.1	35.7	34.5	10.7	10.0	10.3	10.2	9.3
巴西	4.5	4.5	4.6	10.2	10.2	1.2	1.0	1.2	1.6	1.5
智利	22.8	25.9	30.7	34.8	35.4	6.3	7.6	10.6	5.5	6.7
墨西哥	8.7	8.1	6.0	20.8	18.5	6.2	3.9	2.4	6.1	5.1
秘鲁	11.2	15.4	21.7	25.9	27.9	8.6	9.6	9.4	10.0	10.3
哥伦比亚	6.2	9.7	12.8	14.8	15.8	2.2	2.4	2.5	2.1	2.3
委内瑞拉	9.8	10.5	9.7	18.1	15.3	2.1	1.9	1.6	2.7	2.1

数据来源：1950—1970 年来自 1980 年拉美经委会统计年鉴；1980、1990 年数据来自 2001 年年鉴，而且"首位城市"的含义扩大为"城市及邻近地区"。

第三，就业不足转变为城市公开失业，城市贫困逐渐凸现。进口替代工业化时期的劳动力就业具有"较高的生产性吸纳和就业不足共存"的特征。如表 7—5 所示，当把就业不足按照拉美和加勒比就业规划处的标准换算成等同失业率时，我们发现总失业率[①]很高，尽管当时公开失业率的重要性并不突出。1980 年拉美 14 个国家的总失业率为 19.9%。尽管拉美 90 年代的经济增长相对于 80 年代而言有所恢复，但是，城市失业状况更加严重。80 年代的平均失业率为 6.6%，到了 90 年代上升到 7.2%。随着 90 年代末南美整体 GDP 增长率的下降，该地区的失业率达到历史高点，超过了 80 年代早期债务危机时的水平。特别是作为城市化水平最高

---

① 总失业率是将"等同失业率"和"公开失业率"相加。"等同失业率"是通过一定的方法由就业不足（凡在城市非正规经济和传统农业部门就业者均属就业不足范畴）换算而来的。

的三个国家乌拉圭、阿根廷和委内瑞拉，其失业率也居高不下。这种就业
形势的恶化直接导致城市贫困凸现，尽管农村贫困更为严重（因为农村贫
困中的大多数是赤贫者）。从 1980 年到 1999 年，城市中贫困家庭和贫困
人口比例分别增加 4.5％和 7.3％，而同期农村贫困家庭和贫困人口比例
分别增加 0.4％和 3.8％。[①] 这说明随着劳动力由农村向城市流动，贫困
问题的压力也由农村转移到城市中。

表 7—5　　　　拉美 14 个国家公开失业率、等同失业率和总失业率
（占经济自立人口比重,％）

	等同失业率	公开失业率	总失业率
1950	19.5（46.1）	3.4	22.9
1970	18.5（43.8）	3.8	22.3
1980	16（42）	3.9	19.9

注：表中括号内数字为就业不足的比重。

资料来源：拉美和加勒比就业规划处，PREALC。

二　发展模式转换与劳动力产业转移

如果以 1982 年债务危机爆发为分界点，我们可以将劳动力的产业转
移划分为两个阶段：进口替代工业化阶段和出口导向发展模式下的结构调
整阶段。

（一）进口替代工业化时期："生产性吸纳"和"就业不足"

在进口替代工业化时期，产业转移表现为现代非农产业的"生产性吸
纳"与"就业不足"并存。具体而言，从流动部门看，农村现代农业吸纳
劳动力的能力相对下降，导致农村传统农业滞留一部分农村劳动力，而大
量农村剩余劳动力出于生存的目的转移到城市中，增加了城市经济自立人
口的供给压力。受益于进口替代工业化政策而保持着历史上最高增长纪录
的城市工业部门，尽管表现出很强的就业创造能力，却不足以完全吸纳一
直在增长中的城市劳动力，结果，非正规部门就业逐渐扩大。而从产业结
构看，拉美劳动力就业呈现如下特征：

---

① ECLAC，"A Decade of Social Development in Latin America，1990－1999"，p. 35.

1. 就业结构变化滞后于产值结构变化

通过计算实际人均可支配收入、GDP 结构和劳动力结构的变化发现，拉美国家农业和服务业就业比重变化滞后于生产比重变化的程度随着经济发展程度的提高而逐渐下降，但是，随着工业产值在国民生产总值中的比重上升，其劳动力就业比重的滞后程度却几乎没有改变（见表 7—6）。这也从另一方面说明拉美进口替代工业化的生产性吸纳能力相对不足。通常来讲，造成这种就业结构转换滞后于产值结构转换的因素主要有三个。第一，人口增长超常迅速从而劳动力增长速度过快，以致工业吸收的能力无法赶上劳动力供给量；第二，工业增长中使用过多的资金，使用较少的劳动力；第三，存在劳动力就业的制度障碍。

表 7—6   拉美国家实际人均可支配收入与 GDP 结构和劳动力结构（%）

年份	实际人均可支配收入（美元）	指标	农业	工业	服务业
1960	517.5	GDP 结构	17.2	32.9	49.9
		劳动力结构	47.9	20.9	31.2
		错位幅度	−30.7	12	18.7
1970	675.9	GDP 结构	13.8	35.4	50.8
		劳动力结构	40.9	23.1	36
		错位幅度	−27.1	12.3	14.8
1980	1873.8	GDP 结构	10.2	38.2	51.6
		劳动力结构	32.1	25.7	42.2
		错位幅度	−21.9	12.5	9.4

注：1. 1960 年和 1970 年的实际人均可支配收入以及三大产业所占比重按 1970 年不变价格计算；1980 年实际人均可支配收入以及三大产业所占比重按 1980 年不变价格计算。2. 按拉美经委会统计年鉴的分类，农业包括：（1）农业、狩猎、林业与渔业；工业包括：（2）矿发和采掘（3）制造业（4）电力、水、气（5）建筑业；服务业包括：（6）批发及零售、餐馆、旅店（7）运输、仓储与通信（8）金融、保险、房地产及商业服务（9）社区、社会及个人服务。

资料来源：作者根据拉美经委会统计年鉴计算，数据来源：Statistical Yearbook for Latin America and The Caribbean 1980，1990.

2. 服务业就业增长率领先于工业

表 7—7 比较了拉美国家在 1960 年到 1980 年期间就业、三大产业产值以及劳动力生产率的增长率。从表 7—7 中可以看出，拉美国家服务业

就业的扩张速度领先于工业。

表7—7　1960—1980年拉美国家就业、GDP及劳动力生产率增长率（%）

	就业增长率				GDP增长率				劳动力生产率增长率			
	农业	工业	服务业	总计	农业	工业	服务业	总计	农业	工业	服务业	总计
墨西哥	1.1	4.6	5.4	3.2	3.0	7.8	5.9	6.2	1.9	3.1	0.5	2.9
巴西	0.3	5.4	4.7	3.3	4.1	7.8	7.5	6.9	3.8	2.2	2.6	3.4
哥伦比亚	0.3	4.2	6.7	3.7	4.2	5.4	6.5	5.5	3.9	1.1	−0.1	1.7
巴拿马	−0.3	4.2	5.3	2.9	3.8	6.0	6.6	5.9	4.2	1.7	1.3	3.0
危地马拉	2.4	5.5	4.6	3.4	4.4	7.7	5.5	5.6	2.0	2.1	0.8	2.1
阿根廷	−0.7	0.1	2.9	1.4	2.4	3.8	3.0	3.2	3.2	3.6	0.1	1.8
乌拉圭	−2.6	1.1	1.3	0.6	1.0	3.1	2.3	2.3	3.7	2.0	1.0	1.7
智利	0.04	2.1	3.5	2.4	2.4	2.5	4.3	3.4	2.3	0.4	0.8	1.0
哥斯达黎加	0.8	4.7	6.2	3.7	4.1	8.8	5.8	6.1	3.3	3.9	−0.3	2.3
委内瑞拉	0.5	4.9	5.1	3.8	4.8	3.8	6.9	5.5	4.3	1.0	1.7	1.6
秘鲁	1.6	2.7	4.9	2.9	1.8	4.3	4.5	3.9	0.2	1.6	−0.3	1.0
厄瓜多尔	2.5	2.4	4.6	3.0	3.3	7.9	7.2	6.5	0.8	5.3	2.5	3.4
萨尔瓦多	1.6	4.3	4.0	2.7	2.9	6.7	4.4	5.0	1.2	2.3	0.4	2.2
玻利维亚	1.3	3.8	3.4	2.3	3.0	5.2	5.5	5.0	1.7	1.5	2.1	2.6
拉美国家	0.7	3.7	4.6	2.9	3.4	6.1	5.9	5.5	2.7	2.2	1.3	2.5
发达资本主义国家	−3.9	1.1	2.4	1.2	1.4	4.5	4.2	4.2	5.5	3.3	1.7	3.0

注：发达资本主义国家包括奥地利、比利时、加拿大、美国、法国、意大利、日本、挪威、荷兰、英国、瑞典。

资料来源：Alberto Couriel，"Poverty and Underemployment in Latin America"，CEPAL Review，No. 24，pp. 44，54，56，61.

就整个地区而言，1960—1980年拉美国家工业部门产值以年累计6.1%的速度增长，而同期发达资本主义国家的增长速度为4.5%；拉美国家服务业产值以年累计5.9%的速度增长，而同期发达国家的增长速度为4.2%。这种强劲的经济增长表明拉美国家在这段时期对劳动力的吸纳能力较强。总体而言，拉美国家的年累计就业增长率为2.9%，而同期发达国家只为 1.2%。在城市地区的工业部门就业中拉美国家和发达国家的年累计增长率分别为 3.7% 和 1.1%，两者服务业就业的年累计增长率分别为 4.6% 和 2.4%。简言之，1960—1980 年拉美国家工业就业以超过同期发达资本主义国家 3 倍的速度增长，而服务业就业的增长速度几乎是发达国家的 2 倍。与此同时，值得关注的是，劳动力吸纳能力较高与劳动力生产率增长速度较低相伴而生。拉美国家工业和服务业生产率的年累计增长率分别为 2.2% 和 1.3%，而同期发达国家为 3.3% 和 1.7%。而且，在每个国家工业和服务业生产率增长之间差异较大，在同一产业内各国生产率的增长率也不同。这些都与该地区发展的特点——结构异质性相关。

从国别看，在 50 年代初工业发展水平处于领先地位的 5 个国家（阿根廷、巴西、墨西哥、智利和乌拉圭），其经济增长经过战后 30 年的变化出现了很大差异，巴西和墨西哥继续保持较高的增长速度，而其余三国增长率明显下降。正如表 7—7 所示，1960—1980 年乌拉圭、阿根廷、智利和秘鲁的经济增长率均低于发达资本主义国家的水平（4.2%），并且这四个国家工业产值的增速也低于发达国家。这种差异说明，除了其他因素之外，一个最重要的原因是内向工业化必然受到国内市场规模的限制。国内市场规模越小，内需工业品市场饱和现象、内向型工业化进程活力不足现象就出现得越早。而其他工业化起步较晚的国家工业增长速度并不低，这从另一方面说明即便是内向型工业化，其早期阶段工业部门的增长对整个国民经济的推动作用也是显著的。从各国三次产业的就业增长率看，共同的特征是该时期服务业的就业增长率普遍高于农业和工业（玻利维亚、萨尔瓦多、巴西和危地马拉除外）。克拉克（Clark）认为，第三产业的相对规模（特别是商业和金融业的规模）是衡量一个社会就业分工发展程度的良好指标，同时也是衡量一个国家经济发展水平的好方法。但另一种观点认为，超前于工业扩张的第三产业扩张突出了服务业"边缘化"的角色，同时强化了它作为无法被工业吸纳的城市剩余劳动力的"避难所"的功能。[①] 拉美国家服务业的扩张显然应该属于后者。

造成上述现象的原因主要包括：第一，土地改革没有实质性改变农村生产关系，人地矛盾突出；第二，农业和现代非农产业中的技术进步与选

---

① Rubén Kaztman，"Sectoral Transformations in Employment in Latin America"，*CEPAL Review* No. 24，1984，p. 94.

择均不利于劳动力的吸纳；第三，进口替代工业化的高投资相对于转移劳动力所需的资源不足；第四，大规模的城乡移民带来城市劳动力供给压力。

（二）外向发展战略：就业预期落入理论陷阱

20 世纪 80 年代中期以后，拉美地区产业结构调整呈现如下特点：（1）农业产值占 GDP 比重不再继续下降，在 80 年代中期略有上升，进入 90 年代，稳定在 7％左右，这与工业增长速度下降有关，也与拉美国家经济再度回归资源密集型加工产业模式有关；（2）第二产业中，矿业（个别年份除外）、能源（电力、气和水）和建筑业虽有波动但变化甚微，而制造业产值所占比重呈下降趋势，这说明拉美地区确实出现了"工业化倒退"现象；（3）在第三产业中，运输和社会服务业产值比重继续上升，而商业和金融服务业则随经济状况好坏而小幅波动。对应于上述产业结构调整，拉美地区的就业结构也发生了深刻变化。总体趋势是第一产业就业下降，第三产业就业上升，而第二产业就业的相对扩张能力在整个 90 年代已经明显减弱。如表 7—8 所示，就整个地区而言，1990 年到 1997 年，制造业就业以年均 1.2％的速度微幅增长。但是，国家之间仍然存在差异：阿根廷、巴西、哥伦比亚的制造业就业停滞不前，甚至有所缩减，而墨西哥的制造业就业显著增长，这与该国客户加工业的繁荣密切相关。在地区层次和多数国家中，农业就业在绝对量上开始下降。作为劳动密集型的行业——建筑业在整个地区层次对新增就业的贡献率为 8.5％，作用有限。第三产业是创造就业最有活力的部门，因为该地区的经济转型促进了新兴行业和部门的发展。例如，商业部门中就包括大型商店、超市、外贸、旅游，以及典型的非正规商业活动等。同时，社区、社会和个人服务部门也呈现多样化特征。这两个部门对 90 年代新增就业的贡献率达到 70％。在上述趋势作用下，至 90 年代末拉美地区的就业结构为：农业占 23.6％；制造业占 13.5％；建筑业占 6％；服务业占 56.8％。因此，初步的判断是，拉美外向型发展模式没有在所预期的部门（可贸易商品生产部门）创造大量就业。正如洛拉和奥利维拉（Lora 和 Olivera，1998）所指出的："结构改革，特别是拉美地区经济的'对外开放'，没有像传统国际贸易中的比较优势理论预期的那样，增加对非熟练劳动力的需求和相对报酬。"

表 7—8　　　　　90 年代拉美和加勒比地区按部门划分的
就业增长、贡献率与组成（％）

国家	农业	制造业	建筑业	商业	基础服务业	金融业	社会服务	其他服务业	总计
阿根廷	—	−2.2	3.6	0.9	4.9	4.4	2.4	—	1.7
（1990—1997）	—	−25.7	16.5	10.8	23.1	22.0	53.3	—	100
	—	16.7	8.1	19.3	8.8	9.2	37.9	—	100
玻利维亚	—	8.8	10.2	9.9	7.2	12.8	−0.3	−7	5.4
（1990—1997）	—	29.4	14.7	47.5	11.8	9.1	−1.5	−7.4	100
	43.2	11.0	5.3	17.7	5.1	2.1	13.7	1.9	100
巴西	−1.9	0.3	2.6	3.0	3.8	5.4	2.8	−2.7	1.2
（1992—1997）	−43.9	3.3	14.2	32.7	12.1	14.5	74.8	−7.7	100
	24.2	12.3	6.6	13.3	4.0	3.6	33.1	3.0	100
智利	−1.6	2.2	17.6	3.2	3.8	8.7	2.2	−1.5	2.5
（1990—1997）	−11.1	14.8	19.6	22.5	12.4	19.4	23.7	−1.3	100
	14.2	16.3	8.6	18.1	8.4	6.9	25.8	1.8	100
哥伦比亚	−1.2	−1	4.2	2.2	3.4	6.9	2.6	0.7	1.5
（1991—1997）	−22.1	−10.8	14.6	34.7	14.8	20.9	47.4	0.7	100
	23.1	13.0	5.2	21.7	6.3	4.9	24.4	1.3	100
哥斯达黎加	−0.6	0.6	3.5	5.7	6.1	9.1	3.3	1.6	2.7
（1990—1997）	−5.2	3.8	8.6	35.6	12.7	13.6	30.5	0.5	100
	20.6	15.6	6.8	19.1	6.5	5.1	25.6	0.8	100
牙买加	−2.6	1.1	8.5	1.9	6.3	6.3	0.1	−8.7	1
（1991—1996）	−64.6	11.9	58.9	36.9	31.8	30.3	3.6	−8.7	100
	22.7	10.6	8.7	20.0	6.0	5.7	25.6	0.7	100
墨西哥	1.6	4.3	−1	4.5	4.7	8.2	4.2	−6.6	3.4
（1991—1997）	12.3	20.3	−1.7	27.8	6.1	8.4	28.8	−2	100
	24.2	16.6	4.7	21.5	4.6	4.1	23.7	0.7	100
秘鲁	—	−0.1	7.4	5.7	10.8	12.3	0.2		3.8
（1990—1997）	—	−0.6	9.9	44.1	16.5	16.5	1.7		100
	34.2	11.0	4.9	21.1	6.0	3.6	17.8	1.3	100

国家	农业	制造业	建筑业	商业	基础服务业	金融业	社会服务	其他服务业	总计
拉美及加勒比加权平均	−0.6	1.2	3.0	4.1	4.8	6.7	2.9	−3.4	2.2
	−8	8.3	8.5	33.7	11.0	12.8	37.6	−3.8	100
	23.6	13.5	6.0	18.1	5.1	4.1	27.7	1.8	100

注：1. 每一栏中第一行指就业年增长率，第二行指每部门对总就业的贡献率，第三行指该时期末就业的构成情况。除阿根廷、玻利维亚和秘鲁外，其他国家均指全国范围。但是，在就业构成一行，玻利维亚和秘鲁涵盖全国范围。2. 商业包括餐馆和旅店；基础服务包括电、气、水、运输、储存和通信；金融服务包括保险、企业服务和房地产；社会服务业包括社区和个人服务。3. 这里的拉美和加勒比国家指 17 个国家，在计算农业部门时样本为 13 个国家，在计算金融服务部门时样本为 15 个国家。

资料来源：Jürgen Weller, *Economic Reforms, Growth and Employment: Labour Markets in Latin America and the Caribbean*, CEPAL, 2001, p. 75.

因此，外向发展战略并没有带来理论预期中的就业增长。现实情况是，在总体水平上研究贸易开放与投资增长对就业的影响掩盖了国家、部门间的差异性。当以阿根廷、巴西和墨西哥作为案例时，我们发现三个国家的经济开放对就业的积极作用是令人失望的。出口导向型外向发展模式对南共市国家的就业产生了不利影响，而对墨西哥劳动力市场产生了积极的作用。但是，值得关注的是，尽管墨西哥的客户工业展示出强大的出口和产出活力以及吸纳劳动力的能力，但是，客户工业的生产率并没有增长，而且由于大量使用进口的投入品而较少使用国内的投入品，对经济的前、后向联系较差，其结果是，制造业的出口繁荣无法带动总体就业的持续增长。FDI 对于拉美地区的发展以及与世界市场的接轨和就业都是至关重要的，但是，本地企业的国内投资也同样重要，然而在整个 90 年代国内投资是被忽略的。只有保持 FDI 和国内投资两者的良好平衡，阿根廷、巴西和墨西哥才能降低面对外部冲击时的脆弱性。

第三节　拉美劳动力市场发育与改革

一　拉美劳动力市场结构与非正规就业

1950—1980 年，拉美国家面临着劳动力快速增长和农村劳动力大量向城市转移所带来的双重就业压力。而这个阶段正是拉美国家工业化的高潮期，在工业部门的带动下拉美地区经济保持了相对稳定的增长态势（年均增长率 5.3%）。可以说，工业化进程对增加就业起到了重要的作用（其中也包括政府或公共部门的迅速扩张）。但是，进口替代工业化的生产性吸纳能力相对于日益增长的劳动力供给是不足的。因此，非正规部门就成为解决就业的另一重要渠道。然而，这个期间尽管城市非正规部门就业在绝对数量上有很大增长，但由于同期正规就业也有大幅增加，两者的相对比重并没有发生明显变化（见表 7—9），因此，非正规就业没有引起足够的重视，该时期就业战略仍片面强调具有"生产性吸纳"特征的正规就业。

表 7—9　　　　1950—1980 年拉丁美洲劳动力市场结构（%占 EAP）

年份	城市			农村			矿业
	正规部门	非正规部门	总计	现代	传统	总计	
1950	30.5	13.6	44.1	22.2	32.5	54.7	1.2
1970	40.2	16.9	57.1	15.1	26.9	42.0	0.9
1980	44.9	19.4	64.3	12.3	22.6	34.9	0.8

资料来源：Victor E. Tokman, "The Development Strategy and Employment in the 1980s", CEPAL Review, Dec. 1981, p.136.

事实上，发展中国家在面临巨大劳动力就业压力的情况下，把解决就业问题的出路完全寄托于工业化，或完全寄托于正规就业是根本脱离实际的。1980 年以来的 20 多年间，由于正规就业的大幅缩减，非正规就业的比重呈现明显的上升趋势，其重要性也随之体现出来。如表 7—10 所示，债务危机期间，城市非正规部门就业的年均增长速度（6.8%）远远高于城市正规部门（2%）。进入 90 年代，城市非正规部门成为新增就业的主体。如图 7—7 所示，1990—1998 年非正规部门（自谋生计者、家庭服务和微型企业）对新增就业的贡献率为 61%，其中自谋生计者占到 29%，而正规就业（公共部门、私营企业）贡献率仅占 39%。

表 7—10　　　拉丁美洲危机期间就业变动状况，1980—1985[a]（%）

	1980—1985		1980—1983		1983—1985	
	累计年均	总变动	累计年均	总变动	累计年均	总变动
经济自立人口	3.4	18.4	3.5	10.8	3.4	6.9
总计就业人口	3.2	16.8	2.8	8.6	3.7	7.6
非农就业人口	3.3	17.8	3.2	9.9	3.5	7.2
失业	8.1	47.9	14.9	51.8	−1.3	−2.6
城市非正规部门就业	6.8	38.8	6.9	22.3	6.5	13.5
城市正规部门就业	2.0	10.4	1.6	5.0	2.5	6.1
——公共部门	4.6	25.1	4.6	14.4	4.6	9.4
——私人部门	1.2	6.3	0.7	2.1	2.0	4.1
大型企业[b]	（−0.5）	（−2.5）	（−2.9）	（−8.4）	（3.2）	（6.4）
小型企业	（6.6）	（37.5）	（10.4）	（38.4）	（1.2）	（2.3）
在制造业就业	−2.2	−10.5	−4.8	−13.7	0.2	0.4
工业部门的就业产出弹性	5.5		1.5		0.05	

来源：PREALC 基于每个国家的家庭调查

注：a：9 个国家（阿根廷、巴西、哥伦比亚、哥斯达黎加、智利、危地马拉、墨西哥、秘鲁和委内瑞拉）的加权平均值。b：指 10 人以上，是巴西和委内瑞拉的加权平均值。

资料来源：Victor E. Tokman，"Economic Development and Labor Markets Segmentation in the Latin American Periphery"，Journal of Interamerican Studies and World Affairs，Vol. 31，No. 1/2.

为应对非正规部门就业，学界提出三种政策。其一，国际劳工组织拉美就业规划处（PREALC）的经济学家认为，既然非正规就业被"排斥"在现代就业之外，那么，必须尽可能地创造出就业岗位以吸纳更多的劳动力，方法是由国家或者私人企业加速工业和城市经济中其他部门的资本投资。其二，像德索托一样的经济学家认为，为了使拉美经济步入新的发展"路径"，国家作用必须消除以赋予"市场之手"更大的自由。该方法提倡的解除管制和私有化政策与 IMF、世界银行和其他国际机构推行的政策紧密联系在一起。其三，具有结构主义视角的经济学家和社会学家建议将前两者的部分因素结合起来。一方面，通过在现代工业和服务部门的投资减少自我就业和其他维持生存形式的活动。但是，严格的保护正规工人的法律规定会刺激企业避免扩张使用正规的劳动力，转而尽可能地充分利用临时用工和转包合同。在这种情况下，相对于增加的劳动力需求而言，非正规部门也许是扩张了而非减少。另一方面，结构主义者认为，更大的灵活性确实减少了企业应对经济变化时调整劳动力规模和结构的成本。但是，其他诸如工资、工作条件、医疗和事故保险、失业补偿方面的保护性规定应该保留。如果消除这些规定，滥用劳工、压低工资、阻碍职工培训与技术创新的现象就会发生。而最终的结果不是把工人纳入正规部门，而是使整个经济"非正规化"。

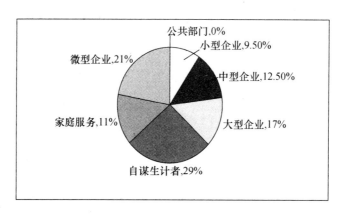

图7—7　1990—1998年拉丁美洲正规部门和
非正规部门对就业增长的贡献率

注：数据为12国加权平均数；微型企业规模少于6个劳动力；小型企业规模为6—20个劳动力；中型企业规模为21—100个劳动力；大型企业规模超过100个劳动力。

数据来源：1999年国际劳工组织。

二　城市就业政策演变与劳动力市场改革

（一）70年代城市就业的出发点围绕内部需求和经济开放展开

鉴于外国资本涌入所带来的70年代快速的经济增长，当时主流观点认为，"滴漏机制"理论迟早会发挥作用。但是，70年代的经济活力掩盖了就业不足水平下降趋缓这一事实。当时拉美地区采取了特殊的供给政策或是改善劳动力市场透明度的措施。例如，职业培训机构扩展了它们的项目，与此同时，职业介绍所被并入许多政府的劳动部门。但是，它们的效果有限，因为70年代存在一种共识：就业问题主要还是"生产性吸纳"不足的问题，而不是失业者技能和岗位错位的"结构性失业"问题。因此，就业政策的出发点主要围绕内部需求和经济开放而展开。

一是通过收入再分配政策，扩大对劳动力的引致需求。因为内部需求是收入水平和收入分配的函数。70 年代初期，由达德利·西尔斯（Dudley Seers）在《国际劳工组织哥伦比亚报告》（1970）中首次提出了收入再分配将产生创造就业、节约外汇以及经济增长"良性循环"的观点。其主要依据是，低收入群体的消费品相对于高收入群体而言更倾向于劳动密集型，较少使用外汇。因为像食品、衣服、鞋等产品比起耐用消费品来说需要更多的劳动力和较少的进口部件，而耐用消费品需要更多的进口配件来组装。一些研究［国际劳工组织（ILO，1975）；福克斯利（Foxley，1974）；克莱因（Cline，1972）；菲格罗阿（Figueroa，1972）；托克曼（Tokman，1975）］表明，这种收入再分配战略能对国际收支产生影响，因而会创造出更多的就业。尽管消费结构转变也会有利于就业，但是，它的效果有限，因为制造业内部的食品和饮料生产具有资本密集特性，其就业净效应并不大。[①] 应当说，当时的政策具有凯恩斯"有效需求不足"理论所主张的扩张成分。工资政策也是一种合适的再分配工具，被认为能够对就业产生积极的效应。但是，上述政策没有延续很久，因为国内经济出现供给短缺，而且国际经济形势在第一次石油危机冲击下发生了巨大变化。更重要的原因是某些国家政局出现更迭，特别是智利和阿根廷，由于利益集团之间的平衡被打破，政策的连续性也遭到破坏。

二是原本通过降低保护和减少干预来促进经济开放，却反遭失业问题困扰。70 年代后半期是政治和经济激进变化的时期。在南锥体国家出现军政府上台和不同程度实践新自由主义政策的情况。在经济开放过程中，由于进口竞争和吸引外资的高成本，大量企业破产、财务状况恶化。同时高利率也扭曲了投资的流向，刺激了高收益的短期投机和为高收入群体建造住宅和商业建筑的行为。具有新古典特征的工资政策也受到限制，实际工资与就业呈现负相关关系。结果，现代部门就业水平下降，随之公开失业增加（智利、乌拉圭），或者就业不足通过非正规就业膨胀的方式增加（阿根廷），或者公开失业和就业不足同时增加（哥斯达黎加）。此时，就业重点从制造业，或者公共部门转移出来。尽管在某些国家有工会的干预以及工资谈判，但是，实际工资是下降的。这导致社会分层不利于正规部门的劳动力，因为制造业在绝对意义上丧失地位，而且该部门的谈判能力

---

① 参见 Tokman, "Urban Employment：Research and Policy in Latin America", *CEPAL Review No. 34*，1988, p. 116.

也因工人失业以及非正规就业增长而被削弱。[①]

（二）80 年代城市就业政策转向非正规部门

非正规部门逐渐被 80 年代的就业政策所关注，有其经济和政治方面的原因。经济因素包括：第一，"滴漏机制"无法使城市非正规就业的比重大幅减少；第二，80 年代债务危机使得该部门就业过度扩张，1980 年到 1985 年，非正规就业的数量增加了 38.8%（见表 7—10）；第三，非正规就业与贫困紧密相连，75%—80% 的非正规就业的工人的收入低于最低工资；第四，对 90 年代的经济增长持有悲观的预期；第五，经验表明，实施针对非正规部门的政策所需的资源相对较少。政治因素包括：第一，在世界范围内非正规经济活动普遍受到关注，特别是在发展中国家；第二，拉美大多数国家民主政治回归，基层组织的形式更加开放，该部门在大选中的作用提升；第三，随着新自由主义地位的上升，非正规部门的企业家及其企业家能力受到重视。因此，学术界提出对拉美地区非正规部门就业的政策建议。例如，对非正规部门的生产性支持（市场准入和资源分配）仅能倾向于这个部门的核心组织（由组织性更好的企业所组成）。这些政策不会必然导致人口中的贫困群体在短期内获得收入。相反，政策的初次效应会使非正规部门的企业家收入增加，而这种收益不会必然地转移到所雇佣的工人工资上，因为现实中还存在着大量富足的劳动力供给。但是，政策的效果会逐渐体现出来，例如，通过新增就业岗位，或者通过延长工作时间，劳动需求会增加，这会对社会平等产生渐进性的效果。

此外，面对 80 年代严重的公开失业状况拉美国家开始实施直接就业政策。进口替代工业化时期就业问题主要是就业不足，当时公开失业率较低且稳定（短暂的经济周期波动除外）。然而，80 年代公开失业开始上升。1980—1985 年，城市失业人数增长了 47.9%（见表 7—10）。伴随着公开失业率的上升，失业劳动力的组成结构也发生了变化，户主、年轻力壮的男性劳动力以及具有工作经验、受教育水平较高，且曾在组织性较好的部门工作的工人也加入到失业者队伍中来，且比重在增加。鉴于此，许多国家（例如巴西、玻利维亚、智利、秘鲁）开始实施特殊的就业计划。应该说，在特殊时期这些计划是有效的政策工具，而且具有政策成本低、

---

① 参见 Tokman，"Urban Employment: Research and Policy in Latin America"，*CEPAL Review No. 34*，1988，p. 117.

速度快、甄别能力强（例如 70%—90% 的项目受益者是妇女）等特征，因此，它们被认为是改善最贫困人口收入状况的一种有效方式。同时，这些政策政治效果也很强。但有专家认为，如同设计非正规部门的政策一样，直接就业政策的制度结构也要避免权力集中化。项目应该在分散化的权力结构下运行，尽可能避免政治操纵。

（三）90 年代实行有限的劳动力市场改革

针对新古典主义强调对扭曲的要素和商品市场进行改革而忽视劳动市场改革的缺陷，90 年代拉美国家开始实行劳工制度改革，这项改革也被视为拉美"第二代经济改革"的一部分。① 但是，与其他领域相比，劳工领域中的改革是有限的。根据洛拉（Lora）研究，从 1985 年到 1995 年，仅仅有 5 个国家进行了显著的劳动力市场改革：阿根廷（1991）、哥伦比亚（1990）、危地马拉（1990）、巴拿马（1995）、秘鲁（1991）。改革的理由是，在深刻的技术变革和经济全球化形势下，原来规范劳工市场的各种准则和体制中包含许多不合理的成分，造成劳动力市场"刚性"太强。例如，关于劳工合同的限制；关于解雇职工的限制；关于集体谈判的制度；工会的影响力过大等。改革的基本方向是，放弃对劳工市场的调控，最大限度地消除对由市场自由配置劳动的限制，降低劳动成本，增加劳动力的流动性以达到促进企业竞争和创造就业机会的目的。采取的措施包括：取消关于解雇职工的限制，减少解雇时资方提供的补偿费用，取消最低工资制，降低非工资福利待遇，取消关于工资和劳动条件的严格规定，劳动合同灵活化，取消集体劳工谈判，等等（见表 7—11）。

国际劳工组织在对阿根廷、巴西、智利、墨西哥和秘鲁 5 国进行调查后发表的报告中认为：（1）劳工成本的增加不是改善企业竞争力的障碍。企业竞争力的改善取决于劳动生产率的提高。劳工成本的增加在小于劳动生产率提高幅度的情况下不会导致竞争力的下降。（2）劳工谈判的分散化损害了大部分劳动者的利益。拉美就业劳动力中有 57% 属于自谋生计的非专业劳动者，或在微型企业工作和从事家庭服务的人。失去行业工会的

---

① 新古典主义认为，拉美地区的劳动力问题源于要素和商品市场的扭曲。这些扭曲限制了经济增长并形成一种不利于使用劳动力的生产性结构。因此，消除这些扭曲将提高就业水平和工资水平，这尤其有利于受教育水平较低的工人。因此，改革初期的设想是劳动力市场的主要积极成果来源于非劳动市场的改革（如贸易和金融改革或消除城市偏见，等等），只是到了 90 年代人们才逐渐重视劳动力市场面向灵活化的改革。

支持，这部分人的谈判能力就大大削弱。（3）取消对劳工市场的调控并没有达到增加就业的预期效果。（4）工作的不稳定和工资水平的下降，使广大中下居民阶层的生活条件明显恶化，对于保持社会稳定极为不利。（5）从长远看，过分削弱以至取消工会对于调节劳资关系和解决劳资冲突是有害的。从社会收益角度看，劳工制度改革所产生的负面影响是较明显的。[①]

表 7—11　　　　　　　　20 世纪 90 年代拉美劳动力市场改革措施

	增加劳动力流动性的措施					提高劳动力市场中弱势人群地位的措施	刺激劳动力需求的措施
	增加劳动力市场灵活性的措施			增加劳动投入的灵活性的措施			
	流动性	雇用灵活性	工资灵活性	人力资本灵活性	提高生产率		
劳工立法改革	减少解雇成本；公共卫生改革	减少雇用和解雇成本；定期合同；失业保险	定期合同；取消指数化；减少非工薪劳动力成本	—	—	扩大工会权利；保护特殊群体	定期合同；减少非工薪劳动力成本
工资和就业政策	内部调节的再培训计划	减少公共部门	"谨慎"的工资政策	面向需求的培训	面向中小企业商业发展规划；培训补贴	对特殊群体实行培训和工资补贴；最低工资	紧急计划；商业发展规划
企业层次的实践与集体谈判	—	转包合同；定期合同	生产率和工资挂钩	发展内部劳动力市场；多功能性	创新工人参与的方式；参与式工资	工人参与式规划；工会领导人的培训	

资料来源：Jürgen Weller，Economic Reforms，Growth and Employment：Labor Markets in Latin America and the Caribbean，ECLAC，Chile，2001，p.165.

---

① 苏振兴主编：《拉丁美洲的经济发展》，经济管理出版社 2000 年版，第 230 页。

三　对劳工制度改革的评价

如前所述，20 世纪 30—70 年代拉美国家的现代劳动制度取得明显进展。在劳动合同制度方面，拉美国家的劳工法一般都提倡长期或固定合同制，对临时合同或者雇佣临时工实行一定的限制。在集体谈判方面，到六七十年代，拉美国家已经形成一种相当规范化、普遍化的集体谈判制度，其形式包括企业内部集体谈判，全行业的集体谈判，国家、工会及企业主组织三方参加的谈判等。在解雇制度方面，一是限制随意解雇；二是解雇赔偿。拉美国家一般都把解雇作为对职工工作失职、行为失范的处罚手段，但掌握得比较严格。在工资制度方面，拉美国家主要采用合同工资与最低工资两种形式。合同工资通过劳资谈判以契约形式确定，包括计时、计件、利润分成等多种计算方法。而最低工资是对非专业性劳工提供的一种基本保障。进入 80 年代以后，随着拉美国家市场化改革的推进，劳工市场改革也成为一项重要内容。一批学者对改革的先后顺序产生了质疑并进行了研究，其中代表人物是赫克曼（Heckman）和佩吉斯（Pagés）。他们区分了两类劳动力市场改革（减少对工人合法保护和增加对工人劳工保护），并分别研究了拉美劳动力市场改革与贸易改革，以及与军政府还政于民孰先孰后的问题。总体而言，他们认为，贸易改革和劳动力市场改革之间不存在明显的先后顺序。但是，他们的确发现，许多劳动力市场改革的措施是在经济负增长时期实施的，并且许多加强工人权利的改革是在还政于民之后进行的。

通常，劳动力市场制度要实现两个目标，第一，提高市场的效率；第二，保护处于结构性劣势的群体，使他们享有充足的工作条件。如果按照这个标准衡量，90 年代拉美劳动力市场"灵活化"的改革并没有达到预期的效果。马丁内斯和托克曼（Martínez 和 Tokman，1999）认为，改革确实加速了新增就业岗位的创造，但是大部分新增就业是不稳定的。非正规部门占城市就业人口的比重由 1990 年的 42.8％上升到 2003 年的 47.4％，大量女性集中在家庭服务业中[①]。临时合同的增加在某种程度上是意料之中的结果，但是，非契约型工资就业的增长却是始料未及的。尽管这样，改革还是取得了一定的成绩，例如，促成了社会对话，产生了对

---

① 2005 Labour Overview：Latin America and the Caribbean，ILO，Lima，2005，p. 91.

培训作用的新态度，工会重新定位，生产率和工资之间的关系得到强调，集体谈判采取了新方式，等等。

劳动力市场有别于其他市场，其一，不能单纯强调劳工制度的灵活化，而应同时建立更充分的失业保险及其他维护劳工基本权益的机制，即进行综合配套改革，包括增加人力资本投资，完善医疗保健以及社会保障，等等。其二，劳动力市场制度要与每个国家的政治和文化背景相适应，试图在不同国家实行统一的规范框架将是徒劳的。但是，有效区分劳动力市场的四个层次对于我们判断未来拉美劳动关系的走向是大有益处的。首先，贸易一体化将形成超国家的劳动制度。人们不情愿将劳动力市场的制度安排与贸易联系起来，因为这种联动将阻碍比较优势的发挥。但是，随着一体化趋势的加强，这种超国家水平的规范将在国家层面的劳工制度形成上发挥重要的作用。其次，国家将在劳动力市场制度上继续发挥主导作用，例如，在相关立法、劳工管理、司法行为以及决定最低工资水平上。而且，在讨论劳工规范的制定是否应从国家和公共部门下放到企业主和工会之间谈判的较低层次的问题时，还应充分考虑到大部分劳工没有工会代表这一因素，尤其是在目前逐年增加的小企业和非正规部门中。再次，部门层次的谈判有利于各方在共同利益问题上达成协议，节约交易成本。最后，鉴于专业化和差异化程度加深以及企业规模千差万别，企业层次上的谈判也非常重要。因此，在这个层次上劳工关系也更加多样化。简言之，未来的劳动力市场框架是建立在集体谈判工具和公共规范两者有效结合的基础之上的。

第四节　关于拉美劳动力就业问题的思考

一　适时调整经济发展模式，并保持经济稳步增长

在长期内高质量的就业创造取决于经济发展模式而非增长速度。在一个存在着国际贸易、要素国际流动以及技术转移的开放的二元经济中，经济发展通常经历三个阶段。

第一阶段是初级进口替代阶段，其发展模式要求政府通过实施保护性政策来促进幼稚工业的发展，因此在很大程度上减小了市场机制的作用，人为规定了偏低的资本价格（利率和汇率），导致技术选择是资本密集型

的，减少了就业吸纳，实际上妨碍了二元经济的转化和劳动力转移。在完成初级进口替代阶段之后，可能采取的战略包括次级进口替代和初级出口替代①。这两种选择的效果是不尽相同的。在次级进口替代的情况下，资本的密集程度进一步提高，经济增长对农业剩余劳动力的吸纳能力进一步减少，不仅影响整个经济向现代增长阶段的转变，而且扩大了二元经济结构的对立。20 世纪 70 年代拉美国家进口替代工业化所呈现的"生产性吸纳相对不足"便是这种现象的反映。1973 年以后拉美国家普遍实行"负债增长"战略，用借债投资的方式维持了"非耐用消费品——耐用消费品——中间产品——资本货"逐级替代的跨越式发展路径。在这种背景下，投资更多地倾向于资金密集型和技术密集型的行业，从而无益于对劳动力需求的增加，最终造成非正规部门迅速膨胀。而在初级出口替代战略中，市场机制发挥了作用，要素价格更能反映资源的相对稀缺程度，有利于形成具有相对价格优势的产业结构和出口结构，从而促进劳动力密集型产业的发展，因此，能加快农业劳动力的转移和二元经济结构的改善。东亚国家由于在 60 年代适时转换模式取得了很大成功。因此，对于劳动力无限供给的发展中国家，根据比较优势原则配置资源、发展外向型经济可以比实施进口替代战略创造更多的就业机会。开放二元经济的第三阶段是次级进口替代和次级出口替代并存的阶段。由于剩余劳动力已被吸收殆尽，劳动力成本上升，作为初级出口替代主要优势的劳动密集型产品失去了竞争力，要求转向实施资本、技术密集型产品的出口替代，从而在要素流动上形成初步的良性循环，整个经济开始进入现代增长时期。因此，不同的经济发展模式在转化人口因素的利弊方面具有特殊的重要性，合理的经济发展模式不仅可以消除人口压力带来的不利影响，而且可以将其转化为经济发展的动力，并最终促成人口和经济的协调发展。

　　再谈一下经济增长与就业的关系。1950—1980 年，拉美国家基本上是在进口替代工业化模式下推动其经济发展，并取得了长达 30 年的持续、稳定的经济增长。该时期国内生产总值与人均国内生产总值年均增长率分别为 5.6% 和 2.8%。然而，这种高增长却掩盖了就业不足（包括城市非

---

　　①　出口替代战略是外向型经济发展战略的产物。它是指一国采取各种措施扩大出口，发展出口工业，逐步用轻工业产品出口替代初级产品出口（初级阶段），用重、化工业产品出口替代轻工业产品出口（次级阶段），以带动经济发展，实现工业化的政策。

正规部门和传统农业就业）状况，例如，从 1950 年到 1980 年，就业不足所占比重仅下降了 4 个百分点。因此，当拉美经济经历 80 年代的持续衰退（年均增长率仅为 1.2%）和 90 年代的恢复性增长（年均增长率为 3.3%）时，失业与非正规就业问题就立刻暴露出来。拉美的历史经验表明经济增长不能自动地解决就业问题，它只是较快改善就业状况的必要非充分条件。鉴于此，发展中国家一方面要防止经济的大起大落，为解决就业问题创造良好的宏观环境和留出更大的政策空间；另一方面，在制定国家发展战略时有必要把就业目标纳入整体或部门的政策体系，尽可能满足发展目标的多样性。

二　重视农村和农业发展，缓解农村剩余劳动力转移和城市化之间的矛盾

农村向城市的人口迁移既可能产生对城市经济发展的有利条件，也可能产生对农村落后的不利条件。托达罗模型不强调劳动力转移对经济发展的积极作用，而侧重于研究如何放慢农村劳动力转移的进度，以缓解城市的失业压力。其政策含义有两点值得重视。一是应当减轻因发展战略偏重城市而引起的城乡之间就业机会不平衡的现象；二是应当重视农业和农村的发展，鼓励农村的综合开发，增加农村的就业机会，提供教育和卫生设施，发展电力、供水和交通，改善农村的生活条件，等等，从而缓解农村人口向城市的流动。

第二次世界大战以后，在"以农养工"指导思想和"重工轻农"实际政策的配合下，拉美农业长期以来受到"冷落"，处于弱势地位。无论是在进口替代工业化时期，还是结构改革时期，相对于丰富的农业资源禀赋，拉美农业的发展都是不足的。尤其是面对经济开放带来的竞争，农业内部分化严重、异质性逐渐增加。这样一来，在农村社会底层就形成了庞大的潜在的流动群体，主要包括农村雇佣劳动者阶层和小农阶层。前者具有两种流动性：一是持续地向城市流动；二是在雇佣劳动者阶层与小农阶层之间来回流动。后者中的印第安人群体值得关注。在拉美地区印第安人有 3500—4000 万人，在墨西哥、危地马拉、厄瓜多尔、秘鲁和玻利维亚等国的不少地区，印第安人占农民人口的多数。他们长期受到压迫和歧视，从总体上说处于农村最恶劣的境地。因此，为了缓解农村剩余劳动力转移和城市化之间的矛盾，必须重视农村和农业的发展。拉美的历史教训

已经证明，就业问题是无法单纯依靠工业化和城市化这一途径解决的。政府要实施促进乡村发展的长远计划，改善农村基础设施，通过发展农村中的非农产业来增加农民收入，进而缩小城乡收入差距。只有这样，才能在一定程度上抑制人口向城市迁移的倾向。

三　积极开拓城镇就业途径，通过制度创新规范城市非正规就业

尽管不应该忽视农村发展对于稳定农村劳动力流动规模的作用，但更不能把需要城市方面解决的问题推卸得一干二净。许多国际范围的研究表明，旨在减缓劳动力外流，而在农村发展方面付出的努力，在遇到城市的拉力作用时，往往只能取得事倍功半的效果。[1] 因此，发展中国家必须积极开拓城镇就业途径，通过制度创新规范并促进非正规就业的发展。

拉美各国对非正规就业的态度经历了一个转变，体现在城市就业政策从 70 年代看重正规就业而轻视非正规就业，演变到 80 年代关注非正规就业上面来。但是，即使这样，就业政策依然摆脱不了"滴漏机制"所形成的固定思维模式，例如，80 年代对非正规部门的生产性支持（市场准入和资源分配）仍然强调只能倾向于这个部门的核心组织，因此效果也不理想。从目前世界就业的变化趋势和拉美实际情况看，非正规就业在相当长时期内还将持续存在或有增长。因此，拉美国家应该从劳动者角度探悉非正规就业产生的原因，从宏观角度把握政策效果的平衡，重点是要把就业目标明确列入拉美国家的长期发展议程。现实的政策选择是通过制度创新政府"承认"、"支持"和"管理"非正规就业。

首先，应当给予非正规就业相应的法律地位。这一方面是对此类经济活动进行规范的需要，也是维护保障其权益的需要，同时政府各部门间就非正规就业问题进行协调也需要法律依据。其次，"支持"政策体现在对待非正规就业的积极态度上。漠然、敌视、甚至打压都是不可取的，政府应该利用而不是消灭非正规就业，尤其应该鼓励有合作性、自助性的非正规就业。政府可以从改善商业环境（信贷支持、税费减免）、保障劳动者权益、发展社会保障和福利项目、促进社会融合等方面采取行动。最后，针对非正规就业带来的问题，政府也应当采取适当的策略进行"管理"，完善相关法律法规，整合劳动力市场，统筹社会保障和福利体系，以促进

---

[1]　蔡昉：《中国流动人口问题》，社会科学文献出版社 2007 年版，第 193 页。

非正规就业的发展。

四　培育动态比较优势，抵消贸易与投资自由化对劳动力吸纳的不利影响

根据比较优势原理，拉美国家面向出口的生产将比面向国内市场的生产更倾向于劳动密集型产品，从而使劳动力受益。而且，因为对低技术劳动力的需求相对于熟练劳动力而言在增加，低技术劳动力的工资将比熟练劳动力的工资增加更多，从而能改善一直困扰拉美国家的收入分配不平等状况。但是，出口导向发展战略并没有带来理论预期中的就业和经济的同步增长。尽管墨西哥的客户工业展示出强大的出口和产出活力以及吸纳劳动力的能力，但是，客户工业的生产率并没有提高，而且由于大量使用进口的投入品而较少使用国内的投入品，对经济的前、后向联系较差，结果，墨西哥制造业出口的经济效果对整个国家就业增长的贡献有限。而且，自 2000 年以来面对来自中国和其他中美洲和加勒比国家的竞争，墨西哥的客户工业急剧缩减，目前也面临着"第三代改革"的压力。

除此之外，21 世纪初在主要国家的制造业生产结构中不约而同地出现了主要出口产品向自然资源密集型初级产品"回归"的征兆。无论是阿根廷、巴西，还是墨西哥，劳动密集型产品在制造业结构中的比重都下降了，这意味着制造业对劳动力的吸纳能力下降。阿根廷和巴西的生产结构转向以自然资源加工和食品生产为主，而墨西哥的自然资源密集型产业所占比重 30 年来虽有下降，但变化不大。这是否会再次引发新一轮初级产品出口的竞争从而影响就业总体水平还有待进一步观察。对于投资而言，除了客户工业，FDI 没有按照标准经济理论预想的那样大规模地流入劳动密集程度高的产业。整个 90 年代 FDI 所青睐的服务业创造的就业很少，主要是受服务业本身性质制约以及追逐经济效益的结果，特别是在国有企业和银行私有化方面这种特征更加突出。

为了抵消贸易和投资自由化对劳动力吸纳的不利影响，拉美国家要培育自己的动态比较优势。具体而言，就是要充分发挥本国原有的自然资源、低廉的劳动力成本优势和价格比优势，将这种天然的比较优势进行不断的培养和创新，使之成为动态比较优势。换言之，就是将资源密集型和劳动密集型产业逐步培养成资本密集型和技术密集型产业，实现产品结构向低成本、高附加值和高技术含量的方向发展。国际竞争力既可以反映在

最终产品中，也可以反映在某些零部件中，关键是看产品的技术含量和自有技术的比率。拉美的客户工业最有可能在延长产业链或进行产品深加工方面挖掘并创造出竞争力。只有这样，客户工业才能通过产业集群效应创造出更多的直接和间接就业。

五　实现劳动力市场双重目标，因地制宜处理灵活性和保障性关系

劳动力市场有别于其他商品市场，它的制度规范要实现双重目标：第一，提高市场的效率；第二，保护处于结构性弱势的群体，使他们享有充足的工作条件。相对于贸易和金融等领域的改革，劳动力市场改革起步较晚，范围有限，争议较大。

实践表明，截至 90 年代末旨在推进更大灵活性的劳动力市场改革并不令人满意。但对其解释原因却各有不同。一部分人认为，尽管有些变化，但是劳动力市场改革是不充分的，因为刺激经济增长和就业创造需要更广泛的放松管制。与其他任何一项改革一样，劳动力市场改革也应该遵循相同的逻辑。而另一部分人认为，劳动力市场改革应对 90 年代拉美国家出现的工作条件恶化、生产性就业创造能力弱化负有责任。这里的关键问题是，改革的任务并不是放松管制，而是发展一种合适的制度安排。自 2000 年以来，整体而言拉美国家没有再推进更广泛的旨在扩大灵活性的改革，一些国家关注的重点是在个人和集体劳动关系上向工人提供更大的保护。这足以说明，拉美国家在实现劳动力市场的双重目标（既要鼓励市场效率又要保护结构性弱势群体）上正在寻求一种务实的发展路径。

在处理劳动力市场灵活性和保障性的关系上，一个恰当的政策顺序也许会有助于提高劳动力市场的运行效果。特别是在一个宏观经济不稳定、信任度低的社会环境中，任何一项触及法律所赋予的工人权利的改革尝试都将对工人就业和收入形成冲击。因此，在改革劳动力市场中那些有可能阻碍适应性调整的"刚性"要素之前，或许首先引入保障性要素（例如与积极劳动力市场政策相协调的失业福利体系）是有利的。"灵活保障"并不存在唯一的模式，也不存在唯一的实现路径。拉美国家应该根据历史、文化特征，结合经济、社会和政治现实探索各自的劳动力市场模式以适应外部环境变化的需要。

六　消除制度障碍，理顺人力资本投资和劳动报酬及职业等级的对应关系

人力资本是任何经济得以持续发展的关键，它包括两方面内容，即"天生能力"和"可获得性能力"。后者通过正规教育、非正规教育和累积性经验进行培养。劳动力的人力资本差别，对其就业的稳定性和工资水平有较大影响。拥有较高人力资本的员工，更容易获得高薪职位，失业的风险较小；拥有较低人力资本的员工工资水平较低，在经济结构调整中更易处于不利地位。因此，农村劳动力进入城市、从农业转入非农产业，需要借助人力资本实现行业阶梯和职业阶梯的两次跳跃。

20世纪90年代以来，作为人力资本投资的重要方面——教育，在整个社会流动中的作用弱化。例如，教育程度与职业收入发生"错配"现象。具有最高教育水平（14.9年）专业人员理应获得最高的平均收入。然而，这一阶层的平均收入低于具有相对较低教育水平（8.9年）的雇主阶层。再如，拥有和高收入阶层中"企业领导、经理"相似教育水平（11.5年）的中等阶层（11.2年），其平均收入（5倍）却远远低于前者（11.6倍），几乎接近下层中商业劳动者和"蓝领"工人收入。这种社会流动缺乏向上动力的状况必然与经济制度改革的滞后有关。而且，在国际移民中由于存在劳动力市场分割，高技能劳动力遭遇"教育贬值"型就业的情况也很严重。例如，在美国劳动力市场中，本地人和外来移民之间的就业差距就很大。出生在中美洲的外来移民中具有大学学位并在管理和专业人员职位就业的比例为40%，墨西哥为35%，南美洲为45%，加勒比为44%，而美国本地人的相应比例为64%。以上事实说明在现实世界中确实存在着阻碍劳动力流动的制度因素。因此，拉美国家一方面要继续加大教育投入，发挥人力资本投资对就业的积极影响，另一方面要努力消除抑制劳动力流动的"显性"和"隐性"制度障碍，理顺人力资本投资和劳动报酬及职业等级的对应关系。

第 八 章

20 世纪 70 年代以来拉美的
教育与社会不公

教育与社会公正、教育与经济增长是教育经济学的两大研究主题。教育本身具有两个最重要的功能：一是通过教育培养有知识技能的熟练劳动力，积累人力资本，内生于经济增长；二是通过教育实现人的发展，进而实现社会发展。教育既是社会发展的助推器，也是社会发展的均衡器，是促进社会公平、改变社会分层、建设和谐社会的重要手段。本章主要侧重于教育与社会公正问题研究。

第一节　教育与社会公正问题研究概况

一　对重要概念的界定

"教育机会的平等"和"教育公平"是研究教育与社会公正问题中的两个重要概念。罗尔斯（J. Rawl）认为："教育机会的平等"是指在承认个人禀赋差异基础上的机会的公平。由于人与人之间有着禀赋差异，要保证每个人受教育机会的绝对平等是不可能的，因此，他认为，教育机会的平等是相对的平等；人的自然资质的差异是影响教育机会绝对平等的因素，而社会因素（即个人出身、社会地位或经济地位等）是影响教育机会相对平等的因素；教育机会的英才主义将导致社会不公，"接受教育是每个人的一项政治权利，学校体系（无论私立还是公立学校）都应该设计得有助于填平阶级的沟壑"①。瑞典教育家胡森（T. Husen）认为"教育机会

---

① ［美］约翰·罗尔斯（J. Rawl）：《正义论》，中国社会科学出版社 1988 年版，第 74 页。

的平等"应包括：教育起点的公平、过程待遇的平等和最终目标的平等。

詹姆斯·科尔曼（J. Coleman）在论文《教育机会均等的概念》（1968）中提出了教育公平的四个标准：进入教育系统的机会均等、参与教育的机会均等、教育结果均等以及教育对生活前景机会的影响均等。罗尔斯认为，社会公正是教育公平的前提和保障，而教育公平又有助于实现社会公正。解决社会不公正的关键在于社会财富的再分配和通过教育改变社会最不利群体的地位，即"通过不断增加受过教育的可用人才以及增加机会的方式，使社会形成一种持久地拉平差距的趋势"[①]。总的来说，教育公平理论认为，教育公平是指教育权利的公平和接受教育机会的均等，其实质是教育机会的均等。由于人们的起始条件存在差异，不可能实现真正绝对的机会均等。因此，合理的教育公平应该包括教育的市场公平和教育的社会公平。教育的市场公平是对教育机会实行不均等有差别的分配，实现教育的效率公平；而教育的社会公平是以平等为核心的，通过资助而实现机会均等。[②] 实现教育公平（1）国家必须制定必要的政策并提供一定的帮助来保证生存条件最差的群体的教育均等；（2）受教育者可以自由平等地选择教育；（3）每个社会成员在自然、社会或文化方面的不利条件均可以在教育中得到补偿；（4）各办学主体应在公平的竞争环境中办学。教育公平是公平概念的延伸和扩展，教育改革首先考虑的是要有助于实现社会公正。

二　教育与社会公正的实证研究

教育与社会公正的实证研究始于20世纪60年代中期的美国。当时的美国虽然经济持续增长，但社会公正问题日益突出。美国学者普遍认为，社会的不平等是可以通过政策来促进个人的能力开发而得以解决的，因此学术界开展了教育和收入关系的实证研究。例如，明瑟（Mincer）的"教育生产函数论"研究以教育为杠杆实现社会平等如何更有效地进行学校教育。类似的这些研究实际上是人力资本理论的延续。但到60年代末和70年代初，却出现了一些批判性的理论：如社会学家赫尔曼（Herman）认

---

① ［美］约翰·罗尔斯（J. Rawl）：《正义论》，中国社会科学出版社1988年版，第157页。

② 沈有禄等：《教育券的重要价值取向：教育公平》，《外国教育研究》2006年第2期，第34页。

为，学习成绩在很大程度上是受个人的家庭环境和遗传等因素的影响；社会学家詹克斯（C. Jecks）提出，个人的收入和社会地位受家庭环境和教育的影响相对较小；鲍尔斯（S. Bowles）认为，虽然教育在一定程度上影响着收入，但是教育的影响是有限的，应将教育看作是将出身阶层的不平等转化为收入不平等的媒介过程；金蒂斯（H. Gintis）通过对以 IQ 所显示的知的能力的实证分析指出，教育和收入之间并不存在绝对的关系。虽然这些都是对人力资本理论的批判，但是它们并不否认教育对经济社会发展的重要作用，它们对人力资本理论的批判主要在于：教育对经济社会的作用并不像人力资本理论所宣称的那样，是唯一的、具有决定性的作用。

三　教育公平应用模型研究

教育券模型是最有影响的教育公平应用模型。教育券（school voucher），即学券或教育凭证，是美国货币主义经济学家弗里德曼（M. Friedman）在其论文《政府在教育中的作用》（1955）中提出的，即改变政府对公立学校的直接补贴的教育投入方式，将教育资金经过折算直接发给每一位学生，学生凭券自由选择学校就读。教育券模型后又由英国经济学家皮科尔（Peacock）和怀斯曼（Wiseman）、美国社会学家詹克斯发展为"教育学费（补助）的凭证模型"。教育券是为社会弱势群体提供教育机会和使其获得高质量的教育的一种方式。

1. 弗里德曼的"教育券市场模型"。弗里德曼的"教育券市场模型"关注的是教育的市场公平。在模型中，每个孩子得到面值相同的教育券，而且教育券适用于任何批准参与教育券计划的公立和私立学校，学校可以自由选择学生并有权收取超过教育券面值部分的学费差额。弗里德曼认为，这样可以在学校之间产生有效的竞争，从而提高效率，政府也能更好的控制教育经费。用教育券来推进"公校私营"，实际上就是办学权的开放（生产者权力）和受教育权的选择（消费者权利），体现了浓厚的新自由主义经济学色彩，但是缺乏关注教育的社会公平问题，如允许学校收取超过教育券面值部分的学费差额，将会阻碍来自低收入家庭的学生进入学费较高的学校。

2. 皮尔斯和怀斯曼的"与收入联系的教育券市场模型"。皮尔斯和怀斯曼对弗里德曼的"教育券市场模型"进行了改进。在"与收入联系的教育券市场模型"中，将教育机会与收入联系在一起，即将教育券计划与所得税相联系。在累进制税收系统中，收入越多纳税越多，从而形成教育转移支付，为那些来自低收入家庭的学生发放面值更高的教育券。

3. 詹克斯的"补偿性教育券市场模型"。詹克斯认为，教育机会的公平性应该是政府政策的目标，教育券应该有选择地提供给那些低绩效的公立学校和资助那些相当贫困的家庭。其模型的特点是：在教育提供者之间要有有效的市场竞争；引入补偿要素，即不允许学校收取超过教育券面值的费用，以避免经济的、宗教的和种族的障碍；促进阶层间的社会流动。詹克斯的"补偿性教育券市场模型"更关注教育券的社会公平，避免了完全自由竞争的教育市场所带来的消极影响。

四　其他相关研究

阿马蒂亚·森（Amartya K. Sen）的"贫困、能力剥夺与社会排斥"研究也强调教育在减缓贫困和社会不公中的重要作用。森认为，相对贫困会造成绝对的能力贫困，而能力剥夺（尤其是教育机会被剥夺）将导致社会排斥（即被隔离于某些社会关系之外，如劳动力市场上的排斥、信贷市场上的排斥，等等），社会排斥又会进一步导致其他形式的机会剥夺，从而形成长期的、累积性的贫困。能力剥夺与社会排斥是相伴而生的，社会排斥是能力剥夺的结果，也是造成能力不足（capability failure）的原因之一。[①]

第二节　20世纪70年代以来拉美的教育发展及问题

20世纪70年代以来的三十多年里，拉美的教育发展大致经历了三个阶段：即20世纪70年代的教育大发展、80年代的教育危机以及90年代以来的教育改革。

一　20世纪70年代拉美教育大发展及存在的问题

20世纪70年代正值拉美国家工业化的中期，是拉美经济发展的黄金

---

① ［印］阿马蒂亚·森：《论社会排斥》，《经济社会体制比较》2005年第3期，第1—7页。

时期，迫切需要各类人才；同时，西方的人力资本理论开始盛行，对拉美各国产生了很大的影响。拉美国家普遍都大幅增加了教育投资，通过培养大量的具有知识和技能的熟练劳动力来满足现代工业部门的需求。这个阶段的拉美教育改革目标是从精英型、文化型（偏重思辨类课程）、消费型（教育投入大，收益小）的传统教育转向大众型、经济型（教育产出大于投入，提高教育质量）、生产型（满足劳动力市场需求）的现代教育。然而，到70年代末，却出现了许多不尽如人意的现象，如教育投资结构不合理与教育资源分配不公，毕业生失业，人才外流，辍学率和留级率增加，教育与中小工业、农业的需求脱节。

　　出现这些问题的主要原因是：（1）当时的经济思想过于简单化，认为经济增长的好处会逐步扩散到最贫困的群体，经济增长的必然结果是更公正的收入分配；同样，在教育计划中，以为通过增加更多的学校和教师以及招收更多的学生，增加教育机会的数量，就可以解决教育机会的公正分配问题。（2）教育投资结构的不合理，重中、高等教育，轻初等教育。20世纪70年代，拉美国家的人均教育开支占人均GDP的比例：初等教育为11％，中等教育为22％，高等教育为121％。高等教育的人均开支约为初等教育的11倍，中等教育的人均开支为初等教育的2倍。而同期在OECD国家，高等教育的人均开支约为初等教育的3.4倍，中等教育的人均开支为初等教育的1.3倍。在这一时期，有13个拉美国家增加了高等教育的预算比例，12个国家减少了初等教育的预算比例。[①]有学者认为，拉美忽视初等教育的根源是"自然资源的所有权模式及由此产生的政治"。[②]在拉美，由于自然资源长期被少数精英阶层所控制，自然资源开采是资本密集型产业，它对劳动力的知识和技术要求不高，而且，资源开采业的前向和后向联系效应也不大，不能带动其他产业的发展，不能增加社会就业机会，尤其是无法增加劳动力密集型产业的就业机会。相应地，在拉美国家教育计划中，就忽视了初等教育的普及。而中等教育和高等教育的发展，往往只是为了那些精英阶层的子女。大力发展的职业培训也仅限于现代化部门的"工人精英"，而非一般工人。这一时期的教育增长模式实际上是以牺牲

---

① 曾昭耀等：《战后拉丁美洲教育研究》，江西教育出版社1994年版，第379—380页。

② 江时学：《拉美发展模式》，经济管理出版社1996年版，第167—168页。

最贫困阶层的参与为代价来培养精英,公共教育资源基本上被社会强势群体所占用。教育投资结构的不合理,造成了严重后果:一是,初等教育的普及率仅为 71%,导致劳动力整体素质较低,农村工业和城市中、小工业的熟练劳动力得不到满足,城市失业率高达 19.5%;[1] 二是,现代工业部门所需的熟练劳动力出现了富余,中、高等教育毕业生不易在现代化部门找工作,只好在传统部门寻求出路,出现了严重的"教育贬值"现象。

二　20 世纪 80 年代拉美教育危机和教育改革

20 世纪 80 年代,由于受到经济危机和债务危机的重创,拉美国家普遍紧缩教育投资。办学条件开始恶化,教师工资水平下降,教育质量明显下降,学生的留级率和辍学率上升,出现了严重的教育社会分化现象。(1) 教育资金短缺进一步加剧了初等教育的边缘化。初等教育质量和效率严重下降,贫困学生的辍学率和留级率居高不下。1980—1985 年间,拉美初等教育注册率年增长仅为 1.7%,大大低于 70 年代的 3.4%。在巴西,1985 年每 100 名学龄儿童中就有 26 个没有入学机会,在 74 名已入学儿童中只有 12 名能完成初等教育。[2] (2) 在中等教育和高等教育方面,精英阶层仍然占用着绝大部分的公共教育资金,加剧了不同社会阶层的学生受教育机会的不平等以及学校之间的差异。根据世界银行的统计,80年代在智利、哥斯达黎加、多米尼加和乌拉圭,占总人口 20% 的最富有者获得了 50% 以上的高等教育补贴;而占总人口 20% 的最贫穷的人只能得到 10% 的高等教育补贴。[3] 不同社会阶层的学生受教育的机会越来越不平等,在不同条件的学校所受的教育和获得的知识也是不同的,进入劳动力市场后,他们所得到的职业和享受的经济待遇的差别也相当大。在拉美许多国家,具有知识和技能的熟练劳动力与非熟练劳动力之间的工资差异高达 60%—100%;与文盲劳动者相比,受过 6 年教育的劳动者在从事第一份工作时得到的工资收入高出 50%,受过 12 年教育(完成中等教育)的劳动者的工资水平则高出 120%,受过 17 年教育(完成高等教育)的

① 江时学:《拉美发展模式》,经济管理出版社 1996 年版,第 276 页。

② 徐文渊、袁东振:《经济发展与社会公正》,经济管理出版社 1997 年版,第 82、51 页。

③ 世界银行:《1990 世界发展报告》(中文版),中国财政经济出版社 1990 年版,第 79 页。

劳动者的收入要高出 200%。① 由于这种教育的社会分化现象不断加剧，80 年代，在许多拉美国家如阿根廷、智利、厄瓜多尔、危地马拉、尼加拉瓜、秘鲁、波多黎各、乌拉圭等国都爆发了大规模的学生运动。

这种教育危机迫使拉美国家开始实施教育改革。这一阶段改革的主要目标是改变拉美的教育服务模式：（1）以教育贷款代替免费教育。免费教育，尤其是大学免费教育导致了更严重的社会不公。拉美的大学生大多来自富裕家庭，他们虽有能力支付学费，却享受着免费教育的福利和补贴。而其他社会阶层 85% 的青年人却没有能力上大学。"免费教育对于穷人是画饼充饥，而对于富人则是一份不必要的礼品"，免费教育不能实现教育机会的真正均等。对此，拉美国家开始尝试采取特殊的税收和补贴政策，向注册学生直接支付的政策，以及向学生提供贷款的政策来纠正这种不公平。② 其中，向学生提供教育贷款是当时许多国家采取的政策，教育贷款的利息一般低于市场利率，这样不仅缓解了财政危机，还扩大了穷人受教育的机会。（2）以重点拨款方式代替按教育级别拨款的方式。拉美许多国家在分配教育资金时按教育级别拨款，导致以损害初等教育为代价来发展中、高等教育。重点拨款方式能够确保发展初等教育的资金，有利于提高拉美初等教育普及率。（3）教育行政管理的分权和放权。其实质是从国家主导的公共教育发展模式向产业化、私有化的教育发展模式转化。当时的财政危机和电化教育的发展，进一步推进了教育行政管理的分权和放权。主要有地区化、市政化和中心化这三种模式：地区化是通过教育服务横向的重新配置，实现地区间教育机会均等，缩小地区间的教育差异；市政化是发挥市政当局的积极性，根据本市实际安排各类学校的发展计划；中心化旨在建立同一地区的各学校之间的联系，使只有一名教员的偏远地区的学校摆脱孤立状态，从而缩小学校间的教育差异。③ 另外，还通过与非政

① Inter-American Development Bank, *Economic and Social Progress in Latin America*, 1998—1999 Report, Washington, D. C., John Hopkins University Press, 1998, p. 47.

② 在拉美，教育券计划是一个长期争论的话题。支持者认为，教育券能提高学校质量，通过让家长和学生在不同学校之间做出选择，给教育体系加竞争压力以促进教育发展。批评者则担心，教育券会加剧学校的两极分化和学生间的分化，从而破坏教师积极性而非激励他们更好地教书。另外，对教育券是否能让贫困家庭的孩子选择更好的学校而非特权阶层从中获益的问题，也一直争论不休。

③ 90 年代以后，拉美对教育改革在学校和地方政府层面上分权的评价是：地方政府分权不如学校自治对教育成就的积极影响大，学校的自治使学校教育更公平地面向贫困群体。

府机构，如社区组织、私人机构、教会等宗教组织签订合同，由这些非政府机构出资办学，促进公共教育服务的"私有化"，使私立学校数量大大增加。

三 20世纪90年代以来的教育改革及面临的挑战

1. 20世纪90年代以来的教育改革

教育不公正，即获得的教育机会、教育资源和教育质量的不均等，是导致拉美社会不公的重要原因之一，引起了拉美社会各方面的高度关注。20世纪90年代以来，拉美各国进一步深化了教育改革。这一阶段的改革具有纠偏性质，大致经历了两个阶段：第一阶段改革的主要目标是通过建设学校和扩大教师队伍以增加教育机会，强调受教育权利的平等；第二阶段改革的目标是实现更公平的教育机会和更高质量的教育（见图8—1）。

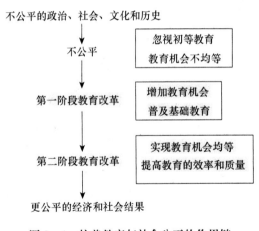

图8—1 拉美教育与社会公正的作用链

90年代教育改革的具体措施包括：

（1）改革教育行政管理，实行分权制。拉美各国的教育行政长期实行集权管理。20世纪90年代以来，这种教育管理模式在许多拉美国家发生了改变。例如，智利从宏观、中观和微观三个层面上实行管理分权化。宏观层面是指国家教育部，它在全国范围内发挥协调功能；中观层面是指地方行政，智利的《国民教育基本方针与原则法》明确规定，联邦政府将基础教育的管理权完全交给地方政府，州政府负责普通教育、部分中等专业教育、学前教育和义务教育；微观层面是指学校。《国民教育基本方针与原则法》规定，学校实行自我管理，在校内实行"自我鉴定"以及邀请校外人士参加教育质量的"公开评估"。

（2）更新教学内容，改进教学过程。阿根廷政府组织了全国各学科专家，重新制定了国家统一的基本教育课程。智利在实施"从质量上改进初等教育计划"（MECE-Basic）的基础上，从90年代中期又开始实施"从质量上改进中等教育计划"（MECE-Media），让所有青年享有高质量和机会均等的中等教育，在学校普遍实行计算机化，从因特网上获取具有国际水平的教育信息。

（3）提高教师待遇和教学水平。墨西哥实施了"教师职务晋升计划"，从学历职称、任职年限、进修情况和工作业绩等方面对教师进行定期鉴定，根据考评结果提升教师职务和工资待遇。巴西将中学任教资格的检测和提高教师实际工资水平列为其"全国教育十年计划（1993—2003）"的重要内容。

（4）改造中等教育结构，适应社会需求。在普及义务教育的基础上，如何根据本国经济发展和社会需求调整中等教育结构，处理好中等教育和劳动力市场的衔接，是拉美各国教育改革面临的现实问题。在智利，为了纠正70—80年代忽视职业技术教育的偏向，实行了现代中等教育一体化，即在普通中学里增加职业技术教育，在职业技术学校里增加普通中学的课程，从而增大了毕业生职业选择的余地，也更符合社会的需求。

（5）规范私立学校，倡导教育民主。在许多拉美国家，私立学校在基础教育领域所占的比重相当大。如何规范私立学校，实现教育民主，也是拉美各国实现基础教育现代化的一个重要课题。智利各类私立学校及其学生数分别占全国总数的28.8％和33.7％。90年代以来，智利通过立法将私立学校划归市镇一级教育行政管理，承担一部分投资责任，从而规范私立学校的发展。国家对私立学校采取的根本政策是消除私立和公立学校之间的差别，实现最终融合。

（6）鼓励社会参与办学。智利力主变封闭办学模式为开放办学模式，引导社会关注学校改革，在制定重要文件时，诉诸公论，广泛征询意见。

（7）制定和实施"教育偏向计划"。发展不平衡现象在拉美地区很普遍，如何提升落后地区和贫困人群的教育水平是拉美各国面临的共同问题。自 90 年代以来，拉美各国纷纷制定和实施各种"教育偏向计划"，向落后地区和贫困人群提供倾斜性的政策措施。阿根廷从 1994 年开始实施"社会措施"，向城市低收入阶层的子女教育和边远地区的学校提供更多的经费支持；还实施了"学校团结全国计划"（PRONA-SOL），定期拨款和调配师资充实农村学校和印第安人学校。智利创办了新型高职教育机构"职业培训中心"（CTF），以低收入家庭中学毕业生为招收对象。

2. 90 年代教育改革的总体成效

90 年代教育改革使得不少国家的教育体系日益完善，尤其是受教育的机会不断增加：1960 年以来，整个拉美地区高等教育的入学率年均增长 9%，中等教育的入学率年均增长 6%，初等教育的入学率年均增长 3.4%。从总体上看，拉美国家的教育发展水平处于世界中等水平。联合国拉美经委会的研究也表明，拉美国家的人力资本指数也处于世界中等水平。

由于教育的最终成效体现为劳动者的能力，因此，我们可以用人力资本指数来衡量和评价教育的最终成效。广义的人力资本指数（H）是由预期寿命、人口出生率、受教育年限、非正规教育和经验指数这 5 个变量构成的，即 $H = aESV + bAME - cFEC + dIUM + eEXP$（其中：a，b，c，d，e 分别为各项系数；ESV 表示预期寿命，AME 表示受教育年限，FEC 表示人口出生率，IUM 表示获得的非正规教育，EXP 表示经验）。[1] 研究表明，从 20 世纪 70 年代以来，许多拉美国家的人力资本指数都在上升。其中，阿根廷、乌拉圭、智利及特立尼达和多巴哥的人力资本指数较高，处于世界中上等水平；而危地马拉、洪都拉斯、玻利维亚和尼加拉瓜的人力资本指数则仍然较低。总的来说，拉美地区人力资本指数呈现出平稳上升的趋势，由 1970 年的 -0.74 升至 1980 年的 -0.44、1990 年的 -0.18 和 2000 年的 -0.13。拉美各国之间的人力资本指数的差异也在逐渐缩小，呈现出趋同的态势（见表 8—1）。从世界

---

① 在人力资本函数方程式（$H = aESV + bAME - cFEC + dIUM + eEXP$）中，人口出生率（FEC）与人力资本指数（H）呈负相关，即如果一国的人口出生率足够高，那么该国的人力资本指数将为负数。简单的说，一国的人力资本指数为正数或为负数取决于该国的人口出生率的高低。Gregorio Giménez，*La dotación de capital humano de América Latina y el Caribe*，CEPAL Revista 86，2005.

范围来看，拉美的人力资本指数处于世界中等水平，高于非洲、东南亚和中东地区，但明显低于东亚、欧洲和北美地区的人力资本指数（见表 8—2）。

表 8—1　　1970—2000 年拉美主要国家的人力资本指数的变化趋势

年份 国家	1970	1975	1980	1985	1990	1995	2000
阿根廷	4.07	3.16	2.78	2.71	2.42	2.29	2.07
玻利维亚	−2.64	−2.61	−2.49	−2.31	−2.02	−2.07	−2.08
巴西	−0.84	−0.70	−0.61	−0.28	−0.18	−0.05	0.12
哥伦比亚	−1.27	−0.46	−0.33	0.17	−0.30	−0.38	−0.53
哥斯达黎加	−0.09	0.77	0.83	1.16	0.80	0.91	0.81
智利	1.40	1.69	2.15	2.33	2.24	2.32	2.72
厄瓜多尔	−1.74	−1.36	−0.79	−0.36	−0.26	−0.30	−0.38
萨尔瓦多	−2.03	−2.33	−2.10	−1.64	−1.32	−1.04	−0.84
危地马拉	−3.18	−3.27	−3.34	−3.60	−3.45	−3.46	−3.34
洪都拉斯	−3.58	−3.31	−3.25	−2.34	−2.26	−2.24	−2.16
墨西哥	−1.34	−1.06	−0.66	−0.31	0.37	0.55	0.58
尼加拉瓜	−2.97	−2.94	−3.12	−2.99	−2.52	−2.05	−1.93
巴拿马	0.28	0.55	0.97	1.35	1.47	1.31	1.23
巴拉圭	−0.59	−0.60	−0.79	−1.10	−1.02	−1.28	−1.33
秘鲁	−1.71	−1.39	−0.80	−0.53	−0.47	−0.18	0.08
乌拉圭	4.69	3.86	3.46	3.54	3.25	2.77	2.75
委内瑞拉	−0.73	−0.22	0.60	0.70	0.11	0.27	−0.06
平均	**−0.74**	**−0.60**	**−0.44**	**−0.21**	**−0.18**	**−0.15**	**−0.13**

资料来源：Gregorio Giménez，*La dotación de capital humano de América Latina y el Caribe*，CEPAL Revista 86，2005.

表 8—2 2000 年世界各地区人力资本指数

地区	人力资本指数
撒哈拉南部非洲	−4.57
东南亚	−2.65
中东和北非	−0.04
拉美和加勒比	0.19
东亚和太平洋	1.89
东欧和中亚	2.74
西欧	5.33
北美	6.30

资料来源：Gregorio Giménez，*La dotación de capital humano de América Latina y el Caribe*，CEPAL Revista 86，2005.

3. 20 世纪 90 年代以来拉美教育发展中存在的问题

总的来说，第二阶段的教育改革已取得了一定的成效，如受教育的机会有所增加、高等教育已经大体上从精英教育过渡到了大众教育、拉美国家的教育发展处于世界中等水平，但在拉美各国仍普遍存在着教育不公平的现象。教育不公平程度并未因教育规模及学校和教师队伍的扩大而得以改善，不同收入阶层所获得的教育机会和教育质量的不平等程度反而增大了，边缘群体所获得的教育资源和教育机会较少，教育质量也明显较低，这是形成拉美国家的累积性贫困、持续性不公平和社会排斥的根源之一。

（1）拉美地区尚未全面普及初等教育。初等教育将奠定一个人学习的基础，普及初等教育是消除贫富差距和社会差异的重要途径。初等教育机会的均等是最基本的公平，是底线公平。虽然拉美地区的初等教育入学率从 1990 年的 89％升至 2001 年的 94％，但该地区完成初等教育的情况却不容乐观。据世界银行的统计，2000—2003 年，拉美小学生的复读率为 13％，完成小学学业的学生仅占小学生总数的 87％。据联合国拉美经委会对该地区完成初等教育的人口所进行的调查：目前，该地区尚未达到初等教育的全面入学率①，15岁及15岁以上的9200万拉美人（占总人口的25％）未完成初等教育。预计到2015年，拉美地区将有占总人口5％以上的人不能完成初等教育；在萨尔瓦多、危地马拉、洪都拉斯和尼加拉瓜则将有18％—30％的人不能完成初等教育。②

（2）中等教育的入学率和普及率仍较低。研究表明，完成中等教育不仅对摆脱贫困相当重要，而且还可以节约教育资源。2001年拉美地区中等教育的入学率平均为65％。在阿根廷、智利、古巴、墨西哥、秘鲁和乌拉圭中等教育入学率已达到80％，而在多米尼加、危地马拉、尼加拉瓜等国中等教育的入学率仅为40％。不仅如此，由于拉美地区的中学生辍学率也较高，平均为15％，只有收入较高的群体较有可能完成中等教育。在近半数的拉美国家20％的最贫困的群体中，只有10％的20—29岁的青年人完成了中等教育。据联合国拉美经委会的研究，扩大中等教育的投入成本大大低于对那些缺乏知识和技能的成人实施补偿性培训计划的成本，一般来说，补偿性培训计划所需的成本约为4年正规中等教育成本的1.5—5倍。③

值得注意的是，在拉美较贫困的地区，现代化企业的管理者更偏好具有初等教育水平的低成本的劳动力，因为这样的劳动力往往听话且较少流动，使用这样的劳动力还能从政府那里获得培训资金、补贴和税收优惠。也就是说，企业管理者之所以偏好具有初等教育水平的低成本的劳动力，是因为拉美国家对贫困地区采取的特殊政策：在贫困地区，州政府往往强调以低工资和低税收的竞争优势来吸引私人投资，通常从普及和提升教育（中等教育）的资源中拿出一部分用以培训工人和补贴企业。结果，这种模式形成了贫困地区（或国家）在一个低层次上参与全球化的道路，它也是贫困地区（或国家）长期处于低教育水平和高度不平等状态的根源之一。

（3）学前教育资源不充足。经验研究表明，参加过学前教育的儿童通常在初等教育阶段会有较好的学习成绩，因而复读率和辍学率较低。因此，扩展学前教育有助于降低拉美地区居高不下的辍学率和复读率。在许多拉美国家，尽管学前教育服务正在逐渐扩展，但仍不能满足需求，目

---

① 一些贫困儿童甚至没有受教育的机会。例如，偏远农村因小学适龄儿童的人数没有达到教育部规定的办学最低人数标准而没有建立学校；在墨西哥和中美洲，一些农业季节工的子女未上过学。

② ECLAC，*Education Remains a Challenge*，ECLAC Notes，May 2005，No. 40.

③ Ibid.

前，在拉美只有 47％的学前儿童能获得学前教育。①

（4）拉美国家存在着明显的教育不公平，不同收入阶层的教育机会的不平等程度仍在增大。20 世纪 70 年代以来，拉美地区的教育机会虽然增加了，但不同收入阶层拥有教育机会的不平等程度也增大了，社会边缘群体的入学机会少、辍学率高。② 目前，在整个拉美地区的 15—19 岁的青少年中，有 1/4 的人未能完成初等教育，他们大都来自占总人口 20％的最贫困群体；而在最富有的 20％的群体中，只有 1/25 的人未完成初等教育。萨尔瓦多、危地马拉、洪都拉斯和尼加拉瓜是拉美地区辍学率最高的4 个国家，其最贫困阶层的子女未完成初等教育的比重不降反升，从 1990年的 47％升至 2001 年的 64％。即使是在完成初等教育情况较好的国家（如哥伦比亚、智利、厄瓜多尔、墨西哥、巴拿马、秘鲁和委内瑞拉），其最贫困群体也明显处于落后地位，在占总人口 20％的最贫困群体中的1/6—1/5 的人未完成初等教育。③ 如今，在拉美还有 3600 万缺乏读写能力的人，11 个拉美国家的文盲率在 10％以上。在玻利维亚、萨尔瓦多、危地马拉、海地和秘鲁，文盲多为女性。这些因素都是造成累积性贫困和持续性不公平的根源。与亚洲地区相比，拉美的教育不公平尤为明显（见表 8—3 和图 8—2）。

表 8—3　拉美和亚洲地区不同社会经济集团分享公共教育资源的份额（％）

地区	人口百分比			分享公共资源的百分比		
	农民	手工业者和商人	白领阶层	农民	手工业者和商人	白领阶层
拉丁美洲	36	49	15	18	51	31
亚洲	58	32	10	34	38	28

资料来源：［美］迈克尔·P. 托达罗（Michael P. Todaro）：《经济发展》（第 6 版），黄卫平等译，中国经济出版社 1999 年版，第 392 页。

---

① ECLAC，*Education Remains a Challenge*，ECLAC Notes，May 2005，No. 40.

② 教育机会的扩大与教育机会的均等是两个不同的概念。根据金子元久对 20 世纪 60—80年代日本的学生生活的调查得出的结论：在教育机会扩大到一定阶段之前，并不会缩小不同收入等级之间的教育机会不均等的程度，反而会扩大教育机会不均等的程度。（［日］金子元久：《教育机会均等的理念和现实》，载《清华大学教育研究》2005 年第 5 期）

③ ECLAC，*To Invest More-but also Better-in Education*，ECLAC Notes，September 2004，No. 36.

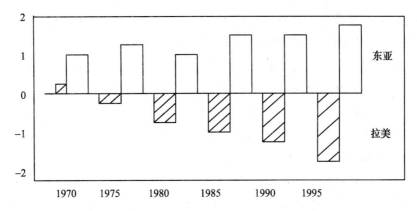

图 8—2　拉美和东亚的教育不平等比较（受教育年数的对比）

资料来源：J. L. Londoño & M. Székely, "*Persistent Poverty and Excess Inequality in Latin America，1970 — 1995*", Inter-American Development Bank（IDB），Washington，D. C.，October 1997.

　　为什么拉美的教育机会增加了却仍产生不平等的教育结果呢？费尔南多·赖默斯（Fernando Reimers）认为，教育机会分为 4 级：[①] 第 1 级是上一年级的教育机会（多数拉美国家已实现了这一级教育机会的平等）；第 2 级教育机会是完成一年级学业，并继续在校学习（在拉美地区这一级教育机会的均等尚未实现，突出表现为儿童学习成绩差和高留级率）；第 3 级教育机会是完成以后的每个教育周期（education cycle），这一级是以前两级机会为基础的；第 4 级机会是教育的延伸，即毕业生获得的就业和社会流动的机会（这一级的公平有赖于一个公平的劳动力市场和民主的社会，在谋取任何工作或社会职位时都不会因肤色、种族、性别、出身、政治派别或其他与能力无关的特征而受到限制）。可见，拉美近几十年来的教育发展，只是实现了第 1 级教育机会的均等，后 3 级的教育机会均未实现均等。在拉美，虽然大多数农村和城市贫困家庭的子女如今都能上一年级（第 1 级教育机会），但他们的留级率和辍学率相当高，只有较高收入群体的子女才能如期完成初等教育并进入中等教育和高等教育。未完成初等教育（第 2 级教育机会）及此后的每个教育周期（第 3 级教育机会）是导致社会排斥最基础的根源。

　　① ［委］费尔南多·赖默斯（Ferando Reimers）：《拉丁美洲低收入家庭的受教育机会》，载《教育展望》2000 年第 4 期，第 75—87 页。

（5）公共教育资源的分配不公平。20 世纪 90 年代以来，拉美国家的教育投入占该地区 GDP 的 4.5％，明显高于世界其他发展中国家的教育投入水平（3.9％）。高水平的教育投入却没有带来高水平的教育产出，这是因为拉美公共教育资源的分配存在着严重不公平，体现在以下三个层面上。一是在初等教育、中等教育和高等教育不同教育层次上的资源分配存在着不公平，如巴西严重偏向高等教育，其高等教育支出相当于中等教育支出的 7 倍。[①] 二是在不同类型的公立学校或不同地区的学校的教育资源分配上存在着不公平，加剧了地区间和学校间的教育差异。三是在不同收入等级的家庭和学生的教育资源分配上存在着严重的不公平，目前，不少拉美国家正在尝试用市场机制资助一定比重的学生、对学龄儿童的低收入家庭采取直接补贴等方式来实现教育机会的均等。[②]

（6）拉美学校教育效率低下，其主要表现为：教育投入不断增加，但教育质量不高，辍学率和复读率高。大多数拉美国家加大了教育投入：1980 年拉美地区平均教育支出占 GDP 的比重为 3.7％，1990 年为 2.9％，1995 年为 4.8％（东亚发展中国家平均为 2.6％），2000 年为 4.1％。[③] 然而，教育效率却不高，造成了教育资源的极大浪费。90 年代，拉美国家初等教育留级率居世界之首，每年约有 1 800 万学生留级，占在校生总数的 30％。每年在这些留级生身上花费的教育开支约 33 亿美元，占初等教育总投入的 1/3。据联合国拉美经委会估计，拉美国家每年的复读成本约合 110 亿美元，其中巴西最高，约合 80 亿美元。[④]

拉美地区学校教育质量和教育效率较低的主要原因在于教师教学素质低下和教育资金的使用效率低。以墨西哥为例，墨西哥的教育质量及其教育的投资水平基本上可以代表和反映整个拉美地区教育质量和教育投资的平均水平。在 2003 年 OECD 公布的世界 40 个国家的教育质量测试结果

---

①　David de Ferranti，*Inequality in Latin America: Breaking with History*，World Bank Latin American and Caribbean Studies，Bethesda，Maryland：Lexis Nexis，2004，pp. 7－11.

②　拉美教育券计划的试点是智利和哥伦比亚，但实施这一计划的成效并不理想，两国的教育质量并未得到全面的提高。其结论是，面向城市贫困家庭的孩子的教育券计划可能有效，但不如对不同教育层次的学生的家庭进行直接补贴那样有效。

③　Instituto de Estadistica de la UNESCO，*Comparación de las Estadisticas de Educación en el Mundo*，Montreal 2003.

④　ECLAC，*Education Remains a Challenge*，ECLAC Notes，May 2005，No. 40.

中，墨西哥学生在数学测试成绩中的排名是倒数第 4，在阅读测试成绩中的排名为倒数第 3。而 2006 年，墨西哥政府用于教育方面的支出占 GDP 的比重高达 5.4％，加上私人教育支出，用于教育的总投资占 GDP 的 7.1％，高于 OECD 国家在教育方面投资的平均水平。如此看来，拉美地区教育质量和效率低下的原因不能归于缺乏资金，而应该是教育体系内部的问题。一方面，在墨西哥，教师的工作业绩只对教师工会负责，而不对教育部和学生家长负责；现行的教师评估体系基本上是名存实亡的，教师整体的教学素质较低。另一方面，教育资金中相当大的一部分是用于给 3 万多名教师工会的行政人员发工资，这些人员以教师的名义领取工资，却不从事任何教学活动。由于教育资金使用的效率低下，在福克斯时期创建的一些教育计划，如"有质量的学校计划"和"电子课本计划"，都没有取得实质性的成果。在墨西哥偏远农村实施的"远程中等教育计划"也出现了问题，2006 年不少农村中学连续几个月都没有电视信号。[①]

第三节　拉美教育与社会不公正

1992 年拉美经委会就曾明确提出过"公正的生产变革"，要在拉美实现经济发展和社会公正两大目标，十多年过去了，拉美仍是世界上收入分配最不平等的地区：36％的家庭和 40％的人口生活在贫困线以下，土著居民的贫困问题更为严重。[②] 其根源是：能带来收入的资产所有权过于集中在少数人手中，占总人口 5％的上层人士拥有国民收入的 25％，而占人口 30％的赤贫人口只拥有国民收入的 7.5％。[③] 在殖民地时期，少数人对土地和其他自然资源的占有是导致拉美不平等的重要原因；如今，教育迅速成为重要的经济资产，它不仅反映而且影响（或决定了）人们的经济和社会地位的不平等，教育不公平成为拉美社会不公的重要原因之一。

---

① *"The teacher" holds back the pupils*，The Economist，July 21st，2007，p. 41.

② CEPAL，*Panorama Social*，Santiago，Chile，1999.

③ 与此相比，在发达国家 5％的最富有者拥有 13％的国民收入，30％的赤贫者拥有 13％的国民收入；在亚洲国家，相应的数字分别为 18％和 12.5％；在非洲分别为 24％和 10％。（美洲开发银行，1998，p. 11）。David de Ferranti，*Inequality in Latin America：Breaking with History*，World Bank Latin American and Caribbean Studies，Bethesda，Maryland，LexisNexis，2004.

　　近几年来，世界银行、美洲开发银行、联合国拉美经委会及一些拉美国家都对教育与社会不公正的关系进行了实证研究。在研究中，人们通常使用收入基尼系数来衡量一个国家或地区的社会不公正的程度，用教育基尼系数来衡量一个国家或地区的教育机会分布不平等的程度。[①] 教育基尼系数越大，表示教育分配越不公平。

　　1. 从世界银行的数据中可以清楚地看出：20 世纪 70 年代以来，主要拉美国家的教育基尼系数逐渐减小，这表明，拉美的教育不公平日渐改善；一般来说，拉美教育平等程度越高的国家，其社会也相对越平等，反之亦然。例如，在被调查的主要拉美国家中，巴西的教育基尼系数最高，其收入基尼系数也是最高的。委内瑞拉、秘鲁、哥斯达黎加、阿根廷和墨西哥的教育基尼系数较低，其收入基尼系数也相对较低（见表 8—4 和表 8—5）。

表 8—4　　　　　　　拉美主要国家部分年份的教育基尼系数

年份 国家	1970	1975	1980	1985	1990
阿根廷	0.3111	0.3257	0.2946	0.3182	0.2724
智利	0.3296	0.3327	0.3151	0.3120	0.3135
哥斯达黎加	0.4106	0.3916	0.4059	0.4165	0.4261
秘鲁	0.5048	0.5028	0.4258	0.4371	0.4311
委内瑞拉	0.5789	0.5585	0.3919	0.3970	0.4209
墨西哥	0.5114	0.4990	0.4978	0.4695	0.3839
哥伦比亚	0.5095	0.4594	0.4726	0.4752	0.4864
巴西	0.5091	0.4290	0.4463	0.4451	0.3929

　　资料来源：世界银行：《增长的质量》，中国财政经济出版社 2002 年版。

---

　　① 　教育基尼系数是测算一国的教育资源和教育机会在个人或家庭之间的分配偏离完全平均分配的程度。从获得教育资源和教育机会最少的个人或家庭开始，洛伦兹曲线描述了与教育资源和教育机会获得者的累积人数（即接受各层次教育的人口）相对应的总的教育资源和教育机会（即各层次教育所需的年数）的累积百分比。洛伦兹曲线表示各个比重人口接受教育的累积年数。教育基尼系数度量的是洛伦兹曲线和假想的绝对平均线（即理想的公平线 45 度线）之间的面积，表示为占该线以下总面积的百分比。教育基尼系数取值范围为 0—1 之间，等于零表示完全平均，等于 1 则表示最不平均。

表 8—5   拉美主要国家部分年份的收入基尼系数

国家	年份	收入基尼系数
哥斯达黎加	1989	0.461
	2000	0.465
委内瑞拉	1990	0.538
	1998	0.491
秘鲁	1994	0.449
	2001	0.498
阿根廷	2001	0.522
墨西哥	1992	0.503
	2001	0.546
智利	1994	0.565
	2000	0.571
哥伦比亚	1991	0.513
	1999	0.576
巴西	1989	0.634
	1999	0.607
	2001	0.593

资料来源：世界银行：《1996 世界发展报告》、《2002 世界发展指标》、《2004 世界发展指标》、《2005 世界发展指标》，中国财政经济出版社。

2. 2004 年世界银行选取 68 个国家作为样本，根据受教育年限、教育基尼系数和收入基尼系数来考察这些国家的教育与收入不平等的相关性（见图 8—3）。图中的每个点表示收入不平等与教育变量的协方差，从中可以看出，所有 68 个国家的教育与收入不平等之间呈显著的正相关关系。从世界范围来看，拉美的教育不平等并不是世界最高的，平均教育基尼系数处于世界中等水平。图中的拉美国家（用 * 加以区别）均集中分布在横

轴的中部，教育基尼系数在 0.29—0.6 之间（阿根廷为 0.29，危地马拉
为 0.6），其平均教育基尼系数低于非洲和南亚国家（位于横轴的右部），
但高于东亚国家。

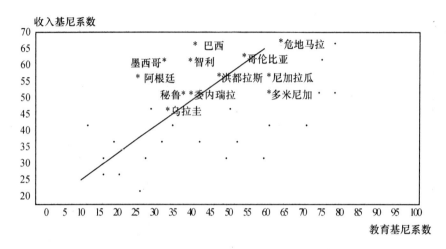

图8—3 世界一些国家的教育与收入不平等

资料来源：David de Ferranti，*Inequality in Latin America：Breaking with History*，World
Bank Latin American and Caribbean Studies，Bethesda，Maryland：LexisNexis，2004.

　　3. 通过对拉美国家不同年龄组人群的受教育获得情况的比较分析也
可以清晰地看出，拉美教育不公平与社会不公的总体变化有如下规律：一
是在所有被调查的拉美国家中，31—40 岁年龄组受教育的年限都高于
41—50 岁年龄组，21—30 岁年龄组受教育的年限高于 31—40 岁年龄组，
10—20 岁年龄组受教育的年限明显低于 21—30 岁年龄组。这说明，拉美
地区受教育年限较长的集中在 21—30 岁年龄组。二是在每个年龄组中，
收入等级越高的人，其受教育的年限越长；收入等级越低的人，其受教育
的年限越短（见表 8—6）。另外，有一点值得注意，从表中可以看出，巴
西各个年龄组的收入最低等级人群与收入最高等级人群的教育获得差异都
大于萨尔瓦多。从表面上看，萨尔瓦多似乎比巴西拥有更公平的教育，但
在萨尔瓦多，各收入等级上的高等教育的入学率都非常低，这种教育公平
实质上是低水平上的教育公平。

表8—6　　拉美主要国家10—50岁不同人群的受教育年限（按收入和年龄的五等分法）

	10—20岁						21—30岁						31—40岁						41—50岁					
	1	2	3	4	5	平均	1	2	3	4	5	平均	1	2	3	4	5	平均	1	2	3	4	5	平均
阿根廷	6.8	7.4	7.8	8.4	8.6	7.6	8.6	9.6	10.7	12.1	13.7	11.3	7.7	9.0	9.9	11.4	14.3	10.8	7.2	8.1	8.9	10.7	13.6	10.0
巴西	4.0	5.1	6.1	6.9	7.6	5.7	4.3	5.7	7.2	8.8	11.2	7.6	3.4	4.8	6.2	7.8	11.3	7.0	2.6	3.9	4.9	6.6	10.5	6.3
智利	7.6	8.0	8.5	8.8	8.9	8.3	9.2	10.2	11.3	12.4	14.2	11.6	8.0	9.1	10.2	11.6	13.9	10.6	7.2	8.2	8.9	10.7	13.4	10.0
哥斯达黎加	5.8	6.5	6.9	7.3	8.1	6.9	6.0	7.2	8.0	9.3	12.0	8.8	6.3	7.3	8.2	9.4	12.4	8.9	5.8	6.9	7.4	8.4	11.5	8.4
萨尔瓦多	4.7	5.1	5.6	6.4	7.3	5.7	5.8	6.4	7.2	8.5	10.8	8.1	4.4	5.2	6.2	7.2	9.6	6.7	3.6	3.8	4.8	5.7	8.2	5.5
危地马拉	2.6	3.1	3.8	5.0	6.6	4.2	2.3	3.2	4.1	6.2	9.4	5.5	1.6	2.3	3.5	5.3	9.3	4.7	1.1	2.4	2.3	3.2	8.2	3.9
墨西哥	5.6	6.6	7.2	7.7	8.3	7.0	5.6	7.6	8.7	9.7	12.5	9.2	4.2	6.1	7.6	9.2	12.0	8.0	3.3	4.3	6.2	7.5	11.6	7.2
巴拿马	6.2	6.9	7.6	8.1	8.3	7.3	7.6	8.8	10.2	11.2	13.5	10.6	7.3	8.7	9.7	11.0	14.0	10.3	6.1	7.5	8.5	9.8	13.1	9.7
秘鲁	6.5	7.0	7.9	8.1	8.4	7.5	8.2	9.5	10.9	11.9	13.3	11.0	6.5	8.4	9.9	11.5	13.7	10.2	5.4	6.7	8.9	10.1	12.0	8.9
乌拉圭	7.9	8.8	9.1	9.8	10.1	8.9	8.1	9.3	10.4	11.2	13.1	10.5	7.5	8.3	9.5	10.8	13.1	10.0	7.1	8.0	8.7	10.1	12.3	9.4

资料来源：David de Ferranti,Inequality in Latin America: Breaking with History，World Bank Latin American and Caribbean Studies, Bethesda, Maryland: LexisNexis, 2004.

第四节　拉美教育—社会不平等的原因分析

之所以导致拉美的教育—社会不平等，既有教育体系内部的原因，又有教育体系外部的原因。教育体系内部的原因主要是拉美国家的学校教育质量的差异较大；教育体系外部的原因主要是教育机会的不均等，而种族歧视、不同收入水平和贫困又是导致教育机会不均等的主要原因。"在拉美，导致教育—社会不平等的教育体系的外部原因远比教育体系的内部原因更加重要。"[①]

一　导致教育—社会不平等的教育体系的内部原因

在拉美国家中，学校的教育质量存在着较大的差异。这是导致教育—社会不平等的教育体系内部主要原因。OECD 的国际学生评价项目（PISA）是评价全球教育质量差异的标准体系。根据 2000 年 OECD 对世界上 31 个国家（包括墨西哥和巴西）的学生成绩的测试结果，在阅读、数学和科学三项测试成绩中，巴西和墨西哥学生的每项平均得分处于中等偏下水平，只有 4.4％的巴西学生和 8.6％的墨西哥学生的测试得分高于 OECD 国家的平均分。可见，拉美教育质量明显低于 OECD、东亚及东欧国家；[②] 在上述三个测试项目中，拉美学生之间的得分差异较大（离散系数大），这表明学生之间所受教育的质量差异较大。在上述 31 个样本国家中，墨西哥学生的阅读、数学和科学三项测试分数的离散系数分别排在第 13 位、第 6 位和第 21 位，巴西学生的阅读分数的离散系数排在第 5 位，数学和科学的测试分数的离散系数均排在第 1 位。可见，巴西学生之间的受教育质量差异更甚于墨西哥（见表 8—7）。

----

① ［委］费尔南多·赖默斯（Ferando Reimers）：《拉丁美洲低收入家庭的受教育机会》，载《教育展望》2000 年第 4 期。

② 世界银行 2003 年的报告也指出，拉美的教育质量普遍较低；"第 3 届国际数学和科学研究"（TIMSS）的测试显示，参加测试的智利和哥伦比亚学生得分较落后，反映了拉美教育质量明显低于 OECD、东亚及东欧国家。

表 8—7　　　　　　　　**2000 年 PISA 测试中国际学生表现的差异**

国家	阅读/文学		数学		科学	
	平均得分	离散系数	平均得分	离散系数	平均得分	离散系数
澳大利亚	528	1.66	533	1.55	528	1.61
奥地利	507	1.62	515	1.61	519	1.59
比利时	507	1.79	520	1.76	496	1.82.
加拿大	534	0.18	533	1.51	529	1.56
捷克	492	1.66	498	1.67	511	1.62
丹麦	497	1.68	514	1.55	481	1.77
芬兰	546	1.52	536	1.47	538	1.52
法国	505	1.62	517	1.58	500	1.74
德国	484	1.85	490	1.77	487	1.77
希腊	474	1.74	447	1.93	461	1.75
匈牙利	480	1.69	488	1.71	496	1.74
冰岛	507	1.62	514	1.53	496	1.59
爱尔兰	527	1.6	503	1.54	513	1.6
意大利	487	1.63	457	1.69	478	1.72
日本	522	1.54	557	1.5	550	1.53
韩国	525	1.4	547	1.48	552	1.48
卢森堡	441	1.81	446	1.7	443	1.76
墨西哥	**422**	**1.72**	**387**	**1.7**	**422**	**1.62**
新西兰	529	1.73	537	1.63	528	1.67
挪威	505	1.73	499	1.62	500	1.64
波兰	479	1.76	470	1.79	483	1.7
葡萄牙	470	1.76	454	1.72	459	1.68
西班牙	493	1.58	476	1.65	491	1.67
瑞典	516	1.61	510	1.62	512	1.62
瑞士	494	1.75	529	1.64	496	1.71
英国	523	1.66	529	1.57	532	1.64
美国	504	1.75	493	1.72	499	1.71
OECD 平均	500	1.7	500	1.7	500	1.7
巴西	**396**	**1.76**	**334**	**2.19**	**375**	**1.88**
拉脱维亚	458	1.82	463	1.81	460	1.75
列支敦士登	483	1.72	514	1.67	476	1.67
俄罗斯联邦	462	1.7	478	1.79	460	1.77

资料来源：OECD Program for International Student Assessment，2000.

学校教育质量的差异导致教育—社会不平等。2001 年 OECD 对巴西和墨西哥的学校教育差异的进一步调查分析发现，不同学校之间的差异造成学生之间学习成绩的差异的比重为 50％左右，其中，有 20％可以归结为学校教育质量的差异，30％可归结于学生的背景差异（见表 8—8）。学生的背景差异似乎是学校体制的外因，但它往往与学校教育质量相互作用、相互加强，从而影响学生的教育机会，最终导致教育—社会不平等。（1）拉美学校之间教育质量的高度分化，通常教育质量高的私立学校比教育质量低的公立学校能够得到更多的公共教育资源和私人教育资源。富有的家庭通常将子女送入教育质量高的私立学校，而贫困家庭的子女则只能进入教育质量差的公立学校。如果学校里大多数同伴的家庭教育水平低下，学生将受到同伴效应（peer effect）的影响，普遍出现留级和辍学现象。因此，学生背景与学校教育质量相互作用，加剧了教育—社会不平等。（2）不同的家庭经济状况和家长群体会使教师和校方产生不同的期望。如果教师觉得家长有能力供养孩子读书，他们就可能对孩子的学习潜力抱有更高的期望值。家长的群体特征是学校体制的外因，教师的期望值是学校体制的内因，这两种因素的相互作用则会对学生的教育机会产生影响，导致教育—社会不平等。

表 8—8　　　　　　　　造成学生之间学习成绩差异的因素（％）

国家	学校内学生表现的差异	不同学校之间的差异	
		学生的背景差异	学校教育质量的差异
巴西	55	45	
		25	20
墨西哥	46	54	
		32	22
发展中国家（平均）	66	34	
		20	14

资料来源：David de Ferranti, *Inequality in Latin America: Breaking with History*, World Bank Latin American and Caribbean Studies, Bethesda, Maryland: LexisNexis, 2004.

二　导致教育—社会不平等的教育体系外部原因

教育机会不均等是导致拉美教育—社会不平等的教育体系外部原因，

而种族歧视、不同收入水平和贫困又是导致教育机会不均等的主要原因。[①]

第一，种族歧视造成不同种族的教育机会不均等和教育差异。目前，在土著人和非白人人口比重较高的一些拉美国家，仍存在着种族歧视，使不同种族人群获得教育的差异继续扩大。尤其在巴西，非洲人后裔通常在学校教育，尤其在高等教育方面处于不利地位。2001年世界银行的研究报告显示：巴西在缩小种族教育差异方面的进步比南非慢得多。在巴西，20—30岁的白人受教育的年限平均为7—8年，而黑人受教育的年限为5—6年；31—50岁白人受教育的年限为6—7.8年，而黑人受教育的年限为3—5年；而在南非，这两个年龄组的黑人受教育的年限都高于巴西黑人，分别为7.5—9.2年和5.5—7.5年。[②] 教育差异反映在劳动力市场上，就是失业和工资收入的差异。在按受教育程度划分的失业中，1999—2001年，在拉美，完成初等教育的失业人口、完成中等教育的失业人口和完成高等教育的失业人口占总失业人口的比重分别为31.3%、28.3%和9.6%。土著人和非白人由于受教育程度低，长期面临着失业的威胁或处于失业状态。另外，不同种族的教育差异还导致工资收入的差异。在巴西、玻利维亚、危地马拉和秘鲁的年轻人中，非白种人的平均工资收入通常只有白种人的一半。

另外，语言问题也导致不同种族的教育机会不均等和教育差异。因此，设立双语学校对土著居民尤为重要。2001年世界银行的调查报告显示：学校中存在的社会差异会因语言因素而放大。双语教育不仅在学生最初学习阶段有用，而且对于提升教育以及通过减少社会差异实现文化转型起到重要的作用。加拿大、危地马拉、海地、尼日利亚、菲律宾和美国的经验也证明，双语教育不仅提高了土著居民和移民孩子的阅读能力，还提高了教育公平。

当前，在拉美，许多有识之士都认识到：拉美要实现一个更公正的社会就要建立一个允许有才能的非洲裔拉美人、土著人和穷人都获得进入高

---

① 在拉美，教育机会不均等的性别差异并不很大。虽然在玻利维亚和危地马拉等国的土著居民中，女孩的入学率和受教育年限仍很低，但相比亚洲、非洲和中东，在拉美许多国家的青年人中，女性都享有教育优先权。World Bank，2005 World Development Indicators，2005，p.7.

② David de Ferranti，*Inequality in Latin America：Breaking with History*，World Bank Latin American and Caribbean Studies，Bethesda，Maryland，LexisNexis，2004，pp.7—6.

等教育的机会并得以提升的教育体系。一些拉美国家已经对那些由于经济、社会和文化地位较低而遭受教育匮乏的土著群体予以特殊的教育资助，例如，以入学率为条件的奖学金（墨西哥的 Oportunidades 和巴西的 Bolsa Família）是提高土著居民（尤其是女孩，因为她们通常比男孩有更高的辍学率）教育参与率的重要手段。

第二，不同收入水平造成教育机会不均等和教育差异。在拉美，不同收入水平的群体所能获得的公共教育资源的差异较大（见表 8—9），从而导致他们的受教育程度存在很大差异：占总人口 10％的高收入家庭的成员平均受教育年限为 11.3 年，相当于高中学历；而占总人口 30％的赤贫家庭的成员平均受教育年限仅为 4.3 年，尚未完成小学学业。在巴西、墨西哥、萨尔瓦多、巴拿马等收入最不平等的国家里，贫富之间的这种教育差异已经达到 8 年。[①] 因此，从减少社会不平等的角度来看，缩小贫富之间的教育差异很关键。

表 8—9　　拉美不同收入水平的公共教育资源获得率（1991—2001 年）（％）

国家	占总人口 20％最贫穷者	占总人口 20％最富有者
墨西哥	19	21
尼加拉瓜	11	35
秘鲁	15	22
巴西	18	25
哥伦比亚	23	14
哥斯达黎加	21	20
厄瓜多尔	12	25

资料来源：世界银行：《2004 世界发展报告》，中国财政经济出版社 2004 年版，第 256—257 页。

第三，贫困造成教育机会不均等和教育差异。拉美贫困群体未完成初等教育的比重相当高。在整个拉美地区，20—25 岁的年轻人中有 1/4 没

---

① IDB, *Facing up to inequality in Latin America*, Washington, D. C., 1998, p. 17.

有完成初等教育；12—17 岁年龄组的青少年中仍有 27％的人在读小学，他们平均上过 7 年学，却只完成了小学 4 年级的课程。[①] 他们大多属于农村和城市贫困群体（见表 8—10 和表 8—11）。从表 8—10 中可以看到，在所有这些拉美国家里，农村儿童的留级率大大高于城市；在城市中，收入等级越低的群体，其子女留级率越高。在巴西，有 1/2 的农村儿童和 1/5 的城市儿童（多数来自占人口总数 50％的赤贫家庭）正在留级就读；城市 25％的赤贫人口中有 2/5 是留级生。[②] 表 8—11 描述了拉美国家 14 岁或 15 岁儿童完成小学六年级的百分比。以巴西为例，这个年龄组的城市儿童完成初等教育的可能性是农村儿童的 2 倍；城市中收入最高等级的家庭，其子女完成 6 年级的可能性是城市 25％赤贫家庭子女的 2.5 倍。

　　贫困、教育差异与社会分化。贫困和教育之间的关系是累积性的因果关系：贫穷本身往往容易造成儿童营养不良，健康欠佳；况且，贫困家庭面临着较大的生存和经济压力，对子女在校学习时间和上学的直接花费都很敏感，许多儿童从小就从事劳动，贫困群体还往往普遍缺乏对学前教育的认知。学前教育对学生早期学习成绩有很大的影响，如果早期成绩不好，就可能没有机会接受中等和高等教育。拉美学前教育的主要受益者是中等和高收入的群体；即使有机会接受教育，贫困儿童也往往只能进入教学条件差、质量低的公立学校接受教育；另外，拉美国家在满足贫困儿童生活、学习的需要和条件方面还缺乏有效的补偿性政策。

　　这些因素都导致贫困群体的留级率和辍学率高，受教育的机会少，从而造成能力贫困；一旦进入劳动力市场，能力贫困又将直接导致他们缺乏劳动竞争力，很难获得就业机会，更不用说高工资的就业机会，因而容易产生新一代的贫困。生活上的贫困不仅导致其能力贫困，更重要的是还进而限制了其社会流动的机会。许多国家的经验研究表明，尚未完成初等教育的人几乎没有机会进入劳动力市场和参与社会或政治组织；完成初等教育对就业和社会升迁的影响微乎其微；而完成中等教育和高等教育对就业和社会升迁的影响则是决定性的。因此，是否完成中等教育和高等教育是

---

①　E. Schiefelbein & J. C. Tedesco, *El desafío educativo*, Madrid, Santillana, 1995.

②　城市居民中有 25％的人所受的教育是同一城市中 25％的赤贫人口的 2 倍。

18—23 岁青年人群体产生社会分化的重要因素。贫困人群通常不可能完成初等教育和中等教育，在拉美，占总人口 30％的赤贫者的子女中，多数人根本没有接受中等教育的机会，更不用说高等教育了。① 20 世纪 90 年代以来，拉美的高等教育得到了相当多的教育资源，获得了较快的发展。但是，贫富人口之间的高等教育入学率的差异却扩大了。拉美高等教育存在较高程度的不平等，且不公平程度在继续上升。巴西、萨尔瓦多和洪都拉斯是拉美地区高等教育入学最不公平的国家，在这些国家里，高等教育一直为特权阶层和高收入群体所享有。中等教育和高等教育这两级教育不平等导致的社会后果是：青年人群体的社会分化，即新一代的社会不平等。

表 8—10　　　　　　　拉美主要国家的城乡地区留级率（％）

（9 岁或 10 岁已入学却只上完二年级的儿童）

国别	年份	城市	农村	根据城市地区收入的四分位数			
				Q1	Q2	Q3	Q4
巴西	1996	25.6	52.9	43.5	20.5	9.4	4.7
智利	1996	10.1	19.5	13.8	8.7	9.7	4.2
哥伦比亚	1997	14.3	40.5	21.2	14.1	4.1	6.8
哥斯达黎加	1997	20.1	20.6	29.6	19.8	12.2	3
厄瓜多尔	1997	7.2	—	12.7	4.9	4.1	0.3
洪都拉斯	1997	10.9	24.8	19	8.3	6.9	3.4
巴拿马	1997	6.9	18.3	11.5	3.2	2.4	1.3
巴拉圭	1995	10.2	16.9	17.1	7.5	7.4	3.1
乌拉圭	1997	8.4	—	14.8	5.5	0.7	0
委内瑞拉	1995	11	20.9	15.9	8.3	9.1	2.2

资料来源：CEPAL，*Panorama Social*，Santiago，Chile，1999，pp. 176—177.

---

① Organization of American States，*Educación en las Americas：Calidad，Equidad y Ciudadania*，Washington，D. C.，OAS，1997，p. 15.

表 8—11　　　　拉美主要国家的 14 岁或 15 岁儿童完成小学

六年级的百分比（%）

国别	年份	城市	农村	根据城市地区收入的四分位数			
				Q1	Q2	Q3	Q4
阿根廷	1997	92.3	—	82.1	94.7	95.5	100
巴西	1996	55.9	23.7	32.6	53.8	73.2	87.4
智利	1996	92.1	78.8	85.6	95.1	97.1	98
哥伦比亚	1997	75.8	41	65.3	75.8	85.5	87.8
哥斯达黎加	1997	85.9	70.8	76.9	86	95.4	95.7
厄瓜多尔	1997	89	—	84.2	90	92.6	95.8
洪都拉斯	1997	77.4	54.6	66.6	77.4	79.8	91
墨西哥	1994	90.1	67.5	83.7	93	94.3	99.6
巴拿马	1997	92	82.6	87.8	94	95	97.7
巴拉圭	1995	82.3	—	76.7	80.7	88.4	90.2
乌拉圭	1997	92.3	—	87.3	94.5	95.7	100
委内瑞拉	1995	84.9	58.4	75.5	88.1	91	92.3

资料来源：CEPAL，*Panorama Social*，Santiago，Chile，1999，pp. 180−181.

第五节　关于拉美教育与社会不公的启示

上述分析表明：教育不公平是导致拉美社会不公的重要因素，拉美要实现教育公平和社会公平，就必须对社会边缘群体提供积极区别对待，实现教育机会均等。

20 世纪 90 年代以来，拉美国家开始注重教育以促进社会公平的功能，希望通过教育改善能力贫困、改变社会分层和社会不公平。1990 年，在智利政府的教育政策中首次提出了"在资源或机会分配中使处于不利地位者得到优惠待遇的积极区别对待"，后来成为其他拉美国家的共识。所谓积极区别对待，即对社会边缘群体实施补偿性政策，为其子女提供更多的教育资源，以帮助他们克服多方面的不利条件，包括提供成本低廉的或免费的优质学前教育机会，在为儿童制定的早期介入性计划中提供健康和营养的机会，提供额外的学习材料，为教师提供专门培训，发展因地制宜的教学方法，等等。目前，许多拉美国家都在实施补偿性政策方面取得了一定成效：例如，哥伦比亚的"新学校"教育改革，巴西的"唤醒巴西"、"人人受教育"计划和"家庭钱袋"计划，以及秘鲁、委内瑞拉、阿根廷和墨西哥等国的教育改革都进一步扩大了为社会下层贫困儿童提供早期儿童护理和学前教育的服务，为社会下层贫困儿童就读的学校提供了更多的教育资源。[①]

拉美的教育—社会不公问题对我国有重要的警示作用。因为自 20 世纪 90 年代以来，中国教育也开始了以教育规模和数量急剧扩张为主要特征的"教育产业化"。但是，却出现了与拉美类似的一些问题，教育不公不但没有因教育机会的增加而改善，反而却成为突出的社会问题，基于"文化资本"、"社会资本"的阶层差距呈扩大趋势。根据国内学者的研究表明，中国的收入、教育程度和教育回报率之间呈现"穷者愈穷，富者愈富"的马太效应。[②] 这也就是说，要有效地遏制收入差距不断扩大的趋势，就必须快速提高低教育水平者和低收入水平者的受教育水平。收入差距扩大是市场失败的产物，这就需要发挥政府的作用，通过实施向弱势群体倾斜的政策，加大对弱势群体人力资本的投资。

近年来，教育不公问题已经为广大群众和政府高度关注。党的十六届六中全会通过的《中共中央关于构建社会主义和谐社会若干重大问题的决定》将教育优先发展、促进教育公平摆在突出位置，明确提出"教育是构建社会主义和谐社会的基石"。2005—2006 年，中国教育公共政策发生了转变，把教育公平作为教育发展的一个重要问题来考虑，并出台了一系列的政策措施以期改善教育不公状况，如 2007 年全国农村义务教育阶段学生全面免除学杂费、对家庭经济困难学生实行"两免一补"政策、在全国农村建立远程教育网络，以及全面实施高校招生"阳光工程"和高校入学"绿色通道"制度等。笔者曾在位于我国西南边陲的少数民族地区的云南省沧源县勐董镇永和社区的实地调研中了解到，自实行农村义务教育免费政策以来，该社区通过建立"文化户口册"，对全社区所有学龄儿童家庭

---

① D. Winkler, Educating the Poor in Latin America and the Caribbean: Examples of Compensatory Education, paper presented at the Conference on Education, Poverty and Inequality in the Americas, Cambridge, MA, June 1999.

② 张车伟：《人力资本回报率变化与收入差距："马太效应"及其政策含义》，《经济研究》2006 年第 12 期。

进行在册登记，跟踪调查。目前，该社区所有学龄儿童全部获得了入学机会，小学和中学的辍学率也几乎降至零。

党的十七大报告进一步指出，教育公平是社会公平的重要基础。要大力推进教育公平，通过发展教育改变社会分层，缩小社会差别，促进社会公平和谐。报告明确指出，要坚持教育公益性质，加大财政对教育的投入，坚决反对教育产业化。坚持教育的公益性，是为了更有力地促进教育公平。建立健全家庭经济困难学生资助体系，从严治教，规范管理，保障每一个孩子都能上得起学。特别是从2007年开始，我国又建立起了高校和中等职业学校家庭经济困难学生的资助体系，要让所有家庭经济困难的学生都能够上得起大学或接受职业教育，努力保证孩子们接受公平教育的机会。报告还指出，要深入实施素质教育，全面提高各级各类教育的教育质量，努力让所有的孩子都能够上好学，能够接受良好教育，这是新时期促进教育公平的更高目标。

第九章

拉美国家社会保障制度改革

历史上，拉美是西半球最早建立起社会保障制度的地区之一。受欧洲大陆的影响，拉美国家传统的社会保障体系以国家管理的社会保险模式为主导。从经济发展阶段上分析，大部分拉美国家于 20 世纪六七十年代进入人均 GDP 为 1000 美元的发展阶段，至 80 年代人均 GDP 达到 3000 美元左右。在此阶段，拉美国家社会保障制度正进入一个出现危机和发展困境的时期，传统社保体系面临的各种问题和矛盾日益加剧，从而导致 80 年代来的社保私有化改革过程。本章回顾 80 年代前后拉美社保制度的演变历史，分析其改革过程中的经验教训，并得出对我国社保制度建设的几点启示。

第一节　20 世纪 80 年代前社会保障的
发展历史和问题

一　拉美国家早期社保体制的演化和基本特征

按照建立时间的先后顺序，早期拉美国家社保制度的发展可划分为三个组别：

第一组是先锋国家，包括智利、乌拉圭、阿根廷和巴西四国，这些国家的社保制度出现于 20 世纪 20 年代和 30 年代，它们受"俾斯麦"社会保险模式的影响，在社保制度划分上属于欧洲大陆的"保守主义"

模式[①]。其特点是社会保障资格与就业相关联，保护那些"具有良好组织的劳动职业阶层"。这种模式在拉美国家发展呈现出的特征是：社会保障计划条块分割、碎片化分布，缺乏整体统一性。每个国家都有数量众多、各自独立的社保子系统，不同行业和部门具有不同的保障计划。而每个计划又有各自依据的法律和管理机构，在融资和待遇给付上差异性很大，从而导致了社会福利的分层制结构，其中小部分特权阶层处于社会权力的中心地位，享有最优厚的待遇，而社会大众却处于底层，保障权益差。[②]

第二组是"二战"后开始建立社保制度的一组国家，包括哥伦比亚、哥斯达黎加、墨西哥、巴拉圭、秘鲁和委内瑞拉等十几个拉美国家，这些国家的社保制度在一定程度上受到了"贝弗里奇模式"的影响，具有"社会民主主义"福利体制的特征，它们强调了"普享型"的保障目标，社会保障计划往往由统一的国家行政机构管理。但这些国家的社会保障覆盖面非常有限，早期的社会保障主要集中在首都和大城市人口中，并在随后的发展中，不断地为国家公务人员等优势群体建立起单独的保障计划。

到了50年代和60年代，这两组国家的福利模式呈现出不断融合的发展趋势，采用"俾斯麦"模式的国家逐步扩展覆盖面，到70年代覆盖人口达到了就业人口的70%左右，但社会保障的分层化也日益加重；采用"贝弗里奇"模式的国家在为社会各阶层提供一个最低保障的同时，也不断为经济发展中的优势部门建立起相应的保障制度。此外，这两种模式的一个共同特征是都将非正式就业人口（包括农民）排除在外。

最后一组国家是中美洲国家，它们大部分于20世纪50年代和60年代开始建立社保制度，而加勒比海地区（不包括古巴）则于60年代和70年代开始建立社保制度。

---

① 按照艾斯平—安德森的三分法，福利国家体制有三种类型，第一种类型是"自由主义"福利国家体制，在这种福利体制中居支配地位的是家计调查式的社会救助，采用这种模式的典型代表是以英国和美国为代表的盎格鲁-撒克逊国家；第二种类型是"保守主义"福利制度，该制度类型的特点是保障资格以劳动就业为基础，社会保障的主要形式为社会保险计划，这类制度最初产生在德国，而后扩展到整个欧洲大陆。第三种是"社会民主主义"制度。它缘于贝弗里奇的普遍公民权原则，资格的确认几乎与个人需求程度或工作表现无关，而主要取决于公民资格或长期居住资格，属于这种类型制度的国家数量最少，主要存在于几个北欧国家之中。关于福利国家体制的划分参见艾斯平—安德森《福利资本主义的三个世界》，法律出版社2003年版。

② Mesa-Lago, Carmelo, *Changing Social Security in Latin America*, Lynne Rienner, Boulder and London, 1994, p. 17.

从 20 世纪初至 70 年代，拉美国家的福利体制呈现出欧洲大陆"普救型"模式特征，但相对欧洲大陆国家而言，其福利体制是支离破碎的，被称为"有限的"或"不完整的"福利体制①，其演变的路径受到拉美国家自身政治和社会格局变化的影响，主要呈现出以下特点：

第一，福利体制存在"先天不足"。一开始拉美国家的社会保障体制就将大量劳动力市场之外的社会人口、社会底层等群体排除在体系之外，到了 20 世纪 80 年代，在财政危机的冲击下，许多拉美国家尚未完善起来的社会保障体系已开始面临巨大的改革压力。

第二，社会保障体系的碎片化。与政治、经济和历史因素联系在一起，拉美福利制度的一个明显特征是碎片化，不同社会阶层、不同部门、不同行业之间的福利制度分割非常严重，这种现象要比欧洲大陆国家突出。以智利为例，在 20 世纪 80 年代改革之前，智利的社会保障体系非常分散，20 世纪 70 年代，智利全国大约有 160 个社会保障基金，包括 31 个养老保障体系、30 个伤残保障体系、35 个生育保险以及 55 个社会福利项目体系，还有大量的家庭津贴和失业赔偿管理体系②。就福利制度的碎片化程度而言，拉美国家反映出的规律是：建立社保制度越早的国家，例如第一组的智利、阿根廷、巴西，福利制度碎片化情况越严重，改革越为迫切，也成为 80 年代以来最早进行改革的国家；以墨西哥为代表的第二组国家的碎片化程度要轻一些；而在第三组国家中基本上没有碎片化现象。

第三，社会保障计划的发展演进反映了社会力量格局结构。大部分拉美国家社会保险计划的建立是从军人、公务员和司法人员开始的，然后覆盖到中产阶级和工人阶级中组织最好、具有战略地位的部门，例如新闻工作者、银行职员、教师、铁路和港口工人、商船船员等；此后才扩展到更广部门的工人阶级，包括矿业、公共服务业、制造业中的工人，最后是自愿或强制性地推广到自雇者。由于农村下层阶级缺乏政治权力，他们加入

---

① Ilan Bizberg, El Colegio de México, "Social security systems in Latin America in the 20th century and the model of the European welfare state", http://：www. colmex. mx/centros/cei/Paginas％20profesores/Articulos/Bizberg/WZB％20editedl％20（2）. doc.

② Carmelo Mesa-lago, "Social Security in Latin America—Pressure Groups, Stratification and Inequality ", University of Pittsburgh Press.

社保体系的时间最晚，覆盖人口也最少。[①]

第四，"福利赶超"战略。分析拉美国家早期的福利发展史，许多学者认为它是一个畸形的发展过程，其中一个原因就是拉美部分国家在人均GDP没有达到应有水平的条件下，就"过早"地建立起普及性的福利体系，被称为"福利赶超"现象。有学者把这种现象与拉美的民粹主义联系在一起[②]。相对比，发达国家和一些飞速增长的发展中国家则是在相对较高的人均GDP水平上过渡到普及性的福利制度的。韩国就是典型的例子。但从以上分析也可看出，虽然比较早地建立了普及性的福利体系，但这种体系是片面性的，它使得社会中上阶层受益。因此，存在着很大的不公平性。

二 拉美传统社会保障制度面临的困境

从 20 世纪下半叶开始，拉美传统社保体系的种种弊端开始显露出来，进入越来越难以维持运营的困境，突出问题表现在以下几方面：

第一，财政收支失衡。社会保障财政入不敷出的直接原因来自两方面：一是人口老龄化趋势的加快；二是严重的逃缴费现象。从 70 年代开始，阿根廷、智利和乌拉圭等国家已开始出现社会保险赤字。进入 80 年代后，随着债务危机的爆发，社会保险债务日益成为各国政府的沉重财政负担。以智利改革之前的社保财政收支情况为例，到 1974 年各项社保项目缴费率已平均高达工资的 61.9％，其中，养老金缴费率平均为 22.8％。为了维持社会保障体系的运营，政府的财政转移支出越来越高，从 1975 年到 1980 年改革以前的 6 年内，退休金支出的 40％要靠政府来补贴，平均每年占到 GDP 的 3％。[③]

第二，收入分配上的不平等。许多国家社会保障计划在不同部门和行业之间条块分割，在筹资方式、待遇给付上缺乏统一标准，造成分配上不公。社会保障不平等体现在不同社会地位、不同行业、不同部门等多个方

---

① 艾斯平·安德森编：《转变中的福利国家》，周晓亮译，重庆出版社 2003 年版，第181 页。

② 樊纲、张晓晶：《"福利赶超"与"增长陷阱"：拉美的教训》，www.neri.org.cn/special/200801fg.pdf。

③ Supnerintendency of Chilean Pension Fund Aministrators: The Chilean Pension System (Fourth Edition)，2003.

面。人们享受养老、医疗等的待遇往往因其所在部门、行业，以及与政府讨价还价能力的大小而出现重大差别。[①] 以智利为例，1980 年改革前智利传统养老金体制共有 32 个独立的社会保障机构（称为 Cajas），管理着上百种不同养老金计划安排，其中一些制度安排使某些群体享有特权，如"与薪金挂钩的养老金制"（salary-linked pensions），它规定在职人员的养老金与其薪金同步调整，而且根据就业年限可以提前退休，最早的提前退休起始年龄为 42 岁。[②] 然而，养老金计划针对贫穷工人的给付资格要求却十分苛刻。由于养老金缺乏与通货指数相挂钩的调整机制，1962 年到 1980 年期间，智利支付给蓝领工人的平均养老金下降了 41%[③]。

第三，社会保障参保覆盖面低。大多数拉美国家的社会保险体系只覆盖到城市的正式部门雇员，大量自雇者、失业人口以及低收入贫困阶层被排除在养老保障计划之外。在传统体制下，参保情况最好的拉美国家覆盖面大约为 70%，如乌拉圭为 73%，智利为 64%；大部分中等国家参保率处在 30%—50% 之间，而最差的国家低于 20%。[④]

第四，低效的管理体制。在拉美国家传统社会保障体制下，政府部门直接参与各类社会保障项目的管理，社保行政机构数量庞大并且分散，造成政出多门，官僚主义盛行。有许多国家建立了社保基金储备，但这部分社保资金大多由政府掌控，由于投资管理上的混乱，造成了大量亏空，从而进一步加重了社保资金的支付缺口。

三　从利益集团角度分析拉美传统社会保障制度不平等的根源

（一）四类利益集团

著名的拉美社会保障研究专家梅萨·拉戈（Mesa Lago）分析了历史上拉美国家社会保障的不平等问题，他指出利益集团对拉美社会保障发展历史有显著影响：利益集团势力与社会保障权利具有正向关联，利益集团

---

① 苏振兴：《增长、分配与社会分化——对拉美国家社会贫富分化问题的考察》，《拉丁美洲研究》2005 年第 1 期。

② 胡安·阿里斯蒂亚主编：《AFP：三个字的革命 智利社会保障制度改革》，中央编译出版社 2001 年版，第 2 页。

③ Supunerintendency of Pension Fund Aministrators，*The Chilean Pension System（Fourth Edition）*，2003.

④ 这里所说的养老金计划参保率指的是实际缴费人口占劳动力就业总量的比例。

的力量越强大，该群体享受社会保障的时间越早，覆盖面越高，缴费成本越低，待遇水平越高，获得权益的资格条件越宽松。①

依据政治势力、组织规模、收入高低、经济社会影响等方面指标，拉美国家的利益集团可以划分为四组：军队（警察等）阶层、政治管理阶层（公务员、统治官僚）、经济或市场阶层（白领、蓝领阶层）以及工会组织阶层。这四个阶层的政治、经济和社会势力依次递减，享受的社会保障权益也依次递减。

首先，历史上，在许多拉美国家，军队阶层是最强有力的统治力量。自独立至20世纪70年代的期间，军人统治在墨西哥和秘鲁达一个世纪之久，在阿根廷达60年，在智利为40年，乌拉圭则为35年。作为绝对权力的享有者，这个阶层的社会保障权益最为优越。历史上，许多拉美国家最先在军队部门中建立社会保障制度，其后推广到警察等部门。即使在90年代的私有化社会保障改革中，也没有触及他们的利益。

其次则是统治官僚阶层，包括政府官员、议会代表、公务员以及新闻工作者等公共部门人员，他们是经济社会中的第二大利益集团。当然不排除在某些国家，这个阶层的力量已超过军队。这个阶层的特点是控制政府公共管理事务，在某些情况下，他们会形成政治联盟加强统治，并有时借助工会或工人罢工组织来巩固地位。这部分群体的社会保障权益也非常优越，大部分国家针对公务员和公共管理部门建有独立于社会普通民众之外的单独福利计划，并成为一种社会地位和身份的象征，改革很难触动这部分群体的利益。

第三类则是市场阶层，他们依靠自身技能，运用经济手段、市场手段来获取社保权益，包括工程师、教师、银行职员、会计等职业白领阶层，他们享受的社会保障权益落后于以上两个阶层。这个阶层的一个重要特点是获取社会保障权益的能力往往与其所在部门或行业在经济社会发展中所处的地位和影响力有关。例如，"二战"后，许多拉美国家实行"进口替代工业化"发展战略，这使得城市中的制造业、外贸等部门上升到国民经济的重要战略地位，这些行业的雇员社会地位较高，具有良好的组织机构。因此，可以享受较好的社会保障待遇。

---

① Carmelo Mesalago，"Social Security in Latin America—Pressure Groups，Stratification and Inequlity "，University of Pittsburgh Press，p. 258.

　　最后一类是工会组织阶层，这个阶层的组织结构较为复杂，包括由城市蓝领工人、农村务工者组成的各种各样的工会或工人联盟，也可以将家庭佣工和自雇者等列为其中的一个特殊群体。这些工会组织的势力往往视其成员规模、社会影响力以及与政府和社会各界的讨价还价能力而定，他们获取社会保障权益主要通过组织罢工、谈判等方式。在拉美国家，大部分工会组织形成于 19 世纪末和 20 世纪初，这些工会组织可以进一步细分，总体而言，电力和石油行业的工人地位是最高的，其次是铁路和海运部门，再者是矿业生产等制造业部门，最后是农业部门。

　　当然，以上四类主要指的是加入社会保障体系的人员。在未参加社会保障的人群中，主要是处于社会底层的弱势群体，包括农民、城市自雇者、失业者以及部分低收入者等。这部分群体收入低、组织性差，没有社会地位和声音，被排除在社会保障体系之外。此外，还有一部分富人、大企业家、金融家以及地主等也未参保，相对社会底层来说，他们不必为缺少保障而担忧。

　　（二）三种演化模式

　　在拉美国家社会保障演化的历史中，利益集团权力的大小和分化是形成社会保障分层结构的主要原因。社会保障分层是社会分化的一面镜子，产生社会分化的原因有：职业、收入水平、社会地位、居住地、种族、教育以及拥有武器的权利等。社会保障权利和利益集团的谈判能力（势力大小）是一种函数关系，社会地位越高，越能表达自己的愿望，影响政府实施有利于他们的政策。因此，利益集团、政府和社会保障权利三者之间有互动关系。在不同的政治体制下，社会保障演化的作用机制可能不同，按照梅萨·拉戈的划分，拉美国家的社会保障演化模式有三种类型：[①]

　　第一种模式表示为图 9—1。在 19 世纪初，许多拉美国家在获得独立后，实行家长式的寡头统治（Patrimonial-Oligarchic），军人和政府官僚等少数群体直接控制政府，从而首先制定了针对自己群体的社会保障政策。这模式是一种绝对权力控制下的推动方式，利益集团是其中发挥作用的主要角色。

---

　　①　Carmelo Mesalago，"Social Security in Latin America—Pressure Groups，Stratification and Inequality "，University of Pittsburgh Press，pp. 260—262.

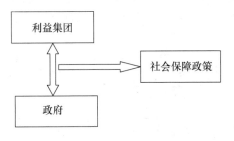

图 9—1 模式一

第二种模式表示为图 9—2。在这种模式下，市场阶层和工会组织通过对政府施加压力，来寻求社会保障权益。在此过程中，他们可以借助于与自己有密切关系的政治党派的力量和呼声来影响社会保障政策的出台。许多实行多元化—自由（Pluralistic-Liberal）政治体制的拉美国家在迈向现代化的过程中，社会利益集团与政府间的斗争、协商、谈判是其争取社会保障权利的一种主要手段，最终往往是双方相互妥协的结果促成了社会保障政策的出台。在这种模式下，推动社会保障发展的社会力量是多元化的，利益集团、政府和政党都是其中发挥作用的社会角色。

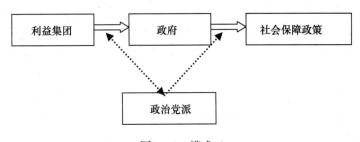

图 9—2 模式二

第三种模式表示为图 9—3。直到 20 世纪中下叶，部分拉美国家才为工会组织下的普通工人建立相应的社会保障体系，首先是城市中的蓝领工人，接着是从事现代种植业的农业工薪阶层，最后是农业工人和社会中的自雇者。这部分社会群体数量规模较大，对社会保障的需求非常迫切，但由于缺乏组织性和凝聚力，并且参保成本高，因此，通过自身努力争取社会保障权益的能力较差。在这种情况下，许多实行权威统治（Authoritarian）体制的拉美国家，政府出于获取民众支持、政治选举以及与工会组织谈判的需要，承诺为社会底层建立相应的社会保障体系。这种模式是一种政府主导性的推动方式，具有较大的随机性。

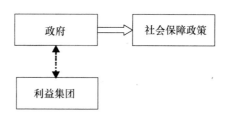

图 9—3　模式三

而在实际发展过程中，许多拉美国家的社会保障政策出台往往是几种模式相互作用的结果。利益集团社会保障权利的获得往往是自身力量、政府意愿、政治团体影响以及工会组织利益相互作用的多重结果。

（三）实证分析："金字塔"式的社会保障分层结构

社会保障分层结构造成了社会保障权益的不平等。在长期发展过程中，拉美国家的社会保障体系逐渐形成了一种金字塔式结构，社会保障水平的高低在很大程度上取决于各社会阶层所具有的政治影响。少数特权阶层受到高度保护；中间阶层的人数较多，但享受的保障程度比特权阶层低得多；处于社会底层的广大民众甚至根本没有享受到社会保障体系的保护。社会保障体系的这种分散化和分层化特征在拉美国家具有普遍性。[1]在拉美国家，这种金字塔式的社会保障分层结构具有以下几个特点：一是纵向上的差别，反映在政治地位、社会身份的差别上，造成社会上、中、下阶层之间的保障权益差别；二是横向上的差别，即使在同一社会阶层内部，不同行业、部门之间，由于其在国民经济中的地位和影响力不同，也存在着很大的保障差距，这种"碎片化"分布的保障体系进一步加剧了社会保障的不公平性；三是逆向再分配带来的贫富差距。社会保障的一个基本功能在于"劫富济贫"，而拉美国家的传统社保体系却未发挥这种作用。总体上看，拉美国家中的富人处于较高的社会地位，享有的社会保障要比社会底层优越，因此，这种分层式的制度结构下，

---

① 袁东振：《拉美国家收入再分配政策的局限性》，http：//ilas. cass. cn/u/yuandong-zhen/％7B47D4E7A4－1551－40E2－9B9F－6F5305C83CD7％7D. pdf。

社会保障形成了一种"累退"的财富分配效应，实际的结果是穷人在向富人进行补贴。

至 20 世纪 80 年代之前，拉美国家的社会保障分层结构和不平等现象已非常突出。以下针对阿根廷、智利、墨西哥、秘鲁和乌拉圭五个国家，从四个维度运用数据来实证分析拉美社会保障的不公平性，一是在不同社会群体之间享受社会保障的时代差距；二是参保覆盖面上的差别；三是缴费负担的差别；四是享受待遇的差别。

1. 立法时间

针对不同社会群体社会保障立法时间的早晚反映了利益集团力量的差别。表 9—1 说明了拉美五国中针对不同阶层最早出现的社会养老金立法上的时代差别情况。表中数字代表的是以 1980 年为时点养老金立法时代与 80 年代之间的差别数值。例如，如果立法出现在 70 年代，则数字为 1，代表 1 个时代之前立法；如果数字为 19，则说明立法出现于 190 年前。数值最高则说明立法越早，即该群体享受的社会保障权益最早。① 最后一行中的不公平性度量指标是指该国数字组的标准差，值越高，反映立法年代差距越大，不公平性越高。从表中可看出，五国养老金立法的时序基本情况：一是军队（18 世纪末至 19 世纪初）；二是政府公务员（18 世纪末至 1880 年）；三是警察（1890 年至 20 世纪 40 年代）；四是公共行业、银行、石油和海运部门职员（1910 年至 20 世纪 40 年代）；五是大量的城市白、蓝领工人（1920 年至 20 世纪 40 年代）；六是农业工人（1930 年至 20 世纪 50 年代）；七是家庭佣工（1930 年至 20 世纪 70 年代）。总体上，这五个国家大致用了近 200 年的时间跨度实现养老金体系的整体覆盖，除去军队和公务员外，大部分社会中间阶层于 20 年代至 70 年代间建立养老金制度。从标准差值上看，秘鲁和墨西哥的不公平性最高，智利最低。

2. 覆盖面

表 9—2 以养老保障制度为例说明了 20 世纪 60 年代期间拉美五国社会保障覆盖面的变化情况，从参保人口占全部人口比重和参保人口占经济活动人口比重两个指标上，可以看出每个国家的社会保障覆盖面情况，其

---

① 需要说明的是社会保障立法时间并不能代表该法实际应用的时间，这只是一种理论上的近似分析。

中未参保人口比率反映了社会保障覆盖的不公平性。覆盖率最高的为智利和乌拉圭，最差的为秘鲁。整体而言，1961—1969 年，拉美五国社保覆盖率上升幅度非常缓慢。

表 9—1　　　　　拉美五国最早出现的社会养老金立法时代排序

职业组别	阿根廷	智利	墨西哥	秘鲁	乌拉圭
蓝领工人：					
普通行业	4	6	4	4	6
铁路	7	7	5	4	7
海运	5	6	4	5	6
石油	4	6	5	4	—
农业工人	3	6	3	2	4
家庭佣工	3	6	1	1	4
白领工人：					
普通行业	4	6	4	4	6
银行	6	6	4	4	6
公务人员：					
政府职员	18	10	19	19	15
公共行业	6	6	4	4	7
武装力量：					
军人	19	19	19	19	19
警察	4	6	6	—	9
不公平性度量指标	5.6	3.8	6.0	6.4	4.7

资料来源：Carmelo Mesa-lago，"Social Security in Latin America—Pressure Groups，Stratification and Inequality"，University of Pittsburgh Press，p. 264.

表 9—2　　　　　　　**1969 年拉美五国社会保障覆盖面（%）**

覆盖面指标	阿根廷	智利	墨西哥	秘鲁	乌拉圭
参保人口/全部人口	40.7	68.8	22.8	12.3	64.5
60 年代期间年均变化率	1.3	0.6	1.3	0.4	0.1
参保人口/经济活动人口	48.4	69	23.3	35.6	95
60 年代期间年均变化率	1.2	0.2	1.3	1.3	−1.4
退休人口赡养比（%）	3.1	3.7	17.4	37.3	2.3
不公平性度量指标					
未参保人口/全部人口	59.3	31.2	77.2	87.7	35.5
未参保人口/经济活动人口	51.6	31	76.7	64.4	5

资料来源：Carmelo Mesa-lago，"Social Security in Latin America—Pressure Groups，Stratification and Inequality"，University of Pittsburgh Press，p. 267.

3. 缴费负担

表 9—3 反映了五国的社会保障缴费率情况。从雇员缴费负担角度分析，从理论上讲，蓝领作为低收入者，他们的缴费负担相对于其他群体应低一些，从而体现出再分配的积极效果。从表中可以看出，在阿根廷和智利两国，公务员和军队人员的缴费率要高于普通工人；而墨西哥、秘鲁和乌拉圭三国则是相反结果，反映了累退的再分配效应。从雇主缴费负担角度分析，雇主承担的缴费越高，则对雇员越有利。从拉美五国的情况可以看出，相对于蓝领工人阶层，公务员和军队人员的雇主（即政府）承担的缴费都要高出一些，这反映了国家对于这部分群体的保障倾斜政策。

表 9—3　　　　　　　　　**拉美五国社会保障缴费率（%）**

职业组别	阿根廷（1973）		智利（1968）		墨西哥（1971）		秘鲁（1973）		乌拉圭（1969）	
	雇员	雇主	雇员	雇主	雇员	雇主	雇员	雇主	雇员	雇主
蓝领工人	7	29	8.5	43	3.8	13.1	5	14.4	25.5	39.5
白领工人	7	29	13	52.3	3.8	13.1	5	11.5	25.5	39.5
公务人员	7	29	19.5	45.8	8	12.8	6.5	10	15.5	50
军队力量	9	38.5	15.5	47.8	0	16.9	1.5	15	16.5	48.5

资料来源：Carmelo Mesa-lago，"Social Security in Latin America—Pressure Groups，Stratification and Inequality"，University of Pittsburgh Press，pp. 266—267.

4. 待遇标准

表9—4说明了五国各阶层享受社会保障待遇的项目数量情况，一般来说，公务员和军队的保障项目类别相对工人阶层要多一些，反映了他们优越的保障地位。

表9—4　　　　　　　拉美五国各阶层社会保障待遇项目数量

职业组别	阿根廷（1973）	智利（1970）	墨西哥（1971）	秘鲁（1973）	乌拉圭（1969）
蓝领工人	24	25	20	17	27
白领工人	24	28	20	19	27
公务人员	24	28	24	24	25
军队力量	26	27	21	24	25

资料来源：Carmelo Mesa-lago，"Social Security in Latin America—Pressure Groups，Stratification and Inequality"，University of Pittsburgh Press，pp. 266－267.

表9—5反映了五国退休人员在各阶层间的分布以及各阶层退休金支出所占比例的总体情况。可以看出，工人阶层的养老金支出份额要小于其人口占比，说明了他们的退休金待遇低于社会平均水平；而公务员和军队的退休金支出份额水平要高于其人口占比，说明了他们相对较高的保障待遇水平；其中在墨西哥、阿根廷两国，军队的退休金支出份额甚至高达其人口占比指标的3倍左右，反映出军人的优厚待遇。

表9—5　　　拉美五国退休人员在各部门的分布和退休金支出分布（％）

职业组别	阿根廷（1966）参保人口占比	养老金支出占比	智利（1967）参保人口占比	养老金支出占比	墨西哥（1969）参保人口占比	养老金支出占比	秘鲁（1969）参保人口占比	养老金支出占比	乌拉圭（1969）参保人口占比	养老金支出占比
蓝领工人	56.9	48.7	63.1	37.8	73.9	31.8	90.2	83.9	74.3	66.1
白领工人			10.2	18.8			9.8	16.1		
公务人员	37.5	37.2	12.9	15.6	17.1	46.8			21.3	27.1
军队力量	5.6	14.1	13.8	27.8	9	21.4	—	—	4.4	6.8

注：表中两行单一数字表格为两部门合并数据。

资料来源：Carmelo Mesa-lago，"Social Security in Latin America—Pressure Groups，Stratification and Inequality"，University of Pittsburgh Press，pp. 266－267.

第二节　80年代以来的社会保障私有化改革历程

20世纪80年代，拉美国家遭遇了自30年代大萧条以来最严重的经济危机，被称为"失去的10年"，面临沉重的债务负担和财政危机，大部分国家政府开始运用新自由主义政策进行经济和社会体制改革。在经济全球化、人口老龄化等因素的冲击下，许多国家的社会福利体制也陷入深深的危机之中，削减传统体制下沉重的财政负担成为改革的首要目标。在这种情况下，以1981年智利的养老金私有化改革为起点，拉美国家经历了一场"自由主义"福利体制的变革进程。从80年代开始，社会政策改革席卷拉美，最重要的变化体现在政府服务、决策的分散化、私营部门的参与、福利政策的目标定位等方面。到了90年代，社保改革"智利模式"作为私有化、市场化、个人资本化社会保障制度的样板，被许多国家所广泛效仿。以下从养老保障、医疗保障及社会救助制度三个领域来分析拉美80年代以来的社保制度改革历程。

一　养老保障改革

面对传统公共养老金计划的困境，拉美国家开始寻求养老金制度改革的对策。但是在智利改革之前，各个国家进行的都是对传统体制的修补式改革，包括提高退休年龄、提高缴费、统一养老金给付规则等方面的改革措施，这种制度内的参量式改革方式收效甚微。1981年，智利的改革建立了以个人资本化账户为基础的私营养老金计划，其特点是：养老金缴费全部来自个人，资金在账户内进行积累，养老基金投资由个人做出决策，选择私营养老基金管理公司进行市场化的投资运作。在制度特点上，智利的养老金制度是一种DC型（缴费确定型）的完全积累制模式。因其特殊性和典型性意义，我们将这种养老金完全私有化的模式称为"智利模式"。智利模式在经历了80年代的成功改革之后，进入90年代，一批拉美国家开始纷纷效仿智利的做法，进行养老金制度的结构性变革，它们被称为拉美"第二代改革"。这些国家改革的共同点在于引入私营管理的积累制养老金计划，但在制度结构安排和改革模式上却有不同的特点。

（一）改革的先锋：智利

智利 1981 年的养老金制度改革是一次激进的变革方式。1973 年皮诺切特军政府上台后，在经济和社会领域积极推进自由市场化的改革政策，一批具有自由主义思想的"芝加哥学派"经济学家提出了私有化的养老金制度改革方案。新制度自 1981 年 5 月起开始正式实施，改革的基本内容为：第一，为每个雇员建立养老金个人账户，缴费为雇员工资的 10%，全部存入个人账户；第二，专门成立单一经营目标的养老金管理公司（AFP），由其负责缴费的收集，账户的管理以及基金的投资运作；第三，雇员自由选择 AFP，退休时养老金给付由账户积累资产转化为年金或按计划领取；第四，成立养老金监管局（SAFP），负责对 AFP 的监管，并且由政府提供最低养老金保障；第五，养老基金投资资本市场，政府采取严格的数量监管模式，防范养老基金的投资风险。

法律规定，自 1983 年 1 月 1 日后参加工作的所有正式部门雇员（军队除外）都要加入新制度，而自雇者和非正式部门的从业人员则可以自愿加入，改革前原体制内的老雇员可以自由选择转入。针对体制转轨形成的养老金历史债务，政府承担了两方面的财政支出负担，一是针对继续保留在原现收现付体制下的参保成员，由国家财政来保证退休金的支付；二是针对由旧制度转入新制度的参保成员，他们以往缴费积累形成的养老金权益由政府通过发行认购债券（Recognition Bonds）的方式予以确认。

（二）第二代改革国家

进入 90 年代以来，受智利模式的影响，拉美国家掀起了新一轮的养老金制度改革浪潮，改革涉及的国家有 11 个，他们先后分别为：秘鲁 1993 年，哥伦比亚 1994 年，阿根廷 1994 年，乌拉圭 1996 年，墨西哥 1997 年，玻利维亚 1997 年，萨尔瓦多 1998 年，哥斯达黎加 2000 年，多米尼加共和国 2003 年，尼加拉瓜和厄瓜多尔 2004 年（这两个国家仍处于改革过程中）。总体上划分，拉美国家的改革模式可以大致分为替代式、并行式和混合式三种类型。①

---

①　关于三种改革模式的划分参见韩大伟、厉放、吴家亨《养老金体制：国际比较、改革思路、发展对策》，经济科学出版社 2000 年版；Indermit S. Gill, Truman Packard and Juan Yermo, *Keeping the Promise of Social Security in Latin America*, World Bank, 2004；Carolin A. Crabbe, *A Quarter Century of Pension Reform in Latin America and the Caribbean: Lessons Learned and Next Steps*, Inter-American Development Bank 2005.

实行替代模式的国家有智利、玻利维亚、墨西哥、萨尔瓦多、多米尼加共和国以及尼加拉瓜。这种模式的特点是停止原现收现付体制运行（有一段过渡时期），改革后，所有新就业的参保成员都要加入私营的积累制养老金计划。替代模式是一种改革最为彻底、最为激进的方式，在全世界22个进行养老保障制度结构性变革的国家中，除拉美之外，仅有亚洲的中国香港采取了这种模式。[①]

实行并行模式的仅有秘鲁和哥伦比亚两个国家。这种改革方式继续保留了原现收现付体制，但缩小了它的规模，同时，建立一个新的私营管理的积累制养老金计划，新参保的雇员可以在新旧制度之间进行选择加入一个制度，两个制度并行运转，相互竞争。由于这种改革模式的复杂性，拉美之外还没有其他国家采用这种方式。[②]

实行混合制模式的有阿根廷，乌拉圭、哥斯达黎加和厄瓜多尔四个国家。这种模式的特点是原现收现付体制保留下来作为养老金计划的第一支柱，由它提供一个基础养老金；同时，建立起一个私营管理的积累制计划作为第二支柱，提供辅助性的养老金。与并行模式不同的是，混合制模式的第二支柱私营养老计划是强制性的。在混合制模式中，阿根廷的改革又有特殊之处，它的第一支柱为统一的基础性养老金，第二支柱由辅助性的现收现付养老金计划和积累制养老金计划两部分组成，参保雇员可以在两者中进行选择。也就是说，它的第二支柱是并行式的。混合制模式是一种较为缓和的改革方式，已在东欧和西欧的十几个国家得到了广泛应用。

（三）改革效果

相对于世界其他地区来说，在过去二十几年内，拉美国家的养老保障改革进程是相当快的，改革幅度也非常大。面对人口老龄化的压力，世界上许多国家传统的现收现付公共养老金计划面临着越陷越深的困境。继拉美之后，90年代后期，原东欧的一些社会主义转型国家进行了养老金制度变革；一些 OECD 国家也开始引入个人账户式的积累制养老金计划，如瑞典、英国等。从二十多年的发展历程看，拉美国家养老金制度的改革

---

①　Carolin A，Crabbe，*A Quarter Century of Pension Reform in Latin America and the Caribbean: Lessons Learned and Next Steps*，Inter-American Development Bank 2005.

②　Ibid.

成效主要体现在经济效率上。通过养老金储蓄和投资，私营养老基金积累了规模巨大的资产，对资本市场发展和宏观经济发展带来了正向的外部效应。

尽管拉美国家养老金制度私有化改革取得了明显成效，但面临的社会问题也是十分突出的，主要表现在以下几方面：

第一，参保覆盖面下降。养老金私有化改革后，大部分拉美国家养老金计划的参保率并没有上升，较改革前反而有所下降，到 2002 年，在改革国家中，平均每个国家养老金计划总的缴费人口比率（实际缴费人口/占劳动力总量）由改革前的 38％下降到 27％[①]。参保率低的原因在很大程度上与劳动力市场结构的变化相关联。过去二十多年以来，许多拉美国家劳动力市场上出现了大规模的非正规部门就业人员、自雇者以及灵活就业群体。由于私营养老金计划的缴费是自愿性的，他们中的大多数并未加入到养老金计划中去。此外，较高的人口失业率也影响到了养老金计划的参保率。

第二，养老金收入分配差距加大。私有化的养老金制度主要依赖于个人缴费，社会互济再分配功能较差。80 年代以来，许多拉美国家有着非常高的社会贫困人口比率，并且贫富差距逐步呈扩大趋势。由于低收入群体缴费能力有限，他们中的许多人没有参加任何形式的养老金计划，这在一定程度加大了收入上的分配差距。

第三，养老金行业的管理成本较高。在私营养老金体制下，分散管理的养老金计划管理成本相对较高。高额的管理佣金耗用了大量的养老金缴费资源。以智利为例，根据经济学家的预测，到 2005 年为止，历史上 AFP 公司征收的管理佣金累计占到养老基金资产的 1/5 以上[②]。已有批评意见指出，在过去几年内 AFP 行业已成为智利国内最赚钱的行业之一，它的平均利润率要远高于金融行业的平均水平。

第四，政府的财政负担仍然较高。养老金制度结构性变革的一个出发点在于：通过引入私营养老金体制，逐步降低养老金计划长期内的财政负

---

① 包括旧制度下的公共养老金计划和新制度下的私营养老金计划，但一些军队、公务员等一些特殊群体未统计在内。

② Mauricio Soto, "Chilean Pension Reform: The Good, the Bad, and the in Between", Boston College Retirement Research Center, June 2005.

担。然而从拉美国家的实际情况看，长期内养老金的财政负担要受一些不确定性因素的影响。养老金制度实现转型需要政府承担相应的转轨成本，针对旧体制下的老年职工养老金支出负担是相当高的；同时，伴随新体制的发展，大量老年贫困人口增加，从长期看，政府的社会养老救助金支出会明显上升。

二　医疗保障制度改革

（一）拉美国家医疗保障基本概况

拉美国家的社会医疗保障项目主要有以下几种类型[①]：

第一，社会救助计划（Social Assistance Programs），主要集中在收入水平较低、靠国家财政补贴享受医疗服务的特定人群身上。

第二，社会保障计划（Social Security Programs），主要是工作人口参加，通过雇员和雇主的缴税（费）融资，在特定情况下，国家财政可给予补贴。它又分为两种类型：一是传统上的社会保障计划。这种计划的缴费资金形成社会统筹基金，为参保人口（或其家庭成员）提供医疗保障，这种计划一般由传统行业（团体）机构、社会保障基金会或社会福利组织等部门提供；二是个人保障计划（Individual Social Security Program）。个人选择公立或私营的保险机构购买医疗保险，医疗保险通常是待遇确定型的，保费根据风险进行调整。

第三，普享型的（或由国家卫生部门统一提供）保障计划，这些计划通常与公民资格挂钩。在一些国家，这类普享型计划与社会保障计划并存；而在另外一些国家，它覆盖社会保障计划之外的剩余人口。

表9—6提供了拉美19个国家医疗保障制度的人口覆盖面估算情况。拉美国家的医疗保障体系分为社会公共救助计划、社会保险计划、私营保险计划以及其他保障计划（针对军人、公务员和教师等特殊人群的计划）四种类型。可以看出，各个国家的覆盖面差别是较大的，最高的几个国家覆盖面达到了86%—100%（智利、巴西等），而最低的仅有57%—68%

---

① CISS（Inter-American Conference on Social Security），The Americas Social Security Report Edition 2003，Evaluation of the Reforms ：Chapter 8，Part I：Reforms to the Health Social Security Systems，http：//www. ciss. org. mx/english/index. html.

（萨尔瓦多，海地，巴拉圭，洪都拉斯和尼加拉瓜）。[①]

表 9—6　　　　1985—2004 年拉美各国医疗保障体系人口覆盖情况

国家	年份	按保障计划类型划分覆盖人口（％）				
		社会公共计划	社会保险	私营计划	其他	合计
阿根廷	1991	36.4	57.6	4.6	1.4	100.0
	2001	37.4	54.4	7.9	0.3	100.0
玻利维亚	1997	30.0	25.8	10.5	0.0	66.3
巴西	1998	75.5		24.5		100.0
	2003	75.5		24.5		100.0
智利	1984	83.4		3.1	14.0	86.1
	2002	67.5		18.5		100.0
哥伦比亚	1993	50.0	23.7			73.6
	2002	46.7	53.3			100.0
哥斯达黎加	1994	0.0	86.2	13.8		100.0
	2003	0.0	86.8	13.2		100.0
多米尼加共和国	2000	60.0	7.0	12.0	5.0	84.0
厄瓜多尔	1994	28.0	18.0	20.0	7.0	73.0
萨尔瓦多	2001	40.0	15.8	1.5		57.3
危地马拉	1995	30.0	16.6	12.0		58.6
	2000	26.0	16.6	30.0		72.6
海地	2000	21.0		38.0	1.0	60.0
洪都拉斯	2000	52.0	11.7	1.5		65.2
墨西哥	1985	47.7	41.8	—	10.5	100.0
	2002	41.8	45.3	—	12.9	100.0
尼加拉瓜	1990		18.3	—		
	2001	60.0	7.9		0.5	68.4

① Carmelo Mesa-Lago, " The Extension of Healthcare Coverage and the Labour Market: Problems and Policies in Latin America", Paper Presented to the ISSA Regional Conference for the Americas "Integration of Social Protection Policies to Extend Coverage: The Role of Social Security Institutions", Belize City, May 28－31, 2006.

国家	年份	按保障计划类型划分覆盖人口（%）				
		社会公共计划	社会保险	私营计划	其他	合计
巴拿马	1996	39.9	61.1	—	0.0	100.0
	2004	35.4	64.6		0.0	100.0
巴拉圭	1999	42.0	12.4	6.3	1.2	62.0
	2001	33.3	12.4			
秘鲁	2002	30.0	26.0	12.0	3.0	71.0
乌拉圭	1987	27.2	15.8	30.8	13.9	87.7
	2000	38.7	15.9	34.7	7.9	97.2
委内瑞拉	2000	—	38.4	—	—	—
	2004		38.3			

注：空白表格缺乏数据；古巴的官方公布数据为100%，但缺乏实际调查数据；智利将社会保险计划与社会公共救助计划相结合。

资料来源：Carmelo MesaLago，" The Extension of Healthcare Coverage and the Labour Market：Problems and Policies in Latin America"，Paper Presented to the ISSA Regional Conference for the Americas "Integration of Social Protection Policies to Extend Coverage：The Role of Social Security Institutions"，Belize City，May 28—31，2006.

（二）传统医疗保障体制面临的问题

随着经济和社会条件的变化，20世纪80年代以来，拉美国家传统医疗保障计划面临着一系列难题和挑战，主要表现在医疗费用上升、财政支付困难、较低的保障覆盖面以及资源分配的不公平性等方面，这些因素使得改革的压力越来越大。

1.医疗保险收入来源的减少。在不少拉美国家，历史上，养老保险计划的盈余储备用来支付医疗保险资金的亏空。随着养老保险计划财政上出现困难，一些国家进行了养老金体制改革，主要做法是将医疗保险与养老保障计划分开，并建立个人账户养老金计划。从而，医疗保险计划失去了相应的资金来源补助，财政支付上的压力加大。

2.医疗服务费用的上升。首先，人口老龄化导致老年人口医疗费用的大幅度攀升；其次，随着社会生活条件的变化，疾病谱发生变化（例如心血管，糖尿病，癌症以及艾滋病等病症发生率的上升），导致社会医疗费用增加；第三，药品和医疗服务设备价格的上涨导致医疗费用上升。

3. 扩展医疗保障覆盖面面临的压力。经济社会条件的变化对医疗保障覆盖面提出了挑战。首先，大量社会贫困人口缺乏应有保障计划；其次，随着大量非正规就业部门的出现，自雇者需要纳入保障范围。

4. 社会公平性问题突出。传统上，拉美国家医疗保险计划在不同部门和行业之间的条块分割问题非常突出，社会各阶层在享受计划的资格条件、待遇标准等方面差别很大，处于社会上层的少数人享有特权，而社会底层获得的医疗保障极少或根本没有保障。

5. 提高医疗服务效率的要求。传统上的医疗服务大多由公共卫生机构提供，服务质量较差，运行效率低。随着收入水平的提高，人们对医疗服务的选择性需求增加，相应要求引入私营医疗机构，增加市场竞争性。

（三）主要改革措施

尽管拉美国家的医疗保障改革特点各异，但基本目标是类似的，主要的改革目标在于：扩大保障的覆盖面，提高医疗服务质量，增进医疗保险体系的公平性和效率；同时，通过引入私营保险计划，减轻政府的财政负担，并给予个人更多自由选择医疗服务的权利。

主要的改革措施包括以下几方面：

1. 引入私营保险计划。改革的一个重要举措是在传统体制的基础上引入私营部门举办的保险计划，以提高医疗保障服务效率。阿根廷、智利、哥伦比亚和秘鲁等国家已进行了相应的改革；委内瑞拉改革方案已颁布；墨西哥主要改革步骤已出台；而巴西也颁布了改革私营健康保险市场的重要法规。

2. 提高制度覆盖面。不少国家纷纷采取措施将贫困人口纳入国家保健体系或社会医疗保障计划。扩面的主要措施在于：一是降低现存保障体系中的逃缴费现象；二是通过改进医疗服务的质量，加强对参保者享受医疗服务权益的保护，增进医疗保障计划的吸引力。

3. 降低医疗服务成本。主要是通过对医疗供给方的控制来节省成本，拉美国家采用的主要技术措施包括：第一，制定医院的预算费用封顶线；第二，控制新增医疗以及昂贵医疗设备的数量；第三，制定预算费用标准，实行医疗费用定额制。

（四）三个改革国家案例

1. 智利

历史上，智利的国家基本医疗保障是普享型的，由国家卫生部提供。改革始于 1979 年，皮诺切特军政府执政期间，建立了"国民健康基金"（FONASA），该机构负责医疗保险的缴费收集和资金支出。1982 年，智利引入私营医疗保险体系（ISAPRES），开始允许私营公司参与强制性医疗保险缴费的管理，1986 年私营制度开始运转。自此以后，智利的医疗保障有两种类型计划，个人可以选择一个加入。

一个是公共管理的"国民健康基金"，它覆盖了穷人和低工资收入者；另一个是私营计划，由私营医疗保险体系提供，主要覆盖人群为高收入者。"国民健康基金"的融资来源于强制性的医疗保险征税（税率为雇员工资的 7%）以及部分财政补助。加入这项公共计划的人员无需进行资格审查，国民健康基金（FONASA）负责为个人提供部分或全部医疗费用，从事医疗服务的机构（包括公共和私营机构）需要事先和该基金签订协议。私营医疗保险体系（ISAPRES）可以为参保者提供多个保险计划选择，每个人可以根据自己的收入情况及偏好选择医疗服务机构。个人也可以在法定缴费率的基础上附加缴费。在私营计划下，个人的医疗保险费用取决于健康状况、年龄、性别等因素，每年的保险合同都要修订，以确定保险计划的收费和待遇范围。

1979 年时，智利医疗保障覆盖人口（包括军队系统人员）达到了全部人口的 90%，是非常高的。到 2000 年时，参加公共计划（即 FONASA）的人口达到 66%，加入私营计划（即 ISAPRES）的有 20%，此外还有 3% 属于军队系统单独的保险计划。改革后的一个趋势是参加私营医疗保险计划的人员大部分为高收入者，而低收入者大都参加了公共计划。在收入较高的人群中，年龄超过 60 岁的老年人一般会被排除在私营保险计划之外，而参加公共保险计划的人口一般都为患病风险较高的人群，这说明公、私并存的社会医疗保障计划中存在着一定的逆向选择问题。

2. 哥伦比亚

哥伦比亚传统医疗保险体系由三部分组成，一是社会保障计划，二是私营保险计划，三是公共卫生网络。社会保障计划（ISS）覆盖了 20% 的就业人口；私营保险计划主要由高收入者参加，但覆盖面一直未超过

5%；其他未参保的人员和社会贫困人口由政府补助的公共医院和卫生中心提供医疗服务。改革始于1993年，目标在于：

第一，争取至2001年，医疗保险计划达到统一的覆盖面，为全体参保者提供一个基本的健康保障计划，打破部分特权阶层对传统社会保障待遇的垄断权。

第二，提高公共医院的运行效率。历史上，公共医疗人满为患，超负荷运转，由于主要靠财政吃饭，这些机构并没有动力去提高服务质量。

1993年的改革引入了个人医疗保险计划，个人缴费为工资的12%（其中1%进入统筹基金）。每个人都可以根据个人意愿自由选择保险公司或保健机构（Health Promotion Organization，EPS）提供的医疗保险服务。

无缴费能力的参保者可以加入一个被称为ARS的补助计划管理体系（Subsidized Regime Manager），这个体系由国家和地方财政资助，并有部分融资来源于个人缴费建立起的统筹基金。但他们享受的医疗服务项目范围受到限制，保障待遇较低。

哥伦比亚引入个人保险计划后的一个明显变化是个人计划对社会保障计划产生的替代效应，从1994年开始，大量的私营保险服务机构（EPS）开始出现，加入个人保险计划的人口呈上升趋势，参加公共社会保障计划的人口逐步下降。到2003年加入个人医疗保险计划的人口达到了就业人口的30%，而参加"补助"计划（ARS）的人口达到25%（1993年为零），总参保人口比例达到55%。①

3. 墨西哥

墨西哥传统的公共医疗保险系统与就业相关联，正式部门的雇员和其家庭成员都可以享受到一份社会医疗保障计划。私营部门雇员及其家庭成员参加社会保障委员会（IMSS）举办的社会保障计划，该计划融资依赖于雇员和雇主的工薪税以及部分财政补助，2000年计划覆盖人口大约占到社会人口的32%。而公共部门和国有企业的职工则由不同的社会保障机构提供医疗保障待遇，这些计划由税收和财政提供融资，2000年覆盖

① CISS，The Americas Social Security Report Edition 2003，Evaluation of the Reforms：Chapter 8，Part III Colombia，http：//www.ciss.org.mx/english/index.html.

面大约为社会人口的 9％①。其余 59％的未参保人口大部分为非正式就业人员和自雇者。这些人群可以享受到各地诊所和公共医院提供的保健服务。历史上，墨西哥的私营医疗保险计划并不发达，仅覆盖很少一部分人口。

1997 开始通过法律对社会保障计划（IMSS）进行改革。改革的目标在于提高制度覆盖面，适应就业形势变化；消除财政亏损，建立更加公平、政府再分配性更强的医疗保障制度。改革的主要内容涉及以下几方面。第一，将医疗保险计划与国家社会保障委员会管理的其他社会保障计划分开。在改革之前，其他社会保障缴费资金经常被用于补助医疗保险费用。1997 年，养老保险体系变革为个人账户制度，医疗保险计划失去补助来源。第二，将收费和医疗服务过程分开。第三，修改缴费规则，政府和雇主都要缴纳一笔固定费用，而雇员则按工资比例缴费。第四，为未参加社会保障计划的人口引入自愿性保险计划。为了获取这项计划待遇，每个家庭需要每年支付一笔费用，并且政府从一般税收中给予部分缴费补助。

墨西哥医疗保障体系改革后的效果并不理想。第一，参保面并没有显著提高。改革后，社会保障计划（IMSS）的参保人口从 1996 年占经济活动人口的 31％上升到 2000 年的 33％。尽管 2000 年的法律规定参保是强制性的，但当年私营部门中仍有 59.8％的雇员未参保。第二，医疗支出费用继续上升。由于人口老龄化，药品价格上升，疾病谱发生变化等方面的原因，医疗费用不断增加。据墨西哥国家社会保障委员会的估算，在未来 10 年内，墨西哥的医疗支出费用会翻一番，每年从 11.4 亿美元上升到 20.8 亿美元②。随着社会保障计划（IMSS）亏损的加大，政府医疗补助费用不断上升。1996 年至 1998 年期间，财政资金占全部缴费收入来源的比重从 5％上升到了 30％，而雇员和雇主缴费比例则从 90％下降到 65％。③ 第三，再分配效果较差。首先，仍有大量人口未加入社会保障计

① 墨西哥 2000 年国家就业与社会保障统计数据，参见 CISS，The Americas Social Security Report Edition 2003，Evaluation of the Reforms：Chapter 8，Part IV：Mexico，http：//www. ciss. org. mx/english/index. html.

② 墨西哥社会保障部网站，http：//www. imss. gov. mx.

③ CISS，The Americas Social Security Report Edition 2003，Evaluation of the Reforms：Chapter 8，Part IV：Mexico，http：//www. ciss. org. mx/english/index. html.

划；其次，由于加入计划的人口大部分为高收入群体，政府对计划的补助大部分用在了他们身上。因此，医疗资源在穷人和富人之间的收入再分配在很大程度上是"累退"性质的。

（五）改革效果评价

对比可以发现，三个国家改革的特点在于：智利和哥伦比亚采用了制度结构变革的方式，改革引入了私营保险计划；智利允许个人在公私制度之间进行选择，哥伦比亚则可以在多元制度之间选择；而墨西哥则采用了参量变革方式。从改革效果看，可得出以下几点结论：

第一，覆盖面问题。智利改革后医疗保障基本上达到了全体人口覆盖的目标；其次为哥伦比亚，最低的为墨西哥。智利覆盖面较高原因在于：一是非正规就业较少，二是低收入群体可以选择加入公共计划；哥伦比亚和墨西哥医疗保障覆盖面的扩展受到非正规就业人口增加的限制，哥伦比亚改革后尽管未达到统一覆盖，但低收入者参保率有了较大提高；而墨西哥改革后尽管工人和雇主的缴费率都下降了，但参保面并没有显著上升。从墨西哥案例中可以看出，获得统一覆盖的前提条件是保障待遇要与公民资格相挂钩，而不是与就业关联。智利、哥伦比亚和墨西哥的例子也说明要达到医疗保障统一覆盖，要靠国家财政补助，但它的副作用是会带来劳动力市场的扭曲。

第二，再分配和公平问题。就公平性而言，智利的社会保障计划针对各收入层面是相对平等的，收入低的群体集中在公共计划中，收入高的群体依靠私营计划，财政资源集中在贫困人口身上，他们成为改革的受益者。哥伦比亚改革后，再分配中存在的不公平性下降了，而墨西哥却更加突出了。智利和哥伦比亚的改革都强调了针对低收入者的目标定位政策。在这一点智利是相当成功的，但哥伦比亚却由于财政资源用在了补助公共医院上，而减少了再分配资源。墨西哥缺乏这种机制，随着改革的进行，资源更多地集中向社会保障计划下的参保人群，他们大多为高收入者。

第三，逆向选择问题。三个案例都存在着医疗保险体系的逆向选择问题。在智利，逆向选择主要存在于私人市场领域，私营机构不愿为高风险者个人提供保险；墨西哥和哥伦比亚的逆向选择问题则主要存在于公共保障中，加入社会公共医疗保障体系的大部分成员为高风险者，带来了较高的医疗费用支出，同时，大量非正规就业人口的存在也加重了这种逆向选择现象。

三 社会救助制度改革

与"普享性"的社会保险原则不同，社会救助项目仅为临时性的社会风险和社会低收入者提供保护，其依据的原则是将福利付给真正的需要者，因此，大部分救助项目是家计调查或经济调查型的，覆盖面非常分散。在传统福利体制下，拉美国家的社会救助项目非常有限，在福利体系中处于边缘地位。90年代以来，伴随拉美国家"新自由主义"福利体制的改革转型，目标定位型的社会救助政策成为福利制度的重要内容，许多国家开始建立以个人保障为主体、辅之以社会救助网络的社保制度框架。拉美国家的社会救助政策主要集中于贫困家庭、妇女、儿童、老年人、残障者、失业人员等群体。救助计划包括直接的现金转移支付，教育培训补贴、卫生保健津贴、食品补贴、儿童津贴、养老救济金等项目。此外，90年代以来为了应对突出的贫困问题，拉美各国实施了各种形式的反贫困计划或生产发展计划，如阿根廷的户主计划、墨西哥的机会计划、智利的团结计划、厄瓜多尔的人力发展补助计划、巴西的家庭补贴计划、尼加拉瓜的粮食生产计划、玻利维亚的"农村革命"计划，等等。自90年代以来，不少国家社会救助政策的一个改革趋势是将救助资格与个人参加就业、教育培训等人力资源政策结合在一起，其目标是激励贫困者加入劳动力市场，同时提高他们的教育、健康状况，以期达到长期内消除贫困的目标。因此，这是一种积极的目标定位政策。

如表9—7所示，拉美国家的社会救助项目主要分为以下几类：第一类是"社会待遇"项目，主要是指国家为减贫而提供的现金转移支付计划，例如社会住房和食品供应补贴；第二类是"社会风险管理"项目，主要是为贫困家庭提供应急性的赔偿补助；第三类是针对特殊需要和特定人口（例如青年、残障和少数种族群体）提供的救助项目；第四类是为促进生产和就业而建立的公共扶助项目；第五类是用于社区建设的补助和社会投资基金计划。

表 9—7   **拉美国家用于扶贫的社会救助项目分类**

项目类型	目标特征	项目内容	举例
1. 社会待遇	—弥补收入损失 —在该地区有较长的传统	—无条件的收入转移支付 —有条件的直接收入转移 —食物供应 —其他物品供应 —价格补贴或降低	—现金转移支付 —学校早餐（玻利维亚）：为公共学校学生提供免费食品 —免费学习用品（厄瓜多尔） —"Misión Mercal"计划（委内瑞拉）：以补贴价供应食品和其他生活必需品
2. 社会风险管理项目	—提高弱势群体应对社会风险的能力 —有时间限制 —集中于预防措施	—失业待遇 —就业关联应急项目 —经济危机期间的社会保护 —直接的社会补助 —灾害期间的补助	—社会团结网与和平投资基金（哥伦比亚）：对遭受暴力群体提供人道主义社会补助 —飓风灾害家庭补助（尼加拉瓜）
3. 特征群体目标定位项目	—满足特定弱势群体社会需要	—儿童（看护、卫生） —青年人 —女性家庭户主 —残障群体 —老年人 —夕阳生产部门	—残障人士服务（巴西）：提供就业机会和现金补助 —Crèche 项目（智利）：为年龄 3 至 24 个月的贫困儿童提供免费体检和早期照料 —为妇女户主提供一揽子补助项目（哥伦比亚）：农村低收入妇女培训 —为土著居民学生提供奖学金（智利）
4. 生产和就业公共扶持项目	—提高弱势群体获取收入的能力 —达到长期贫困效果	—就业培训 —生产项目 —提供贷款和自雇就业机会	—团结生产信用（厄瓜多尔）：通过非政府组织，为妇女和残障者提供贷款、福利和培训服务

续表

项目类型	目标特征	项目内容	举例
5. 社区建设和社会投资基金	—提高社会受益群体待遇 —发展本地能力 —发展社会资本	—自建社会基础设施 —规范土地和住房 —加强社区组织	—参与式社会投资基金（阿根廷）：土著居民居住设施建设，提供免费肉类食品 — "Viver Melhor" 计划（巴西）：弥补城市住房不足 — "Iniciativa Ciudadana 2x3" 计划（墨西哥）：与当地合作保障赤贫人口基本生活服务 —土地认领（哥斯达黎加）

资料来源：Economic Commission for Latin America and the Caribbean（ECLAC），on the basis of Marcia Pardo，"Reseña de Programas Sociales Para la Superación de la Pobreza en América Latina"，Estudios Estadísticos y Prospectivos Series，No. 20（LC/L. 1906－P/E），Santiago, Chile, Economic Commission for Latin America and the Caribbean（ECLAC），2003.

第三节　拉美社保制度改革面临的突出社会问题

历史上拉美国家社会保障制度存在着诸多缺陷，由此带来了突出的社会问题。以下从制度覆盖面、分层结构以及私有化改革三个方面，分析拉美社保制度存在的问题和局限性。

一　社会保障覆盖面低造成"社会排斥"

覆盖面高低是衡量社会保障制度健全与否的重要指标之一。拉美国家早期的社会保障制度在很大程度上是一种"就业保护"制度，"局内人"与"局外人"的分割现象非常突出。80年代的私有化改革旨在消除传统体制下的差别，但改革后大部分拉美国家的社会保障覆盖面并未得到相应提高。在许多拉美国家，大量正规部门之外的就业人口和社会底层群体被排除在社会保障体系之外，这是造成社会排斥现象的重要原因之一。表9—8提供了各国改革前后养老金计划参保率的对比情况。可以看出改革后所有国家的养老保障覆盖面都是下降的，平均起来各国的参保覆盖率（实际缴费人口/劳动力总量）下降了11个百分点，由改革前的38％下降到改

革后的 27%①。从表 9—8 中还可看出，覆盖面高低与贫困率有着明显的
负相关联，社保覆盖面越高的国家，贫困率越低。这说明被排斥在社保体
系之外的人口大部分为低收入群体。

表 9—8　　　　　　改革前后拉美国家社会保障制度覆盖面对比

改革国家	改革年份	改革前缴费人口比重（占劳动力总量 %）	2002 年缴费人口比重（占劳动力总量 %）	贫困人口比重（占总人口 %）
乌拉圭	1997	73	60	10
智利	1980	64	58	21
哥斯达黎加	2000	53	48	21
阿根廷	1994	50	24	25
墨西哥	1997	37	30	41
哥伦比亚	1993	32	24	55
秘鲁	1993	31	11	48
多米尼加	2000	30	—	30
萨尔瓦多	1996	26	19	50
厄瓜多尔	2002	21	21	61
尼加拉瓜	2002	16	16	68
玻利维亚	1996	12	11	61
平均		38	27	42

资料来源：Crabbe Carolin A，*A Quarter Century of Pension Reform in Latin America and the Caribbean: Lessons Learned and Next Steps*，Inter-American Development Bank，2005.

二　社保制度分层结构加剧社会分化

社会保障制度的分层结构是形成社会阶层分化的重要原因。拉美国家
的社保制度建立伊始即呈现四分五裂、条块分割的结构，尽管在 60 年代

① 包括旧制度下的公共养老金计划和新制度下的私营养老金计划，但军队、公务员等一些
特殊群体未统计在内。

和 70 年代一些国家的军人政府统一了一些社会福利计划，但事实差别仍很大。这种福利的分层结构扩大了社会阶层的差别，造成了保障权益的不平等。一方面，这种不平等源于个人就业状况、政治地位、社会权利等方面的差异；另一方面社会保障的不平等进一步加剧了社会阶层的分化，越有权势的阶层（军队、公务员和劳工管理层等）获得的社会保护越早，保障覆盖面越高，缴费成本越低，待遇越慷慨，从而带来了逆向的社会再分配效应，形成更大的社会地位差别。

80 年代以来的私有化改革使许多拉美国家建立起统一的社会保障体制，即依赖市场和个人储蓄的保障计划，这在一定程度消除了原国家管理体制下的分配不公现象，但也相应产生了新的社会分化和保障不平等问题，这种不平等源于市场体制自身的缺陷。以私有化养老金制度为例，由于退休金水平完全取决于参保者个人的收入状况和在资本市场上的投资回报情况，因此，这种制度对于富有的社会中上层来说是有利的，也可以获得他们的认同和支持；而对于无力储蓄的社会底层来说，它是无能为力的，从而丧失了来自底层民众的信任。实践表明大部分拉美国家经历养老金制度改革后，保险覆盖面呈下降趋势，由于劳动力市场的不稳定性、就业方式的变化等因素，大量自雇者、失业人口以及贫困群体被排除在私营体制之外。正规部门就业人口与非正规部门就业人口之间、不同职业阶层之间、城市与农村之间的养老金收入差距呈扩大化发展趋势。

表 9—9 提供了拉美 13 国不同部门社会群体加入社会保障制度的覆盖面情况。可以看出，在正式部门与非正式部门、男性与女性、工薪阶层与非工薪阶层、城市与农村之间，不同阶层享有的社会保障权益是存在显著差异的。覆盖面最高的为城市正式部门职工，大部分国家中这部分群体的覆盖面在 50% 以上；最低的为城市非正式部门中的非工薪阶层，大部分国家的缴费人口不足 20%。[①] 这说明社会阶层之间的社会保障差距呈扩大化发展趋势。

---

① Economic Commission for Latin America and the Caribbean (ECLAC), *Shaping the Future of Social Protection：Access，Financing and Solidarity*，March 2006，p. 45.

表 9—9　　　　　不同部门间社会保障参保覆盖面的差异

（参保缴费人口占就业人口比重，%）

国家（年份）	城市	农村	城市正式就业部门	城市非正式就业部门：工薪阶层	城市非正式就业部门：非工薪阶层	男性	女性
阿根廷（2002，城市地区）	56.0		68.5	22.7		59.0	52.5
玻利维亚（2002）	21.2	4.6	42.8	6.8	10.4	13.8	15.4
巴西（2001）	54.3	17.4	78.3	34.4	17.1	48.4	47
智利（2003）	67	48.8	81.6	50.8	20.7	66.6	62.1
哥斯达黎加（2002）	68.2	60.5	87.7	43.3	35	68.5	59.3
厄瓜多尔（2002，城市）	32.3		57.4	12.8	10.9	32.4	32
萨尔瓦多（2001）	43.4	14.5	78.5	10.9	11	30.9	35.9
危地马拉（2002）	31.1	8.5	63.6	10	0.3	18.4	16.7
墨西哥（2002）	64.8	30.8	81.9	25.5		52.9	59.1
尼加拉瓜（2001）	25.1	7.6	53.8	7.4	1.3	16.3	21.9
巴拿马（2002）	66.6	29.3	88.4	36.5	26.4	48.6	63.4
巴拉圭（2000）	20.2	5	48.9	4.1	0.8	13.1	14.2
秘鲁（2001）	18.7	2.6	43.8	3.8	3.2	15	10.4
多米尼加（2002）	48.0	32.7	52.6	14.8		43.4	46.6
乌拉圭（2002，城市）	63.8		88.2	43.9	24.7	63.6	64
委内瑞拉（2002）			75.5	19.9		58.0	67.1
简单平均	45.4	21.9	68.2	21.7	13.5	40.6	41.7

资料来源：Economic Commission for Latin America and the Caribbean（ECLAC），*Shaping the Future of Social Protection：Access，Financing and Solidarity*，March 2006，p. 45.

三　社保私有化改革带来收入分配不公

收入分配不公现象在拉美国家具有较长的历史传统，而 80 年代以来的新自由主义社会保障体制改革则进一步加重了这种趋势。以市场化、私有化为导向的改革将社会保障责任推向市场和个人，在此过程中，拉美国家的失误之处在于：政府过多地放弃社会责任，忽视了国家保障作用的发挥，将大量社会弱势群体置于贫困无助的境况，尽管出台了各项社会救助政策，但这些措施在缩减社会贫困中的作用非常微弱，致使社保制度在反贫困方面无所作为，由此造成了严重的社会不公问题。在这一点上，拉美与美国不同，尽管同为"补救型"社保制度模式，但美国的社会救济、医疗救助等社保项目的保障水平和范围要比拉美高得多，可以使社会底层获得较为充足的保障，从而起到较为显著的反贫困效果。

以智利的养老保障改革为例，尽管历史上养老基金取得了年均高达9％的投资回报率，但私营养老金计划却缺乏相应的再分配功能。调查数据显示，自 1981 年以来，智利国内居民收入的基尼系数呈上升趋势，退休人员之间的收入差距要高于就业人口的收入差距，说明养老金制度改革加大了收入分配上的不平等程度。来自智利官方部门的预测表明，在目前的私营养老金体制下，未来 20 年内将有接近 50％的参保人口领不到政府提供的社会最低养老金，届时老年贫困现象会显现出来。[①]

第四节　关于拉美社会保障改革的启示与思考

历史上，拉美国家社保制度改革呈现出很大的起伏和波动性。以 1981 年智利的社保私有化改革为分界点划分：改革之前，拉美国家普遍采用国家公共管理的传统社会保险制度，表现出的问题体现在社会保障的分化结构、权益不平等、财政不可持续和运营效率低等方面；80 年代以来的私有化改革降低了国家财政负担、提高了资金的运营效率，但相应带来的社会问题也是非常突出的。进入 21 世纪后，不少拉美国家开始认识到私有化改革面临的问题，着手对社会保障体系进行修补和改革。可以看出的改革迹象主要有如下特征：第一，私有化改革的步伐放缓。随着执政理念的改变，拉美国家的社会保障政策开始出现"左转"倾向。2000 年以来，拉美地区新建立个人养老金计划的国家仅有哥斯达黎加和多米尼加两个国家。2007 年厄瓜多尔推行个人账户养老金计划破产，2008 年阿根廷发生私营养老金国有化改革事件，这些都说明拉美的社保私有化改革已

---

① Daniela Estrada, "Chile: Pension Reform-Just a Face-Lift, or the Real Thing?" Santiago, December 2006. http: //ipsnews. net/news. asp? idnews＝36003.

处于停步不前的状态。第二，加大社会保障支出，加强对社会弱势群体的保护。社会保障政策的出台与经济社会发展形势密切联系在一起。近些年来，左派力量在拉美政坛中的作用越来越突出。左派政党上台后，开始强调社会政策的重要性，承诺进行社会保障改革，加强政府转移支付，实施各种形式的扶贫计划，以加强对低收入群体的社会救助。第三，对社保制度进行结构性改革调整，重点是引入"非缴费"型的社会保障计划。例如，智利自 2008 年 1 月起，针对老年贫困人口，开始建立起普享型的社会基础养老金计划。第四，进行参量式改革调整。面对人口老龄化和财政压力，部分拉美国家对传统现收现付社会保障体制进行参量式的改革，改革措施主要包括提高退休年龄、加强缴费与待遇之间的关联、削减公共部门的待遇水平等方面。

当前，我国经济发展正处于人均 GDP 1000 美元至 3000 美元的一个关键时期。三十多年来的改革取得了举世瞩目的成就，但在经济快速增长的同时，也暴露出一定的社会问题，尤其是贫富悬殊、城乡差距、社会不公、两极分化、阶层对立、利益冲突等社会问题，已成为影响社会和谐的主要矛盾。来自拉美的经验教训表明：社会保障制度建设对于社会和谐发展至关重要。党的十六届六中全会将社会保障制度作为建设和谐社会的一个重要方面，提出到 2020 年基本建立起一个"覆盖城乡居民的社会保障体系"的战略目标。党的十七大则进一步明确了加快建立覆盖城乡社会保障体系的目标任务。可以说，我国的社会保障改革仍然任重道远，在建立与和谐社会相适应的社保体系过程中，我们应充分吸取拉美的经验教训，避免走弯路。

第一，选择"合适的"社会保障模式，避免社会保障政策的大起大落。拉美国家 80 年代前后经历的社保制度改革过程表明，一个国家社会保障模式的选择应有明确的目标定位和指导理念，否则福利政策的运用失误将带来突出的社会问题和社会矛盾。历史上，不少拉美国家社保政策具有大起大落、左右摇摆的传统。以阿根廷为例，在 20 世纪四五十年代受"庇隆主义"的影响，阿根廷建立了广覆盖、高标准的社保制度体系；90年代梅内姆政府采取了社保私有化改革措施；2001 年之后，"中左翼"基什内尔夫妇任职总统期间，私有化社保制度得到矫正，尤为突出的是2008 年将私营养老金收归国有事件。可以看出，拉美国家社保政策的不稳定性既强烈地受到了政治社会思潮的左右，又受到了金融和经济形势的极大影响。拉美的教训显示，社会保障制度的建设应尽量保持政策的连续性，以防止其成为社会不稳定的催化剂，甚至成为政治的人质。

第二，社保制度要具备"可及性"，即"方便进入"的问题。拉美的社保制度将大量正规劳动力市场之外的社会群体排除在外，进入门槛较高，造成覆盖面难以提高。我国传统的社会保险制度主要是针对城镇国有企业职工而设立的，存在着缴费负担过高、社会保险关系无法转移接续、统筹层次过低等问题，目前已很难适应建立覆盖城乡社会保障体系的目标需要。因此，在今后的社保制度改革中，需要照顾到不同群体进入的方便与衔接，在融资和给付上要实行统一的标准，并且要降低缴费负担，提高资金回报率，以增强社保制度的吸引力。

第三，谨防社会保障的"碎片化"发展势头。拉美的教训表明：社保制度的初始设计非常重要，如果福利体制开始建立时就是割裂的、不平等的，它将导致严重的社会分化现象，即使以后按照"普享型"的福利原则进行调整，改革也是非常困难的，阻力主要来自既得利益集团的反对。当前，我国社保制度改革已呈现出明显的"碎片化"苗头，在城市与农村、正规就业部门与灵活就业、企业与事业以及公务部门之间，社保制度条块分割分布，不同群体保障权益不平等，并且各个子制度间难以相互衔接，由此带来了突出的社会问题。在实现社保"全覆盖"的过程中，拉美用了近一百年的时间，但最终建立的是一个等级分明、条块分割、严重不平等的保障体系，这对我国是一个深刻警示。

第四，社保制度改革要适应经济社会条件的变化。社保制度与一国的经济发展水平和社会结构密切联系在一起，经济社会发展的动态性要求社保制度不断地做出调整。在拉美过去二十多年的经济自由化改革中，社保体制较好地适应了宏观经济环境的变化，但却忽视了一些社会条件的变化，例如，社会贫困加剧、失业率上升以及灵活就业增加等变化因素，从而使社保改革滞后于社会发展形势需要，在突出的社会问题面前显得无能为力。

第五，扩大社会保障覆盖面是改革的当务之急。覆盖范围狭小是拉美私有化社保制度广受抨击的一个致命缺陷。对我国来说，当前社保改革已进入一个关键阶段，而社保体系仍然主要局限于城镇中的正式就业部门，广大农村和城市的灵活就业人口仍然被排除在外。拉美的教训说明，一项社保制度如果无法解决覆盖面窄的问题，就会面临合法性危机问题。为此，我们应高度重视社保覆盖面问题，从社保制度根源上去寻找答案，解决制约覆盖面扩展的制度性因素，如缴费负担过重、回报率低、运营成本高、风险过高，等等。

第六，建立多支柱的社保体系是大势所趋。拉美国家社保制度的改革历史表明，依赖于单一的制度支柱，无论是传统的现收现付制，还是私有化改革后的完全积累制度，都难以全面解决社会保障的责任和风险问题。当前，我国社会保障体系已建立起多层次的体制框架，但制度结构仍不合理，国家财政补助的"非缴费"型支柱仍非常薄弱，作为第二支柱的企业补充保障计划发展滞后，也非常薄弱，如何完善多支柱的社会保障结构是今后改革的方向。

第 十 章

拉美社会治安的危机

近 20 年以来，拉丁美洲的公共安全问题日益突出，已成为影响经济和社会有序、和谐发展的严重障碍。在威胁公共安全的各种现象中①，城市犯罪作为一种人为因素，对社会生活造成的破坏最为直接，是社会不和谐发展的极端表现和后果。它不仅危害着民众的生命和财产安全，而且也在很大程度上阻碍了经济和社会的正常发展。

2005 年，拉美国家的人均 GDP 达到 4055 美元，已经远高于世界中等收入国家水平。但是，在这样一个有着较高经济发展水平的地区，为什么近年来会出现社会治安不断恶化、暴力活动有增无减的现象呢？这一现实与经济和社会发展进程又有着怎样的关系？拉美国家的治安防控体系如何运行？这些问题将在本章中得到重点分析。

第一节 令人堪忧的社会治安形势

在本节中，我们需要澄清几个概念和事实。首先，暴力并不等同于犯罪。前者强调使用武力和由此造成的损害，而后者则以是否触犯法律为标准。有些暴力活动不被视为犯罪，例如国家发动战争、家庭暴力等；而很多犯罪行为也并没有使用武力手段，例如贪污受贿、诈骗等。但是，当暴

---

① 公共安全是一个十分宽泛的概念，不仅涉及各种形式的犯罪行为，还应包括社会冲突、社会排斥、社会歧视、政治压迫、环境污染、居住条件恶化、自然灾害、意外事故等。本章所要探讨的主要是对社会治安影响较大、对人身和财产安全造成危害的犯罪问题，包括暴力犯罪、侵犯财产罪等。其他形式的犯罪活动，如贪污、腐败、贿赂、卖淫、赌博等不在本章讨论范围之内。

力与犯罪结合在一起，并且愈演愈烈时，就会严重威胁人身安全。因此，在各种犯罪类型中，暴力犯罪（包括凶杀、强奸、恶性袭击、武装抢劫、绑架等）对人的心理和生理伤害最大，它的增多和减少是社会治安恶化与否的重要标志。

其次，暴力犯罪虽然是手段最为极端的一种犯罪形式，但事实上仅占官方统计的犯罪总量的一小部分。侵犯财产罪比暴力犯罪更为常见。它通常包括偷盗、街头抢劫、纵火等。这类犯罪以侵占或破坏他人财物为目的，因此对受害人身体的伤害相对较小，但因其发生率很高，反而更容易引起公众的心理恐慌。

最后，还有两种犯罪类型也十分普遍。一种被称为"道德犯罪"或"无受害者的犯罪"。这类违法行为"被看作是对于公共道德正义感的破坏"[1]，除了违法者本人可能是受害者以外，没有其他直接受害者，包括赌博、卖淫、吸毒、滥用违禁药物等。另一种被称为"白领犯罪"，指经济或社会地位较高的人利用工作之便进行的违法活动，包括贪污受贿、诈骗、偷漏税、弄虚作假，等等。"白领犯罪"造成的经济损失往往数倍于其他犯罪造成的损失。以上两类犯罪虽然很常见，但对社会治安和社会秩序的威胁不如暴力犯罪和侵犯财产罪那么明显和直接，因此不作为本章讨论的主要对象。但因"道德犯罪"有可能成为其他犯罪的诱因，所以在本章中将有所涉及。

20世纪80年代后期以来，拉美国家社会治安的恶化逐渐成为一个日趋严重的社会问题。犯罪活动不仅在总量上有所增多，而且恶性案件所占比重也呈上升趋势。在巴西、哥伦比亚、委内瑞拉、萨尔瓦多、墨西哥等国，暴力已成为导致死亡的主要原因。

在不同的拉美国家，威胁社会治安的主要犯罪类型存在着一定的差异。总的来说，在除巴西以外的南锥体国家，盗窃、抢劫等侵占他人财物的犯罪活动是主要的治安问题。而在巴西，贩卖武器和毒品是大城市中最常见的犯罪活动，而且经常引发凶杀案。安第斯国家是毒品买卖的重要基地，贩卖武器、绑架等其他一系列犯罪活动通常与贩毒活动有着密切的联系。其中，哥伦比亚是情况最为特殊的国家，这里不仅长期存在内部军事冲突，而且还是世界上重要贩毒集团的所在地。在中美洲地区，以青少年

---

① 戴维·波普诺：《社会学》（上），辽宁人民出版社1988年版，第467页。

为主要成员的小型黑帮活动是民众安全的最大威胁。墨西哥的治安问题则以有组织犯罪为重要特征。

目前，对拉美国家暴力犯罪活动的数据统计存在很大难度。究其原因，一是各国对暴力行为和犯罪行为的认识不统一，对有些暴力行为（如家庭暴力）是否属于犯罪还存在争议；二是大多数拉美国家都没有设立专门的机构对暴力犯罪行为进行系统的统计，不同部门的统计存在较大差异；三是相当一部分受害人在案发后不报案，导致大量犯罪行为没有被举报和揭露[①]。因此，拉美地区缺乏关于暴力犯罪的准确信息，官方机构对犯罪率的统计无法反映出现实情况。在分析拉美国家的犯罪问题时，比较可靠，而且最常用的统计是凶杀率。一方面，这是由于凶杀案件情节最严重，社会危害最大，报案和立案都比较及时；另一方面，也是因为凶杀案通常与其他类型的犯罪有着密切的关系，凶杀率的高低既可以在一定程度上映射出其他犯罪形式的发展趋势，也能够反映出社会治安恶化的程度。

近 20 年来，拉美的凶杀率处于不断增高的态势。据泛美卫生组织统计，20 世纪 80 年代末至 90 年代初，拉美的凶杀率为十万分之十六点七。至 90 年代末，这一比率增至十万分之二十七点五，是世界平均凶杀率的 3 倍，欧洲国家凶杀率的 27 倍。[②] 另据美洲开发银行估算，拉美和加勒比国家每年约有 14 万人死于凶杀。[③] 这些数字说明，拉美已成为世界上最不安全和暴力活动最猖獗的地区之一。

但是，拉美各国的凶杀率存在很大差异。20 世纪 90 年代中期，智利、乌拉圭和哥斯达黎加的凶杀率较低，几乎达到一些欧洲国家的水平；

---

① 据统计，拉美国家仅有 15%—30%的暴力犯罪案件被举报。

② Antanas Mockus y Hugo Acero Velásquez, *Criminalidad y Violencia en América Latina: la Experiencia Exitosa de Bogota*, 24 de mayo de 2005. (http://www.iigov.org). 我们在研究中发现，在对一个国家凶杀率的统计上，官方机构和国际组织的数据经常存在一定的差异。这主要是由于数据来源于不同的渠道，有些来自于警方，有些来自于医疗卫生机构。在对拉美各国的凶杀率进行对比时，通常采用泛美卫生组织的数据。但由于各国的统计年份不同，也很难对某一年拉美地区平均的凶杀水平得出一个十分准确的数字。泛美卫生组织对拉美和加勒比地区平均凶杀率的最新统计是在《2005 年美洲健康》（*Salud en las Américas*）报告中公布的十万分之二十五点一。另外，由于泛美卫生组织也在对统计数据进行不断地调整和更新，因此在不同的研究成果中，即使都采用了该组织的数据，也会因为采集的年份不同，而得出不同的结果。

③ Juan Luis Londoño y Rodrigo Guerrero, *Violencia en América Latina: Epidemiologia y Costos*, BID, agosto de 1999, p. 3.

而安第斯和中美洲国家是暴力活动最频繁的地区，其中以萨尔瓦多和哥伦比亚最甚。据泛美卫生组织统计，1995 年哥伦比亚的凶杀率高达十万分之七十六点六，而智利的凶杀率只有十万分之三点二，[①] 两者之间相差近24 倍（见表 10—1）。2002 年，在整个安第斯地区，凶杀已经超过了很多常见病，成为导致死亡的第二大原因，凶杀率高达十万分之四十七点六，因暴力致死的人占全部死亡人数的 8.6％。[②] 而巴西的凶杀率虽然不是拉美国家中最高的，但暴力已经成为致人死亡的第三大原因。

表 10—1　　　　　　　　拉美国家凶杀率（每 10 万人）

国家/年份	1995	1996	1997	1998	1999	2000	2001	2002	2003	2004	2005	2006
阿根廷	4.2	4.7	4.8	4.7	5.3	5.8	7.0	7.6	7.3	5.8	5.2	5.0
巴西	25.7	27.0	28.7	29.5	30.4	29.7	31.4	32.3	33.1	31.1	29.2	—
智利	3.2	3.0	2.5	2.8	3.0	5.1	5.4	5.3	5.2	5.3	5.8	—
哥伦比亚	76.6	80.1	75.0	80.1	80.7	80.7	83.6	89.1	72.8	65.6	52.5	
哥斯达黎加	5.2	5.5	5.6	5.7	6.1	6.3	6.1	5.8	7.3	6.5	7.7	8.0
厄瓜多尔	13.4	16.1	12.5	15.3	17.7	16.9	15.9	16.3	13.8	17.9	18.4	—
萨尔瓦多	51.2	52.3	45.5	53.2	50.7	45.4	43.7	42.5	43.0	53.2	61.3	63.8
危地马拉	19.7	21.2	28.7	26.2	18.0	19.2	20.0	23.7	27.8	27.5		—
墨西哥	18.4	17.0	15.8	15.9	14.4	12.3	11.7	11.3	11.3	10.6	10.5	11.2
尼加拉瓜	—	11.7	11.7	10.0	13.0	13.0	13.7	12.5	17.3	18.8	17.5	
巴拿马	—	9.4	12.2	10.8	10.6	12.0	12.4	14.9	13.8	12.4		—
巴拉圭	18.6	20.0	18.0	18.5	17.5	20.1	20.7	19.8	21.0	20.3	17.6	16.1
秘鲁	5.5	4.4	4.2	5.4	2.6	3.2	3.0	2.7	2.9	3.3		
乌拉圭	4.7	4.4	4.7	5.8	5.4	5.5	4.9	—	4.7	4.6		
委内瑞拉	—	14.8	14.1	13.7	19.2	29.3	29.4	34.1	36.9	32.5	31.9	—

资料来源：作者 2009 年 6 月根据泛美卫生组织（OPS）官方网站数据库（http://www.paho.org/english/sha/coredata/tabulator/newtabulator.htm）整理。

---

①　泛美卫生组织官方网站数据库。
②　OPS, *Salud en las Américas*，2007，p. 86.

那些原本比较安全的拉美国家，近年来也出现了凶杀率上升的趋势。由此可见，整个拉美地区的治安状况在不断恶化已成为不争的事实。以阿根廷为例。在这个曾经是拉美"太平盛世"的国家，1991 年发生的刑事案件为 48.9 万起，而 2002 年上半年就达到 64.7 万起，平均每天 3574起；凶杀率也由 20 世纪 70 年代末 80 年代初的十万分之三点九上升到 90年代中期的十万分之四点八，并进一步攀升到 2002 年的十万分之七点六（见表 10—1）。

社会治安恶化的另一个表现是绑架案的日益增多。在哥伦比亚、委内瑞拉、墨西哥、巴西、危地马拉等国，绑架几乎成了一种产业，从事绑架的团伙借此大发横财、壮大势力，但同时也造成了严重的社会危害。由于受害人大多不报案，因此绑架案件的数量难以确切统计，而且破案率极低，绝大部分被绑架者都是在支付了巨额赎金之后才被释放。据英国一家保安公司统计，全世界 50％的绑架案发生在拉美国家，绑架者获取的赎金高达 10 亿欧元。美国国会国际关系委员会的一份报告也显示，哥伦比亚革命武装力量的活动经费有 40％来自绑架人质后索取的赎金。犯罪团伙为了与受害者家属讨价还价或者不断索取赎金，还经常对被绑架者实施长期囚禁。据非政府组织统计，到 2007 年，遭哥伦比亚革命武装力量和哥伦比亚民族解放军扣押的人质分别达到 770 人和 400 人，还有 1757 人被普通犯罪团伙扣押。1996—2007 年，哥伦比亚共有 1285 名人质在被扣押期间死亡。另据统计，在委内瑞拉发生的每 5 起绑架案中就有 1 起是长期扣押。以前，富翁是绑架案的主要受害者，但近年来，中产阶级和平民阶层也成了被绑架的目标。

凶杀和绑架是暴力犯罪的极端表现形式。尽管后果极为严重，但毕竟只占所有犯罪的一小部分，绝大多数犯罪受害者虽人身受到伤害但并不致命。一些程度较轻的犯罪行为，如街头抢劫、偷窃、性骚扰等，却可能给民众造成更大的不安全感。据美洲开发银行估算，拉美每年约有 2 800 万个家庭被盗或被抢，平均每分钟发生 54 起盗窃案或抢劫案。[1] 在哥斯达黎加，虽然凶杀率比较低，但强奸案的发生率在拉美国家中是最高的，达

---

① Juan Luis Londoño y Rodrigo Guerrero，*Violencia en América Latina：Epidemiología y Costos*，BID，agosto de 1999，p. 3.

到十万分之三十八①。此类犯罪的受害者大都选择不报案，这一方面加大了统计工作的难度，另一方面也导致大量罪犯逍遥法外。

表 10—2　　　拉美城市地区盗窃和拦路抢劫案件受害者比例

国家	受害者占人口百分比（％）
危地马拉	54.9
墨西哥	47.7
萨尔瓦多	47.1
委内瑞拉	43.9
厄瓜多尔	39.2
哥伦比亚	37.4
秘鲁	36.8
洪都拉斯	36.3
尼加拉瓜	35.7
巴拉圭	35.1
阿根廷	34.2
巴西	33.9
玻利维亚	32.8
哥斯达黎加	32.7
智利	32.0
巴拿马	25.1
乌拉圭	21.4

资料来源：Juan Luis Londoño y Rodrigo Guerrero，*Violencia en América Latina：Epidemiología y Costos*，BID，agosto de 1999，p. 20.

说明：表中数据根据民意调查得出。

有组织犯罪的增多也是拉美治安问题的一个重要特点。在很多大城市，单独的作案者越来越少，取而代之的是犯罪团伙。在拉美国家，20％—50％的暴力犯罪活动与黑帮有关。仅在危地马拉，就有约 600 个犯

---

① Patricio Tudela，*Naturaleza y Magnitud de los Problemas de Violencia Delictual e Inseguridad en América Latina y el Caribe.*

罪团伙，其成员达 2 万人，其中大多数犯罪团伙由退伍军人领导。[1] 这些有组织的犯罪集团通常拥有精良的装备和严密的组织程序，胆大妄为，作案时既不怕暴露身份，也不计后果。它们通过各种犯罪活动（如贩卖毒品、武器和人口，偷窃、改装和贩卖汽车，抢劫大型运输设备，绑架人质并索要赎金等）获得大量的非法收入。这些犯罪活动的地区化和国际化趋势越来越明显，侦破难度也越来越大。有组织犯罪是犯罪活动复杂化的重要表现，它比无组织犯罪对社会产生的危害更大。在有组织犯罪最为猖獗的墨西哥，仅 2006 年就有约 2000 人死于与这类犯罪相关的活动。

如今，社会治安的恶化已危及拉美各阶层民众的生活。据拉美地区权威的民意调查机构拉美晴雨表公司（Latinobarómetro）的调查，1995 年，29％的被调查者本人或其家人在最近 12 个月内受到过某种犯罪行为的侵害，2001 年这一比重一度升至 43％，此后有所下降，但 2005 年又攀升到 41％。[2] 中高收入人群是为非法夺取财物而实施的犯罪行为的主要目标。而凶杀案、人身伤害的受害者通常是低收入人群。

第二节　社会治安恶化的主要原因

犯罪是一个十分复杂的社会现象，它的产生和增多是多种因素作用的结果。在拉美，犯罪和暴力活动都不是近二三十年才出现的新问题，但是它们的增多确实有着与以往几十年截然不同的原因。

20 年代 50 年代至 60 年代初，拉美国家普遍推行民众主义政策。民众能够享受到较好的福利待遇，因此社会比较稳定，犯罪率较低。60 年代中期到 70 年代中期，各种暴力活动明显增多。这与当时拉美地区政治局势的特点有很大关系。军事政变、政治暗杀、内战和游击队活动等导致很多拉美国家处于政局极其动荡、社会秩序极端混乱、流血事件不断发生的状态之中。因此，这个时期的暴力冲突多以争夺政治权力或表达政治主张为目的，主要是因不同意识形态阵营之间的对抗及内部政治矛盾和军事

[1]　Irma Arriagada y Lorena Godoy，*Seguridad Ciudadana y Violencia en América Latina：Diagnóstico y Políticas en los Años Noventa*，CEPAL，agosto de 1999，p. 25.

[2]　http：//www. latinobarometro. org，*Informe 2008*.

冲突引起的,属于"政治暴力"或"军事暴力"的范畴。这些冲突无法通过司法手段得到解决。

从 20 世纪 80 年代后期起,随着和平进程和民主化进程的实现,政党、政治集团、社会阶层之间直接的暴力冲突减少了,取而代之的是刑事犯罪的增多。有人将这种暴力行为称之为"经济和社会暴力",因为它与社会歧视和排斥、边缘化、失业、无社会保障、公共服务业恶化等问题联系在一起,是经济和社会不协调发展的结果,是社会关系紧张和对抗的直接反映。也就是说,拉美的暴力犯罪问题已经远远超出了对罪犯个体异常行为的研究范畴,也不能仅仅通过传统的犯罪学理论来加以解释,而要与整个经济和社会环境及其发展、变迁的过程联系在一起进行分析。同时,还要考虑到制度、文化、历史、家庭等因素。在拉美各国,这些因素并非孤立存在,而是相互交织、共同作用。这一方面解释了拉美国家近年来社会治安迅速恶化的多重原因,另一方面也说明治安状况的好转需要一个综合治理的过程。

一　经济和社会因素

(一)严重的社会不公

长期以来一直存在着一种观点,认为贫困更易使人动用武力解决问题。但实际上贫困在多大程度上对暴力行为产生影响至今尚无定论。1990—1997 年是拉美贫困问题有所缓解的时期。这一阶段各国经济持续增长,年人均 GDP 增长率达到 1.4%[①]。贫困人口和赤贫人口比重分别下降了 4.8 个和 3.5 个百分点,已经接近 1980 年的水平。但是,这个时期恰恰也是拉美社会治安不断恶化、暴力犯罪日益猖獗的时期。2003—2007 年,随着经济的复苏,拉美国家的贫困水平持续下降。2007 年的贫困人口比重降到 34.1%,比 2002 年减少了近 10 个百分点。但是,在这个过程中,社会治安并没有出现好转的迹象,人们对犯罪的恐惧有增无减。2008 年的民意调查显示,治安恶化成为拉美民众最为担忧的社会问题。[②] 上述例证说明,穷人的减少没有带来犯罪率的下降。因此,贫困并不是引发暴力的直接原因。

---

① CEPAL, *Panorama Social de América Latina 2000—2001*.

② 详见本章第四节。

前面提到，1990—1997 年拉美的贫困人口比重虽然有所下降，但同期公开失业率却处于上升态势，并伴随着非正规就业的增多和劳动条件的恶化。这说明，如果贫困和失业、辍学、公共服务业恶化等因素结合在一起，就会增加暴力行为的可能性。对智利的一项研究表明，失业率每上升 1 个百分点，侵占他人财产的犯罪率就会提高 4 个百分点。在这个国家，71.5％的凶杀犯自称没有工作或是工人。

实际上，在拉美地区，一个比贫困更易成为暴力活动诱因的社会弊端就是严重的社会不公。这个问题虽然有着深刻的历史背景和根源，也不是近些年来才出现的新问题。但正是由于它长期得不到解决，而且在 20 世纪 80—90 年代还出现了扩大和加深的迹象，才导致社会矛盾日益激化，越来越多的人铤而走险，或通过非正常途径获取财富，或通过暴力手段显示自我价值。

在社会学中，有一种被称为"失范论"或"社会反常状态"的关于异常行为的理论，认为人的异常行为滋生于工业化、城市化等引起的社会变迁过程，是社会系统不平衡的产物。根据"失范论"的解释，如果一个社会一方面看重人人都过富裕生活的目标，但是另一方面又拒绝使人人都有平等的机会以社会承认的方式致富，那么它就会引起偷盗、欺诈和类似的犯罪。① 这一理论的长处在于将犯罪的根源归因于社会而不是罪犯本人。也就是说，社会确定了一个目标，却无法为所有人提供实现这一目标的平等机会，那么一部分人就可能采用不被社会认可的手段去达到目的。这一理论可以用来解释拉美国家犯罪猖獗的主要原因，即治安的恶化是经济结构调整引起的各种社会不公加剧的必然结果。

拉美国家正处于现代化和城市化快速发展的进程中，人们崇尚消费，憧憬美好的物质生活。但是，在这个进程中却有着大量不稳定、不安全的因素，导致追求美好生活的愿望与实现这些愿望的机遇之间出现了越来越大的距离。经济条件的改变、物质需求的扩大、民众生活条件的恶化、收入和土地分配的不公等现象相互交织在一起，使人们的价值观和道德观出现了混乱。因此，对致富的预期与实现预期的可能性之间的巨大落差不仅带来了犯罪，而且也为暴力活动提供了温床。

社会不公的一个重要表现是收入分配的不合理。通过对比 20 世纪 60

---

① 伊恩·罗伯逊：《社会学》（上册），商务印书馆 1990 年版，第 247 页。

年代末到 70 年代初和近期的数据，我们会发现：近三十多年来，拉美地区的收入分配状况似乎没有发生太大变化。基尼系数在有些国家有不同程度的上升，在有些国家有所下降，总体上持平。所有拉美国家的基尼系数都高于世界平均水平，这说明收入差距悬殊在拉美是一个极其普遍的现象。在这里，既有极少数能够跻身于《福布斯》杂志财富榜前三位的"超级富翁"，也有上千万每日生活费不足 1 美元的赤贫阶层。在拉美 13 个国家中，人均收入低于平均水平的人口比重超过了 70%。除了贫富差异以外，机会和权利的不均等也是社会不公的重要体现。如今，低收入阶层和中高收入阶层的差别不仅仅反映在财富分配上，还更多地反映在教育、医疗、住房、就业和社会保障等方面。这些基本的社会服务不仅是个人未来发展的重要保障，也是参与和融入社会生活的有效途径。如果享受不到这些机会和权利，就意味着被排斥在正规的社会体系之外，长此以往必然产生"反社会"的行为。因为社会不公的程度越深，被排斥者的心理落差越大，受挫感越强，对财富和权利的渴望度越大，也就越容易采取极端的方式获取"公正和平等"。

在这里，我们并非要为那些违法犯罪分子开脱罪责，把他们的犯罪行为完全归咎于社会对他们的种种不公和不合理待遇。而是想说明这样一个事实：在一个平均收入水平较高的地区，当犯罪行为形成规模，导致社会治安严重恶化时，其背后必然有着深刻的社会根源。在拉美大多数国家，这个根源就是财富、机会和权利的不合理、不公正分配。这在很大程度上解释了前面提出的问题：为什么一个有着较高经济发展水平的地区，同时也是世界上最不安全的地区之一？因为暴力和犯罪活动产生、膨胀的决定性因素既不是一个国家的经济增长速度，也不是平均收入水平，而是取决于这个国家能否通过合理的分配机制，为绝大多数人提供相对公平的机会和选择，使整个社会朝着凝聚与和谐的方向发展，而不是走向矛盾和分化。

（二）城市化进程的加快和城市的扩张

犯罪率的高升与城市化进程的加快、城市规模的不断扩大有很大关系。一般而言，人口众多的大城市通常是犯罪活动比较集中的地区。究其原因，一是富人多，财富集中；二是贫富差异明显；三是城市环境复杂，容易滋生犯罪；四是人口多，社会关系复杂，社会控制难度大。

近几十年来，拉美地区的城市化进程明显加快，出现了一批人口上千万的特大城市。城市的过度扩张不仅带来了贫困人口增加、就业困难、公共服务业和基础设施缺乏、环境卫生恶化等一系列问题，还使得原本已经很大的贫富差别变得更加明显和突出。在拉美很多大城市，富有阶层、中间阶层和贫困阶层生活在不同的区域。城市按照居民收入和地位的差异被分割成泾渭分明的不同区域。这种城市布局不仅加剧了社会分化，也加大了社会管理和控制的难度。

另一方面，农村人口涌入城市后，接触到一个全新的大千世界，对人生的追求和处世的心态都在发生改变。第一代城市移民之所以背井离乡，不过是为了享受到农村无法提供给他们的服务——一家正规的医院、一所设施齐全的学校、清洁的饮用水、几件像样的家具和电器。这些目标的实现对他们来说，就意味着生活的质变。然而，对于出生在城市里的第二代或第三代移民而言，电视、医院和学校已经不再是新鲜事物，在城市中求得生存也不再是他们的追求。这一代人越来越多地受到"金钱至上、消费至上"观念的影响，对生活质量的预期远远超过了他们的父辈。当收入水平无法满足他们对物质生活的追求时，犯罪就会孕育而生。贩毒、盗窃、绑架……成了获取暴利的捷径。

以上因素导致拉美城市地区的犯罪率明显高于农村地区，而大城市的犯罪率又高于中小城市。巴西的累西非、哥伦比亚的麦德林、危地马拉的首都危地马拉城等，凶杀率都超过了十万分之一百。在巴西的里约热内卢和圣保罗、秘鲁首都利马、墨西哥首都墨西哥城、委内瑞拉首都加拉加斯等大城市发生的凶杀案都占各自国家凶杀案的一半以上。1986—1997 年，委内瑞拉的凶杀率增长了 226%，而同期加拉加斯的凶杀率则增长了 478%。[①]

二　制度因素

在分析拉美的社会治安问题时，我们不得不涉及一个与其密切相关的系统——社会控制。因为在拉美大多数国家，执法、司法和罪犯改造体系（如监狱）的不健全是犯罪猖獗的一个重要原因。

负责社会控制的机构在抑制暴力和犯罪行为方面应该发挥重要作用。

---

① Caroline Moser，Ailsa Winton and Annalise Moser，"Violence，Fear and Insecurity and the Urban Poor in Latin America"，*Urban Poverty in Latin America*，World Bank，2003，p. 4.

但事实上，近年来拉美犯罪控制体系的职能在不断削弱，导致大量罪犯逍遥法外。当犯罪行为带来了巨额利益，而需要付出的成本、代价和风险却很小甚至可以忽略不计时，罪犯就会变得有恃无恐。

（一）执法体系

拉美国家的执法体系之所以没有发挥出应有作用，与以下几个原因有关：一是公共开支不足，导致警力缺乏，装备和技术手段落后，办案效率低，破案率低；[①] 二是警力分配不合理，富裕阶层通常受到很好的保护，而贫困阶层却没有享受到平等的服务；三是存在腐败、警匪勾结、滥用职权等问题。[②]

在拉美这样一个腐败问题十分严重的地区，执法部门的腐败不足为奇。最主要的原因在于反腐败制度不健全，缺乏对执法人员腐败行为进行惩处的有效机制。有组织犯罪的增多及其经济实力的增强也是一个重要因素。具有强大经济基础和影响力的国际犯罪集团为了逃避法律的制裁，必然将警察作为它们的猎物。此外，还存在着对警察的社会保护不足的问题。部分警察不仅工资待遇低，而且享受不到医疗、教育、住房等保障性服务，因此无法改善本人及家庭的生活条件。

执法部门职能削弱的另一个表现是滥用刑罚，即使用不必要的暴力手段对付罪犯。这种现象被称为"制度化的暴力"。根据"人权观察"组织的报告，大部分拉美国家都存在这个问题，在巴西、哥伦比亚和危地马拉尤为严重。在一般情况下，警察是维护社会秩序、控制社会抗议的主要力量。出于这种考虑，一些政府往往对执法人员的暴力行为采取比较宽容的态度。很多民众由于痛恨罪犯，也对此不以为然[③]。警员过度使用武力的做法虽然在短期内可能起到震慑罪犯的作用，但从长期来看，无疑将激化社会矛盾，加剧社会对抗，反而不利于犯罪控制。

（二）司法体系

近年来，为了打击犯罪，拉美国家在刑事立法上采取了较为严厉的量

---

① 在萨尔瓦多，凶杀案和汽车盗窃案的破案率分别只有 8.2％ 和 2.9％。

② 根据拉美晴雨表公司 2008 年的调查，44％ 的拉美民众认为警察很有可能接受贿赂，这个比重超过了法官（35％）和政府官员（38％）。

③ 根据对里约热内卢、圣萨尔瓦多和加拉加斯 3 个拉美城市进行的民意调查，分别有 16.6％、24％ 和 24.2％ 的被调查者对警察为迫使嫌疑犯招供而使用武力表示完全赞同或比较赞同。

刑标准。比如在一些国家，贩卖毒品者，即便是初犯，也要被判处 3 年以上的有期徒刑。还有一些国家降低了判刑的最低年龄。与立法上的强硬相对应的却是司法体系的软弱。民众将司法机关形象地比喻为"旋转门"，意思是说警察将罪犯送进法院，结果转了一圈很快就出来了，以此来讽刺司法机构办事效率低下、官僚作风盛行。

在拉美很多国家，法院里的案件堆积如山，审理过程极为漫长。这不仅影响到受害者的情绪，也使判决的结果和公正性产生了很大的不确定性。大量的犯罪嫌疑人被长期关押等待判决，最后只有很少比例的罪犯被判刑。也就是说，虽然法律规定对罪犯进行严惩，但很多案件根本就没有进入司法程序，这使法律成了一纸空文。

即使罪犯已经被抓捕归案，也要等待很长时间才能得到审理和判决。2002 年，拉美国家约有 55％ 的羁押犯都属于这种情况[1]。在墨西哥，1996—2003 年，约 96％ 的暴力犯罪案件没有得到审理。在巴西每年发生的 5 万起凶杀案中，只有 8％ 得到审理。在危地马拉，只有 4％ 的罪犯受到判决。在秘鲁首都利马，被最终判刑的罪犯只占 0.9％。[2] 在哥伦比亚，20 世纪 70 年代时 35％ 的凶杀案得到了审理，到 90 年代，这一比例下降到 6％。[3]

（三）监狱体系

通常来说，监禁不仅是惩罚罪犯、防止他们再作案的有效手段，也应起到改造犯人、使他们回归正常社会生活的作用。但是，拉美的监狱体系目前正经历着一场前所未有的危机。混乱的管理和设施不足，不仅使监狱改造罪犯的功能在逐渐弱化，甚至连关押罪犯的能力都在降低。在很多拉美国家，监狱满员、超员的现象十分普遍，这一方面导致犯人的基本权利得不到保证，另一方面也使监狱成为"罪犯的大学"。在这里，形形色色的犯人被关押在拥挤不堪的牢房里，相互交流犯罪经验。那些初次犯罪和罪行较轻的人，经过这样的"深造"，不仅没能悔过自新，反而学会了新的犯罪本领。此外，监狱管理的混乱状态还导致在押犯操纵他人实施犯

---

①　Manuela Mesa, *Violencia Social y Globalización en América Latina*, octubre de 2006.

②　Juan Luis Londoño y Rodrigo Guerrero, *Violencia en América Latina: Epidemiología y Costos*, BID, agosto de 1999, p. 44.

③　Roberto Briceño-León, "La Nueva Violencia Urbana de América Latina", *Violencia, Sociedad y Justicia en América Latina*, CLACSO, noviembre de 2002, p. 22.

罪。因此，监狱不仅成了培训犯罪分子的基地，而且也为有组织犯罪提供了空间。

在中美洲和巴西，犯人越狱和集体暴动的现象时有发生，这是监狱条件恶劣、设施落后、守卫不严、犯罪集团操纵等多方面原因造成的，也从一个侧面反映了监狱系统的较弱无力。

三　物质因素

这里所说的物质因素是指社会环境中容易引发或助长暴力和犯罪活动的物质条件，主要包括武器、酒类和毒品。有些学者将这三个原因统统归于社会因素，也有的学者认为酗酒和吸毒与个人习惯或生理需要有关。这些划分方法从不同角度出发，均无可厚非。但是，我们考虑到虽然这些因素都可视为社会问题，但并不完全是在拉美国家探索经济发展模式的过程中因经济结构调整和变化而引起的，因此将其单独列出，统一划定为物质因素。同时需要指出的是，这几个因素与前面提到的经济和社会因素的最大区别就在于：通过采取必要的限制措施，可以在一定程度上减少这几类物质的消费和使用，从而起到预防犯罪的作用。

（一）泛滥成灾的武器

自 20 世纪 80 年代末以来，拉美国家的政治和军事冲突陆续偃旗息鼓，很多武装组织解散，其成员被遣返。但是战乱给拉丁美洲留下了一个巨大的军火库，大量非法武器散落到民间，使一批非法组织和犯罪集团重新武装起来。这些战争武器被用于犯罪活动，使其充满了暴力和血腥。以往，拉美人在遭遇抢劫时，一般"破财"就能"免灾"。但是现在，即使交出了财物，受害者仍然会受到人身伤害，甚至死亡。对这种变化最合理的解释就是枪支的滥用。据统计，在拉美发生的凶杀案中，枪杀案占到80％。[①]

另一方面，拉美社会控制体系的不健全和轻型武器的唾手可得使很多家庭出于自卫目的而持有枪支。在巴西拥有的 1700 万件枪支中，90％掌握在私人手中，只有 10％由国家控制。但是，平民大量持枪的做法并没有取得预期的效果，反而雪上加霜，不仅加剧了普通民众的暴力倾向，同

---

① Juan Luis Londoño y Rodrigo Guerrero，*Violencia en América Latina: Epidemiología y Costos*，BID，agosto de 1999，p. 14.

时也增大了致人死亡的可能性。对拉美 8 个城市进行的民意调查显示，只有 15％—35％的民众认为武器能够带来安全感。另有研究表明，在日本、英国等禁止普通民众持有枪支的国家，凶杀率是非常低的，只有十万分之一或二。拉美国家中的秘鲁和智利凶杀率之所以比较低，也是由于持有或使用枪支的平民比例很低。而在美国这样可自由买卖枪支弹药的国家，凶杀率达到十万分之九或十，是工业化国家中最高的。

在拉美地区，由于非法武器贸易和走私活动的猖獗，非法武器的泛滥程度之高已经超出了人们的想象。即使是阿根廷这样相对安全的国家，私人武器的持有量都很高。在 15—64 岁的人口中，平均每 5 人就拥有一件武器。虽然这个比例与其他国家相比是比较低的，但其中 60％属于非法持有。2004 年，墨西哥各种枪支的拥有量超过 1500 万件，其中 85％为非法持有。委内瑞拉全国未成年人研究所对加拉加斯感化院中的 203 名青少年进行的民调显示，52％的人认为获得武器轻而易举；42％的人表示 3 天之内就能得到一件武器。

中美洲是轻型武器最为泛滥的地区，特别是萨尔瓦多、危地马拉和洪都拉斯。这些国家虽然早已实现了和平进程，但是由于政府对私人持枪的限制普遍较少，因此仍有大量武器留在民众手中，这无疑为暴力犯罪埋下了祸根。据统计，2002 年前后，整个中美洲地区的枪支拥有量为 159 万支[1]，其中约 80 万支属于非法武器，53 万支为私人合法登记，只有一少部分属警方、军队，以及私营保安公司所有。更严重的是，一些帮派组织还拥有小型的地下武器加工厂，能够自行制造枪支弹药。

（二）酗酒和吸毒

单纯的酗酒和吸毒到底属于不良嗜好还是犯罪行为，目前尚无定论。但是这两类行为对人神经和精神系统的影响和由此带来的社会危害却是不言而喻的。

拉美是世界上酒类消费最高的地区，也是神经和精神系统发病率最高的地区。2000 年，美洲国家人均酒类消费量达到 8.9 升，高于世界平均水平（5.8 升）。在因酗酒造成的死亡中，60％属于人身伤害。2000 年，在委内瑞拉发生的凶杀和自杀案中，50％与酗酒有关。这就是为什么很多

---

① Claudia F. Fuentes y Francisco Rojas Aravena，*Promover la Seguridad Humana：Marcos Éticos，Normativos y Educacionales en América Latina y el Caribe*，UNESCO，2005，p. 165.

暴力犯罪都发生在酒吧或聚会上的原因所在。1994—1997 年，哥伦比亚波哥大市实施了一项限制酒类消费时间的计划，使凶杀率下降了三分之一。在巴西圣保罗地区的迪亚德马市，2002 年也颁布了类似的法令，要求全市 4800 家酒吧和饭店在晚上 11 点到第二天清晨 6 点之间停止销售酒类。法令实施后，该市的凶杀率下降了 47.4％，性侵犯案件减少了 55％。这些案例说明，酗酒与暴力犯罪之间存在着很强的因果关系。

　　与酗酒相比，吸毒对社会的危害就更大了。这种行为不仅属于不良习惯和生活方式，而且与犯罪有着密切的联系。首先，吸毒必然导致对毒品的需求。随着吸毒人数的不断增加，贩毒活动也日益猖獗。如今，贩毒已经成为国际有组织犯罪活动的一个重要组成部分。为了畅通无阻地贩运和走私毒品，这些犯罪集团倾其所能地从事各种暴力活动。暗杀、恐吓、爆炸、绑架、行贿等是它们对付禁毒人员惯用的手段。同时，贩毒活动还经常与贩卖人口和武器、洗钱等犯罪活动勾结在一起。据一些国际组织统计，洗钱的金额每年占全世界 GDP 的 2％—5％。在贩毒活动最为猖獗的墨西哥，2002 年的洗钱金额高达 250 亿美元。其次，吸毒行为本身也是引发犯罪的一个重要原因。因为吸毒者常常会为获取钱财购买毒品，而从事偷窃、抢劫、杀人、卖淫等非法活动。

四　文化因素

　　在拉美国家中，暴力文化的产生要考虑到两个方面的原因。一个是文化传统中对暴力行为的认识；另一个是媒体的作用。

（一）文化传统中的暴力倾向

　　在很多家庭中，父母把体罚子女作为解决问题的手段；还有的社会认为丈夫有权控制妻子的行为，而这种控制通常以家庭暴力的方式体现。毫无疑问，这些思想意识中存在的种种暴力倾向不仅会助长暴力活动在拉美的蔓延，久而久之，还会形成一种被普遍接受或默认的暴力文化。

　　在拉美的一些大城市，带有暴力倾向的观点是十分普遍的。例如：只有通过暴力手段才能解决冲突和纠纷；人们有权为保护家庭成员和财产安全而剥夺他人生命；如果国家不能惩治罪犯，那么就通过自己的手段和方式维护正义；持有武器可以增强安全感，等等。虽然现在大多数拉美国家都取消了死刑，但是赞同这种做法的人却不在少数。根据对拉美 7 个城市的民意调查，赞成"为保护家庭而杀人"观点的受访者比例达到

47.3%—70.2%，赞成"为保护财产而杀人"观点的受访者比例也达到34.6%—60.5%。在加拉加斯，甚至超过 20%的人认为应该进行"社会清洗"，即将那些处于主流社会之外的人一律清除出去，其中包括没有犯罪，但具有潜在威胁的人，如乞丐、流浪汉、小偷小摸者。也许这些观点的盛行是出于对现行制度的失望和对暴力活动的恐惧及痛恨，但是"以暴制暴"的做法无疑将会使整个社会陷入无可自拔的暴力深渊和无休无止的恶性循环之中。

（二）大众媒体的消极作用

在信息时代，大众传媒的作用和能量不容小觑。对于受众，它既可以起到正面教育、积极引导的作用，也可能起到反面宣传、消极影响的效果。如今，大大小小的媒体多如牛毛，其中缺少职业道德和社会责任的不在少数。在这种情况下，各种不良信息泛滥成灾，不可避免地对犯罪和暴力活动产生了推波助澜的作用。它通过直接和间接两种方式体现。

首先，暴力行为过多地出现在新闻、电影、电视节目，甚至动画片中，在拉美国家已成为一个普遍现象。在危地马拉，有人曾对 1997 年 12 家媒体 8 周内的报道进行过统计，发现 66.3%的话题涉及暴力。[①] 在智利，除体育和文化以外的新闻中，34%与暴力和犯罪活动有关。[②]

最令人担忧的是，一些不负责的媒体为吸引公众的注意力，常常会歪曲事实，夸大其词，过度强调恶性案件发生的过程和频率，而不是挖掘犯罪产生的深层次原因和社会危害。这很有可能对公众产生以下三种不良影响，从而不利于公众正确对待和认识犯罪问题。

一是暴力行为在媒体中的长期展示使人们对暴力本身和受害者都产生了一种麻木不仁、习以为常的感觉，反而削弱了公众对这个问题的重视和关注。二是加剧了公众的不安全感和畏惧心理，不利于社会的稳定。三是很容易产生示范效应。如果媒体中反复出现暴力活动的真实场景或是不断播放警匪片、枪战片，不仅起不到对暴力和犯罪进行鞭挞和批判的作用，反而在一定程度上美化了暴力，助长了公众，特别是青少年对暴力行为的

---

① Irma Arriagada y Lorena Godoy，*Seguridad Ciudadana y Violencia en América Latina：Diagnóstico y Políticas en los Años Noventa* ，CEPAL，agosto de 1999，p. 10.

② Arturo Navarro Ceardi：*Cultura，Televisión y Violencia en América latina（El Caso Chileno）*，marzo de 2003.

模仿和崇尚。

其次，媒体通过广告、娱乐节目、影视剧等形式，传播着一种崇尚消费、追求时尚、讲求奢华的风气，潜移默化地影响着大众的思想观念和价值取向，无形中加剧了穷人的心理落差和对富有生活的渴望。

五　家庭因素

家庭是社会的基本组成单位，如果家庭关系的不和谐成为一种比较普遍的现象，就势必影响到社会关系的和谐。如今，家庭暴力与社会暴力[①]之间存在的直接关系已经得到充分证实。

社会学中关于异常行为的另一个理论"文化传播论"认为，犯罪行为与一切社会行为一样，是从别人那里学来的。如果一个人与"异常行为者"的关系越密切，和他接触的次数越多，而且接触时年龄越小，那么这个人就越容易成为"异常行为者"。这一理论提出了一个重要观点——模仿是不良行为发生的原因之一，而且青少年是其中最大的受害者。

在拉美，家庭破裂和解体、家庭暴力等问题已不再是个别现象。据统计，拉美国家每年有 600 多万儿童受到家庭暴力的侵害，因此造成的死亡人数达到 8 万人。[②] 缺少家庭温暖、缺乏日常行为的管束和正确引导、经历过或经常目睹家庭暴力的儿童和青少年比一般孩子更具有攻击性和反叛心理。在他们中间，吸毒、自杀、违反学校纪律、辍学的情况很普遍。巴西街头儿童脱离家庭的主要原因之一就是遭到家长打骂或家长之间的暴力行为。因此，家庭关系的不和睦、暴力行为的代际传递很有可能成为青少年加入帮派组织，并由此走上犯罪道路的诱因。

综上所述，造成拉美国家社会治安状况恶化的原因十分复杂，既有经济和社会因素，也有制度、家庭、文化、环境等因素，但经济和社会因素起主导作用。也就是说，在拉美大部分国家，暴力犯罪的增多主要应归咎于严重的社会不公和社会排斥。当然，各国国情不同，在进行国别研究时，还需要做进一步分析，不能一概而论。

在研究哥伦比亚的犯罪问题时，我们必须考虑到这个国家 20 世纪 60

---

① 这里所指的社会暴力是指在发生地点或对象上区别于家庭暴力、发生在社会环境中、针对家庭成员以外的人实施的暴力行为。

② CEPAL，*Panorama Social de América Latina 2008*，p. 182.

年代以来延续至今的国内军事和政治冲突。目前，哥伦比亚仍然存在着两支非法武装组织——哥伦比亚革命武装力量和哥伦比亚民族解放军，是拉美地区唯一一个尚未停止大规模游击队活动的国家。这两个组织通过贩毒、洗钱、绑架等非法活动，积蓄了大量资金，配备了精良的武器，与政府军长期作战，是哥伦比亚国内安全的最大威胁。暴力和恐怖主义之所以在哥伦比亚成了多年挥之不去的阴影，与这两个武装组织的长期存在有着直接的关系。而近几年来哥伦比亚社会治安的略有好转，则与另一支重要的非法武装力量——极右翼的哥伦比亚联合自卫军的解散及其成员被遣返和重新安置不无关系。

　　阿根廷在 20 世纪 90 年代末到 21 世纪初期这几年社会治安的急剧恶化是政治经济和社会局势动荡的直接后果。1998 年以前，阿根廷是拉美地区少数几个比较安全的国家之一。但随着经济危机的加剧，社会形势急转直下。在短短的 4 年中（1999—2002），贫困人口的比重由 23.7％增加到 45.4％，赤贫人口比重由 4.8％增加到 18.6％，基尼系数由 0.542 上升到 0.590。[①] 与此同时，大批劳动者失业，大量中产阶级沦为贫困人群。在这种情况下，各种出于经济目的的犯罪活动与日俱增，社会治安迅速恶化。

　　而中美洲之所以成为拉美地区暴力犯罪活动最为猖獗的地区，与部分国家历史上长达二三十年的政治和军事冲突有直接关系。虽然从 20 世纪 80 年代末期起，中美洲国家陆续实现了和平进程，但这在很大程度上是政府与反政府武装进行谈判、国际组织参与斡旋的结果，真正造成冲突的原因和条件并没有得到改变，新的民主制度也没有带来社会问题的改善和人民生活水平的提高，社会不满情绪和失落感与日俱增。军事集团失去了原有的政治地位，处于被社会排斥的境地，逐渐发展成为有组织的犯罪团伙。据统计，1990—1997 年，危地马拉、萨尔瓦多和尼加拉瓜 3 个国家的退伍军人、被遣返或解散的游击队员及准军事人员共计 45.2 万人。这些人除了打仗，没有别的一技之长，很难进入正规的劳动力市场，服务于有组织犯罪成了其中一部分人的出路。因此，中美洲的社会治安问题可以说是历史上军事冲突的一种延续，形式不同，但社会影响绝不亚于军事冲突。

---

　　① CEPAL，*Panorama Social de América Latina 2006.*

第三节　青少年犯罪现象透视

　　青少年是拉美社会中一个庞大的群体。10—24 岁的青少年人口占拉美总人口的 28%。[①] 对这个群体的长期忽视导致目前拉美的青少年犯罪成为一个十分严重的社会问题。据统计，拉美大约有 350 万 13—19 岁的青少年从事着各种各样的犯罪或暴力活动。这些人成了没有未来的一代，也完全被正常的社会生活所抛弃。

　　在拉美地区，暴力犯罪的受害者和作案者都存在着年轻化的特点。从性别上看，青少年犯罪的主体为男性，这也导致男性青少年的凶杀率远远高于女性。[②] 据统计，2004—2005 年，拉美 15—29 岁男性青年人口的凶杀率是拉美平均水平的 2 倍多，达到十万分之六十八。[③] 在一些中低收入国家，这一比率甚至更高。在很多拉美国家，包括阿根廷等一些凶杀率较低的国家，10—19 岁青少年死亡的最主要原因既不是疾病，也不是意外事故，而是各种形式的暴力活动。另据统计，哥伦比亚 1996 年因凶杀致死的人中，65.2% 是 15—34 岁的青壮年；智利 1997 年抓获的凶杀案嫌疑犯中，74.8% 也属于这一年龄段。[④] 1993—2002 年的 10 年间，巴西的凶杀案数量增加了 20%，但以 15—24 岁人口为受害人的凶杀案增加了 88.6%。[⑤] 在墨西哥和中美洲地区，拐卖儿童的现象十分猖獗。很多来自于贫困地区的未成年人经过数次转手，最后被贩卖到美国。据统计，在美国约有 25 万至 80 万来自于墨西哥和中美洲国家的未成年人属于非法移民，这些儿童大多是被拐卖的人口，有些从事艰苦的农业劳动，沦为被残酷剥削的劳动力；有些被犯罪集团控制和利用，被迫从事卖淫、偷窃、贩

　　① OPS, *Salud en las Américas 2007*, p. 66.

　　② 据泛美卫生组织统计，2004—2005 年，拉美 16 个国家 15—29 岁男性青少年人口的凶杀率是女性的近 14 倍，在部分国家超过 20 倍。

　　③ CEPAL, *Panorama Social de América Latina 2008*, p. 176.

　　④ Irma Arriagada y Lorena Godoy, *Seguridad Ciudadana y Violencia en América Latina: Diagnóstico y Políticas en los Años Noventa*, CEPAL, agosto de 1999, p. 20.

　　⑤ CEPAL/AECID/SEGIB/OIJ, *Juventud y Cohesión Social en Iberoamérica: un Modelo para Armar*, octubre de 2008, Santiago de Chile, p. 100.

毒等各种非法活动。

一　青少年犯罪的主要原因

青少年犯罪日益严重与我们在本章第二节中提到的各种原因均有直接的关系，而且这些因素对青少年人口的影响比其他年龄段的人口更大。也就是说，青少年群体是社会不公、社会排斥、歧视、制度不健全、武器和毒品泛滥、暴力文化盛行、不良信息传播和家庭暴力等种种问题的最大受害者。这些因素的共同作用导致青少年的生存环境日益恶化，而青少年时代恰恰是一个人心理发育尚未成熟、自控能力尚未形成的时期，他们比成年人更容易受到周围环境的影响和干扰。因此，不利于青少年健康成长的社会环境是造成青少年犯罪率高升的根本原因。青少年生存环境的恶化有三个最明显的表现，可以将其归纳为"三高"——高贫困率、高辍学率和高失业率。这三个表现互为因果，环环相扣，构成了一个恶性循环。由此可以看出，青少年群体所遭遇的社会排斥远远高于其他群体。如果不能创造有效的途径减少这些排斥，使他们更好地融入社会，势必产生严重的社会后果。

（一）高贫困率

贫困一直是拉美国家面临的严重社会问题之一。而未成年人和青年的贫困问题更加值得关注，因为这不仅关系到个人的未来发展，也关系到整个国家的前途。

20 世纪 90 年代初，联合国儿童基金会在总结拉美地区未成年人的贫困化程度时曾指出：拉美一半以上的儿童和青少年属于贫困阶层，而一半以上的穷人是儿童和青少年。到 90 年代末，这种形势不但没有得到丝毫改善，而且还有进一步恶化的趋势。1999 年，在拉美 2.114 亿贫困人口中，有 1.142 亿人不满 20 岁，其中 6 岁以下的幼儿达到 3 560 万人，6—12 岁的少儿达到 4 370 万人。[①]在所有 0—12 岁的儿童中，59％生活在贫困线以下，而农村地区则高达 80％[②]。在洪都拉斯、尼加拉瓜和厄瓜多尔

---

① CEPAL，*Construir Equidad desde la Infancia y la Adolescencia en Iberoamérica*，septiembre de 2001，p. 107.

② CEPAL，UNICEF，*La Pobreza en América Latina y el Caribe aún Tiene Nombre de Infancia*，septiembre de 2002，p. 10.

等贫困现象十分普遍的国家，70％—80％的城市儿童和 80％—90％的农村儿童都处于贫困状态中。

贫困对儿童的危害相对于成年人而言更为严重。除了影响儿童的生理健康以外，也不利于他们的心理发育。因为这些儿童常常因贫困而受到社会的歧视和排斥，过早地体会到社会不公和世态炎凉，不仅会产生自卑心理，也更容易受到社会不良行为的侵蚀和影响，这也是现今拉美国家青少年帮派成员低龄化的一个重要原因。贫困还导致大量少年儿童失去了接受较多教育的机会，贫困家庭青少年的辍学率往往是富裕家庭的数倍。另外，当家庭收入不足以满足最基本的需要时，未成年人就不得不进入劳动力市场，承担起与其年龄并不相称的养家糊口的责任。

与儿童相比，拉美国家 15 岁以上的青少年和青年人口的贫困状况要显得乐观一些，略低于总人口的贫困水平（见表 10—3）。主要原因是这个年龄段中的一部分人完成了一定的教育，获得了较好的工作或较稳定的收入。但是，青少年和青年贫困人口的绝对数量还是很大的。2006 年，拉美地区 15—29 岁的贫困人口约为 4 750 万人，其中赤贫人口为 1 100 万人；[1] 与 1990 年相比，赤贫人口减少了 400 万人，但贫困人口增加了 100 万人。另外一个值得注意的现象是，农村地区青少年人口和贫困水平明显高于城市地区，而印第安人和黑人的贫困水平明显高于其他种族。

表 10—3　　　　　　　拉美国家 15—29 岁人口的贫困水平（％）

年份	贫困总人口比重	15—29 岁贫困人口比重	赤贫总人口比重	15—29 岁赤贫人口比重
1990	47.6	43.5	21.8	17.7
1999	42.0	39.5	17.1	14.3
2006	35.9	34.7	12.2	10.8

资料来源：CEPAL/AECID/SEGIB/OIJ, *Juventud y cohesión social en Iberoamérica：un modelo para armar*，Octubre de 2008，Santiago de Chile, p. 49.

（二）高辍学率

拉美地区初等教育的普及程度是比较高的。2005 年，小学的净入学

---

① CEPAL/AECID/SEGIB/OIJ，*Juventud y Cohesión Social en Iberoamérica：un Modelo para Armar*，octubre de 2008，Santiago de Chile, p. 35.

率达到94％，比1990年上升了4个百分点。① 初等教育的完成情况也取得了明显进步。在拉美18个国家中，有93％的15—19岁的青少年完成了小学学习，比1990年提高了13个百分点。

中等教育的入学率和完成情况也有所改善。1990—2005年，初中的净入学率由45％提高到70％，高中的净入学率由27％提高到47％。② 由于绝大部分拉美国家在初中阶段实行了义务教育，具有初中学历的20—24岁青年比重由1990年的53％提高到2005年的73％，能够完成高中教育的青年比重也由27％提高到51％。

虽然初等教育和中等教育的普及程度均有所提高，但是辍学问题依然十分严重。这导致城乡之间、不同种族之间、不同收入群体之间在受教育水平上存在明显差距。联合国拉美经委会在《2002年社会形势》报告中，曾对拉美地区的辍学问题进行过专门研究。结果显示，2000年，在拉美15—19岁的青少年人口中，辍学者占37％，约为1 500万人，其中近一半是在小学期间辍学。在有数据的15个拉美国家中，15—19岁青少年的总辍学率全部高于10％，其中1个国家低于20％，5个国家在20％—30％之间，2个国家在30％—40％，其余7个国家高于40％。青少年辍学主要应归咎于贫困。据统计，25％最贫困家庭子女的辍学率是25％最富裕家庭子女的3倍。但教育体系自身存在的问题导致教育的回报率太低或学生缺乏对学习的兴趣也是造成辍学的一个重要原因。

长期以来，学校教育应该是实现社会控制和加强纪律性的最好手段。但是，越来越多的青少年由于种种原因而不得不在没有形成正确的人生观和价值观的情况下过早地进入社会，很容易受到不良行为和观念的影响。在危地马拉的青少年帮派中，辍学的成员占38％。在委内瑞拉，大部分犯罪的青少年完成了小学学习，但没有继续上中学。墨西哥城的青少年帮派中，60％的成员未完成小学教育，只有20％上过或正在上中学。也就是说，这些孩子虽然不是文盲，但接受的教育远远不足以使他们融入正常的社会生活。另外，高辍学率加剧了贫困的代际传递，阻碍了贫困家庭的子女通过教育实现向上的社会流动。

---

① CEPAL/AECID/SEGIB/OIJ, *Juventud y Cohesión Social en Iberoamérica: un Modelo para Armar*, octubre de 2008, Santiago de Chile, p. 124.

② Ibid., p. 127.

(三) 高失业率

自 20 世纪 90 年代以来，拉美地区的失业率处于不断增高的态势。但是，青少年的失业问题更为严重。拉美经委会的数据表明，在所有年龄段中，15--24 岁青少年人口的失业率不仅是最高的，而且在大部分拉美国家都比平均失业率高出一倍以上（见表 10—4）。而其他年龄段的失业率基本上与平均失业率持平或低于平均失业率。按照这样的比率推算，在拉美国家的失业人口中，青年占到了 50％以上。导致青少年失业率居高不下的主要原因是：15—24 岁劳动力的比重较高；国家创造就业机会的能力不足；贫困青少年的受教育水平较低，等等。拉美国家目前约有 1 000 万 15—24 岁的失业人口，如果这部分人长期得不到劳动力市场的妥善安置，势必给社会的稳定带来较大压力。

除了失业以外，就业质量低、工资水平低也是这个地区青年就业形势的重要特点。据统计，在拉美 5 800 万 15—24 岁的青少年经济自立人口中，3 000 万人在非正规部门就业。2005 年，15—19 岁和 20—24 岁这两个年龄段的青少年工资分别相当于平均工资水平的 38％和 66.4％。①

以上分析证明了这样一个事实：青少年群体所面临的社会不公和受排斥的程度要高于其他年龄段的社会群体。而青少年作为未成年人或是准成年人，他们的受教育水平、认知能力、社会阅历都不足以使他们正确地面对这些不公。因此，与成年人相比，青少年对各种社会不公、排斥和歧视表现得更为敏感和无法容忍。当他们面对的是一种没有机遇、没有资源的制度时，就会义无反顾地建立自己的"反制度"集团，取代家庭、学校，甚至劳动力市场。当他们的呼声无人倾听，当他们的要求得不到满足时，他们会借助于暴力活动来证明他们是有能力来影响社会的，以此成为公众关注的对象和公共政策的焦点。通过这种手段，他们可能达到用其他手段达不到的目的。一个既没有工作，也不上学，既享受不到基本的服务和娱乐，也得不到社会承认的青年证明其存在和价值、获得某种程度认可的最好手段就是参加帮派、使用暴力。因此，拉美的很多青少年已经把从事暴力活动作为参与社会、融入社会的一种方式。但是，一旦加入了帮派组织，青少年就成了"叛逆、不安全、危险、暴力、犯罪……"的代名词，

---

① CEPAL/AECID/SEGIB/OIJ，*Juventud y Cohesión Social en Iberoamérica. Un Modelo para Armar*，octubre de 2008，Santiago de Chile，p. 185.

不仅得不到社会的认可，还会受到更大的排斥。在拉美地区，青少年帮派最集中的区域通常是城市边缘地带，这里享受不到城市经济发展带来的好处，在此居住的青少年很容易纠集成群，结成帮派，以此来对抗社会歧视和排斥。

此外，青少年还是暴力文化盛行和家庭暴力增多的最大受害者。据统计，中美洲国家约有 10.4％的黑帮成员属于高收入阶层。这些人加入黑帮组织并非为追求财富，而是希望通过这种方式提升自身的价值。在哥伦比亚的一些青少年眼中，贩毒分子不是危害社会的罪犯，而是创造财富的"英雄"。这些现象都是暴力文化作祟的结果。

表 10—4　拉美国家城市地区总失业率和 15—24 岁人口失业率对照

国家	年份	城市地区公开失业率（％）	15—24 岁人口失业率（％）
阿根廷	1990	5.9	13.0
	2006	10.5	26.0
玻利维亚	1990	9.4	17.4
	2007	7.7	19.2
巴西	1990	4.5	8.3
	2007	9.1	18.8
智利	1990	8.7	17.9
	2006	7.6	18.2
哥伦比亚	1990	9.3	19.7
	2006	13.3	27.5
哥斯达黎加	1990	5.3	10.5
	2007	4.8	11.8
厄瓜多尔	1990	6.1	13.5
	2007	6.1	13.7
萨尔瓦多	1990	9.9	19.3
	2004	6.5	12.7
危地马拉	1990	3.5	7.1
	2006	2.7	5.4
洪都拉斯	1990	6.9	11.2
	2007	3.9	7.6

国家	年份	城市地区公开失业率（%）	15—24岁人口失业率（%）
墨西哥	1990	3.3	8.1
	2006	3.7	9.0
尼加拉瓜	1994	14.1	20.1
	2003	12.5	21.5
巴拿马	1990	20.0	38.8
	2007	7.8	18.9
巴拉圭	1990	6.3	15.5
	2007	6.7	17.4
秘鲁	1997	10.7	16.5
	2003	6.8	15.4
多米尼加	1990	19.7	34.1
	2005	18.6	34.2
乌拉圭	1990	8.9	24.4
	2007	9.5	25.0
委内瑞拉	1990	10.2	19.3
	2007	7.5	14.3

资料来源：CEPAL，*Anexo Estadístico，Panorama Social de América Latina 2008*．萨尔瓦多、尼加拉瓜、秘鲁和多米尼加的数据来源于 CEPAL，*Anexo Estadístico，Panorama Social de América Latina 2006*。

而家庭暴力的阴影则会伴随青少年的一生（见表10—5）。童年时期家庭的解体、身体和感情受到的伤害、成员之间关系的紧张、缺乏父母的管束等都可能导致青少年加入帮派组织以弥补家庭生活的空缺。在某种程度上，帮派使青少年得到了金钱、支持、尊重、权力和归属感，这是社会和家庭无法给予他们的。据估计，目前仅在巴西就有约700万街头儿童无家可归。这部分群体没有身份证明，不可能进入正规的学校、医疗和就业领域。由于缺乏经济和精神上的庇护，他们一方面很容易成为暴力犯罪的受害者，另一方面也给社会治安带来了很大压力和隐患。巴西平均每天有4名流浪儿被杀害。在这种恶劣的环境中，帮会成了街头儿童的家。

在中美洲，青少年犯罪的盛行还有一个很重要的原因：和平进程实现之后，大批在20世纪80年代流亡美国的人重返故土，其中一些人在美国

（主要是洛杉矶）就加入了由中美洲移民组成的帮派组织，并且深受美国黑帮文化的影响。这些人回到原籍国之后，不仅将类似的帮派体系移植到中美洲，还使美国和中美洲黑帮之间建立起联系。

表 10—5 部分拉美国家 15—19 岁青少年受家庭暴力侵害的比例（％）

国家（年份）	身体暴力	精神暴力
玻利维亚（2003）	43.9	48.7
哥伦比亚（2005）	37.6	68.0
秘鲁（2004）	27.3	75.6
多米尼加（2002）	19.1	79.3

资料来源：CEPAL，*Panorama Social de América Latina 2008*，p.182.

二 青少年犯罪的主要形式

拉美国家的青少年参与犯罪活动的最主要途径是加入黑帮组织。在很多青少年看来，加入帮派并不是坏事，而是他们寻求认可的一种正常方式。在中美洲地区，青少年的黑帮活动已经成为一些国家最为棘手的治安问题。据保守估计，中美洲地区至少有 7 万—10 万青少年加入了各种各样的帮派组织。[①] 尼加拉瓜一半左右的犯罪活动是青少年黑帮组织所为。前些年，中美洲国家的青少年帮派活动还仅限于街头的打架斗殴，如今已经成为跨国有组织犯罪的重要组织部分，而且还出现了向拉美其他国家和美国、西班牙等国蔓延的迹象。青少年黑帮组织的人数不定，少则十来个，多则上百个，大多数成员处于 13—19 岁。

青少年帮派在不同的拉美国家有不同的称谓。例如：在萨尔瓦多和危地马拉，被称为 maras；在阿根廷被叫作 barras bravas；在尼加拉瓜被称为 pandillas；等等。各国青少年黑帮组织的种类很多，按照其暴力程度大致可分为以下三类：

第一类是普通的帮派，它们没有严格的等级制度，其成员大多与家人居住，从事的犯罪活动最多是小偷小摸或打架斗殴。阿根廷的 barras bravas 和哥斯达黎加的 chapulines，就属于这种性质。它们由青少年球迷组成，主要活动就是夜晚聚众喝酒、听音乐、踢球、吸毒。但不同的帮派之

---

① CEPAL，*Panorama Social de América Latina 2008*，p.179.

间会因为支持不同的球队而发生冲突。

第二类是从事犯罪活动的帮派，它们具有一定的组织结构，其成员大多脱离了家庭。

第三类是犯罪程度更深的帮派，它们拥有严密的组织结构和等级制度，人数众多，从事的是贩毒、洗钱、绑架、暗杀等严重危害社会治安的有组织犯罪活动。

巴西的青少年黑帮是拉美地区最为暴力的犯罪组织，贩毒、凶杀是他们的主要活动。在哥伦比亚，除了普通的偷窃、绑架、抢劫等活动外，青少年黑帮还组成了"职业杀手团"。麦德林的毒品集团甚至建立了学校和培训班对那些年轻的帮会成员进行职业杀手的培训。萨尔瓦多和尼加拉瓜的青少年黑帮组织则热衷于争夺地盘，常常为此发生激烈的暴力冲突。

除青少年黑帮组织的泛滥以外，校园暴力的增多是另一个值得关注的问题。2004 年的民意调查显示，在巴西 6 个州首府的 143 所学校中，84％的学生认为所在学校充斥着暴力，70％的学生承认是校园暴力活动的受害者。在哥伦比亚的波哥大，几乎 30％的小学男生和 17％的小学女生曾经受到过殴打。在尼加拉瓜的马那瓜，分别有 45％和 37％的小学生在校园里受到过恶意追赶和身体侵犯。在圣萨尔瓦多，大约 15％的中学生在一年之内参与过校园斗殴，20％的人出于自卫将棍棒带入学校。校园暴力既是青少年黑帮暴力活动的源头，也是一种延伸。学生之间的打架斗殴也许并不构成犯罪，但久而久之会逐渐发展成为帮派间的冲突；反之，加入了黑帮组织的学生将暴力之风带入校园，不仅干扰了正常的学习秩序，也败坏了良好的校园风气和学习氛围，造成教育质量的下降。

第四节　社会治安恶化对经济和社会的影响

社会治安恶化对拉美国家经济和社会发展产生的影响是多方面的。有些影响是直接的，有些是间接的；有些能够用货币来衡量，有些无法量化；有些是即刻显现的，有些只能随着时间的推移而逐渐显露。

一　对经济活动的影响

由于大量的经济指标和数据可以利用，因此社会治安的恶化对一国经济的影响大多可以用货币来计算。它们主要体现在以下几个方面：第一，势必造成人身伤害和财产损失，并由此产生巨额医疗费用；第二，必然增加社会控制的成本；第三，必然导致投资减少、资本外逃，从而影响宏观经济的发展；第四，因保安、保险等费用的增加，企业的生产成本将有所提高；第五，受害者的收入会因受伤、死亡等有所减少。世界银行曾断言，如果拉美的凶杀率能减少三分之一，那么一些国家的经济增长率可以翻倍。

20 世纪 90 年代中期，美洲开发银行曾对巴西、哥伦比亚、萨尔瓦多、墨西哥、秘鲁和委内瑞拉等 6 个国家暴力活动产生的经济代价进行过专门的研究，将其分为四类，并折算成货币成本：一是健康损害和就医费用的损失，占 GDP 的 1.9%；二是物质损失（包括公共和私人安全保卫和司法体系的开支），占 GDP 的 3%；三是无形损失（包括投资和生产率的下降、消费的减少、误工费等），占 GDP 的 7.1%；四是因抢劫、偷盗、绑架等犯罪行为使受害人遭受的财物损失，占 GDP 的 2.1%。以上四类损失共占 GDP 的 14.1%，约合 1 680 亿美元。也就是说，拉美国家每年因暴力活动带来的各种损失已超过该地区的社会公共开支。[①]

在上述 6 个国家中，暴力活动最为猖獗的萨尔瓦多和哥伦比亚，是付出经济代价最大的国家，四类损失占 GDP 的比重分别达到 24.9% 和 24.7%。由于枪支的使用相对有限，而且多数暴力行为造成的损失较小，秘鲁成为付出代价最少的国家，占 GDP 的 5.1%。

另有学者曾对 1950—1996 年哥伦比亚犯罪活动和投资活动之间的关系进行过研究。结果表明，如果该国的凶杀率下降 75%，达到与拉美其他国家相似的水平，那么外资占 GDP 的比重能够增加近 50%。

从行业角度看，旅游业对治安形势是否稳定最为敏感。据世界银行估算，犯罪率每上升 1 个百分点，游客人数就会减少 50%—75%。[②]

暴力和犯罪活动对企业成本和消费品价格的影响是通过两种方式产生的。一是企业为了防止受到暴力活动的侵害而雇用私人保安、购买保险、支付勒索等，从而增加了生产成本，并进而导致消费价格的上涨。据尼加

---

① 据统计，20 世纪 90 年代末，拉美地区的社会开支平均占 GDP 的 13.1%。

② Caroline Moser，Ailsa Winton and Annalise Moser，"Violence，Fear and Insecurity and the Urban Poor in Latin America"，*Urban Poverty in Latin America*，World Bank，2003，p. 15.

拉瓜马塔加尔帕咖啡生产者协会的统计，因咖啡种植园主雇用私人保安以防止农村帮派组织的抢劫和袭击，咖啡的生产成本上升了 10.5%。[①] 二是政府要将更多的社会开支用于打击犯罪，而这些开支都需要通过税收来筹集，否则就要占用其他方面的预算。企业缴纳的税收越多，生产和交易的成本就越高。虽然没有确切的数据来说明企业的生产成本和消费品价格在多大程度上受到治安恶化的影响，但是鉴于大多数拉美国家用于执法和司法体系的开支增幅很小，因此企业自有行为对生产成本的影响可能比缴纳税收更大。

二　对社会的影响

除了能用货币来衡量的经济代价以外，社会治安的恶化还引发了一系列难以用货币计算的社会后果，如暴力行为的代际传递、人力资本的流失、生活质量的下降、人际关系的紧张，等等。

暴力活动所导致的人力资本的丧失，一方面是指疾病发病率的上升，包括因伤致病、致残、精神损害等；另一方面是指由于凶杀、自杀等行为造成的寿命减少。据统计，1995 年萨尔瓦多因暴力致死而损失的"伤残调整生命年"[②] 达到 17.8 万生命年，秘鲁为 6.1 万生命年，里约热内卢 16.3 万生命年；墨西哥城 5.8 万生命年。[③] 在哥伦比亚，因凶杀造成的"伤残调整生命年"损失是传染病的 3 倍，是心血管疾病的 2 倍以上。由于凶杀案的被害人以男性青壮年为主，因此在一些凶杀率较高的大城市，暴力活动对男性预期寿命的提高十分不利。

此外，犯罪活动的增多还给拉美国家带来了以下三个方面的社会影响。这三个后果皆因暴力而产生，又在不同程度上助长了暴力活动，加剧了社会矛盾，造成一种恶性循环。

----

① Gonzalo Wielandt, *Hacia la Construcción de Lecciones del Posconflicto en América Latina y el Caribe. Una Mirada a la Violencia juvenil en Centroamérica*, CEPAL, diciembre del 2005, p. 22.

② 在世界卫生组织 1993 年开展的关于全球疾病负担问题的研究中，使用了"伤残调整生命年"（disability adjusted of life years, DALYs）作为衡量疾病负担的单位。DALYs 是对疾病死亡和疾病伤残而损失的健康生命年的综合测量，它由因早逝而引起的寿命损失和因失能引起的寿命损失两部分组成。它采用标准期望减寿年来计算死亡导致的寿命损失，即根据每种疾病的失能权重及病程计算失能引起的寿命损失。一个 DALYs 就是损失了一个健康生命年。

③ World Bank, *Guía Didáctica para Municipios: Prevención de la Delincuencia y la Violencia a Nivel Comunitario en las Ciudades de América Latina*, noviembre de 2003, p. 5.

（一）新的社会控制形式的出现和发展

自 20 世纪 70 年代末起，一种社会控制的新形式——私人安全保卫体系悄然兴起。这种现象的出现，一方面说明政府在维护社会治安方面的职能有所削弱，已不能满足民众的需要；另一方面也表明人们对政府的不信任感在增强。也就是说，当国家没有能力对普遍的公共暴力进行有效控制时，私人保安队伍就必然会发展壮大起来。因此，拉美国家出现了两套社会控制体系并存的局面：一个是针对全体民众的公共安保体系，其职能主要是对犯罪行为进行干预和打压；另一个是针对个人或特定群体的私人安保体系，其职能重在预防。

如今，拉美的私人保安业已成为一种重要的经济活动。据统计，1996 年哥伦比亚私人安保体系的开支已经占到 GDP 的 1.4%。1999 年委内瑞拉的私人保安人数为 20 万人，巴西为 40 万人，墨西哥为 20 万人，阿根廷为 5 万人。[①] 在阿根廷，私人保安的数量是正规警察人数的 2 倍。在所有的中美洲国家，私人保安的数量都超过了公共安全保卫人员的数量。从人数上看，私人保安业的发展创造了大量就业，并在一定程度上弥补了公共安保体系社会控制力量的不足。但是，社会控制职能私有化的弊端远远大于它所带来的好处。

第一，在私人安保体系中，不仅包括为企业和中高收入群体提供正规安保服务的合法公司，也出现了一批与经济犯罪相联系的准军事团伙。哥伦比亚联合自卫军就是后者的一个典型代表。此外，私人安保人员的素质良莠不齐，鱼龙混杂，一些受到社会排斥并有暴力倾向或有犯罪前科的人也被吸收进安保队伍，而且还配有武器。上述两种情况均有可能诱发新的暴力冲突。

第二，当维护公共秩序和公共安全的职能更多地掌握在私人手中时，国家的权力和威信必然受到削弱。那些处于城市边缘地带的居民经常会自行组织起来，依靠自身力量维护社会治安。危地马拉的民兵组织和秘鲁的农村民间巡逻队在一定程度上甚至取代了正规的执法部门。在巴西和哥伦比亚，还存在着黑帮组织出面，通过暴力手段维护社区秩序的情况，这无疑是对政府公共职责缺失的一大讽刺。由于很多私人保安配备了武器，一

---

① Magaly Sanchez-R, "El Ciclo 'Perverso' de Violencia e Inseguridad como Relación de Poder en América Latina", *Violencia，Criminalidad y Terrorismo*，Caracas，2005，p. 33.

些国家滥用私刑的现象越来越多，这不仅使国家的职能受到削弱，而且也不利于人权的保护。

第三，私人保安业的过度发展会使社会矛盾和社会排斥问题进一步加剧。因为"安全"成了一种商品，富裕群体可以花钱购买，使自己的财产和权利免受侵害，而穷人却被排斥在外。中等阶层和上层社会自我武装、自我封闭，建立起坚固的防御堡垒；而贫穷阶层则沦为暴力活动的牺牲品。久而久之，社会分化会越来越严重。

（二）移民增多

治安恶化和暴力活动的频繁发生常常与移民现象联系在一起。虽然多数人选择移民是出于经济上的考虑，但远离危险环境、寻求庇护也是移民的重要原因。在哥伦比亚，每年约30万至40万人被迫逃离家园，沦为难民。在危地马拉和墨西哥，由于惧怕遭到绑架和勒索，一些富有家庭纷纷移民到国外。虽然向欧美等发达国家的迁移能躲避战乱和暴力活动并有可能获得更好的发展机遇，但非法移民问题又会引发新的冲突。近年来，美国在墨美边境不断加强戒备，大批非法移民不得不另辟蹊径，偷渡过程中因窒息和脱水而死亡的人为数不少。据休斯顿大学移民研究中心的统计，在墨美边境因偷渡而死亡的人数由1993年的175人增至2000年的375人，7年中增加了114%。此外，人口的流失，特别是高层次技术人才的移民潮，削弱了拉美国家抵抗和摆脱危机的能力，进一步加剧了贫困和社会暴力的可能性。

（三）对民众心理的负面影响

治安恶化如今已成为拉美民众最担忧的社会问题之一。根据拉美晴雨表公司的调查，1995—2007年，在被拉美民众视为国家面临的最重要问题中，失业一直排在第一位。但2008年，17%的被调查者认为社会治安是拉美国家最需要解决的问题，这个比重首次超过了失业（15%）。在委内瑞拉和墨西哥，持这种观点的人分别达到57%和33%。另外，民众的不安全感普遍存在。2007年，63%的受调查者认为所在的国家越来越不安全，只有9%的人持相反意见，26%的人认为没有变化。在阿根廷，仅有2%的受访者感到治安有所改善。整个拉美地区平均有73%的人总是或经常担心成为犯罪的目标。另据调查，在哥伦比亚，25%的夜班工人和14%的夜校学生会出于安全考虑放弃工作或学业。

犯罪猖獗不仅增加了民众的不安全感，也导致人与人之间关系紧张，缺乏互信。据 1997 年所作的调查，在拉美国家，只有不到 16％的受访者对陌生人感到信任，而在巴西，对陌生人感到信任的比重不到 5％。

社会治安的持续恶化使民众对政府治理能力的怀疑和不信任感与日俱增。近年来，在阿根廷、墨西哥、巴西、委内瑞拉等国，民众举行各种抗议活动，要求政府采取有效措施打击犯罪和暴力，消除不安全因素。民意调查显示，2006 年拉美民众对政府打击犯罪的成效持肯定态度的比重仅为 25％左右。

对很多拉美人而言，警察不仅不能阻止暴力活动，反而是滥用职权、不作为和腐败的代名词，甚至还有可能与绑架和贩毒等犯罪活动有牵连。而司法体系由于效率低下，无法对犯罪施以应有的处罚，也无法得到大多数人的信任。因此，拉美民众对执法和司法体系的评价一直不高。2005—2006 年，对警察和司法体系存在信任感的民众比例分别只有 37％和 33％，和 20 世纪 90 年代中期相比变化不大。对执法和司法机构缺乏信任使很多案件的受害者不愿报案。这导致犯罪活动更加猖獗。根据 2004—2005 年期间对拉美 9 个主要国家进行的民意调查，39％—75％的犯罪没有被举报。一种恶性循环由此产生：犯罪率的不断高升使市民缺乏对警方的信任，因而选择不报案，而这又进一步助长了犯罪。

如今，拉美民众对犯罪活动既感到深恶痛绝，又恐惧无助，这种心理和情绪的蔓延既不利于社会的稳定，也有可能引发更大的矛盾和冲突。

第五节　社会治安的治理

暴力和犯罪是一个复杂的社会问题，解决起来并不容易。前面提到，拉美国家近年来社会治安的恶化有着深刻的经济和社会根源，因此，要想有效地扼制犯罪活动，改善治安状况，首先要化解那些造成犯罪的结构性矛盾。也就是说，拉美国家的社会治安形势能否得到根本的好转，关键在于能否解决好贫困、失业、社会不公、社会排斥、歧视等社会问题。但是，这些问题是在几十年的发展过程中逐渐积累起来的，因而不可能在短期内得到轻而易举的解决，需要长期的努力。自 2003 年以来，随着经济的持续增长，上述问题虽然有所缓解，但仍十分严重。在这种情况下，拉美国家虽然采取了很多措施治理城市犯罪问题，但这些措施可谓治标不治本，无法从根源上解决问题。但是，我们在上文中也曾经提到，社会治安的恶化是多种因素共同作用的结果。相对于经济和社会根源而言，其他因素的解决更容易一些。拉美国家如果能对其中一部分因素进行有效干预，使之对社会治安的负面影响降到最低或较低的水平，那么犯罪问题是可以得到一定程度缓解的。这需要社会治安防控体系发挥重要作用。

一　治安防控体系的主要问题

社会治安的防控体系不仅包括公检法等社会控制部门，还包括医疗卫生、教育、传媒、地方政府、非政府组织、社区居民组织等一系列与打击和预防犯罪相关的部门。也就是说，改善社会治安并不仅仅是警察和法官的职责，也是全社会的共同任务。

在拉美国家，社会治安的防控体系并不十分健全。这表现在以下三个方面：

第一，整个体系缺乏长期有效、完整全面的战略框架，没有明确的目标、工作重点和政策措施。虽然政府在选举时或上台后都会提出一些打击犯罪、改善治安的目标和措施，但它们常常只是作为政府树立政绩的一种手段，甚至是竞选的筹码，用来拉拢或取悦选民，因此要么难以兑现，要么虎头蛇尾、昙花一现。而且每届政府都希望与众不同，标新立异，上届政府的政策很可能在下届政府执政时就消失得无影无踪了。有时即使是同属于一个党派，连续两届政府的政策都可能出现不一致。

第二，体系的运行主要依靠公检法部门，而其他大部分机构和部门没能发挥出应有的作用。很多的国家经验表明，刑事处罚对降低犯罪率的作用是有限的，在高收入国家也是如此。在大部分拉美国家，打击犯罪最常规的手段就是增加预算，加强执法、审判和关押力度。但即便是这样，也只有很少一部分案件能够进入司法程序，很小比例的罪犯被判刑。因此，仅仅依靠公检法的力量并不足以控制犯罪，还需要其他部门的支持。而这些部门的作用更多地不是对罪犯进行惩罚，而是创造条件，扼制可能出现的犯罪风险，预防犯罪的发生。如果这种作用能够真正发挥出来，就可以在很大程度上缓解公检法部门面临的压力。

第三，机构间缺乏协调、配合和沟通，甚至互不承认对方的作用。由于各部门对暴力行为的认识和理解存在一定的差异，因此在处理这一问题的方式方法上也就没有统一的标准。它们从不同的角度出发，在各自的职责范围内行事，采取的行动和实施的计划之间通常缺乏有效的协调。这不仅浪费了社会资源，也造成统计数据上的千差万别。

二 预防犯罪的重要作用

所谓"防控体系"，应该是由"防"和"控"两部分组成的体系。换言之，这个体系的作用不仅包括控制，还包括预防，而且最好的运行方式是以防为主，以控为辅。具体来讲，犯罪的预防措施是指对没有发生，但有可能发生的犯罪行为进行提前干预，如果干预成功，就不会对社会产生危害；而犯罪的打击措施，是对已经实施的犯罪进行惩罚，这实际上是一种补救，因为社会危害已经产生。这两类措施不是相互分割，而是相辅相成。但是拉美国家的主要问题就在于，对社会治安的治理重打击而轻预防，而打击的力度又不足以有效地扼制犯罪。其结果就是，虽然执法和司法体系耗费了大量人力、物力和财产，但仍缺乏对罪犯的控制力和震慑力。洪都拉斯和萨尔瓦多政府都曾经对青少年的黑帮组织实施过强硬的打压政策，还颁布法律将加入黑帮视为非法，但结果是黑帮组织由公开转为地下活动，内部的凝聚力有所增强，组织比以前更为严密，社会治安状况也没有出现明显的改观。①

实际上，在拉美这样一个执法和司法系统都不尽完善和健全，也不可能把公共开支大量投入到社会治安治理的地区，预防犯罪比打击犯罪具有更现实的意义，而且前者的成本也远远低于后者。这一点在发达国家已经得到了证实。据统计，在美国每投入 1 美元用于预防犯罪，就可以在打击犯罪方面节省至少 6 美元。美国著名的研究和咨询服务机构兰德公司（RAND）对 4 类能够使美国的犯罪率下降 10％的手段所花费的成本进行了研究，包括修建更多的监狱、对犯罪的青年予以缓刑、对父母进行培训和帮助青少年完成学业。结果发现，每个家庭为此需要多交纳的税款分别为 228 美元、118 美元、48 美元和 32 美元。也就是说，提高受教育水平的成本是最低的。而且教育的好处并不仅仅在于减少犯罪，还有助于增加就业和提高就业质量，从而起到改善收入和分配不公的作用。联合国经济及社会理事会也认为"预防犯罪的有效政策能够改善全体民众的生活质

---

① 萨尔瓦多在一年之内逮捕了 11 000 名帮派成员。但凶杀案由 2003 年的 2 172 起增加到 2004 年的 2 762 起，2005 年进而达到 3 812 起。

量，创造长期利益，是解决犯罪问题最经济的选择"。

三　拉美国家打击和预防犯罪的主要手段和参与者

打击犯罪的主要力量是公检法和监狱体系。近年来，大多数拉美国家采取了完善立法，增加警力，加大惩罚力度，降低处罚年龄[①]等措施以扼制犯罪率的攀升。哥伦比亚、巴西、危地马拉、秘鲁等国家对现有的警察体系进行了改革，主要内容包括：加强对警察的培训、减少警方的行政职能、提高工资待遇、加强政府和市民社会对警察行为的监督、建立社区民警制度等。总的来说，这些措施在密切警方与社区的合作、改善警民关系、减少警察滥用职权方面确实取得了一些成效，但是在减少犯罪方面的作用还没有得到确认。

另外，巴西、哥伦比亚、秘鲁、智利、委内瑞拉、阿根廷等国还对自身的司法体系进行了改革。主要内容包括简化诉讼程序，引入新的争端解决机制、降低审理费用、增加法律援助、开设小型案件法庭，等等。

拉美国家预防犯罪的手段可分为长期和中短期两类。

长期手段是预防犯罪的最佳途径，但也是最难实现的目标。它主要针对暴力产生的结构性和制度性因素，具体措施包括消除不平等、减少贫困、扩大社会保障、降低青年失业率和辍学率、加强对执法部门的监督管理、加强对贫困母亲的教育和产后关怀、改变社会对暴力行为的认识、预防家庭暴力等。这些措施之所以称为长期手段，不仅是因为要对一个国家经济和社会发展进程中的结构性问题加以解决，而且需要多部门的共同参与和一系列相关社会政策的支持，因此是一个相对漫长的过程。长期手段的实施主要应依靠经济和社会决策部门，但其他部门的作用也不容忽视。比如，降低辍学率、培养"和平共处、与人为善"的思想观念需要教育部门的参与；关注贫困母亲和预防家庭暴力需要医疗卫生部门和非政府组织的参与；减少暴力文化的传播则需要媒体的支持。

---

① 受刑事处罚的年龄下限在哥斯达黎加、厄瓜多尔、萨尔瓦多、洪都拉斯、墨西哥和委内瑞拉为 12 岁，在危地马拉、尼加拉瓜、多米尼加和乌拉圭为 13 岁，在智利、哥伦比亚、巴拿马、巴拉圭和秘鲁为 14 岁，在阿根廷、玻利维亚和古巴为 16 岁，在巴西为 18 岁。但出于保护未成年人权利的考虑，在某些情况下，司法部门对未成年人的量刑会在成年人的基础上酌情减少。

中短期手段主要是指对可能导致个人犯罪行为的风险因素进行提前干预，具体措施有控制酒类和毒品的消费及非法武器的使用、改善夜间照明状况、安装自动报警装置和监控设备、优化警察巡逻制度、教育市民提高防范意识、对罪行较轻者进行社区矫正，等等。这些措施的实施相对容易，而且效果也比较直接和明显。中短期手段一般由地方政府制定实施，因为它们比较熟悉自己管辖区的具体情况，可以有针对性地开展预防工作。同时，非政府组织和社区居民组织也适于参与这些地方性的中短期计划。

四　拉美国家犯罪预防措施的经验和教训

近年来，犯罪预防在全世界范围内都得到了广泛重视。而且它不再被视为政府机构特有的职能，教育机构、非政府组织、社区居民也广泛参与到这项工作中。这表明，社会治安的治理开始由政府管辖逐渐向公共管辖的范围转化。

从 20 世纪 90 年代起，拉美国家参照欧美国家的经验，陆续采取了一些预防犯罪的措施。这些措施存在着以下几个共同特点：一是持续的时间都比较短，缺乏连续性，一般只有一两年的时间，有些措施还没有取得明显成效就不了了之了；二是范围比较小，一般都是城市性的计划，即使能够推广到其他城市和地区，也很难在全国范围内普及；三是由于资金紧张、重视程度不够等原因，获得的财政支持比较有限；四是由于缺少衡量这些措施效果的指标，因而无法对措施实施之后犯罪率的下降、居民安全感的增强、对执法机构信任度的提高等进行充分的评估，也就无法证实这些预防犯罪的措施对减少犯罪到底有何影响。

因此，虽然这些政策措施的出发点很好，但种种问题的存在使民众对其成效持怀疑态度，参与的积极性也大大降低。加之这些措施本身就是以预防犯罪为出发点，对降低犯罪率的影响难以在短期内体现出来。因此，几乎没有一个拉美国家能把预防犯罪当作比打击犯罪更为有效的手段，也无法做到预防和打击双管齐下。

尽管如此，一些国家在预防犯罪方面进行的有益尝试还是值得一提的。这些措施大致可分为以下几类：

第一类是控制酒类、毒品的消费和武器的使用。

哥伦比亚的波哥大①和卡利都曾颁布过法律，限制在一天的特定时段内或某些天出售酒类，还规定只要上交武器就可获得一定的货币奖励。巴拿马、阿根廷等国也分别实施过食品换武器和现金回收武器的计划。巴西和智利建立了专门针对有违法行为的吸毒者或酗酒者的"毒品法庭"。凡是在这个法庭受审的人都要接受戒毒或戒酒的治疗和法庭的定期监督，如果在一定期限内未有犯罪行为，也不再吸毒或酗酒，并完成了培训，法庭将酌情做出减刑、撤诉或保释等宽大处理。

第二类是进行广泛的社会动员，加强社会参与，充分发挥社区在预防犯罪方面的重要作用。

哥伦比亚在这方面的经验值得借鉴。1994—2000 年，波哥大市实施了"和睦相处计划"。措施之一是建立市民安全学校，社会居民代表在那里接受地方警察的治安培训，再通过他们向更多的居民宣传预防犯罪的知识。1999 年，该市又建立了社区民警制度，目的是拉近警民关系，在社区内营造一种市民安全文化。社区民警的职责包括及时发现辖区内存在的治安隐患并进行提前干预、调解纠纷、接受投诉、在社区居民中进行安全教育等。2001 年，在波哥大商会的支持下，"安全区域"计划启动，警方将人口密集和商业店铺集中的街区划定为犯罪多发区。在这些区域内，警方与有组织的社区共同合作，同时增加公共场所的警力。另外，波哥大市还成立了一批冲突调解中心，负责调解社区纠纷。

麦德林市的做法是成立专门的居民委员会，由一名社区领导、一名积极分子、一名监督员、一名神职人员和非政府组织代表共同组成，负责维护社区的环境。各个委员会之间还定期交流经验和信息，共同开展活动。

第三类是组建城市警卫队。

在很多拉美国家，执法权一般归中央政府或省（州）政府所有。也就是说，全国的警察机构由内政部统一管辖，而不受市政府的领导。因此，市政府对打击犯罪的措施很难开展，一般只能组建城市警卫队或巡逻队。

---

①　波哥大市于 1995—1997 年投资了约 1.3 亿美元（占全市财政预算的 3.7％），开展了"市民文化计划"，从多个角度鼓励市民进行个人和集体行为的自我约束。主要的措施包括：禁止在凌晨 1 点钟之后出售酒类；在宗教团体的协助下开展自愿上交武器的活动；为全市 4 750 名警察进行了培训。在计划实施后一年，与滥用酒精相关的凶杀案减少了 9.5％，两年后减少了 26.7％；凶杀率由十万分之七十二下降到五十一；节假日期间因吸毒导致的青少年人身伤害减少了三分之一。

智利、秘鲁、巴西等国都建立了这样一些组织。它们中大多数仅具备说服教育或为公众提供紧急帮助的职能。只有很少一部分可以在警方的监督下配备武器，并拘捕嫌疑人。这些城市警卫队对降低犯罪率尚无明显帮助，但有助于增强市民的安全感。

第四类是完善信息体系的建设。

拉美国家已经意识到完善的信息系统对防治犯罪的重要作用，它不仅能够为研究工作提供数据，还可为政府决策提供依据。厄瓜多尔的基多市在拉美社会科学学院厄瓜多尔分院和泛美卫生组织的帮助下，建立了"城市观察站"，目的是收集、分析、交流、传播关于暴力致死、犯罪率、家庭暴力等威胁市民安全和权利的信息，以便于相关部门制定更有效的公共政策。中美洲国家也在国际组织的支持下建立了对犯罪问题的信息收集和跟踪系统。

第五类是专门针对青少年开展的活动。

鉴于目前日益严重的青少年犯罪问题，几乎所有拉美国家都采取了干预措施，最主要的目的就是加强社会融入，减少社会排斥。其中比较有代表性的包括组织各种文体和娱乐活动以丰富青少年的业余生活，在学校中开展各种形式的反暴力宣传教育活动，加强对家庭暴力行为的干预，在青少年中进行职业技术培训，对帮派成员进行说服教育和改造，等等。其中，开展职业技术培训虽然不是专门针对青少年犯罪实施的措施，但它能够起到促进就业、减少社会排斥和歧视的作用，从中长期角度看有利于青少年群体的社会融入，也有利于消除犯罪的诱因，因此对预防犯罪应该是有效的。智利的"青年计划"（Chile Joven）是各种针对青少年的培训计划中运行机制比较科学的计划之一。由于成效突出，其他拉美国家也纷纷效仿。而在借助正规教育机构的作用实施的防止青少年犯罪的措施中，巴西在联合国教科文组织支持下开展的"开放校园"（Escuela Abierta）计划影响较大。它的具体做法是在周末和节假日将中小学的运动场地、电脑教室和图书馆等设施对外开放，并组织一些娱乐、游戏和文体活动。无论是在校学生，还是已经辍学的青少年均可参加。这项活动在巴西多个城市开展，加入的学校达到 1 500 所，共吸引了约 50 万青少年参与其中。"开放校园"计划实施后，不仅青少年犯罪率有所降低，而且很多辍学的学生重返课堂。"里约万岁"（Viva Rio）是巴西的一个非政府组织，其活动主要针对贫困的青少年。它在里约热内卢的 350 个贫民窟和低收入阶层集中的社区开展工作，为青少年提供园艺、公共设施修理、家政、体育运动、音乐等方面的培训。此外，还组织市民上缴武器、推动限制持有和使用武器的法律、协助警方开展社区工作等。墨西哥的蒙特雷市自 2000 年起实施了针对青少年帮派团体的改造计划，将 150 多个帮派转变为社会工作团体，组织它们进行垃圾回收利用、为节日派对提供服务等工作。

尽管目前拉美国家实施的犯罪预防措施在减少犯罪方面的作用和成效还没有得到证实和充分体现，但这毕竟是个良好的开端。这也说明拉美国家已经意识到降低犯罪率的手段不仅仅是打击犯罪，还应使预防犯罪发挥更大的作用。把预防犯罪的工作纳入社会治安的公共治理体系是一项长期任务，虽然其成效无法在短期内显现出来，但从长远考虑，它将有利于整个治安状况的扭转。

总而言之，各种社会矛盾迟迟得不到解决，制度上的种种缺陷长期存在，限制了拉美国家治理社会治安危机的能力和空间，导致这些国家在改善社会治安方面普遍陷入一场前所未有的可治理性危机。2003 年以来，拉美经济的持续增长使各国在社会政策的选择和社会开支的支配上有了更大的余地。中左派政治力量的崛起也提高了相关国家对社会问题的重视程度。但是，拉美社会治安恶化的趋势并没有得到有效扼制，在墨西哥、委内瑞拉等国尤为严重。这说明，治安问题已成为拉美国家的一个社会痼疾，如何解决这个问题既是政府的长期任务，也是对今后政府执政能力的极大考验。自 2004 年起，联合国拉美经委会等国际组织开始在拉美地区推行"社会凝聚"的政策理念，其核心目标就是减少贫困、不平等和社会排斥，促进社会融入，进而增强民众的社会归属感。这一理念已经得到拉美多数国家的认可和肯定。如果今后拉美国家为实现社会凝聚目标而进行的种种努力能够奏效，那么无疑将对引发犯罪和暴力问题的深层次原因产生影响，并最终有助于社会治安的改观。

第三编

专　　题

第十一章

地区发展不平衡及其治理
——巴西案例研究

　　地区间发展失衡是发展中国家一个带普遍性的现象，拉美国家自不例外。在拉美国家人均 GDP 进入 1 000—3 000 美元的发展阶段后，这个现象依然突出，或者说，这个问题依然是制约拉美国家发展的一个重要因素。地区发展不平衡往往源于不同地区的地理环境、资源禀赋、气候条件等的差异，要完全消除是比较困难的。但是各国政府在开发落后地区、缩小地区间发展差异方面是可以有所作为的，事实上，许多国家在这方面取得了成就，提供了各具特色的经验，值得人们认真加以研究。巴西不仅是拉美第一大国，地域辽阔，人口众多，不同地区的差异性大，地区发展不平衡现象比一些中小国家更具典型性，而且在治理地区发展失衡方面，巴西历届政府也作出过巨大的努力。因此，我们选择巴西作为个案来进行重点分析。

第一节　巴西地区发展不平衡的表现

　　由于历史、地理、社会、经济等方面的原因，巴西人口和主要经济活动集中于沿海地区尤其是东南沿海地区，因此东南部和南部地区最为发达、中西部地区次之、北部和东北部地区最不发达（某些情况下，将东南部地区、南部地区和中西部地区作为一个整体，称为"中南部地区"）。巴西 5 个不同发展程度地区的划分及各地区包含的州见图 11—1 和表 11—1。

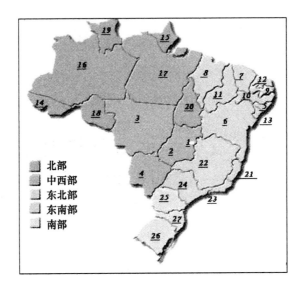

图 11—1　巴西不同地区的划分示意图

表 11—1　　　　　　　　巴西地区划分及所属各州

地区及其所属州	人口	面积（km²）	首府
中西地区	11636728	1612075	
联邦首都	2051146	5802	巴西利亚
戈亚斯	5003228	340118	戈亚尼亚
马托格罗索	2504353	903386	库亚巴
南马托格罗索	2078001	357140	大坎普
东北地区	47741711	1558196	
阿拉戈斯	2822621	27819	马塞约
巴伊亚	13070250	564273	萨尔瓦多
塞阿拉	7430661	145712	福塔莱萨
马拉尼昂	5651475	331918	圣路易斯
帕拉伊巴	3443825	56341	若昂佩索阿
伯南布哥	7918344	98527	累西腓
皮奥伊	2843278	251312	特雷西纳
北里奥格兰德	2776782	53077	纳塔尔
塞尔希培	1784475	21962	阿拉卡茹
北部地区	12900704	3869634	

续表

地区及其所属州	人口	面积（km²）	首府
阿克里	557526	152522	里奥布朗库
阿马帕	477032	142816	马卡帕
亚马逊	2812557	1570947	马瑙斯
帕拉	6192307	1247703	贝伦
朗多尼亚	1379787	237565	波多韦柳
罗赖马	324397	224118	沃阿维斯塔
托坎廷斯	1157098	277298	帕尔马斯
东南地区	72412411	927284	
圣埃斯皮里图	3097232	46047	维多利亚
米纳斯吉拉斯	17891494	586552	贝洛奥里藏特
里约热内卢	14391282	43797	里约热内卢
圣保罗	37032403	248177	圣保罗
南部地区	25107616	577213	
巴拉那	9563458	199282	库里蒂巴
南里奥格兰德	10187798	281734	阿雷格里港
圣卡塔琳娜	5356360	95285	弗洛里亚诺波利斯
巴西	169799170	8547404	巴西利亚

注：（1）人口：2000 年 8 月 1 日普查值。

（2）圣埃斯皮里图州包括大西洋上的特林达迪岛（Trinidade）和马丁瓦斯群岛（Martim Vaz）。

资料来源：http://www.latinte.com。

曾经有学者认为巴西"工业主要集中于东南部和南部，那里的农业发达，生活水平相当于南欧，而亚马逊、西部和东北部地区没有工业，农业落后……巴西的这些广大地区仍属于不发达世界"。[①] 由此可见，正是地区发展水平的差距，导致巴西出现了所谓的"发达的巴西"和"落后的巴西"两个截然不同的区域。

从 20 世纪 60 年代前后到 90 年代初期，尽管巴西采取了一系列政策

① 周世秀：《巴西"向西部进军"的历史经验》，载《世界历史》杂志 2000 年第 6 期，第 71—77 页。

来缩小地区发展水平的差距，也取得了一定的成效，但是地区发展不平衡依然是困扰巴西经济持续发展的制约因素，具体表现为：地区之间财富分布不均；各地区在中央财政收支中比重差异显著；人类发展指数（HDI）水平虽普遍有所改善，但其中部分指标差距依然明显；人口的地区分布也相差悬殊，等等。

一　不同地区人均 GDP 比较

对于巴西人均 GDP 超过 1 000 美元的阶段划分，不同的统计标准之间存在一定的差异。其中有 3 个不同的划分标准：1960 年之前；60 年代后期；70 年代初期。但是，参照拉美其他国家的经济指标，可以判断巴西人均 GDP 超过 1 000 美元的阶段大致在 20 世纪 70 年代之后。[①] 不过，为了更真实地比较巴西不同地区人均 GDP 水平的差异，我们分别选取人均 GDP 达到 1 000 美元的两个不同划分来分析：

（1）按照人均 GDP 达到 1 000 美元早于 60 年代的情况分析。据统计，1960 年巴西的人均 GDP 已经达到 1 449 美元，经过 35 年的发展，到 1995 年时，人均 GDP 增长到 3 556 美元，年均增速达 2.6%。但 1995 年的统计显示，只有 5 个州（圣保罗、里约热内卢、南里奥格兰德、巴拉那和圣卡塔琳娜州）的这一指标高于全国平均水平，其中圣保罗州的人均 GDP 为全国平均水平的 2 倍，而最穷的皮奥伊州人均 GDP 却低于全国平均水平的 3.7 倍。巴西的地区发展差异，从地理意义上讲是"南北差距"，因为在 10 个最贫穷的州中有 8 个位于东北部地区，而在东南部地区的 4 个州中有 3 个属于全国最富有的 5 个州的行列；[②] 1994 年，巴西北部、东北部地区的人均 GDP 分别为 2 299.94 美元和 1 635.13 美元，分别仅为全国平均水平的 68% 和 48.4%，而东南部、南部和中西部地区则分别达到了 4 440.83 美元、3 983.42 美元和 3 650.90 美元，分别为全国平均水平

---

①　按照美国国会图书馆的统计资料，20 世纪 70 年代初期巴西的人均收入为 1 253 美元左右；据 1997 年联合国《人类发展报告》，1960 年巴西人均 GDP 为 823 美元；根据帕特里夏·胡斯蒂诺（Patricia Justino）和阿那布·阿查里亚（Arnab Acharya）论文，1960 年巴西的人均 GDP 已经达到 1 449 美元。上述资料来源分别为：http://lcweb2.loc.gov/；http://www.khalistan-affairs.org/；www.sussex.ac.uk。

②　Patricia Justino and Arnab Acharya：Inequality in Latin America：Processes and Inputs，Prus Working Paper No. 22.（www.sussex.ac.uk）

的 132.9%、117.8% 和 108.0%。其中，最富裕的东南部人均 GDP 高出全国平均水平约 33 个百分点，而最贫穷的东北部地区的指标低于全国平均水平 51.6 个百分点，两个地区相差了 84.6 个百分点①（见表 11—2）。

表 11—2　巴西不同地区人均 GDP 及与全国平均水平的比例（1994 年）

地区	人均 GDP（美元）	与全国平均水平比较（%）
北部	2299.94	68.0
东北部	1635.13	48.4
东南部	4490.83	132.9
南部	3983.42	117.8
中西部	3650.90	108.0
全国	3380.14	100.0

资料来源：IPEA/EIPES. 转引自 "Regional Development and Regional Inequality：An Overview of the Brazilian Economy". （http：//www. econ. fea. usp. br/nereus/eae0503 _ 1 _ 2006/hadch199. pdf）.

（2）按照人均 GDP 达到 1 000 美元的时间在 70 年代左右的情况分析。据统计，在 70 年代初期，巴西人均 GDP 已经达到 1 253 美元。1970 年，巴西最为富裕的东南部地区的人均收入高于全国平均收入水平的 53.2%；最贫穷的东北部地区的却低于全国平均收入水平的 44.4%。此后，尽管两个地区的收入差距有所缩小，但幅度有限。至 1988 年，东南部地区的人均收入仍高于全国平均收入水平的 43.6%，而东北部地区低于全国平均水平的 37.5%。

二　不同地区在中央财政收支中占比比较

1970 年巴西中央财政收入来自北部、东北部和中南部地区的份额分别为 1.4%、10.0% 和 88.6%，中南部地区所占比重为北部地区的 63.3 倍。到 1996 年，三个地区的份额分别为 2.3%、9.9% 和 87.8%，中南部地区所占比重为北部地区的 38.2 倍，其中北部地区的比重仅增加了 0.9

---

① "Regional Development and Regional Inequality：An Overview of the Brazilian Economy". （http：//www. econ. fea. usp. br/nereus/eae0503 _ 1 _ 2006/hadch199. pdf）

个百分点，而东北部地区不增反降，减少了 0.1 个百分点，中南部地区的
比重减少了 0.8 个百分点（见表 11—3）。

表 11—3　1970—1996 年巴西不同地区在中央财政收入中所占比重（％）

年 地区	1970	1975	1980	1985	1996
北部	1.4	1.5	1.7	2.2	2.3
东北部	10.0	8.2	7.2	8.3	9.9
中南部	88.6	90.3	91.1	89.5	87.8

资料来源：SUDENE，*Boletim Conjuntural*，Aug. 1996. 转引自 "Regional Development and
Regional Inequality：An Overview of the Brazilian Economy"．

在中央财政支出方面，1970 年，北部、东北部和中南部（包括中西
部、南部和东南部地区，下同）地区占其中的比重分别为 3.2％、13.4％
和 83.4％，到了 1996 年比重分别变化为 3.6％、11.2％和 85.2％，分别
增加了 0.4 个百分点、下降了 2.2 个百分点和增加了 1.8 个百分点。中南
部地区与北部地区分别占中央财政支出的比重相比，分别由 1970 年的
26.1 倍下降到 1996 年的 23.7 倍；同期，中南部地区与东北部地区分别
占中央财政支出的比重相比，则由 6.2 倍增加到 7.6 倍（见表 11—4）。

表 11—4　1970—1996 年巴西不同地区在中央财政支出中所占比重（％）

年 地区	1970	1975	1980	1985	1996
北部	3.2	2.5	3.0	3.5	3.6
东北部	13.4	10.9	10.3	10.4	11.2
中南部	83.4	86.6	86.7	86.1	85.2

资料来源：SUDENE，*Boletim Conjuntural*，Aug. 1996. 转引自 "Regional Development and
Regional Inequality：An Overview of the Brazilian Economy"．

三　不同地区人类发展指数水平比较

人类发展指数（HDI）是用来衡量地区经济社会发展水平和程度的重
要指标和方法，它包括人口寿命、受教育机会及收入水平等一系列指标。

1970—1996 年期间，巴西全国人类发展指数水平大幅提高，由 1970

年的 0.494 增长到 1996 年的 0.830。同期，北部、东北部地区的指数水平分别由 0.425 和 0.299 提高到 0.727 和 0.608；东南部、南部和中西部地区则分别由 0.620、0.553 和 0.469 提高到 0.857、0.860 和 0.848（见表 11—5）。

表 11—5　　　　　　1970—1996 年巴西不同地区人类发展指数

年 地区	1970	1980	1991	1996
北部	0.425	0.595	0.676	0.727
东北部	0.299	0.483	0.557	0.608
东南部	0.620	0.795	0.832	0.857
南部	0.553	0.789	0.834	0.860
中西部	0.469	0.704	0.817	0.848
全国	0.494	0.734	0.787	0.830

资料来源：联合国开发计划署（UNDP），1998 年。

尽管各地区的人类发展指数都得到较大程度的提高，但是北部和东北部地区依然落后于全国的平均水平，其中东北部最落后，不过与发展程度最高的东南部或南部地区差距在持续缩小，由 1970 年的 0.321、分别下降到 1980 年的 0.312、1991 年的 0.277 和 1996 年的 0.252（见图 11—2）。

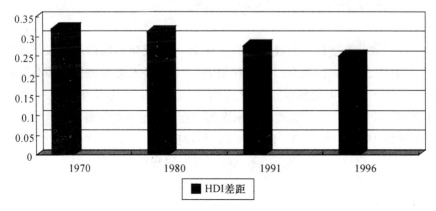

图 11—2　1970—1996 年巴西东北部与 HDI 水平最高地区的差距
数据来源：根据联合国开发计划署（UNDP）有关数据计算。

　　从 HDI 的总体指标来衡量，巴西不同地区的情况都在得到改善，但是若从 HDI 具体构成的分指标，如人口寿命、受教育程度和收入水平等来衡量，可以更加清楚地认识到究竟是哪一个具体的因素对地区发展不平衡的影响最大。1970—1996 年，巴西较为落后的北部和东北部地区的人口寿命指标、受教育程度指标与发达的东南部和南部地区的差距不大，但是收入水平指标的差距不仅没有缩小反而在加大，其中指数水平最低的东北部地区尽管由 1970 年的 0.142 上升到 1996 年的 0.452，但是同期东北部地区与指数水平最高的东南部地区的差距由 0.483 上升到 0.514，并且与全国的平均水平相比，差距也在拉大，由相差 0.269 上升为相差 0.502[①]（见表 11—6）。

表 11—6　1970 年和 1996 年巴西不同地区人类发展指数具体指标比较

指标 年 地区	人口寿命		受教育程度		收入水平	
	1970	1996	1970	1996	1970	1996
北部	0.484	0.706	0.567	0.777	0.223	0.697
东北部	0.323	0.658	0.433	0.714	0.142	0.452
东南部	0.532	0.730	0.702	0.875	0.625	0.966
南部	0.588	0.753	0.688	0.870	0.384	0.957
中西部	0.516	0.726	0.614	0.860	0.277	0.959
全国	0.461	0.710	0.611	0.825	0.411	0.954

资料来源：联合国开发计划署（UNDP），1998 年。

　　用于评价经济社会发展程度的指标 HDI 也反映出巴西地区发展水平存在的巨大差异。据联合国开发计划署《2003 年人类发展指数报告》统计，2002 年巴西东北部地区 HDI 为 0.57（南部地区的则为 0.78），相当于该报告中的中等发展程度排位末次的印度和肯尼亚的发展水平，而其中个别州的 HDI 仅为 0.45，仅相当于孟加拉国和尼日利亚的水平。HDI 再次准确描述出"同一个巴西，不同的世界"的现象。

---

　　① "Regional Development and Regional Inequality: An Overview of the Brazilian Economy". (http://www. econ. fea. usp. br/nereus/eae0503 _ 1 _ 2006/hadch199. pdf)

四　不同地区的人口密度和数量比较

据统计，1994 年巴西的平均人口密度为 18.5 人/平方千米，其中人口稠密的地区为东南部和南部地区，北部和西北部则密度稀疏，而中西部的人口密度位居两者之间。世界其他大国的人口密度分别为：美国 25 人、法国 100 人、英国 100 人、中国 100 人和加拿大 3 人。另据 2000 年的统计数据，巴西全国的平均人口密度上升为 19.9 人/平方千米，各地区的人口密度分别为：中西部 7.2、东北部 30.6、北部 3.3、东南部 78.1 和南部 43.5，仍然保持了各地区人口分布极端不平衡的态势，其中人口密度最大的东南部地区与人口密度最小的北部地区相比，前者为后者的 23.7 倍（见表 11—7）。

表 11—7　　　　　　　　巴西各地区的国土面积和人口密度

地区	面积（平方千米）	人口数量（人）	人口密度（人/平方千米）
中西部地区	1612075	11636728	7.2
东北部地区	1558196	47741711	30.6
北部地区	3869634	12900704	3.3
东南部地区	927284	72412411	78.1
南部地区	577213	25107616	43.5
全国	8547404	169799170	19.9

注：人口数据为 2000 年 8 月 1 日普查值。

资料来源：根据 http：//www. xzqh. org/waiguo/america/6003. htm 资料整理。

1996 年的统计显示，东南部地区居民为 6300 万人、东北部 4500 万人、南部 2310 万人、北部 1110 万人以及中西部地区 1020 万人。居民最多的州，如圣保罗州、米纳斯吉拉州、里约热内卢州等全部位于大西洋沿岸。[1] 由此可见，巴西人口密度最高的两个地区恰恰是经济最发达的东南部地区和南部地区，分别为 78.1 和 43.5，远高于全国 19.9 的平均水平（见图 11—3）。

---

[1]　http：//www. photius. com/countries/brazil/society/brazil _ society _ population _ size _ and _ －195. html。

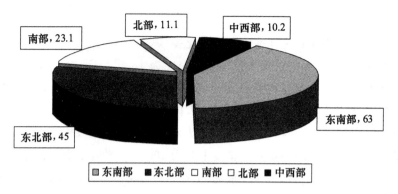

图 11—3　巴西不同地区的人口数量分布（单位：百万）

地区发展不平衡与居民的经济、政治和社会地位不平等紧密相连并且相互作用。巴西不同地区不仅人口分布不平衡，而且种族分布也不平衡。其中，在巴西的南部地区白种人占人口的 79.6%；东南部地区主要以白种人数量最多，占该地区人口的 58.8%，混血人种和非洲人后裔占 40.2%，亚裔巴西人和土著印第安人占 1.0%；在东北部地区混血人种占 62.5%，黑人占 7.8%；在北部地区也以混血人种占大多数[①]（见表 11—8）。

表 11—8　　　　　　　　　不平等的类型及有关因素

	经济不平等	社会不平等	政治不平等
不平等 （或不平衡类型）	收入和消费水平	获得的医疗情况	获得政治权利的权力
	就业状况	教育水平和入学情况	选举权
		获得的其他社会服务（如社会保险和社会救助等）	法律制度情况
不平等的维度	城乡之间 地区之间 群体之间		

资料来源：Justino（2003）. 转引自 "Regional Development and Regional Inequality: An Overview of the Brazilian Economy". (http://www. econ. fea. usp. br/nereus/eae0503_1_2006/hadch199. pdf)

---

① 为 2005 年统计数据。

与此同时，有统计显示，不同的种族贫困状况大相径庭，其中混血人种和印第安人往往是贫困的代名词，是最易遭受不平等的群体。如非洲后裔、混血人种和印第安人的平均收入远低于白种人和亚裔巴西人，据1990年统计，他们的家庭平均收入仅为全国平均水平的一半，这仅相当于白种人家庭的1/3或者亚裔巴西人家庭的1/4。[①] 由于巴西的不发达地区聚集了比重较大的混血种人和印第安人，因此落后地区的发展问题直接表现为这些群体的贫困问题。巴西的地区发展不平衡问题就成了人的经济不平等、社会不平等和政治不平等问题。

五　不同地区的城市贫困问题比较

巴西在发展过程中形成的一个突出问题是城市化水平超前，大量人口聚集于超大城市。据统计，1989年巴西东北部和北部、东南部以及南部地区的9个城市的人口为4060万人，占全国人口的近1/3。其中最小的城市为位于亚马逊地区的贝伦市，拥有140万人口；最大城市为圣保罗，人口为1500万人。东南部地区的3大城市，圣保罗、里约热内卢和贝洛奥里藏特市集中了2740万人口，占全国全部城市人口的65.5%、占全国人口的20%。

从社会发展指标考察上述城市，1970—1989年期间，所有城市人口的预期寿命都在提高，但东北部地区仍低于东南部和南部地区的指标，其中南部地区的阿雷格里港城市人口预期寿命由60.5岁增加到73.1岁，而东北部地区的福塔莱萨仅由41.8岁提高到50.6岁；1988年的基尼系数统计表明，东北部地区城市的收入分配状况比东南部和南部地区的城市差，但差异不大；同期，在家庭人均收入方面，除了里约热内卢之外的城市都在增加，但北部地区和东北部地区城市的收入仍低于东南部地区的城市水平。1970年，东北部地区的福塔莱萨的家庭人均收入相当于东南部圣保罗市的36.6%，而到了1988年这个比例提高到53.3%，但其中的原因并非是东北部地区的收入得到大幅提高所致，而是在此期间流入东南部地区

---

① Patricia Justino and Arnab Acharya, "Inequality in Latin America: Processes and Inputs", Prus Working Paper No. 22, www. sussex. ac. uk.

圣保罗的人口急剧增加导致该城市人均收入急剧减少[①]（见表 11—9）。

表 11—9　　　1970—1989 年巴西不同地区城市社会发展指标比较

城市	人口（千，1991 年数据）	预期寿命		基尼系数		家庭人均收入（雷亚尔，1988 年）	
		1970	1988	1970	1988	1970	1988
北部/东北部地区							
贝伦	1332.7	55.1	69.1	0.575	0.602	21900	28800
福塔莱萨	2303.6	41.8	50.6	0.609	0.666	17800	28200
累西腓	2871.3	47.0	57.8	0.609	0.648	21000	26000
萨尔瓦多	2493.2	48.2	68.1	0.605	0.650	26900	36400
东南部地区							
贝洛奥里藏特	3431.8	53.0	65.5	0.579	0.6333	30400	39900
里约热内卢	9796.5	56.0	65.6	0.568	0.601	43900	43300
圣保罗	15416.4	56.6	67.1	0.545	0.557	48600	52900
南部地区							
库里蒂巴	1998.8	55.7	68.0	0.559	0.543	37000	44600
阿雷格里港	3026.0	60.5	73.1	0.535	0.578	38000	46200
总计	42670.3	——	——	——	——	——	——

资料来源：Charles C. Mueller，"Environmental Problems Inherent to a Development Style：Degradation and Poverty in Brazil"，http：//eau. sagepub. com.

　　随着城市化的超前发展，巴西的城市贫困化问题应运而生。或者说，城市贫困问题是巴西发展模式的产物，也是亟待解决的痼疾之一。尽管城市贫困现象在巴西各城市中都比较突出，但不同地区的城市这一现象还存在一定的差异。据统计，1989 年上述 9 大城市大约有 1150 万穷人，占全部城市人口的 28.2％。其中，位于东南部地区的圣保罗和里约热内卢两个城市的穷人绝对数量最多，均超过 300 万人，分别占 9 个城市全部城市穷人数量的 27％左右；北部和东北部地区的城市穷人的绝对数量少于东南部地区的城市，贝伦为 50 万人、福塔莱萨为 87.3 万人、萨尔瓦多市为

---

① 　Charles C. Mueller，"Environmental Problems Inherent to a Development Style：Degradation and Poverty in Brazil"，http：//eau. sagepub. com.

90.7万人以及累西腓为130.2万人，其占9个城市穷人总数的比例分别
为4.4%、7.5%、7.9%和11.4%。但是，北部和东北部地区城市穷人占
其自身城市人口的比重远高于东南部和南部地区。其中贝伦、福塔莱萨、
累西腓和萨尔瓦多市的比例分别为39.6%、40.7%、47.2%和39.0%，
而东南部地区的城市贝洛奥里藏特、里约热内卢和圣保罗分别为27.2%、
32.5%和20.9%，南部地区的库里蒂巴和阿雷格里港分别为13.5%和
21.0%。这些数据表明，各个城市间的人口和贫困率差异十分明显，其中
东南部地区贫困人口绝对规模巨大，而北部和东北部地区的贫困率则相对
更高（见表11—10）。

表11—10　　　　　　　　巴西各城市穷人数量分布情况

不同地区城市	穷人总数（千）	穷人在所在城市总人口中的比重（%）	穷人在9座城市穷人总数中的比重（%）
北部和东北部地区			
贝伦	501.3	39.6	4.4
福塔莱萨	872.6	40.7	7.5
累西腓	1 302.1	47.2	11.4
萨尔瓦多	907.0	39.0	7.9
东南部地区			
贝洛奥里藏特	894.5	27.2	7.8
里约热内卢	3 069.5	32.5	26.8
圣保罗	3 069.6	20.9	26.8
南部地区			
库里蒂巴	251.9	13.5	2.2
阿雷格里港	602.2	21.0	5.2
总计	11 470.7	28.2	100.0

资料来源："Pobreza metropolitana：balanco de uma decada"，in *Perspectivas da economia brasileira*. 转引自 Charles C. Mueller，"Environmental Problems Inherent to a Development Style：Degradation and Poverty in Brazil"，http://eau. sagepub. com.

　　人口过分地聚集于拥挤的城市，引发了城市居民基本的卫生和环境等
基础设施的要求得不到满足。其中广大城市贫民既是受害者也是导致这个
问题的主要因素之一。尽管随着政府对基础设施等投入的增加，城市环境

和居民基本生活条件得到了一定的改善，但是巴西城市贫困人口在自来水
供应、垃圾处理和卫生服务等基本生活条件上仍是非常缺乏的。据统计，
20世纪70年代初期，巴西城市居民整体享有的基本生活条件，如在自来
水、卫生和垃圾收集等方面的水平都很低，其中东北部地区最为落后，而
在70—90年代期间得到了显著的改善。不过，1991年的统计显示，在上述
基本生活条件方面公共建设水平仍然比较低，而且两极分化情况还是比较
严重，其中东南部和南部地区城市的居民自来水的覆盖率在85%—96%之
间的水平，东北部地区城市的则在71%—88%的水平之间。在享有卫生和
垃圾收集服务方面，20世纪70年代，大多数城市家庭缺少上述基础设施，
如实现污水处理等，其中东北部地区的福塔莱萨市高达74.4%的家庭缺少
这项基本生活条件，而东南部地区的里约热内卢市的比例也达到36.5%。
尽管1970—1991年间，这项基本条件得到改善，但在北部和东北地区的城
市中仍有47%的居民无法得到这项基本生活的条件（见表11—11）。

表11—11　1970年和1991年巴西各城市居民的基本生活条件情况

不同地区城市	家庭比重（%）							
	自来水		污水和污物处理		缺乏卫生设施		垃圾收集	
	1970	1991	1970	1991	1970	1991	1970	1991
北部和东北部地区								
贝伦	60.8	71.3	29.3	52.7	70.7	47.3	45.6	83.5
福塔莱萨	28.9	68.5	25.6	37.5	74.4	62.5	48.2	76.0
累西腓	45.7	88.2	31.4	42.3	68.6	57.5	44.3	72.1
萨尔瓦多	53.7	71.9	30.4	50.6	69.6	49.4	47.3	66.8
东南部地区								
贝洛奥里藏特	58.1	88.5	44.7	65.9	55.1	34.1	44.3	67.8
里约热内卢	75.4	86.5	63.5	73.0	36.5	27.0	70.3	79.2
圣保罗	75.7	95.7	NA	79.7	NA	20.3	87.8	96.4
南部地区								
库里蒂巴	61.1	85.8	51.1	69.3	48.9	30.7	60.3	84.3
阿雷格里港	72.9	87.6	54.6	76.3	45.4	23.7	67.5	86.1

　　资料来源：Charles C. Mueller, "Environmental Problems Inherent to a Development Style：
Degradation and Poverty in Brazil", http：//eau. sagepub. com.

六　地区发展不平衡的国际比较

一国之内的地区发展不平衡现象不论是在发达国家还是发展中国家普遍存在。为此，我们选取了同样是人口、面积和经济大国的情况来与巴西作对比，并注意了不同的发展水平国家的地区选择，其中选取了比巴西经济更为发达的美国和经济发展水平低于巴西的印度作为参照。尽管地区发展差异需要比较的指标众多，但我们这里仅采用人均 GDP 的指标进行比较（见表 11—12）。

表 11—12　　　　　巴西与美国、印度不同地区收入差距比较

	印度	美国	巴西
时间段	1980—2000	1977—2001	1985—2001
比较国别选取的州（或省）数量	14	50	26
比较国别包括州（或省）的总数	25	50	26
比较所覆盖的人口/该国总人口（%）	92	100	99
最富有的地区及人均 GDP	3100（马哈拉施特拉邦）	42000（康涅狄格州）	9100（圣保罗州）
最贫穷的地区及人均 GDP	700（比哈尔省）	20000（西佛吉尼亚州）	1300（马拉尼昂州）
最富有地区人均 GDP/最贫穷地区人均 GDP（%）	4.4	2.1	7.0
人均 GDP 位居中间的地区及收入	1700（喀拉拉邦）	28800（宾夕法尼亚州）	3100（伯南布哥州）
该国人均 GDP	1700	31500	5700

注：表中人均 GDP 为 2000 年数据，并以 1995 年美元价格计算。

资料来源：Branko Milanovic，"Half a World：Regional inequality in five great federations"，http：//www-wds.worldbank.org/ 根据上述文献整理。

据统计，2000 年美国人均 GDP 达到 31500 美元、印度为 1700 美元、巴西为 5700 美元，上述 3 国的最富有地区人均 GDP 分别为最贫穷地区人均 GDP 的 2.1 倍、4.4 倍和 7 倍。[①] 因此，无论是与经济发展程度远高于自己的美国相比，还是与经济发展程度落后自己的印度相比，巴西的地区发展差距都是最高的，也是地区发展不平衡最明显的。

第二节　巴西地区发展不平衡问题的演变

导致巴西在发展过程中出现地区发展不平衡现象的因素众多，但归纳起来不外乎四个主要方面：地理因素、资源因素、历史因素和政策因素。有些分析则认为是地理特征如气候因素，以及在基础设施方面的公共和私人投资差异导致了地区发展的不平衡。[②]还有学者通过对巴西地区发展不平衡问题的深入研究后发现"巴西的经济发展，尤其是通过实施进口替代战略来发展工业化的同时加剧了地区发展的不平衡"。[③] 那么，到底是何种因素导致或者加剧了地区发展的差距，巴西政府又如何解决上述问题，我们通过梳理巴西的经济发展脉络来探究其中的缘由。[④]

一　地区发展不平衡问题的形成

巴西的地区发展不平衡问题始于殖民时代不合理的国际贸易分工，而且受制于不同地区自然地理条件的影响。从殖民地时代到 20 世纪早期，巴西各地区的经济主要通过国际贸易渠道形成对外部市场的依赖。在工业

---

①　Branko Milanovic， "Half a World： Regional inequality in five great federations"，http：//www-wds. worldbank. org/servlet/WDSContentServer/WDSP/IB/2005/08/30/000016406 _ 20050830161631/Rendered/PDF/wps3699. pdf.

②　Patricia Justino and Arnab Acharya， "Inequality in Latin America： Processes and Inputs"， *PRUS Working Paper No. 22*，April 2003，Poverty Research Unit at Sussex，University of Sussex.

③　Filho，Alfredo Saad， "Disparate Regional Development in Brazil： A Money Production Approach"，*Business Service Industry* ，Capital & Class，Autumn 1999.

④　本节重点参考了 "Regional Development and Regional Inequality： An Overview of the Brazilian Economy" 文献 . （ http：//www. econ. fea. usp. br/nereus/eae0503 _ 1 _ 2006/hadch199. pdf）

化进程中本国内部没有成为经济增长的动力之前，初级产品的出口是拉动巴西经济增长的主要动力。当时，能够生产和出口初级产品的地方就决定了区域的聚集模式。交替的增长周期使那些生产相应出口商品的地区受益，其中出现了东北部地区的"蔗糖周期"、中南部的"黄金和咖啡周期"，以及北部地区的"橡胶周期"，等等。由于本国经济严重依赖于几种初级产品的出口，国际市场的行情波动决定了国家的经济命脉，也决定着生产不同初级产品的地区的发展。东北部地区和南部地区都以出口初级产品作为经济支柱，前者主要出口蔗糖和棉花，后者以出口咖啡为主，到1870年左右，两个地区的收入相当，几乎看不出经济发展的差异。

后来这两个地区的经济走势发生了严重的分化：南部地区得益于国际市场咖啡需求的持续增长（据统计，在1840—1910年期间，国际咖啡市场的需求年均增长率达到5%），并受益于英国在基础设施上的投资、素质良好的欧洲移民人力资本以及技术进步。随着咖啡出口数量急剧增加，南部地区经济日趋繁荣。大宗出口收入还为南部地区的工业化进程提供了有力的资金支持。19世纪末期国家出台的本币贬值、关税保护等一系列政策让咖啡出口商和圣保罗地区的加工商受益。与此相反，东北部地区的蔗糖和棉花出口却频频受阻。蔗糖出口既面临欧洲甜菜糖的替代，更受到加勒比地区蔗糖的竞争。在国际市场糖价下跌的同时，巴西东北部地区的制糖业没有采用先进技术，在国际市场上的份额减少，转而靠销往本国的南部地区。在19世纪后几十年，国际棉花市场需求疲软，而产自美国南方采用更高技术和拥有更低国内运输成本的棉花占领了当时的主要市场——英国。因此，东北部地区的棉花也开始面向南部地区的市场，但南部地区开始出现了纺织工业保护主义。20世纪之交，对内贸易成为支撑东北部地区生产发展的主要因素。在20世纪头十几年，东北部地区和南部地区之间的地区差距已经形成。

我们将巴西南部地区和东北部地区在该阶段的发展环境用列表（见表11—13）的形式对比，以直观看出两个地区发展条件的差异。统计数据也显示，1907年，在巴西整个工业产出中，东南部地区占58.2%，东北部地区占16.7%，北部地区占4.3%。

表 11—13　　　**巴西南部地区与东北部地区依赖初级产品出口**
阶段面临的发展环境比较

	南部地区	东北部地区
出口产品	咖啡	蔗糖和棉花
国际市场	持续需求	疲软
竞争能力	几乎无竞争	面临外部竞争
人力资本	外来高素质移民	缺乏
资金和技术	外来投资、采用先进技术	缺少投资和技术
融资情况	出口收入可再投入	缺乏
国内市场	无保护主义的区域	面临南部地区的保护主义
总体发展	良性循环	恶性循环

　　从上述分析看，总的来讲，地理因素（例如气候、地形、土壤等）和历史因素（殖民经济体系、国际市场初级产品价格的波动等）决定了巴西最初的区域聚集模式，也可以认为是导致 19 世纪末期在巴西形成南北经济"二元结构"的重要决定因素，并由此拉开了巴西地区发展不平衡局面的序幕。

二　地区发展不平衡问题的凸现

　　如果说，地理因素和历史因素的共同作用形成了巴西地区发展不平衡的局面，那么，地区发展不平衡问题的凸现却是巴西在 20 世纪初期至 60 年代之前推进工业化发展战略过程的一个"副产品"。在这个发展阶段，地区的平衡问题基本不在巴西政府的发展议程关注之内，相反，政府实施的发展战略及相关政策、措施导致了地区发展不平衡现象的加剧。客观上讲，政策因素成为人为地加深地区发展不平衡的推动力量。

　　在此发展阶段，巴西经济经历了重要的结构性转变。从 20 世纪 30 年代开始，工业逐渐取代农业成为引领经济增长的主要产业，而东南部地区则成为内向型工业发展战略阶段的主要受益地区，因为巴西政府将发展的关注点一直放在本身已经较为发达的东南部和南部地区。具体包括：早在 20 年代左右，巴西就形成了对东南部地区的咖啡产业的支持政策，这是首次从地区的角度出台这样的措施，强调对南部地区发展的关注；到了进口替代工业化发展阶段，尤其是第二次世界大战后，巴西的地区收入分配变得更多地集中于发达的东南部地区。20 世纪 50 年代以后，巴西政府重点关注的是中南部地区的工业部门的发展，力图解决收支不平衡问题，并推动工业化进程的深化。

与此同时，东北部等地区的发展不仅没有得到联邦政府的专门的产业支持政策（如扶持糖或棉花生产的政策或产业调整政策），相反，在面对国际市场激烈竞争而转向本国东南部等发达地区市场的情况下，进口替代工业化战略让东北部地区还不得不消费价格高昂的工业制成品。因此，东北部等地区与中南部等地区之间的贸易条件在不断恶化，东北部地区靠输出初级产品获得的收入又被人为地以价格"剪刀差"的形式被中南部等地区获得，落后地区客观上为巴西全国的，尤其是东南部等发达地区的工业化进程的资本积累作出了重要贡献。

在重视效率的发展战略下，巴西政府出台了一些措施（如 1956—1960 年发展计划）来促进国家工业化水平的提升，并进一步使经济布局向东南部地区集中，而并没有任何对于地区发展不平衡问题的担忧。事实上，随着巴西在这个阶段经济的高速增长，它所采取的将投资集中于经济增长领先地区来促进国家发展的政策使地区发展差距进一步拉大。

通过列表（见表 11—14）比较进口替代工业化时期巴西南部地区和北部地区的发展状况，各地区在此政策背景下的发展环境孰优孰劣清晰可辨，这有力地验证了"进口替代工业化战略的实施加剧了南北发展不平

表 11—14　进口替代工业化战略实施阶段巴西不同地区的发展环境比较

	南部地区等	北部和东北部地区
国家初级产品出口支持政策	有	无
重点投资区域	是	否
国内地区间贸易条件	良好	恶化
经济增长速度	快	缓慢
进口替代工业化战略	受益	忽视
总体发展势头	领先	落后

衡"的论断。① 据统计，到 1960 年，东南部地区的人口占全部人口的
43.7％、产出占全国产出的比重为 62.8％，而东北部地区的人口占全国
人口的 31.7％、产出仅占全国的 14.8％（见表 11—15）。

表 11—15　　　　　　1907 年与 1960 年巴西不同地区的发展差距

	1907 年			1960 年		
	东南部	东北部	北部	东南部	东北部	北部 *
各地区产出/全国总产出（％）	58.2	16.7	4.3	62.8	14.8	—
各地区人口数量/全国总人口（％）	44.5	39.0	4.0	43.7	31.7	—

注："—"为资料空缺。

资料来源：根据 Regional Development and Regional Inequality：An Overview of the Brazilian
Economy 整理。

　　将 "南北差距恶化时期" 的 1960 年与 "南北差距形成时期" 的 1907
年的情况对比，东南部地区和东北部地区的产出在全国总产出中的比重分
别上升了 4.6 个百分点和下降了 1.9 个百分点，南北地区差距由相差
41.5 个百分点上升为 48.0 个百分点。正是南北发展差距的扩大，开始引
起了巴西政府的关注，继而采取一系列政策措施来解决地区发展失衡问题
（见图 11—4）。

三　对地区发展不平衡问题的关注

　　实际上，早在 1940 年，巴西政府就倡导 "西进" 运动。50 年代以
后，巴西历届政府一直把开发落后地区作为基本口号之一，致力于对东北
部、亚马逊流域和中西部地区的开发。1956 年库比契克当政时期，决心
完成迁都的 "百年梦想"，在不到四年的时间内，在巴西高原中部建起一

---

　　① 弗兰克就认为，巴西地区发展不平衡问题实际上是 16 世纪世界经济的扩张将巴西的东
北部、北部和中南部地区成功地纳入世界资本主义的结构和体系的结果，并且上述每个地区在各
自的发展黄金时期都表现出了经济的发展，但是这种发展既非自我形成的也非自我持续的，上述
三个地区在市场萎缩、国外和国内的利益减少的情况下便形成了不发达的发展境地。"二战" 期
间发展起来的以圣保罗为主的工业中心，也没有打破巴西的从属经济状态，更没有为其他落后地
区的发展带来富裕，反而是将不发达地区纳入了内部的 "殖民附属" 地位，成为国内发达工业地
区的融资来源，巩固和加深了这些地区的不发达状态。参见 Andre Gunder Frank，"The develop-
ment of underdevelopment"，*Monthly Review*，http：//findarticles. com/p/articles。

座新都，并于 1960 年正式迁都巴西利亚。"迁都"是巴西政府开发落后地区的重要举措。巴西利亚位于中部高原，地理位置比较居中，可以充分发挥全国政治、文化和交通中心的作用，其辐射力可以达到边疆地区。巴西在迁都后的 3—5 年里，中西部地区的经济，特别是农业经济得到了长足的发展。在迁都的同时，政府还修建了通往东北部地区和北部地区的公路，从而为落后地区的开发奠定了基础。在随后的几十年里，迁都政策也使区域发展失衡在一定程度上得以减弱。①

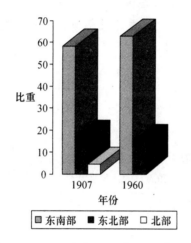

图 11—4　1907 年和 1960 年巴西不同地区
产出占全国总产出比重（％）

20 世纪 60—80 年代，巴西政府采取更多切实行动治理地区发展不平衡问题，这个阶段可谓巴西经济发展的黄金时代，其间的 1968—1973 年，巴西经济创造了前所未有的高增长，GDP 年均增长率达 10％以上，被誉为巴西"经济奇迹"。② 因此，这个阶段的经济环境为巴西政府解决地区差异创造了实力和条件，也为国家利用优势产业反哺落后产业、鼓励优势地区反哺落后地区来解决二元经济结构问题成为可能和必然。巴西政府开始高度关注地区之间存在的发展不平衡问题，并制定相应政策、措施，例

---

① 尚玥佟：《巴西贫困与反贫困政策研究》，载《拉丁美洲研究》2001 年第 3 期。

② 但有学者认为，巴西的"经济奇迹"实际上是一个"坏的发展"，因为这种经济增长是不平衡的，巴西就像一个富裕国家，但住着的绝大多数是穷人。参见 Bernard Bret，"Regional geopolitics of Brazil"，Stato del Mondo 1996，I I Saggiatore。

如，直接投资于落后地区的发展项目实行税收优惠等，有效遏制了区域聚集程度过高的趋势，促进了北部、东北部和中西部地区的发展。以北部地区为例，60 年代以前该地区主要依赖橡胶出口，但在 60 年代期间却失去了在世界市场的几乎全部份额，此后仅靠技术含量较低的微波橡胶出口收入维持。针对这种状况，联邦政府从 20 世纪 70 年代开始加大了对这个地区的投资开发力度，如对私人投资提供税收优惠和财政刺激措施，通过公共投资加强该地区与外界连通的道路交通建设，鼓励国有企业增加向该地区的直接投资，等等，为该地区带来发展动力。尽管北部地区在经济增长中也出现了环境退化、收入分配恶化等现象，但在改变地区落后面貌方面取得了积极成效。据统计，1985 年北部地区占全国 GDP 的份额由 1970 年的 2.16％增加到 3.87％，同期人均 GDP 由相当于全国平均 GDP 的 44.70％增长到 73.64％、人口由占全国人口的 3.87％增加到 5.54％。（见表 11—16）

表 11—16　　　　1985 年北部地区产值和人口与全国总产值和人口的比例变化情况（％）

	北部地区人均 GDP/全国人均 GDP	北部地区产值/全国 GDP	北部地区人口/全国总人口
1970	44.70	2.16	3.87
1985	73.64	3.87	5.54

对于东北部地区，联邦政府除采用投资和税收鼓励政策以增加对当地的投资外，还采取了将国有企业投资重点引入该地区的中间产品（如石油炼制和化工行业）开发等措施，取得了一定的成效。

进入 1988 年以来，巴西治理落后地区的努力受到一定的干扰。1988 年新宪法颁布后，地方政府参与财政收入分配的比例锐减，联邦政府对于地区发展的投资一度减少。这些地区经济基础设施的匮乏，使得贸易和运输等缺乏效率，导致了生产成本的攀升，之后通货膨胀问题开始突出。为此，1994 年巴西出台了迄今为止最为成功的稳定计划，这些行动加上贸易自由化等改革措施，成功地吸引了外国直接投资，有效地规避了资金缺乏等困境。应当讲，从 20 世纪 80 年代到 90 年代中期，即巴西人均 GDP 超过 3000 美元的阶段，巴西基本保持了 80 年代中期治理地区的不平衡发展所取得的成果（见表 11—17）。

表 11—17　　　　巴西不同地区在全国 GDP 中所占比重（％）

	北部地区	东北部地区	中南部地区
1985	4.36	13.93	81.71
1986	4.52	14.18	81.30
1987	4.65	14.09	81.26
1988	4.80	14.10	81.10
1989	5.06	14.29	80.65
1990	5.02	14.02	80.96
1991	4.89	14.15	80.96
1992	4.63	13.90	81.47
1993	4.79	14.32	80.89
1994	4.82	13.97	81.21

资料来源：根据 "Regional Development and Regional Inequality: An Overview of the Brazilian Economy"（http://www.econ.fea.usp.br/nereus/eae0503_1_2006/hadch199.pdf）整理。

上述统计数据表明，1985 年北部、东北部和中南部地区在巴西 GDP 的比重分别为 4.36％、13.93％和 81.71％，而到了 1994 年上述比例分别为 4.82％、13.97％和 81.21％，其中北部地区和东北部地区的比例略有增加，分别增长了 0.46 个百分点和 0.07 个百分点，中南部地区略微下降了 0.5 个百分点。

20 世纪 60 年代末期至 90 年代中期，基本上是巴西人均 GDP 在 1000—3000 美元的发展阶段，也是巴西政府开始关注、治理地区发展不平衡的阶段，通过其采取的措施也取得了一定的成效，起码阻止了地区发展差距的继续拉大，但是巴西不同地区发展的现实情况依然存在严重的不平衡。因此必须辩证地看待一国或者一地区的平衡发展或者不平衡发展的问题。其实，关于地区的发展问题，在理论上就存有争议，作为研究生产资源在一定区域的优化配置和组合，以获得最大产出的学说的区域经济理论也主要分为两派：平衡发展理论和不平衡发展理论。其中，平衡发展理论的出发点是为了促进产业协调发展，缩小地区发展差距。但一般区域通常不具备平衡发展的条件，欠发达区域不可能拥有推动所有产业同时发展的雄厚资金，如果把少量资金分散投放到所有产业，则区域内优势产业的投资得不到保证，不能获得好的效益，其他产业也不可能得到发展。即使发达区域也由于其所处区位以及拥有的资源、产业基础、技术水平、劳动力等经济发展条件不同，不同产业的投资会产生不同的效率，因而也需要优先保证具有比较优势的产业的投资，而不可能兼顾对各个产业的投资。

由于平衡发展理论在实际应用中缺乏可操作性，而不平衡发展理论按照经济非均衡发展的规律，突出重点产业和重点地区，有利于提高资源配置的效率，这一理论已被许多国家和地区所采纳，并在此基础上形成了一些新的区域发展理论，如区域分工贸易理论、梯度转移理论、增长极理论、点轴开发理论、网络开发理论、中心—外围理论、城市圈经济理论等。

因此，无论在理论上还是从现实情况看，任何一个国家（或一个地区）实现同步平衡发展是不现实的。平衡发展理论也因一般区域通常不具备平衡发展的条件而在实际应用中被认为缺乏可操作性。所以，可以把区域发展不平衡看作是一种普遍现象。对于巴西的地区发展不平衡问题，我们也应持这种态度。不过，这也并非意味着人们在解决地区发展不平衡问题上将束手无策或者无所作为，尤其当地区发展不平衡问题的恶化主要是由人为的政策因素导致的情况下，更应当运用政策手段加以弥合，以缩小地区之间的发展差距，起码要防止地区差距不断扩大的趋势。①

第三节　巴西治理地区发展不平衡的经验

巴西 1988 年的宪法阐述道：消除不平等问题是巴西联邦政府的根本性目标之一。卢拉总统也重申了宪法的规定就是使消除地区发展不平衡成为国家发展战略的中心任务之一。② 事实上，从 20 世纪 60 年代以来，巴西历届政府一直在为缩小地区发展差距作不懈的努力，采取了一系列政策

①　甚至有学者认为，应当区分"地区不平衡"（Regional Disparities）与"地区问题"（Regional Problem）这两个概念，他们承认巴西存在地区不平衡，但是这不能证明巴西存在地区问题，并且认为导致巴西地区不平衡的因素在于人力资源的分布不均衡。参见 Alexandre Rands BARROS，"Is There a Regional Problem in Brazil?"，http：//www. bnb. gov. br/content/。

②　*National Policy for Regional Development*，www. integracao. gov. br.

措施并取得了明显的成效，在治理落后地区发展问题方面积累了经验，但同时也存在一些值得总结的教训。

一　治理地区发展不平衡问题的措施

在经济的发展过程中，必须及时治理地区发展不平衡。尽管地区的不平衡发展是常态，但还应当抓住缩小地区发展差距的时机。在自然条件、资源禀赋无法改变的情况下，政府如何通过出台新措施来缩小地区发展差距至关重要。地区发展水平差异是造成巴西收入分配严重不公的原因之一，也是市场难以扩大、经济难以持续发展的重要因素。地区发展的严重失衡也对巴西在国际上的大国形象产生影响。第二次世界大战结束以来，巴西政府十分重视对落后地区的开发。[①] 为此巴西采取的措施主要包括：

一是实现落后地区经济的可持续发展。其实在落后地区的内部也存在发展不平衡问题，落后地区内部也可以划分出相对发达的次区域和更为落后的次区域。因此分析整个落后地区存在的优势，创造该地区内部的经济增长点，通过扶持地区内部的"增长极"来带动整个地区的发展将是关键。这其实就是我们时常提到的让落后地区自身具有"造血"功能，而不是简单地为其发展"输血"。

事实上，巴西早在治理北部地区时就意识到了这些问题，因地制宜地成功创造了三个"增长极"。一个是亚马逊地区的"马瑙斯自由贸易区增长极"。1967 年，巴西政府根据"发展极—增长点"理论比较成功地采取了"发展极"战略，在贫困落后的亚马逊地区的马瑙斯 1 万平方公里的地区建立了一个经济发展极，实行进出口自由贸易政策，并以优惠的税收政策吸引国内外企业投资建厂。马瑙斯自由贸易区分农牧业区和工商业区，由设在该地的直属联邦政府的自由贸易区管理委员会直接领导。联邦政府在这里实行特殊政策。其政策包括两方面内容：实行进出口自由贸易，规定凡是用于扩大再生产的进口商品免交进口税；实行财政刺激政策，凡是在自由贸易区投资建厂的企业可享受各种优惠：制定企业计划时可得到"亚马逊开发私人投资基金"的资助，可用所得税的减免部分进行投资，享受减免所得税的比重可达 100%，免除用于自由贸易区内部或销往国内其他地区商品的工业产品流通税，向交纳商品流通税的商品提供信贷资

---

① 吕银春：《巴西对落后地区经济的开发》，载《拉丁美洲研究》2000 年第 5 期。

助，为工、农、牧企业选址提供方便，等等。[①]

另外两个增长极分别是：位于朗多尼亚州（Rondonia）的"西部农业增长极"，通过对道路等基础设施增加公共投资，使农业成本降低，便于当地产品供给本地区和全国；位于帕拉州的卡拉雅斯（Carajas）"矿产和金属产业增长极"，针对当地矿产资源丰富的优势，先期是政府投资于基础设施，后来是国有企业直接投资该地区，形成面向国际市场的矿产品基地。以上三个地区成为20世纪70—80年代北部地区经济增长的主要推动力。在治理东北部地区的过程中，巴西政府力争改变以往支柱经济较为单一的局面，着重实施经济多元化战略，结合各地的优势，打造出石化、纺织服装和金属矿产等支柱产业。

二是采取多管齐下的政策治理地区发展不平衡。巴西政府治理落后地区采取的措施大的方面分为两种：投资政策和税收政策。鼓励私人部门、公共部门和国有企业向落后地区的基础设施和优势产业等领域进行投资，同时以税收优惠措施给予鼓励。事实上，在巴西政府的治理措施中，联邦政府转移支付也发挥了重要的作用。[②] 如1970年，北部、东北部和中南部地区在中央财政收入中的占比分别为1.4%、10.0%和88.6%（见表11—3），而同期上述地区在中央财政支出中的占比分别为3.2%、13.4%和83.4%（见表11—4），其中北部和东北部地区在支出中的比重分别比其在收入中的比重高出1.8个百分点和3.4个百分点。说明联邦政府通过转移支付的形式对该地区的发展予以扶持。到了1996年，北部和东北部地区在支出中的比重比其在收入中的比重高出1.3个百分点和1.3个百分点。而无论是1970年还是1996年，中南部地区在中央财政收入中的比重都高于在支出中的比重。实际上，缩小地区发展差距，资金尤其是联邦政府能够掌控的财政收入多寡是影响治理措施力度的重要条件。历史上的1988年之后的一段时期，由于改革后的巴西联邦政府财力一度锐减，导致对落后地区的治理政策弱化。

其实，巴西从1946年就开始将财政政策作为抑制地区不平衡问题的一个手段，力图通过从富裕的州向落后的州转移国家财政收入，以实现一

---

① 尚玥佟：《巴西贫困与反贫困政策研究》，载《拉丁美洲研究》2001年第3期。

② Regional Development and Regional Inequality，"An Overview of the Brazilian Economy"．（http：//www. econ. fea. usp. br/nereus/eae0503＿1＿2006/hadch199. pdf）

个垂直和水平的平衡。这项政策在 1988 年新宪法实施后得到延续。据统计，1993 年前后，中南部地区创造了全国 80％的 GDP 和财政收入，而支出仅占全部财政的 60％，因此落后地区获得的转移支付与发达地区的经济状况密切联系。与此同时，政府的财政刺激措施资金中，38.3％投向亚马逊地区，9.6％投到东北部地区，51.6％投到中西部、南部和东南部地区。[①]

三是通过成立专门机构、出台制度、采取立法形式保证地区发展政策的延续性。从 20 世纪 50 年代末期以来，巴西政府为治理地区发展失衡的局面，出台了一系列政策措施（见表 11—18），其治理措施的脉络基本上为：地区发展差距拉大→开始关注→初期以调研性质为主→出台鼓励性措施→设立专门的发展基金→写入法律法规（1988 年宪法）→（1999 年以后）成立专门的主管机构→成为国策（2003 年出台国家地区发展政策）→更广泛的范围来治理（与其他拉美国家合作）。

在对北部地区的开发过程中，1953 年巴西政府成立"亚马逊经济开发计划管理局"，开始组织对亚马逊地区进行有计划的开发。1966 年"亚马逊地区开发计划管理局"取代"亚马逊经济开发计划管理局"，以一种军事行动的方式对亚马逊地区进行大规模的开发。集中修建了重要交通设施，其中包括，巴西利亚至马瑙斯的公路，横贯亚马逊自阿尔塔米拉通往里奥布朗库的公路，贯穿南北的贝伦—巴西利亚公路，自马卡帕至哥伦比亚边境的北部公路等，有力地推动了北部地区的开发；1980 年批准的"大卡拉雅斯计划"包括采矿和农、矿产品加工，涉及范围达 40 万平方千米，发展重点地区和重点经济部门；开发水电资源。1978 年动工兴建位于托坎廷斯河下游图库鲁伊水电站，总装机容量为 800 万千瓦，为开发亚马逊地区提供了一定的电力资源；设置马瑙斯自由贸易区。1957 年巴西政府决定将马瑙斯市开辟为自由贸易区。1967 年正式通过法律，在马瑙斯附近划出了 1 万平方公里的土地，用于建立兼营工商农牧业的自由贸易区。1968 年政府又把亚马逊地区中约 220 多万平方公里的区域扩大为"马瑙斯自由贸易区"。巴西政府提供各种优惠政策，免税向国内外私人资本开放，创造较完善的投资环境，从而吸引了大批外资。

---

① Celina Souza，"Regional Interest Intermediation in Brazil and its Impact on Public Policies"，http：//lasa. international. pitt. edu/LASA98/CSouza. pdf.

表 11—18　　　　　　1958 年以来巴西采取的地区发展政策情况

年份	政策措施	主要内容
1958	东北部地区发展工作组（GTDN）	开始从理论上分析地区发展不平衡问题
1959	建立东北部地区发展监管机构	联邦政府为应对 1958 年的大旱灾
1961	建立财政和金融鼓励制度	促使公共部门在东北部地区的发展中，尤其是通过工业化来发挥基础性的作用
1974	创建东北地区投资基金（FINOR）和亚马逊地区投资基金（FINAM）	
1988	创建中西部融资基金（FCO）、东北部融资基金（FNE）和北部融资基金（FNO）	依据 1988 年宪法创建
1991	成立南方共同市场（Mercosur）	成员包括拉美地区另外 3 个国家：阿根廷、乌拉圭和巴拉圭
1999	成立国家一体化部	首次建立国家层级主管地区发展的部门
2000	出台针对不同区域的"2000—2003 年发展计划"（MRP）	
2003	出台国家地区发展政策（PNDR）	设定了消除地区发展不平衡的目标、指标以及标准，同时在各地区也出台了类似的政策
2004	建立"南共市"基金（FOCEM）	旨在资助促进结构趋同、发展竞争力、促进社会凝聚以及机制性架构，推动地区一体化进程
2007	使 PNDR 制度化	根据 2007 年 2 月 22 日的 6047 号法律
2008	建立 USAN ——一个国际机构	集合了南美地区的 12 个国家推动地区一体化进程。一项包括了税收改革等内容在内的建立地区发展国家基金的计划，已于 2008 年 2 月提交国会

　　资料来源：根据 Regional Integration and Development，the EU-Brazil Dialogue on Regional Policy 整理。

在东北部地区开发过程中，巴西政府成立了"东北银行"，为开发东北部地区提供雄厚的资金来源；还成立"东北部开发管理局"，负责对东北部地区的开发。在被称为巴西"公路时代"的20世纪60年代里，东北部地区修建了许多公路干线，如贯穿南北的贝伦到巴西利亚的公路、东北州际公路等。这些公路的修建为开发东北部内地起了一定作用。同时，政府号召向西北内地移民，为开发亚马逊地区提供了大量的劳动力。[①]

其中，具有重大历史意义的是包括地区发展不平衡问题在内的巴西不平等问题被1988年的巴西宪法所关注。尽管之前巴西为克服地区发展失衡作出了种种努力，采取了各项措施，但并没有上升到法律的高度，这说明巴西政府把对失衡的地区发展问题的重视提升到了前所未有的高度。此举既提升了各界的认识程度，也保证了以后政策的延续性。

1989年，巴西创建的宪法融资基金（Constitutional Financing Funds）被认为是该国又一个最为重要的地区政策工具，其目标就是通过给予地方企业以特许贷款实现相应地区的经济和社会发展。享有优惠待遇的是"微型"和"小型"的农业生产者、"小型"和"微型"的企业、利用当地原材料的生产活动，以及劳动密集型和基本食品生产经营项目等。

当年9月，巴西国会根据宪法第7款实施7827号法律，创立"宪法融资基金"，分别是东北部地区的融资基金（FNE）、中西部地区融资基金（FCO）和北部地区融资基金（FNO），这些基金的融资来源于（个人和企业）所得税和工业品税收两项税收收入的3％。在所融资金中，60％用于东北地区基金，其余资金分配给中西部基金和北部基金。最终这些资金由巴西财政部划拨给国家一体化部，再由后者分配给负责具体经营这些基金的银行，其中包括东北银行（FNE）、亚马逊银行（FNO）和巴西银行（FCO）。从1989年到2002年3月，通过宪法融资基金提供的贷款总计超过100亿美元（以现价计算），达到了三个地区年平均GDP总和的0.8％，已完成98万个项目。表11—19显示了1989—2001年期间，从财政转移给该基金的资金情况。

---

① 吴洪英：《浅论巴西地区经济发展失衡与地区开发》，载《拉丁美洲研究》1998年第2期。

表 11—19　　　1989—2001 年巴西宪法基金的资金情况　　　（单位：1000 美元）

年度	FCO	FNO	FNE	总计
1989	53097	53097	159290	265483
1990	164815	164815	494447	824077
1991	132637	132637	397918	663192
1992	124865	124865	374593	624323
1993	158525	158525	475575	792626
1994	149809	149809	449428	749046
1995	153902	153902	461707	769511
1996	144609	144609	433835	723054
1997	149246	149246	447744	746236
1998	151738	151738	455210	758686
1999	156348	156348	469046	781742
2000	174381	174381	523151	871913
2001	210701	210701	632101	1053504
2002 *	79711	79711	239134	398556
总计	2004386	2004386	6013179	10021950

注：＊为 2002 年 1—3 月份统计数据。

资料来源：巴西财政部、地区一体化部。

　　截至 2000 年，巴西宪法基金获得的转移资金保持相对稳定的状态，年均获得 7.5 亿美元资金，其中 4.5 亿投入东北部基金，其余的投向北部基金和中西部基金。[①]

　　此外，巴西政府的治理思路正在跳出落后地区自身，甚至是国家的界限，从更大的地理范围（如拉美地区和世界范围内）寻求解决落后地区的治理方法和经验，其中巴西与欧盟还就地区发展问题建立了对话机制等。[②]

　　四是巴西政治制度的设计有利于地区发展政策的形成。巴西国内较小且经济实力弱的州在国会占有席位的比例远多于那些经济实力强大的州，

---

　　①　Pedro Cavalcanti Ferreira, "Regional Policy in Brazil: a Review", http://www.fgv.br/professor/ferreira/RegionalPolicyFerreira.pdf.

　　②　The Regional Integration and Development, the EU-Brazil Dialogue on Regional Policy.

从而体现出较高的代表性。这代表性差异主要表现在北部和东南部地区之间。东南部地区拥有全部选民的 46%，但在议会中只占有 33.6% 的席位；而北部地区拥有 4.8% 的选民，却在议会中占有 11.3% 的议席。北部地区具有的较高代表性始于 1932 年，目的是要制衡圣保罗州和米纳斯吉拉斯州在联邦中的力量，削减上述实力强大的州对整个国家的控制能力，这种政治制度一直延续至今。正是让经济实力弱小的州在联邦议会中具有了较高的代表性，使得联邦政府、国会可以将地区不平衡问题纳入政治议程。[1]

二 治理地区发展不平衡问题的教训

巴西在治理地区发展不平衡方面采取了有效的措施，取得了显著的成果，但在此过程中也出现了许多失误。总结这些教训对于巴西在今后继续治理地区发展不平衡问题将有所帮助，毕竟巴西的地区发展不平衡问题仍然较为突出，还有待继续努力。

一是要避免人为因素加大地区发展不平衡的差距。拉美国家独立后因政策偏差而人为地加大了地区发展不平衡的现象比较普遍。在以工业化为主导的现代化进程中实行的某些经济政策及 20 世纪 90 年代的经济结构调整，不仅未能改变经济活动主要集中于少数地区的不合理格局，反而进一步拉大了地区间的发展差距。20 世纪 30 年代至 90 年代初，巴西政府实施促进民族工业发展的进口替代发展战略，但民族工业主要集中于东南部地区；为发挥东南部和南部地区在全国经济中的优势和辐射作用，政府实行的倾斜政策反而不利于各地区的平衡发展。

二是区域开发应建立在与自然和谐的基础上。在拉美，巴西开发落后地区的经验最多，但教训也不少。巴西采取的一些措施并没有取得预期效果，其开发落后地区的战略过于"贪大求快"。1971 年，巴西政府提出了包括把亚马逊地区纳入一体化的"全国发展计划"，目标是"在一代人的时间内使巴西跻身于发达国家之列"。在这种思想指导下，巴西政府对西部的开发采取了超出国力的大预算、大规模、大投资的办法，如"大卡拉雅斯计划"的预算投资高达 600 亿美元。此外，由于缺乏可行性研究，20

---

① Celina Souza, "Regional Interest Intermediation in Brazil and its Impact on Public Policies", http：//lasa. international. pitt. edu/LASA98/CSouza. pdf.

世纪 70 年代修建的长达 5000 公里的"泛亚马逊公路"的使用率一度仅为 50％，造成投资的极大浪费。这些耗资巨大的工程一度使巴西背上了沉重的债务负担。[①]

值得注意的是，巴西在开发落后地区的过程中，违反了自然法则，忽视发展的可行性和可持续性，造成"20 世纪 80 年代世界最大的生态问题"。20 世纪 70 年代，为了实现在 20 世纪末使巴西成为世界经济强国的梦想，军政府鼓励外资和经济发达地区的企业到亚马逊地区投资。但由于法规不完善，加上投资者急功近利，烧林开荒建牧场，结果使亚马逊森林、环境、自然资源和生物链遭到了破坏。1998 年，亚马逊热带雨林被毁面积达 1.68 万平方公里。1999 年 2 月巴西政府不得不颁布法令，无限期地不再受理对亚马逊森林开发的申请，要求已采伐 20 平方公里以上的企业立即停止采伐。巴西热带雨林面积的减少被认为是"不可逆转的世纪性过失"。[②]

三是地区发展不平衡严重危及社会和谐。地区发展不平衡使城乡差距、贫富分化、超城市化等问题进一步恶化，从而加大了社会矛盾。城市化过于集中于超大城市的模式是包括巴西在内的拉美国家在发展进程中出现的一大弊端。从 20 世纪五六十年代起，拉美国家普遍出现农村人口向城市大规模迁移的现象，城市化水平不断提高。这种始终以大城市急剧扩张为中心的发展思路使城市化出现失控现象。据统计，欧洲的城市人口由占总人口的 40％升至 60％经历了 50 年时间，而拉美国家仅用了 25 年时间。到 20 世纪 70 年代中期前后，拉美城市人口占总人口的比重已与欧洲的水平接近，但拉美地区的社会经济发展水平却比欧洲低得多。[③] 据统计，2000 年城市人口占总人口的比重，阿根廷为 89.6％，巴西为 79.9％，墨西哥为 75.4％，乌拉圭为 92.6％。到 2010 年，预计上述 4 国的城市人口比重将分别为 91.4％（阿根廷）、83.1％（巴西）、78.8％（墨西哥）、93.7％（乌拉圭）。到目前为止，墨西哥城（1 640 万人）、布宜诺斯艾利斯（1 387 万人）、圣保罗（1 300 万人）、里约热内卢（1 000

① 周世秀：《巴西"向西部进军"的历史经验》，载《世界历史》2000 年第 6 期，第 71—77 页。

② 樊仁：《巴西的"西部大开发"》，载《中国建设报》2001 年 2 月 9 日。

③ 杨志敏：《人均 GDP 达到 1000 美元后——拉美地区面临的可持续发展问题及其启示》，载《中国人口报》2005 年 1 月 5 日。

万人）都已跻身于世界最大城市的行列。①

　　由于发展不平衡，落后地区，尤其是农村地区人口向城市的大规模迁移进一步恶化了发展不平衡问题。一方面，造成城市经济的二元化现象。由于明显存在技术、赢利能力和收入等方面的巨大差距，一些弱势产业及其就业劳动力处于经济和社会的边缘。另一方面，不同地区发展水平与收入分配的不平衡逐渐扩大。过度集聚化的城市发展造成人口、私人投资等从贫困地区向发达地区转移；为了应对中心城市人口无节制的增长，国家只能加大对中心城市的投资而减少对落后地区的投资，导致落后地区经济发展进一步受到削弱，地区发展差距不断拉大，从而引发新一轮人口迁移。地区经济发展的不平衡加大了中心城市的经济压力和社会压力，并对经济社会的总体稳定构成威胁②。

　　与此同时，地区差异的扩大使地方离心倾向不断上升，对国家的政治稳定带来挑战，对国家的统一构成潜在的威胁。20 世纪 90 年代，不仅在巴西南部的南里奥格兰德、圣卡塔琳娜和巴拉那三个州，存在二十多个分裂组织，一些分裂分子甚至酝酿成立独立国家，而且在东北部的分裂分子也提出要建立一个包括经济发展较落后地区在内的独立共和国。

三　治理地区发展不平衡问题的新举措

　　从 20 世纪 50 年代末期到 80 年代中期，巴西曾出台了几个地区发展计划来调整国家在地理上、经济上和社会上的发展趋势，并在 20 世纪末期取得了一定的成效，但是巴西治理地区发展不平衡的制度和措施却一直缺乏一个国家层面的地区发展政策，而缺少这样的国家政策会导致以往出台的治理政策和措施忽视本应具有的效率和效果，成为一些较小利益的附庸。

　　继 1988 年巴西宪法把消除不平等作为国家的一个根本性目标之后，2003 年巴西出台了"国家地区发展政策"（PNDR），把消除地区发展不平衡现象作为一项国策，其目标不仅要消除地区不平等，同时利用巴西拥

---

① 张勇：《农民的城市：拉美国家城市化背后的劳动力流动》，载《红旗文稿》2004 年第 1 期，第 36—39 页。

② 江时学、杨志敏：《拉美国家人均 GDP 接近 1000 美元时面临的挑战》，载《求是》杂志 2004 年第 12 期，第 58—59 页。

有的巨大而突出的多样性来激发各个地区的发展潜力，重点是要增加地区发展的活力和促使生产活动在全国合理布局。巴西的地区发展政策明确指出，地区发展问题必须当作全局的任务看待，改变了以往认为地区发展只是局部问题的看法。因为地区发展不平衡降低了这个国家的凝聚力和一体化发展进程，这将给整个国家的发展带来损失。这个发展政策旨在动员包括三级地方政府在内的全国各方面的力量解决地区发展差异。

其具体目标包括：提供必要的条件、基础设施和技术等，利用经济上和生产上那些能够展现地区发展潜力的机会；推动人力资源的建设能力，改善地区的生活质量；随着社会参与度的增加要加强地区的社会生产组织作用，鼓励发展计划和次地区项目的政治实践；促进从本国拥有的社会经济的、环境的和文化的多样性方面出发来发掘次地区的潜力等。

巴西的国家地区发展政策形成了一个完整的治理体系，将地区发展计划、政府项目和地区发展基金纳入一个统一的治理架构。其中"地区计划"（Regional Plans），细化为"宏观地区发展计划"（Macro-Regional Development Plans）（主要针对亚马逊、半干旱的东北部和中西部地区）和"中观地区发展计划"（Meso-Regional Development Plans）。"政府项目"则涵盖了次地区可持续发展项目（PROMESO）、次地区经济促进和经济介入项目（PROMOVER）、半干旱地区的一体化和可持续发展项目（CONVIVER）、边境地带发展项目（PDFF）、联邦地区的地区一体化发展项目（RIDE），以及贫困群体的生产性组织（PRODUZIR）等。此外，还有三个"地区发展基金"，它们分别是国家地区发展基金、宪法保障的财政基金（FNE、FNO 和 FCO），以及东北部和亚马逊地区发展基金。[①]

巴西的地区发展国家政策不仅起到了明确目标、提升国民凝聚力的作用，更重要的是明确了全国各个层级在治理地区发展问题上的职责，可谓分工和合作相结合。其中对于国家层面的职责是：整体管理不平衡问题并指导投资活动；宏观地区层级的职责是：衔接战略发展计划的行动和准备工作；次地区的职责：在不同的微观地区组织和执行计划；城市间的层面的职责为：组织和协调城市地区的具体行动。

巴西进入新世纪后，随着经济社会的持续发展，地区发展不平衡问题依然较为突出，治理地区发展差距的任务也非常艰巨。尽管巴西政府从自

① 资料来源：*National Policy for Regional Development*，www. integracao. gov. br。

身内部不断提升对失衡的地区发展的关注，也在制定系统的战略动员全局的力量治理这个难题，但在经济全球化迅猛发展的今天，任何国家的发展都必然要受到国际大环境的影响。历史上，巴西北部和东北部地区依靠初级产品出口的经济结构就因受到国际市场的变化而使各自的发展历程开始走向分化，而地区收入的减少加之国家发展战略的转轨也加剧了北部和东北部地区发展的不平衡。因此，在治理地区发展不平衡问题上，既要依靠本国内部的正确政策，也需要一个有利的国际条件，这样才能维持巴西经济社会稳定的发展，以保证按照既定的政策治理落后地区的进程不至于被干扰或是被打断。

第十二章

经济改革的社会后果——阿根廷案例研究

和谐社会的建立需要在政治、经济、社会、文化诸方面的协调发展，其中社会公正是必要条件之一。忽视社会公正，不解决贫困化问题，和谐社会的建设不仅无从谈起，还可能面临严重的社会动荡和危机，无法保持经济的可持续发展。

两极分化，贫困化加剧，是拉美国家长期存在的一个严重问题，而忽视社会公正，不注重社会发展，甚至以牺牲广大劳动人民利益换取经济增长，更是 20 世纪 90 年代推行新自由主义改革的一大弊端。十几年来拉美国家爆发的多次经济危机已经证明了这一点。

在拉美地区，阿根廷是一个经济比较发达，人民生活水平较高的国家，20 世纪 80 年代以前，社会不公正及贫困化的问题，也不像其他拉美国家那么严重。但是，70 年代中期开始，在新自由主义改革、长期经济衰退、债务危机等因素影响下，贫困化问题日益突出。90 年代，阿根廷全面推行新自由主义经济模式，虽然取得了较快的经济增长，但是由于忽视社会发展，导致贫困化与经济增长同步加剧。贫困化的加剧不仅使需求不足、市场萎缩，成为经济增长的主要制约因素，而且导致社会矛盾激化，引发社会和政治危机，甚至社会动乱。2001 年底阿根廷爆发经济危机、社会危机和政治危机，最终导致德拉鲁阿政府垮台。回顾这段历史，总结经验教训，对于我国建设和谐社会具有重要的借鉴意义。

第一节 20 世纪 70 年代初以前的经济社会发展状况

阿根廷自 19 世纪 60 年代起开始现代化进程，逐步融入世界现代经济。阿根廷发挥自然条件好的优势,大力发展并形成了农牧业出口型经济,内外贸易迅速发展。19 世纪下半叶早期工业化进程启动,阿根廷随之建成了先进的商业社会或商业经济。1900 年第三产业就已经占国内生产总值的 45%,第一产业占 32%,第二产业占 23%。丰富的自然资源,发达的农牧业生产,国际市场对粮食、肉类等初级产品的旺盛需求,出口价格上升带来的巨额收入,使阿根廷成为 19 世纪末世界上最富裕的国家之一。其人均收入高于德国、法国和瑞典,仅次于美国和英国。阿根廷作为拉美最富裕的国家,人民的生活水平也是最高的。20 世纪 30 年代起,以进口替代战略为标志阿根廷开始了工业化进程,从农业出口型经济向工业经济转型。与此同时,在城市化过程中大批农村人口转移到城市,就业增加,收入增长。第二次世界大战后,阿根廷经济增速放缓,经济总量增长不大,国内生产总值先后被巴西和墨西哥超过,成为拉美地区第三大经济体,人均国内生产总值也由第一位降到第二和第三位。但是,总体来说阿根廷仍是拉美最富裕的大国。

一　20 世纪 70 年代以前的收入分配及贫困状况

据联合国统计数字,1970 年,阿根廷人均国内生产总值为 1 053 美元,1979 年为 2 230 美元。[①] 对于阿根廷的人均国内生产总值(人均GDP)何时达到 1 000 美元,学术界说法不一。阿根廷有学者根据国家统计局数字计算认为,如果按 1993 年美元价格计算,阿根廷人均国内生产总值 1875 年就已经达到 1 000 美元的水平。[②] 但一般认为,应该是在 60 年代中期或至迟 70 年代初达到这个水平。无论如何,20 世纪 60—70 年代,阿根廷的人均生活水平明显高于拉美其他国家。

从居民平均享有的生活资料看,1975—1977 年阿根廷人平均摄取的热量(人均每天 3 359 千卡)和拥有的电视机数量(每千人 180 台)是拉

---

① 根据联合国和世界银行 1981、1992、2002、2006 年资料。转引自 Kim,Ki-Hyun:*Un Análisis Comparativo de las Experiencias de Desarrollo de Corea y América Latina*,(Sunmoon Universidad),2007. www. lasak. or. kr/CELAOfiles/papers/Session3/Kim Ki Hyun [Session3－3].pdf.

② Kim,Ki-Hyun:*Un Análisis Comparativo de las Experiencias de Desarrollo de Corea y América Latina*,(Sunmoon Universidad),2007. www. lasak. or. kr/CELAOfiles/papers/Session3/Kim Ki Hyun [Session3－3].pdf.

美各国中最高的。其他生活用品，如汽车（每千人 80.9 辆）、电话（每千人 78 部）等，也居拉美各国的前列。①

　　20 世纪 40 年代末庇隆政府时期阿根廷实行经济和社会改革，建立了新的劳动、工资、社会福利、社会保障制度，并在法律上确立了在一定程度上维护劳动者阶级利益的制度。建立了养老、年金、家庭补贴、失业保险、劳动保险和医疗保健等社会保障体系。50 年代初，受战后欧洲福利主义的影响，庇隆政府进一步建立了全部由国家承担的社会保障体制。后经多次改革，逐步形成了公费报销、社会保障与商业性保险三位一体的养老和医疗保障体制。阿根廷的社会福利和保障体系为强制性社保制度，覆盖了全国所有地区公立单位和私营企业全体劳动者。武装部队、警察和宪兵等实行特殊保障制度。

　　20 世纪 70 年代以前，同拉丁美洲其他国家相比，阿根廷的贫富悬殊问题相对较轻，中等收入阶层占有的收入相对比重也较高。1970 年，在全国 2370 万人口中社会各阶层家庭占总收入的比重为：占总人口 20％ 的低收入阶层占总收入的 5.2％；占总人口 75％ 的中等收入阶层占总收入的 63.6％；占总人口 5％ 的高收入阶层占总收入的 31.2％（见表 12—1）。按 20％ 高收入的富人与 20％ 低收入的穷人相比，60—70 年代，两者在社会总收入中占的比重之差，约为 6 倍，这个数字与西方工业化国家大体相似。70 年代初阿根廷的基尼系数低于 0.4。有的统计资料认为，1974 年阿根廷的基尼系数应该为 0.345（见表 12—2）。

　　直到 20 世纪 70 年代中期，阿根廷贫困人口相对较少，贫困化还不是一个突出的问题。从表 12—3 可以看到，1970 年阿根廷贫困人口占全国总人口的 8％，其中城市贫困线以下的家庭占 5％，农村占 19％。赤贫家庭的比率也很低，分别占 1％。而同时期拉美地区的平均贫困率为 40％，赤贫率为 19％。由此可见，与拉美其他国家和全地区总水平相比，阿根廷贫困化问题的严重程度要低得多（见表 12—3）。

---

　　① 阿尔多·费雷尔：《1976—1979 年的阿根廷经济》，墨西哥经济研究和教育中心主办《拉丁美洲经济》半年刊，1980 年下半年号。转引自徐文渊、陈舜英、刘德《阿根廷经济》，人民出版社 1983 年版，第 25 页。

表 12—1　　　　　　　　　1970 年阿根廷人的收入分配

家庭分组	人数（万人）	占％	总收入（百万美元）	占％	人均收入（美元）
1	474.3	20	1172	5.2	247
2	711.5	30	3447	15.3	484
3	711.5	30	5772	25.4	804
4	355.7	15	5169	22.9	1450
5	118.5	5	7029	31.2	5992
合计	2371.5	100	22539	100.0	950

注：按 1960 年美元价格计算。

资料来源：伊西德罗·卡莱瓦里：《阿根廷经济结构》，布宜诺斯艾利斯，1977 年，第 16 页；转引自徐文渊、陈舜英、刘德：《阿根廷经济》，人民出版社 1983 年版，第 27—28 页。

表 12—2　　　　　　1970 年阿根廷城市家庭的收入分配情况
（各组家庭组占总收入的％）按收入水平由低到高分组

年份	人均 GDP	0—20	21—40	41—60	61—80	81—90	91—100
1970	1208 美元	4.4％	9.7％	14.1％	21.5％	15.1％	35.2％

注：人均 GDP 按 1970 年美元价格计算。

资料来源：联合国拉美经委会：《跨入 80 年代的拉丁美洲》，第 72 页；转引自苏振兴主编《拉美国家现代化进程研究》，社会科学文献出版社 2006 年版，第 447 页。

当时阿根廷的农村贫困人口大多分散在边远山区，以少数土著居民为主，也有一部分居住在农牧业产区。由于阿根廷农村人口占总人口的比重较小，所以农村贫困人口在全国总人口中占的比率也很小。而城市贫困人口指的主要是聚居在城市周边"贫民窟"中的穷人。[1] 当时国家的扶贫政策主要是通过社会救济和社会保障体系向贫困人口发放补贴，如食品券等。对于城乡没有劳动能力的人口，如老弱病残等弱势人口，也由国家财政给以一定数目的补贴。对于在职的职工，除养老、医疗和失业保险外，企业和国家还要为其支付一定比例的家庭补贴（配偶、子女、教育、住房、工会等）。

---

[1]　Ismael Bermúdez：*Análisis：Cómo se Llegó a la Situación de Hambre en la Argentina*，Clarín，18/11/2002，Buenos Aires，Argentina.

表 12—3　　　　　　1970 年前后阿根廷及拉丁美洲地区的贫困状况

国家	贫困线以下家庭占家庭总数 %			赤贫线以下家庭占家庭总数 %		
	城市	农村	全国	城市	农村	全国
阿根廷	5	19	8	1	1	1
巴西	35	73	49	15	42	25
哥伦比亚	38	54	45	14	23	18
哥斯达黎加	15	30	24	5	7	6
智利	12	25	17	3	11	6
洪都拉斯	40	75	65	15	57	45
墨西哥	20	49	34	6	18	12
秘鲁	28	68	50	8	39	25
乌拉圭	10			4		
委内瑞拉	20	36	25	6	19	10
拉美地区	26	62	40	10	34	19

资料来源：Oscar Altimir：*La dimensión de la pobreza en América Latina*，CEPAL，1979，p.63. 转引自苏振兴主编《拉美国家现代化进程研究》，社会科学文献出版社 2006 年版，第461 页。

二　阿根廷贫民区的历史与现状

阿根廷的贫民区，即所谓"贫民窟"，出现于 20 世纪 30 年代，分布在一些城市边缘地区或城乡结合部。一些港口城市，如布宜诺斯艾利斯港口及火车站附近的贫民区，最初本来是市政府安置欧洲和内地贫困移民的临时居住地，后来演变成永久性居住区。60 年代以后，这些地方的贫困人口主要来自内地农村、山区，也有一些周边国家的贫困移民。历届阿根廷政府经过多年努力，都未能完全解决贫民区的问题，相反，随着社会形势的加剧，不仅原有贫民区的规模越来越大，而且数量也不断增加，人口也达到空前水平，这几乎成为所有城市都存在的难解之题。

布宜诺斯艾利斯市贫民区的形成始于 20 世纪 30 年代国家工业化期间，当时有大量内地居民和外国移民（主要是意大利人），涌入布宜诺斯艾利斯市。他们当中不少是破产的农民或从小城镇迁移来的普通工人，其中很多人是贫困人口，无力自购或租赁房屋。为临时安置这些外来贫困人口，当时的市政府在港口区建造了一批简易房屋，作为他们的临时居住地。后来，由于历史原因一直未能拆除并改建成正规的居民区，而是保留了下来，演变成贫民区。

有学者认为，到 2001 年危机之前，布宜诺斯艾利斯市贫民区人口的增长变化，大体上可以分为四个阶段。第一阶段，1962—1976 年，总人口增加了 4 倍，从 4.2 万人增加到 21.3 万人，接近当时首都城市总人口的 10％。第二阶段，1977 年到 80 年代初，市政府出台了改造贫民区的城市发展规划，强行拆除了 15 处贫民区，将其改造成符合标准的正规居民区，其中一部分居民安置在原地居住，一部分迁移到其他居民区。经过这次改造，贫民区的数量减少，总人口也大幅减少到 3.7 万人。第三阶段为整个 80 年代，在一些地区又出现了新的贫民区，贫民区数量达到 16 个，总人口增长了 42％，达到 5.2 万多人。第四阶段，90 年代初至 2001 年，贫民区数量增长 50％，由 16 个增加到 22 个。到 2001 年人口普查时为止，10 年中贫民区人口增长了 100％，从 90 年代初的 5.2 万人增加到 11.6 万人。这些贫民区中，最大的人口约 2.1 万人，最小的数百人。2001 年，首都及周围的大布宜诺斯艾利斯地区，贫民区总数达 385 处，总人口 64 万人。

2001 年以后，贫民区问题变得更加严重。2006 年 7 月，阿根廷萨米恩托大学公布的报告显示，受贫困化形势的影响，阿根廷首都及周围的大布宜诺斯艾利斯地区的贫民区数量 5 年中增加了近 3 倍，从 2001 年的 385 处增加到 1000 多处。贫民窟人口从 64 万人增加到 114.5 万人，增长了近一倍。85％的贫民窟位于大布宜诺斯艾利斯地区。首都市内新增加 24 处贫民窟。全市贫民窟的总人口达到 15 万人，比 5 年前增加了 30％。这些贫民区人口中，39％属于赤贫人口，85％为 40 岁以下的中青年人。贫民区的人口成分很复杂，其中阿根廷人占 59％，外国移民（主要来自拉美国家）占 41％。

2005 年的一项调查表明，贫民区的生活环境极差，95％的人口生活在污染严重、有害健康的地段。61％的成年人失业，大大高于首都 18％的平均失业率。住房多数为居民自己搭建，以砖房和木板房居多，也有不少水泥结构的小型两三层的楼房。这里人口密集，房屋拥挤狭窄，平均每间房住 4 个人以上，而平均家庭人口规模为 2.5 人。

这些贫民区基础设施缺乏，但基本上有自来水、电和天然气。街道狭窄，但也有一般照明设施等。贫民区的黑社会猖獗，犯罪严重。为维持治安，当地警察局在贫民区内或附近设有派出所或巡逻队。贫民区内部没有行政管理机构，较大的贫民区内有当地居民组成的自治团体，市政当局通过这些团体行使管理职权。阿根廷实行义务教育，贫民区儿童的上学基本上能得到保证。据官方统计，95％的 5—14 岁的儿童在附近的公立小学校读书。但是辍学率较高，只有 10％的小学生继续读中学。

阿根廷政府曾实施过旨在解决贫民区问题的方案或规划，如城市发展规划、贫民区改造计划、经济适用房建设计划等。这些规划曾使贫民区规模和人口减少，但由于贫困化问题加剧，它们始终未能有效解决问题。此外，70 年代中期以后，特别是 80 年代后期贫困人口大量增加，致使贫民区的居民在整个贫困人口中占的比例不断缩小，换言之，此时的贫困化已经大大超出贫民区范围，成为涵盖整个社会的问题。贫民区的演变，反映了阿根廷贫困化问题逐步加剧的历史过程。

第二节　70—80 年代贫困化的加剧

阿根廷贫困化的加剧始于 20 世纪 70 年代中期，1973—1974 年危机标志着战后经济繁荣的结束。从那以后，贫困化和社会不公现象不断加剧。至 80 年代末，中间虽然有过短暂的好转，但总的趋势是不断恶化。阿根廷的贫困率从 70 年代中期的 8％上升到 1980 年的 20％，1988 年达到 32％，1989 年上升到 47％。收入差距迅速扩大。20％最高收入阶层和 20％最低收入阶层在社会总收入中所占的比重之差由 60—70 年代的 6 倍，扩大到 70 年代中期的 8—10 倍。1989 年 10 月达到 12.2 倍。基尼系数从 1980 年的 0.4104 上升到 1989 年的 0.4671（见表 12—4）。

一　贫困化加剧

这个期间贫困化的一个突出特点是，所谓"新穷人"开始出现，即中产阶级贫困化的现象逐步加剧。从表 12—5 可以看到，整个 80 年代中低收入阶层的收入在总收入中占的比重持续下降。其中，占总人口 20％的

低收入家庭的收入占总收入的比重从 1980 年的 6.8％下降到 1990 年的
6.2％。与此同时，中等收入阶层（占总人口 60％的家庭）在总收入中占
的比重也出现了大幅下降，从 1980 年的 48％下降到 1990 年的 43.8％，
而高收入阶层（占总人口 20％的家庭）占的比重，从 45.3％上升到
50％。其中最高收入的 10％的家庭占的比重，则从 30.9％上升到
34.8％。中低收入阶层收入的减少，意味着不仅社会下层境况恶化，而且
中产阶级的中下层开始沦落为穷人，即所谓"新穷人"的出现，整个贫困
人口大量增加。中产阶级的贫困化在 90 年代进一步发展。此外，收入差
距扩大的趋势没有改变。2003 年后，中低收入阶层的收入有所恢复和增
加，但是收入差距仍在不断扩大。（见表 12—5）以基尼系数和收入公平
指数构成的社会平均公平指数急剧恶化，以 1980 年为 100 的基准衡量，
1989 年该指数已经下降到 82.5（见表 12—6）。

表 12—4　　　　　　　1980—1998 年阿根廷基尼系数变化表

年份	1980	1982	1985	1986	1987	1988	1989	1990
基尼系数	0.4104	0.4233	0.4195	0.4190	0.4426	0.4457	0.4671	0.4095
年 份	1991	1992	1993	1994	1995	1996	1997	1998
基尼系数	0.3999	0.4090	0.4092	0.4313	0.4617	0.4573	0.4617	0.4737

资料来源：Leonardo Gasparini y Walter Sosa Escudero：*Blenestar y Distribución del Ingreso en la Argentina 1980—1998*，Universidad Nacional de La Plata，La Plata，Argentina，2002，p. 6.

表 12—5　　　　　　1980—1997 年阿根廷城市家庭收入分配变化表
　　　　　　　　（各组家庭组占总收入的％）按收入水平由低到高分组

	0—10	11—20	21—40	41—60	61—80	81—90	91—100
1980	2.8	4.0	10.6	15.7	21.7	14.4	30.9
1990	2.3	3.9	8.7	14.2	20.9	15.2	34.8
1994	2.1	2.9	7.7	14.1	21.0	16.9	34.2
1997	2.1	3.3	9.5	13.4	19.9	16.1	35.8

资料来源：CEPAL：*Anuario Estadístico de la América Latina y el Caribe*，2001.

表 12—6　　　　1980—1998 年社会平均公平指数（1980＝100）

年份	1980	1982	1985	1986	1987	1988	1989	1990
平均数	100.0	93.9	82.4	87.8	93.6	91.7	82.5	80.9
年份	1991	1992	1993	1994	1995	1996	1997	1998
平均数	85.4	91.9	97.5	101.7	98.9	103.2	108.8	110.4

注：社会平均公平指数为基尼系数和收入分配公平指数的综合指数。

资料来源：Leonardo Gasparini y Walter Sosa Escudero，*Bienestar y Distribución del Ingreso en la Argentina，1980—1998*，Universidad Nacional de La Plata，La Plata，Argentina，2002. p. 6.

二　70—80 年代贫困化加剧的原因

造成 70—80 年代阿根廷贫困化迅速恶化的主要因素是，长期经济危机导致衰退和增长停滞，政治与社会动荡，军政府经济改革失败，国际形势恶化及拉美债务危机。

70 年代中期至 80 年代末，阿根廷经历了独立以来时间最长的危机和衰退。1889—2002 年阿根廷共发生 6 次大规模的经济危机，而 1977—1990 年长达 13 年的危机，是其中最长的一次。在此期间，阿根廷经历了一系列重大事件的冲击，诸如 1976 年的军事政变，军政府经济改革的夭折，马岛战争的失败，80 年代的债务危机，等等。整个 80 年代，阿根廷经济不仅没有增长反而萎缩近一个百分点。1973—1980 年，阿根廷国内生产总值累计仅增长 1.2%，而 1981—1990 年则为负增长，下降了 0.6%（见表 12—7）。在这 20 年间，人口却从 2326 万人（1970 年数字）增加到 3261 万人（1990 年数字）[1]。结果，人均国内生产总值下降 26.4%。

实际上，第二次世界大战以后的 50 年中，阿根廷年均经济增长率一直处于较低水平，接近半停滞状态。如表 12—7 所示，1950—1960 年阿根廷年均增长率仅为 2.8%，1961—1973 年为 4%，1974—1981 年为1.2%。1950—1981 年，年均增长率仅为 2.9%，低于巴西（6.8%）、墨西哥（6.6%）、智利（3.6%）三国，也低于全地区平均水平（5.3%）。1950—1990 年的 40 年中阿根廷年均增长率仅为 2.1%，还不到全地区平均数（4.4%）的一半。表 12—8 还显示，阿根廷不仅经济增长低迷，而

[1]　Isidro Carlevari y Ricardo Carlevari，*La Argentina：Geografía Humana y Económica*，13 edición，Buenos Aires，Editorial Grupo Guía S. A. 2003，p. 139.

且人均 GDP 增长率更低于经济增长率，80 年代人均 GDP 甚至为负增长
（见表 12—8）。受这种形势影响，1960—2002 年的四十多年间阿根廷经济
有 17 年为负增长，占全部年数的 41％（见表 12—9）。其中 60—70 年代
的 20 年中有 6 年为负增长，1980—2002 年期间有 11 年为负增长。经济
持续、稳定、健康的增长是社会发展的基础。长期的经济低增长和停滞必
然导致人均 GDP 增长缓慢甚至倒退，人民生活水平改善和提高也就无从
谈起。

表 12—7　　　　1950—1990 年阿根廷等四国 GDP 增长率变化表

（年平均复合增长率％）

	1950—1960	1961—1973	1974—1981	1950—1981	1982—1990	1950—1990
阿根廷	2.8	4.0	1.2	2.9	−0.6	2.1
巴西	6.8	7.5	5.5	6.8	2.3	5.8
墨西哥	6.1	7.0	6.6	6.6	0.8	5.3
智利	4.0	3.4	3.6	3.6	2.5	3.4
拉丁美洲	5.1	5.9	4.5	5.3	1.3	4.4

注：1950—1960 年按 1970 年美元价格计算，1970—1990 年按 1980 年美元价格计算。

资料来源：拉美经济委员会统计处。转引自莱斯利·贝瑟尔主编《剑桥拉丁美洲史》中文版
第六卷（上），第 189 页。

表 12—8　　　　　　1960—2001 年阿根廷等四国 GDP、

人均 GDP 年平均增长率（％）

	1970—1980		1981—1990		1991—2001	
	GDP	人均 GDP	GDP	人均 GDP	GDP	人均 GDP
阿根廷	2.6	0.9	−0.7	−2.1	3.4	2.1
巴西	8.6	6.1	1.6	−0.4	2.5	1.1
墨西哥	6.5	3.5	1.9	−0.2	3.2	1.5
智利	2.6	0.9	3.0	1.4	5.8	4.2
拉丁美洲	5.6	3.0	1.2	−0.9	2.9	

资料来源：CEPAL：*Anuario Estadistico de la América Latina y el Caribe*，*2001.*

表 12—9　　　　　　　　阿根廷增长危机（经济负增长的年数）

1960—1980	1981—2002	1960—2002	危机年数所占比例
6	11	17	41.5%

资料来源：CEPAL：*Estudio Económico de América Latina y el Caribe 2003—2004*, 2003.

　　20 世纪 30 年代到 80 年代初的半个多世纪中，阿根廷政治和社会动荡，经济危机频繁。这个时期，军事政变频繁是一大特点。1930 年至 1983 年，先后发生多次军事政变，共有 6 个时期由军事独裁政权执政。频繁的军事政变和长期军人独裁统治对经济的发展产生了复杂而深刻的影响。首先，频繁的军事政变不仅破坏了国家正常的政治进程和社会生活，而且打乱了国家经济发展规划，多次中断经济改革进程，导致经济发展的反复甚至倒退。1955 年政变后，军政权主导的议会通过宪法修正案，废除了庇隆政府时期在宪法中增加的保护劳动者权益的条款，并取消了庇隆政府实施的许多有利于改善民生的政策和措施。其次，军事政变大多发生在国家陷入政治或经济危机之际，军政权上台后在强力压制下采取的经济发展政策，大多以失败而告终。第三，历届军政权都或多或少实施过经济体制改革，但无一成功。第四，几乎所有的政变军人代表的都是保守势力——农业和金融寡头，外国资本和本国垄断集团。他们反对积极进步的改革，特别是反对扶持民族工业和改善民生的措施。军政权所实施的经济改革也是为了维护保守势力利益，因此其改革不可能适应新时代和新形势发展的需要。军事政变和军政权的统治造成的严重的负面影响，是 20 世纪 50 年代以后阿根廷经济由发展缓慢到逐步落伍的一个重要因素。

　　1976 年 3 月右派军人发动政变推翻了庇隆夫人为总统的文人政府，建立了军人独裁政权。军政权在对左派游击队和民主党派人士进行残酷镇压的同时，于 1976—1981 年推行新自由主义经济改革，但是最后以失败而告终。在这场改革中军政府强制实行经济开放，改革宏观经济结构，中止对民族工业出口的补贴，金融市场自由化，实行新的汇率制度，比索贬值，汇兑自由和高利率政策。但是，军政权不成熟的改革方案不仅没有带来经济稳定和复苏，相反，使本国工业生产部门受到严重冲击，生产下降，就业减少，大批企业倒闭，工业严重衰退。冻结工资的政策导致 1977 年工资在国家收入中的比重下降 30%。国内地区经济持续恶化，逃税严重，财政入不敷出。1980 年阿根廷再次发生经济衰退，大批银行和金融机构破产倒闭，引发全国性金融恐慌，大量美元外逃。1981 年阿根廷经济濒临崩溃，比索贬值 400%，年通货膨胀率达到 100%；抵押贷款利率高达 100%，大批债务人濒临破产，无法偿还贷款。金融危机导致私营企业无法偿还美元债务。军政权推行的经济改革陷入全面破产。1982年军政权贸然发动马岛战争，结果惨败；期间遭到英国和美国等西方国家的经济封锁，阿根廷经济陷入全面危机。同年，拉美债务危机全面爆发，包括阿根廷在内的整个拉美地区陷入长达 10 年的经济和金融危机。

　　1983 年军政权被迫还政于民。民选的阿方辛政府上台时，经济已陷入滞胀危机。阿方辛政府虽然采取多种措施克服危机，但受债务危机影响，仍无法复苏经济，最终导致恶性通货膨胀。阿方辛执政的 5 年半，对人们生活影响最大的是恶性通货膨胀。1985 年通货膨胀率达到三位数（385%），随后两年略有下降，但 1988 年再度回升（387%），1989 年通货膨胀率达到 4923% 的天文数字（见表 12—10）。严重的滞胀，导致大批企业破产或停产，失业率迅速上升（约达 10%）。而恶性通货膨胀吞噬了长期停滞不前的工人工资。实际工资大幅下降，如果以 1980 年最低工资为 100 衡量，那么 1989 年阿根廷最低工资水平为 77.1。[①]

表 12—10　　　　　1975—2001 年阿根廷通货膨胀率

年份	1975	1980	1985	1986	1987	1988	1989	1990	1991	1992
通胀指数%	335.0	87.6	385.4	81.9	174.8	387.7	4 923.6	1 343.9	84.0	17.5
年份	1993	1994	1995	1996	1997	1998	1999	2000	2001	
通胀指数%	7.4	3.9	1.6	0.1	0.3	0.7	−1.8	−0.7	−1.5	

资料来源：Informe de la Secretaría de Política Económica del MECON，Argentina，2002.

第三节　90 年代贫困化的特点与原因

　　90 年代，阿根廷贫困化迅速恶化而且日益严重，终于引发了一场社会危机。这 10 年中贫困化显示出与以前很不相同的特点。如前一节所述，70—80 年代贫困化的加剧是在长达十几年的经济危机和衰退的背景下出

[①]　苏振兴主编：《拉美国家现代化进程研究》，社会科学文献出版社 2006 年版，第 461 页。

现的, 而 90 年代的贫困化加剧却是在经济增长的情况下出现的。导致这
一现象的因素是多方面的, 但其主要原因是阿根廷政府实施新自由主义改
革时发展战略或发展模式的严重失误。本节将把分析的重点放在政府发展
战略和政策失误方面, 因为历史的经验告诉我们, 在社会变革时期, 特别
是在经济模式转型期, 决定社会形势变化, 尤其是贫困化形势恶化或改善的
主要因素或决定性因素, 应该是政府的经济社会发展战略和社会政策的取向。

一 90 年代阿根廷贫困化的主要特点

90 年代, 在梅内姆政府实施新自由主义改革的条件下, 阿根廷经济
摆脱了持续 30 年的低迷状态, 取得了连续多年较快的增长, 但是贫困化
形势却没有随之好转, 相反日益严重。贫困人口及其占总人口的比例均大
幅上升。这个时期贫困化形势出现了与以往有明显不同的特点。

(一) 贫困化与经济同步增长

如前所述, 70—80 年代贫困化是长期经济危机和衰退的结果。但 90 年
代情况却是贫困和经济同步增长, 这是贫困化在这十年中的一个突出特点。

20 世纪 90 年代是阿根廷实行新自由主义经济改革的 10 年, 也是 70
年代以来的 30 年中经济增长速度最快的 10 年: 1991—2000 年, 除 1995、
1999 和 2000 年外, 其余年份经济均保持增长, 年均经济增长率约为
4.37%。其中, 1991 年和 1992 年的增幅超过 10%, 1993 年和 1994 年的
增幅分别为 6% 和 8% 以上, 10 年累计增长 50% (见表 12—11)。与此同
时, 这 10 年也是阿根廷社会财富和人均收入快速增长的 10 年, 其人均
GDP (按 1993 年价格计算) 增长了 42%。

表 12—11 1990—2000 年阿根廷经济增长率 (GDP) 和人均 GDP
(按 1986 年价格计算)

	1990	1991	1992	1993	1994	1995	1996	1997	1998	1999	2000
GDP (%)*	−1.3	10.5	10.3	6.3	8.5	−4.6	4.3	8.4	3.9	−3.4	−0.5
人均 GDP (美元)**	2 605			7 054	7 571	7 479	7 780	8 254	8 309	7 763	7 890

资料来源: * Informe del Instituto Nacional de Estadisticas y Censos (INDEC), Argentina,
2002. ** Isidro J. F. Carlevari y Ricardo D. Carlevari: *La Argentina*, *Geografía Humana y
Económica*, 13 edición, Buenos Aires, Editorial Grupo Guía S. A. 2003, p. 208.

　　然而，这 10 年却是贫困人口增长最快的 10 年，贫困化程度甚至超过了 1989 年通货膨胀最严重的时期。也就是说，在经济高速增长和社会财富迅速增加的同时，贫困化不仅没有减弱，反而在迅速加剧。官方统计数字显示，90 年代初随着经济形势的稳定和好转，贫困人口曾一度有所下降，1991—1994 年贫困率降到 20％以下。但 1995 年重新上升到 20％以上，此后逐年迅速增加。1999 年，即爆发全面经济危机和金融危机的前 2 年，生活在贫困线以下的人口比重比 10 年前增长了 1 倍以上，约 1 200 万人，占总人口的比重达 29.4％。此外，还有 10％的家庭略高于贫困线，实际上也处于贫困状态。换言之，全国近 40％的人口处于贫困状态。2001 年贫困率突破 40％。2001 年底危机爆发后，贫困人口迅速增加，2002 年超过 53％，2003 年升至 54.7％，2004 年回落至 53％。这样严重的社会形势在阿根廷是史无前例的，即使在 20 世纪 30 年代大萧条时期也没有达到如此严重的程度。

　　在贫困人口中，老年人和少年儿童的贫困化现象十分突出。1999 年，按当时的标准，一个四口之家的月收入低于 495 比索，不足以满足其家庭菜篮子最低食品需要的费用；而这一年 85％的退休人员即 290 万人的月收入不到 250 比索，远远低于老年人月基本消费所需 570 比索的水平。在 14 岁以下的少年儿童中，约 45％的儿童即 500 万人生活在贫困家庭，大大高于成年人贫困率，因此，童工现象十分严重。据阿根廷教育部 2003 年 6 月 13 日的报告，受经济危机和贫困化的影响，阿根廷的童工现象日益严重，5—14 岁的童工达 150 万人，占这一年龄段人口的 22.2％，比 1995 年的 25 万人增长了 5 倍。82％的童工集中在城市，主要从事捡破烂和在公共场所制作或销售食品等工作，也有人在工厂或建筑工地做工。农村的童工主要从事农牧业劳动。更严重的是，40％的学生已辍学。[①]

　　（二）社会不公现象持续加剧，贫富差距迅速扩大

　　在 90 年代新自由主义改革的 10 年中，阿根廷社会总财富有了明显的增长，但社会收入分配不公的现象不仅没有因此而得到改善，反而日益恶化。其结果是，贫富差距不断扩大，两极分化加快，财富迅速向少数富人集中，而广大下层民众在社会总收入中占的比重不仅没有增长，反而不断下降。富人越来越富，穷人越来越穷。反映收入差距的基尼系数迅速扩

————————

① 阿根廷教育部 2003 年 6 月 13 日报告，转引自新华社 2003 年 6 月 24 日电。

大，1994 年突破 0.45，1995 年突破 0.48，1998 年的基尼系数突破 0.50，
2001 年爆发危机后基尼系数一度达到 0.56（见图 12—1）。

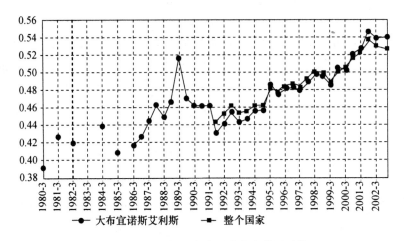

图 12—1　阿根廷家庭平均收入基尼系数

资料来源：Banco Mundial：*Argentina：A la Búsquda de un Crecimiento Sostenido con Equidad Social*，2006.

按 20％高收入的富人与 20％低收入的穷人相比的收入差距迅速拉大，
1988 年为 12 倍，10 年后的 1999 年，20％的穷人占有总收入的 3.9％，
20％的富人占有总收入的 55.2％，相差 14 倍，到 2003 年达到 15 倍。如
果按 10％的富人和 10％的穷人的收入衡量，两者差距更大，1999 年，
10％的穷人占有总收入的比重仅为 1.3％，10％的富人占有总收入的
39.3％，相差近 40 倍，至 2002 年收入差距则升至 46.6 倍。据世界银行
的统计数字，在世界上分配较合理的国家中，20％最富有的人占有国民总
收入的比重为 30％—40％，20 世纪 60—70 年代阿根廷的情况也是如此。
这一统计数字仅指收入分配，并不包括财产在内。显然，90 年代后的十
几年里，阿根廷在这方面倒退了几十年。以占全国总人口 1/3 的首都和大
布宜诺斯艾利斯地区为例，这里是中产阶级和劳动大众集中的地区，同
时，也是社会不公现象最严重的地区。在这一地区，20％的穷人在国民总
收入中占的比重逐年下降：70 年代为 6.4％，70 年代中期至 80 年代中期
降至 5.9％，1989 年恶性通货膨胀时期为 4.6％，1998 年降至 4.2％，
1999 年降至历史的最低水平 3.9％。

（三）中产阶级贫困化现象严重

80 年代开始出现的中产阶级不断贫困化的问题在 90 年代变得更加严重。中产阶级的收入水平和生活水平在 1998 年下半年经济衰退后不断下降。在新增的贫困人口中，主要是原来生活水平较高的中产阶级的中下层。据官方统计，至 2002 年，因经济形势恶化有 1/3 的阿根廷中产阶级人口变成贫困人口，其人数约为 300 万人。换言之，有 1/3 的中产阶级在贫困化过程中消失了。中产阶级迅速贫困化是 90 年代阿根廷一个十分突出的社会现象，在经济衰退时期尤其明显。中产阶级是阿根廷社会消费的主力，这一阶层的缩小和购买力的下降，是市场萎缩的主要原因，同时也是广大中产阶级在政治上向左转的原因之一。

二 导致 90 年代贫困化加剧的直接因素

90 年代阿根廷贫困化加剧是多种因素造成的。除历史原因外，这 10 年中阿根廷政府推行的新自由主义改革所造成的结构性高失业率和实际收入大幅下降是导致贫困化急剧恶化的主要直接因素。

（一）结构性高失业率形成了失业者阶层

高失业率是导致社会贫困化最重要的因素。阿根廷政府推行的新自由主义改革使经济结构发生重大变化，致使结构性失业急剧增多，因而就业形势不仅没有随着经济的增长而得到改善，反而不断恶化，失业率持续上升。而长期的高失业率致使社会贫困阶层不断扩大，从而形成了一个由失业者构成的特殊的社会阶层。据统计，在梅内姆执政的 10 年期间（1989—1999），阿根廷总人口增加了 21.5%，劳动力人口增加了 28.8%，而完全就业人口却仅增加 9%，其结果是，失业人口的绝对数激增。其中，半失业人口数净增 115.4%，失业人口数净增 156.3%，都翻了一番以上（见表 12—12）。

在这 10 年中，失业率虽有升有降，但总的来说，一直保持迅速上升的势头。1990 年失业率为 6.3%，1996 年升至 17.3%。其后 2 年有所回落，但 1999 年仍达 14.5%，加上半失业率 14.9%，即全部经济自立人口中有 1/3 处于失业半失业状态。在 2001 年金融危机全面爆发之前，失业率升至 16.4%；2002 年，即危机全面爆发后，失业率达 22.5%（见表 12—13）。

表 12—12　　　　　　　1989—1999 年阿根廷人口、就业和失业
人口变化（单位：万人）

	总人口	经济自立人口	完全就业人口	半失业人口	失业人口
1989.10	2 724.3	1 048.2	881.5	92.1	74.6
1999.08	3 312.0	1 350.6	961.0	198.4	191.2
变化（%）	21.5	28.8	9.0	115.4	156.3

资料来源：*Anuario de Clarín 1999/2000*，Buenos Aires，Argentina，2000.

表 12—13　　　阿根廷全国及大布宜诺斯艾利斯地区失业率（%）

	全国平均*	大布宜诺斯艾利斯地区**
1990	6.3	6.3
1991	6.0	8.9
1992	7.0	6.7
1993	9.3	10.6
1994	12.2	11.1
1995	16.6	20.2
1996	17.3	18.8
1997	13.7	17.0
1998	13.2	14.3
1999	14.5	15.6
2000	14.7	16.0
2001	16.4	17.2
2002	22.5	22.0

注：失业率为官方公布的截至每年 5 月份的年度数字。

资料来源：* Informe del Instituto Nacional de Estadísticas y Censos（INDEC）de Argentina：*Informe Económico*，2003.　** Isidro J. F. Carlevari y Ricardo D. Carlevari：*La Argentina，Geografía Humana y Económica*，13 edición，Buenos Aires，Editorial Grupo Guía S. A. 2003，p. 197.

阿根廷就业形势的另一个突出特点是，在正规部门就业形势不断恶化的同时，非正规就业，即所谓"黑工"大量存在且不断上升。所谓"黑工"，就是指没有在政府劳动部门登记的非正规就业人口，其收入一般比正规就业工人低一半，1999 年"黑工"的平均月薪约为 380 比索，2002

年减少到 250 比索左右；他们没有任何社会保障，没有退休养老金和医疗保险，也没有法定的带薪假期。据官方估计，1999—2001 年，"黑工"人数约占全国总就业人口的 30％以上，2002 年升至 48％。2003 年经济复苏后，"黑工"人数略有减少，但比例仍然很高，据官方统计，2006 年仍高达 42.9％。"黑工"属于阿根廷社会低收入阶层中收入最低的人群。非正规就业在阿根廷乃至整个拉丁美洲是一个长期存在的普遍性问题。造成这个现象的因素是多方面的，因此也是一个积重难返的社会问题。大量失业人口的存在，使阿根廷出现了一个由数百万人组成的新的社会阶层——失业者阶层。这一阶层的存在已成为当前阿根廷社会不可忽视的一支社会力量。

（二）名义工资和实际收入同时下降

实际收入甚至名义收入的下降是贫困化加剧的另一个主要原因。

整个 90 年代，阿根廷平均名义工资的变化可以分为两个阶段，前 5 年为缓慢增长阶段，后 5 年为缓慢下降阶段。平均名义工资 1995 年比 1990 年仅增长 6％，而 1998 年比 1990 年增长 1％，比 1995 年下降了 5 个百分点。

制造业名义工资的变化充分说明了这一点。据阿根廷国家统计局公布的数字，90 年代制造业平均名义工资的变化同样也分为两个阶段，前 5 年为缓慢增长阶段，后 5 年为缓慢下降阶段。如果以 1993 年为 100，那么，1991 年为 68.5，1992 年为 89.1，1994 年为 106.2，1995 年为 104.3，1996 年为 104.7，1997 年为 101.5，1998 年为 101.1。由此可见，前 4 年增幅较大，而从 1995 年起开始由升转降，1998 年仅比 1993 年增长 1.1 个百分点，比 1994 年则下降了 5 个百分点（见表 12—14）。

协议工资的变化更能说明问题。制造业中熟练工人的协议工资从 1990 年起经历了逐年下降的过程，以 1988 年为 100，1998 年比 1988 年下降了 28.8 个百分点，比 1990 年下降了 16.6 个百分点，比 1993 年仅上升了 2.8 个百分点（见表 12—15）。名义工资和协议工资的下降，从另一个侧面反映了就业形势的艰难。根据阿根廷法律，劳动者的工资一般由工会与企业通过集体谈判而定，协议工资的水平不得低于最低工资标准。但是在 90 年代就业日益困难的形势下，劳动者为了获得工作不得不接受越来越低的名义工资，许多人甚至被迫从正规部门"退出"，转到非正规部门就业。

表 12—14　　　　　　　制造业就业人口和名义工资变化

年份	就业人口变化	名义工资变化
1991	104	68.5
1992	103	89.1
1993	100	100
1994	98	106.2
1995	92	104.3
1996	89	104.7
1997	90	101.5
1998	89	101.1

注：以 1993 年为 100。

资料来源：*Anuario de Clarín*，*1999/2000*，Buenos Aires，Argentina，2000.

表 12—15　　　　　　　制造业中工人平均协议工资的变化

年份	熟练工人	非熟练工人
1988	100	100
1989	81.28	80.26
1990	87.83	87.32
1991	78.55	78.65
1992	69.70	69.86
1993	68.43	68.82
1994	72.95	73.45
1995	72.33	73.03
1996	72.25	72.90
1997	71.90	72.60
1998	71.20	71.90

注：以 1988 年为 100。

资料来源：*Anuario de Clarín*，*1999/2000*，Buenos Aires，Argentina，2000.

　　导致实际收入水平下降的另一个因素是汇率高估和通货膨胀。比索高估造成国内市场物价昂贵，使阿根廷成为世界上物价较高的国家之一。此外，1991 年实行固定汇率制后，虽然成功地降低了通胀指数，实现了物价基本稳定，但 10 年的通胀率仍然累积达 45％左右。

受上述因素影响，阿根廷的平均实际工资逐步下降，1999 年比 1990 年下降了近 15 个百分点，如果与改革前的 1988 年相比，则下降了 27 个百分点（见表 12—16）。

表 12—16　　　　　　　　　制造业和建筑业实际工资的变化

1988	100
1989	81.4
1990	87.2
1991	76.1
1992	68.2
1993	70.3
1994	72.3
1995	72.0
1996	72.1
1997	71.9
1998	71.2
1999	72.5
2000	73.0
2001	73.1

注：以 1988 年为 100。2001 年为上半年数字，其余均为下半年数字。

资料来源：*Anuario de Clarín*，*1999/2000*，Buenos Aires，Argentina，2000。

三　发展战略与政策失误的后果

毫无疑问，90 年代阿根廷贫困化的加剧是梅内姆政府（1989—1999 年）经济社会发展战略和政策失误的结果。总结 90 年代阿根廷经济改革的历程，可以发现，在经济全球化的新形势下，阿根廷政府并未找到一条适合本国国情的发展道路，也没有找到切实可行的解决贫困化的方法。阿根廷经济发展战略及政策在社会公正方面出现的一些失误我们应引以为戒。

第一，经济结构调整造成的结构性失业和分配不公导致贫困化加剧。

在经济增长的同时贫困化不断加剧，是 90 年代拉美国家存在的一种普遍现象，是这些国家在按照新自由主义模式进行经济改革、调整宏观经济结构过程中忽视社会公正与公平发展的必然结果。

90年代，通过全面实施私有化，大力引进外资，全面对外开放，阿根廷的经济结构发生了很大变化，也产生了一些严重的后果：原国有企业私有化后，在重组和整顿过程中，裁减了大批人员；本国私有企业在外资企业和进口商品的激烈竞争下大量破产，其中大多数破产企业是容纳就业人口较多的中小企业；本来较发达的制造业在与进口商品的竞争中严重萎缩，几乎荡然无存。10年中制造业就业人口减少了15个百分点。企业裁员和破产是失业人口大量增加的主要原因。政府虽然看到了这些问题，但在产业政策和投资政策方面却没有制定有效措施，没有采取相应政策把投资引向能够扩大本国就业机会的领域。期间，流入的外资主要用于并购原有的国有企业和私有企业，以及用于并购高技术企业及在金融、保险、大型商场等用工相对较少的企业，生产性投资较少，能容纳较多就业人口的企业所获投资较少。其结果是，新投资带来的新增就业机会较少，远远无法满足就业市场不断增长的需求。

1995年第二届梅内姆政府开始执政后，为解决就业问题，曾出台一些鼓励发展中小企业、扩大就业机会的措施，并取得一定成效，失业率一度有所下降，但这些措施基本上是应急性临时措施，缺乏长远的整体发展规划。因此，1998年下半年进入经济衰退后，失业率再度回升。直至1999年12月梅内姆政府任期结束，高失业率问题仍然没有得到根本解决。其后上台的德拉鲁阿政府在执政两年中复苏经济的努力最终失败，失业问题不但没有解决，反而日益严重。

第二，劳动就业制度和社会分配制度的改革滞后，没有建立起适应新经济结构的分配制度和有效的社会保障制度，直接损害了劳动者的利益。

（1）立法和制度改革滞后，新制度迟迟未能建立起来。

如前节所述，第二次世界大战结束后，阿根廷建立了与欧洲相似的具有福利主义特点的劳动就业和社会福利制度，工资水平和福利水平相对较高，对贫困人口的救济和补助水平也较高。原有的《劳工法》和《工会法》等对保护劳工利益做出了严格规定，并赋予工会很大的权力。但这种制度也产生了消极影响，对劳工的过度保护和高福利制度造成企业的负担过重，生产成本过高，劳动生产率下降和缺乏竞争力。在实行新自由主义经济改革后，阿根廷实行固定汇率制，在高汇率、高利率、高工资和高福利的条件下，企业成本进一步上升，以致形成高成本和低效益，竞争力进一步下降。因此，旧的《劳工法》和《工会法》成为企业发展和经济发展的严重障碍，改革势在必行。但是，这一改革涉及千家万户的实际利益，因而难度极大。这两项法律的改革一直拖到梅内姆第二届政府的后期还没有全面完成。2000年在德拉鲁阿政府期间议会通过了新《劳工法》法案，但这是一个各方妥协的产物，并没有解决当时迫切需要解决的问题。后来德拉鲁阿又被指控通过贿赂某些参议员才使该法案在参议院里获得通过。2006年阿根廷议会以此为由通过法案废除了这个《劳工法》。可以说，在上述改革中，阿根廷政府始终没有找到一种能兼顾各方利益的有效办法，没有建立起适应新形势的合理的社会收入分配制度。而在实际操作中，政府却采取了单纯牺牲工人利益的做法，在就业、工资、福利、社会保障等方面大大损害了劳动者的既得利益，加剧了贫困化的趋势。

（2）有法不依，劳动者权益无法得到保证。

在法律改革滞后和原有制度存在缺陷的情况下，原有的最低工资制度、企业用工制度（包括解聘工人制度）、集体谈判劳动合同和工资调整机制等，在运作中往往无法得到全面落实和实施，特别是在经济体制改革、企业重组和经济衰退时期，劳动者的工资等基本权利往往得不到保证。90年代改革过程中制造业工人协议工资的持续下降充分说明了这一点。

按照阿根廷当时的法律，在用工和确定或调整工资方面，企业必须在政府协调下与工会举行集体谈判，合同工资不得低于最低工资。但实际情况是，制造业的协议工资却整体下降了。这说明工人已无法通过法律和制度来维护自己的权益。工人在与企业谈判集体劳动合同时不得不接受名义工资和实际收入下降的事实。正规就业尚且如此，数百万所谓"黑工"的权利就更无法保证了。这种现象的出现直接导致一些工薪阶层劳动者实际收入水平的下降，甚至走向贫困化。这表明，在当时的形势下原有各种劳动制度和分配制度实际上已无法真正实施，出现了有法不依的状态。

（3）由于财政困难，政府和公共部门被迫拖欠和强行削减工资及养老金。

在2000—2001年经济形势日益恶化情况下，税收持续大幅度减少，举贷无门，政府的财政状况十分严峻。为达到国际货币基金组织规定的减少财政赤字的目标，阿根廷政府不得不一再削减开支，拖欠并削减政府工作人员和公有企业和事业单位职工的工资和养老金。2000—2002 年，所有政府机构、公共部门的职工工资和退休人员的养老金被强制削减 13%。联邦和地方政府长期拖欠工资成为当时引发社会动荡的主要原因。

（4）社会保障体系覆盖面小，一半人口游离于体系之外。

阿根廷是较早建立和实施社会保障制度的国家。90 年代初参照智利经验对社会保障制度进行了改革。1993 年通过了新的《社会保障法》，建立了强制性的基本社会保障制度。在这种新的社会保障体系下，建立了新的养老金制度、年金委托管理制度、医疗保障制度、失业保障制度等。新的《社会保障法》对企业和个人投保作出了强制性的规定。除此之外，还建立了商业性社会保障制度，保留了由国家财政承担的部分公费保障和地方自办的自治性或协议保障制度。应该说，从法制建设和制度的角度讲，阿根廷有关社会保障体制方面的法律还是比较健全的。但新的体系存在着两个严重缺陷。一是覆盖面小，受益者仅为全国人口的 40%。[1] 也就是说，还有 60% 的人口并未享受到任何社会保障。在经济危机和大量失业的情况下，没有享受社会保障的劳动者，除得到少量的政府补助外基本上失去了生活来源，陷入十分困难的境地。这是危机期间赤贫人口剧增的原因之一。二是社会保障体系提供的补偿金（如养老金、年金、失业保险金和救济金）数额太低（2000—2002 年期间首都最低养老金标准为 220 比索，而当时最低工资标准为 500 比索），不足以保障这一部分弱势人口的基本需要。危机期间，由于政府财政困难和企业、个人拖欠保费严重，养老金和失业补助等补偿金标准多年未加调整。2004 年以后随着经济形势的好转，阿根廷才逐步提高养老金和年金等补偿金的标准。

第三，改革期间缺乏切实有效的就业和再就业措施和政策，而危机期间又缺乏相应的就业和扶贫对策。

在 90 年代前期全面实施新自由主义改革阶段，第一届梅内姆政府完全忽视了结构改革中出现的大量失业问题，导致失业率急剧上升，失业率从 1990 年的 6.3% 升至 1996 年的 17.3%。第二届梅内姆政府采取了扩大就业和推动再就业的一些临时性政策措施，加上经济的短期恢复，就业率有所回升，失业率一度下降。但至 1999 年失业率仍高达 14.5%。

---

[1] Isidro J. F. Carlevari y Ricardo D. Carlevari: *La Argentina, Geografía Humana y Económica*, 13 edición, Buenos Aires, Editorial Grupo Guía S. A. 2003, p. 184.

　　梅内姆执政时期在就业政策上的失误，除在改革中忽视结构性失业问题以外，还在于政府缺乏根本解决就业问题的长远规划。政府采取的主要是鼓励企业多用工的一些临时性奖励措施，没有从改善经济结构、扩大生产、在提高劳动生产率的同时增加就业岗位等方面入手，更没有提出从根本上解决就业问题的长期战略和政策。

　　再就业教育落后，无法满足新兴产业，特别是高新技术产业，对就业人才的需求。这个问题在 90 年代新自由主义经济改革时期和 2001 年危机发生后都存在。由于相应的职业和技术教育发展缓慢，在经济复苏后，一方面是大量失业人口等待就业机会，另一方面是许多就业岗位无人适应。另一个问题是，在经济衰退时期，政府缺乏有效的保护就业的对策。1990—2002 年，阿根廷经济两度陷入衰退：第一次发生于 1995—1996 年；第二次发生于 1998—2002 年。在经济衰退的形势下，面对如何刺激经济复苏、如何减少失业、如何防止贫困化日益加剧等问题，阿根廷几届政府都束手无策。政府采取的唯一办法就是向国外借债，向贫困家庭直接发放补贴，而不是设法扩大就业门路，增加生产，扩大消费，增加收入，改善人民的生活水平。此外，阿根廷历届政府向来采取的扶贫措施就是给"零就业"家庭发钱（购物券），即为贫困家庭"输血"而不是帮贫困家庭"造血"。2002 年杜阿尔德政府上台后采取的就是这种政策。政府利用向美洲开发银行等国际金融机构筹借的贷款和各级银行发行的代币债券，每月向每个"零就业"家庭发放 150 比索的救济金，而这笔救济金还不够四口之家半个月的饮食，且由于需要救济的人口太多，发放救济金成为政府沉重的财政负担，以致难以为继。

第四节　贫困化带来严重后果

　　贫困化的加剧造成了严重的社会、经济和政治后果。阿根廷的经验教训值得各国，特别是新兴国家汲取。

　　第一，导致严重的社会危机。

　　长期累积的贫困化激化了原本存在的社会矛盾，造成各种社会力量之间的严重对立，全国性大罢工、阻断交通要道等大规模社会抗议活动始终不断。2001 年，随着经济和金融危机的不断加剧，广大人民群众对政府的无能十分不满，各政治力量与政府的对立日益严重，执政联盟内部因政见分歧而四分五裂，德拉鲁阿政府上台不久就众叛亲离，四面楚歌。2001年12月初政府实施冻结银行存款等措施后，国家经济生活陷入瘫痪，人们的不满立即如火山一样喷发出来，一场全面的社会危机和政治危机随之爆发。反对德拉鲁阿政府的大规模抗议活动席卷全国，在一些政党的策划下，有组织的哄抢商场风潮迅速波及全国，成千上万的大小商场被贫困的市民包围哄抢，损失数亿美元。首都五月广场反政府大示威接连不断，德拉鲁阿政府被迫在2001年12月20日下台。

几乎所有的社会力量都不同程度地卷入了这场推翻政府的风潮，而其主力是以失业者为主的抗议组织（即断路组织）和工会。它们的背后是在野的正义党及其他政党。

还应该指出的是，首都和各城市广大中产阶级市民也普遍参加了各种反政府活动（如示威游行、敲锅抗议、阻断道路等），而两年前正是这个社会阶层的选票使德拉鲁阿当选总统。究其原因：一是中产阶级的中下层已经陷入贫困化或者面临贫困化的威胁；二是政府实施的减薪、减少养老金、征收利息税、冻结银行存款等政策措施，直接损害了中产阶级中下层的利益。也正是由于这一原因，这个一贯在政治上支持中右派政党的社会阶层在2003年的大选中转而支持正义党中左派候选人基什内尔，使之在第一轮选举投票后以78％的支持率胜出。水可载舟，亦可覆舟，可以以此为证。

第二，贫困化导致犯罪率上升，社会治安不断恶化。

90年代初起，阿根廷犯罪率迅速上升，社会治安形势急剧恶化，成为阿根廷严重的问题之一。抢劫商场和银行及绑架、杀人等恶性案件不断发生，以致人心惶惶，社会动荡不安。据阿根廷最高法院2006年报告公布的数字，1991年该国犯罪率每10万人1 481起，1999年上升至2 904起，2000年为3 051起，2005年达3 329起。14年中犯罪率增长了125％。全国24个省市中，有16个省市的犯罪率超过全国平均水平，其中2005年首都的犯罪率高达7 032起，超过4 000起的有6个省，超过5 000起的有3个省，超过6 000起的有1个省。（见表12—17）恶性绑架案件发生率更是不断攀升。据阿根廷法院公布的统计数字，2001年发生绑架案190起，平均每天0.52起；2002年220起，平均每天0.6起；2003年390起，平均每天1.07起。2004年平均每天1.14起，比2001年上升了 120%。[①]

表 12—17　　　　　1991—2005 年阿根廷犯罪率一览表（十万分之）

年份	1991	1994	1995	1996	1997	1998	1999	2000	2001	2002	2003	2004	2005
犯罪率	1481	1828	2043	2166	2288	2555	2904	3051	3256	3697	3504	3430	3329

资料来源：Dirección Nacional de Política Criminal de Ministerio de Justicia y Derechos Humanos：*Informe Anual de Estadísticas Policiales Año 2005*，Buenos Aires，2006.

第三，贫困化成为实现可持续发展的主要障碍。

贫困化的加剧不仅造成社会动荡，还导致国内购买力下降，市场需求相对不足，经济增长缺乏后劲，无法保持经济的可持续增长，甚至引发经济衰退。由贫困化引起的内需不足是拉美国家的通病，它对阿根廷经济的影响更大。原因在于阿根廷经济基本上是内向型的，出口仅占 GDP 的 9%，国内需求是经济增长的主要动力。回顾这十多年阿根廷经济增长与经济衰退交替的过程，可以看出，贫困化的加剧、内需不足，已成为制约阿根廷经济增长的主要因素之一。1997 年以后，随着内需的不断下降，国内市场销售额不断萎缩，进而导致生产下降，税收减少，政府财政形势恶化，赤字上升。此外，政府每年还必须筹措大笔经费用于救济贫困人口，财政压力不断增大。2001 年，随着经济危机的不断加剧，社会购买力日益下降，国内市场销售额持续减少，以致生产全面萎缩，经济陷入更严重的衰退。这种衰退还对税收和财政收入产生直接影响，使政府的支付能力继续下降，以致丧失偿债能力，陷入债务危机。因此，消除贫困，提高人民收入水平，促进国内消费，扩展国内市场，是保持经济可持续发展的重要条件之一。

第四，在阿根廷还有一个十分特殊的现象，即失业者阶层的形成。

早在 80 年代中期，阿根廷的失业者在工会组织的领导下联合起来，逐步形成了一支强大的不可忽视的社会力量。按字面的意思，这些失业者组织在阿根廷被称为所谓的"断路者组织"（Piqueteros），它们成立于 70 年代。当时，阿根廷南部以采石工（piquetero）为主的矿工举行罢工，并长期阻断公路。后来人们把这种做法叫作"断路"抗议（piquete 或

---

① Comunicado de la Corte Suprema de Justicia de la Nación Argentina，01/04/2004.

piquetería），把这些抗议者称为断路者（piquetero），其工会组织被叫作"断路者组织"。我国学术界也有人按音译将其称为"皮克特运动"。其中影响较大的组织有阿根廷劳工联合会、土地与住房联合会、底层居民区运动、阶级战斗运动、工人之极运动、特雷莎·罗德里格斯运动等。

随着时间的推移，这些组织的政治背景、政治倾向和成分都发生了较大变化。参加这些组织的人已不仅仅是失业者，还有退休人员和在职人员。他们中的大多数人来自社会下层，也有不少人属于中产阶级中下阶层（包括教师、政府工作人员等）。经过多年的发展变化，这些组织已由最初的失业者组织演变成半政治化的正式社会团体或非政府组织；有的组织已成为某些政党的组成部分；有的组织与某些政党保持着密切联系，成为其政治工具。控制这些组织的既有左派也有右派；不仅有反对党也有执政党，后者往往被称作官方断路组织。

这些组织的政治诉求、抗议活动和斗争目标也发生了很大变化。它们不仅提出了扩大就业、增加工资和社会补贴等社会方面的要求，还参加各种政治、环保等方面的抗争活动。其中的左派组织是反对新自由主义、反对全球化、反对美国、反对美洲自由贸易区等的主要力量。实际上，这些组织已成为一种"职业化的"社会抗议组织。社会形势能否稳定在很大程度上取决于这些抗议组织是否举行或举行多大规模的抗议活动。这些组织还联合起来，成立了全国断路组织代表大会，经常组织地区性或全国性的以阻断交通要道为主要形式的抗议活动，对国家的经济发展和社会生活产生极大的影响。据官方估计，2002年全国失业者组织的成员约40万人。其中一些著名的组织完全有能力组织全市或全国性的罢工和游行示威等抗议活动。

在阿根廷出现的各种抗议活动都有这些组织的参与。除了开展合法的抗议活动以外，有些组织还经常采取激烈的斗争方式，甚至采用暴力，与警察发生冲突的事件时有发生。阿根廷政府对这些群众组织采取包容的态度。只要是合法注册的组织一律允许举行法律规定范围内的活动。对于由执政党控制的或亲政府的断路组织，政府不仅对它们给以支持，甚至还依靠和利用这些组织达到某些政治目标。政府还允许这些组织的领导人参政，他们中有的是国家和省市的议员，有的还被任命为政府官员。

第五，贫困化导致教育形势恶化，中途辍学的中小学生和童工日益增多。

阿根廷是个教育发达的国家，中小学实行全面免费义务教育，入学率接近100％，是个没有文盲的国家。但是，20世纪90年代末以来，随着经济陷入持续多年的衰退，教育事业也日益艰难。2002年金融危机爆发以后，阿根廷教育随之陷入一场全面空前的危机。其主要表现是大批贫困学生因经济困难被迫辍学。

阿根廷教育部2003年6月13日发表的报告显示，这一年阿根廷全国有1 042万中小学生，平均每人需要花费1320比索，相当于当时工人平均月工资的2.5倍。在经济危机和贫困化的影响下，许多家庭已无法维持这样高的开支，造成大批中小学生辍学。很多家庭因为贫困不得不让孩子参加劳动，赚钱补贴家用。因此童工现象日益严重，5—14岁的童工达到150万人，比1995年的25万人增长了5倍。其中40％的人已经辍学。这些童工的82％集中在城市，他们主要从事拾破烂和在公共场所制作或销售食品等工作，也有人在工厂或建筑工地做工。农村的童工主要是从事农牧业劳动。

2004年6月12日阿根廷劳工部和国际劳工组织公布的另一份统计报告也披露了阿根廷童工现象的严重性。报告说，2004年阿根廷全国平均童工率达到10％以上。其中，城市地区童工率一般在10％以上，在农村地区高达20％以上。例如，首都布宜诺斯艾利斯及其周围地区，5—13岁的童工率达到6.7％，而12—13岁的童工率达到12％。西部的门多萨省，12—13岁的童工率高达15.2％。阿根廷童工做工的场所主要是家庭和企业，28％的儿童在街头从事拾荒、擦洗汽车等危险的工作。据阿根廷官方统计数字，仅在首都就有10万名5—13岁的少年儿童从事这类"工作"。其中，10％的孩子每周做工10个小时以上。

报告指出，童工日益增加是家庭贫困化加剧的结果。据阿根廷国家统计局公布的调查数字，全国5—13岁的少年儿童中，58.5％生活在贫困家庭中；而在首都及其周围地区，这个比率高达62.7％，即有160万这个年龄段的孩子生活在贫困之中。

第五节　危机爆发后的应急措施与政策调整

2001年12月20日德拉鲁阿政府在群众暴乱中被迫下台。2002年1

月初上台的杜阿尔德政府开始调整发展战略，把经济复苏、消除贫困、社会稳定作为政府的首要任务。随后在 2003 年大选中当选的基什内尔政府，也把克服贫困化放在政府工作的重要地位。至 2006 年，阿根廷政府采取了以下一些主要措施。

一　经济危机期间的应急性扶贫政策

杜阿尔德政府期间采取的主要扶贫措施有，一是实施失业补贴计划，向完全失业的家庭成员发放补贴（即实施"零就业"家庭补助计划），以保证其最低限度的生活需要。二是实施应急性公共工程计划，吸收部分失业人员再就业。三是扶持因危机而关闭停产的企业恢复生产，增加就业。四是采取减税等措施，鼓励企业增加就业机会。与此同时，在医疗保障方面政府也采取了保障贫困阶层免费就医的措施。这些对策收到了明显的成效，就业机会逐步增加，社会危机形势有所缓解。但是，作为危机时期上台的过渡性政府，执政仅 1 年半的杜阿尔德政府只能采取一些应急性措施以缓解社会矛盾和复苏经济，还无法制定或实施长远的经济社会发展规划。

2003 年基什内尔政府上台后全盘否定了新自由主义的经济模式，在发展战略和模式方面进行了调整和探索，更加强调社会公平和公正，把消除贫困放在政府工作的首位，提出了"社会融入、积累的、生产的经济模式"（el modelo económico productivo de acumulación e inclusión social）。其中，"社会融入"是针对新自由主义造成的"社会排斥"（exclusión social）而提出的。[①] 阿根廷经济复苏后，随着形势的好转，政府加大了扩大再就业和扶贫工作的力度。除前述扶贫措施外，还采取了以下措施。

（一）增加公共投入，推动经济复苏和发展，扩大就业

在继续推动经济复苏的同时，基什内尔政府还制定并实施了以公共投资为主的公共工程计划，以推动私人投资，大力促进建筑业的恢复和发展。据官方数字，从 2003 年起，每年国家财政投入公共工程的资金达数十亿比索，2004 年推出了投资总额为 180 亿比索的 2005—2011 年公共工程计划，2007 年在建项目的投资额为 52 亿比索。建筑业的快速发展有力

---

① Discurso de Cristina Fernández Kirchner: *Cristina se Lanzó con un Discurso Industrialista y de Continuidad*，El diario La Nación，Buenos Aires，Argentina，19/07/2007.

地带动了就业机会的增加，与 2002 年相比，2006 年建筑业的就业人数增加了 2 倍。与此同时，制造业的就业人口也明显增长。上述措施对增加就业和减少贫困人口起了重要作用。据官方数字，到 2006 年底，失业率降至 8.7%，为 1993 年以来的最低水平；贫困率降至 26.9%，赤贫率降至 8.7%。[①]

（二）逐步提高工资和养老金

2003—2006 年，为应对比索贬值和物价上涨造成的实际工资水平的下降，阿根廷政府提高了最低工资的基数，并多次提高工资和养老金标准。与 2001 年同期相比，2006 年第一季度阿根廷全国的名义工资平均水平提高了 66.6%。虽然名义工资提高的幅度还不足以抵消同期通货膨胀的影响（同期消费物价指数上涨了 77.4%），但对改善人民生活水平，特别是改善中低收入家庭的生活水平还是起到一定的作用。收入增长带动了消费的增长，促进了国内市场的需求。商业零售改变了长期增长缓慢的现象，成为经济增长的主要动力之一。2006 年，超市零售额比 2005 年同期增长了 9 个百分点，为 2000 年以来的最高增长率。

二　形势依然严峻

但是上述措施只是缓解了部分贫困人口的燃眉之急，并没有根本解决贫困化问题。贫困化仍是阿根廷政府面临的最大挑战。其表现主要是：（1）贫困人口的比重和绝对数仍然很大。2006 年贫困人口的总量减至 850 万人，其中极端贫困人口达 200 万人。这一数字低于 1998 年，但仍高于 1988 年。（2）贫富差距的鸿沟不仅没有缩小，反而仍在继续扩大。据官方数字，2004 年 3 月 10% 最富有的人与 10% 最贫穷的人的收入差距为 28 倍；2006 年 3 月，这一差距升至 31 倍。（3）失业率仍过高。失业率和失业人口的绝对数仍高于 1998 年的水平。（4）实际收入水平大大低于 1998 年。据官方数字，1998 年的平均收入比贫困线高 34%，而 2006 年的平均收入却比贫困线低 10 个百分点。换言之，如果与危机前的 1998 年相比，2006 年的贫困化程度更高。

造成这种情况的原因，除历史因素外，政府的发展战略和政策不到位，改革滞后，也是重要原因。

---

① El Informe del Instituto Nacional de Estadística y Censos，Argentina，27/03/2007.

第一，虽然政府反复强调要把解决贫困问题摆在政府工作的首位，但实际上始终没有制定把社会发展放在重要地位的长期发展战略。首先，在宏观经济结构的调整方面，政府并未制定有效的政策或规划，没有鼓励和推动能容纳较多就业人口的行业的发展，对中小企业的扶持力度也不够。其次，这期间政府用于社会方面的支出甚至比 90 年代还要低 10%。在教育、社会保障等方面的投入虽然有所增加，但与实际需要仍有较大差距。

第二，经济的恢复和增长还不能满足就业的需求。保证适度的增长速度是扩大就业和消除贫困的基本条件。据世界银行研究，2004 年阿根廷人均 GDP 降到 1974 年的水平，2005 年恢复到 1998 年的水平。[①] 多年来，阿根廷投资率偏低，特别是对基础设施的投入较少，因此，无法创造足够的就业机会，既不能弥补过去高失业的欠账，也难以满足新增的就业需求。

第三，收入分配制度改革滞后，在改革就业和工资政策方面缺乏长远考虑。由于这个原因，出现了以下值得注意的情况。（1）新增就业岗位大多数是低收入岗位。这些岗位的工资不仅低于平均工资，甚至低于最低工资水平。至 2006 年底，80% 的贫困家庭属于这种情况，即家里有人就业，但收入很低，不足以满足家庭的最低需要。（2）正规部门的名义工资虽然几经调整，但其实际工资仍低于历史最低水平。其主要原因是，在 90 年代新自由主义经济改革时期，经济体制改变了，而收入分配制度没有进行相应的改革，加上受长期危机和衰退的影响，无论名义工资还是实际工资的增长都无法抵御通货膨胀和货币贬值的影响，以致其水平明显低于 90 年代中期。正规部门尚且如此，非正规部门的工资就更低了。（3）就业岗位增长缓慢，投资率（占 GDP 的 20%）偏低，无法保证经济和就业的持续增长。阿根廷有的学者认为，2003—2007 年就业的增长主要依赖于原有闲置设备的再利用。如果投资率不能达到 25%，经济就无法继续保持5% 以上的增长率，更无法满足不断增长的就业需求。

第四，社会保障体制改革滞后，现有的社保体系已不能满足实际需要，全国有一半以上的劳动者仍被排斥在社会保障体系之外。

第五，税收制度不健全，税收总水平偏低。危机爆发以后，虽然阿根

---

　　① Banco Mundial，*Argentina: A la Busquda de un Crecimiento Sostenido con Equidad Social*，2006.

廷政府加大了征税和打击逃税的力度，税收逐年增加，但从总体上说，税收体制的改革仍滞后，税收总水平过低，政府缺乏必要的财力支持收入再分配所需的社会保障制度的改革，也无法保证社会方面的必要开支。阿根廷的税收占 GDP 的比重为 27％，低于巴西（35％），更远远低于美国等发达国家。一些专家认为，阿根廷的现行税收政策主要是考虑照顾企业和富人的利益，而不是为了改善收入分配状况。

第六，通货膨胀抬头，对实际收入产生不利影响，可能导致贫困人口数量回升。2002 年以后，为控制通货膨胀政府采取了强制控制价格的措施，收到明显成效。但是 2006 年以后，受政府财政开支增长过度，国际石油和食品价格上涨等因素的影响，阿根廷国内物价出现明显上涨趋势。2008 年初，在工会压力下政府和企业界不得不同意提高工资，但是上调幅度低于物价上涨。如果物价不能得到有效控制，通货膨胀过度上涨，势必对贫困人口的生活水平产生影响，甚至会导致部分脱贫人口重新陷入贫困化。

第六节 关于阿根廷经济改革的社会后果的思考

和谐社会的建立需要多方面的条件，包括政治民主，经济发展，社会公正，教育公平，文化发达，均衡的地区发展，民族和谐，等等。其中社会公正和共同富裕是不可忽视的必要因素之一。在阿根廷乃至整个拉丁美洲，社会不公和贫困化是一种长期存在的现象。贫困化已成为这些国家严重的社会问题，不仅导致社会发展失衡，矛盾激化，危机四伏，而且也成为经济可持续增长的主要障碍。近二十年阿根廷社会经济发展进程出现的反复表明，治国者在制定和实施发展战略时应该清醒地注意以下几个重要问题。

一 摆正经济增长与社会发展的关系

阿根廷的历史经验表明，经济的可持续增长是社会发展的基础，也是消除贫困化的物质基础，必须保持经济长期稳定的发展，必须保持一定的增长速度，不断扩大社会财富的总量。做不到这些，社会发展就无从谈起。但经济增长并不一定意味着就能自然而然地实现社会发展与社会公正。正确处理经济增长与社会发展的关系，正确处理各社会阶层的利益关系，是保持可持续增长的关键。如果国家不制定并实施相应的社会发展战略和政策，必然会导致社会不公的加剧。新自由主义经济模式的主要弊病之一，是过分强调经济的增长速度，过度照顾企业特别是垄断本国经济的跨国企业的利益，而忽视并过分损害了劳动者的利益，以致在经济和社会财富快速增长的同时，贫困化也同步加剧。

二 社会发展应是经济发展的目标

社会发展应是经济发展的目的，而不应仅仅是维持经济发展的手段或因素。社会发展在国家发展战略中的这种地位不容忽视或颠倒。过去，拉美各国制定发展战略时，政府甚至理论界往往都把经济发展或经济增长放在首位，而忽视社会发展或仅仅把社会发展作为经济发展的辅助因素，或者作为实现可持续发展的一个条件因素。正是由于这种认识或理论上的缺欠，各国政府在制定社会经济发展战略或规划时，往往把追求经济增长速度作为优先目标，而把社会发展置于次要地位，甚至牺牲社会政策。

三 保证就业、建立公平合理的分配制度和社会保障制度是实现社会公正的关键

社会发展涉及社会的方方面面，但从发展的角度来讲，社会发展的两个核心问题是发展和保证正规就业及建立公平合理的、覆盖全体人口的社会保障制度，这是减少贫困人口的关键。建立和不断完善社会保障制度，把全社会各个阶层都纳入社会保障体系，是维护人民福利，保持社会安定的必要条件。此外，还应该特别重视解决非正规就业的问题，使之逐步纳入合法的正规轨道。对现存的非正规就业问题，既不可一刀切地加以全盘否定，也不可以熟视无睹，久拖不决。

四 市场并不是万能的，国家在社会发展方面特别是在实现社会公正方面应发挥积极的主导作用

在实行新自由主义改革时期，市场万能论在拉美大行其道，以为只要国家不干预经济，让市场和企业完全自由的运作，把蛋糕尽量做大，就可以解决贫困人口问题，实现社会的公平发展。受这种理论的影响，许多国家在社会政策方面往往无所作为或无能为力，但事实表明市场并非万能。

因此，国家在社会发展方面，特别是在社会公正方面，不能放手不管，不能放任市场或企业自行其是，而应发挥积极作用，引导建立社会公正，实现社会发展。应该随着形势的发展变化，不断地进行必要的改革，解决新出现的问题。

五 贫困化已成为事关政权生存和制度稳定的政治问题

特别强调的是，贫困化的加剧导致社会矛盾激化，选民政治倾向也会随之发生转变。阿根廷的历史经验再次证明了"水可载舟，亦可覆舟"的道理。在贫困化严重加剧的形势下，包括中间阶层在内的广大群众抛弃了实施新自由主义的政党或政治家，反对政府的群众性抗议活动席卷全国，最终把政府赶下台。德拉鲁阿被迫辞职，梅内姆在2003年大选中惨遭广大选民唾弃，就是有力的证明。这是当政者和执政党应该汲取的深刻教训。

六 宏观社会平衡已成为必须关注的重点

在关注宏观经济平衡的同时，也应关注宏观社会的平衡。联合国拉美经委会的报告认为，经济自由化进程的弱点就是实现生产性就业的不公正和社会保障计划质量的下降。该机构的学者认为，如果宏观经济政策仍仅仅关注经济稳定和结构改革，那么政策将无法面对经济周期和经济波动，也无法确定长期的经济增长目标，从而造成贫困人口的脆弱性。因此，他们提出，在关注宏观经济平衡的同时，也应关注宏观社会的平衡，采取必要措施，及时进行调整。只有这样，才能保证经济社会的均衡发展。

七 保持政治社会稳定、经济长期可持续增长，是改善和实现社会发展的前提条件

第二次世界大战结束以后的半个世纪中，阿根廷政治与社会动荡不断，政变频繁，政权更替无序，经济发展缓慢，物质财富增长速度赶不上人们对就业、工资，以及社会生活各方面需求的增长速度，根本无法解决贫困化加剧的问题。

贫困化是一个长期存在的社会问题，因此，减贫也是一项长期的任务。阿根廷等拉美国家政府虽然已认识到贫困化问题的严重性，也采取了一些措施，但由于财力有限或出于竞选的需要，它们采取的措施往往是应

急性的临时之举，而缺乏长远的根治良策。因此，迄今为止它们仍未能拿出根本解决贫困化问题的切实可行的改革方案，更没有找到可持续发展的经济社会发展模式。这个问题不及早解决，贫困化问题还将长期存在下去。联合国拉美经委会提出的"社会凝聚"（cohesión social）的新理念，就是试图为拉美国家找到一种既能实现经济可持续增长又能建立社会公正的新经济社会发展模式。

第十三章

城市化、城市治理与"贫困城市化"

在人类发展史上，城市化是伴随着工业化出现的。城市化既是工业化的必然产物，也是现代工业发展的载体，是人类社会从传统农业社会向现代工业社会转变的一个重要标志。城市化过程必然和社会转型过程相伴而行，并且相互影响。一个国家城市化的具体路径选择是否与本国的具体国情相适应，对社会转型过程能否顺利推进也就关系重大。因此，我们在研究拉美国家社会转型期的经验教训时，不能不把这些国家的城市化进程纳入研究视野。

拉美国家的城市化进程肇始于20世纪40年代，与其工业化进程是大体同步的。到目前为止，拉美城市化的总体水平已经赶上西方发达国家，甚至还略高于欧洲和大洋洲国家，更令其他发展中地区望尘莫及。拉美作为一个发展中地区，城市化的这种"超常"发展既产生过积极的效用，也带来诸多消极的后果。从积极的方面看，城市化的快速推进既为工业发展创造了有利条件，也带动了城市服务业的发展；城市建设的大量投入成为拉动经济增长的重要引擎；大量农村人口进入城市，不仅加速了农业劳动力的转移，而且有效地缓解了因大批农民无地、少地所引发的农村社会冲突，等等。从消极的方面看，拉美城市化进程由于长期处于一种"无序"状态，造成了许多难以治理的后果。一方面，城市的失业与就业不足现象长期居高不下，成为社会收入分配严重不公的重要背景；另一方面，各国城市基础设施建设和教育、医疗、住房等基本社会福利的投入一直跟不上城市扩张的需求。上述两个因素结合在一起，就形成所谓"贫困城市化"（Urbanización de la pobreza）的综合效应，如城市贫困发生率很高，贫困人口数量巨大，城市贫民区大量涌现，城市犯罪现象严重，等等，成为各国政府面临的治理难题。

第一节　拉美国家城市化进程的基本特点

拉丁美洲的城市体系起源于十六七世纪。当时，西班牙、葡萄牙为了巩固自己的殖民统治，在拉美地区构建了一个城市网络。城市是行政、军队、教会等殖民统治机构的所在地，形成以城市统治乡村的管理体系。也就是说，这些城市的出现不是经济社会发展的自然产物，而是出于殖民统治的需要。来自宗主国的各色人等，包括拥有大量土地的地产主，大都聚居于城市。后来随着殖民地开发活动的推进和对外贸易的增加，城市的经济中心作用逐渐加强，并成为外来移民的首选之地。因此，在现代城市化进程开始以前，一部分拉美国家的城市人口比例已经比较高。例如，1920年，拉美地区城市人口已占总人口的 22%。又如，1960 年时，乌拉圭、阿根廷、智利、委内瑞拉的城市人口比例分别达到 80.1%、73.6%、69.6%、66.6%。[1]这样高的城市化水平也绝不是 1940 年以后短短 20 年时间所能达到的，而是因为原来的起点比较高。拉美城市发展的这个历史特点往往被一些研究者所忽略。

统计数据表明，2005 年，拉美地区总人口达到 5.61 亿人，城市人口占 77.36%。从国际范围来比较，拉美的城市化水平仅低于北美洲（81%），高于欧洲（72.2%）和大洋洲（70%），更比亚洲（38%）和非洲（38.3%）高出一倍（见表 13—1）。

当然，拉美各国的城市化水平也是参差不齐的。拉美 20 个国家（不含加勒比 13 国和一些未独立地区）2005 年的城市化水平可分为 5 个档次：阿根廷、乌拉圭和委内瑞拉高于 90%；巴西、智利高于 80%；哥伦比亚、古巴、秘鲁和墨西哥高于 70%；玻利维亚、哥斯达黎加、厄瓜多尔、巴拿马和多米尼加高于 60%；萨尔瓦多、危地马拉、尼加拉瓜和巴拉圭高于 50%；海地和洪都拉斯超过 40%。[2]

① CEPAL, *Anuario Estadistico de América Latina y el Caribe, 1989*, Santiago de Chile, 1990, p. 7.

② CEPAL, *Anuario Estadistico de América Latina y el Caribe, 2008*, Santiago de Chile, 2009, p. 33.

表 13—1　　　　　世界几大地区总人口、城市人口、城市
贫民窟人口（单位：百万）

地区	总人口 （2005 年）	城市人口 （2005 年）	城市人口％ （2005 年）	城市贫民窟人口 （2001 年）	城市贫民窟人口 预测（2010 年）
非洲	906	347	38.3	187	271
亚洲	3905	1553	38.0	533	649
欧洲	728	526	72.2	33	
拉美、加勒比	**561**	**434**	**77.36**	**128**	**143**
北美洲	331	267	81.0	21	
大洋洲	33	23	70.0	0.5	

资料来源：2005 年数据来源于联合国经社理事会（2006）："World Urbanization Proepects：The 2005 Revision" Population Division；2001 年贫民窟数据来源于联合国人居环境委员会（2003）："The Challenge of Slums：Global Report on Human Settlements 2003"（其中关于美国与加拿大的数据采用的是联合国人居环境委员会在"其他发达国家"项下提供的数据）；关于 2010 年贫民窟的预测来源于联合国人居环境委员会（2008）："Enhancing Urban Safety and Security：Global Report on Human Settlements 2007". 转引自 Ricardo Jordán y Rodrigo Martínez，*Pobreza y Precariedad Urbana en América Latina y el Caribe*，*Situación actual y financiamiento de políticas y programas*，CEPAL，enero de 2009，p. 30.

　　1940 年以来的七十多年间，拉美的城市化进程大体可以分为两个阶段。第一阶段是 1940—1980 年，城市化的主要特点表现为农村人口大量向城市迁移和城市数量的急剧增加。例如，1950—1976 年期间，拉美移居城市的农民超过 4000 万人。[1] 有些城市在某个特定时期的人口增长速度更是惊人。例如，20 世纪 40 年代，加拉加斯、卡利（哥伦比亚）和圣保罗三市的人口年增长率分别达到 7.6％、8.0％和 7.4％。50 年代，瓜达拉哈拉（墨西哥）的人口年增长率达到 6.7％。70 年代，墨西哥城人口增加 510 万人；圣保罗市人口增加 400 万人。[2] 1950 年，拉美地区 100 万

---

[1]　Gonzalo Martner，*América Latina hacia el 2000：Opcioner y Estrategias*，Editorial Nueva Sociedad，Caracas，1986，p. 37.

[2]　Alan Gilbert，*La Ciudad Latinoamericana*，Siglo veintiuno editorses，México，D. F.，1997，pp. 43—44.

人口以上的大城市只有 7 个，1980 年增加到 48 个。[1]

　　1980 年至今为第二阶段，城市化的主要特点表现为城市人口的自身扩张和"进一步超大城市化"。这个阶段农村向城市移民的减少源于多种因素，如人口自然增长率普遍下降，大多数国家农村人口比例已经很低，80 年代债务危机背景下城市的生存条件更加艰难，等等。不过，这个阶段拉美城市人口的数量增加依然是很可观的，仅 50 万人口规模以上的城市人口就增加了 9570 万人。我们所说的"进一步超大城市化"可从以下数据看出：1980—2000 年，超过 1000 万人口的城市增加 2 个；500—1000 万人口的城市增加 1 个；100—500 万人口的城市增加 21 个；50—100 万人口的城市增加 25 个（见表 13—2）。这种现象的出现，可能除了城市自身人口的扩张之外，居民由小城市向大中城市迁移的过程还在延续。根据上述情况，有学者作出这样的判断：拉美城市化的"第一次浪潮"——以农村人口向城市转移为特征的浪潮已基本结束，进入了城市化的"第二次浪潮"——以城市人口自身扩张为主的浪潮。[2]

表 13—2　　拉丁美洲：城市规模及其人口数量变化 （1980—2000）

城市规模	1980			2000		
	数量	人口（百万）	占城市人口%	数量	人口（百万）	占城市人口%
1000 万以上	2	25.7	10.9	4	58.7	15.0
500—1000 万	2	18.7	8.0	3	19.7	5.0
100—500 万	22	43.8	18.6	43	85.8	21.9
50—100 万	27	19.3	8.2	52	39.0	10.0

资料来源：Naciones Unidas，*World Urbanization Prospects. The 2001 Revision*，Nueva York，2002.

　　根据联合国 1995 年的统计，在全球最大的 25 个"超大城市"中，拉美（总人口仅 5 亿人）有 5 个，依次是圣保罗（人口 1640 万人，世界第 2 位）、墨西哥城（人口 1560 万人，世界第 4 位）、布宜诺斯艾利斯（人

---

① United Nations，*World Urbanization Prospects：1994 Revisions*，New York，1995.

② Joan MacDonald，*Pobreza y ciudad en América Latina y el Caribe*，en Ricardo Jordán y Daniela Simioni，*Gestión urbana para ei desarrollo sostenible en América Latina y el Caribe*，CEPAL，Julio de 2003，pp. 93—94.

口 1100 万人，世界第 12 位）、里约热内卢（人口 990 万人，世界第 16 位）、利马（人口 750 万人，世界第 25 位）。[①] 另据世界银行的统计，1980 年，拉美有 10 个国家的首都分别集中了全国城市人口的 39％—66％。[②] 这些国家的总人口规模差别很大，因而各国的第一大城市的规模也大小不一，但不论对哪个国家而言，全国 40％以上的城市人口集中于一个城市，都反映出城市的空间布局非常集中。

拉美城市化进程之所以出现上述特点，与多种因素的影响密切相关。我们着重分析一下其中的几个主要因素。

一　城市化过程与人口增长高峰期相吻合

拉美各国的城市扩张并不是完全同步的。阿根廷、巴西、智利、乌拉圭等国在 1940 年以前的城市扩张是由大批欧洲移民进入所推动的。学术界把拉美现代城市化的"起点"定为 1940 年，是以整个地区由内部人口流动所引起的城市发展的总体态势为依据的。从拉美城市化的全过程来看，1950—1980 年是城市化的一个加速期。这个加速期的出现恰好与拉美战后出现的人口增长高峰期相吻合。统计数据显示，1950—1977 年，拉美总人口由 1.51 亿人增加到 3.21 亿人，增加 1.13 倍，年均增长率为 2.8％，属同期世界各大地区增长率最高之列。[③] 其中人口年增长率超过 3％的国家不在少数，例如，委内瑞拉 50 年代的人口增长率达到 4％，60 年代和 70 年代一直保持在 3.5％左右；巴西和墨西哥这两个拉美大国也处于人口增长高峰期，巴西 1950—1965 年的人口增长高于 3％，墨西哥 3％以上的人口增长率更持续了 20 年（1950—1970）之久。[④] 因此，普遍认为，1950—1980 年期间拉美地区的"人口爆炸"是同期城市化进程加速的一个重要推动因素。

---

① United Nations, *World Urbanization Prospects: 1994 Revision*, New York, 1995.

② Gonzalo Martner, *América Latina hacia el 2000: Opciones y Estrategias*, Editorial Nueva Sociedad, Caracas, 1986, pp. 38－39.

③ CEPAL, *América Latina en el Umbral de los Años 80*, Santiago de Chile, julio de 1980, p. 6.

④ CEPAL, *Anuario Estadístico de América Latina y el Caribe, 1989*, Santiago de Chile, 1990, p. 3.

表 13—3　　　1950—1990 年期间拉美主要城市人口年增长率（％）

城市	1950—1960	1960—1970	1970—1980	1980—1990
波哥大	7.2	5.9	3.0	3.3
布宜诺斯艾利斯	2.9	2.0	1.6	1.1
加拉加斯	6.6	4.5	2.0	1.4
利马	5.0	5.3	3.7	2.8
墨西哥城	5.0	5.6	4.2	0.9
里约热内卢	4.0	4.3	2.5	1.0
圣地亚哥	4.0	3.2	2.6	1.7
圣保罗	5.3	6.7	4.4	2.0

资料来源：Villa y Rodríguez，1996，p. 27. 转引自 Alan Gilbert，*La Ciudad Latinoamericana*，Siglo veintiuno editores，México，D. F.，1997，p. 49.

二　农业"技术现代化"的路径选择促使农村人口加速外流

拉美地区面积有 2070 万平方公里，气候条件优越，人口只有 5 亿多，人均农业资源要比中国丰富得多，但这种资源优势长期受到不合理的土地占有制度的约束。先是西班牙、葡萄牙殖民当局在拉美建立的大地产制度，使大量土地被少数上层统治阶级所垄断。拉美国家独立后，国家政权由土生白人地产主阶级把持，广大农村居民，包括印第安人和非洲人后裔依旧处于无地、少地和生活贫困的状况。农村土地兼并过程仍在继续，特别是在 19 世纪下半叶拉美初级产品出口繁荣期中又出现一次大规模的土地兼并浪潮。当时，拉美各国通过征收天主教会地产、拍卖公有土地、兼并小地产等多种方式，将大量土地转移给上层社会，并迫使失去土地的农民成为农业部门的雇工。正如一位英国学者指出："在独立后的一个世纪里，土地高度集中变化甚微。……事实上，19 世纪 20 年代实行私人所有制的土地只是 1914 年实行私人所有制的一小部分。在将近一个世纪里，实行私人所有制的土地急剧扩大，如果实行私有制的新土地分配得更公平的话，就会为改变土地高度集中提供许多机会。"①尽管进入 20 世纪以后部分拉美国家断断续续地进行过一些土地改革，但终究都未能改变土地占

---

①　［英］维克托·布尔默—托马斯：《独立以来拉丁美洲的经济发展》中文版，中国经济出版社 2000 年版，第 111 页。

有高度集中的状况。

第二次世界大战结束后不久，随着工业化高潮的到来，拉美国家曾就农业现代化的"路径选择"展开广泛讨论，出现了两种不同的主张。第一种主张认为，农村和农业问题除非通过社会变革，使以土地为主的农业资源由一些社会集团向另一些社会集团转移，否则是无法解决的。这种主张被称为"改革选择"（alternativa reformista）。第二种主张认为，农业应当走技术现代化道路，技术变革是提高农业生产的基本手段，技术进步的好处会逐渐扩散到整个农业生产部门。这种主张被称为"技术选择"（alternativa tecnológica）。[①]鉴于以地产主为代表的保守势力对各国政府所具有的巨大影响力，变革土地制度的主张被否定，通过"技术变革"实现农业现代化成为拉美国家的主导模式。

所谓农业的"技术现代化"道路就是在保持土地占有制度不变的情况下，通过农业机械化、化学化、绿色革命等途径来推动农业的现代化。这个技术现代化过程在50—70年代进展得尤为迅速。据统计，在1948—1976年期间，拉美农业部门的化肥消费量增加19倍，农用拖拉机增加9倍，水浇地面积扩大一倍。[②]

这个"技术化"过程同时也是一个农业商品化、资本主义化的过程。拉美农业现代化的一个重要社会后果是加速了农民的"无产阶级化"（proletarización）和贫困化。昔日作为大庄园运行的必要条件而存在的债役农、分成农、垦殖农、佃农等都不再需要了；小农因土地不足而向大庄园出卖部分劳动力维持生计的这种共生关系也大大削弱了。拉美这种以大地产为基础的、通过技术变革实现现代化的农业，在雇用劳动力方面的一个重要特点是使用季节工。从事季节工的人们通常都是拉家带口，四处流动，靠中间商为其联系各种季节性工作，不得不接受中间商很重的剥削。"他们通常暂住某个村庄。从事砍甘蔗，收摘柑橘、棉花、咖啡、金盏花，或任何其他农活。每天清晨四、五点钟就得起床，准备食物，然后到某个特定地点登上卡车，经过1—2个小时的路程到达工作地点。每天劳动

---

　①　CEPAL，*Las Transformaciones Rurales en América Latina：Desarrollo Social o Marginación*，Santiago de Chile，1979，p. 57.

　②　Gerson Gomez y Antonio Péres，*El Proceso de Modernización de la Agricultura Latino-americana*，Revista de la CEPAL，No. 8，agosto de 1979，p. 64.

10—12 个小时，中间只有短暂的吃饭与休息，下班后连夜赶回住地。在有活干的情况下，也要干得筋疲力尽才能按完成的工作量得到一些报酬。"[1]且不说季节工生存条件的艰辛，从解决农村就业的角度看这部分人的数量是有限的。

土地占有高度集中，农民的贫困化，自然灾害的侵袭，医疗教育的落后，政治暴力的威胁，多种因素的结合促使农民把流向城市作为主要选择。而处在工业化过程中的城市也为他们寻找新的生存空间提供着历史性的机遇。据不完全统计，1950—1960 年期间，拉美农村人口的增长中有42％移居城市，1960—1970 年期间，这一比例提高到 58％。1950—1976年，拉美地区移居城市的农民达 4000 多万人；移民的规模越来越大，50年代初每年不到 100 万人，70 年代后期每年超过 200 万人。

三　城市化过程缺乏政府的规划与引导

纵观拉美国家的城市化过程，政府的适度引导或规划是基本不存在的。究其原因，主要有以下几点。第一，作为发展中国家，拉美国家的城市化没有任何同类国家的经验可供参照。"在拉美和加勒比，城市化出现得很早，当时其他发展中地区依然是农村社会，关于欠发展问题的讨论还很少与城市发展联系起来。在当时还没有关于在资源稀缺的地方如何治理城市的经验的情况下，拉美国家就采用了发达国家当时正在实行的城市发展模式。与此同时，既没有相应的经济支撑来实施城市发展所需要的投资，也未能对本地城市呈现出的差异性给予应有的预见与关注。结果，在拉美许多国家都出现了碎片化的城市，那里既有发达世界那种'现代'城市的街区与要素，也有满目贫穷、生活朝不保夕的居民区。"[2] 可见，照搬发达国家的城市化模式，城市扩张过程中投入严重不足，忽视自身城市化过程中出现的各种差异现象，没有统筹规划，等等，造成了"一个城市，两个世界"的结局，反映出城市化过程中政府"缺位"的深刻教训。第二，各国政府把农村人口向城市的迁移视为缓解农村社会冲突的渠道。

---

① Gonzalo Martner, *América Latina hacia el 2000*, *Opciones y Estrategias*, Editorial Nueva Sociedad, Caracas, 1986, p. 34.

② Ricardo Jordán y Rodrigo Martínez, *Pobreza y Precariedad Urbana en América Latina y el Caribe: Situación actual y financiamiento de políticas y programas*, CEPAL, enero de 2009, p. 30.

拉美国家农村土地占有的高度集中和农业现代化所选择的"技术变革"道路，使得广大农民的生活迅速地贫困化，引发了农村严重的社会冲突。各国政府既然很难去改变农村这种社会分化趋势，也就乐于让农民自发地向城市迁移，把这视为缓解农村社会冲突的一道"排气阀门"。第三，思想理论界对城市发展前景过分乐观的估计对政府决策也产生了某种程度的误导。在 20 世纪 50 年代，拉美思想理论界在城市化问题上占主导地位的观点是，工业化有助于把初级产品出口部门的大部分利润留在国内；工业可以创造新的就业岗位并鼓励农民向城市迁移，从而减少土地问题的压力和提高农业部门的劳动生产率；城市在增加工业就业的同时，商业和服务业等"非生产性"就业也会大量增加；农村的贫困阻碍着中小城镇的发展；大批农民就业不足影响着农业生产率的提高，等等。这些观点并非谬误，但都是些一般性的道理或推论，根本没有与拉美国家自身的实际，特别是工业化的独特模式联系起来加以研究，给人们造成城市的发展空间是无限的、工业部门增加就业的潜力也是无限的这样一种片面乐观的预期。[1]

四　经济活动，特别是工业生产的布局过于集中

如前所述，拉美"大城市化"、"超大城市化"的特点非常明显。其中一个突出的现象是每个国家居首位或居前两位的城市要比其他城市大出许多倍。"（拉美的）都会中心不仅规模巨大，而且在许多情况下要比国内的其他城市大得多。秘鲁的利马要比第二大城市阿雷基帕大 10 倍；阿根廷的布宜诺斯艾利斯也比科尔多瓦大 10 倍。……在 20 个拉美共和国中，只有玻利维亚、巴西、哥伦比亚、厄瓜多尔和洪都拉斯不存在一个人口三倍于第二大城市的都会中心。而在这 5 国中，巴西、厄瓜多尔和洪都拉斯也很难算得上是例外，因为它们各有两个主要城市，其人口规模为本国第三位的城市所望尘莫及。"[2]

这种超大城市的出现主要源于经济活动的高度集中。"主要城市通常都是首都，那里不仅集中了政府各个部门，也是工业和第三产业的集中

① 参见 Bryan Roberts，*Ciudades de Campesinos: la Economia politica de la Urbanización en el Tercer Mundo*，Siglo veintiuno editores，México，D. F.，1980，pp. 112—113.

② Alan Gilbert，*La Ciudad Latinoamericana*，Siglo veintiuno editores，México，D. F.，1997，pp. 53—54.

地。巴西 80％以上的工业生产集中于圣保罗—里约热内卢—贝洛奥里藏特都市群。布宜诺斯艾利斯和罗萨里奥聚集了阿根廷 2/3 的工业。智利工业的一多半位于圣地亚哥。秘鲁 50％以上的工业集中于利马—卡亚俄。加拉加斯拥有委内瑞拉 40％的工业生产。墨西哥 50％的国民产值由墨西哥城提供。"①

经济活动在地理布局上形成如此高度集中的局面有多种原因。

第一，上述 6 个国家的产业集中带无一例外地都是以首都为中心。② 这种政治中心与经济中心合而为一的现象在拉美各国具有普遍性，反映了这些国家政治权力与经济权力高度集中的特点，或者说，上层统治阶级总是倾向于把政治中心同时打造为经济中心。例如，阿根廷在 19 世纪下半叶建成了以首都为中心、沟通全国的"扇形"铁路网；智利在 19 世纪的"硝石繁荣"期中，政府实行的是北方采矿（硝石）、南方发展农业、首都发展工业的规划。委内瑞拉的例子更具典型性。加拉加斯位于山谷地带，交通和地理条件并不优越，也不是委内瑞拉的石油产地，却偏偏成为全国的经济中心。"委内瑞拉首都的摩天大楼比拉美任何一个大都会都要多，其城市面积自然也比任何别的城市大。由于它坐落在一连串狭窄的山谷之中，人口密度非常之高。一条条穿越山谷的快速路连同那些高楼大厦和'低棚陋室'成为这座城市最具代表性的景观。加拉加斯崛起于石油繁荣与汽车文化。"③ 也就是说，政府把大宗的石油出口收入用于首都加拉加斯的各种基础设施及公用、商用建筑的建设，硬是在那片山谷中打造出一个现代大都市。

第二，拉美各国首要城市作为经济中心的地位是在 19 世纪下半叶初级产品出口繁荣期中最终奠定的。布宜诺斯艾利斯、蒙得维的亚分别是阿根廷和乌拉圭农牧产品的加工、贸易、金融中心和出口港；圣保罗、里约热内卢的发展得益于巴西的"咖啡繁荣"；利马的壮大受益于秘鲁沿海的棉花、蔗糖和鸟粪出口，如此等等。1870—1930 年长达 60 年的拉美初级产品出口繁荣，为这类中心城市提供了资本积累、基础设施、金融服务、

---

① Gonzalo Martner，*América Latina hacia el 2000：Opciones y Estrategias*，Editorial Nueva Sociedad，Caracas，1986，p. 38.

② 巴西建国后即定都于里约热内卢，1960 年才迁都巴西利亚。

③ Alan Gilbert，*La Ciudad Latinoamericana*，Siglo veintiuno editores，México，D. F.，1997，p. 23.

商业环境、人力资源、对外贸易等诸多方面的有利条件。20 世纪 30 年代起拉美各国陆续进入工业化发展阶段后，这些中心城市自然就成了吸引内外投资和发展现代工业的先驱。

第三，拉美国家工业生产布局的过分集中也与其工业化模式和本国社会经济特点密切相关。拉美国家实行的进口替代工业化模式决定了工业产品的销售市场主要在国内，而快速的城市化过程又进一步使国内市场日益集中于城市；社会两极分化现象的不断加剧，又使得耐用消费品的市场集中于中、高收入阶层。这些因素对工业生产布局有着直接的影响。"中、高收入的居民集中于少数中心城市，吸引着生产消费品的资本密集型工业到这里投资。这类工业都落户于大城市及其周边，也使得大城市成为吸引农村移民的磁场。"[1]

五　全球化与经济开放对城市化的影响

1980 年以来拉美城市化进入第二个发展阶段。一般认为，这个阶段拉美城市化新的特点之一是，人口增长率普遍下降，农村向城市移民数量明显减少，城市扩张更多地表现为城市自身人口的增长。不过，这个特点是就拉美整个地区的基本态势所做的一种概括。由于拉美各国城市化的水平高低不一，对部分城市化水平较低的国家而言，这个阶段农村向城市的移民数量依然是相当可观的，这些国家城市化的速度不可能立即放慢。然而，80 年代以来拉美城市化的突出特点是大城市化与超大城市化，如上文所述，1980 年以后的 20 年间，拉美超 1000 万人口的城市由 2 个增加到 4 个，500 万至 1000 万人口的城市由 2 个增加到 3 个，100 万至 500 万人口的城市由 22 个增加到 43 个，50 万至 100 万人口的城市由 27 个增加到 52 个（见表 13—2）。这个现象不是城市自身人口增长或部分国家农村移民继续增长这两个因素所能完全解释的。一个更值得关注的问题是，经济全球化给拉美国家的城市化提供了新的巨大的推动力。

在经济全球化的大背景下，西方跨国公司生产、经营的跨国化为发展中国家引进资金、技术，加快自身发展提供了历史机遇。拉美国家为适应国际大环境的这种变化普遍采取了对外开放战略。在这种情况下，大城市

---

[1]　Bryan Roberts, *Ciudades de Campesinos: la Economía Política de la Urbanización en el Tercer Mundo*, Siglo veintiuno editores, México, D. F., 1980, p. 124.

或都市群因其在工业技术基础、交通与通讯设施、金融与商业服务、人才资源与市场等多方面具有较好的条件，自然就成为外来投资的首选之地。从受资国角度来说，大城市或都市群就成为本国参与国际经济的桥头堡，成为国家加强基础设施建设和实行各种优惠政策的重点地区。如果说，在80年代以前拉美的城市化就具有所谓"选择性城市化"（urbanización selectiva）的取向，即优先发展主要城市，那么，在经济全球化背景下，这种城市化取向就进一步被强化了。在这个背景下，拉美地区的城市化大体上出现了三种趋势。

第一种趋势是以某些大都市为中心初步形成了跨省（州），甚至跨国界的都市群或都市区。其中国内都市群的典型例子有：以墨西哥城为中心，包括昆纳瓦卡（Cuernavaca）、普埃布拉（Puebla）、托卢卡（Toluca）在内的都市群，涵盖面积超过8000平方公里；以圣保罗为中心，包括坎皮纳斯（Campinas）、桑托斯（Santos）、里约热内卢（Rio de Janeiro）、贝洛奥里藏特（Belo Horzonte）、库里蒂巴（Curitiba）和阿雷格里港（Porto Alegre）的巴西南部都市群。比较典型的跨国界都市群有：智利与阿根廷之间的"两洋走廊"，西起智利太平洋港口瓦尔帕莱索（Valparaíso），经圣地亚哥到布宜诺斯艾利斯；巴西—乌拉圭—阿根廷之间的大西洋沿岸走廊，由圣保罗经蒙得维的亚到拉普塔河沿岸城市。这两条跨国走廊将沿线的一些中小城市串联起来。无论是上述国内的都市群还是跨国走廊所涉及的城市都不是新出现的，在这一波城市化浪潮中发生的主要变化就在于，这些城市之间正在形成更加紧密的生产链条与服务链条，从而加强了彼此之间的联系，甚至在地域上逐渐联成一体（如都市群），或者以现代交通与通信网络为依托，正在形成跨国界的城市之间日益强大的物流、信息流与更紧密的商业往来（如跨国走廊）。

第二种趋势是所谓"确认型"（tipo confirmativo）的城市化，即原有的中心城市继续向周边拓展，或者说，这些城市原来具有的中心城市地位在新的发展阶段继续得到确认。"在生产体系的变动过程中，那些最具活力、最富创新性的经济部门确认原来的地域选择逻辑，或继续集中于国内的首要城市，或继续集中于少数几个主要城市。……主要的原因不外乎是那里拥有更好的交通与通信设施，靠近公共与私人的指挥和决策中心，更便于获取专业化服务，拥有多元化的劳动力市场。"[①] 这种城市化类型就使得拉美原有的一批大城市（同时也是相关国家的首要城市）自 1980 年以来规模继续扩张。这类城市包括波哥大、利马、基多、圣地亚哥（智利）、亚松森、危地马拉城、巴拿马城、拉巴斯等。

第三种趋势是所谓"次要城市"或二流城市的扩张。在拉美地区，这类城市主要是指人口规模 50—100 万人的城市。1980 年以来，这类城市的人口增长率比百万人口以上的大城市要快，这是此前拉美城市化过程中不曾出现过的。这种现象主要反映了原来一些城市化水平相对较低的国家（如中美洲国家），以及巴西和墨西哥等大国的一些省（州）级城市继续呈现快速扩张的势头（见表 13—4）。

表 13—4　　　1980—2000 年拉美 50—100 万人口的城市数量变化

地区	1980			2000		
	城市数量	人口（百万）	占城市人口%	城市数量	人口（百万）	占城市人口%
加勒比	2	1.2	7.7	2	1.5	6.1
中美洲	9	5.7	10.6	21	14.6	15.9
南美洲	16	12.3	7.5	33	22.9	8.3
合计	27	19.3	8.2	56	39.0	10.0

资料来源：Naciones Unidas，*World Urbanization Prospects*，*The 2001 Revision*，Nueva York，2002.

第二节　拉美城市化模式对社会转型过程的不利影响

从一种宏观的历史角度去观察，城市化过程无疑是一个伟大的社会变迁过程。毫无疑问，现代工业的发展为从传统的农业社会向现代工业社会的转型创造了物质条件，但是，这个历史性的社会转型却是通过城市化过程去逐步实现的。在这个过程中，不仅亿万农民的生活环境与生存方式将发生历史性的变迁，城市自身的功能与地位也将发生深刻而巨大的变化。

[①]　Marcelo Balbo，*La Nueva Gestión Urbana*，en Ricardo Jordán y Daniela Simioni，*Gestión urbana para el desarrllo sostenible en América Latina y el Caribe*，CEPAL，Julio de 2003，p. 78.

一方面，城市作为现代工业和服务业的载体以及伴随着城市规模扩张的基础设施建设成为拉动经济增长的重要力量；另一方面，城市也因其带动与辐射功能的迅速增强而使社会经济发展进入以城市为中心的城乡一体化发展的新阶段。对于这样一个伟大的社会变迁过程可能带来的正面与负面影响，人们往往难以充分预见，从而对许多相关问题深入研究不够，缺乏明确的方针政策。例如，城市化的模式选择是否与基本国情相适应，对于某些大国而言，很可能不同地区的城市化模式也应有所差异；城市化水平与生产力发展水平是否相适应，如农业部门提供食品供应的能力，工业部门创造就业的能力，城市接纳农村移民的能力，国家提供社会保障的能力，等等。从上文的分析中可以看到，拉美国家的城市化过程就明显地存在着上述缺陷，可以说基本上是一个缺乏长远规划的、自发而无序的过程。我们在这一节着重分析拉美城市化带来的负面影响，这并不意味着我们忽略或否认拉美城市化的正面作用，只不过是我们想着重从中探讨一些值得汲取的教训。

一　城市就业难题长期无法解决

城市化是一个牵涉面很广的过程，但其中最关键的一环是城市为农村移民提供就业机会的能力。城市化是由工业化推动的，在城市化的初期，一方面农村人口外迁的规模还不大，另一方面，城市现代工业部门创造就业机会的能力也比较强。这种情况既鼓励着农村劳动力向城市迁移，也使国家政策制定者对城市提供就业的前景产生一种乐观预期。例如，在20世纪五六十年代，尽管拉美国家城市人口增长很快，但城市公开失业率并未见明显上升，全地区城市公开失业率1950年为3.4％，1970年为3.8％，仅上升0.4％。"大都市在经济增长的情况下有能力吸纳农村移民。即便当时的就业仍嫌不足，但城市就业的绝对增长依然令人印象深刻，在某些情况下，工厂劳动的增加尤为明显，例如，墨西哥的工厂就业由1950年的27.1万人增加到1960年的47.7万人，1970年更达到69.8万人。贸易与金融部门也相应扩张并创造了大量就业机会。"[①] 在这样的背景下，各国政府和学术界都对城市就业形势抱一种乐观态度，具体表现

---

① Alan Gilbert, *La Ciudad Latinoamericana*, Siglo veintiuno editores, México, D. F., 1997, pp. 45—46.

为在就业问题上的两种政策观念。第一，强调为进入城市的劳动力"提供生产性就业"，或曰"生产性吸收"。主要论据有二：其一，认为以现代工业为主的城市正规经济部门能够创造大量的就业机会；其二，认为劳动力只有从农业等低生产率部门向现代工业等高生产率部门转移，才能推动社会进步，才能实现劳动力向上的社会流动。第二，看不起，甚至排斥所谓"非正规就业"（或称"非生产性就业"），对这类就业不但不提供政策支持，还对自主创业规定过高的"门槛"和十分繁琐的行政手续，等等。

1950—1980 年，拉美总人口由 1.65 亿人增加到 3.59 亿人，增长 1.2 倍；经济自立人口由 5500 万人增加到 1.18 亿人，增长 1.15 倍，与总人口增长幅度大体一致。同期，城市人口增加了 4 倍，说明大量农村人口进入了城市。在此期间，城市正规经济部门吸收劳动力的年均增长速度为 3.7%。这就是说，即便这 30 年被称为拉美工业化的高潮期，但以现代工业为主的城市正规经济部门创造就业的能力并不理想。国外学者的研究认为，出现这种局面的基本原因有以下三点：（1）拉美国家的工业化长期在进口替代模式下运行，狭小的国内市场限制了工业规模效益的发挥；（2）现代工业对传统手工业的排斥效应；（3）普遍从发达国家引进资本密集型的技术设备。"工业扩张虽然创造了就业岗位，但也通过排挤手工业市场而破坏了就业。工业扩张又主要是在引进越来越密集使用资本的技术基础上实现的。其必然的结果是后来以极端形式表现出来的另一种趋势：城市非正规就业部门的出现。"[1]

从拉美地区的整体情况看，城市就业增长较快的形势也就维持了 20 年左右。到 70 年代初期（有些国家更早）就出现"正规就业"增速下降，城市就业"非正规化"（或称就业"第三产业化"）成为一种普遍性趋势，即大批城市劳动力不得不去寻找各种自谋生计的手段，"随处可见的擦鞋匠、流动商贩和乞讨者在各大都市里穿街走巷"。国际劳工组织拉美代表处的统计表明，拉美在城市非正规部门就业的劳动力 1950 年占经济自立人口的 8.7%，1970 年上升到 32.2%。根据拉美就业规划处对 14 个拉美国家（占地区劳动力总数的 95%）的统计，1980 年，这些国家城市公开失业率的平均值为 3.9%，而处于就业不足（即非正规就业）状态的劳动

---

① 　Rosemary Thorp，*Progreso，Pobreza y Exclusión：Una Historia Económica de América Latina en el Siglo XX*，BID y Unión Europea，Washington，D. C.，1998，p. 184.

力达到几千万人，将其换算成"等同失业率"则为 16％，即意味着这些
国家有 19.9％的劳动力处于完全失业状态。[①] 针对这种情况，拉美经济委
员会在 70 年代末期曾指出："在这 10 年中，就业问题的关注点发生了变
化，其中突出的是一些居民阶层受到就业不足的伤害。当前的分析也更加
关注那些受就业问题影响的人们遭受的贫困、不平等和被剥夺等更带普遍
性的问题。"[②]

　　70 年代发生的另一个转折性变化是拉美国家的"结构性发展危机"
已经出现，进口替代工业化模式已经难以延续。[③] 拉美国家应对这一危机
的办法不是转换工业化模式，而是普遍转向"负债发展"。这一选择虽然
使拉美国家在 70 年代继续保持了较高的经济增长率，但酿成了严重的债
务危机。因此，自 1982 年债务危机爆发以后的二十多年里，城市就业问
题所面临的大环境发生了许多重要变化。第一，尽管人口自然增长率开始
下降，农村向城市移民也呈现下降趋势，但城市由自身人口增长所形成的
就业需求仍处于增长态势，加上在债务危机影响下通货恶性膨胀，城市低
收入家庭的妇女、儿童外出寻找就业机会的也越来越多。第二，经济处于
持续衰退或低迷状态，其中 80 年代拉美经济年均增长率仅为 1.2％，90
年代略有恢复，年均增长率也只有 3.2％，远远低于 1950—1980 年 5.3％
的增长率，因此，城市失业率持续上升。第三，80 年代，拉美地区制造
业产值年均增长率仅为 0.4％，工业化进程已经风光不再，失去了作为经
济增长主要推动力的作用，相应也就不再具备像以往那样的创造就业的能
力。第四，在这期间，拉美国家进行了一场大规模的经济改革，其中快速
的市场开放导致大批中小企业破产，精简国家机构、企业私有化、劳工政
策改革等都对就业产生了严重的负面影响。第五，在各国公共开支大幅压
缩的情况下，政府提供就业援助的力度减小。第六，拉美国家通过 90 年
代的经济改革终于实现了由长期内向发展模式向外向发展模式的转变，但
与此同时，许多国家在产业政策上又再度转向发挥资源比较优势，强调初
级产品出口。这种产业政策调整对于增加就业显然是不利的。在上述背景

　　① PREALC, *La Dinámica del Subempleo en América Latina*，Santiago de Chile，1981，p.
11.

　　② CEPAL，*América Latina en el Umbral de los Años 80*，Santiago de Chile，1979，p. 97.

　　③ 关于拉美国家的"结构性发展危机"，本书"总论"部分第二章已有全面论述。

下，拉美国家城市公开失业率不断攀升，以 90 年代为例，1991 年全地区
城市公开失业率为 5.7%，1999 年上升到 8.7%；在统计所涵盖的 22 个
国家中，1999 年城市公开失业率达到两位数的有 10 个国家。[①] 与此同时，
90 年代拉美国家新增就业岗位 60% 以上是由非正规经济部门提供的。

表 13—5　　　拉丁美洲各经济部门就业增长率 (1990—1999，%)

部门	就业增长率	对总就业的贡献率
农业	−0.4	−4.1
制造业	1.2	8.3
建筑业	2.8	8.0
商业、餐饮、饭店	4.0	32.7
电力、煤气、供水、运输、仓储和通信	4.4	10.7
金融、保险、不动产和企业服务	6.0	12.3
社会服务、社区和私人服务	2.7	34.8
其他	−2.3	−2.7
合计	2.2	100.0

资料来源：Barbara Stallings y Jurgen Weller，*El Empleo en América Latina*，Revista de la CE-PAL，No. 75，p. 197.

　　表 13—5 的统计数据表明，在 90 年代，拉美农业部门的就业为负增长，制造业和建筑业对总就业的贡献率都在 8% 左右，服务业则集中了全部新增就业岗位的将近 90%。服务业中的电力、煤气、仓储、通信、金融、保险等基本属于现代服务业，其他则基本属于传统服务业。尽管现代服务业的就业增长率要高于传统服务业，但对总就业的贡献率只有 23%，而传统服务业的贡献率却高达 67.5%，基本印证了 60% 以上的新增就业来自于非正规经济部门的判断。

　　可以说，拉美国家的城市就业是一个长期未能破解的世纪难题。笔者认为，拉美国家的基本教训有以下几点：第一，城市化速度过快。大批农村劳动力快速进入城市，使城市面临的就业压力过大。第二，对城市现代

---

①　CEPAL，*Balance Preliminar de las Economías de América Latina y el Caribe*，2000，Santiago de Chile，Diciembre de 2000，p. 89.

经济部门创造就业的潜力缺乏科学的预测。拉美国家如果能早一些（如50 年代或 60 年代）转入外向工业化模式，可能有利于缓解就业压力，但即便如此，也不可能单一地指望所谓"正规就业"来解决全部就业问题。第三，要尽力避免出现长时间的经济低迷。拉美地区自 1980 年起长达二十多年的经济衰退与低迷，是造成城市就业问题严重恶化的一个重要原因。在这个长期经济低迷现象的背后，存在着诸如前期发展模式调整不及时，"负债发展"的错误选择，以及后期经济改革过程中的诸多失误等深层原因。第四，政策观念的僵化。既然城市就业越来越"第三产业化"和"非正规化"的现实已经打破了所谓"生产性就业"的幻想，为什么长期不能改变对"非正规就业"的错误观念？拉美的"非正规就业"一直是既不受劳动法保护，也不能进入社会保障体系的。这是造成城市大面积贫困现象的一个基本原因。

二　农业生产潜力未得到有效利用

拉美国家在保持大地产占有制前提下通过"技术变革"实现农业现代化的模式，将大批农村劳动力从农业部门排挤出来，成为城市化加速推进的重要助推器。一个值得关注的问题是，将农业劳动力大量驱赶到城市以后，拉美国家农业生产的效益是否大幅提高了？回答这个问题需要做一些分析。

这种具有拉美特色的农业现代化模式的确加速了农业的商品化与资本主义化进程。我们先来谈拉美农业的商品化。早在殖民地时期，拉美地区就是以输出农矿业初级产品作为经济支柱的。1870—1930 年长达 60 年的初级产品出口繁荣期间，农业部门更是为拉美各国国民经济的发展作出了不可磨灭的贡献。自 30 年代起拉美各国陆续进入工业化发展阶段后，由于选择了进口替代工业化模式，工业产品只是面向国内市场，而工业部门却要从国外引进大量机器设备和某些原材料，长期需要大量外汇支撑。因此，在拉美国家的工业化过程中，农业部门不仅要为城市提供食品保障，还承担了为工业发展创造外汇的重任。大型农牧场历来是出口农产品的主要生产者，在工业化过程中这种地位就进一步强化。这也是拉美各国政府在地产权问题上不敢触动大农牧主利益的一个重要原因。阿根廷第一届庇隆政府曾实行外汇管制政策，强行以低汇率收购农牧业主的外汇，遭到强烈反对，最后只好让步。

　　农业现代化过程伴随着农业内部分工过程的进一步深化。大型农业生产单位主要从事出口农产品生产，小农则主要从事内需农产品（主要是粮食）生产。尽管在各大中城市附近地区也出现了一定数量的中等规模农业单位，从事供应城市的蔬菜生产等，但农业的"二元结构"依然如故。除了像阿根廷、乌拉圭等少数粮食生产国外，粮食生产者"小农化"、粮食生产地区"边远化"成为一种较普遍的现象，加上粮食收购价格不合理，导致粮食生产日益赶不上内需增长和整个拉美地区粮食进口需求迅速扩大。到 70 年代初，拉美地区农业部门的出口创汇只能用于进口粮食，或者说，农业部门已不能再为工业发展提供外汇支持了，这是所谓"结构性发展危机"中的一个重要结构性因素。

　　从事出口农产品生产的现代农业部门走的是另一条发展道路。昔日的大地产主（或大庄园主）在商品化过程中逐渐演变成了现代农业资本家。他们拥有的大型农业经营单位在采用机械化和现代耕作技术的同时，持续地"扩大农业边疆"。据统计，1950 年，拉美地区已耕地面积为 5300 万公顷，1980 年已接近 1.2 亿公顷，30 年间增加 1.3 倍。1950—1975 年，拉美 12 种主要农作物的产量增长有 2/3 来自于耕地面积的扩大，只有 1/3 源于技术进步。[①] 这就是说，拉美的现代农业走的依然是一种粗放经营的路子。基本原因就在于，第一，拉美土地资源丰富，人口密度较小，存在"扩大农业边疆"的条件。第二，私人大地产制的土地占有方式没有得到改造，从而不会去选择欧美国家那样的家庭农场模式。尽管拉美的现代农业适应国际农产品市场需求变化的能力也很强，但农业的经济效益却远不如欧美国家。从生态效益角度看，大规模扩大农业边疆的做法对环境的破坏是很明显的，亚马逊热带雨林的破坏是其中突出的例子。小农被现代农业挤压到一些偏远地区（如山坡地带及安第斯山区等）之后，那些地方的水土流失问题也非常严重。

　　考察拉美国家的城市化似乎可以提出一个值得思考的问题：一个国家城市人口所占的比例究竟要达到何种水平才算适度？显然，世界各国不存在，也不应该有统一的标准。不过，人们在研究城市化问题时又往往拿当今发达国家的水平作为参照系，似乎那就是标准。当今拉美的城市化水平

　　①　Gonzalo Martner，*América Latina hacia el 2000*，*Opciones y Estrategias*，Editorial Nueva Sociedad，Caracas，1986，p. 32.

已经超越部分发达国家，但这并不能反映这些国家真实的发展水平，相反，我们却从中看到许多的"后遗症"。我们大胆设想一下，如果拉美国家的农业现代化选择的是另外一种路径，将土地资源适度分散化，更好地发挥农业的生产潜力，而不是过多、过快地把农民赶入城市，可能对城市的就业、大面积贫困等诸多难题的化解要容易得多。

三　加剧了地区发展不平衡的局面

所谓地区发展不平衡问题需要加以分析。不同地区因其地理位置、自然环境、资源禀赋等方面存在差别，地区发展水平存在差异是难以避免的。对于某些小国而言，人口少，地域不大，往往也不存在地区发展不平衡问题。我们在讨论拉美国家地区发展不平衡问题时所关注的主要是一些大国和中等国家，是这些国家地区发展失衡不断加剧这样一种长期性趋势。

例如，巴西中南部地区的发展与北部、东北部地区的落后形成强烈的反差；秘鲁和厄瓜多尔都存在沿海地区与山区判若两个不同世界的问题；哥伦比亚虽是"两洋国家"，但最大的人口中心与经济中心却是位于内陆高原的波哥大，如此等等。在这一现象的背后可能存在多种深层次的原因。国外研究拉美城市化问题的学者普遍认为，拉美国家所选择的大城市化、超大城市化的路径，对拉大地区发展差距起了重要作用。1980 年以来拉美城市化的新趋势表明，城市化过程在继续加剧地区间发展的失衡。

首先，我们在前面已经谈到，在经济全球化大背景下，拉美国家大城市化、超大城市化的趋势进一步发展，并在一定程度上加深了都市群内部或跨国"城市走廊"之间的经济联系。我们首先要肯定这些新趋势的积极意义，如都市群在金融、物流、商业等领域会发挥更大的功能，大城市的发展会进一步带动周边地区的发展，跨国"城市走廊"会推动国家间的经济一体化，等等。但是，我们同时要看到，拉美这一阶段的城市化发展基本上是由跨国资本主导的。第一，大都市的进一步扩张首先是为了满足跨国公司的要求。"市场向国际交换开放决定了城市化率的继续上升，因为它既强化了人口集中机制，也推动了大都市区的形成。市场规律的作用演变成一种从经济结构调整和地域布局调整中获取利益的狂热竞赛，而这些调整就给予大都市化进程以新的推动。原有的和新开辟的都市区成为体现新现代性的区域，那里集中了支撑发展的各类基础设施，诸如海运码头、航空港、高质量的道路网、科技园等。所有这些设施都旨在使跨国公司的规模经济达到极致，为满足它们的赢利欲望提供比较优势，也为本国吸引投资。"[1] 第二，在新自由主义主导下，这个阶段拉美各国政府既没有提出明确的产业发展政策，更没有推出适应新形势的国土规划与经济活动布局规划。上面引文中所说的经济结构和地域布局调整基本上只局限于大都市或都市群范围。在各个范围以外的地区并没有发生太多的变化。第三，这个阶段拉美各国政府普遍陷入财政困境，是基础设施建设投入最少的时期。在大都市区为吸引外资搞了一些基础设施建设，在其他地区就少有作为了。第四，受大都市跨国投资增加的吸引，国内其他地区的资本、人才也纷纷流向大都市。意大利城市规划专家巴尔博指出，在 1980—2000 年这 20 年间，拉美大城市的经济活动、服务活动、文化活动等的集中程度比人口的集中程度发展得更快。主要原因是经济开放加速了资源和产业进一步向大都市集中的趋势。[2] 此外，我们还应注意到，最近二十多年里外资进入拉美主要是集中在巴西、墨西哥、阿根廷、智利等国，因此，由外资推动的都市圈发展也只是发生在这些国家的一种局部性现象。

其次，地方本位主义妨碍了产业布局的分散化。大城市所在的省（州）往往出于增加本地区就业、税收等实际利益考虑，既不愿意适时将某些已不具备比较优势的产业转移到其他省（州）去，也不愿意对新增的外来投资项目进行严格筛选，从而进一步加剧了产业布局的地域集中度。在拉美国家，某些产业由中心城市向边远地区转移的现象是有的，如巴西的纺织企业就纷纷向劳动力成本较低的地区转移，但这种现象主要是企业自身的行为，通常缺乏中央政府的区域发展规划和跨省（州）的协作。行政区划往往成为产业转移的障碍，或者说，大都市或都市群本来应有的带动与辐射周边地区的作用受到了行政区划的制约。在某个特定地区，繁荣的大都市与落后的相邻省（州）并存这种现象并不少见。因此，一些学者强调指出，国家在协调地区发展方面的作用至关重要。"第一，应对设备与基础设施投资作适当的地区分配，使不同的城市和不同的地区具备相应

①　Annik Osmont, *Ciudad y Economía*, en Marcello Balbo, Ricardo Jordán y Daniela Simioni, *La ciudad inclusiva*, CEPAL, noviembre de 2003, p. 11.

②　Marcello Balbo, *La Nueva Gestión Urbana*, en Ricardo Jordán y Daniela Simioni (compiladores), *Gestión urbana para el desarrollo sostenible en América Latina y el Caribe*, CEPAL, Santiago de Chile, julio de 2003, p. 79.

的能力与条件，能够与全球经济建立起直接的联系并参与竞争，第二，要实行一种补偿与竞争力相结合的地区发展政策。"① 意思很明确，落后地区竞争力的形成需要中央政府给予适度的补偿。

最后，大城市本身存在某种盲目扩张的惯性。大都市由于具有产业集中、基础设施相对充足、就业机会较多等诸多优势，不仅对外来投资和移民吸引力大，而且在一定阶段内自身扩张的成本也比较低。有些大都市甚至已经出现基础设施严重不足、自身扩张已受到多方面资源的制约等严重局面，但依旧敞开大门吸纳移民，没有任何"准入"条件限制。大都市如果没有严格、科学的发展规划，无节制地扩张下去，必将带来无法治理的后果。我们在第一节中谈到，最近二十多年来拉美有一种所谓"确认型"城市化，具体指的是诸如波哥大、利马、圣地亚哥（智利）、基多、拉巴斯、亚松森、危地马拉城、巴拿马城等城市的进一步扩张。这些城市本来已经面临诸多严重的治理课题，继续大规模扩张可能造成更为严重的后果。例如，智利首都圣地亚哥就面临要解决 250 万人住房和新开发 3 万公顷土地的棘手问题。2006 年，联合国人居环境委员会提出"城市可持续性"（sostenibilidad urbana）概念，其中包括经济可持续性、社会可持续性、环境可持续性、实体可持续性、政治可持续性等具体内涵。② 某些资源开采型城市因资源枯竭而面临发展困境就是缺乏经济可持续性的典型例子；大城市在解决住房与基础设施方面长期投资能力不足就属于缺乏实体可持续性，如此等等。这就是说，一些大城市资源过度集中，治理问题也成堆，而一些落后地区又因资源匮乏而长期得不到发展。

尽管拉美各国政府在克服地区间发展过度失衡方面做过一些努力，包括巴西于 20 世纪 60 年代迁都巴西利亚这样的重大举措，但总体上看成效相对有限。20 世纪 90 年代以来，一方面，在"华盛顿共识"主导下过分强调市场机制的作用而排斥国家的适度调控，另一方面，在开放条件下产业布局继续向大都市区域集聚，地区发展不平衡的局面进一步加剧。少数大都市区集中了过多的人口和资源，可能会对其他地区，特别是边远地区的发展产生一种排斥效应。拉美国家的情况再次说明，解决地区间发展的

---

① Ricardo Jordán y Daniela Simioni, *Gestión Urbana Para el desarrollo Sostenible en América Latina y el Caribe*，CEPAL，Julio de 2003，p. 45.

② www. unhabitat. org.

过度失衡，中央和地方政府的宏观规划与政策支持是不可或缺的。城市是经济发展的产物。地区性中心城市的发展只能靠当地的经济发展去推动。当然，对某些小国而言，我们也不能把过度城市化看做是多么严重的问题，以乌拉圭为例，国土面积只有 17 万多平方公里，人口只有 300 多万人，首都蒙得维的亚尽管集中了全国将近一半的人口，但对其他地区的发展并不一定会造成太多的不利影响。

第三节　拉美国家城市贫困现象的演变

近年来，研究拉美城市发展问题的学者纷纷把注意力聚焦于"贫困城市化"（urbanización de la pobreza）问题。所谓"贫困城市化"是指，随着城市人口占总人口的比重越来越高，社会贫困由以往主要是一种农村社会现象，具有地域上的分散性，逐渐演变成主要是一种城市社会现象，具有地域上的集中性，表现为城市的贫困发生率越来越高，城市贫困人口绝对数量越来越多。这个变化大大增加了社会稳定的脆弱性，使各国政府面临的社会治理压力空前加大。例如，90 年代以来，厄瓜多尔、海地、玻利维亚、阿根廷等国先后发生大规模的城市民众社会抗议浪潮，导致严重的政治危机和政府更迭。相关统计数据显示，拉美城市贫困人口在数量上超过农村贫困人口大体发生在 80 年代中期，例如，1980 年，拉美贫困人口总数为 1.359 亿人，其中城市为 6290 万人，农村为 7300 万人，农村比城市多 1010 万人；1990 年，拉美贫困人口总数增加到 1.972 亿人，城市为 1.208 亿人，农村为 7640 万人，城市比农村多 4440 万人。[①]

从拉美社会贫困现象的焦点由农村转移到城市的具体时间点来看，这种转化的基本原因除了城市化已达到很高的水平之外，可能与 80 年代以来持续的经济低迷导致城市生存环境恶化密切相关。如果在城市生存环境恶化的同时移民还在继续大量涌入，形势就更为严峻。"在城市化的两个阶段发生重合的国家或地区，情形就更加复杂化。在这些地方，既要应对新近涌入城市周边地区的移民所发生的贫困，又要应对城市原有居民因生

---

①　ILPES, *Reflexiones Sobre el Desarrollo y la Responsabilidad del Estado*, Santiago de Chile, 1998, p. 49.

活匮乏的出现、持续与繁衍所导致的贫困。"[1] 有人把拉美城市贫困人口的急剧增加描绘为从"农民的城市"转化为"穷人的城市"。不过，同时需要关注的一点是，尽管农村人口的绝大部分已经流入城市，但农村的贫困发生率依旧远远高于城市，说明农村居民的生存条件并未得到明显改善，例如，1999 年，拉美城市地区的贫困发生率为 37.1％，农村地区为 63.7％。[2]

现在，我们来分析一下 1980—2007 年这 27 年期间拉美城市贫困发生率和贫困人口数量的变动趋势。如图 13—1 所示，（1）就城市贫困发生率而言，1980 年为 29.8％，1990 年达到最高值 41.4％，此后又呈现总体下降趋势，但直到 2007 年也只是恢复到 1980 年的水平。（2）城市贫困人口数量的变动曲线与贫困发生率略有不同，虽然 1980—1990 年期间城市贫困人口数量的急剧增长与同期贫困发生率的大幅上升是一致的，但城市贫困人口数量的峰值出现在 2002 年，此后才呈现出缓慢下降趋势。这两条曲线的相同之处是，1980—1990 年期间城市贫困发生率与贫困人口数量的大幅上升，恰好反映了 80 年代经济严重衰退的社会后果。两条曲线的不同之处在于，1990 年以后拉美经济出现恢复性增长，但增速依然很低（年均 3.2％），在此背景下城市贫困发生率呈现下降趋势，但城市贫困人口的数量却持续增加，直到 2002 年以后才出现转折，因为 2003—2008 年拉美经历了一个年均增长 5.0％的经济扩张期。

我们由此可以得出两个基本判断：第一，拉美城市贫困发生率和城市贫困人口数量会随着经济周期的变化而出现升降起伏。第二，拉美城市贫困人口绝对数量要减少必须要求经济增长率达到某个特定的水平。拉美国家最近几十年的经历表明，由于经济扩张与收缩总是交替出现，扩张期中城市贫困现象减少，到收缩期中又出现反弹，遇到经济危机时甚至出现大幅倒退。因此，单纯寄希望于提高经济增长率来消除贫困显然是不现实的。我们还可以看到一种现象，在整个拉美地区处于经济扩张期、大多数国家城市贫困发生率下降的同时，有少数国家依然在继续上升，例如，

---

[1]　Joan MacDonald, *Pobreza y Ciudad en América Latina y el Caribe*, en Ricardo Jordán y Daniela Simioni, *Gestión urbana para el desarrollo sostenible en América Latina y el Caribe*, CE-PAL, Julio de 2003, p. 94.

[2]　CEPAL, *Panorama Social de América Latina，2004*，Santiago de Chile, 2005, p. 55.

1990—2005 年期间，拉美城市贫困发生率由 41.4％降至 34.1％，平均下降 7.3 个百分点，而玻利维亚、巴拉圭、秘鲁和多米尼加 4 国不降反升，其中秘鲁由 33.7％上升至 43.1％。[①]

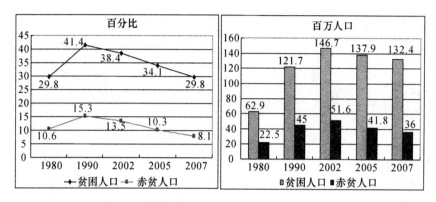

图 13—1　1980—2007 年拉丁美洲城市贫困状况

资料来源：Panorama Social de América Latina 2006，CEPAL（2007），转引自 Ricardo Jordán，Rodrigo Martínez，*Pobreza y Precariedad Urbana en América Latina y el Caribe：Situación actual y financiamiento de políticas y programas*，CEPAL，2009，p. 33.

　　拉美各国发展水平不同，城市贫困人口所占比例也高低不一。我们从表 13—6 的统计数据可以看出，所统计的 17 个国家按城市贫困人口所占比重的高低可分为 4 个层次：第一层次低于 20％，有阿根廷、智利、哥斯达黎加和乌拉圭 4 国；第二层次在 20％—40％之间，包括巴拿马等 6 国；第三层次高于 40％而低于 50％，有巴拉圭等 4 国；第四层次高于 50％，有厄瓜多尔、尼加拉瓜和洪都拉斯 3 国。这些数据反映出拉美国家之间城市贫困化程度相差非常悬殊，如果拿乌拉圭和第四层次的 3 个国家相比，就如同发达国家与最不发达国家之间的差别一样。各国"首要城市"的贫困人口比例都比"其他城市"低，说明"首要城市"的生存环境相对优越。不过，鉴于拉美国家"首要城市"的人口规模普遍远远大于"其他城市"，因而"首要城市"贫困人口的绝对数量往往是很可观的。

---

　　① Ricardo Jordán y Rodrigo Martínez，*Pobreza y Precariedad Urbana en América Latina y el Caribe：Situación actual y financiamiento de políticas y programas*，CEPAL，enero de 2009，p. 34.

表 13—6　　拉丁美洲（17 国）：城市人口中贫困人口比例（％）

国家	总量	首要城市	其他城市
乌拉圭	5.6	5.8	5.4
哥斯达黎加	15.7	14.7	16.8
阿根廷	16.3	13.1	20.5
智利	17.0	11.8	19.5
巴拿马	20.8	19.6	25.8
巴西	26.4		
墨西哥	31.3		
多米尼加	31.6		
萨尔瓦多	34.0	26.4	43.2
危地马拉	38.3	30.9	48.0
巴拉圭	41.4	31.9	52.7
玻利维亚	42.3	39.0	56.4
委内瑞拉	44.0	27.8	47.3
哥伦比亚	44.6	38.1	47.1
厄瓜多尔	58.0		
尼加拉瓜	59.3	52.4	64.5
洪都拉斯	65.6	58.4	72.9

资料来源：CEPAL，*Panorama Social de América Latina，2000 — 2001*，Santiago de Chile，2001.

拉美国家城市严重的贫困现象与城市的收入分配格局是密切相关的。图 13—2 的统计数据显示，在所统计的 13 个国家中，城市 30％的高收入者所占收入比重都在 60％以上，其中玻利维亚、巴西、智利和哥伦比亚 4 国都超过 70％，与此相对应的是，70％的低收入者所占的收入比重低于 40％或 30％。巴西是收入分配两极分化的典型例子，30％的高收入者占总收入的 74.5％，而 70％的低收入者仅占 25.5％。

大面积的失业与就业不足，收入分配制度的不合理，社会保障制度的不完善，使大量城市居民在物质生活上陷入困境；经济上的贫困又使他们在社会交往、政治活动、文化参与等方面被排斥或边缘化，并进而使他们在城市的空间分布上形成"分离"（segregación）状态。因此，拉美的城市贫困化现象往往集中表现为大规模贫民区的存在。有学者描述道："从多种意义上说，拉美的城市具有很大的相似性。所有的城市都呈现出巨大的不平等与明显的贫富分化。作为城市增长的结果，都形成了面目雷同的城郊区，即环城贫困带或称'沉沦的都市区'（ciudad pertida）。"① 拉美的城市贫民区有各种不同的名称，例如，在利马叫青年村（Pueblos jóvenes），在里约热内卢叫法维拉（Favelas），在圣菲波哥大叫窝棚（Tugurios），在牙买加首都金斯敦叫壕沟城（Trenchtowns），如此等等。近期来，联合国拉美经济委员会的研究报告统一使用 tugurios 一词称呼城市贫民区。2001 年，拉美国家城市贫民区居民总数达到 1.28 亿人。

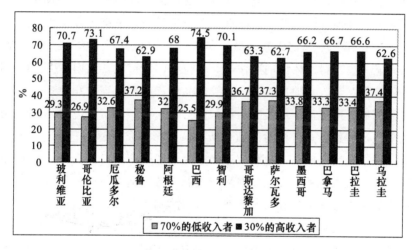

图 13—2　拉丁美洲城市居民收入分配状况（按 2005 年或最接近的年份作十等分法）

资料来源：Elaboración propia sobre la base de CEPALSTAT. 转引自 Ricardo Jordán，Rodrigo Martínez，*Pobreza y Precariedad Urbana en América Latina y el Caribe: Situación actual y financiamiento de políticas y programas*，CEPAL，2009，p. 36.

贫民区通常被外来观光者视为畏途。那里虽然房舍连绵起伏，却往往没有正规的街道和道路，没有供电和供水、排水系统，多数情况下水、电是人们擅自从城市的水、电管网上接过来的；医疗、教育等公共服务严重

① Alan Gilbert，*La Ciudad Latinoamericana*，Siglo veintiuno editores，México，D. F.，1997，p. 15.

不足；社会治安状况差，犯罪率高，如此等等。一位学者对里约热内卢"新伊瓜苏"贫民区的描述比较有代表性："新伊瓜苏是城市北部一个广大的自建住宅区，居民超过130万人。1990年时，那里33%的居民没有自来水，将近50%的居民没有下水道。全区只有265名医生和27名牙医。新生儿死亡率高达90‰。……更糟糕的是，这些现象很少有改善的迹象：近年来的经济衰退与通货膨胀反而降低了人们的生活条件；社会条件无疑是更加恶化了。在这个过程中，里约热内卢获得了吸毒、犯罪与暴力之城这样一个并不令人羡慕的名声，国际传播媒体经常把这座城市描写为杀人凶手最多的地方。70年代期间，准军事集团曾大量消灭他们的对立面，如今，杀害几个街头流浪儿或法维拉（贫民区）的居民是常有的事。"[①]

　　城市大规模贫民区的形成既有一个历史过程，也有多方面的因素（见图13—3）。第一，住房因素。城市贫困人口不仅数量太大，而且在经济上没有能力去获得"体面的"住房。在拉美的城市里，人们解决住房大体有三种途径：个人买地皮建房、购买商品房和租房。当这几种途径对于城市贫民都成为可望而不可及时，他们就自行去占领城市周边地区的公共或私人土地，搭建各式各样的简陋住所，从而形成贫民区在地域上的集中。因此，城市贫民区的出现也相应地带来大量的地产纠纷。第二，移民的社会因素。来自农村的移民大多在城市没有亲戚、朋友。通常是先来的移民就成为后来者唯一的依托，因而进入城市的移民往往形成以来自同一地区或亲友关系集群而居的自发趋势。第三，文化或种族因素。这个因素在拥有大量印第安人或非洲人后裔的拉美国家最为明显。印第安人不仅是贫困发生率最高的社会群体，而且大多数不懂官方语言。他们进入城市这个"非印第安人的舞台"后，有一种种族身份失落、与自身传统文化隔绝、处境孤立和备受歧视的感觉。因此，他们在城市采取种族聚居的方式，例如在墨西哥城、利马、波哥大、拉巴斯、基多、危地马拉城等大城市的边缘地区，都逐渐形成了人数达数十万的印第安人聚居区，自然也是贫民区。"在那里，他们建立了自己的互助组织、邻里组织、政治组织、生产组织，等等；他们共同的种族身份得到认同，传统信仰和节日庆典活动得

　　① Alan Gilbert，*La Ciudad Latinoamericana*，Siglo veintiuno editores，México，D. F.，1997，pp. 33—34.

到恢复。"① 可以说，拉美一些大城市印第安人社区和非洲裔黑人社区的壮大是近年来这些少数人种集团（grupos étnicos）社会运动兴起的一个重要推动因素。第四，公共治理因素。城市贫民区的形成过程是与城市化过程的失控同时发生的。从政府治理的角度来看，人们在很长时间里一直认为，基本住房不过是一种普通商品，城市居民随着收入的增长就会具备购买住房及其他各种服务的能力。拉美国家数量庞大的城市非正规就业者一直未被纳入社会保障体系，他们的住房问题自然也不在政府的议事日程上。待到城市中大片贫民区已经形成，其种种消极后果也逐渐显现出来时，政府即便有改造贫民区之心，也往往缺乏改造之力。

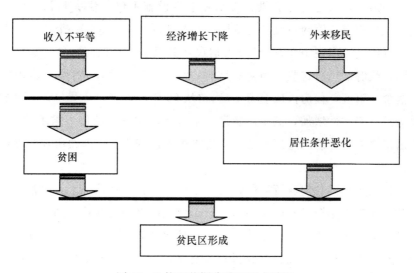

图 13—3 拉丁美洲贫民区形成过程

资料来源：UN-HABITAT（2003），转引自 Ricardo Jordán，Rodrigo Martinez，*Pobreza y Precariedad Urbana en América Latina y el Caribe：Situación actual y financiamiento de politicas y programas*，CEPAL，2009，p. 18.

当前，拉美国家政府在落实联合国"千年发展目标"的过程中，都把城市的"反贫"作为一项中心任务，纷纷制定各种具体方案。其重点目标是城市居民"尚未满足的基本需要"，主要涉及自来水、用电、卫生设施和住房等项目。其中最突出的无疑是住房问题。住房问题的复杂性就在

---

① 苏振兴：《拉美印第安运动兴起的政治与社会背景》，《拉丁美洲研究》2006 年第 3 期。

于：第一，拉美城市贫民区规模都很大，而贫民区房屋中属于非法占地建房的比例又很高。这类房屋的房主在法律上不具有"稳定持有"（tenencia segura）权，或者说，从法律上讲，地皮所有者有权将他们赶走。第二，房屋的"宜居"性。例如，有些低收入人群的住房位于地基不稳的山坡地带或河滩地带，面临暴雨、洪水、地震等自然灾害的威胁；在诸如拉巴斯、波哥大、基多等高原城市，贫民区的房屋不具备防寒条件；房屋因老旧而丧失安全保障，普遍认为，于 20 世纪 50 年代修建的贫民区住房已经需要更新，如此等等。第三，房屋的"拥挤"程度。拉美国家采用的标准是每间房居住 3 人以上视为"拥挤"，但实际上这个标准恐怕一时还难以实施。第四，家庭要拥有供、排水和卫生设施不仅与住房问题联系在一起，而且相应的管网建设又与贫民区的改造联系在一起。一个贫民区少则几十万居民，多则 100 万—200 万居民，其改造工程谈何容易！基于这些原因，政府部门对这些"尚未满足的基本需要"还没有一个比较准确的数量概念。第五，住房供应能力不足。"从 90 年代以来，公共与私人住宅的供应没有实质性增加，甚至还满足不了每年新增家庭的住宅需求。"①除上述因素之外，住房问题还涉及一个更带根本性的因素，即缺房者购买住房的能力。

拉美国家的住房融资制度包含三个要素：公共补贴、个人储蓄和抵押贷款。这三者中公共补贴是关键因素，但获得享受公共补贴的资格并不是一件容易的事。因此，有学者指出：这种制度只能使一部分居民获得领取公共补贴的资格，从而也就获得贷款资格，"另一些居民群体则被排除在这种可能性之外。在那些贫困人口比例高的国家，由于这类人群既不具备获取补贴的经济能力，也不具备负债和储蓄的经济能力，这种制度就间接地引起了贫困现象的深化"。②另一个值得关注的现象是，在不少拉美国家，城市基础设施与服务的规划、管理、运营和投资都转移给了私营部门，这种体制通常都不能把那些对基础设施和某些服务项目不具备支付能力的社会阶层包容进来。

---

① Ricardo Jordán y Rodrigo Martínez, *Pobreza y Precariedad Urbana en América Latina y el Caribe: Situación actual y financiamiento de políticas y programas*, CEPAL y CAF, Santiago de Chile, enero de 2009, p. 37.

② Ibid., p. 97.

鉴于城市"反贫"问题的复杂性与艰巨性,拉美国家建立了"拉美和加勒比城市住宅与发展高官论坛",着重进行对策研究与交流。联合国拉美经济委员会作为"论坛"的秘书处为地区《城市日程》提出了5项基本政策及相应的政策目标建议,从中可以看出其在城市"反贫"和城市治理方面的基本思路与政策框架。

第一,改善住房质量和建设新住宅。政策目标:(1)完善住房管理机制,使缺房或居住条件差的居民有可能获得舒适、安全、卫生的住房。(2)采取相应的干预政策,不仅提高房屋的质量标准和增加住房的数量,而且要改善整个城市,尤其是贫民区的环境。(3)为住房问题的目标人群建立可持续的、有效地获取融资来源的机制。

第二,开发地皮并改进获取地皮的途径。政策目标:(1)拓宽贫困阶层获取城市地皮的渠道,要在地皮的可获性、开发与合法持有方面采取一些创新的措施。(2)加强管理,防止城市土地资源被闲置。

第三,提供基本的基础设施服务并增加其可获性。政策目标:(1)向低收入家庭居住的社区提供自来水和卫生设施等基本服务。(2)不仅要解决管网不足和服务质量差的问题,而且要提高政府部门和相关企业的运营能力,使城市中最落后的社区能拥有这些服务。

第四,建立和改善社区公共场所。政策目标:要在街道、社区和城市建立和开发公共场所,加强最贫困阶层与城市社会之间的归属感、社会共存感与社会融合感,以利于积累社会资本。

第五,提供生产发展场所,增加就业与收入。政策目标:(1)为城市贫困阶层发展生产活动和增加收入提供场所与便利条件,并致力于巩固和完善这类生产活动。(2)实行创造就业、增加或稳定城市收益的政策,以应对失业问题,强调市政府在其辖区内的经济或生产职能。(3)政府机构、非政府组织和私人企业应更积极主动地参与社区范围内增加就业与收入计划的设计与实施。[①]

上述政策涉及住房、地皮、基本服务、公共场所建设,以及发展生产、增加就业等众多领域,体现了一种综合治理的政策指导思想,与目前

---

① Ricardo Jordán y Rodrigo Martínez, *Pobreza y Precariedad Urbana en América Latina y el Caribe: Situación actual y financiamiento de políticas y programas*, CEPAL y CAF, Santiago de Chile, enero de 2009, pp. 99—100.

拉美各国政府推出的一些分散性的城市"反贫"计划相比，无疑是一个进步。但是，这些政策建议也只是原则性的、空泛的，这与拉美经济委员会作为联合国机构的性质分不开，它不可能代替拉美各国政府去制定政策。对大多数拉美国家而言，城市贫困现象和城市治理所构成的挑战是巨大的。显然，拉美各国政府应对"贫困城市化"与城市治理挑战的政策设计和实施情况，更值得予以关注。

第十四章

拉美发展模式转型的经济与社会效果

　　20世纪50—80年代,拉美国家推行进口替代型发展模式,一度出现了经济快速起飞的"拉美奇迹"。然而70年代后,由于其内在缺陷,进口替代型发展模式的制约性逐渐显露,拉美国家自80年代以来逐渐放弃了这种模式,普遍向外向型发展模式转型,强调由出口拉动经济增长。在新模式下,拉美地区的开放度和国际影响力都有所提高,经济发展水平也有了较大幅度的提升。但与此同时,出口和外资也对其经济发展产生了一些负面作用,并且引发甚至加剧一系列社会问题,影响了其经济的可持续发展和社会稳定。与拉美经济发展模式具有相似性,中国也经历了从进口替代向出口导向转变的发展模式调整过程,当前经济具有较为明显的外向型特色。本章将分析拉美发展模式转型以及外向型经济发展模式产生的经济和社会效果,总结其近三十年发展历程中的经验与教训,以供中国在当前构建和谐社会而调整经济发展模式时作参考。

第一节　拉美发展模式转型的背景

　　20世纪50—80年代,拉美国家推行进口替代型发展模式,主张出口自然资源(原材料),发展替代进口、面向国内市场的工业化,鼓励扩大私人消费并使其多样化,同时不断增加公共开支以刺激国内需求。这一模式促进了拉美国家民族工业的发展,将该地区带入高速增长的黄金时期。1950—1960年拉美地区 GDP 年均增长率为 4.7%,1960—1970年为5.7%,1970—1980年为5.6%。同期,拉美主要国家的人均 GDP 相继接近或超过 1 000 美元,整个地区的人均 GDP 也由 1960年的 502 美元上升到 1970 年的 660 美元，以及 1980 年的 1 007 美元。①

然而，进口替代型发展模式在推动拉美国家经济起飞的同时，也使各国处于国民经济封闭式的内循环当中，其内在缺陷性自 20 世纪 70 年代起日益明显，集中体现为"小政府"支撑"大支出"以及"小出口"维系"大进口"。具体而言，拉美地区进口替代型发展模式的政策核心是对内和对外双重保护政策。在国内保护方面，拉美各国强调政府职能，利用低息贷款、税收激励、管制和国有化等政策，依靠国家力量在高度保护下发展民族工业，但却使得政府支出占 GDP 的比重不断攀升，财政赤字逐渐成为一种常态（见图 14—1）。在对外保护方面，拉美国家高筑贸易壁垒，多数国家实施了高关税、外汇管制、进口数量限制和多重汇率等措施（见表 14—1），极力降低经济对最终产品进口的依赖程度，转而进口发展民族产业所需的中间产品和机器设备，形成了以低附加值出口支撑高附加值进口的贸易格局，整个地区长期处于贸易赤字之中（见图 14—1）。

在财政赤字和贸易赤字的双重压力下，拉美国家从 20 世纪 70 年代起被迫走上了举债发展之路，外债规模呈爆炸式增长。据世界银行统计，1970—1982 年期间，拉美外债总额始终保持着两位数的年增长率，从 276 亿美元飙升至 2 393 亿美元，偿债率（债务偿付占出口总额的比重）则由 12.2％升至 30.7％。1982 年 8 月，墨西哥首先宣布无力偿还到期债务，随后，几乎所有拉美国家都先后陷入债务清偿危机。在债务危机的冲击下，拉美经济发展停滞，20 世纪 80 年代地区 GDP 仅增长 1.2％，人均 GDP 增长－0.9％，地区年通货膨胀率却从 1980 年的 57.6％上升到 1989 年的 1 161％，多数国家都同时面临债务危机和经济危机，处在低增长、高通胀、经常项目和资本项目赤字不断扩大以及外汇储备持续下降等"内忧外患"的双重打击之下（见表 14—2）。与此同时，居高不下的通货膨胀率使经济形势不稳，投资减少，失业率增加，人民生活水平下降，贫富差异悬殊，进一步引发了社会危机，加剧了拉美社会动荡。

---

① 数据来源：联合国拉美与加勒比经济委员会（ECLAC）统计信息，源自：http://www.eclac.org/estadisticas/bases/。

表 14—1　　　　发展模式转型之前的拉美各国贸易体系的高保护特征

	转型开始年份	高关税	外汇管制	进口数量限制	多重汇率
阿根廷	1988	*	*	*	*
玻利维亚	1985	*	*	*	
巴西	1987	*	*	*	
智利	1985	*	*		
哥伦比亚	1985	*	*	*	
哥斯达黎加	1986	*	*	*	
厄瓜多尔	1989	*	*	*	*
危地马拉	1986	*	*	*	*
洪都拉斯	1986	*	*	*	*
牙买加	1982	*	*	*	
墨西哥	1985	*	*	*	*
巴拉圭	1989	*	*		*
秘鲁	1989	*	*	*	*
特立尼达和多巴哥	1989	*	*	*	
乌拉圭	1987	*			
委内瑞拉	1989	*	*	*	*
国家数量	16	16	15	13	8

注："＊"表示存在标题中的问题。

资料来源：Alarm，A. and S. Rajapatirana (1993)，"Trade Policy Reform in Latin America and the Caribbean in the 1980s"，World Bank Working Paper，WPS 1104.

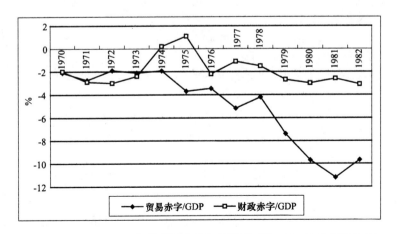

图 14—1　1970—1982 年拉美国家的初级财政平衡（占 GDP 的百分比）

数据来源：ECLAC 统计信息。

表 14—2   发展模式转型前拉美各国经济危机与债务危机并行

	国际收支问题①	外汇储备不断下降	高通货膨胀②	经济下滑③	债务问题④
阿根廷	＊	＊	＊	＊	＊
玻利维亚	＊		＊	＊	＊
巴西	＊		＊		＊
智利	＊			＊	＊
哥伦比亚	＊	＊		＊	＊
哥斯达黎加	＊	＊		＊	＊
厄瓜多尔	＊	＊	＊	＊	＊
危地马拉	＊			＊	＊
洪都拉斯	＊	＊		＊	＊
牙买加	＊	＊		＊	＊
墨西哥	＊		＊	＊	＊
巴拉圭	＊	＊			＊
秘鲁	＊	＊	＊	＊	＊
特立尼达和多巴哥	＊	＊		＊	＊
乌拉圭	＊		＊	＊	＊
委内瑞拉	＊	＊			＊
国家数量	16	10	7	12	16

注：①国际收支表中经常项目持续或扩大的赤字。

②改革进行年份通货膨胀率超过 50％：玻利维亚＞1000％；秘鲁，667％；巴西，145％；厄瓜多尔，131％；墨西哥和乌拉圭，50％—80％。

③GDP 实际增长率为负或下降。

④某国偿债水平下降或/及进行了债务重新安排或再融资，则该国存在债务问题。

⑤"＊"表示存在标题中的问题。

资料来源：Alarm, A. and S. Rajapatirana (1993)，"Trade Policy Reform in Latin America and the Caribbean in the 1980s"，World Bank Working Paper，WPS 1104.

为了缓解危机，拉美国家迫切希望找到一条摆脱困境的出路，而国际货币基金组织（IMF）和世界银行等国际金融机构也向拉美国家施加压力，提出了"贝克计划"、"布雷迪计划"等经济改革建议，要求拉美债务国实行经济开放政策，重视扩大出口，取消对进口的过度保护。另外，新自由主义和脱胎于结构主义的新结构主义思潮也为拉美的改革提供了理论基础，要求拉美国家减少对国内市场的保护和扩大国民经济的外向性，重视本国经济与世界经济接轨，把进口替代改为出口导向，实施贸易自由化。在这些因素的综合影响下，80年代中期成为战后拉美经济发展模式的分水岭，此后拉美国家开始从封闭走向开放，从贸易保护走向贸易自由化，逐步实现了由进口替代工业化的内向发展模式向出口导向的外向发展模式的转变。

第二节　拉美发展模式转型下的主要政策调整

所谓外向型经济发展模式即依靠优先发展出口产品生产、积极开拓国际市场、参加国际分工和国际交换来带动整个国民经济发展的一种经济模式。它按照国际市场的需求安排生产、组织流通和进行管理，在不断的外向循环中带动经济的发展。具体包括工业部门的外向化．产品的外销，劳务、资金和技术的对外联系，以及旅游、商业、农业、服务等产业的外向发展。具体而言，拉美"外向化"的经济发展模式的调整主要包括四方面的内容：推行贸易自由化、实施投资自由化、推动经济一体化，以及实施外向型的配套改革。

一　推行贸易自由化

从20世纪80年代起，拉美国家从改革出口政策入手，鼓励本国产品出口，增加外汇收入，继而改变传统的进口限制政策，最终推进贸易领域的自由化。降低关税和消除非关税壁垒是其贸易自由化措施的核心。从80年代中期起，一些拉美国家陆续降低了对贸易的管制，平均关税从80年代初的39.4%降至1995年的12.7%，进入21世纪后又逐渐调至10%左右（见图14—2和表14—3）。与此同时，非关税壁垒的覆盖率由1984—1994年间的18.3%降至1995—1998年间的8%，2004年进一步降至5%（见表14—3）。经过调整，拉美国家的贸易自由度水平有了明显提高。根据美国传统基金会（The Heritage Foundation）的数据，2007年拉美地区的贸易自由度平均指数为63.37；在33个拉美国家中，仅有6个国家的贸易自由度指数低于60，而墨西哥、智利、海地、哥斯达黎加、尼加拉瓜、危地马拉等国的贸易自由度指数均超过70，基本达到发达国家的水平。①

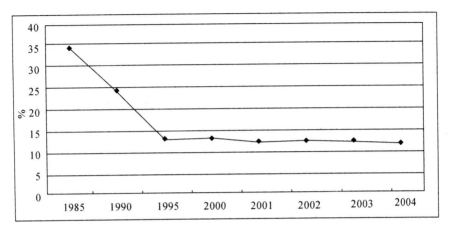

图 14—2   拉美地区的平均关税税率

数据来源：http：//www. iadb. org。

表 14—3 　　　　　　发展模式转型前后拉美部分关税壁垒对比

国家	非加权平均关税（%）		关税幅度（%）		进口数量限制覆盖面①	
	转型前	转型后	转型前	转型后	转型前	转型后
阿根廷	42ᵖ	15	15—115ᵖ	5—22	62ᵈ	很少
玻利维亚	12ᵐ	8	…	5—10	…	最小
巴西	51	21	0—105	0—65	39	最小
智利	35	11	35	11	最小	0
哥伦比亚	61	12	0—220	5—20	99	1
哥斯达黎加	53ᵖ	15ᵖ	0—1400ᵖ	5—20	…	0
厄瓜多尔	37ᵖ	18	0—338ᵖ	2—25③	100	0
危地马拉	50ᵖ	15ᵖ	5—90	5—20	6ᵈ·④	0②
洪都拉斯	41ᵖ	15ʷ·ᵖ	5—90	5—20	…	0
牙买加	…	20	…	…	…	0（ ）
墨西哥	24ʷ	13ʷ	0—100	0—20	92ᵈ	20ᵈ

---

①　数据来源：http：//www. heritage. org/。

续表

国家	非加权平均关税（%）		关税幅度（%）		进口数量限制覆盖面①	
	转型前	转型后	转型前	转型后	转型前	转型后
巴拉圭	…	16	…	3—86	…	很少
秘鲁	…	17	0—120	5—25	100	0⑤
特立尼达和多巴哥	…	41ᵖ	…	0—103ᵖ	…	很少⑥
乌拉圭	32	18	10—55	12—24	0	0
委内瑞拉	37	19	0—135	0—50	40	10⑦

注：p：包括关税附加费；w：产出加权平均关税；m：进口加权平均关税；d：国内产品。

①除非特别说明，否则为关税税目的百分比。对关税细目覆盖面有限的国家，采用国内产品数量。

②贸易总额占 GDP 的百分比。

③厄瓜多尔对汽车征收 40% 的特殊关税。

④危地马拉以安全和卫生为由实施进口数量限制；转型前，进口数量限制涵盖 29% 的制成品。

⑤存在以安全和卫生为由实施的进口数量限制。

⑥仅对农产品实施。

⑦另有税目 8% 的产品被限；转型前，该比例为 5%。

资料来源：Alarm，A. and S. Rajapatirana（1993），"Trade Policy Reform in Latin America and the Caribbean in the 1980s"，World Bank Working Paper，WPS 1104.

二 实施投资自由化

20 世纪 90 年代以来，大多数拉美国家制定并实施了优惠的外资政策。一方面，它们向外国投资者提供国民待遇，对其经营范围（国防除外）、出资率和投资额均无任何限制，并准许其利润全部汇出；另一方面，它们还通过建立免税区、减免税收、鼓励加工贸易、补贴外资企业及其他方法来吸引外资进入。① 在这些政策的推动下，2000 年，外资进入拉美国家的壁垒指数已接近发达国家的水平，投资自由度超过发展中国家的平均水平（见表 14—4）。

---

① ECLAC（2006），*Foreign Investment in Latin America and the Caribbean*.

表 14—4   **2000 年外资进入壁垒指数**

发达国家	2.1		
发展中国家	3.0		
欧洲和中亚地区	2.9		
南亚地区	3.0		
东亚和太平洋地区	3.1		
撒哈拉以南非洲地区	3.2		
拉美地区	2.2		
阿根廷	2.0	圭亚那	3.0
玻利维亚	2.0	洪都拉斯	3.0
巴西	3.0	墨西哥	2.0
智利	2.0	尼加拉瓜	2.0
哥伦比亚	2.0	巴拿马	2.0
哥斯达黎加	2.0	巴拉圭	1.0
厄瓜多尔	2.0	秘鲁	2.0
萨尔瓦多	1.0	乌拉圭	2.0
危地马拉	3.0	委内瑞拉	3.0

注：外资进入壁垒指数在 1—5 之间，数值越高，表示外资进入的障碍越多。

数据来源：G. O'Driscoll，K. Holmes and M. Kirkpatrick（2000），"Index of Economic Freedom"，New York，*The Wall Street Journal*.

三　推动经济一体化

从 90 年代起，拉美国家开始迎合世界经济一体化趋势，积极参与区域经济合作。拉美地区不仅加强了原有的一些区域一体化组织（如中美洲共同市场、安第斯集团和加勒比共同体），而且还出现了南方共同市场等新的经济一体化组织，墨西哥还加入了北美自由贸易区。一些国家开始加强与亚太地区的经济合作，以求在更广大的市场上利用国际分工，提高资源配置效率。与一体化趋势相适应，拉美国家所签订的自由贸易协议逐年增多。截至 2005 年，仅在拉美国家之间及拉美与美国和加拿大等北美发达国家之间达成的自由贸易协议就已超过 20 个。

四　实施外向型的配套改革

首先，拉美国家对内加强市场的宏观调控作用，减少政府干预，调整企业结构。为提高资源效益，克服经济的脆弱性，增强企业的竞争力，政府降低或取消了对国有企业的财政补贴、税收和贷款优惠等政策；建立了资本、劳动力、生产资料等市场；取消了价格补贴，放开价格管制，健全市场经济立法，发挥市场机制对资源的配置作用。其次，为提高企业的运营效率，拉美国家不同程度地对国有企业进行私有化改造，借此进一步吸引外资，扩大开放。还有，拉美国家把过去的多重汇率及在 20 世纪 80 年代初的应急性调整中形成的双重汇率制逐步改成统一汇率，并由市场的供求变化来确定汇率。同时取消了对外汇市场的政府管制，实现外汇市场的自由化。最后，通过实行自由的利率政策、国有银行私有化、加强中央银行的独立性及开放资本市场等改革措施，大多数拉美国家逐步实现了金融自由化。按照美洲开发银行对 26 个拉美国家的统计分析，除了海地、巴拿马和苏里南，其他拉美国家都或多或少地进行了金融自由化改革，墨西哥和南美洲国家在这方面的改革力度明显大于其他拉美国家。

第三节　拉美发展模式转型的经济效果

一　经济开放性加强，但经济独立性下降

经过一系列的政策调整，拉美国家实现了由内向型向外向型发展模式的转变，经济开放度得到提高。1980 年，在拉美地区的 GDP 中进口所占的比重为 14.9％，出口所占的比重为 10.2％。在实施"外向化"转变后，进出口在拉美经济中的地位大幅提升，二者在 GDP 总值中始终处于重要地位，1985 年和 2005 年进口和出口占 GDP 的平均比重分别为 43.5％和 36.7％（见图 14—3）。同期，外国直接投资（FDI，以下简称"外资"）在拉美经济中的地位总体上呈上升趋势，90 年代中期后 FDI 占 GDP 的比重基本保持在 4％左右的水平上（见图 14—3）。

表 14—5   拉美国家对初级产品出口的依赖度

国家	依赖度	国家	依赖度	国家	依赖度
安提瓜和巴布达	<1%	洪都拉斯	10%—20%	萨尔瓦多	2.5%—5%
阿根廷	5%—10%	牙买加	10%—20%	海地	<1%
巴哈马	2.5%—5%	墨西哥	1%—2.5%	圣文森特和格林纳丁斯	5%—10%
巴巴多斯	2.5%—5%	尼加拉瓜	10%—20%	圣卢西亚	2.5%—5%
伯利兹	10%—20%	巴拿马	5%—10%	特立尼达和多巴哥	2.5%—5%
玻利维亚	5%—10%	巴拉圭	10%—20%	乌拉圭	5%—10%
巴西	5%—10%	秘鲁	5%—10%	委内瑞拉	1%—2.5%
智利	>20%	圣基茨和尼维斯	1%—2.5%	危地马拉	5%—10%
哥伦比亚	2.5%—5%	多米尼加	2.5%—5%	圭亚那	>20%
哥斯达黎加	10%—20%	厄瓜多尔	10%—20%	多米尼克	5%—10%

数据来源：IMF（2006），*World Economy Outlook*，September 2006.

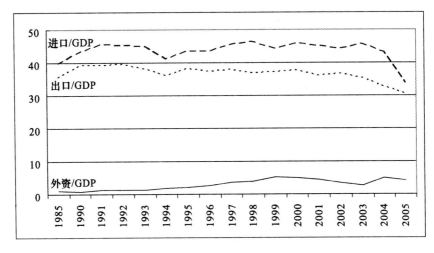

图 14—3 拉美经济外向性

数据来源：作者计算。数据来自 ECLAC（1999—2006），*Statistics Year Book*；UNCTAD（1991—2006），*World Investment Report*。

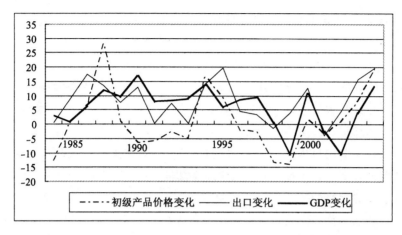

图 14—4　初级产品价格、拉美 GDP 与出口变化的协同性

数据来源：ECLAC（1999－2006），*Statistics Year Book*；IMF 初级产品价格数据库（www. imf. org）。

经济开放度的提升拉近了拉美国家之间及拉美地区与世界经济的联系，世界经济或拉美局部地区的变化都会对拉美经济的发展产生影响。一方面，多数拉美国家经济依赖于附加值较低的原料出口（见表 14—5），国际市场上初级产品的价格波动会对出口水平产生影响，进而对其经济增长产生影响。如图 14—4 所示，国际市场上初级产品的价格与拉美国家的出口和 GDP 的变化之间存在着很强的协同性。另一方面，拉美地区经济一体化的发展，使得局部地区的经济扰动很容易扩散到整个拉美地区。发生于 1986、1999 和 2001—2002 年的三次经济周期低谷最初都源自个别国家。在上述两种因素的影响下，拉美国家的经济发展无法摆脱世界经济发展大背景的总体影响。尤其那些经济基础相对薄弱的拉美小国，其独立性较差，抵御国际风险的能力相对较弱。

二　贸易与投资双增长，但国际收支失衡伴生

在外向型经济发展模式的引导下，拉美地区的贸易和投资都有了明显增长。1985 年，拉美地区的进出口总额仅为 1926.8 亿美元；在此后的 20 年中，拉美贸易总额以年均近 10% 的速度增长，至 2004 年拉美国家的贸易总额达 9 239.8 亿美元，2006 年时进一步升至 13 148.4 亿美元。与此同时，拉美地区吸引的外资总额在整体上也呈上升趋势，由 1985 年的

68.9亿美元增至2006年的1 328.7亿美元，年均增长近20%（见图14—5）。

不过，拉美国家贸易和外资的增长主要仍依赖于由自然资源禀赋形成的天然比较优势，这导致其国际竞争力有限，对外部门始终处于收支不平衡的状态。就贸易而言，拉美进出口中长期存在结构性失衡。如图14—6所示，1985—2005年间，初级产品（重点是基本食品、金属和矿石以及燃料）在拉美出口中的比重一直超过40%，而在工业制成品中，化工制品和钢铁等资源密集型产品和劳动密集型产品占有较大份额。[①] 图14—7显示了拉美地区的进口结构，从中可以看出，拉美进口产品中资本品、中间产品和消费品长期占据主导地位。进出口结构决定了拉美出口的增长主要来源于"数量积累"，进口增长则源自"价值积累"，这使得拉美的进出口发展并不平衡，贸易长期处于逆差状态（见图14—6）。就外资而言，拉美地区优惠的外资政策，使该地区成为全球外资的主要目的地之一，但外资的流入并未形成拉美自有的国际竞争力，因此，这一地区在引资水平和GDP总量增长的同时，并未出现对外投资的相应繁荣。[②] 2006年之前，除了巴西和墨西哥在对外投资方面相对活跃外，其他拉美国家的对外投资乏善可陈，整个地区处于外资净流入状态（见图14—5）。

三 外资直接推动经济增长，但跨国公司"溢出效应"有限

在外向型经济政策的引导下，外资大量涌入拉美，跨国公司成为外资的主角。跨国公司及其引进的外资对拉美经济作出了不容忽视的贡献，其直接刺激效应主要体现在以下三个方面。一是外资在拉美资本积累中的重要性日益突出。如图14—8所示，外资存量在拉美固定资本构成中的比重由1985—1990年的年均4.15%逐渐升至1990—1995年的年均6.25%、

---

① UNCTAD (2008), *Handbook of Statistics.*

② 邓宁提出的"投资发展阶段论"把外资分为五个阶段。第一阶段：人均GDP在400美元以下，引进外资规模极小，无对外直接投资，即净对外直接投资为很小的负债；第二阶段：人均GDP介于400—2000美元之间，引进外国直接投资规模不断扩大，对外直接投资额较小，净对外直接投资额表现为绝对值不断扩大的负值；第三阶段：人均GDP介于2000—4750美元，对外直接投资增长速度快于吸收外资的速度，净对外直接投资额表现为绝对值不断减小的负值；第四阶段：人均GDP在4750美元以上，对外投资发展势头强劲，对外投资比吸收外资速度增长更快，净对外直接投资额为正值，且呈增加趋势；第五阶段：受经济发展水平的影响程度大大减弱，净对外投资额虽然为正，但呈现减少趋势。

1995—2000 年的年均 16.08％、2000—2005 年的年均 17.21％。二是外资推动了拉美的出口。在拉美出口较多的 200 家企业中，外资所占比重一度曾高达 47.5％（2000 年），其中，在制造业出口企业中，外资所占比重为 41.2％，外资已成为推动拉美出口的主要力量。三是跨国公司为拉美提供了部分就业机会。联合国贸发会议（UNCTAD）2002 年的一项统计数据表明，跨国公司提供的就业岗位在总就业中所占比重在墨西哥、巴西和阿根廷分别是 7％、5％和 8％。具体以墨西哥为例，仅通用汽车公司在墨西哥设立的 50 家汽车配件厂就提供了约 8 万个就业岗位。

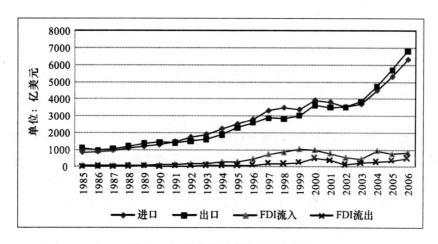

图 14—5 拉美地区投资与贸易增长

数据来源：UNCTAD（2008），*Handbook of Statistics*.

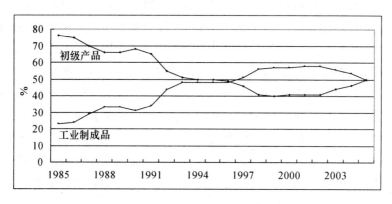

图 14—6 拉美地区出口结构

数据来源：作者计算。数据来自 ECLAC（2006），*Statistics Year Book*。

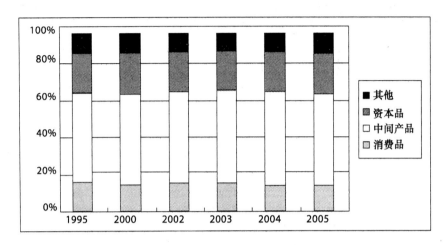

图 14—7 拉美地区进口结构

数据来源：作者计算。数据来自 ECLAC（2006），*Statistics Year Book*。

然而，外资主要分布在拉美各国的出口加工业、自然资源产业和服务业（见图 14—9），这决定了跨国公司对拉美经济发展的"溢出效应"有限。第一，为降低成本，跨国公司实施生产的全球化安排，其拉美当地采购率相对较低，[①] 降低了跨国公司的投资对拉美产业的辐射效应，减弱了对拉美经济和工业结构向上调整的拉动作用。第二，由于拉美的贸易自由化安排，跨国公司进口产品的门槛和成本均有大幅度下降，出现了进口明显快于出口的现象，加大了拉美国家的贸易逆差。这种进口大于出口的趋势，从短期来看，对拉美地区的贸易收支形成压力；从长期来看，拉美国家相关产业可能出现生产设备闲置和生产能力萎缩，使其发展受到不利影响。第三，跨国公司的"技术溢出"并不明显。跨国公司进入拉美后有时也会转让一些技术，在与本公司相关的基础设施中进行一些投资，并能协助东道国把一些技术实现"商业化"或"产业化"。但总的来说，以获取技术资产为目标的跨国公司并不多，因而对提升拉美科技水平的积极影响较为有限。此外，拉美许多重要经济领域向外资开放，致使跨国公司携其资金和技术大量涌入拉美，在许多部门，尤其是营利的新兴工业部门中占据了垄断地位。20 世纪 90 年代，外国企业在拉美 500 强企业中的数量由

---

① 如在墨西哥的出口加工业，跨国公司当地原材料的采购率仅占其全部材料供给的约 2%。

原先的 142 家增至 200 家。这些企业的资金和利润在全球范围内转移，直接造成一些拉美国家的经济动荡。这一时期，墨西哥、巴西和阿根廷曾先后陷入金融危机，都在很大程度上同外资的快速转移密切相关。

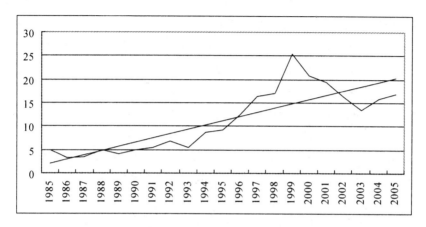

图 14—8　外资存量在固定资本构成中的比重

注：图中折线描述的是外资在拉美固定资本构成中的比重变化情况，直线为上述变量的趋势线。

数据来源：作者计算。数据来自 UNCTAD（2006），*World Investment Report*。

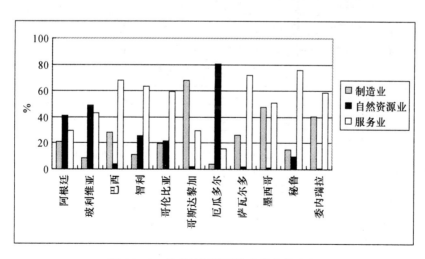

图 14—9　拉美地区外资流向的产业分布

数据来源：ECLAC（2006），*Statistics Year Book.*

四　外向化产业布局形成，但民族控制力下降

外向型发展模式下，对外贸易的扩张以及外资的产业聚集驱使拉美进行了产业结构调整。图14—10描述了20世纪80年代以来拉美地区GDP部门构成的变化情况，从中可以看到，该地区的产业调整呈现出一些趋势化的倾向，外向化的特征日益显著，符合经济发展战略的需要。首先，在三次产业结构分布方面，外资最为密集的服务业渐占主导，其产值在GDP中所占比重在1980年为53.8%，1990年为55.1%，2000年则达到了67.1%；同期，工业产值比重由36%持续下调至27.7%；农业所占比重在经历80年代中期至90年代中期的短暂上升后继续回落，至2000年时仅为5.1%。[①]其次，各产业内部的部门调整围绕外资和外贸展开。图14—10显示，拉美矿业产值所占比重自90年代起迅速增加，由1990年

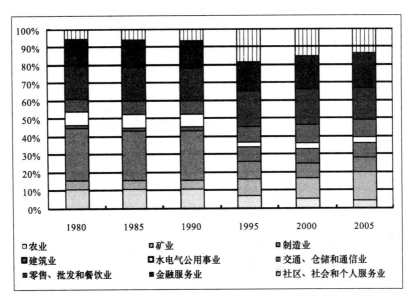

图14—10　发展模式转型以来拉美的产业结构变化

数据来源：作者计算。数据来自 ECLAC 统计信息。

---

①　用产业结构分析一个国家或地区的发展阶段时，通常把农业的产值不超过10%（亚洲国家不超过15%）、服务业的产值超过40%作为参考指标。由此可以看到，在外向型发展模式下，拉美完成了工业化发展初期阶段，三次产业分布符合现代产业结构服务导向性的特征。

的 4.8％攀升至 2000 年的 11.3％，此后仍然保持上升势头；与外贸相配合的交通、仓储和通信业也获得发展，其产值在 GDP 中的占比由 1980 年的 6.8％稳步调升至 1990 年的 7.2％，以及 2000 年的 10.2％；外资相对密集的金融服务业同样出现扩张，其比重在 1980 年、1990 年和 2000 年依次为 14.4％、15.5％和 18.3％。

然而，在适应经济模式发展要求的外向化调整过程中，拉美各国政府对产业的控制力下降。在出口导向型的经济发展战略下，拉美制造业依据比较原则向资源加工业和出口加工装配业倾斜。与此同时，封闭经济下因规模约束和竞争不足而相对脆弱的一些民族工业部门，也因受到开放市场中的激烈全球竞争而被迫退出。上述两种合力使得拉美地区的工业布局发生变化，出现了一定程度的"去工业化"，在进口替代时期形成的相对完整的工业体系遭到破坏，该地区产业布局越来越纳入跨国公司全球产业链中，政府的产业政策效力减弱甚至完全消失。正如前文所言，拉美主要出口初级产品和劳动密集型的工业制成品，进口资本品、中间产品和消费品。这样的贸易结构虽然符合贸易比较优势原则，但在客观上也促成了一种相对固态化的产业分布，使得拉美在全球生产中经济收益水平相对较低，制造业（特别是加工制造业）规模扩张的同时，产值在 GDP 中的比重却在下降（1980 年为 28.8％，1990 年为 27.5％，2000 年为 8.3％）。

与政府的产业控制力下降形成对比，外资在拉美地区部分产业中的操控力增强，国有经济的退出现象十分明显。据统计，除原料行业外资的市场份额保持稳定外，拉美制造业外资企业的总占有率从 90 年代初的 48.6％提高到 90 年代末的 55％；服务业外资也从 90 年代初的 10.2％的份额增加到 90 年代末期的 36.9％；从所有行业的平均数来看，在 10 年之内跨国公司的总体市场占有率从 29.9％提高到 41.6％。国有企业在所有行业都出现萎缩，不仅完全退出了制造业，在服务业中的市场份额也从 36.8％降为 13.4％。① 由外资主导的国家经济并不具有稳定性，不但在国际经济冲击面前弱不禁风，反而在危机时因外资的撤离②而雪上加霜造成

---

① 齐欣、王新华：《利用外资与经济发展：拉美的启示》，载《对外经贸实务》2004 年第 12 期，第 32—35 页。

② 尽管外资相对于其他外国资本形式（如外债等）较为稳定，但 OECD 发展中心的研究表明：在 20 世纪 80 年代以来的数次全球性或区域性危机中，都存在外国公司抛售位于拉美的非核心资产从而撤离拉美的现象。

更大的经济动荡。

五 拉美地区整体国际经济地位在上升，但国家间差异在加大

在经济发展模式转型过程中，整体上拉美地区的国际经济地位得到了提升。图14—11描述了拉美地区国际经济地位的变化。从中可以看出，1985—2005年间，拉美地区GDP、贸易量和吸引的外资在世界总量中的比重在总体上都呈上升趋势。其中，拉美地区GDP占世界GDP总值的比重由1985—1990年的年均5.35％升至1990—1995年的年均5.70％，1995—2000年进一步升至年均6.53％；2001年以后，由于受拉美金融危机及世界经济疲软的影响，拉美GDP在世界GDP总量中的比重有所下降，但仍超过80年代外向型经济模式调整初期的平均水平（图14—11）。与此同时，在1985—1990年、1990—1995年、1995—2000年和2000—2005年四个时间段内，流入拉美地区的外资存量占世界外资总量的比重分别为7.46％、7.28％、8.69％和9.13％；拉美地区贸易占世界进出口总量的平均比重则由1985—1990年的4.18％增至2000—2005年的5.33％（图14—11）。

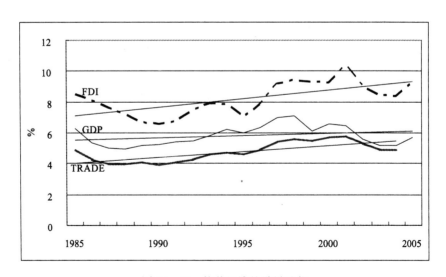

图14—11 拉美经济的世界地位

注：图中折线描述的是拉美外资、GDP和贸易占世界总量的比重变化情况，直线为上述变量的趋势线。

数据来源：作者计算。数据来自ECLAC（1999—2006），*Statistics Year Book*。

　　然而，在拉美整体国际地位不断上升的同时，因在经济基础、经济政策和实力方面存在着差异，拉美各国间逐渐开始分化。如图 14—12 所示，1985—2005 年间，拉美地区 GDP、外资和贸易总量的标准差[①]都出现了大幅度的增长，拉美国家间的差距日益明显，一些国家被边缘化。具体而言，墨西哥和巴西成为拉美经济的"领头羊"，两国合计占拉美地区 GDP、外资存量和贸易总量的比重分别达 61％、45％和 61％；阿根廷、委内瑞拉、哥伦比亚、智利和秘鲁处于拉美经济的第二梯队，它们的合计分别占拉美地区 GDP、外资存量和贸易总量的 24％、27％和 23％[②]；厄瓜多尔、哥斯达黎加、萨瓦尔多、危地马拉、巴拿马、古巴、多米尼加、特立尼达和多巴哥、开曼群岛、百慕大群岛、英属维尔京群岛等国家和地区位于拉美经济的第三梯队，它们在地区经济总量中占有一定比重，或者是由于宽松的对外经济政策而受到外国投资者或贸易商的青睐；而其他拉美国家则处于边缘化状态，它们在地区经济总量中所占的比重微乎其微。

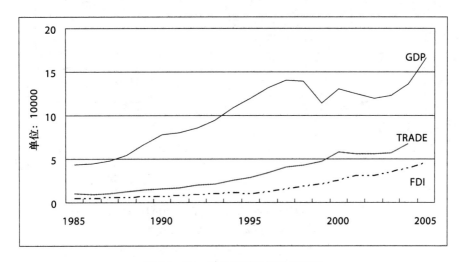

图 14—12　拉美经济指标的标准差

　　注：本图利用标准差指标反映拉美国家之间的分化程度。标准差越大，则国家之间的差距越大。

　　数据来源：作者计算。数据来自 UNCTAD（1991—2006），*World Investment Report*。

---

　　①　利用标准差指标反映拉美国家之间的分化程度。标准差越大，则国家之间的差距越大。

　　②　数据来源：UNCTAD（1991—2006），*World Investment Report*。其中，GDP 和外资存量为 2005 年的数据，贸易总量为 2004 年的数据。

第四节　拉美发展模式转型的社会效果

一　贸易与投资的"发动机"效应显现，但国民可支配收入增长滞后

出口和外资是拉美外向型发展模式下经济增长的主要动力。如图14—13所示，出口和外资在拉美 GDP 总量中占重要地位。在拉美各国，出口和外资在经济增长方面发挥了积极作用。图14—13 模拟了主要拉美国家的出口增长率、外资增长率与 GDP 增长率之间的线性关系。从中可以看出，主要拉美国家的年均出口增长率与 GDP 增长率之间存在着正向的相关关系，年均外资存量增长率与 GDP 增长率之间也存在着正向的相关关系，且后者相对更为显著。也就是说，拉美国家的出口和外资都对 GDP 有着正向的刺激作用，特别是外资的流入对 GDP 有着明显的激励效应。

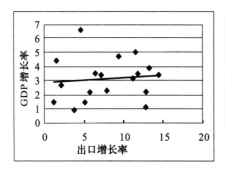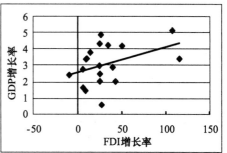

图14—13　1995—2005 年拉美地区年均出口增长率、

FDI 存量增长率与 GDP 增长率关系

注：（1）由于数据可获得性的约束，图中样本点仅包括阿根廷、玻利维亚、巴西、智利、哥伦比亚、哥斯达黎加、多米尼加、厄瓜多尔、萨尔瓦多、危地马拉、洪都拉斯、海地、墨西哥、尼加拉瓜、巴拉圭、秘鲁、乌拉圭和委内瑞拉这 17 个拉美国家。（2）出于数据一致性考虑，图中摘录了 1995—2005 年的数据。出口与 GDP 的核算均以 2000 年不变价格为基础。

数据来源：作者计算。数据来自 ECLAC （2006），*Statistics Year Book*。

然而，拉美外向型增长模式在通过贸易和投资取得经济繁荣的同时，国民总收入（GNI）水平并未取得与 GDP 的同步增长。也就是说，在较高的 GDP 下，居民的收入并未达到同等富裕的水平，拉美出现了"繁荣而不富裕"的怪圈。这一现象的出现，一方面是由于拉美的出口结构导致出口产品的附加值和出口对经济增长的贡献率极为有限；另一方面则是由于拉美较高的 GDP 水平在很大程度是依赖外资取得的，在外资企业良好的经营效益拉动 GDP 增长的同时，由发展形成的大量利润也由外商占有。在上述因素的影响下，GNI 必然不会与 GDP 一同完成步调一致的增长，GNI 小于经济发展创造的财富，GNI 和 GDP 之间的差距日益拉大（见图14—14）。

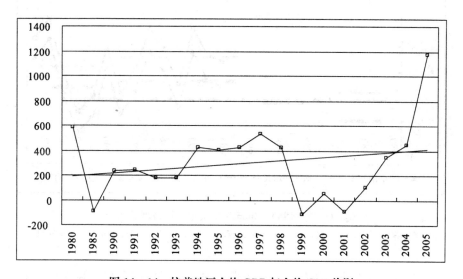

图 14—14 拉美地区人均 GDP 与人均 GNI 差别

注：图中折线为人均 GDP 减去人均 GNI 之值，图中直线为上述差值的趋势线。

数据来源：作者计算。数据来自 ECLAC（1999—2006），*Statistics Year Book*；IABD 网站：http：//www. iadb. org。

二 经济增长情况改善，但减贫绩效仍不稳定

出口导向型的外向型发展模式消除了拉美在进口替代时期的发展瓶颈，实现了国民经济开放式的扩大循环，为该地区经济注入了新的活力。从图 14—15 可以看到，自 20 世纪 80 年代中期实施出口导向型的发展战略以来，拉美地区经济状况明显好转：1980—1985 年，拉美 GDP 和人均GDP 的年均增长率分别为 0.6％和－1.5％；1985—1990 年，GDP 年均增长率提高至 1.7％，人均 GDP 萎缩的现象也得到一定遏制；整个 90 年

代，拉美保持相对稳定的增长，前半期和后半期的 GDP 年均增长率均为
3.1％，人均 GDP 的年均增长率均为 1.4％；进入 21 世纪以来，尽管前
期金融危机使得拉美经济再次下滑，但 2003 年后全球初级产品价格的高
涨为这一地区带来大量的外汇收入，使得经济重新获得较快增长。2001—
2005 年，拉美地区 GDP 和人均 GDP 的年均增长率分别为 2.8％ 和
0.9％，较之前一阶段略有下滑，但仍高于上世纪 80 年代的水平。

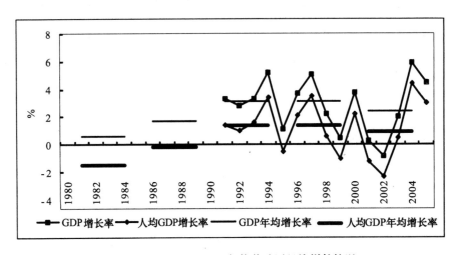

图 14—15　1980—2005 年拉美地区经济增长情况

数据来源：ECLAC (1999－2008)，*Statistical yearbook for Latin America and the Caribbean*.

　　然而，由于外向型发展模式所带来的经济开放度提高和独立性下降，
拉美地区在增长的同时，未能持续削减贫困。经济发展模式转型以来，市
场经济占据了主导，拉美保持了总体增长态势，但市场经济在带来高效率
的同时也产生了社会分配不公、两极分化加剧的情况，而拉美多数国家未
对社会政策进行及时的调整，其结果是转型前已经存在的贫困问题非但未
得到解决，反而有所加剧，该地区贫困人口持续增加，贫困率居高不下，
一直未能恢复至转型前 1980 年时期的水平（见图 14—16）。从 20 世纪 90
年代中期开始，拉美各国政府推出一系列旨在建立与经济发展水平相适应
的、促进经济与社会协调发展的社会政策，削减贫困是这些政策的核心内
容之一。不过，过度开放形成的外向型经济通过贸易条件的波动，使拉美
国家的贫困与世界经济周期紧密相连。而拉美对外资和世界市场的依赖以
及在国际分工体系中核心竞争力的缺失，都导致其减贫绩效易受外部不利

冲击的影响。由于上述原因，20 世纪 90 年代之后，尽管拉美进入了一个相对快速且平稳的增长时期，但是由于外向型经济模式下地区经济的波动性增强①，特别是 1994 年之后的墨西哥金融危机、东南亚金融危机、俄罗斯金融危机、巴西金融危机和阿根廷金融危机等全球性或地区性经济动荡对拉美各国的减贫工作形成较强冲击，该地区的减贫绩效出现逆转，包括巴西、墨西哥和阿根廷在内的拉美主要国家贫困人口比例较之前期有所上升，增长与发展"脱钩"。2003 年以来，贸易收入的增加拓宽了拉美各国政府推行社会政策的空间，地区贫困也相应有所减轻。但是，至 2005 年时，拉美仍有 2.23 亿贫困人口，占到了地区总人口的 36.5%；其中，每日生活费不足 1.25 美元的赤贫人口超过 8 000 万人，占地区总人口的 13.4%。大规模贫困人口以及贫富悬殊的存在对社会稳定形成巨大压力，使得社会平衡相对脆弱。因此，发展模式转型以来，拉美社会冲突有所加剧，特别是发生经济或金融危机时，社会危机也往往会伴生。

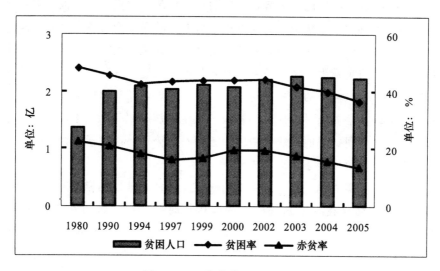

图 14—16　拉美贫困人口情况

数据来源：ECLAC（1999—2006），*Statistics Year Book*.

①　以人均 GDP 的标准差衡量。世界银行提供的数据表明，20 世纪 80 年代，拉美地区加权的经济波动性指标值为 2.0；转型后的 90 年代波动性指标值增为 2.6。同期，几乎所有拉美国家的经济波动性都在增强。

三　产业国际化水平提升，但二元经济结构持续存在

拉美确立外向型发展模式时面临独特环境，跨越了非技能型劳动密集型产业发展阶段。首先，拉美发展模式转型之前，进口替代型工业化发展模式已经实现了由消费品进口替代为主向耐用消费品和相关资本品进口替代为主的升级，外向型发展模式的启动基础是前期留下的资本密集型产业。其次，拉美发展模式转型时恰逢国际产业第三次大转移，与其同属新兴地区的东亚已经完成了加工贸易型产业的首次升级调整。为了应对国际竞争，拉美在重点发展劳动密集型加工装配业和资源加工业时，注重采用引进技术、更新设备及提高管理水平等措施。由于上述背景，拉美出口导向型产业具有亲资本、亲技术和亲管理的特点，这一特点促使其产业从初期发展阶段就形成了国际化中的独特定位。具体而言，由于出口导向型产业重视资本和技术，部分拉美国家形成了在特定的资本密集型产品和技术密集型产品上的出口比较优势，如巴西在飞机制造和汽车等方面具有竞争力，墨西哥在汽车、精密仪器和设备、机电产品等方面有竞争力，哥斯达黎加在电子产品、集成电路和微电子组件等方面优势突出。尽管跨国公司是上述产品的实际生产者和技术拥有者，但这类出口优势的形成使拉美参与国在全球生产链中的位置相对前置。除此之外，拉美出口导向型产业的特点还促使其培养出一批成长于初级产品生产加工部门的国际性企业，如墨西哥水泥公司、墨西哥宾堡集团、巴西石油公司、巴西淡水河谷公司等已经在行业竞争中处于相对领先位置。

然而，拉美外向型发展模式的跨越式发展使得地区内原有的二元经济结构刚性持续存在并不断加强。进口替代时期，拉美城市化进程加速，1950—1980 年，城市人口占总人口的比重由 41.8% 增加到 64%，百万人口以上的大城市由 7 个增加到 48 个，墨西哥城、里约热内卢、圣保罗、布宜诺斯艾利斯等一批人口超过 1000 万的世界超大城市也相继出现。但当时资本密集型的工业能够吸纳的只是以男性为主的技术和半技术劳动力，因此拉美的失业率一直居高不下，非正规经济部门不断扩大。① 发展

---

① 全毅、张旭华：《社会公平与经济发展：东亚和拉美地区的比较》。源自"中国改革论坛网"（http：//www. chinareform. org. cn/cirdbbs/dispbbs. asp？boardid＝12&id＝149507&page＝1&star＝1）。

模式转型时，许多拉美国家缺失了非技能型劳动密集型产品加工出口的环节，直接跃升至对技能性劳动力需求较高的加工产业。这样，拉美劳动力市场中出现了高素质劳动力相对短缺但低素质劳动力相对过剩的结构性失衡，未能吸收劳动力市场中业已存在的过剩供应，失业和非正规经济仍在增加。据 ECLAC 统计，1985—2005 年间，拉美地区的失业率平均为9.8％，其间仅发生过 6 次小幅下调；城市公开失业率˙8.3％，仅有 4 次小幅下调（见图 14—17）。同期，非正规部门在拉美经济中所占比重也呈现出总体上升趋势，2005 年前后非正规就业人口占总人口比例超过 2/3的国家包括：玻利维亚、巴拉圭、厄瓜多尔和尼加拉瓜；处于 1/2—2/3的国家有危地马拉、墨西哥、秘鲁和萨尔瓦多；处于 1/3—1/2 的国家有阿根廷、巴西、多米尼加和委内瑞拉；不足 1/3 的国家仅有智利和乌拉圭。[①] 非正规经济部门中，劳动力素质较差，生产水平较低，大多从事暂时性的体力劳动，工资或无或非常微薄，权益和福利不受法律保障，是贫

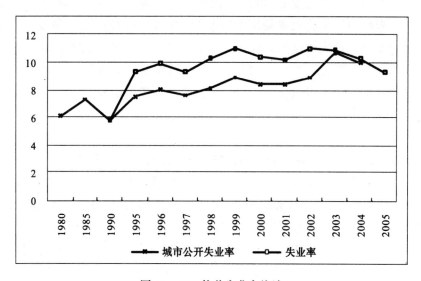

图 14—17　拉美失业率统计

数据来源：ECLAC（1999－2006），*Statistics Year Book.*

---

① 非正规经济采用拉美和加勒比地区社会经济数据库（CEDLAS）的定义，即社会保障未覆盖人群。数据来自：OECD 发展中心《2009 年拉丁美洲经济展望》，世界知识出版社 2009 年版，第 208 页。

困阶层的主要构成。非正规部门与正规部门并存，两大体系之间几乎不存在流动性，这使得拉美经济具有明显的二元性，而出口导向型产业的特点反复强化了这种特性。

在拉美现行外向型发展模式下，较高的失业率和大规模的非正规经济使得贫困加剧；而贸易结构相对集中，外资的溢出效益相对有限，使得出口和外资增长创造的就业机会与福利仅局限于相关的某些行业和地区。在这两种因素的作用下，拉美的贫富差距不断加大。如表14—6所示，能够获得数据的拉美国家中，所有国家的基尼系数都超过了0.4，一半以上的国家"高度不平均"，而其余国家收入"差距偏大"。① 在20世纪90年代，在拉美国家普遍完成发展模式转型后，多数国家收入分配差距持续扩大，直至2003年后，情况才略有好转。进一步地，表14—7根据收入五分位数分布计算得到拉美国家城市收入差距的具体情况，可以看到：经济模式转型以来，经济社会中贫富阶层的收入差距有着扩大的趋势（尤其是在2003年之前，此后略有回落）。2005年，巴西、多米尼加和哥伦比亚是拉美城市收入级差（即最高收入和最低收入之间的差距）最大的国家，收入分配五分位顶部和底部人群之间的所得差异超过20倍；继此之后，阿根廷、玻利维亚、危地马拉、洪都拉斯和尼加拉瓜的收入级差在15—20倍之间；而其余国家的收入级差也都超过了10倍。

四　部分基础设施得到改善，但公共产品可获性差距拉大

在外向型发展模式下，大量外资流入拉美，其中有相当一部分流入交通、仓储和通信等基础设施服务领域。据ECLAC统计，20世纪90年代拉美所吸引的外资中有24%投向上述部门，这些外资补充了拉美公共投入的不足，使得东道国的基础设施得到改善。以电信业为例，西班牙电信、意大利电信、法国电信、德国电信、卢森堡米雷康姆公司等外资电信企业自90年代起陆续进入拉美市场。他们在电信设施方面的投资，提升了拉美电信服务的整体可获得性。如图14—18所示，继拉美在90年代初期放开电信业投资政策之后，拉美的电话密度开始增加。

---

① 国际上通常把0.4作为收入分配贫富差距的"警戒线"，认为基尼系数在0.4—0.6为"差距偏大"，0.6以上为"高度不平均"。

由于电信业初始必要投资成本较高，企业需要靠市场扩张来降低平均成本，因此可以看到，在2000年前后拉美电信业市场争夺战达到白热化之后，移动电话、固定电话和宽带的线路数增速加快，电信市场的供应量显著扩大。

表14—6　　　　　　　　　　拉美国家基尼系数变化

		1990—1999	2000年以来
基尼系数>0.6	阿根廷		—
	玻利维亚		—
	巴西	+	
	智利	+	
	哥伦比亚	+	+
	危地马拉	—	
	洪都拉斯	+	
	墨西哥	—	—
	尼加拉瓜	+	+
	巴拿马	—	—
	秘鲁	—	—
	多米尼加	+	+
0.5<基尼系数<0.6	厄瓜多尔	+	
	萨尔瓦多	+	
	巴拉圭		+
	乌拉圭	+	+
0.4<基尼系数<0.5	委内瑞拉	+	—
	哥斯达黎加	+	+

注：（1）"＋"表示收入不平等扩大，"—"表示收入不平等缩小。（2）厄瓜多尔和乌拉圭为城市数据，其他国家为全国数据。数据来源：作者计算。数据来自 ECLAC 统计信息。

表 14—7   拉美国家城市人口收入差距

	1980	1985	1990	1995	2000	2005
阿根廷	6.66		8.06	10.22	16.71	15.67
玻利维亚			15.97	9.54	14.26	17.29
巴西	14.36		17.94	17.91	29.04	22.89
智利		12.75	11.70	11.83	17.43	13.98
哥伦比亚	17.29		8.48	15.46	25.38	21.83
哥斯达黎加	5.90		7.14	7.50	11.18	12.40
厄瓜多尔			7.76	9.28	15.16	13.51
萨尔瓦多				7.42	11.68	11.24
危地马拉		13.33	11.32		13.76	16.37
洪都拉斯			13.75	11.93	15.47	16.41
墨西哥		5.22	8.27	7.29	12.30	10.59
尼加拉瓜				11.40	19.03	18.81
巴拿马	9.77		12.95	11.22	15.56	14.13
巴拉圭		8.43	6.51	8.16		13.17
秘鲁					12.95	10.14
多米尼加				10.46	21.07	24.08
乌拉圭	6.82		5.43	4.49	10.14	10.58
委内瑞拉	5.48		7.82	7.48		

注：表中数值＝收入最高的 20％ 的人口的收入/收入最低的 20％ 的人口的收入。数据来源：作者计算。数据来自 ECLAC 统计信息。

　　然而，与政府投资公用事业的出发点不同，外资对基础设施的投资是以市场为导向的，这无疑会加大公共服务可获性差距。一方面，市场导向会促使外国资本最初会关注富裕阶层的需求，而后才会逐渐转向贫困人口，这一过程产生了不同收入阶层之间公共产品可获性的差距。另一方面，市场导向还会促使外国资本率先流向市场条件和投资环境良好的国家或地区，这也会加大公共产品可获性的地区或国别差距。对此，图14—19仍然以电信业为例加以证明。从图中可以发现，一国吸引外资的水平与其电话密度（即电信服务的可获性）的变化幅度之间存在正相关关系，也就是说，经济发达区域可以优先获得更多的电信服务。①

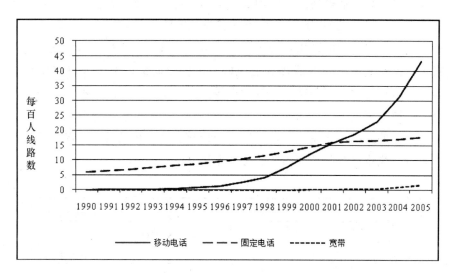

图14—18　拉美移动电话、固定电话和宽带渗透度

数据来源：OECD发展中心，《2008年拉丁美洲经济展望》，世界知识出版社2009年版，第152页。

事实上，除了电信服务之外，其他公共产品也存在类似的收入差距导致可获性差距加大的情况，往往容易使社会陷入"收入差距——可获性差距——新的收入差距——新的社会问题"这样的循环困境中。以教育产品为例，ECLAC统计数据显示，不同收入阶层接受高等教育的情况存在较大差异：收入五分位分布顶部与底部接受高等教育人口所占比例的差距在拉美平均在40％左右，其中阿根廷是38％，巴西是39.1％，智利和哥伦比亚是45％，墨西哥是38.3％，乌拉圭是58.3％。是否接受高等教育在很大程度上决定了劳动者的素质，进一步决定其未来就业。而现行经济社

① 图14—19中墨西哥和哥斯达黎加是例外。墨西哥的市场主要被"墨西哥电信"及其移动业务分支"美洲移动"所控制，这两家企业同时也是拉美地区主要的区域性电信服务提供商。而哥斯达黎加则是由于电信业仍然处于国有垄断当中，国家投资支持产业发展。

会体系下，拉美形成了"穷人子女——难以接受高等教育——劳动力素质低——难以就业或难以得到高薪——新生穷人"这样的恶性循环，此循环又通过三条路径向外辐射：第一条路径以新生贫困为传导途径，使社会差距持续存在甚或加大，二元经济结构得以刚性保持。第二条路径以失业为传导途径，高失业迫使政府增加社会支出，挤出基础设施公共投资，致使公用事业投资不足。[1] 第三条路径以消费为传导路径，由于收入差距以及边际消费倾向递减的作用，处于拉美"金字塔型"经济社会结构顶层的富裕人口消费能力强，但消费欲望很低；而处于底部的贫困人口消费欲望高，但消费能力弱。其结果是拉美市场内在需求十分有限，生产性企业只能转向国际市场，对外依赖性增强，对抗外部冲击的能力降低。由前文分析可知，外向型经济模式下，上述路径传导会被强化或巩固，仅依托市场的力量往往难以解脱社会问题的恶性循环。

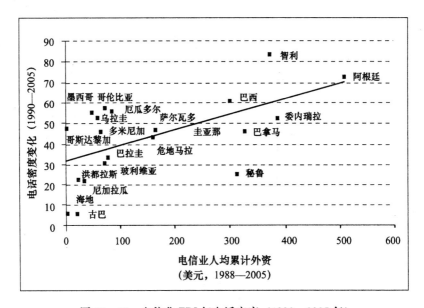

图 14—19　电信业 FDI 与电话密度（1990—2005 年）

数据来源：OECD 发展中心，《2008 年拉丁美洲经济展望》，世界知识出版社 2009 年版，第 154 页。

---

[1]　事实表明，恰是由于拉美社会支出大量用于保障性支出使得政府不得不压缩基础设施上的投资，以此避免公共债务持续扩大，结果造成了基础设施上的公共投资不足。

总之，在经济方面，外向型发展模式的两大支撑——贸易自由化和资本流动自由化——是内生因素，它们对经济形成直接推力，通过市场的自由配置就可以促进一国积极参与国际分工实现比较优势，从而形成国民经济的扩大循环，规避进口替代发展模式下的"短板效应"，有助于经济"增长"。但是，外向型发展模式也通过贸易条件和资本流动将外部变动导入国内经济中，增强了国民经济的对外依赖性，使得一国更易受世界经济周期的影响，往往会增加"小国经济"的波动性。在社会方面，贸易和投资是外生变量，它们通过传导机制对社会指标产生影响，只能对"发展"形成间接推力，无法直接消除或解决业已存在的社会问题和矛盾。因此，就社会角度而言，外向型经济模式并未克服进口替代模式下的发展瓶颈，良性社会效果的最终出现还是需要配合以适当的政策干预。

第五节　对拉美发展模式转型的经济与社会效果的思考

自改革开放以来，中国开始推行外向型的发展模式，政府和企业都竭尽全力通过各种政策和措施激励出口。特别是 2001 年中国加入 WTO 后，各级政府和各类企业都在一定程度上贯彻了出口导向型经济模式，这使得中国经济的增长模式选择及其出现的问题与拉美具有一定的相似性。而拉美国家在外向型发展模式调整过程中积累的经验和产生的问题具有某种普遍意义，研究这一问题对中国具有以下启示意义。

第一，降低经济的对外依赖度，提高内需的经济刺激作用。以出口导向为基础的外向型发展模式对中国的经济发展和经济增长起到了前所未有的促进作用，改变了改革开放前二十多年中国对外经济交流领域和范围狭窄、渠道单一、门类单调、规模过小的局面。然而，外向型的发展模式在扩大中国贸易和引资额的同时，也引发了与拉美类似的对外"依赖度"问题。目前，中国的外贸依存度已达 80％以上，外资总量占中国 GDP 的比重已超过 40％，大大高于发达国家、亚洲国家和地区的水平。为了规避对外依赖度过高而产生的众多潜在风险，中国应适时把关注重点转移至国内。目前，相对于拉美国家，中国"向内转"有着良好的国内基础。首先，中国拥有全球最大的国内市场，且国内市场还远远没有饱和，尤其是农村市场，还有着大片未垦之地；其次，中国国内资金相对充裕，2006年，中国城乡居民储蓄余额超过 15 万亿人民币，外汇储备余额超过 1 万亿美元，改革开放初期所面临的资金短缺问题已大为缓解。在这种情况下，中国应更多地通过内需来推动经济的增长，更多地把目光转向国内市场，重视并致力于国内市场的开发和升级，激活国内市场对促进国民经济增长的动力和作用，使内需成为中国经济增长的重要动力。

第二，提升国际竞争力水平，实现"走出去"的升级。拉美在发展出口和吸引外资的同时，囿于原有比较优势，结果导致对外部门的"数量扩张"超出"价值扩张"，贸易和投资无法实现跨越式的循环。针对拉美已出现的这一问题，中国应在当前贸易和投资已达到一定规模的前提下，不断提升产业竞争力，并推动"走出去"的升级，扩大对外部门的良性循环范围。首先，在提升产业竞争力方面，政府应具有长期规划及稳定的发展战略和思路，设计有效和协调的制度安排和运作框架，并进行持续投入，引导本国产业结构的不断优化；与此同时，政府还应通过政策运用鼓励企业成为研发投入、创新活动及科技成果应用的主体，从而在宏观和微观两个层面上促进本国产业创新能力的提升，进而形成产业竞争力。其次，在"走出去"升级方面，一是要升级"走出去"的产品形式，提升商品出口结构，应适当控制和缩小出口规模和出口商品种类，调整过去一些过度出口的政策和措施，实现适度的出口导向型经济政策，减少和控制附加值较低的产品出口，而开发、研制和增加高新技术型产品出口，将促使中国出口导向型经济从过去的低端市场向高端市场升级；二是升级"走出去"的方式方法，应结合中国当前人均 GDP 已超过 1 000 美元，一些生产技术处于国际领先水平的现状，扩大对外投资，形成资金和商品不断扩大化的积累和循环。

第三，加强对外贸和外资的引导，提高对外部门和企业的"溢出效应"。总结拉美外向型发展模式的经验教训，应看到中国与拉美类似，也同样通过外向型经济发展模式推动了经济的发展，但同样也出现了诸多问题。目前，中国也仅仅是贸易大国而非贸易强国；中国以劳动力、土地和能源等生产要素的低价格作为优势参与国际市场竞争，以高投资、高消耗和环境污染为代价支撑低附加值商品的出口；中国对外资的各种优惠政策造成出口型经济中地区间发展差异的加大及国民财富、利益和社会福利的无谓损失。中国应对出口导向模式的弊端及由此引起的问题进行认真思考并加以修正，积极稳健地发展中国的出口导向型经济，保持经济的持续繁荣发展。为此，一方面，要加强对外资和外贸的产业引导，促使对外部门对宏观经济整体产生正向的激励作用；另一方面，要加强对外资的地区引导，规避开放导致的地区差异加大的潜在危机。

第四，加强外向型经济模式下的适应性调整。拉美在从进口替代型发展模式转向出口导向型发展模式中漏掉了重要的一节，即非技能型劳动力密集型的出口快速发展。这一环节缺失加之前期进口替代时期工业化膨胀发展，导致农业萎缩释放出的农村劳动力成为社会过剩劳动力，使其出现了过度城市化、严重贫困和非正规经济刚性存在等社会问题。与拉美不同，中国改革开放以来所发展的外向型出口加工业恰恰利用大量存在的低技能、非熟练劳动力，通过扩大在劳动力市场中的需求将农民引入制造业，是一种自然的产业调整和城市化过程。但是，这种低技能型劳动密集产业使中国处于国际生产分工中的最低端，成为"世界加工厂"，是一种粗放型的增长模式。党的"十七大报告"和"十一五规划纲要"等重要纲领性文件已经一再重申：要"加快转变经济发展方式，推动产业结构优化升级"。因此，中国当前的外向型经济模式面临升级产业结构和消化大量低技能劳动力的双重需求，二者之间存在着一定的矛盾。为了创造良好的增长和发展环境，中国应在坚持现有劳动密集型产业的同时，加快劳动力的培养和训练，加大教育（特别是职业教育）投入，提升教育质量，从而在现有模式下一步步解决国内劳动力市场中存在的结构性失衡问题，逐渐适应产业的升级和调整。

第五，加强经济政策和社会政策的协调。拉美的历史经验表明："增长"不是必然促进"发展"，经济增长并不一定能够必然带来社会问题的解决；外向型发展模式下，自由市场经济很可能会加剧原有的社会矛盾，影响经济的可持续增长和社会的协调发展。吸取拉美教训，中国除了要根据增长需要适时调整经济政策外，还应根据发展需求推出恰当的纠偏性的社会政策，如提高对贫困人口发展的支持力度、加大社会保障覆盖面等，以此切断外向型经济模式下的社会问题循环困境，使得增长最大限度地带动发展。同时，中国的社会政策要规避拉美"重保障，轻就业"的福利化特点，政策目标应定位于补充性的保障，旨在提供普遍的安全保障和帮助低收入人口；政策措施应立足于鼓励就业和鼓励人力资本投资，而不只是救助，或利用收入再分配来保证平等的收入水平。由此，可以通过社会政策的推出，促进发展，保障增长。此外，中国在制定社会政策时还应注重创造"机会"的平等性，避免出现拉美国家由于市场导向所引发的公共产品可获性存在差异的问题，实现资源配置的"公正"和"效率"相结合。

结 束 语

这本书以 3 编 14 章的架构、约 60 万字的篇幅，系统研究了拉美国家"社会转型期的困惑"这一重大主题。我们在全书框架结构的设计上力求"主线鲜明、统分结合、层层深入、各有侧重"，既保证整体研究思路的一致性，又使各章的主要论题能够充分展开。由于参与此项研究的学者较多，并且都是以其专业优势承担相应部分的研究，各自在研究过程中提出的观点和结论也就散见于不同章节之中。因此，有必要对全书中的一些重要观点在此做一个简要的综述。

"总论"部分（第一、二章）纵向论述了拉美国家 1950—2002 年的发展历程，界定了拉美国家社会转型处于加速期的历史大背景。作者在这个部分集中探讨了拉美国家在人均 GDP1000—3000 美元过渡期为何"危机频发"这个关键性的问题。这个部分的论述是以"一条主线"和"三个维度"为经纬展开的。"主线"指的是拉美的"三次危机"：60—70 年代的社会—政治危机、70—80 年代的结构性发展危机和债务危机、90 年代的金融与经济危机。"三个维度"即经济增长、社会发展和政治民主。作者在这个部分提出了一些有新意的观点。

1. 在当代发展中国家的发展进程中，当人均 GDP 达到 1000 美元后"社会进入矛盾高发期"的说法可能反映了一种带普遍性的现象。拉美国家从第二次世界大战结束到 60 年代中期，社会形势经历了 20 年左右的相对安定，此后就进入社会矛盾不断加剧的状态。但是，作者通过考察后认为，拉美国家在 60—90 年代出现的"系列危机"则是一种具有拉美特色的现象，而并非发展的一般规律。这些危机的发生与拉美国家特定的历史、社会背景和发展模式有着密切的内在联系，更与拉美国家发展观的局限和决策不当分不开。或者说，对于当时出现的各种矛盾与冲突，如果处理得当，并不必然会演变成危机。作者同时指出，各国具体情况不同，实现人均 GDP 1000 美元的难易程度与时间早晚都不一样。社会矛盾的激化不会都以人均 GDP1000 美元这个"量化"标准为指示器，也不会因为人均 GDP 达到 3000 美元就自动化解。

2. 在由传统社会向现代社会转型的过程中，在社会生产力不断发展的同时，观念与制度的变革也至关重要。拉美国家的突出现象是，经济增长受到普遍关注，观念与制度变革严重滞后。片面追求经济现代化，反对在社会结构、价值观念和权力分配等方面进行变革的所谓"现代传统主义"长期占据主流意识形态地位。变革与反变革的斗争在拉美各国长期反复交替地进行着，许多重大的社会变革运动都遭到国内外保守势力的抵制或扼杀。也就是说，作者对于拉美国家现代化进程中严重的社会分化现象的分析，没有仅仅停留在如何处理经济增长与社会发展的相互关系这个层面上，而是着力去探讨这种现象背后的深层次原因，努力去揭示不同社会集团之间的权力与利益斗争的实质。

3. 关于拉美国家"结构性发展危机"的论述。1982 年爆发的债务危机标志着拉美国家发展进程的一次重大挫折，导致拉美地区持续 20 年的经济衰退与低迷。作者指出，债务危机的源头是六七十年代出现于拉美国家的结构性发展危机。当时，许多拉美国家进口替代工业化的"简易"（非耐用消费品进口替代）阶段陆续进入尾声，一系列结构性失衡凸现出来（第二章第一节），对继续保持较高的经济增长形成严重的制约。实际上，这场结构性发展危机的实质就是，一种原有的经济增长方式已经失去活力，转变增长方式已成当务之急。然而，拉美国家却没有下决心转变经济增长方式，而是继续在原有模式下走上"负债增长"之路，从而酿成了后来的债务危机，并不得不在债务危机的艰难处境中去进行结构改革。这是一个深刻的历史教训。

4. 对"拉美化"概念提出质疑。作者认为，近年来在国内流行的所谓"拉美化"的概念缺乏确切的内涵，既反映不出拉美国家发展的不成功表现在哪些方面，更说明不了不成功背后的原因是什么。作者撇开"拉美化"这个含糊概念，从"制度延续与制度变革"、"变革与反变革的长期反复"、"发展理论与发展模式的局限"等层面去拓展我们对拉美发展问题研究的视野，有助于加深我们对拉美国家发展的成败得失与经验教训的理解。

5. 作者对拉美民众主义（populismo）作出定位和评价。作者认为，拉美民众主义是在民族民主革命运动的历史大背景下出现的一种资产阶级改良主义，在很大程度上反映了拉美国家的资产阶级，特别是工业资产阶级力图在帝国主义和国内寡头势力的夹缝中求生存、求发展的主张。拉美的民众主义政府尽管有这样那样的弱点和失误，但在推动国家工业化和改善劳工群体的地位与福利方面是有贡献的。某些西方舆论和拉美保守势力对民众主义"围剿"式的批评正是拉美"变革与反变革"长期激烈较量的一种反映。拉美民众主义的再度复兴，恰恰是因为拉美新自由主义经济改革的不成功和拉美的代议制民主体制一再面临危机。

"分论"部分（第三章至第十章）以 8 章的篇幅重点探讨拉美国家的社会问题。贯穿"分论"部分的一条研究主线是如何处理经济增长与社会发展之间的关系；研究的范围涉及处理经济增长与社会发展相互关系的理念变化、社会政策的演进、收入分配制度的现状、社会分层与社会结构变化、劳动力与就业状况、教育与社会不公、社会保障制度变迁和社会治安危机等八个方面。

在第三章中，作者系统考察了两个相关的进程：一是经济增长与社会发展相互关系的流行理论在世界范围和拉美地区的演进过程；二是拉美国家在内向与外向两种发展模式下社会问题的演化过程。作者从考察中揭示出：第一，从总体上讲，拉美国家的决策者长期保持一种重经济增长、轻社会发展的偏好。发展理念上的这种僵化现象是导致政策失调和社会冲突激化的深层原因。第二，拉美国家社会问题的累积与激化不论是在内向发展还是外向发展模式下都同样在发生。第三，经济衰退周期中社会贫困现象的增加往往并不能被经济扩张周期中的改善所抵消。在此基础上，作者归纳了造成拉美国家经济增长与社会发展严重失衡的五个基本因素（第三章第四节）。

在第四章中，作者的考察表明，拉美国家社会政策的演变分为四个阶段。20 世纪 50 年代以前，社会政策是作为资产阶级民主革命运动的内容被提出来的，诸如劳工基本权利、公民选举权和扩大国民教育等。在拉美结构主义思想主导的阶段（50—70 年代），社会政策已作为发展政策的组成部分出现，作者将其称之为"国家计划的社会政策模式"，而这种模式却导致了明显的社会"断裂"现象。在新自由主义盛行的阶段（80—90

年代），社会政策模式发生方向性转变，如国家退出社会服务、私人部门
参与、劳工市场灵活化、养老保险私有化等。进入 21 世纪以来，随着新
自由主义的退潮，社会政策在拉美国家受到普遍重视，如提出"社会凝
聚"观，以及各国政府围绕落实"千年发展目标"所制定的诸多社会政策
等。总之，社会政策迟迟不能到位，与长期以来严重的社会问题对社会政
策的强烈呼唤形成巨大反差。因此，作者指出，社会问题的解决，首先取
决于树立科学的发展观，然后是用完整的社会政策体系去落实"以人为
本"的发展理念。

收入分配不公是拉美国家社会问题最突出的表现之一，描述这种现象
的文章可谓"汗牛充栋"。作者在第五章中对这个问题的研究集中于"制
度探源"，着重对拉美国家的收入分配和再分配制度做了详尽、细致的分
析，揭示出特定的收入分配制度与收入分配不公之间的直接因果关系。作
者认为，拉美地区的收入分配不公不是发展中的问题，而是发展的结果，
是由收入分配制度不公造成的。因此，收入分配状况的改善从根本上讲必
须从改变收入分配制度入手。

第六章研究拉美国家的社会结构与社会分层。社会分层化与社会结构
转型伴随着拉美国家现代化的过程而发生，诸如社会阶层的多样化、中等
阶层的扩大及其构成成分的变化、传统的地产主阶级向资产阶级的转化
等。作者抓住了拉美国家社会结构转型的一个突出特点：社会的"金字
塔"型结构呈现某种"固化"特征，并没有随着人均 GDP 水平的提高而
发生明显变动。基本原因就在于，以 80 年代初的债务危机为起点，拉美
的发展进程发生一次大的逆转，出现长达 20 年左右的经济衰退与低迷，
以及社会形势的恶化，导致部分中产阶级和广大下层社会集团的贫困化。
在这个大背景下，作者进一步分析了拉美国家社会分层趋势"固化"的六
个具体原因（第六章第三节）。作者认为，拉美国家剧烈的社会冲突现象、
严重的社会犯罪现象、大规模移民和知识精英流失现象、保守与变革的斗
争长期反复的现象等，无一不与社会结构失衡有着紧密的内在联系。

第七章研究劳动力市场与就业政策。作者的研究表明，战后时期，拉
美劳动力总体处于高增长态势，而劳动力参与率也呈持续上升趋势。因
此，各国面临巨大的就业压力几乎是一种常态。进口替代型工业化进程虽
然在前期阶段创造就业能力较强，但从总体上看，具有吸纳劳动力能力偏
低的特点。加上拉美结构学派的就业政策过分强调"生产性吸纳"，导致

非正规就业大量增加，进一步强化了城乡双重二元结构。在八九十年代的外向发展阶段，由于出现"工业化倒退"现象，服务业，特别是其中的传统服务业成为吸纳就业的主要部门，因而"对外开放"未能有效发挥劳动力的比较优势。在这个大背景下，就业政策调整与劳动力市场改革的成效都相对有限。作者从对拉美的实证研究中提出了关于解决劳动力就业问题的六点对策思考（第七章第四节）。

在第八章中，作者运用国际上有关教育与社会不公问题研究的一些前沿观点，对拉美社会转型期的教育发展进行研究。作者指出，与战后工业化高潮相适应，拉美国家的国民教育也经历了较大的发展，并呈现出从精英型、文化型、消费型向大众型、经济型、生产型转变的趋势。但在70年代末开始出现投入结构失衡和资源分配不公等诸多不合理现象，到80年代进一步演变成教育危机，而后就有90年代的教育改革，但改革成效不甚理想。作者采用"教育基尼系数"所做的分析表明，拉美国家教育基尼系数的高低与收入分配基尼系数呈正相关的关系。作者指出，拉美国家教育—收入不平等的原因既存在于教育体系内部，即学校教育质量的差异，也存在于教育体系的外部，即教育机会的不均等。要有效遏制收入差距不断扩大的趋势，就必须快速提高低教育水平者和低收入水平者的受教育水平。

第九章研究拉美的社会保障制度。作者指出，拉美国家的社会保障制度从20世纪20年代起陆续建立，但存在覆盖面小、强势集团受益多、体系"碎片化"等弊端。随着时间的推移，社保体系财政收支失衡、分配不平等、管理效率低等问题加剧，直至80年代债务危机发生后整个社保制度陷入困境。作者对80年代以来拉美国家的养老保障、医疗保障和社会救助三项制度的改革做了重点考察和分析。作者认为，这场在私有化方针指导下的社会保障制度改革，虽然降低了国家财政负担，提高了资金运营效率，但带来的社会问题也相当突出，诸如社会保障覆盖面下降，从而造成社会排斥；社保制度分层结构加剧了社会分化；社保私有化改革带来收入分配不公等。作者在上述研究的基础上，对我国的社会保障建设提出了六点政策建议（第九章第四节）。

社会治安危机是拉美国家社会问题严重的一个重要表现。在第十章中，作者以翔实的资料数据描述了拉美国家社会治安问题的严重程度及其造成的后果。美洲开发银行关于拉美6国的统计资料表明，暴力犯罪造成的物质损失占 6 国 GDP 总值的 14.2%，超过这些国家的社会公共开支。
更严重的是，社会治安问题造成了相关国家的可治理性危机。作者不仅从
社会经济（社会不公、城市化失控等）、司法制度、毒品和武器泛滥、文
化、家庭等五个方面分析了社会治安恶化的原因，而且特别强调了高贫困
率、高辍学率、高失业率对青少年犯罪的影响。作者认为，尽管拉美国家
在治理社会治安危机方面已经采取了一些可取的做法，但根本之道恐怕需
要在保持适度经济增长的前提下，通过建立全面的社会政策体系来进行长
期的、综合性的治理。

　　本书在"专题"部分选择了地区发展失衡、经济改革的社会后果、城
市化"超前"现象、外向发展模式的经济与社会效果等四个专题。主要着
眼点就在于，对这些问题的研究可能对于我国当前所处的发展阶段更具有
启示意义。

　　第十一章以拉美第一大国巴西作为研究地区发展不平衡问题的典型案
例。作者从六个不同层面分析了巴西地区发展失衡的基本状况，指出这种
失衡局面的形成既有地理、历史、资源禀赋因素，也是工业化发展过程的
一个"副产品"。巴西政府早在 1940 年就倡导"西进"运动，此后历届政
府相继推行了多种促进落后地区发展的计划，包括 1960 年迁都巴西利亚。
这些努力虽然在一定程度上阻止了地区发展差距的继续扩大，但终究未能
明显改变地区间发展严重失衡的基本格局。而这种格局又成为收入分配严
重不公、市场难以扩大、经济难以持续发展的重要因素。作者在文中总结
了巴西在治理地区发展失衡方面的四点经验和三点教训（第十一章第三
节）。

　　阿根廷曾以"世界上最富裕国家之一"的身份跨入 20 世纪。100 年
之后，这个国家不仅早已从那个荣耀位置上跌落下来，而且是在一场严重
的经济社会危机中跨入 21 世纪。在第十二章中，作者以社会发展问题为
主要线索，对 20 世纪后半期阿根廷的发展历程做了系统梳理和分析。
1970 年以前，阿根廷的收入分配差距在拉美国家中是最小的。然而，70
年代中期形势开始逆转，贫困率从 70 年代中期的 8% 上升到 1980 年的
20%，1998 年的 32%，2001 年突破 40%，并引发严重的社会动乱。作者
的研究表明，在社会贫困化现象不断加剧的背后，是阿根廷政府发展战略
与决策的一系列失误及其引起的危机与衰退。阿根廷经济增长速度从 50
年代中期开始下降，1977—1990 年更经历了其历史上最长的一次危机，

因此，1950—1990 年的 40 年间，GDP 年均增长率仅为 2.1％。90 年代，阿根廷作为拉美新自由主义改革的先锋，虽然通过一些极端性措施使经济增长率有所提高，但最后酿成一场深刻危机。

拉美的城市化水平超过了欧洲。因此，拉美城市化"超前"现象历来广受关注。在第十三章中，作者认为，人们在关注拉美城市化"超前"现象的同时，往往忽略了拉美城市人口历史起点高（殖民统治的政治、军事中心和大量移民）的背景。造成拉美城市化超常发展的主要原因是：城市化与人口增长高峰期相吻合、农业"技术现代化"模式加速了农村向城市移民、产业布局在地域上过度集中、城市化过程中政府"缺位"。作者指出，拉美城市化的突出问题是中心城市的畸形发展和"超大城市化"。这种现象在近三十年间又受到全球化和经济开放的进一步推动。在这种城市化模式下，城市就业问题长期无法解决，农业生产潜力不能得到有效利用，地区发展不平衡不断加剧，从而加大了社会转型中的困难。"贫困城市化"（目前拉美城市人口中 30％处于贫困状态）和大量城市贫民窟的存在，更成为各国政府面临的治理难题。

当一种发展模式失去活力时，改变发展模式是当务之急。而当一种新的发展模式建立起来之后，它能否带来人们所期待的经济与社会效果，还需要经过一个不断调整的过程。认识这种客观规律无论对于拉美国家还是中国都至关重要。第十四章着重考察了拉美国家近 20 年来外向型发展模式的经济与社会效果。作者通过翔实的资料数据分析指出，在经济效果方面，拉美国家呈现出五个特点：经济开放性加强，但经济独立性下降；贸易与投资双增长，但国际收支失衡相伴而生；外资直接推动经济增长，但跨国公司"溢出效应"有限；外向化产业布局形成，但民族控制力下降；拉美整体国际经济地位上升，但国家间差异在加大。在社会效果方面，贸易与投资的"发动机"效应显现，但国民可支配收入增长滞后；经济增长状况改善，但减贫绩效仍不稳定；产业国际化水平提升，但二元经济结构持续存在；部分基础设施得到改善，但公共产品可获性差距拉大。拉美国家的上述状况很值得我们认真关注。

综上所述，我们对拉美国家"社会转型期的困惑"所进行的探讨，大体可以分为两个层面。一是拉美国家在社会转型期中各种危机频繁发生的现象；二是持续数十年严重的社会贫富分化现象。

我们在研究中发现，拉美国家的社会分化及其引起的社会冲突有一个发展演变的过程。在工业化的前期阶段，拉美国家所取得的社会进步都比较明显。例如，阿根廷、乌拉圭和智利都是在 20 世纪 30 年代率先启动进口替代工业化的国家，到 1950 年，阿根廷和乌拉圭的中等阶层都占总人口的 30％ 以上，初等教育覆盖率分别达到 84.5％ 和 91.8％；智利在 1940—1954 年期间，工业部门就业增加了 70％，工人数量增加了 63％。直到 1970 年前后，阿根廷的贫困率仅为 8％，乌拉圭为 10％，智利稍高一点，也只有 17％。整个拉美地区从第二次世界大战结束到 60 年代中期的 20 年间社会也处于"相对平静"的状态。正如有学者指出："战后制度化的劳资关系连同工资和就业的长时期的增长，在保证拉美许多国家 20 年的劳工相对平静方面是有作用的。"①

　　可见，拉美社会形势的普遍恶化始于 20 世纪 60 年代中期。从相关统计数据看，1980 年，整个拉美地区贫困率为 40.5％，与 1970 年前后（40％）基本保持在同一水平上，1990 年达到 48.3％，创历史纪录。90 年代，贫困率虽然呈总体下降趋势，但降幅不大，到 2002 年仍高达 44％。2003 年以后，贫困率下降速度有所加快，至 2008 年已降至 33.2％。

　　值得关注的是拉美地区贫困率变化过程中的几个重要时间点。

　　第一个时间点是 20 世纪 60 年代中期，即拉美社会—政治危机的爆发点。我们既然承认工业化的前期阶段给拉美国家带来了明显的社会进步，并出现了战后头 20 年的社会"相对平静"期，那为何紧接着就爆发危机？这个问题需要从两个角度来回答。其一，工业化的前期阶段在带来社会进步的同时，社会贫富分化现象也在发生，这是同一个进程的两个侧面。拉美国家由于受历史与制度因素的影响，社会分化现象的加剧过程可能比在其他地方更加快速。通常在这个阶段中，政府决策层更看重社会进步的一面而相对忽略社会分化的一面。拉美国家当时还流行这样一种观点：根据库兹涅茨的倒 U 型曲线假设，认为在拉美国家中当人均 GDP 达到 600 美元时，社会收入分配差距由逐步拉大转向逐步缩小的"拐点"就会到来，实际上是把这种转折看作一个自发的过程。对社会分化现象的忽略是导致这一现象不断加剧的重要原因。其二，60 年代中期社会形势逆转的重要

---

　　① 伊恩·罗克伯勒：《1930 年以来拉丁美洲的城市工人阶级和劳工运动》，载莱斯利·贝瑟尔主编《剑桥拉丁美洲史》第六卷（下），当代世界出版社 2001 年版，第 365 页。

背景就是我们所说的"一系列结构性失衡"的出现。其实质就是进口替代工业化的内向发展模式已经面临危机，经济下滑，创造的就业机会减少，政府解决社会问题的能力下降。众所周知，拉美国家在 70 年代初期没有果断地转变发展模式，而是在原有模式下走上"负债增长"之路。其结果事与愿违，待到 1982 年债务危机爆发，陷入了更大的发展困境。从 1970 年前后到 1980 年，拉美的贫困率始终在 40％左右徘徊。

第二个时间点是 1982 年爆发债务危机。80 年代在债务危机的冲击下，拉美出现其发展史上"失去的 10 年"，到 1990 年，拉美贫困率达到 48.3％的历史最高纪录。

第三个时间点是 90 年代初拉美结构改革的全面启动。90 年代初期，拉美地区经济曾出现恢复性增长，但由于新自由主义指导下的结构改革又出现诸多政策失误，以墨西哥、巴西和阿根廷三场金融危机为导火索，整个地区经济一波接一波地下滑，一直延续到 2002 年。因此，直到 2002 年，拉美地区的贫困率仍保持在 44％的高位上。

第四个时间点是 2003 年开始的经济复苏。2003—2008 年，在大多数拉美国家将经济政策循着摆脱新自由主义的方向进行调整的同时，拉美地区在初级产品出口繁荣的推动下出现了新一轮经济扩张（年均增长率超过 5％）。在经济增长加快和积极的社会政策共同作用下，拉美的贫困率也呈现持续下降的态势。2009 年，在国际金融危机冲击下，拉美地区经济又出现大幅滑坡（年增长率为-1.8％），贫困人口增加 900 万人，贫困率再度反弹。

上述变动过程表明，第一，20 世纪的后 30 年，拉美贫困率一直在 40％以上的高位徘徊，与同期危机频发、经济低迷密切相关。第二，拉美的贫困率随着经济周期的变化而呈现出升降起伏，但即便经济增长出现更高的速度和更加可持续的程度，也不可能指望仅靠经济增长这个单一的因素去解决社会贫困问题。第三，2003—2008 年 6 年间，拉美贫困率下降的幅度超过 10 个百分点（由 44％降至 33.2％），除了经济增长的因素外，积极的社会政策在其中所起的作用是不容忽视的。或者说，较高的经济增长与积极的社会政策的有机结合，可能是解决社会贫困问题的可取之路。不过，拉美国家社会政策体系的创建究竟能在多大程度上突破现行发展观念与社会权力分配格局的钳制，还有待观察。

我们在本书第一章第三节曾引用联合国拉美经济委员会于 20 世纪 70

年代对拉美国家的发展进行评估后所作出的结论。结论指出："在经济变量方面实现的增长往往并没有在人类福利与社会正义方面带来相应的质的变化。诸如群众性贫苦、生产体系不能为不断增加的劳动力提供就业、广大居民阶层缺乏经济和社会参与等严重的问题，都证明了上述结论。"①三十多年过去了，如何彻底改变这种结局，对拉美国家而言依然任重道远；如何防止出现这种结局，值得其他发展中国家引为借鉴。

---

① CEPAL，*América Latina en el Umbral de los Años 80*，p. 89，Santiago de Chile，1980.

本书作者介绍

（按章节顺序排列）

苏振兴　中国社会科学院学部委员，中国社会科学院拉丁美洲研究所研
　　　　究员。
　　　　撰写"前言"、"第一章"、"第二章"、"第十三章"和"结束语"。

张　勇　中国社会科学院拉丁美洲研究所经济研究室，博士，助理研究员。
　　　　撰写"第三章"和"第七章"。

赵丽红　中国社会科学院拉丁美洲研究所经济研究室，博士，副研究员。
　　　　撰写"第四章"和"第八章"。

谢文泽　中国社会科学院拉丁美洲研究所经济研究室，博士，副研究员。
　　　　撰写"第五章"。

黄志龙　中国国际经济交流中心研究部，博士，助理研究员。
　　　　撰写"第六章"。

房连泉　中国社会科学院拉丁美洲研究所社会文化研究室，博士，副研
　　　　究员。
　　　　撰写"第九章"。

林　华　中国社会科学院拉丁美洲研究所社会文化研究室，副研究员。
　　　　撰写"第十章"。

杨志敏　中国社会科学院拉丁美洲研究所经济研究室副主任，博士，副研
　　　　究员。
　　　　撰写"第十一章"。

沈　安　新华社世界问题研究中心，高级编辑。
　　　　撰写"第十二章"。

岳云霞　中国社会科学院拉丁美洲研究所综合理论研究室副主任，博士，
　　　　副研究员。
　　　　撰写"第十四章"。

参考文献

1. ［美］芭芭拉·斯托林斯、威尔逊·佩雷斯：《经济增长、就业与公正》，中国社会科学出版社 2002 年版。

2. ［美］德尼·古莱：《残酷的选择：发展理念与伦理价值》，社会科学文献出版社 2008 年版。

3. ［英］莱斯利·贝瑟尔主编：《剑桥拉丁美洲史》（中文版），第 6 卷，当代世界出版社 2000 年版。

4. 艾斯平—安德森：《福利资本主义的三个世界》，法律出版社 2003 年版。

5. 艾斯平—安德森：《转变中的福利国家》，重庆出版社 2003 年版。

6. 陈芝芸：《墨西哥现代化进程中的地区发展问题》，《拉丁美洲研究》2000 年第 5 期。

7. 戴维·波普诺：《社会学》（上），辽宁人民出版社 1988 年版。

8. 樊纲、张晓晶：《"福利赶超"与"增长陷阱"：拉美的教训》。(www. neri. org. cn/special/200801fg. pdf)

9. 樊仁：《巴西的"西部大开发"》，《中国建设报》2001 年 2 月 9 日。

10. 房连泉：《增强社会凝聚力：拉美社会保障制度的改革与完善》，《拉丁美洲研究》2009 年增刊。

11. 郭熙保：《从发展经济学观点看库兹涅茨假说——兼论中国收入不平等扩大的原因》，武汉大学经济发展研究中心 CEDR 工作论文。

12. 韩大伟、厉放、吴家亨：《养老金体制：国际比较、改革思路、发展对策》，经济科学出版社 2000 年版。

13. 胡安·阿里斯蒂亚主编：《AFP：三个字的革命智利社会保障制

度改革》，中央编译出版社 2001 年版。

14. 加布里埃尔·克斯勒：《城市新贫困：近 20 年来全球性、区域性以及阿根廷的动因》，《拉丁美洲研究》2009 年第 2 期。

15. 江时学、杨志敏：《拉美国家人均 GDP 接近 1000 美元时面临的挑战》，《求是》2004 年第 12 期。

16. 江时学：《拉美发展模式研究》，经济管理出版社 1996 年版。

17. 吕银春：《巴西对落后地区经济的开发》，《拉丁美洲研究》2000 年第 5 期。

18. 美洲开发银行：《拉美改革的得与失：美洲开发银行论拉丁美洲的经济改革》，社会科学文献出版社 1999 年版。

19. 尚玥佟：《巴西贫困与反贫困政策研究》，《拉丁美洲研究》2001 年第 3 期。

20. 世界银行：《1999—2000 年世界发展报告》（中文），中国财政经济出版社 2000 年版。

21. 苏振兴、陈作彬等：《巴西经济》，人民出版社 1983 年版。

22. 苏振兴、袁东振：《发展模式与社会冲突——拉美国家社会问题透视》，当代世界出版社 2001 年版。

23. 苏振兴：《增长、分配与社会分化——对拉美国家社会贫富分化问题的考察》，《拉丁美洲研究》2005 年第 1 期。

24. 苏振兴：《苏振兴文集》，上海辞书出版社 2005 年版。

25. 苏振兴主编：《拉丁美洲的经济发展》，经济管理出版社 2000 年版。

26. 苏振兴主编：《拉美国家现代化进程研究》，社会科学文献出版社 2006 年版。

27. 托马斯·斯基德摩尔、彼得·斯密斯：《现代拉丁美洲》，世界知识出版社 1996 年版。

28. 王晓德：《贸易自由化与拉美国家的经济发展》，《拉丁美洲研究》2002 年第 2 期。

29. 吴国平：《拉丁美洲经济发展中的经验与教训》，《中国经贸导刊》2006 年第 3 期。

30. 徐世澄：《拉丁美洲国家发展战略的经验与教训》，《紫光阁》2006 年第 5 期。

31. 徐文渊、陈舜英、刘德主编：《阿根廷经济》，人民出版社 1983

年版。

32. 伊恩·罗伯逊：《社会学》（上册），商务印书馆 1990 年版。

33. 张勇：《20 世纪 70 年代以来拉美劳动力流动研究》，中国社会科学院研究生院博士论文 2008 年 5 月。

34. 郑秉文：《中国须防止增长性贫困》，《中国证券报》2007 年 4 月 13 日。

35. 周世秀：《巴西"向西部进军"的历史经验》，载《世界历史》2000 年第 6 期。

36. 祝文驰等：《拉丁美洲的共产主义运动》，当代世界出版社 2002 年版。

37. Arenas，Alberto，Julio Guzman Cox，"Fiscal policy and social protection in Chile"，*CEPAL Review 81* ，Dec. 2003.

38. Alda，Erik y Gustavo Beliz（Editores），*¿Cuál es la salida? La agenda inconclusa de la seguridad ciudadana?* BID，2007.

39. Aldunate，Eduardo and Ricardo Martner，"Fiscal policy and social protection"，CEPAL REVIEW 90，December 2006.

40. Ames，Barry，"The Politics of Public Spending in Latin America"，*American Journal of Political Science* ，Vol. 21，No. 1，Feb，1977.

41. Arias，Fernández，E. and P. Montiel，"Reform and Growth in Latin America：All. Pain，No Gain？" *IMF Staff Papers*，Vol. 48，No. 3，2001.

42. Arriagada Irma y Lorena Godoy，*Seguridad ciudadana y violencia en América Latina：diagnóstico y políticas en los años noventa* ，CEPAL，agosto de 1999.

43. Atria，Raúl，"Estructura ocupacional，estructura social y clases socials"，*Políticas Sociales* ，SERIE 96，octubre de 2004，Santiago de Chile.

44. Balbo，Marcelo，Ricardo Jordán y Daniela Simioni，*La ciudad inclusive*，CEPAL，Santiago de Chile，noviembre de 2003.

45. Banco Mundial，*Argentina：A la Búsqueda de un Crecimiento sostenido con Equidad Social*，2006.

46. Beals，Ralph L. ，"Social Stratification in Latin America"，*the A-*

merican Journal of Sociology , Vol. 58, No. 4, Jan. , 1953.

47. Behrman, Jere R. , Nancy Birdsall and Miguel Székely, "Economic Reform and Wage Differentials in Latin America", Working Paper No. 435 , IADB, October 2000.

48. Bizberg, Ilan, "Social security systems in Latin America in the 20th century and the model of the European welfare state", El Colegio de México. (http//: www. colmex. mx/centros/cei/Paginas%20profesores/Articulos/Bizberg/WZB%20editedl%20 (2) . doc)

49. Carlevari, Isidro J. F. y Ricardo D. Carlevari, La Argentina, Geografía humana y económica , 13 edición, Editorial Grupo Guía S. A. Buenos Aires, 2003.

50. CEPAL, Anuario Estadístico de América Latina y el Caribe, 2006, 2007, Santiago de Chile.

51. CEPAL, Construir Equidad desde la Infancia y la Adolescencia en Iberoamérica , septiembre de 2001.

52. CEPAL, Panorama de la inserción internacional de América Latina y el Caribe, Tendencias 2007, Santiago de Chile.

53. CEPAL, Panorama Social de América Latina , edición2000 — 2001, 2006, 2008, Santiago de Chile.

54. CEPAL/AECID/SEGIB/OIJ, Juventud y cohesión social en Iberoamérica: un modelo para armar , Octubre de 2008, Santiago de Chile.

55. CLACSO, Violencia, sociedad y justicia en América Latina , noviembre de 2002, Buenos Aires de Argentina.

56. Clark, Ximena, Timothy J. Hatton, "What Explains Cross-Border Migration in Latin America?" ANU and Essex Jeffrey G. Williamson, the World Bank Harvard, Revised in June 6, 2003.

57. Crabbe, Carolin, A Quarter Century of Pension Reform in Latin America and the Caribbean: Lessons Learned and Next Steps , Inter-American Development Bank, 2005.

58. Daniel, Kostzer, Bárbara Perrot y Soledad Villafañe, Distribución del Ingreso, Pobreza y el Crecimiento en la Argentina, Ministerio de Trabajo de Argentina, 2006.

59. De Melo, Jaime and Sumana Dhar, "Lessons of Trade Liberalization in Latin America for Economies in Transition", *World Bank Working Papers*, Nov., 1992.

60. Dirección Nacional de Investigaciones y Análisis Fiscal de Argentina, *Recursos tributarios 1997—2007*, Buenos Aires, 2008.

61. Dirección Nacional de Política Criminal, Ministerio de Justicia y Derechos Humanos de Argentina, *Informe Anual de Estadísticas Policiales 2005*, Buenos Aires, 2006.

62. Duhalde, Eduardo, *Discurso de Asunción a la Presidencia*, 02/01/2002.

63. ECLAC, "Chapter IV, Occupational stratification, A decade of social development in Latin America, 1990—1999", p. 141—179, Santiago de Chile, 2000.

64. ECLAC, "Latin America: Urbanization and urban Population Trends 1950—2000", *Demographic Bulletin*, January, 2005, Santiago de Chile.

65. ECLAC, "Occupational stratification, inequality and poverty in Latin America", *Social Panorama of Latin America 1999—2000*, 2001, Santiago de Chile.

66. ECLAC, *A decade of social development in Latin America, 1990—1999*, April 2004, Santiago de Chile.

67. ECLAC, *Changing Production Patterns with Social Equity*, Santiago de Chile, 1990.

68. ECLAC, *Education Remains a Challenge*, ECLAC Notes, May 2005, No. 40, Santiago de Chile.

69. ECLAC, IPEA, UNDP, *Meeting the Millennium Poverty Reduction Targets in Latin America and the Caribbean*, December 2002, Santiago de Chile.

70. ECLAC, *Shaping the Future of Social Protection: Access, Financing and Solidarity*, March 2006, Santiago de Chile.

71. ECLAC, *Social Cohesion: Inclusion and a Sense of Belonging in Latin America and the Caribbean*, 2007, Santiago de Chile.

72. ECLAC，*Social Panorama of Latin America 1999—2000* , 2006, Santiago de Chile.

73. ECLAC，*Statistics Year Book* , 1999—2006, Santiago de Chile.

74. ECLAC，*The sustainability of development in Latin America and the Caribbean: challenges and opportunities* , July 2002, Santiago de Chile.

75. ECLAC，*To Invest More-but also Better-in Education* , ECLAC Notes, September 2004, No. 36, Santiago de Chile.

76. Estrada, Daniela, "Chile: Pension Reform-Just a Face-Lift, or the Real Thing?" December 2006, Santiago de Chile. (http: //ip-snews. net/news. asp? idnews＝36003)

77. Ferranti, David, *Inequality in Latin America: Breaking with History* , World Bank, Latin American and Caribbean Studies, Bethesda, Maryland, 2004.

78. Ferranti, D. , D. Lederman, G. Perry and R. Suescú'n, "Trade for Development in Latin America and the Caribbean", The World Bank Trade Note, 2003.

79. Ferreira, Francisco, Phillippe G. Leite and Matthew Wai-Poi, "Trade Liberalization, Employment Flows and Wage Inequality in Brazil", World Bank Policy Research Working Paper 4108, January 2007.

80. Filho, Alfredo Saad, "Disparate Regional Development in Brazil: A Money Production Approach", *Business Service Industry* , Capital & Class, autumn 1999.

81. Frank, Andre Gunder, "The development of underdevelopment", Monthly Review. (http: //findarticles. com/p/articles.)

82. Fuentes, Claudia F. y Francisco Rojas Aravena, *Promover la Seguridad Humana: Marcos Éticos, Normativos y Educacionales en América Latina y el Caribe* , UNESCO, 2005.

83. Galafassi, Guido, "Argentina: Neoliberalismo, utilitarismo y crisis del Estado-nación capaitalista", *Revista Herramienta* No 26, Argentina, 2006.

84. García, Norberto E. , *Growing labor absorption with persistent underemployment* , ECLAC, Dec, 1982.

85. Gasparini, Leonardo y Walter Sosa Escudero, *Bienestar y Distribución del Ingreso en la Argentina*, *1980 — 1998*, Universidad Nacional de La Plata, La Plata, Argentina, 1999.

86. Geithman, David, "Middle Class Growth and Economic Development in Latin America", American Journal of Economics and Sociology, Vol. 33, No. 1 (Jan., 1974), pp. 45 — 58.

87. Geithman, David, "Middle Class Growth and Economic Development in Latin America", American Journal of Economics and Sociology, Vol. 33, No. 1, Jan 1974.

88. Gilbert, Alan and Peter M. Ward, "Residential Movement among the Poor: The Constraints on Housing Choice in Latin American Cities", Transactions of the Institute of British Geographers, New Series, Vol. 7, No. 2, 1982.

89. Gilbert, Alan, *La ciudad latinoamericana*, Siglo veitiuno editores, México, D. F. , 1997.

90. Gill, Indermit, Truman Packard and Juan Yermo, *Keeping the Promise of Social Security in Latin America*, World Bank, 2004.

91. Giménez, Gregorio, "La dotación de capital humano de América Latina y el Caribe", *CEPAL Review No. 86*, 2005.

92. Hawthorn, Harry and Audrey Engle Hawthorn, "Stratification in a Latin American City", *Social Forces, Vol. 27, No. 1*, May, 1949.

93. IADB, *Economic and Social Progress in Latin America*, Johns Hopkins University Press, 2000.

94. Iglesias Enrique V. , "Economic paradigms and the role of the State in Latin America", CEPAL Review 90, Dec. 2006

95. ILO, *2005 Labor Overview: Latin America and the Caribbean*, Lima, 2005.

96. ILO, *2006 Labor Overview: Latin America and the Caribbean*, Lima, 2006.

97. ILPES, *Reflexiones sobre el desarrollo y la responsabilidad del Estado*, CEPAL, Santiago de Chile, 1998.

98. INDEC (El Instituto Nacional de Estadísticas y Censos), *Argen-*

tina: *Informe Económico 2003*, 2004. (http: //www. indec. gov. ar)

99. INDEC Y MECON, *Evolusión de la distribución del ingreso, Encuesta Permanente de Hogares, Tercer Trimestre 2006*, Buenos Aires, 20/12/2006.

100. Jim, Saxton, *La Crisis Económica Argentina: Causas y Remedios*, Comité Económico Conjunto del Congreso Nacional de E. U, Washington, 2003. (http: //www. house. gov/jec/)

101. Johnson, Dale L. , "Class Formation and Struggle in Latin America", Latin American Perspectives, Vol. 10, No. 2/3 (spring-summer), 1983.

102. Jordán, Ricardo y Daniela Simioni, *Gestión urbana para el desarrollo sostenible en América Latina y el Caribe*, CEPAL, Santiago de Chile, Julio de 2003.

103. Jordán, Ricardo y Rodrigo Martínez, *Pobreza y precariedad urbana en América Latina y el Caribe: Situación actual y financiamiento de políticas y programas*, CEPAL y CAF, Santiago de Chile, enero de 2009.

104. Justino, Patricia and Arnab Acharya, "Inequality in Latin America: Processes and Inputs", Prus Working Paper No. 22. (http: //www. sussex. ac. uk)

105. Kaztman, Rubén, "Sectoral transformations in employment in Latin America", *CEPAL Review* No. 24, Dec. 1984.

106. Laura, María, *Historia Económica Argentina*, Buenos Aires, 04/12/2002.

107. Lincoln, James R. , "Household Structure and Social Stratification: Evidence from a Latin American City", *Journal of Marriage and the Family, Vol. 40, No. 3*, Aug. , 1978.

108. Llambi, Luis, "Emergence of Capitalized Family Farms in Latin America", *Comparative Studies in Society and History*, Vol. 31, No. 4, Oct. , 1989.

109. Llinás, Cortés, Emiliano, *Argentina, Las Fallas de un Modelo Anticuado*, Benito Juárez, Provincia de Buenos Aires, 09/2002. (http: //www. ib. edu. ar/bib2002/CortesLlinas. pdf)

110. Londoño, J. L. and M. Székely, *Persistent Poverty and Excess Inequality in Latin America, 1970 — 1995* , IADB, Washington, D. C. , October 1997.

111. Londoño, Juan Luis y Rodrigo Guerrero, *Violencia en América Latina: Epidemiología y Costos* , BID, agosto de 1999.

112. López, Ramón, "Why Governments Should Stop Non-Social Subsidies: Measuring Their Consequences for Rural Latin America", *World Bank Policy Research Working Paper 3609* , May 2005.

113. Machinea, J. and C. Vera, "Trade, direct investment and production policies", ECLAC, 2006.

114. Maloney, William F. , " Self-Employment and Labor Turnover in LDCs: Cross Country Evidence", The World Bank, October 26, 1998.

115. Marinakis, Andrés, "Worker participation in company profits or operating results in Latin America", CEPAL REVIEW, 69, December 1999.

116. Martner, Gonzalo, *América Latina hacia el 2000: Opciones y estrategias* , Editorial Nueva Sociedad, Caracas, 1986.

117. McAlister, Alfred, *La violencia juvenil en las Américas: Estudios innovadores de investigación, diagnóstico y prevención* , OPS, marzo de 2000.

118. MECON (Ministerio de Economía y Producción, de Argentina), *Indicadores económicos para los años 1993 — 2006* . (http: //www. mecon. gov. ar)

119. MECON, *Informe de Inversiones Públicas en 2006, 2007.* (http: //www. mecon. gov. ar)

120. MECON, *Plan Nacional de Inversiones Públicas 2008—2010* , 2007.

121. MECON, *Economía Argentina durante 2001 y evolución reciente.* (http: //www. mecon. gov. ar)

122. MECON, *Informes anuales de 2002, 2005 y 2007.* (http: // www. mecon. gov. ar)

123. MECON, *Presupuesto Nacional Proyecto de ley* 2001 — 2007. (http: //www. mecon. gov. ar)

124. Mesa-Lago, Carmelo, *Changing Social Security in Latin America*, Lynne Rienner, Boulder and London, 1994.

125. Mesa-lago, Carmelo, "Social Security in Latin America——Pressure Groups, Stratification and Inequality", University of Pittsburgh Press.

126. Mesa-Lago, Carmelo, "The Extension of Healthcare Coverage and the Labor Market: Problems and Policies in Latin America", Paper Presented to the ISSA Regional Conference for the Americas "Integration of Social Protection Policies to Extend Coverage: The Role of Social Security Institutions", Belize City, May 28—31, 2006.

127. Milanovic, Branko, "Half a World: Regional inequality in five great federations". (http: //www-wds. worldbank. org)

128. Morley, Samuel A., *The Income Distribution Problem In Latin America and the Caribbean*, ECLAC, 2001.

129. Mueller, Charles C., "Environmental Problems Inherent to a Development Style: Degradation and Poverty in Brazil". (http: //www. eau. sagepub. com)

130. Musgrove, Philip, "Household Size and Composition, Employment, and Poverty in Urban Latin America", *Economic Development and Cultural Change*, Vol. 28, No. 2, Jan., 1980.

131. Ocampo, José Antonio, "A new look at the development agenda", *CEPAL Review No. 74*, Aug., 2001.

132. Ocampo, José Antonio, Juan Martin (eds), *A Decade of Light and Shadow: Latin America and the Caribbean in the 1990s*, ECLAC, July 2003.

133. Oscar, Azócar (ICAL), "La Crisis del Neoliberalismo y los Desafíos para la Izquierda", Santiago, Chile, 17/08/2004 (http: //www. rebelion. org/docs/5032. pdf).

134. Pearson, Ruth, "Latin American Women and the New International Division of Labour: A Reassessment", *Bulletin of Latin American Research*, Vol. 5, No. 2, 1986.

135. Pfeffermann, Guy, "Public Expenditure in Latin America:

Effects on Poverty", *World Bank Discussion Papers No. 5* , 1987.

136. Piquet Carneiro L. , "Violent crime in Latin American cities", in M. V. Llorente (ed.), *Caracterización de la violencia homicida en Bogotá* , Bogotá, 2000.

137. Popolo, Fabiana, "Características sociodemográficas y socioeconómicas de las personas de edad en América Latina", *Población y desarrollo* , SERIE 19, CEPAL, Santiago de Chile, noviembre de 2001.

138. Portes, Alejandro and Hoffman Kelly, "Latin American Class Structures: Their Composition and Change during the Neoliberal Era", *Latin American Research Review* , Vol. 38, No. 1, February 2003.

139. Portes, Alejandro, "Latin American Class Structures: Their Composition and Change During the Last Decades", *Latin American Research Review*, Vol. 20, No. 3, 1985.

140. Rafael, Rofman y Guillermo Rozenwurcel: *Equidad en la Argentina* , Segundo Seminario IAE-USAM, Estrategia de Desarrollo para la Argentina, Pilar, 20/10/2006.

141. Rajagopal, "Where did the trade liberalization drive Latin American economy: a cross section analysis", *Applied Econometrics and International Development* , Vol. 6—2, 2006.

142. Ranis, Gustav and Frances Stewart, "Economic growth and human development in Latin America", *CEPAL Review No. 78* , December 2002.

143. Roberts, Bryan, *Ciudades de campesinos. La economía política de la urbanización en el tercer mundo* , Siglo veintiuno editores, México, D. F. , 1980.

144. Sánchez, Puerta, *Coeficiente de Gini del ingreso per cápita de los hogares* , Buenos Aires, 2005.

145. Solimano, Andrés, "Asset accumulation by the middle class and the poor in Latin America: political economy and governance dimensions", *Macroeconomía del desarrollo* , SERIE 55, Santiago, Chile, December 2006.

146. Soto, Mauricio, "Chilean Pension Reform: The Good, the Bad,

and the in Between ", Boston College Retirement Research Center, June 2005.

147. Souza, Celina, "Regional Interest Intermediation in Brazil and its Impact on Public Policies". (http: //lasa. international. pitt. edu)

148. *Statistical yearbook for Latin America and The Caribbean 2002* , CEPAL, 2002.

149. Stiglitz, Joseph E. , "Whither reform? Towards a new agenda for Latin America", *CEPAL Review No. 80* , Aug. , 2003.

150. Sunkel, Osvaldo and Zuleta, Gustavo, "Neo-Structuralism Versus Neo-Liberalism in The 1990 s", *CEPAL Review* , No. 42, December 1990.

151. Superintendence of Chilean Pension Fund Administrators, *the Chilean Pension System (Fourth Edition)* , 2003.

152. Tokman, Víctor and Norberto García, "Changes in employment and the crisis", *CEPAL Review No. 24* , Dec. 1984.

153. Tokman, Víctor E. , "Economic Development and Labor Markets Segmentation in the Latin American Periphery", *Journal of Inter-American Studies and World Affairs* , Vol. 31, No. 1/2, 1989.

154. Tokman, Víctor E. , "The development strategy and employment in the 1980s", *CEPAL Review* , Dec. 1981.

155. Tokman, Víctor E. , "Urban employment: research and policy in Latin America", *CEPAL Review No. 34* , April 1988.

156. Torche, Florencia and Spilerman, Seymour, "Household Wealth in Latin America", Research Paper No. 2006/114, United Nations University.

157. UNCTAD, *World Investment Report* 1999－2006.

158. Villatoro, Pablo, "Conditional cash transfer programmers": experiences from Latin America", *CEPAL Review* , *No 86* , August 2005.

159. Weller, Jürgen, *Economic Reforms, Growth and Employment: Labor Markets in Latin America and the Caribbean* , ECLAC, Chile, 2001.

160. Werner, Baer, "Import Substitution and Industrialization in Lat-

in America: Experiences and Interpretations", *Latin American Research Review* , Vol. 7, No. 1, 1972.

161. Wielandt, Gonzalo, *Hacia la construcción de lecciones del posconflicto en América Latina y el Caribe. Una mirada a la violencia juvenil en Centroamérica* , CEPAL, diciembre del 2005, Santiago de Chile.

162. World Bank, *Guía didáctica para municipios: Prevención de la delincuencia y la violencia a nivel comunitario en las ciudades de América Latina* , noviembre de 2003.

163. Zhang, K. H, "Does foreign direct investment promote economic growth? Evidence from east Asia and Latin America", *Contemporary Economic Policy* , Vol. 19, No. 2, April 2001.